本书由陕西理工大学学术著作出版基金资助出版，是陕西理工大学人才引进科研启动基金项目"老子道德体系构建及其管理智慧（SLGQD13-27）"最终研究成果。

老子自然观及
道商人格塑造理论研究

孟军本　著

中国社会科学出版社

图书在版编目（CIP）数据

老子自然观及道商人格塑造理论研究／孟军本著．—北京：中国社会科学
出版社，2017.6
ISBN 978 - 7 - 5203 - 0066 - 7

Ⅰ．①老…　Ⅱ．①孟…　Ⅲ．①老子—哲学思想—研究　Ⅳ．①B223.15

中国版本图书馆 CIP 数据核字（2017）第 060611 号

出 版 人　赵剑英
责任编辑　周晓慧
责任校对　无　介
责任印制　戴　宽

出　　　版　中国社会科学出版社
社　　　址　北京鼓楼西大街甲 158 号
邮　　　编　100720
网　　　址　http://www.csspw.cn
发 行 部　010 - 84083685
门 市 部　010 - 84029450
经　　　销　新华书店及其他书店

印刷装订　北京君升印刷有限公司
版　　　次　2017 年 6 月第 1 版
印　　　次　2017 年 6 月第 1 次印刷

开　　　本　710 × 1000　1/16
印　　　张　34.25
插　　　页　2
字　　　数　486 千字
定　　　价　138.00 元

观天地演化，知自然之行

循道德而治，得商道真经

目　　录

1

前　言

　　每当研读《道德经》《论语》《孟子》《墨子》《韩非子》等这些先秦经典著作时，常常掩书而叹，先秦各家在面对人们为了自身的利益而采取的争夺行为时，无不寻找更多的途径，试图有效地解决这些社会乱象。但是时至今日，私利仍是人们的本质特性，而其竞争行为仍旧是社会常态。狄更斯说，这是最好的时代，这是最坏的时代，这是智慧的时代，这是愚蠢的时代；这是信仰的时期，这是怀疑的时期；这是光明的季节，这是黑暗的季节；这是希望之春，这是失望之冬；人们面前有着各样事物，人们面前一无所有；人们正在直登天堂，人们正在直下地狱。本书也可以这样引申：这是一个令人绝望的时代，同时也是一个充满生机的时代。

　　我看到我家的小猫在遇到陌生的小猫之后，如果两个猫的个头差不多，那么这两只猫常常就会发出难听的叫声，试图向对方示威，最后要么走开，要么就会厮咬起来。狗的智商、情商或许比猫要高一些，它们见到陌生的同类可能会相互玩耍，但是一旦遇到骨头之类的食物，就会马上翻脸，会奋不顾身地争夺它们喜欢的东西。这种不友善的行为，或许就是受动物的本能所支配的。在大多数时候，从自然走出来的人类何尝不是如此呢！

　　当人们看到别人获取成就时，第一感觉就是嫉妒羡慕，虽然有些人能够迅速地从这些负面感觉中走出来，向其发出祝贺之声。但是扪心自问，这是发自他们内心深处的祝福，还是言不由衷的一种表白呢？于是表面恭喜，暗地不屑就是我们所看到的一种常态。

　　更有甚者，在道貌岸然的姿态下，人们做着一些难以启齿的事情。他们在制造看似公平合理的理由，为自己寻找和获取利益最大化的资源。更有一些人，在找不到那些道貌岸然的理由之后，就非常露骨地勒索着自己不该据有的东西。对此，其他人感到非常愤怒，在没有寻找到更好的应付方式之前，有些人也加入其中，为了自己的利益而参与争夺，许多组织正采取着这样的行动。虽然它们认为在合理的规则下参与竞争并不是错误的事情，但同时也有一些人试图通过践踏这些规则来参与对社会资源的争夺。

针对这种情况，或者说，显然看到了这种情况，于是乎有些具有责任感的人就渴望跳出这种人性常态，力图寻找解决此类现象的方案。在这里，就出现了两个解决问题的思路，其中以老子为代表的道家崇尚自然思想，他们试图通过促使人们回归自然以压制他们的思智异作；而以孔子为代表的儒家则提倡重人文，他们渴望通过文教礼化来调解人们的不法逐利行为。在他们看来，人们的逐利、竞争行为是出自人性的。其中荀子将之解读为人性恶，孟子认为，这是包括人在内的万物共性所在，而老子则认为，这是物本身所具有的特性。为了超越这一切，尼采提出了超人概念，荀子提倡化性起伪，孟子力图发扬人之善性，孔子提出以礼治国，而老子则提出去物入道。

在他看来，作为万物之一的人类，尽管被哲人称作万物之灵，但毕竟也是物，是物就会有许多物的特性，但这些特性使人存在许多缺陷。为了弥补这些缺陷和不足，应引导人们脱离物的特性，使其步入道无世界，进而使自然运行得更加美好。

本书试图根据老子的这种观点，对老子的最高范畴——自然进行详细论述，并对其生成并构成的四个实体存在，即道、德、势、物进行详细阐释，随后对拥有这些特性的人，即老子认为具有完满人格的圣人人格进行相应的概括与梳理，据此建构老子的圣人人格体系。如果企业家及其他管理人员对之进行效法，就可以成为老子意义下的道商。因此本书的主要目的有三：一是对老子的自然观进行系统的论述；二是对符合这种自然特性的、老子所谓的圣人进行详细的阐释；三是在前两者的基础上，打造、构建出具有老子圣人人格意义的道商理论，并使企业人员予以学习和效法。通过这种活动，希望企业能够以此更好地提升员工的修养水平与企业形象，并长久、有效地提升自身的经营业绩，最终做到企业常青。

因此本书的逻辑思路就是，首先对老子的自然观进行论述，然后对其生成的道、德、物、势等实体进行专门的论述。在老子看来，遵循其自然特性（同时也包括道德特性）的人们，就是他心目中的圣人，故本书在第五章阐释了他的圣人观。如果包括企业家在内的管理者等效法老子的圣人人格，我们就可以将其视为具有道商人格。所以本书专门就老子的管理思想进行了论述，并构建了道商人格塑造理论。同时对其管理思想所产生的来源进行了分析，最后对在其影响下的国家治理案例与企业家治企案例进行了论述，希望以此证明老子管理思想的有效性和道商人格魅力的价值所在。

因为作者的水平有限，对老子深邃思想的领悟力不足，创作本书时间较为仓促——仅有十数年的时间，所以在撰写本书时，还存在领悟偏差、陈述不全诸多不足之处，希望大家在读过之后多加批评与指导。作者为能够聆听大家的教诲而感到欣慰，并在此表示深深的谢意！

孟军本

陕西理工大学

第一章　老子自然观

我们在研究老子思想时，都想把握其实质，但只有深刻地了解其核心思想，才能抓住老子思想的精髓。那么，老子思想的核心究竟是什么？为此笔者进行了长期的思考，并得到了一些感悟，现将之具体道来。

第一节　老子自然观

一　老了思想中的自然与道

提起老子思想的核心，人们几乎会异口同声地说"是道！"在笔者未系统地研究老子思想之前，也想当然地认为，其思想的核心是道，而持此说的学者更是甚嚣尘上，以致这种观点几成定论，其结果就是有意或无意地影响了许多研究者、学习者的思维。如河上公在对老子《道德经》第二十五章"道法自然"的解释中，曾说："'道'性自然，无所法也。"他认为，道的本性就是自然，没有什么可以效法或者取法的。而董思靖对之进行了进一步的阐发，他特意论述道："'道'贯三才，其体自然而已。""三才"一般指的就是天、地、人，此说即指道在天、地、人中都能得以体现，其体现的特点就是自然，即自我运行发展。由此观之，董氏声称，道是通过天、地、人作为行为主体在自我运行中的呈现。故此，他认为道是自然的，可以成为老子思想的核心和最高范畴。

随后，元代的吴澄也接受了这种观点，他说："'道'之所以大，以其自然，故曰'法自然'。非'道'之外别有自然也。"在他看来，道的特性就是自然，它遵从它的这种特性，所以才称作"法自然"，并不是说道之外另有一种自然存在。对此童书业尽管做出了另一种解释，即他指出"老子书中的所谓'自然'，就是自然而然的意思，所谓'道法自然'，就是说道的本质是自然的"，但他和吴澄一样，将自然说成是道的本质特性，即将道和自然同构同体化。

持类似意见的还有冯友兰，他是这样论断的："'人法地，地法天，天法道，道法自然'。这并不是说，于道之上，还有一个'自然'，为'道'所取法。"为了支持其论点，他进一步阐释道："上文说：'域中有四大'，即'人'、'地'、'天'、'道'，'自然'只是形容'道'生万物的无目的、无意识的程序。'自然'是一个形容词，并不是另外一种东西，所以上文只说'四大'，没有说'五大'。老子的'道法自然'的思想跟目的论的说法鲜明地对立起来。"① 由冯论可以看出，"自然"是道无意识地生成万物的一个程序，即道生万物的过程。② 此说也证明他继承了河上公、吴澄等人的观点。由此可以看出，自然是道的特性，而道无意识地运行过程就是自然，这就是对老子自然与道关系占主流的阐释。但是并非所有人都认可这一说法，王弼、车载等人即是其中的代表性人物。

王弼指出："道不违自然，乃得其性，法自然也。法自然者，在方而法方，在圆而法圆，于自然无所违也。自然者，无称之言，穷极之辞也。"③ 虽然王弼认为道是万物生成的本源，但没有说自然是道的特性，而是说道效法自然、得其特性并无违之而运行。在这里，王说暗示出自然法则规定着道的运行状态。因此自然的地位高于道，是老子"穷极之称"，类似于后世周敦颐等人的太极、无极之称谓，故其论与上述诸说相左。无独有偶，车载也认为："'道法自然'一语，是说'道'应以'无为'为法则的意思。"

① 以上出处皆选自陈鼓应《老子今译今注》，商务印书馆2003年版，第173页。
② 冯友兰此论有缺陷，因为老子从没有说过"道生万物"，只是说"三生万物""万物恃之以生而不辞"。
③ 王弼著，楼宇烈校译：《老子道德经注校释》，中华书局2008年版，第64页。

此论的含义是指道效法无为，显然他认为自然与无为在含义上是等价的。虽然其论摆脱了人们普遍认为自然是道的特征的意见，与王弼的思想相近，但他将自然等同于无为，则是不当的，因为这与老子认为道的特性是无为的观点不一致。

笔者认为，欲论老子的自然观，首先需将道与自然的关系搞清楚，否则该论无从谈起。经过对老子整体思想的研读，笔者认为，自然并非道的一个特征，道也不是老子思想的最高范畴。在老子说"人法地，地法天，天法道，道法自然"时，既然我们认为人应该效法地，地应该效法天，天应该效法道，那么道为何不能效法自然呢？如果不是效法自然，而是道自身的一种运行状态，那么老子有必要构建"道法自然"这一说吗？另外，既然老子这一论述用的是排比句，人们做出这样的阐释，即道效法自身的特性，不是有违老子的思想逻辑吗？是否地也是人的特性，天也是地的特性，道也是天的特性呢？不错，相比于今天，先人们的逻辑思路没有像西方大哲如康德、黑格尔、马克思、海德格尔等人那么严谨，但也不至于像有些人说得那么混乱。之所以有这样的论述，显然是因为没有将老子道与自然的范畴严格地区分开，在这一方面，王弼与车载等人的认识可能更明确一些。不仅如此，笔者特意指出，老子思想的核心和最高范畴，并非其道，而是在其著作中没有论述几次的自然。也就是说，自然才是老子思想中所阐述的最高范畴，关于这个论点，可以从老子对自然的论述中看出来。

二 老子对自然运行的描述

在《道德经》第十四章中，老子说："视之不见曰夷；听之不闻曰希；博之不得曰微。此三者不可致诘，故混而为一。其上不皦，其下不昧。绳绳不可名，复归于无物。是谓无状之状，无物之象。是谓惚恍。迎之不见其首，随之不见其后。执古之道以御今之有，能知古始，是谓道纪。"很多学者认为老子此章讲的是道，但经过笔者对该章的分析，认为它论述的主要是老子的自然观，现具体阐释如下：

在该章的前几句话中，即"视之不见曰夷；听之不闻曰希；博之不得曰微。此三者不可致诘，故混而为一"。这既可以认为是老子讲的自然观，也可以认为是他在观道，因此这几句话很难将二者区分开，对于"其上不皦，其下不昧"这句话也同样如此。但老子其后的陈述，显然就不是论述道了，因为他说"绳绳不可名，复归于无物"。对于这句话，陈鼓应认为，"绳绳"是"纷纭不绝"的意思，整句话为"它绵绵不绝而不可名状，一切的运动都会还回到不见的物体状态"①。从老子的论述来看，理解这句话的核心是"绳"这个字，将之搞明白了，整句话的意思就很容易弄清楚了。因此了解老子时期"绳"字的原始本义非常重要，它不仅可以为解读老子的自然思想奠定基础，还可以验证陈鼓应先生的阐释准确与否。

在甲骨文中，绳字由绞丝旁和黾字构成。对于黾字，即鼆之简写，在甲骨文中像一个在家庭中经常爬行的小动物或昆虫。对之，许多学者认为是类似蛙的一种动物，如赵诚释为"象青蛙一类动物俯视之形。后腿弯曲，没有尾巴，与龟的形状有别，似为后世所谓的黾"②。同样，熊国英也认为："'黾'是蛙，特指巨首、大腹、四肢的'金钱蛙'，也称'土鸭'。"在甲骨文中，其形"正象突出大腹和四肢的蛙形"③。徐中舒也指出，该字"象巨首、大腹、四足之黾形，以其无尾而与甲骨文龟字正面形相区别……"④ 而鼆字，在《中华大辞典》中被释为蛙的一种，即青蛙。

但是唐汉先生却认为，其"构形源自苍蝇的象形描摹，本义经由转注写作'蝇'"⑤。为此他进一步推断灶字，"金文从穴从黾，穴为窑灶的形制，黾表苍蝇所喜落之处。"⑥ 从生活场景中，我们

---

① 陈鼓应：《老子今译今注》，商务印书馆 2003 年版，第 127 页
② 赵诚：《甲骨文简明词典》，中华书局 2009 年版，第 204 页。
③ 熊国英：《图释古汉字》，齐鲁书社 2006 年版，第 146 页。
④ 徐中舒：《甲骨文词典》，四川出版集团、四川辞书出版社 2006 年版，第 1441 页。
⑤ 唐汉：《汉字密码》，陕西师范大学出版社 2009 年版，第 146 页。
⑥ 同上书，第 147 页。

可以了解到苍蝇确实喜爱在火灶上落脚，但不一定是其下面，而更有可能是在火灶台面上。因此我们难以确定其解读的准确性，更何况在远古时期，类似青蛙之类的东西出入家庭乃至厨房也是司空见惯的，不像现在即后工业时代，我们很少能在家中看到此物，尤其是在城市。

笔者以为，黾字在甲古文中与篆字中的样子变化过大，似非一字。因为在甲骨文里该字形是一种无尾的爬行动物，而在篆字中有一个明显的尾巴，因此将两者归为一个字，与其形颇有出入。其字正如许慎所释的那样——"黾，鼃黾也，从它，象形，黾头与它头同。"[1] 而它字在甲骨文中分明就是蛇的样子。所以黾字可能就是一个像蛇但有四肢的动物，如果从这个角度来说，在家里我们能够看到的，它更像是一个类似蜥蜴的动物——或者是壁虎。

但是，这种说法则与它和苍蝇的蝇字无法联系在一起，令笔者疑惑的是，蝇字右边的黾字显然是有尾巴的，但苍蝇没有它，但古人为何将之与像蛇有尾的动物联系在一起呢？是他们搞错了，还是我们没有理解到位，抑或苍蝇变异了？是否以前的苍蝇就是像蛇头有尾而且没有翅膀却有腿的样子，一直演化到现在这副模样？对此我们不得而知。

无论怎么说，它都可以被理解为一个能爬行的动物，而绳字左边的绞丝旁则为较细的线带。将两者综合起来，我们可以将绳字理解为：较为理顺地放在地上或其他地方的细丝，被这些爬来爬去诸如壁虎之类的动物搅来带去，极有可能将其中的一根细丝的某一端压在另一个的身上，而后者的某一端又压在前一个的身上。先人们由此得到启发，将之像编辫子一样编起来，就形成了我们现在所看到的绳子。然后他们通过取物象形，就此造出了绳字。

老子以绳来描述、比喻自然的生成过程，是一个隐喻式的论述。它可以从三个方面来理解自然。首先，根据前述我们可知，绳

---

① 许慎撰，段玉裁注：《说文解字注》，中州古籍出版社2006年版，第679页。

字是由绞丝旁和昆组成，这些昆，即龟将许多丝带绞在一起，这种状况可以形象地说明世界万物纷纷扰扰地纠缠在一起，形成相互作用、相互影响的状态和过程。也就是说，老子用绳的生成过程来暗喻自然万物的生成场景，从而让人们更容易理解看不见的自然，通过其呈现出万物是怎样发生作用及互相生成的。并且老子一连用了两个绳字，更说明绳子生成的复杂性与多变性，并力图以此来描述世界的纷杂变换。另外，我们也可以将绳字理解为动词，即绳的生成过程是一个动态的发展过程，无限生成绳子。在老子看来，这是从空间上用绳字来诠释世界万物。

其次，老子试图通过绳字，从时间上来解读自然的发生过程。我们知道，绳子可长可短，如果想让绳子无限长，则可以无尽地加续丝线，这样我们就可以看到一个望不到尽头的长绳子。而对于自然来说，其经历的演化时期，同样也是无法用时间来做出准确计算的。即使在当代，尽管科学日益发达，我们也难以确定宇宙的起源时间。虽然有人认为，自宇宙大爆炸以来，已经经历了 140 多亿年，但这个数据本身还是存在争议的，更何况许多人反对宇宙大爆炸理论，认为宇宙是永恒持续存在的，没有一个宇宙奇点，此即是说，根本没有时间开端这一说。因为如果存在宇宙的时间奇点，那么在宇宙大爆炸之前，它又是以何种面目出现的？显然在老子的心目中，自然就和无限长的绳子一样悠久，这就是老子用绳字来比喻自然演化经历的第二个原因。

最后，老子渴望通过绳字来解释自然是循环反复发展与演化的。这不仅是他论述自然的重点，也是老子自然观的精华所在。我们知道，如果将一条绳子的两端接在一起，就可以形成一个圆圈。当我们看到这个圆圈时，就会发现它从头到尾是一个无限可循环的圆，这种情况或许就是老子能够论述自然循环论的一种启示。从随后的论述中我们可以知道，自然的演化发展就是一个无限循环的过程，即无——有——无……

无独有偶，黑格尔也是试图通过正反合循环来论述其哲学思想的，他是否受到老子思想的影响，我们难以确知，但无论怎么说，德国哲学深受老子思想的影响，则是众所周知的。

如果以陈鼓应对老子这一句的解释来做比较，他与老子以绳来论述自然的第一方面有一定的相似性。因此他的翻译是有道理的，尽管我们不知道他受到哪些感悟来做出这种翻译的。评判老子这一章究竟描述的是道还是自然的主要依凭，就在于这一句与其后的下一句。因为我们知晓，如果将自然强行找出一个头尾，那么道应当是本始，而不是纷纷扰扰的大千世界，当老子用绳绳来论述的时候，显然指的是多种事物的集合，而非最终产生它们的道。这些复杂的万象难以具体、详细的描述，故老子用"绳绳不可名"来比喻。更为关键的是，在老子随后的一句话，即"复归于无物"，就是随着上一句话所演化的结果，即尽管大千世界万物纷纭而且不可名状，但最终都会复归于无物的世界状态。从这里我们可以看出，如果是回归到一种无物的自然状态，则其前一句话中的绳绳就分明写的是一种有万物相互作用的现象世界——也只有物才能回归到无物的地方，否则该论断不成立——而非必然是一种无象无形的道行状态，当然这也不排除自然在其中持续起的作用。所以在老子看来，既然是物，就肯定不是道本体，否则我们不能说道生一乃至万物，而是道物一体了，但是道物循环、有无相生则是自然运行的常态。

正因为很多人没有注意到这一点，就想当然地认为本章描述的是道，然而，他们的理解或者说直觉是片面的。对此我们不妨将这一章的内容继续读下去，"是谓无状之状，无物之象。是谓惚恍。"这句话，同样既可以理解为描述的是道，也可以认为是自然。但我们如果将之与上一句联系起来理解，那么可以很容易地得知，老子描述的还是一种自然演化状态。既然有形世界复归于无物，我们就可以随之理解这种复归于无物的过程，就是一种"无状之状，无物之象"的运动状态，即难以看到其形状的状态，没有物形的现象。① 当然，这种情况以惚恍来表述，反映的则是物化为无，以致

---

① 象字，在甲骨文中就是我们日常所看到的动物公象或母象等的形象，老子对象的描述显然与甲骨文对象的写法是不同的，也就是说，老子论述的象是已经发生过流变的象的含义。

成为道的一种似有似无状态，其具体含义将在后文展开进一步的论述。在此，老子用了一个"复"字，就是说自然是从无到有，由有到物，再从物到无的一个无尽重复过程，也是一个像系成圆圈的绳子，可以看作是一个无限循环的过程，这是老子将之描述为自然循环论的一个有力证据，即老子认为自然是依照一个圆圈来反复循环的。

而这种循环我们当以"迎之不见其首，随之不见其后"来解释。正如一个形成圆圈的绳子，难以看到其起点与终点一样，自然循环的实质亦是如此。而道，既然作为万物生成的本始原因，当然不可能是中、是尾、是末。

老子本章的最后一句话就是"执古之道以御今之有，能知古始，是谓道纪"。或许有人看到"道纪"这个词，就认为本章描述的是道，这是对老子思想的一个严重误解，因为"道"与"道纪"含义不可能相同，否则老子就会用"道"这个概念而非"道纪"。如果老子本章描述的是道，那么他就完全可以用一个"道"字来概括，而不必、也没有必要再加上一个"纪"字，因为这样做岂非既概括得不精确，又显得啰嗦吗？我们可以不考虑当时雕刻字句的艰难，就老子本人而言，他在没有深思熟虑地做出决断之前，会随意地堆砌，或者说凑字数吗？他有这个必要吗？

在甲骨文中，"纪"字由绞丝旁和己字构成[①]，其中绞丝旁表示丝线，有悠远、整理的含义，即将丝线调整、摆放得有条理、有秩序，而己字表示的是主体自身。当主体作为海德格尔意义上的此在，感受到事物的生成、条理化时，就会受到这些状况的感染，使自身也遵循一定的秩序，比如老子的效法自然，孔孟遵循上天、我们受到环境的熏染而高声喧哗等，都是受这种情况的感染。"纪"也可以引申为"纪律""法则"之意，在这种意义上，"道纪"指的就是道的秩序、法则。我们知道，道法自然，就是道效法自然，

---

① 同样，绳字也是绞丝旁，它和纪字都由绞丝旁构成，难道是一种巧合吗？除此之外，还有玄、慈等字。

以自然为楷模。陈鼓应将"道纪"翻译成"'道'的纲纪，即'道'的规律"，有一定的正确性，也就是说，成为道的纲纪是比较正确的，但将道纪仅仅说成是道的规律，则失之偏颇。因为自然是道的纲纪，这就是说自然为其运行状态及过程立法，为道立则。①根据上面的分析，我们可以知道这一句话的含义，就是掌握早已存在的道，以规范现存事物，知晓事物的本源，它就是道所效法的自然。

因为我们知道，事物的本源既可以是自然，也可以是道。说其是道，是因为道最终生成万物，说是自然，则因为道也是由自然产生的，此即是说，自然是产生道、物等本体的最终的本原依据。根据老子此章的意思，显然自然是高于道、物等的实体存在的。

或许有人会问，在此论述将物转化为道，而不是道生成物的观点，其理由是什么？老子真是这样说的吗？其根据何在？为此笔者指出，关于物转化为道的论述，其实就在《道德经》第十六章里，我们将在后面具体论述之。

三 自然概念的原始本义

既然老子思想的核心和最高范畴是自然，那么我们就有必要对这两个字进行一番研究。自字，陈基发认为："自也就是鼻。在古代，自与鼻的音义都相近。由于后来'自'假借为'自己'、'从'、'由'等义，于是又造了一个……'鼻'（字），其本义反而废而不用了。'自'的常用义为'自己'。"②马如森云："独立象物字，象人的鼻子形，本义是鼻子。《说文》：'自，鼻也。象鼻形……'自鼻引申为表自己。"③据《说文》之意，邹晓丽则进一步解读为"因为人们说到自我时，常指自己的鼻子，所以后来'自'成了'自己'的'自'。于是，又另造一个形声字'鼻'表

---

① 具体作用将在后文自本体中详细论述。
② 陈基发：《趣说汉字》，新世界出版社2008年版，第202—203页。
③ 马如森：《殷墟甲骨文》，上海大学出版社2008年版，第90页。

示鼻子。故'自'、'鼻'为古今字。"① 窦文宇等指出："甲骨文'自'字是鼻子的象形，上边一笔强调它是突出的东西。本义是鼻子。人们说自己的时候常指自己的鼻子，由此产生自己的含义。自己的事当然要由自己办，由此产生当然的含义。计算时间和距离常从自己算起，由此又产生从的引申义。"② 左民安认为，该字"甲骨文就像人的大鼻子的形象，上部为鼻梁，下部为鼻孔，中间的二横为鼻纹……在经典中多借用'自'为第一人称代词。"③ 唐汉指出："原本是表示鼻子的象形字。甲骨文字形上部象鼻梁，下部是左右两个鼻孔。金文字形趋向匀称，强调了鼻子'山根'部位上的两条皱纹……'自'的本义为鼻子。由于人们在谈话中强调自己时，常常用大拇指指着自己的鼻子。因此，'自'又用来表示自己的意义，成为第一人称代词，如'自白、自己'等。由于鼻子具有将大气吸入体内，而将体内废气呼出的功能。所以'自'引申为'从'、'由'、'自然地'等义，用为副词和介词。如'自生自灭'，解释为自然地生长与灭亡，而'自从、自古'的'自'，则用作介词，意同'从'、'由'。"④ 马连琪认为："像人的鼻子，是个象形字。当人们说到自己的时候，总好用手指着自己的鼻子。所以，由'鼻子'这个意义发展为表示'自己'……由自己引申为'亲自'……又引申为自身的存在或变化的情况，就是本自、自然等意思……'自'用作介词，用从、由的意思……'自'还有由于、由来的意思。"⑤ 赵诚也认为："自。象鼻子之形，即鼻子的本字……一般人自己指自己常指鼻子自称，故由自（鼻）引申为自己。又借用为副词。为了区别，后代于鼻子之义的自加声符界写出鼻，成了从自界声的形声字。"⑥ 他又说："自。象鼻子的形状。本

---

① 邹晓丽：《基础汉字形义释源》，中华书局 2007 年版，第 39 页。
② 窦文宇、窦勇：《汉字字源》，吉林文史出版社 2005 年版，第 20 页。
③ 左民安：《细说汉字》，九州出版社 2005 年版，第 443 页。
④ 唐汉：《汉字密码》，陕西师范大学出版社 2009 年版，第 410 页。
⑤ 丁义诚等：《汉字详解》，新世界出版社 2009 年版，第 720 页。
⑥ 赵诚：《甲骨文简明词典》，中华书局 2009 年版，第 159—160 页。

义为鼻子，引申为自己。甲骨文用作副词，有'亲自'之义，则又为进一步引申。"①

从诸位学者的阐释里我们可以得知，自字首先指的是自己的鼻子，后通过人们有意识或无意识的行为活动，将之引申为自己、自我之义。因之自的首要含义就是自我本身，既包括场景，也包括此在，且是两者之间相辅相成、互相作用的统一体。故此"自"以其自身存在，有资格成为自本体。它在自然运行中起着主导性的作用，最终为现象世界的存在而提供自己的作用和价值，这将在后文详细论述。

当它们发挥自己的作用，从而影响其他事物的时候，就是然了。那么"然"的含义是什么呢？唐汉指出"'然'字是个会意字。金文和小篆的'然'字由'肉、火、犬'三个字符组成，会意'烧火烤肉，犬循味而来'这一场景，表示开始生火烹食。如此构字的原因，是为了与'寮'（烧柴祭天），'焚'（烧荒垦地）、'者'等字相区别，表示点燃了一堆'烧烤'之火。肉在烧烤过程中，会有油滴落入火里，发出'嘶、嘶'之声，香气四溢，更会引得狗儿循味而来。因此，'然'的本义为已经生火烤肉。上古先民用肉、火、犬组合'然'字，可谓构思巧妙……'然'，泛指燃烧，用的是'然'字的引申义。古汉语中，'然'字由'已经、已然'之义引申，多被借用为虚词，表示顺承或转折关系，如'然而'等；也可用作助词，作形容词或副词的词尾，表示状态，如'忽然、突然、既然'等。由于'然'在虚词里频频出现，为区别词义，人们又创造出一个转注字'燃'，来表示燃烧。"②邹晓丽认为："春秋金文的字形是以火烧鸟（佳）而颜色发黄的意思。战国金文则是火烧犬肉之形。'燃'的本字。后来被借用为语词。"③熊国英指出："'然'是'燃'的本字。《说文》：'然，烧也。'甲骨文……下边是火，上边是犬。用烧烤兽类表示然（燃）义。金文、

---

① 赵诚：《甲骨文简明词典》，中华书局 2009 年版，第 289 页。
② 唐汉：《汉字密码》，陕西师范大学出版社 2009 年版，第 303 页。
③ 邹晓丽：《基础汉字形义释源》，中华书局 2007 年版，第 157—158 页。

楚简和小篆在'犬'旁加'肉'，强化烧烤义……小篆另用'艸'（草）作燃烧物，用'難'作声符……为广泛使用。后因'然'逐渐用作辅助词，另加'火'专指燃烧之燃。"① 窦文宇等认为，"由'肉'、'火'和'犬'构成。意思是用火烤狗肉。用火烤的狗肉好吃，由此产生对、是这样的含义。引申表示这样"②。左民安也认为："这是'燃烧'之'燃'的本字'然'，原为会意字……金字的形体，左上角是'肉'，右上部为'犬'，表示以火烧犬肉。《说文》：'然，烧也。'其实'然'字本义为'以火烧犬肉'。古时以犬祭天，燔烧犬肉为祀。由此产生'燃烧'义……'然'字还被借为指示代词用……也可表示肯定的回答……有时也可以作形容词的词尾。"③ 李先耕则指出："'然'字下面的四点是火字的变形。春秋金文的字形像以火烧鸟且烤成金黄色，战国金文则呈火烧犬肉之形，而《说文解字》便收入火部。其义为燃烧。但后来然字被用来表示其他意义，于是燃烧便用了一个左边再加上火字的然字来表示了。这种叠床架屋的现象，在汉字发展史上是屡见不鲜的。然字的其他意义，头一个即指代，相当于今天的如此、这样、那样……'自然'可以表示事物自己发展成这样，这是不用外力干预的结果……'然'字还表示应答、肯定，等于今天的'是的'、'对'……'然'与'然而'还表示转折，相当于但是、而……'然'还是形容词或副词性词尾，如忽然……它们大都有生动色彩，形象地表示声音状貌。"④

在这里，各位学者对"然"字的含义分别表达了自己的观点，疑因看到的字体不同，而对之的理解也存在差异。根据他们所述，笔者以为，"然"字在甲骨文中，由犬和火构成，意为人们用柴火烧烤犬肉的场景。当时可能是烧烤整条狗，后经过烹饪的演化，人们已经知道使用菜刀将犬切成肉块，分别对其进行烧烤，这就是人们

---

① 熊国英：《图释古汉字》，齐鲁书社 2006 年版，第 176 页。
② 窦文宇、窦勇：《汉字字源》，吉林文史出版社 2005 年版，第 278 页。
③ 左民安：《细说汉字》，九州出版社 2005 年版，第 228 页。
④ 丁义诚等：《汉字详解》，新世界出版社 2009 年版，第 485—486 页。

将"然"字由"犬和火"改写为由"肉、火、犬"构成的原因。或许后来,随着人们对烹饪的不懈研究,在某时发现使用锅或鼎炖肉,味道更好,于是将柴火抱到锅灶下点燃,并在锅里倒入适量的水,将切好的狗肉放入,最后将之炖熟,以便食用。于是"然"字下面的火字逐步变成了四点水,后随着饮食文化的改变,"然"字的含义变成了现在这个样子。直到今天,在我国东北等许多地区还有炖狗肉这道菜,是人们在冬季为了御寒而喜爱吃的美味,这可以看作是先人烹食酒肉流传至今的一个痕迹。因此"然"字的字义是:人们(行为主体)将生的狗肉通过烧烤、水炖使之变成香熟的一个持续过程,最终可以使人们尽情地食用。在这个过程中,生火燃烧使狗肉变化(由生变熟)是该字的实质含义。该字随后又经历了多次流变,其含义变为某事物(行为主体)通过自身影响力使自身或他事物变成其他状态,以达到或完善自己的目的。它主要反映了自然之变化及其程度。正因为自(行为主体)有然之功能,所以才有可能使其生成并对其所属的道、德、物、势起作用,最终也能够使现象世界产生。

顾名思义,"自然"的原始含义就是:行为主体通过自身的影响与作用,从而使自身与他物发生变化与发展,最终形成一个自我循环的环,这也是黑格尔意义上的圆圈。同时,它通过这种循环产生了海德格尔意义上的场和此在,通过两者之间的互相影响与作用,以形成目前的宇宙及道无与现象世界。老子认为,自然与有无世界的形成有着切身的关系,所以他认为自然是一切存在的最后根据和原因,是宇宙第一性的存在。它的最大作用就是可以形成自我循环。这种循环由道、德、物、势四种实存共同构成与完成,对之我们将在下节一一阐释。

第二节　自然循环论

一　自然的有无循环

我们在上文中强调了自然是反复循环的,那么它是怎样循环的呢？众所周知，老子不仅提出了"自然"这个概念，而且也提出了"道"的概念。正如他在《道德经》第一、第四十二等章中指出的，道最突出的功能，就是生。此即是说，道的最大特点就是它能生成有，这个"有"可以用"一"来表示，然后一生成二、二生成三，三生成万物。但是，道是如何产生的？正如上文所述的，和德、物、势一样，都是由自然产生的。因此，自然是产生、形成道本体的终极原因，即道之生具有自然慈生的遗传因素。

但是自然的生成不仅如此，它还具有以下的作用——如果我们仅仅认为自然或者其中的道最终生成万物，就认为老子论述自然的任务完成了，那么显然就低估了老子对自然的感悟与认识——对这一点《道德经》第十六章说得明白："万物并作，吾以观其复。夫物云云，各归其根。归根曰静……"即在万物并行运作的过程中，所呈现出的千象万物就会回归其根源之处，而这个根源就是老子所述的自然之中的道无状态。并且他将这种复根运动称为"静"，需要指出的是，老子在这里所谓的"静"，并非静止之静，而是安静之静，即不受外物干扰诱惑的持重之态。因为老子认为，万物生成、并行活动的状态，分明是一个躁的状态，在他看来，这种状态就是常人容易被迷惑的大千世界。而消除这种现象，就必须使其归根到静，因此静不仅是自然运行的一个必要环节，还是管理躁的一种必要手段。因此老子在论述"静为躁君"时，并不是无的放矢的。老子进一步指出："静曰复命，复命曰常，知常曰明。"即这种静是复命的过程，而命则是形成某种事物的约束性条件，也是形成某事物的必然性。这种不断的复命过程，就是常，或者说一种运行规律。对于行为主体来说，唯有知晓这种状况，才能明白事理。总之，老子认为，当自然运行到万物的时候，并不是就算完成了任务，而是持续地运行下去，一直运行到静的状况为止。即使这样，也并不意味着自然的运行就终止了，而是按照这种状态持续地运行下去。

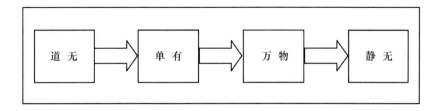

图1-1　自然的循环模式

由之我们可以看出，老子认为，自然的生成运转遵循这样的循环模式：无——有——多——静。当达到静的时候，也就是说到了无的状态。自然按照这种状态反复运行，循环不已！

之所以如此，正如前文所述，是因为道的基本状态就是无，而无可以生出有，这个有就是一，一可以进一步生成二，二然后可以生成三，而三最终生出了万物。从二到万物，都是多的体现。自然发展到了多，就是其运转到了极致，在其到达顶峰之后，则会朝着相反的情况运行，最后回复到静，也就是无的状态。需要指出的是，老子所谓的无，并非是纯粹的虚无状态，而是与有形现象相对立的无，是产生象的无。

老子指出万物归无的原因，大概是他看到万物经过发展，最终步入了无形的状态，如艳花败落之时，归入尘土，树叶枯黄之际，叶落归根；草木死亡之后，化成灰烬；人禽死了之后，化为尘灰；砖石年久之后，化为灰末，最终这些物体都走向了无，因之老子认为它们都回归了道。他在《道德经》第二章中论述"有无相生"时，就是对自然的循环模式进行阐释。

老子论述的自然生成循环模式，在其形式上类似黑格尔的循环论。两人都是对世界运行的感悟与诠释，并且都是对事物运行状况做出的一种形式阐释，只不过两者的认识存在着对立性差异，即黑格尔认为，事物之间是一个否定性的关系，通过否定之否定而达到一种肯定的样态。而老子认为，世界存在的事物是生成性的，即后者对前者具有承传性。前者是后者的原因，后者根据前者而产生出来。也就是说，后者肯定前者，前者是后者存在的依据。黑格尔对事物运行采取一种历时性的诠释，老子则在历时性解读的基础上，更多地强调事物共时性的发生。

二 老子自然的特性与作用

像其他实体一样，自然有其本体存在，自身也具有一定的特性。首先，自然是永恒存在的。在老子看来，相比于自然，天地也难于长久存在，尽管他曾说天长地久，但那是与物相比，天地确实是长久的。而与永恒定在的自然相比，即使天地也显得短暂。那么，天地的短暂是以何种样态实现的呢？老子说道："故飘风不终朝，骤雨不终日。孰为此者？天地。"（二十三章）他认为，天所形成的风，可能持续不到一个早晨，就减息了；而天所下的雨也很少能够维持一个白天，就停止了。从天地通过风雨所起的作用来看，也就是维持不到一天的时间，因此相比于自然长久持续地起着作用来说，它们所起的作用也就显得微不足道了。故老子说"天地尚不能久"。在此我们也可以看到，老子对道乃至自然是有一番深刻感悟、观察的。根据现今的科学认识，无论宇宙的大爆炸假说，还是宇宙弹簧演化论，或者局部生成论，都假设我们上空的天是不可能恒久稳定、以当今看到的这种景象永续存在的。但是自然却不同，无论宇宙世界怎样变化，即不论其以物的形式存在，还是以道的形式存在，都是自然地发生。也就是说，自然是永恒存在的，风雨则是天地作用的结果，而这些短暂的结果也被包括在自然现象当中，但是对于自然的长久作用来看，天地的作用是短暂的。

其次，自然的作用是巨大的。老子认为，自然最好的状态是自我运行与发展，而不需要天地乃至人的干预。它通过自身的运行，产生、呈现出四种实体存在状态，最终促使万物的产生、现象世界的形成，因此自然的力量是巨大的，而作为万物之一的人，相对来说力量却是渺小的。显然，老子在此所论述的核心，仍旧落到了人身上。他指出，既然天地所起的作用是短暂微小的，那么人所起的作用就更加渺小，以至微不足道。因此他说："天地尚不能久，而况于人乎?"(二十三章)所以他要求人们不要用自己的造诈之智去处理事务,因为那样做无异于螳臂当车,是得不偿失的,而是要适应自然、遵循自然,如此才可以获得长生。

最后,老子的自然循环模式体现出自然是恒常存在和运行的,这种运行状态反映出自然是守常的,因此对于自然本体存在的异常因素,自然会做出一定的压制与惩罚,并且是根据道的作用予以实行或执行的。为之老子主张,当物"化而欲作"时,"吾将镇之以无名之朴"(三十七章)。这就是说,如果万物诸如人类企图矫揉造作,那么自然就会通过质朴的规制作用使其恢复常态。具体来说,就是以静达到不欲,使物之异作回归常态,最终达到"天下将自定"的理想境地。因此老子提倡通过无欲之静,来使万物自然地生活与运行,坚决反对它们的异常之举。

不仅是因为物的异作,还因为物存在有自见、自是、自伐、自矜等缺点,这些缺点造成物不可能长久地存在,必然步入衰亡的境地,最终回归道无世界——具体情况将在以后章节具体论述。与之相反,道以其知足知止等特性能够长久地存在。正是看到了物的诸多缺点和道的一些优点,故此老子极力主张作为万物之灵的人类,应该做到去物入道,以维持自然的正常运行,从而维护自然常态。以后的道教人士看到了老子的这一层含义,就试图循道生活,而不将自身释为一个具体的事物,从而渴望自身以此长生甚至成仙。他们的这一行为明显地符合了老子提出的"根深固柢、生长久视"之道式理念。

三 自然运行模型

我们在上文论述了自然循环模式,它是一个从道无进展到单有,然后再发展到万物多有以至于静无,最后静无又回归道无的状态中去。自然的这一循环模式,显然是从形式上来论证的,它还有具体的内容(如图1-2所示)。

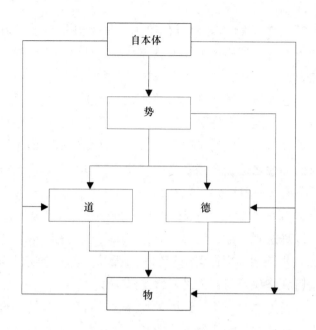

图 1 - 2 自然运行模型

　　由于自然是自我运行和发展的，这就意味着自然必有一个本体，它控制或者说支配着其自身的运行与发展，否则自然就会成为一个没有实体的虚无空象，我们将之称为"自本体"。它按照自身所定的规则自我运行与发展，恒常无限地运行下去。在其运行的过程中，就产生了四种实体存在，即老子在《道德经》第五十一章里所述的道、德、势、物。也可以说，自本体在按照自定的规则运行与发展中形成自然，它以自然的样态存在，通过道、德、势、物得以体现，即道、德、势、物的相互作用形成自然，它们产生的背后根据或原因是自本体。因此，自本体不仅生成道、德、物这类实体存在，还产生势之类的存在，充斥着自然运行的整个过程中。它通过自身形成的势生成道、德、物等，而具有本体的道、德、物等实体也同样拥有势，在体现自然的过程中进行着生化衰亡的活动。自本体通过其自定的常态之理为自身立法，为道、德、势、物立则。这就是自然运行模型内容的实质。

具体内容如下所述：

首先是道。在道与自然的关系方面，老子指出，就像"人法地，地法天，天法道"一样，道也是效法自然的，以自然为法。因此道是最符合自然的，最具有自然的特性，或者说，在自然运行中，相比起德、物、势等其他实体存在，它起着最重要的作用。但是无论怎么说，正如人低于地、地低于天、天低于道一样，道还是低于自然一等的。因此在老子的心目中，自然是其最高范畴，而道次于自然一等，居第二，尽管老子对于道也是非常重视的。

那么具体来说，道与自然是一种什么样的关系呢？在自然循环发展的过程中，四种实体存在首先起作用的是道。它在自然中起着生的作用，使包括万物在内的实体存在最终产生。从价值方面来看，道的这种作用被称为"慈生"，因为世界最大的爱，就是使某种东西产生，与之相反，最大的憎恨就是使某种东西灭绝。所以老子认为，道是产生有及万物等的本质原因与根据。

其次是德。德顺从道，畜养万物，使万物最终长成。同样从价值方面来看，德的这种畜养作用，也可以称为"惠成"。道仅仅是产生某物，将之生成之后，就功成知止而退，剩下的任务就交给德来处理。而某物所以能够发展到它的鼎盛状态，全在于德的畜养，如果没有德的这种作用，万物也不可能发展壮大，进而走向它自身的顶峰。正是由于德的畜养作用，我们才能够见到目前我们所看到的这种现象世界、大千世界。由此看来，德的作用也是非常重要的，故老子认为，道、德皆尊贵。

再次是势。像前两个概念一样，老子认为，自然包含的第三个实体存在就是势。当老子用"势成之"来描述自然时，就是说自然存在的势对事物形成所产生的作用，他说，"道生之，德畜之，物形之，势成之"，其中的"之"字表示事物的形成过程，道使事物生之，德使事物畜养，物使事物成形，即是它应该所是的样子，而势使事物最终形成。在自然的这四个方面中，道、德、物、势各司

其职，各负责一个过程、一个阶段。并且势还促使万物消亡，重新
入道。更进一步讲，势还体现在道德的生成畜养过程之中，促使事
物持续地产生。总之，势由自本体产生，充斥在道、德、物的无限
运行状态中。

最后是物。物是现象世界能够得以呈现的实体，这就是说，
世界之所以能够显现，就是因为物本体的存在。所以万物，就是
道产生的、得以成形的东西，故此老子说"物形之"。也只有物
能够形成、反映我们的周围世界与环境，而道、德、势是幽冥
的，都不能显现在这个世界上，只能通过其所起的作用被他物感
知。此即是说，物通过其形不仅映现出其本身是物，而且通过万
物使现象世界得以呈现，这就是目前我们所看到的这个世界，而
产生这个世界的根据就是自然，其中起主宰作用的是自本体，由
其生成出来的道、德、势的作用，使物体产生和现象世界得以存
在。但是当物自身成形长到极端之后，最终会走向衰亡，复归于
道无的世界。

在老子看来，既然道生之、德畜之，"是以万物莫不尊道而贵
德"，感念道和德对自己的生养作用，所以万物遵循道德，且其本
身就含有道德的基本特性，故万物多能生养自己的后代或他物。而
万物的这种尊道贵德之义，"夫莫之命而常自然"，即没有什么东
西强行命令它们，是它们主动地遵循着自然，其行为符合自然之常
则。因此包括万物在内的实体在自然支配下按部就班地运行着，以
自然运行的常态显现，这就是老子在本章所阐释的自然的具体含
义。老子主张，对于具有自然道德特性的人类来说，则更应该遵循
这种自然常则。

如果读者对这些论述感到晦涩难懂的话，我们可以举一个例子
来阐明这种运行状态。譬如一个人，当其生出来的时候，是父母在
起作用，我们可以将父母理解为道。父母生出孩子之后，不是对之
放任自流，任其自生自灭，而是承担起抚养教育的义务，这就是父
母之德的体现。但是，仅有父母抚养教育还不够，当其长到一定年
龄阶段，还需要进入学校接受老师的教育，这些老师就体现出对学

生的培养之德。然而，这些孩子不管是读到中学、大学还是研究生，尽管在学校里面可以长大成人，但是最终使之能够成熟的，则是社会。因此可以把社会比喻为自然运行中的势，人们只有经过在社会中的磨炼，才能够使自己真正成熟起来。这样的人才可以成为真正意义上的成人，同时，他们通过自身的行为树立起自己的特性，不仅影响着他人他物，而且以此在他人他物中留下各种印象，这就是其自身之形。当这个人成长到壮年极盛时期之后，会逐渐走向衰老死亡，由此度完自己的一生，最后又化尸为无，重新回到道无世界。这个比喻尽管不太恰当，但它可以使大家更有效地理解自然及道、德、势、物在其中的作用。

第三节　自然的生物原理

自然的主要功能之一就是生，在其持续不断地运行过程中，生起着基础或者说本源性的作用。同样对于道来说，它的最大作用也是生，这就是老子所论述的道的核心作用。在《道德经》第四十二章中，老子宣称：“道生一，一生二，二生三，三生万物。万物负阴而抱阳，冲气以为和。”这是他对自然之道的生成作用所作的一个主导、关键性陈述，是我们理解道及自然生成作用的一条主线。下面我们将对自然的生成作用做出详细的论述。

一　道生一

道是无形的，又能对天地万物起生成作用。因此在某种意义上说，道是无①，当老子云“天下万物生于有，有生于无”时，其意即是如此。且他又论述说“道生一”，其中的一，就是有。只有这个有呈现时，世界才能完成从无化为有的转换。当然，此时的有作为新生事物，还是非常弱小的。然而老子认为，虽然它非常小，却顺应自然运行的必然潮流，任何力量也不能使其臣服，即老子“朴

---

① 这将在下一章老子道观中加以详细论述。

虽小，天下莫能臣"（三十二章）之谓。也正因为小，才显示出道的生成本性，凡符合这种情况的，都是道的体现，故此老子说"柔弱胜刚强"，也正是在道的支撑下，且顺应自然中的必然法则，才使有可以战胜一切看似刚强的事物。① 另外，由于它是道最终生成万物的第一步实体存在，因而根据自然及道的生成过程，我们首先论述老子的从无到有理念。

在老子的道观思想中，他不止一次地阐释了道生有的过程，显示了他对道的重视。首先，在《道德经》第一章中，他就指出了道的生成状态。正如前面所述，道是无，而"无，名天地之始；有，名万物之母"，即无是产生天地的初始，它即是道的别称；而产生万物之母的东西，老子则将其称为"有"。随之老子说道："故常无，欲以观其妙；常有，欲以观其徼。"在常无的情况下，也就是在恒常之无的状态下，人们可以观其之妙。在甲骨文中，观是一个鸟状，后来又在其旁加了一个见字，意为察觉一个鸟类的活动过程。窦文宇等指出，左边的"'雚'字由张开翅膀的象形、两个'口'和'佳'构成。两个口表示瞪大眼睛，整个字的意思是张开翅膀遮住阳光，瞪着眼睛看着由翅膀遮住的水面下的动物鸟。它指以这种特有方式捕食的老鹳。"然后他们又提出，"观字由'雚'和'见'构成。'雚'字表示注视，整个字的意思是用心分析见到的东西，由此产生观察的含义，引申为观看、看到的景象和对事物的认识。"② 对于《说文》将观释为"谛视也"之意，左民安则进一步解释道，"所谓'谛视'，就是详细观察的意思"③。而马如森则认为："独体象形字，象猫头鹰形。从二口，为突出两个大眼睛，以示鸟的特征。与雚字相同。卜辞用雚为观，为突出其义，加见为义符，本义是观察。"④ 但丁义诚等人则认为

---

① 自然也可以使事物从小到大生长，在老子看来，这也是德的功劳，即德畜之。在本书以后的章节中作者会多次论述之。

② 窦文宇、窦勇：《汉字字源》，吉林文史出版社 2005 年版，第 417—418 页。

③ 左民安：《细说汉字》，九州出版社 2005 年版，第 416 页。

④ 马如森：《殷墟甲骨文》，上海大学出版社 2008 年版，第 205 页。

观有三层含义：一是表示看的意思，首先是仔细地看，是观的本义；其次是看的对象场面大，如观海。然后可以转为一般看看的动作，仔细观察的意味减弱，如走马观花等。二是着眼于看的对象，观还表示景象、样子的意思。三是看过之后，看的人对事物产生了认识和态度。① 但是，从上述诸家的解析来看，显然与老子的观字有差异，老子的观更有可能是对一个事物的活动进行观察，它不含思维的因素，是一种自然无心之察。所以观，即观察之意——不带思考、无意识地观察某种事物。在无的时候，需要观无之妙。妙字，在甲骨文中，李先耕认为，"妙产生于虚无，所以有玄妙、奥妙"，其中玄妙是"奥妙难以捉摸"②，即有深奥、玄妙之意。在他看来，妙是不可言说的，没有人能够讲清这个妙。窦文宇等指出："'籀文'（或称大篆）和异体字'妙'字由'玄'和'少'构成。'玄'字有子孙延绵不断的含义，整个字的意思是少数祖先产生了众多的后代，由此产生了神奇的含义。"③看来，欲了解妙的含义，需先将玄字搞清楚。

玄，金文像阿拉伯数字8，可能是用线形成的形状。籀文像一根细棍穿了两个糖葫芦的样子，很有可能是结绳记事。《说文》认为，幺，小也。像子初生之形。而玄则为"幽远也。象幽而入覆之也，黑而有赤色者为玄"④。邹晓丽认为同幺，"古幺、玄同字"。于是她又阐释道："李孝定认为幺可'孳衍为两个意思：一是"丝"，这个"丝"由两缕合并而成，如果只是一缕就是"幺"，是极言其微小的意思……二是"丝长"，所以有幽远的意思'。"⑤唐汉则认为"'玄'为'脐带'，在母系社会时期，先民们认为，人是靠'脐带'一辈一辈地连接、承传下来的"。"当婴儿生下时，脐带为酱紫色，干后便会成为黑色。因而，'玄'又指黑色。"并

---

① 丁义诚等：《汉字详解》，新世界出版社2009年版，第369页。
② 同上书，第165页。
③ 窦文宇、窦勇：《汉字字源》，吉林文史出版社2005年版，第29页。
④ 许慎撰，段玉裁注：《说文解字注》，中州古籍出版社2006年版，第159页。
⑤ 邹晓丽：《基础汉字形义释源》，中华书局2007年版，第114页。

且他又进一步指出，玄有空虚、幽远，摸不着边际的意思。随后他着重指出："玄和糸在古文中构形相似，但取向来源差之甚远：玄取象于脐带，糸取象于丝绳。"① 熊国英认为，玄"指幽远，神妙。借指黑红色金文中它与幺字相同，表示细微，有幽义；另象一丝悬物，'玄'与'悬'通。"② 窦文宇等赞同李孝定、邹晓丽等人的观点，指出"金文玄字与幺字字形相同，都是子孙世代相传的示意图。人的祖先追不到头，人的后代也不知能传多久，人为什么会生人，子女为什么像父母，这都是难以理解的问题，由此产生深奥不容易理解的含义。对这些问题强作解释也不能令人信服，由此产生不可靠的含义。由看不到自己祖先的意思中引申出黑色的含义。"③ 显然，唐汉先生认识有误，因为琴弦的弦字，其右边的玄字是用结实的细绳做成的，炫耀的炫字是指一串串的细火苗闪耀的形象。而眩字则是指眼睛对环境连续迅速变化的不适应感，因此我们难以用脐带来表述之。盖玄字类似细微的线绳，表示某种行为主体的持续运行，中间鼓出的圆形意味着某件事物的发生，而一连两个，则表示事物持续地发生，这些初生之事物还相当微小，似有似无，串联在一起无限地持续下去。

同样，少字，在甲骨文中，用上下左右四个小点组成，赵诚认为，甲骨文"卜辞义反映出来的现象仍然是小、少通用，即小、少仍然是同一个字，即都用作小字"④。其他人的解释与之一样，都是将之作为小的意思。因此，玄、少结合，更显示出某行为主体自然运行产生某物的意思。在老子看来，这个主体就是道，道在无的运行过程中，持续地产生细微的有，这就是妙的含义。因此，在常无的情况下，可以自然察觉道之妙，即道产生细微有之自然过程。

而"常有，欲以观其徼"这句话中，也是我们需要重点了解的

① 唐汉：《汉字密码》，陕西师范大学出版社 2009 年版，第 502 页。
② 熊国英：《图释古汉字》，齐鲁书社 2006 年版，第 248 页。
③ 窦文宇、窦勇：《汉字字源》，吉林文史出版社 2005 年版，第 194 页。
④ 赵诚：《甲骨文简明词典》，中华书局 2009 年版，第 276 页。

内容。徼，也有人解为曒，由道路、白、放字组成，方字的意思是一把刀放在某物的中间。徐中舒指出："（甲骨文方的形状）象耒之形，上短横象柄首横木，下长横即足所蹈履处，旁两短划或即饰文。古者秉耒而耕，刺土曰推，起土曰方。"① 赵诚、马如森等人也持这种观点。叶玉森认为"象架上悬刀"②。笔者以为，这两种说法都有一定道理。从方字的演化来看，其字极古老，盖在远古刀耕火种时期，先民用类似刀的东西在田地中挖坑或者沟，然后在其中播种，随着技术的发展，其逐渐演化为耒耜。种植农作物时，需要认清耕种的方位，掌握耕种的方法，因此方的含义来源于此。反文旁意为用手拿着带枝杈的枝条打击着什么东西，随着农业和畜牧业的发展，其后人们可能发觉用牲口代替人力耕种更方便，于是开始让牲口拉着耒耜，然后人在其后赶着牲口种地。而白字，张国庆认为，其意为"像日未出地平线先露其光，也就是东方发白的'白'"，篆字"应当从日，日上是微光"③。唐汉等人认为："'白'为大拇指指甲盖的象形白描。中间的一横则来自指甲的月牙。"④ 盖其参考了郭沫若的建议。左民安认为，甲骨文白字"中间的三角形是火苗燃烧的形象，外面上尖下宽的圆圈则是光环……金文则把圈内的火苗简化了（成为一横）"⑤。邹晓丽指出白字"字形是一粒米的象形。或说是瓜子仁之形，亦可。因为米色白，故以为'黑白'之'白'。"⑥ 赵诚认为，白"似象正面人头之形，引申为尊长之义"⑦。从上述诸说可知，人们对白的认识存在不同，故解说多种多样。但是，从白的字形来看，它有可能是太阳或火光发出的光亮。在远古时期，先人看到太阳将幽暗的晚上驱除，从而促使白天

① 徐中舒：《甲骨文词典》，四川出版集团、四川辞书出版社 2006 年版，第 953—954 页。
② 邹晓丽：《基础汉字形义释源》，中华书局 2007 年版，第 32 页。
③ 丁义诚等：《汉字详解》，新世界出版社 2009 年版，第 616 页。
④ 唐汉：《汉字密码》，陕西师范大学出版社 2009 年版，第 366 页。
⑤ 左民安：《细说汉字》，九州出版社 2005 年版，第 424 页。
⑥ 邹晓丽：《基础汉字形义释源》，第 121 页。
⑦ 赵诚：《甲骨文简明词典》，中华书局 2009 年版，第 58 页。

的来临，而与阳光有同样热量的火光将漆黑的晚上照亮，也具有类似的功能，因此白字上尖下宽比喻着太阳产生的功能，后指一切物品的白色特征。相比而言，邹晓丽的阐释不确，因为如果将白比喻为大米，那么其中间的一道应该是竖的，而不该是一横。另外，唐汉说的白像拇指的指甲也不合适，因为很少有指甲盖的月牙能达到指甲的一半，尤其是在远古时期，人们的营养普遍不良，出现这种情况的可能性就更少，因为指甲上的白印意味着人的新陈代谢能力，营养越好，这种能力就越强，而远古时期的先人在食物的营养方面，远不及现代人。所以白的意思就有可能是将昏暗的环境变得明亮，将其进一步引申，就是将昏暗难解的东西整明白。

将暾（徽）字的整个字形综合在一起，表示的就是在白天里，人们用树枝驱赶、奴役着牲口（或许在更古时期，还不懂得用牲口的时候，完全依靠人力用树枝石刀耕种）去耕作，从而使耕地变成一条条的垄沟（类似于路），然后在其中播种的情景，其结果是使无（空旷的原野）的情形变成有（垄沟、庄稼）。知道了暾（徽）的含义，我们可知老子的这句话，其义就是通过暾，看有之所以产生的场景与过程。在老子看来，它是从道本体中产生的一种实存的自然状态。显然，通过暾观有，也可以看出其尽管微小，但是因其自身为有空间性的实体，故此其自身发出的光，能够被他物感知，而不像道处于幽冥难知的世界里。

将这两句话联系起来，就是指在恒常的无中，看到道产生有的过程，这种过程可以通过妙自然觉察出来；而在恒常的有中，可以通过暾觉察出有产生的场景、原因与根据。故"此两者，同出而异名，同谓之玄"。即同谓之事物从无到有、从有观无的反复过程，同出于道的有无循环过程——这也是老子在后面章节论述的恍惚情况的根据所在，但名称却不一样，并且这种连续的过程却被人为地分成了两个不同的阶段。因此道生有的过程不是一次单独的行动，而是持续不断、反复进行的过程，既是历时性，又是共时性，即两者的综合产生有的过程，因此是"玄之又玄，众妙之门"，是万物产生的本源之根。

尽管老子对道的生成运转过程进行了深入的感悟与阐述，但并没有认为其任务已经完成了，而是继续思考自然的下一步生成过程，即一生二。

二 一生二

许多学者对老子一生二的思想认识是模糊的，有人说是有无，有人说是天地。说是有无的证据就是第一章，即"无，名天地之始；有，名万物之母。故常无，欲以观其妙；常有，欲以观其徼"。在道之后紧接着就说有无，给人留下了道包括有无的假象。然而，两者也可以解读为共时性的发展生成过程。即无，是天地初始生成的根据；而有，则是万物产生的根源，正是有了无，才为天地形成产生了条件，正是有了有，才使万物得以生成。老子说过，天地万物生于有，有生于无，所以有是从无中产生的，而不是从有中产生的，因此说道生成有无是不符合老子思想本意的，它更有可能是一种历时性的发展生成过程。还有人说是天地。这个论断更是错误，因为老子说过："人法地，地法天，天法道，道法自然。"即人效法的是地，而地效法的是天，天效法的是道，既然天地是一种效法的关系，两者的地位就不可能平等，否则人、地、天、道、自然就是一种平级的关系，这显然有违老子思想的本意。更何况它体现不出老子宣称的道生天地万物的思想——老子主张无生天地而不是一（有）生天地。的确"一生二"这句话令人十分费解，现在笔者试图根据《道德经》全文的整体意思对其进行阐释：

首先，在无生成有的时候，尽管它起初十分弱小，但还是包含了事物的对立双方，如阴阳、雌雄、强弱等，这些对立就是二的体现。如果想证明老子所说的二由阴阳代表或表示的话，显然在《道德经》中，也只有第四十二章这一处提到了阴阳。将其作为老子意义上二的证明，似乎有点证据不足的味道。但是，他又明确地在一生二的后面提出万物负阴而抱阳，于是将之具体分析就显得十分必要了。

要分析这句话，就必须从源头上理解负和抱的原始本义，最起码需要了解在老子时期或其稍前的时期这两字的具体含义。这时我们根据甲骨文和篆字的相关字形，通过思维加工而成为图式，在此基础上对其进行分析就显得十分有必要。负，在金文中，由上贝下人组成，而在小篆中，则写为上人下贝。许慎释为："负，恃也，从人守贝，有所恃也。"即有所依仗、依靠的意思。唐汉指出，负的本义为背着、驮着，如《史记·廉颇蔺相如列传》中的"肉袒负荆"，便为背着荆鞭的意思。引申后，用于抽象意义，则表示担负，又可引申为凭仗、仗恃的意思。并"由背负之义，引申后表示违背、辜负"①，又进一步引申为失败，与胜相对。同样，窦文宇、窦勇也将负字释为"由'人'和'贝'构成，意思是人有钱，由此产生具有、依靠的含义，也可理解为人背着钱，由此产生背着、责任、担当的含义……"②

尽管各位学者对"负"的释义略有差异，但都将其释为依仗、依靠的意思。而从字形上来看，它反映的是人与贝之间的关系。贝在古代是一种货币，相比于玉石，它以其色彩斑斓为人们所喜爱，因为它符合人们的审美心理，并且相对玉石来说其重量也较轻，所以人们可以将其定为货币，依仗它去交换各种物品，以满足自己的需求。故老子所说的负阴，可以理解为依据、依靠阴，根据老子的意指，我们可以推论出阴是产生万物的依据、依靠，因为它代表柔弱、雌、母、谷等，与刚强、雄、父等阳相对立而存在。

抱字，窦文宇、窦勇认为，"由'手'和'包'构成，意思是用手把东西包围着，由此产生抱着的含义。引申表示心里存着。"③笔者经过对篆字抱的训诂，认为抱字的左边意味着手，右边意味着怀孕妇女怀着孩子的形状，即其含义是孕育、产生的意思。综合起来，抱字就是孕妇用手抚摸着肚子里的孩子，期望其能安然、顺利地产生下来的意思。

而将万物负阴而抱阳的含义解读出来，就是万物根据阴而产生

① 唐汉：《汉字密码》，陕西师范大学出版社 2009 年版，第 731 页。
② 窦文宇、窦勇：《汉字字源》，吉林文史出版社 2005 年版，第 356 页。
③ 同上书，第 166 页。

阳，并促使阳显现出来，即在这里阴是生成万物的本源动力，阳是促使万物生成的本相；阴是使事物产生的根本力量，阳是使事物得以显现的能力，它们代表了主体之势。所以总的来说，阴是万物之源，阳是万物之象。阴通过阳而展现出来，阳通过阴而得以产生，它们都由有引申出来，因此我们可以认定有包含阴阳。

但是老子在此并没有具体说出二就是阴阳，我们只有根据雌雄、黑白、牡牝、静躁、强弱、刚柔等范畴，猜测它们分别代表着对立存在，将之分成两类，分别加以抽象，就可以阴阳来代表。老子云："载营魄抱一，能无离乎？"（十章）也就是说，身体与魂魄相对立而存在，它们是同处在一个整体里边，是不可分开的一，但它们可以分为二，这为一生二又作了一个脚注。其中营字，篆字显示为洞穴外为火把，内部为吕字，中间用一竖（丨）连接起来，显示出洞穴里人与人之间的联系。此字疑为古人防止野兽的侵袭，故在洞外设置火把，以示警，从而保证洞内成员安全地休息。无论此说是否成立，但其反映的是一种生活场景，这是毫无疑问的。根据多家的解释，老子在此有将该字当作形体来使用的意味，而魄则代表物抑或人的精神，而他显然将此两者合而为一，即形神相合，以显示有的存在生成功能。这一点和老子提出的"负阴而抱阳"深刻契合，故在此加以论述。当然，笔者仅是猜测，使二由阴阳体现。

在这里所以论证有生阴阳而非道生阴阳，就是因为道的知足、知止特征。当道生成有时，就功成身退，持续地生成有去了，而继续生成万物的任务，就由有继承下去了。这个有是自在存在的，又自为地生成阴阳。在假设了有生阴阳之后，我们将进一步阐释自然的生成过程，即二生三。

三 二生三

二可以从约定的角度由阴阳来代表，但是我们怎样理解二生三呢？这同样需要我们认真思考。要理解这看似简单的几个字，还需要深刻理解"万物负阴而抱阳，冲气以为和"这句话。我们可以考虑，有生成阴阳，后者各自可以持续地存在，但如果形成实体，就需要质料，从老子这句话来看，这种质料可以用气来理解，那么气是怎样形成的呢？

要理解二生三的生成过程，我们可以句中的冲字作为密钥。冲字，窦文字等认为是"河流中间的水流，由此产生水流撞击的含义……还可理解为两股水流在中间会合，由此产生互相抵消的含义"①。马如森认为其"本义是水冲击"②。因此，冲字左边的两点原义是水相互冲击，形成他象。但在《道德经》第四十二章里，我们也可以将其理解为阴阳，经过二者的相摩相荡、相互作用，使它们产生出新的实体，即气的生成。这样，作为实体的气便随着阴阳的形神相合、相互作用而产生了。如果再加上原来的阴阳，我们就可以理解为阴阳由二生为阴、阳、气三者，这样就达到了二生三的生成状态。

但这样的阐释使人感到困惑的就是，如果阴阳不是气，那么它们该是什么？前文已述，我们可以将阴阳理解为场中存在的势，其中阴是生成事物的本源力量，而阳是促成事物成形的象，这两种势使它们之间能够互相作用、形神相合，即阴的生成与阳的形成力量相互撞击作用——与阴阳离子互相作用形成闪电等的现象相类似，尽管中国传统的阴阳与物理、化学上的阴阳离子的作用原理不尽相同，但它们最终使气得以产生。这也可以理解为阴阳是亚里士多德所称的动力因，而气则为质料因。但是该势包括在自然之势中，是自然之势的一个组成部分。因为自然之势充斥在自然生成状态的每一个地方，而阴阳之势仅存在于有生二、二生三这样一个生成环节中。既然阴阳是势，就不是形成万物的质料，而是势场，但它们互相作用就可以形成含有质料的气。具体来说，阴中本源生成之势冲击着阳里本相成形之势而产出有空间形态的质体，这个质体含有质料之气，我们可以将之称为精微之气。显然，阴阳和道一样，都潜存了质料，为气及物体的产生提供了条件与物质基础。

---

① 窦文字、窦勇：《汉字字源》，吉林文史出版社2005年版，第235页。
② 马如森：《殷墟甲骨文》，上海大学出版社2008年版，第247页。

由于阴阳生气的状况是深奥难懂、不可捉摸的，对此老子也无法准确无误地阐释明白，我们只有通过一个例子予以阐明。这就好比雌雄两类动物，尽管它们可以同时存在，相互作用，但其中的雄物都是由雌物产生出来的，而雄物被产生出来，通过其形状可以体现出雌物的生育能力，又体现出自身的存在。并且它又可以与其他雌物交配，进而生出新的幼崽。在这里，雌雄二物可以表示阴阳，而其幼崽则可以表示气体。尽管这个例子不太符合老子二生三的实际状况，但在某种程度上可以解释二生三的具体生成原理。

在阐释了二生三之后，我们就将论述自然生物的最后一个环节，即可以生成现象世界的三生万物过程。

四 三生万物

当阴阳产生气，与其相合成为三后，并不表示这三者就从此停止下来了，而是持续地进行着生成活动。它们互相作用，相互发生影响，最终形成具有空间形态的物。因为阴阳的场势力量不同，气的质量容量各异，所以它们生成的物也具有一定的差异性。其中阴和气相互作用，生成新的物质种类；阴阳之间继续相互作用，生成新的气质；阳与气相互作用，生成新的物质形态；而阴、阳、气之间相互作用，则生成新的物体。因为阴、阳、气所占的比例不同，所以它们生成的物体类品、才质也就不同，最终就会形成不同种类的物质。尽管如此，然而它们作为物体存在，不仅包含着阴生本源之势、阳形本相之势，还含存着气之实形样态，三者相辅相成，和合而成之。

老子认为，如果说有是单有的话，那么万物就可以被称为是一个多有世界。自然的演化就是一个从单有到多有的持续不断之发展过程，对之孔子也深有感触，他所说的"天行健，君子以自强不息"就是这种情况的最好注脚。但正是这个多有的现象世界，却致使许多人沉湎其中而不能自拔，这是令老子感到非常痛惜的。

物，在甲古文中，多家释为杂色牛，该字将在本书老子势物观中做出详细论述。该字显示的是牛拉着犁或者耒耜耕地起土的形象和场景，它既反映了实存物质，又反映了工作的过程，这就是物实质所在的图式反映。由此我们认为，阴、阳、气不仅可以形成具有空间形态的物质，根据场势、气势与物的相互作用，又进一步生成更多具有时空特性的物体。此时世界呈现出多种多样、形状繁多的物质，故以万物称之。在这个生物过程中，正如我们现在所熟知的，它从开始时简单的实物粒子一直到生成万物之灵——人类，其中都有着自然之势、质料和他物的共同作用。这就是说，阴阳、气、物体都对形成他物产生了一定的作用，甚至有些作用还是决定性的，如动物必须吃的食物、呼吸的氧气、喝的水等，但同时也有一些是非决定性的，如石头、杂草、木料等。

五　对老子道生万物的具体解读

上述就是以道为本源的自然生成过程，它是一个由无到有、由一到多的无限生成样态。在老子看来，正是这些样态呈现出了我们既能看到又能知觉到的现象世界。为了能够论述清楚，老子在其著作中多次论述了自然生物的系列过程。如他在《道德经》第一章里阐释了道生物的过程之后，并没有感到满足，又在第二十一章中对道生物的过程进行了具体的描述。其中他指出："道之为物，唯恍唯惚。"就是在道形成物的过程中，是一种唯恍唯惚的状况，那么什么是恍？什么是惚呢？这是许多人不太了解的概念。恍惚左边都是心字旁，说明它们和心的活动有关，但这里的心并非特指人或者动物所具有的心智之心，而是一种宇宙万物相互之间互感互动的体觉，它表现为一种常态的自然现象。恍字右边是一个光字，在甲骨文、金文中，其字形均像跪倒之人（男人、女人或小儿）头上有一把火，《说文》释为："光，明也。从火在人上，光明意也。"① 各家对之阐释基本相同，意为人们考虑某些问题百思不得其解之后，其头脑中突然灵光闪现，激发出一些东西来。加上左边的心字，这种含义就显得特别明显，在老子的思想意蕴中，它意味着某种动力

---

① 许慎撰，段玉裁注：《说文解字注》，中州古籍出版社 2006 年版，第 485 页。

（如闪电等）突然闪现，在其闪现之时，某种成形之体就诞生出来，因此它是从无到有的一种运行状态。惚字，右边的忽字由上勿下心构成，勿字，徐中舒认为是"引弓而发矢则弓弦拨动，故发弓拨弦乃勿之本义，卜辞借其声而为否定辞"①。《说文》云："州里所建旗。象其柄，有三游，杂帛。幅半异，所以趣（趋）民也，故遽称勿勿。"② 邹晓丽对之解释道："古时州里召集民众用的一种旗，柄上有游，游的颜色单一则说明事缓，游的颜色杂（多种颜色）则说明事情紧急。"③ 而郭沫若将勿作为笏的初文，在对《礼·玉藻》的论述中，他指出："凡用指画于君前用笏，造受命于君前则书于笏。天子以球玉，诸侯以象（牙），大夫以鱼须文竹，士竹木象可也。"④ 相比之下，赵诚对此字下的功夫甚深，他指出："甲骨文用来指称物色，即后代所谓的云气之色，则为借音字。从这种意义上来说，勿即物色之物的初文。古代占候，多望云气……在商代人的心目中，物色的出现或遥远，都与现实生活有关，可见望云气以测吉凶变化，由来很古。物（勿）所指的云气之色，从传世文献中可得到印证。这种物色必然是一种自然现像（象），只不过古文以之和吉凶、祸福、奇迹加以比传，从而用来说明'人间的某些现象，天上必然有某种反映'而已。古代所谓的'紫气'就是这种物色之一。随着社会进步，科学文化的发达，占候之术已从社会中消失，古人所说的云气之色，即自然界中的某一种天象也就不为人们所知道。勿即物这个词原有的这一含义也就随之消失。"⑤ 左民安指出，甲骨文勿"是一把刀头向左弯的刀，其中的三点，是表示用刀割东西而黏附于刀上的物屑等。而这些物屑往往是无用之物，所以'勿'字的本义当'不要'讲"⑥。同样，唐汉认为，勿

---

① 徐中舒：《甲骨文词典》，成都四川出版集团　四川辞书出版社 2006 年版，第 1043 页。

② 许慎撰，段玉裁注：《说文解字注》，中州古籍出版社 2006 年版，第 453 页。

③ 邹晓丽：《基础汉字形义释源》，中华书局 2007 年版，第 106 页。

④ 同上。

⑤ 赵诚：《甲骨文简明词典》，中华书局 2009 年版，第 188—189 页。

⑥ 左民安：《细说汉字》，九州出版社 2005 年版，第 64 页。

的"右半部为一把刀之象形，左上的两点，表示刀刺入或划过后流出的血滴"①。马如森引用"《甲骨文编》：'象以耒翻土，土粒箸于刃上土色黧黑，故勿训杂色。'"②

从上述观点可知，学者们将物释成三种含义：一是赵诚所释的为云气之色；二是像刀刺人或物之形；三是像耒耜翻土之形，许慎、徐中舒、郭沫若等人的训释则有点牵强。根据老子思想的意蕴，似乎赵诚解释得比较合理，勿即云彩聚成雨滴之形，意味着遮盖住了白天晴朗的天空，使天气变得阴暗，导致明亮的白天难以呈现。如加上心字为忽或惚，则意味着此种情况更加压迫着人们的心情。此意正好与恍字相对，恍是使某种事物更加明白清晰，惚是使清晰的事物变得昏暗不明。在道生有的时候，这时就会呈现出恍的状态，其形得以呈现，使有与无做出差别。但此时的有还处于幽暗之处，因此表现得似有若无，这就是惚的状态。所以有处于忽有忽无的一种不确定状态，老子就将其称为恍惚，但有是必然会发生、形成的。其中，恍和惚左边的心也可以理解为一种自然动力存在，即激发事物产生形成的动力因。③ 为了解释这种情况，老子又继续说道："惚兮恍兮，其中有象；恍兮惚兮，其中有物。"象是行为主体呈现之形，但不一定就是有空间之实体，如像云雾等天象，但随着事物的进一步发展，它可以进一步形成有空间实体的物，即我们日常所见的世界万物。这是老子道生万物一系列自然过程的基本感悟与阐释。

然后，老子进一步解读道："窈兮冥兮，其中有精，其精甚真，其中有信。"要想理解这句话，同样需要训字。首先是窈字，《说文》认为，窈为"深远"的意思。其上为穴字，下部左为幺，右为力。幺有细丝的含义，但也有玄的意思。马如森认为，力"象古

---

① 唐汉：《汉字密码》，陕西师范大学出版社 2009 年版，第 557 页。
② 马如森：《殷墟甲骨文》，上海大学出版社 2008 年版，第 216 页。
③ 关于心的自然作用，笔者将在以后的专著中详细讨论，它涉及中国传统的本体论思想，主要在孟子思想体系的构建中做主要的阐释。在此可以理解为道物之间互感互动的觉相互产生作用，最终形成各种世界。

农具耒形"①。左民安也持类似的观点，他指出，根据"甲骨文形体，看样子就是古代耕田用的犁：上部弯曲的部分是木制的犁把，下部就是耕田的铁制犁头，古代亦称为'耒耜'。所以'力'就是犁的象形字……耕田是要用力的，所以'力'字后来就用为'力量'的'力'了"。②邹晓丽也持此说。但是，唐汉认为，力的"构形源自上古时代裂木为板的石楔，一撇表示下部施力之处，乃是一个典型的指事字。力的本义为石楔，引申后表示势能、能力等义"③。陈基发认为："它像一只手从下往上举物的姿势，因为由下往上举物比较吃力，所以'力'的本义是'体力'、'气力'。"④而高鸿缙认为力字像以肩、臂、肘、掌用力之形表示力量。窦文宇等人指出，力字"是弯曲的胳膊的象形。弯曲的胳膊中蕴含着力量，由此产生力量的含义。引申为尽力"⑤。显然此说受到了高鸿缙的影响。笔者以为，根据字形，将力训为农具耒耜和弯曲用力的胳膊与手，均有一定的道理。但无论怎么说，它都表示用力的意思。因此，窈字应为在先人生活的洞穴里，用力使丝物成形，将之引申，当为自然之力在幽深的世界中，连续地激发使某物产生，并形成一定的形状，即它可以理解为自然之势在道生物的过程中所起的作用。

冥，在《说文》中是"幽"的含义，形为人们用双手在漆黑的洞穴里摸索东西。熊国英认为，其字上边"是日月被关在牢或房屋中的形状（反映了'日月蚀'现象）；下边是双手，表示光线黑暗，靠双手摸索"⑥。另外他说道，甲骨文字"形，笔者释子在母体内，待分娩，故有幽冥义。上半部是子宫的'宫'省笔"⑦。此一论断与赵诚、邹晓丽等人相同。如赵成说："甲骨文用作分娩之

① 马如森：《殷墟甲骨文》，上海大学出版社2008年版，第308页。
② 左民安：《细说汉字》，九州出版社2005年版，第58页。
③ 唐汉：《汉字发现》，陕西师范大学出版社2007年版，第203页。
④ 陈基发：《趣说汉字》，新世界出版社2008年版，第19页。
⑤ 窦文宇、窦勇：《汉字字源》，吉林文史出版社2005年版，第6页。
⑥ 熊国英：《图释古汉字》，齐鲁书社2006年版，第149页。
⑦ 同上。

娩，即产子、生育之义。"① 因此，冥的原始含义，是从女人幽深的阴道中自然发生的，应为接生婴儿，使之见到另外一个光明的世界。引申义为使某物从幽暗处到光明处，来到一个新的世界。所以"窈兮冥兮"的意思，就是自然从幽深处不断、持续地产生某事理，使之呈现出象与物的过程，以精的形式存在。

精，在篆字中，由米和青构成，米即米粒，而青上部是生字，下部为井。整个字的含义就是用井里的水浇灌禾苗，使之发青，呈现出生机勃勃的景象，最终生长出人们祈求、期盼已久的稻米。老子以为，从幽深的道体中生成万物，就像用水滋润禾苗，使其成功地生出谷之精华——晶莹剔透的大米一样，这也是德的作用的具体展现。根据精的这种状况，我们可以看到，这种生成过程是守信的，到时必然发生的，而呈现在我们面前的现象世界就是最好的证据。所以老子指出，无论是自然运行，还是道生世界的过程，都是极其讲信的。显然，在老子看来，只有自然生成的东西，才是真实存在的；而只有真实存在的东西，才能够使人们彻底地信服，而有些谎言尽管能够欺骗一些人，但不能蒙蔽所有的人。

然后，老子继续阐释道："自古及今，其名不去，以阅众甫。吾何以知众甫之状然？以此。"就是说从古到今，这样生成万物的状况不会改变，因此可以形成自然运行的常则或者说宇宙演化的法则。其中的"名"字，一些学者认为，其意为口述金乌西坠、玉兔东升时白天转入夜晚的傍晚变化的情景。而赵诚不止一次地说是"表示黑夜里以口自名之意"②。但是从该字的形状看，它更像弯月初上的情景，而且夕阳并非指晚上，因此众位学者释字有误。显然，该字的意思是指人们叙述白天转向黑夜，月亮取代太阳等日夜变换的情况。将之进一步引申，可以理解为有与无的更替过程，因此在这里，它代指自然从无到有，然后再从有到无的持续转变过程。怎么会是这样呢？老子说，可以查阅众甫，甫字在甲骨文中，

---

① 赵诚：《甲骨文简明词典》，中华书局2009年版，第366页。
② 同上书，第78、175页。

是田中幼苗生长之状，熊国英认为是"草本植物，如菜蔬花草等"①，这种现象可以引申为万物刚有之时嫩弱、微小成长之意，而下面的田字，可理解为产生有以至万物的道德本体。因此老子其意是说，看到万物从小生长之状，就可以想象道在幽深运行之中生有乃至万物的过程，但是在物步入鼎盛之后，又逐步走向衰亡，最终消失进入了静无世界。

以上就是道生物的自然运行过程，显然，老子对这种运行的描述还感觉意犹未尽，于是在《道德经》第二十五章中，他又说道："有物混成，先天地生，寂兮寥兮，独立而不改，周行而不殆，可以为天下母。吾不知其名，字之曰道，强为之名曰大。大曰逝，逝曰远，远曰返。"首起的两句，其意是有一种将万物混合在一起的东西——如阴、阳、精、气、势等，然后根据自然运行生成万物。它先于万物而生。然后是"寂兮寥兮"，河上公认为，"'寂'者，无声音，'寥'者，空无形"②。严灵峰接着解释道："'寂兮'，静而无声。'寥兮'，动而无形。"③寂字，在金文、篆字中，上部分是宝盖头，里面由上和小构成，宝盖头应为山洞或者房屋，上字，诸家解释几乎相同，由于它类似现在的二字，他们都将其解释为有一些东西在地上或者他物之上。因之，寂字的原始本义应为一些微尘物悄无声息地冉冉升起，如轻烟、蒸汽等，而且这还是在幽深的洞里发生的，这种解释也符合老子对道的感悟。根据这种情景来看，河上公等人解释的有一定道理，但不全面。

寥字，上部也为宝盖头，里面与勿相似，只是多了一撇，疑为乌云中凝聚成形的雨水或水珠，但由于是在洞中，是雨水的可能性不大，或许它更应该是烧热的开水向上蒸发的水蒸气，漂浮到洞顶然后聚成水珠落下。如果是这样，那么它和河上公等人的理解正好相反。以之为标准，寂兮寥兮的具体含义就是在幽深的洞里，水蒸气缓缓升起，形成景象，然后聚成水滴，即形成有空间的物体，然

---

① 熊国英：《图释古汉字》，济南齐鲁书社 2006 年版，第 65 页。
② 陈鼓应：《老子今译今注》，商务印书馆 2003 年版，第 170 页。
③ 同上书，第 169 页。

后再落下来。老子以之比拟幽深的道生成有形的景象，即无生成有，然后再由景象生成具体的物。这显然也是对道之为物生成过程的形象描述。

"独立而不改，周行而不殆，可以为天下母"，其中的周字，在甲骨文中，像一个田字，但外部的口字，即两横两竖都伸出头来，像一个井字，只是左边那一竖撇写为直立不曲的样子。这个类田字形里面的四个方格空里各有一点。对此，《说文》说："周，密也。从用口。"① 马如森认为，许慎此说不是周字的原始本义，他赞同许慎解说的另一含义，即"治玉也"，本义是治玉，也就是加工玉器。② 赵诚认为，其字"象周币封闭之形，似为会意字。甲骨文用作方国之名"③。熊国英指出，字"象整治好的农田里密植秧苗形，有遍周和紧密义。"④ 唐汉认为，"甲骨文中的'周'像界划分明的农田，内中小点表示密集的庄稼。"⑤ 徐中舒也持此说。而笔者更认同熊国英、唐汉、徐中舒等人的观点，因为根据字形，该字确像某物充满一个空间。对于老子而言，道充满世界，持续不断地最终生成万物，就是周行，而且这种特性的运行状况永不停止，永恒存在。故这句话的意思就是，道独立运行，不受其他因素的干扰而改变其行为，而是遍布世界，通过运行而生成万物，不舍一物而永不停止。在老子看来，既然道充满世界，永恒地运行，并且万物都由其促成、生成，甚至天地都是由其生成的，那么它就是产生天下万物的始祖母亲。

然后老子说："吾不知其名，字之曰道，强为之名曰大。"即将上述状况概念化为道，因为它周遍宇宙、充满世界，故煞费苦心、人为强行地将之称为大。笔者之所以将强释为人为强行、煞费苦心，因为老子说过"心使气则强"，它主要体现的是心的作用。如

---

① 许慎撰，段玉裁注：《说文解字注》，中州古籍出版社 2006 年版，第 58 页。
② 马如森：《殷墟甲骨文》，上海大学出版社 2008 年版，第 37 页。
③ 赵诚：《甲骨文简明词典》，中华书局 2009 年版，第 143 页。
④ 熊国英：《图释古汉字》，齐鲁书社 2006 年版，第 297 页。
⑤ 唐汉：《汉字密码》，陕西师范大学出版社 2009 年版，第 211 页。

果无心做事，更体现出老子的道，当老子试图对道的运行状态进行描述时，就是用了心，从老子的本意看，他是不愿意这样做的，但不做别人又不了解他的道，这就是让老子感到尴尬的地方，因之他自称"强为之名曰大"。接着老子进一步说道："大曰逝，逝曰远，远曰返。"也就是说，无处、无时不起作用的道，以一种逝的方式运行。由于道是一个生成变化成物的无限发展过程，对于物来说，它当然是一种不现其形的活动过程，也就被称为逝。这类似于佛家提倡的空字。在甲骨文中，它由走之旁和折组成，折字的含义是将一棵树用斤（类似于现在的斧）砍为两段的图景。而走之旁是某物从某处离开之意，两相会意，其义为用斤砍下树枝，然后使之离开。因此在老子看来，道隐物现，是自然的常态，它是将道的一部分转化为物，似乎道之不存，因此称为逝。其道已逝，看起来离物——现象世界愈来愈远，但是它会在一定程度上重新使物生成，这样看起来物又重新返回到我们面前。这样道始终处在一个生有，有再进一步生成物，然后远物而去，继续从事生成有及至万物的过程，这就是老子对道进行的描述。

但是，老子强调指出，作为道生成的事物，不能生长、发展的过于盈满，否则会带来物壮则老的恶果，如"持而盈之，不若其已。揣而锐之，不可长保"（第九章）。因此，怎样把握好事物的成长又不使其盈满，是评判事物遵循道的一个标准，这将在以后的章节详加论述。

第四节　自然生成中的四重世界及对王弼贵无思想的批判

一　老子自然生成中的四重世界

在老子论述自然生成和衰亡的过程中，我们可以认为他提出的这种生成过程含有或者说存在着四个世界，即道无世界、精象世界、现象世界和衰亡世界。其中首要的是道无世界。道既接受万物衰亡时的回归，经过在其世界的孕育转化，从中可以产生出新的存在事物。虽然看起来道体世界似乎是虚无的，但在其中却产生着使万物得以实存的前物质东西。因此在道无世界里，就像一个系统一样，首要的是不断地吸收万物回归的东西，即万物衰老死亡时留下的那部分存在。同时也不断地对外部输出在其中孕育的这些实体存在，因此看似安静的道无世界，却不是绝对的静止，而是不干涉外物、永恒持续地在其内部生成有，进而导致精象世界的形成。

精字我们在前文已述，是水浇灌着禾苗，使其成长，最终结出稻米之意。从此解读并结合老子思想可知，这种由道无世界生出的精象世界，就是以有为始端，通过一生二、二生三、三生万物的生成过程。而从一到万物的生成过程，正好体现了老子所说的这个精字，其中的生字意味着阴之生长状态，其形或者说阴之作用，即米字可以代表阳之呈现，那么井之水就代表着气，滋润万物，使万物得以出现。这个世界既不是无形的道无世界，也不是实显的现象世界，而是一种似有若无的显象世界。它就是老子所说恍惚的状态，能够显现其形但不以实物存在，类似于《易经》里所述的"在天成象，在地成形"①中对象的描述。此即是说，它类似于天象、气象或者风，人们只能看见或感知其存在，但难以实质性地对其加以把握与抓住，其中阴、阳、气等象皆是如此，但是它却构成了一个实存的有形世界，我们将之称为或界定为精象世界。

第三个世界就是本书经常说的现象世界。老子在《道德经》第二十一章中云："道之为物，惟恍惟惚。恍兮惚兮，其中有象；惚兮恍兮，其中有物；窈兮冥兮，其中有精，其精甚真，其中有信"，就是说自然生成的世界从道无开始，然后生成精象世界，精象世界再进一步生成现象世界。这个难以描述的精象世界是真实存在的，它通过信来反映其真实的存在——如果说不存在精象世界的话，那么现象世界从何处而来？因此我们可以从现象世界的展现来推出能够产生它的精象世界，而其中体现信的，就是这个实存的现象世界。老子所云的三生万物反映的就是这种生成状态。所以现象世界

———————————
① 存良：《白话易经》，内蒙古人民出版社1997年版，第371页。

是实存的物体存在，比如草木、山石、动物、人类，等等。此即是说，它就是我们生活其中的这个花花世界，它以物质形态展现出来，万物在其中互相作用、互相影响，处于不断演化运行当中。

最后一个就是衰亡世界。如果自然之势生成道无、精象、现象世界的话，那么它最后促使现象世界中的万物消亡，形成一个衰亡世界。许多人认为，现象世界似乎是常居不变的，但是这个认识却是错误的。任何事物在其生成的时候，就预示着死亡。自然是公平的，它不会让一个物体永久地存在，在其中起作用的就是自然的衰亡因素，它最终会让一切事物毁灭、消失。在这里需要指出的是，自然——最主要是自本体让事物衰亡，并不是让它们同时灭亡，而是让这些物体按照其特性，在不同的时期毁灭，同时也让一些新的事物产生，从而维持现象世界的动态平衡与发展。如果说现象世界是物的世界，那么衰亡世界就是让衰亡的物重新归入道无世界，以此形成自然循环。

上述就是对老子自然循环论的大体概述，对于其中所含的道、德、势、物等核心概念或者范畴，其具体内容、特征、作用等，我们将在以后的篇章中做详细的论述。

二 自然中道、德、势、物的职责

综上所言，道只限于生，至于生成什么样子？怎么畜养其成形，则不是道的作用范围之内的事情；而德只限于畜养，至于事物怎么生，可以形成什么样子，也不是它的作用范围内的事情了；而促使事物成形，也就是使物成为它应该是的那个样子，自身接受三即阴、阳、气——使后者以势和质料样态提供给自身，以便形成自身的形状，至于事物怎么生，怎么畜养，也不是它的作用范围，而势促使事物最终形成，为事物形成具有其独特性质的物自身、物本体提供动力，同样还促使过了顶峰时期的物体走向衰亡，使其最终回归道无世界。因此，它也不负责事物怎么生，怎么畜养，怎么成其应该是的那种形状的职责，它只负责使某物生长形成，并使之自化和对他物形成影响力。所以自然的四种实体各负责其应负责的一个方面，对其他的方面则按照自然常则置之不理。也就是说，自然的这四种实体存在仅在自己的作用范围内各尽其责，对自己影响范围之外的领域则完全不去涉及，这种情况就反映出老子所述的知足知止，知道自己应该做些什么，不做什么，因此只是在自己的作用范围内尽其职责，而不去干涉其他实体的作用领域。从另外一个方面来看，虽然它们互不干涉其他实体在其领域所起的作用，但它们也并不是对其他实体所起的作用莫与配合，作壁上观，而是积极配合其他实体，和其他实体一起，促使自然的正常发生。因此，正是自然的这四个实体各司其职又互相配合，才使自然得以无限循环，处在从无到有、从有归无的复杂循环过程当中而永不休止。此即是说，因为自然中的道、德、势、物各司其职，各尽其责，不去涉及其他实体的作用领域，体现出它们的知足知止特性，但又相互密切地配合，如此才能够长久地生存，故老子在《道德经》第四十四章中说："知足不辱，知止不殆，可以长久。"

另外我们也应该知道，自然的这些实体存在既然各司其职，不干涉其他实体在其领域所起的作用，也就说明了自然的这四个实体同等重要。同时也证明了这四个实体各自存在其局限性，其中的任何一个都不能占有统治地位，从而支配其他三个实体的运行过程和在其领域所起的作用。也就是说，这四个实体的地位是平等的，是同样重要的，同时也是缺一不可的，尽管在自然运行的逻辑次序方面存在差异。

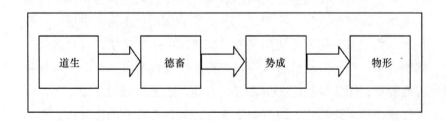

图 1-3　自然中道、德、势、物各自的职责

三　对王弼崇本息末思想的批判

不幸的是，许多人对老子的自然观及其四个实体存在概念没有感知，他们认为，道是老子思想中的最高范畴，从而忽视了其他三

个范畴，认为它们可有可无，甚至认为它们不仅不重要，而且可以忽略以致有意地消除。其中的代表就是王弼的贵无论。尽管他朦胧地认识到自然概念高于道，但他在论述老子的思想时，却又秉持道为老子思想之本，而非自然的论调。

王弼在其论著中具体阐释了他的崇本息末思想，他指出："老子之书，其几可一言而蔽之。噫！崇本息末而已矣。"① 因此，他提倡："崇本以息末，守母以存子。"② 认为老子的思想可以概括为崇本息末，那么何为老子的本？何为老子的末呢？王弼认为："故见素朴以绝圣智，寡私欲以弃巧利，皆崇本以息末之谓也。"③ 在这里，他以素朴、寡欲为本，以圣智④、巧利为末。

他指出："朴，真也。"⑤ 即真实存在的事物。他又说："朴之为物，以无为心也，亦无名。故将得道，莫若守朴。"⑥ 即朴之形成物时，是以无为灵魂、主导。无是道的内容与特征，王弼对之是认可的，如"道以无形无名始成万物""万物始于微而后成，始于无而后生"⑦。道生万物，是以无的场景显现的。而朴能形成物，显然，王弼有将朴作为道的意图，其实不仅王弼，老子也具有此种倾向，在笔者阐释老子道观的时候，将会详细论述这一点。老子说道之为物，而王弼说朴之为物，并且王弼又是诠释老子思想的，所以两人的观点具有一定的相似性，因此我们可以将王弼所谓的本理解为道。

王弼所云的圣智、巧利，就是他所称的末，显然，它们也有老子概念中物的特性，他说，"弃巧用，贱宝货"皆是物的名称，而

① 王弼：《老子道德经注校释》，楼宇烈校译，中华书局2008年版，第198页。
② 同上书，第196页。
③ 同上书，第198页。
④ 在这里王弼的引用可能出现了错误，而出土的郭店竹简中老子的章节似乎更正确一些，即"绝智去辨"，而非"绝圣去智"，因为老子从不反对圣人，反而以圣人为理想人格，真正以圣人为恶的，则是庄子，这是老庄思想的重要区别之处。
⑤ 王弼：《老子道德经注校释》，楼宇烈校译，中华书局2008年版，第74页。
⑥ 同上书，第80页。
⑦ 同上书，第1页。

圣也指作为万物之一的人属，有其巧智，在他看来也属于物之一种。所以王弼所云的崇本息末，就是认为老子思想的核心是尊道贱物，乃至于息物，但是这有违老子思想的真谛。老子固然重道，要求人们遵循道，但老子并非一味地反对物，甚至息物，他甚至指出物复归其根，可以返回到道无的状态，为道增加新的质料等东西。所以道与物是有无相生的一种关系，并非王弼认为的崇本息末，重道贱物。固然老子主张人们弃物入道，但他要求人们抛弃物的某些不良特性，而非物之本体，这是王弼没有意识到的。他在诠释老子思想不足的地方，却误导了后世学者，使之皆认为老子思想中的最高范畴是道。在我们仔细感悟老子思想的时候，正如上文所论述的，老子思想的最高范畴应该是自然，而老子在将其中的道、德、势、物同等论述时，特意强调了这一点，尽管其对于道德的论述篇幅更多一些。

第二章　老子道观体系研究

上一章我们主要讨论了老子的自然观，指出它蕴涵着道、德、势、物等实体存在，而这些实体相互作用与协同合作，使自然的面貌得以呈现。为了详细具体地阐释这些内容，使大家对之有一个较为清晰的认识，本书将分别对它们进行论述。具体来说，就是分别论述老子的道观、德观、势观和物观，在本章我们首先论述老子的道观。

第一节　道的原始含义及老子对道的观感

一　道的原始含义

早在远古时期，人们就对道有着深刻的认识，以致在甲骨文中该字频繁出现，因此许多学者都对之进行过解读和诠释。一些人认为，道就是人们所走的路，并由此引申为方法、道理、规律等。如邹晓丽认为："人在路上行走。从首。首，始也，即领头的人的意思。是'导'的初文，即《说文》'所行道也'。"① 陈基发指出："'道'是个会意字，行首会意……合起来就是人走的路。所以，'道'字的本义就是'路'、'道路'……'道'作为名词，还有'方法'、'法则'之义……还可引申为'道理'……'道'作为动词，可解释为'讲'、'说'……'道'也可译为'路过'、'走

---

① 邹晓丽：《基础汉字形义释源》，中华书局2007年版，第82页。

过'……还可引申为'料想'、'以为'。"① 左民安认为，在金文中，"其两侧是个'行'字，'行'字原表示十字路口；在这个十字路口的内部有个'人'（上首下止）。这表示人在道路上行走"。接着他指出："'道'的本义为'路'……由'路'可以引申为'规律'……由'规律'可以引申为'途径'、'方法'……'道'又能引申为'主张'、'学说'等。"② 唐汉认为："甲骨文的'道'字'从行从止'，用十字大路和一只脚来表示行走之路。金文的'道'，演变为'从行从首'。这是说，'道'在此已指那种直通大路，即很远之处可以看清楚人的面目的宽广大路……'道'的本义为大路，即'康庄大道'。其词义由道路的通达，又引申为方向、途径，如'志同道合'一词。由循行、通达之义，又引申为'道理'，即探究事理的原则、标准。又由道理、标准引申出'道德'之义，如《孟子·公孙丑下》：'得道者多助，失道者寡助。'又引申指主张、方法，如'门道、医道、道行'等；又转指述说，如'道谢、一语道破'等。"③ 熊国英也持类似的观点，他认为："道是道路。引申为道德、道理等抽象的途径。"④ 而张国庆则云："《释名·释道》说得好：'道，蹈也；路，露也。''蹈'是脚踩，'露'是显露出来，所以经人踩过而显露之处就是道，人行之道。……1. 行走是道路的本义。……2. 道的另义是说。……3. 表示方法、道理。"⑤ 但是对于以上诸说，窦文宇等人不是十分赞同，他们指出："金文'道'字由'行'和'首'构成。'首'字是人头的象形，人的感觉器官集中于头部，引申为感觉的含义，'行'字是十字路口的象形，整个字的意思是人在十字路口处根据感觉决定应走的道路，由此产生到达目的地的最佳路线的含义。引申表示道路、方向、道理、正义、说出和道子等。籀文'道'字用'寸'

---

① 陈基发：《趣说汉字》，新世界出版社 2008 年版，第 498—499 页。
② 左民安：《细说汉字》，九州出版社 2005 年版，第 509—510 页。
③ 唐汉：《汉字密码》，陕西师范大学出版社 2009 年版，第 815—816 页。
④ 熊国英：《图释古汉字》，齐鲁书社 2006 年版，第 46 页。
⑤ 转引自丁义诚等《汉字详解》，新世界出版社 2009 年版，第 125—126 页。

代替'行'。意思是利用感官有分寸地进行分析，由此也能形成道理、办法和门路等含义……'道'和'路'不同，路表示人走的路，道表示人应走的路。在'道'的造字原理中包含着目的、手段、选择和最佳方式等哲学思想，它由此成为中国古代哲学的重要概念。"①

　　从诸说可知，道的含义非常丰富。从甲骨文来看，道用十字路口和其中的脚印来表示，人直走或拐弯，没有具体表示出来，但从其形来看，即从直走的路较宽而拐弯的路较窄而言，其往前直走的可能性更大。也就是说，勇往直前是人们较多选择的方式，而向左右两边走也是人们的选项。无论是往前走，还是向左右拐弯，均表示人们创立的道路有多条，而非唯一的。在金文中，人们将道中的脚印改换成人的面首，突出了面目。起初，首的含义是羊面及其角，后用其代指一切动物的面目，也包括人。当人们走路的时候，就会凭着记忆、带着目的行走，否则就会迷路。当我们走一条陌生的路时，这种感觉就会特别明显。因此道的主要含义就是：其一，通过人或其他动物的活动产生各种踪迹以及由此逐渐形成的道路；其二，当人们为了达到某种意图、目的，如果在这方面没有可供选择的路径，就会自觉或不自觉地自己开创出一条道路，以供自己达到这个目的，比如寻找猎物、采集果实、捕鱼等；其三，当人们再次走路或从原路返回的时候，就会回忆自己走的路是否与上次走的是同一条道，如果走错道，就会迷路，这就要求人们做出判决和推理，如看脚印等标记，以防迷路而造成不必要的麻烦。这时他们就要通过自己的思维构建出自己的活动步骤、程序及秩序等，因而就进一步产生了方法、道理、规律等含义。总的来说，道具有程序性、开创性和规律性，并以此体现出自己的运行法则。这就是说，正是其运行法则的作用，才造就了道的这些特性。

　　显然，老子道的概念就是从这些含义中提炼出来的，并且当他认为道生一的时候，就从行为主体创建道转变为道生其他事物，从

①　窦文宇、窦勇：《汉字字源》，吉林文史出版社 2005 年版，第 11 页。

而使现象世界得以形成。但老子对道的感悟不止于此，他对道有着许多独特的理解和看法，下面我们一一道来。

二 老子对道的感悟

在中国的哲人当中，老子对道的研究和感悟是非常深刻的，并且对道进行了系统而具体的论述。

（一）道是难以命名与描述的

老子在《道德经》第一章中，就开门见山地说："道可道，非常道；名可名，非常名。"即他宣称道是不可描述的，也是难以下定义的，如果有可明晰界定的道，那也不是真正、恒常的道。对此老子不止一次地强调，如他在第四十一章中指出"道隐无名"，即道是隐微的，我们无法对其名状。另外在第三十二章中，他也不厌其烦地宣称"道常无名"，即恒常的道是无名、不可命名的。他对道的这种观感，是其《道德经》一书立论的基础之一。

《易经·系辞传上传》中孔子曾说："书不尽言，言不尽意。"①此即是说，书写难以表述语言的全部内容，而语言也表达不了所有的意念。同样对于包括老子在内的人来说，也是难以对道进行准确把握、识别与论述的。为此笔者认为，道确实是难以完善地描绘的，甚至我们连某一具体事物，也很难对之进行完善地描绘，即难以用语言全面、准确地将之阐释清楚。例如，当我们企图描述一件衣服时，即使描述得再详尽，也总有一些描绘不了或描述不到的地方。同时别人根据他的描述，很难在其脑中想象出和其完全一致的形象。在日常生活中我们之所以能就所指事物与人有效地交流，是因为人的经验与想象在起作用。如母亲命令我去拿一件衣服，我不等她描述完备就准确地取了过来，就是如此。这体现出交流双方对某件事物有共享的信息，因此在交谈中可以理解这件事物，但并不是对之能够进行完善翔实的描述。这种共享信息可以使交流双方形成一个约定，即双方对此都了解，否则需要较为详尽地描述，但是

---

① 存良：《白话易经》，内蒙古人民出版社 1997 年版，第 395 页。

这种描述也需要经验加以辅助，才能了解这个事物。

既然较为具体的物体我们有时也难以对之进行完备的描述，那么对于无形的、不可名状的道，我们就更是会遇到这种十分尴尬的困局了。别说是道，即使为道之人，也是不被大多数人所认知的，故此老子说："古之善为道者，微妙玄通，深不可识。"（十五章）正是因为它们难以被普通人确知，故此它们经常受到下士的耻笑："下士闻道，大笑之。"（四十一章）

辞能否达意是西方哲学争论的一个话题，当逻辑实证主义试图驱逐形而上学，消除非理性对人的影响，从而要求通过经验以验证命题的可证实性时，却发现他们根本就离不开形而上学。由于他们提出这一观点的前提假设，就是认为经验可以判定一切问题，并且似乎认为他们对经验的概念可以做出明确的界定，但是事实却并非如此，辞是难以达意的。在对形而上学的概念认知方面更是如此，罗素曾说："'形而上学'是一个如此模糊的概念，从而使得这种表述没有给出确切的含义。"① 对于该学派所遇到的困境，罗素、波普尔等人力图对其理论加以修补，但是存在一定的争议。由此也能看出人们对形而上之道的观悟与清晰地阐释是难以做到的。

（二）人们可以感觉到道的存在

由上文可知，人们对道的认识存在着一定的悲观情结，但老子则指出，虽然人们不能准确全面地命名道、表述道，但道却时刻起着作用。他说："大道泛，其可左右。"（三十四章）即它恒常地最终生成万物，并左右着后者。具体来说，万物的任何活动最终都受到道的作用，其特征与运行状态等都显示着道的影响，这也是儒家倡导天命的原因之一。因为人们观看到的万物的生存状态，都有道在其中起着支配性作用。所以道看似无为，其实是无不为的。

"万物恃之而生，而不辞"（三十四章）。也就是说，就是因为有道的存在，才使万物得以生存，即万物凭借、仗恃道的作用才得

---

① 北京大学外国哲学研究所编译：《外国哲学资料》（第七辑），商务印书馆1984年版，第31页。

以生成，而道虽然持续不断地最终生成万物，却不觉得自己辛劳，因而不辞却自己生物的职责。因此正是有了万物的生存，才可以证明道的作用，也进一步证明了道的存在。由此可见，每一个人都可以通过对物的自然生成状况，觉察到道的作用及存在。就这一点来说，人们能够感觉到道的存在。

（三）它可以用水、谷等作比喻

老子认为，虽然道难以描述，难以对其下确切的定义，但是通过类比可以对之做出形象的阐释，以便人们能够更好地了解它。首先他指出，道类似于水。老子在第八章中说，"上善若水。水善利万物，又不争。处众人之所恶，故几于道。"他认为，水可以滋润万物，以此促进其顺利的成长生成，且不与它们在资源、空间等方面进行利益上的争夺，而是处于物所不愿处的地方、位置，所以它的表现接近于道。也就是说，道也像水一样，不仅自己甘愿处于物体不愿处的地方，而且时刻滋润着万物，促成其生成。只是道不可见，而水容易被人们感知，故此老子通过对水的特点阐释来论证道的存在及其具有的特性。

其次，他在《道德经》第三十二章中也特意指出："譬道之在天下，犹川谷之于江海。"也就是说，道在天下的位置，就好比江海对于川谷所处的地位。相比于川谷，江海有两个特点：其一是处下，故能够吸引川谷之水的汇入。其二，正因为江海处下，吸引水的注入，故它们能够容纳川谷，包容川谷之水。老子以此比喻道能够容纳天下万物，他希望以此来说明道的存在及其具有的特性，以便人们对道的理解。由此可见，老子力图通过对水、江海的特性进行比喻，力图告知人们道的存在，及其存在的特性。

三　老子对道的解读

在《道德经》中，老子试图对道进行多维的阐释与解读，希望以此来使人们对道本体之形象有着一定的认识与感知。

第一，他指出道是无。在《道德经》第四十章中，老子认为，"天下万物生于有，有生于无"，即万物是从无中产生的，进而才产生有。之所以认为道是无，是因为老子说过"道生之"，即道最终能够生成万物。除此之外，老子还说过："道生一，一生二，二生三，三生万物。"（四十二章）如果说有是一种存在的话，那么它是从无中产生的。道生一、无生有，而一就是有，即是一种存在，故道即是无。这里需要指出的是，道之无体现在无形、无色、无象、无味上，但存在势及潜存质料，而不是真正或纯粹的无。

第二，道是谷神、天下母。老子在《道德经》第六章中指出："谷神不死，是谓玄牝。玄牝之门，是谓天地根。绵绵若存，用之不勤。"即道是谷神，也被称为玄牝，它是产生天地的根源。老子认为，只有道才是产生天地万物的根源，为此要求人法地、地法天、天法道。由于道的主要作用是生，而相应的谷神、玄牝的功能也是生，所以在老子看来，道就是谷神、玄牝。同样，老子在第五十二章中说："天下有始，以为天下母。"意即天下母是天下、天地产生的根源。而在第一章里又说"无，名天地之始"，即无也是天地形成的根本，因此无就是天下母。并且老子在第二十五章里说："有物混成，先天地生。寂兮寥兮，独立而不改，周行而不殆，可以为天下母。吾不知其名，字之曰'道'。"即他所称谷神的道，是产生天地从而为天下母的实体存在。从这里也可以看出，道、无、谷神、天下母的概念是一致的。

第三，道是朴。老子在《道德经》第三十二章中云："道常无名，朴虽小，天下莫能臣也。"在这里，他将朴指称为道，认为道生产物的初始，虽然看起来弱小，但却具有其他形式难以阻止的力量，这一点和马克思主义者对新生事物的看法是一致的。而与之不同的是，老子还详细阐释了朴，认为它是没有经过纹饰、人为雕琢的自然状态。在第三十七章中，老子指出，当万物"化而欲作，吾将镇之以无名之朴"，此即是说，朴可以作为抑制万物欲自化的工具，自化即自我逆自然异化之意。老子认为，可以使用无欲的无名之朴对万物予以镇压，使之顺应自然而不自化、不逆自然而为，以维护自然的正常运行，而道正是起着朴的这种功能（我们将在以后的章节里对之加以详细论述）。由老子对道的描述可知，道即是朴的意思。

第四，道是大象，是象帝之先的。前文已述，象在甲骨文中，就是一个常见的动物象的样子，在远古时期曾在中原一带生息繁衍。河南的简称豫，乃至南昌曾被称为豫章，就显示出象生存的依据。显然，在春秋时期象字已经做出了进一步的引申，即其含义发生了流变，意为精象、现象。而老子所称的大象，则将其本质化，意为道。因为他不止一次地论述道是大象。首先他指出"大象无形"（四十一章），即认为大象是没有形状的，这和道的描述是一样的。其次他说"执大象，天下往。往而不害，安平泰"（三十五章），同样说明了道的作用，因为老子经常说，道是利于人而不是伤害人的，如他在《道德经》第八十一章里说"天之道，利而不害"，此即是说道不害人。另外，他说"以道莅天下，其鬼不神。非其鬼不神，其神不伤人。非其神不伤人，圣人亦不伤人"，等等，在多篇章节里均认为道不害人。同样在《道德经》第四章里，论证提及"道冲而用之，或不盈……吾不知谁之子，象帝之先。"此即以象帝的前存在指称道①，显然象帝就是有。所以道是大象，是象帝之先的。这既论证了道即大象，也指出了精象世界随之存在的根据，即大象生产象帝，象帝又演化为精象，然后精象又形成现象，使世界呈现在我们面前。总之，根据大象的无形和对物的不伤害性，老子试图以此来论证道是大象，并用大象指称道。

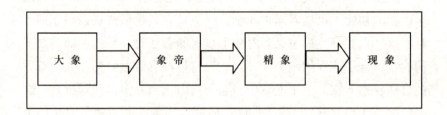

图 2-1　大象的生成演化模式

---

① 根据老子的论述，道似乎应该是自然之子。

第五，道是奥。老子在《道德经》第六十二章中云："道者，万物之奥。"即将道比做奥妙，是天地万物之所以产生的初始。奥，意为人们用双手捧着米走向洞穴中，这是篆字所提供的奥字的图式。盖在远古时期，先民还没有发明用于运输米的工具和麻袋，也没有修建居室的理念，只能用手捧着米，将其运送到自己居住的洞穴里。可以想象，古时居住的洞穴，既没有窗户，也没有灯光，因此是十分昏暗的居住地。而且到了晚上，情况就更是如此。因此，奥具有奥秘、微妙、精微等隐而不显、似显非显的含义，这种含义也符合老子对道的理解，当他用恍惚感悟道的状况时，情况也是如此。所以道是幽暗不显、微妙的奥，并且奥可以进一步衍生为黑、幽冥之义，对之，我们将在后文论述。

综上所述，在《道德经》中，老子用无、朴、谷神、大象、奥等范畴来指称道，以使人们能够进一步理解道。

第二节　道的特性

为了使人们能够更为明白地理解道，老子在多篇章节中论述了道的特性。

一　幽冥特性

道是万物之宗，深不可测，它显示出幽冥隐黑的特性；它持续生成有但其身无论接受多少质料和势能，也永不充盈，具有容的特性。它的这些特性显示出道自身是长久存在的，而非像物一样是暂时的存在。

（一）道的长久、幽深与宗源特性

在《道德经》第四章中，老子描述了道的特征。首先，他论述道，"道，冲而用之或不盈"，这是对道的运行进行的描述。此句话意为：道，用自然之势生成有及万物。其中冲字，前文已经论述，意为阴阳两极相冲相荡而生气，此即二生三的一种状态，当道生成万物，其中在"生"的时候，就从其源产生一种冲力。前文已

53

述，道使有产生，有因自身特性而存在差异，产生对立的双方，即阴阳。因为动力无穷，所以道生成有的时候，其呈现的特征是持续不断、永无休止的，并在成物之后，这些物又会返归于无，为道提供能量和动力，这种循环永不歇息，但却不会使充盈溢满的现象发生，故老子以"不盈"称之。

其次，老子进一步说道："渊兮，似万物之宗。"由于阴阳相冲形成气，然后再生成万物，在老子看来，这一生成过程是相当深远悠长的，因此老子称之为渊。在甲骨文中，渊是一个方块，里面是水滚动的样子。熊国英释为："是回旋深潭的水。"另外，有的渊字在上述形状的左边还有一条小溪流动的样子，对此熊国英认为，其"表示水自外流入潭内"①。《说文》云："渊，回水也。从水，象形。左右岸也，中象水貌。"② 唐汉指出："甲骨文字形像一个四面围住的深潭，方框中间是表示水流的线条。金文的字形比甲骨文更加形象，简直是一潭秋水。小篆的'渊'字继承了金文的左右结构，右半边像深潭之水，左边保留了水字偏旁，成为今日楷书的初形。"因此他认为，渊的"本义为深水之潭……由于渊中之水往往深不可测，所以引申为'深'"③。因此，渊的本义就是一个深潭，其上有至少一条溪水流入，水在其中翻滚汇聚，然后又在其下部流出，一直流到远方。其形正像老子所阐释的道，通过一定的路径生成有及万物，而物又复归其中，形成道的本体，不断涌动的道的特征就是如此。它是产生万物的本源，故老子说它是万物之宗。

再次是"湛兮，似或存"一句。湛字，由三滴水和甚字组成。对于甚字，《说文》认为："尤安乐也，从甘匹。"④ 窦文字等人也认为是由上甘下匹构成。匹字有多种写法，甲骨文为一个脚印，上面插一个类似英文字母 P 的东西，疑为古时人们以步测量距离，并在达到测量的长度之处用旗帜等物做一个标记，例如，需要测量一

---

① 熊国英：《图释古汉字》，齐鲁书社 2006 年版，第 278 页。
② 许慎撰，段玉裁注：《说文解字注》，中州古籍出版社 2006 年版，第 550 页。
③ 唐汉：《汉字密码》，陕西师范大学出版社 2009 年版，第 277 页。
④ 许慎撰，段玉裁注：《说文解字注》，中州古籍出版社 2006 年版，第 202 页。

百步的长度，就在走到一百步之处做一个标记。籀文中将匹字画作一个脚印，旁有一个类似石子的东西，可能也是作为一个标记。如果另外一个场景也需要度量一百步，那么这个一百步就可以和前面那个一百步相匹敌，这可能就是匹字的原始本义。其上有一个甘字，意为人们有强烈的意愿去做这种百步甚至更远的测量，似乎这样会给他们带来好处，比如丈量土地，对于百姓来说，自然是越多越好，但这样会给他人造成一种过分的感觉。其左边加上水字旁，则意味着对水流的长度做出评估与测量，如果流程过远，则会给人一种远不可测的印象。我们知道，长江的长度为 6621 千米，这个距离在古时根本无法测量。在《西游记》里，还将通天河和长江区分开，感觉是两条河似的，殊不知通天河正是长江的源头。因此，老子以湛喻道，正是说明道生万物的过程深不可测，人们大多感觉不到，似无实有。

最后老子又说道："吾不知谁之子？象帝之先。"象即精象，在古时，人们认为是天展示的一种状况，故《易经》云，在天成象，在地成形。正如前面所述，大象无形，在老子的眼中，大象称为道，而在天上形成的各种状态即为象，如星象、气象等，可以将之统称为精象，是有即象帝生成的，进一步讲，最终也是由大象产生的，所以老子云"象帝之先"。即在天之前产生的东西，它即是道。

帝，赵诚认为，帝的"构形不明。有人以为象花蒂之形，可备一说。甲骨文用为天帝之帝，则为借音字。在商人的心目中，帝是居于一切之上的主宰者……甲骨文关于帝的卜辞，多至好几百片，主要有这样三方面的内容：一、支配自然界……二、对于人间可以降祸，可以授福……三、人间的所作所为，实际是商王的所作所为要得到上帝的许诺，即要经过上帝的批准"。由此看来，当时统治者的一切重大活动都要请示上帝。随之赵诚进一步阐释道："从卜辞来看，商代的帝在天上，有时也降临人间……"商人认为："很显然，帝降临于祭祀之处，必然是由于人们的祭祀。"但赵诚进一步指出："其实，把这一现象倒过来看，很容易就能发现，这不是事实，而仅仅是商代人的想法。他们认为，对上帝进行祭祀，上帝就有可能降临人间。"①

　　而熊国英指出："'帝'是古时祭祀比祖先高一级的天神。人们想用燃烧成束的木柴所冒出的冲天的浓烟去和天上的神沟通。商周时的甲骨文、金文均象一束木柴的形状，顶上一横表示天。帝字后来指人间的最高统治者（如商王的帝甲、帝乙等）。"② 左民安认为："'帝'字本像准备点燃的木柴之形。点燃木柴是为了祭天，正如《尔雅·释天》中所说：'祭天曰燔柴。'所谓'燔'就是焚烧的意思。点燃木柴，火光熊熊，象征天神之威灵。所以'帝'字的本义就是'天神'，又称为'天帝'，是整个宇宙所谓的'主宰者'。由'天帝'又可引申为'帝王'，如'三皇五帝'。"③ 徐中舒对帝字作了一定的思考，他将之解为："象架木或束木燔以祭天之形，为禘之初文，后由祭天引申为天帝之帝及商王称号。"然后他释义道："一、帝为殷人观念中之神明，亦称上帝，主宰风雨灾祥及人间祸福。二、殷先王称号。"④

　　唐汉认为，帝字是女性生殖器，它的"本义为族群血缘上可以追溯的女性始祖。在只知其母，不知其父的群婚和对偶婚阶段，人们仅仅知道自己是从母亲肚子里生出来的，母亲是每一个生命的根，生命之源的形象便是'产门'。甲、金文的'帝'字正是对这一生命繁衍方式的概括……在殷商先民的心目中，女祖'帝'有生育繁衍之功，因而，主掌生育繁衍的权力。作为后代，殷人对天帝（在天之帝）、上帝多有祭祀，这就是'敬天畏帝'的由来。在不断的祭祀中，'帝'的威权逐渐扩大，甚至比其他神祇威灵更广，更受尊崇。在他们刻意塑造'帝'神，使祖先的威灵不断扩大，与自然神合而为一时，也为人的再生产及自我生命之根，找到了一个带有神秘色彩的历史起点。'帝'，本为女性始祖，随着历史的演

---

① 赵诚：《甲骨文简明词典》，中华书局2009年版，第1—2页。
② 熊国英：《图释古汉字》，齐鲁书社2006年版，第48页。
③ 左民安：《细说汉字》，九州出版社2005年版，第199—200页。
④ 徐中舒：《甲骨文词典》，四川出版集团　四川辞书出版社2006年版，第7页。

进而成为抽象的神祇。"① 另外，商承祚指出："帝乃蒂之本字，象花鼻之形。蒂为花之主故引申而为人之主。"②

由此可知，诸家对帝的解字释义各异。笔者以为，帝是生成他物的本源，如花蒂是一棵花木之精华，并是产生其后代的源泉，因此决定着它的后代。由于帝的这个功能与作用，所以它被人们或动物尊为群物之首，在人则表现为氏族首领。在古时首先出现母系氏族，其首领为女性母亲，即是此意。人们通过生殖崇拜及神圣化等，将之进一步衍生，作为支配其他生物命运的客观存在，甲骨文显示的人们用木燔使之燃烧以祭祀天，意指冥冥之中有一股力量支配着包括人在内的吉凶祸福，故他们试图以祭拜的方式讨好这股力量。当然，它可以被人格化为神，这种情况在许多部落、民族中都可以看到。老子认为，决定天之万象的，就是帝。从此论我们可以得知，帝似乎是有的一种存在，因为它作为万象之主宰，好像是象的主宰，生成着万象，而老子之有正好有这种作用。但是道还在其前，决定着帝的生成，所以他以"象帝之先"这一论断阐释道的功能与特性。

从这一章里我们可知，道具有长久存在、幽深和万物之宗源的特性，我们可以对这些特性进行展开论述。

（二）幽冥难知的特性

既然道深不可测，人们难以观察到，因此是难以认识的，故老子在第四十一章中指出"明道若昧"，即万物都能察觉、知觉的道好像是幽暗不可见的。因此对于一般人来说，道是不可捉摸的。老子对这种情况感到好奇，于是他进一步观察了道是幽昧的原因。首先他指出，道"不自见"，即道不自我呈现，不像物那样用心用力地呈现自己、炫耀自己，而是自居隐晦幽暗之处，故不易被人们认知。这种情况如老子在《道德经》第四十一章中所指的"大象无形，道隐无名"，即道隐藏在暗处，自身不呈现形象，故处于"无

---

① 唐汉：《汉字密码》，陕西师范大学出版社 2009 年版，第 433—434 页。
② 商承祚：《甲骨文字研究》，天津古籍出版社 2008 年版，第 137 页。

状之状"态，以其无形、无声和无体而使人们视之不见、听之不闻、搏之不得。

道幽冥难知的另外一个原因就是，它在功成之后就马上身退，故此人们难以对之予以感知。正如老子所云："功遂身退，天之道"（第九章）。所谓功遂，就是指道生成有及万物时，使之逐步成长成熟，在外观上渐渐成形，并最终使现象世界得以形成，这些情况的实现，首要是道的作用。其中的遂字，熊国英认为，下部是一个野猪的形状，"上面是'八'表示分。合起来会意分开道逃窜"①。马如森指出该字"本义是追逐"②。笔者以为，遂字当表现为猎狩时代，人们在追逐野猪时，野猪慌不择路，逃向草木茂密的地方，以躲避人们的追杀。在它逃跑时，将这些草木生长的地方踏出一条路来，并显示出野猪蹄子的痕迹，以此人们可以追踪它。所以，它逃窜时留下了路的踪迹，就意味着这条道路已经形成了。其实，在远古时期，道与路还是有所区分的，道是指行为主体开拓的一条道路，它着重描述的是主体的开拓工程，而路则强调道已经形成了，它作为一个完成的工程呈现在行为主体面前。因此两者是有细微差异的。而遂字就强调了道路形成后的一种情况，具有完成以满足某种心愿的含义，这或许就是它的原始本义。因此功遂就是从有到精象现象世界的最终形成。

当功遂之后，即使有及万物生成之后，道就退之而不再干涉它们的继续演变与发展了。让其按照自己的生活方式运行，而此时道就继续产生着其他有之实体了。这些情况在自然观中已经得到详细的论述——此时的万物就会不断复命，最终达到静无的返无状态。所以当道完成了生成有乃至万物的任务后，就从中退下来，让精象、万物自然地运行，这充分地体现了道的知足知止特性，其过程正如老子在《道德经》第四十一章里所云的"进道若退"。因此道生成有，并推动万物的生成发展，但它功遂身退、后其身、外其身

---

① 熊国英：《图释古汉字》，齐鲁书社 2006 年版，第 212 页。
② 马如森：《殷墟甲骨文》，上海大学出版社 2008 年版，第 28 页。

且不漏痕迹的特性，使人们感觉到它非常适时地从万物的运行中退出，没有进一步前进。这即是道幽冥难知的一个原因，也是道的基本特性之一。

（三）道处黑

道的幽冥难知体现了黑的特性。老子在《道德经》第二十八章中，指出"知其白，守其黑，为天下式。为天下式，常德不忒，复归于无极"。在此他要求人们能够做到知白守黑，而白就是善于自见、自是、自伐、自矜的物，因其善于以其形体行为显示其自身，故白。而道处于幽冥之处，故其具有黑的特性。老子在此论述的实质就是要求人们能够去物入道，知道物的白性之不足，而守其道的黑性之优点，这种行为就可以成为天下的法式，而坚守这种行为的人也就能够做到"常德不忒"。其中的忒字，许多学者认为是差、消失、错误、差失之意。该字不见于甲骨文，许慎、徐中舒等人也将之释为变更、差池等义，因此该字的意思就是由变异而体现出差别之意，所以常德不忒就是恒常之德不会变易，永恒存在，最后归于无极之道。从老子在本章的论述里可以看出，道是居于幽冥之黑而不居于张扬之白，故它的本质特性就是黑，并且他主张人们要做到这一点。

道处黑的特性还体现在《道德经》第三十五章中，即"道之出口，淡乎其无味，视之不足见，听之不足闻，用之不足既"。因此道的特点第一是淡而无味，就像我们周围的空气一样，尽管对我们的影响巨大，但并没有通过味道彰显自己，所以说道的自我运行状态，仔细品味却似无一点味道，使人感觉不出其存在。第二道是无形的，我们无法在有形的世界里发现它。此即是说，如果我们试图用裸眼去努力地看它，却什么也不能看见——它隐藏在现象世界之外，仅凭我们的视觉，是发现不了它的存在的。第三，它是寂静无声的，凭借我们的听觉，我们是感觉不到它的存在的。也就是说，它是在我们的听觉之外存在的，我们不能用听觉来感知它。所以即使想用耳朵去仔细地听，同样什么也听不到。第四，道是触摸不到的，在第十四章中，老子说"搏之不得名曰微"，由于它微妙到不占有任何的空间，人们难以用身体去感知它的存在，更难以用手去把握它。它在行为主体感知之外的地方存在着，故此感觉不到它的存在，因而它是触摸不到的。所以道空虚无形，人们无法像用物一样去用它。如果我们企图去桎梏它，但最后却发现这就如手抓空气一样，是不可能的事情。第五，它是用之不竭的，道是恒定的，人们不能在其上面增加一分，也不能在其上面减少一分，即加之不多，减损不少，使用之不会减少其一分，不使用也不能增加它的量。尽管道的容量是恒定的，无需外部力量对之予以增减，但是它的特点却是绵绵不绝，用之不尽的。

既字，在甲骨文中，左民安认为："右边是一个高脚的食器，其中尖尖的部分表示装满了食品，左边是一个背向食品而跪坐的人，张着个大嘴巴，表示已经吃饱了……'既'的本义是'吃完了'。"[1] 戴昭铭则进一步指出，既的左半边是"盛满食物的古代容器'豆'，右半边是跪坐的人。"[2] 唐汉也持这种观点，他认为："甲骨文中的'既'字，右边是一个盛满食物的食器（即豆），尖尖的部分表示装满了食品；左边是一个背向食品而跪踞的人，张嘴侧头，表示已经吃饱了的意思。"[3] 马如森指出："字象人在食器前吃完转过头去，以示食毕。本义是吃尽。"接着，他归纳出四个卜辞义：一是"疑借用作祭名"。二是"用作引申义，已经或完成"。三是"停止之义"。四是"疑人名。商的武官"[4]。邹晓丽认为是"人已经吃饱，把嘴掉过去了，故当'已经'讲"[5]。同样，徐中舒认为："象人食已掉头欲去之形，引申之而有已、尽、毕等义。"[6] 赵诚认为，"象人食毕扭头将要离去之形，为会意字，甲骨文用作

① 左民安：《细说汉字》，九州出版社 2005 年版，第 498 页。
② 丁义诚等：《汉字详解》，新世界出版社 2009 年版，第 747 页。
③ 唐汉：《汉字密码》，陕西师范大学出版社 2009 年版，第 614 页。
④ 马如森：《殷墟甲骨文》，上海大学出版社 2008 年版，第 125 页。
⑤ 邹晓丽：《基础汉字形义释源》，中华书局 2007 年版，第 119 页。
⑥ 徐中舒：《甲骨文词典》，四川出版集团、四川辞书出版社 2006 年版，第 559 页。

祭名，乃以食祀神灵"①，"卜辞义用来表示完成时，近似于现代的'已经过去'、'完成'等意思"②。他又说："象人食毕要离去之形。本义当是'吃饭完毕'（食毕）。甲骨文用作动词，有'结束'、'完毕'、'尽'的意思，按照古人的观点来看是引申义，其实是具体意义的抽象。用作副词，表示完成，有'已经'的意思；或有'全'、'尽'的意思，按照古人的观点来解释，也是引申义，其实是具体意义的虚化。"③ 综上可知，这些学者的意思几乎相同，都认为是人们食毕将要离去的意思。但笔者却心存疑问，即如果食罢将离去，那么为什么豆（一种器皿）中的食物仍是满满的？这与字的含义颇相矛盾。因此，此字的意思更可能是"已经按照人们的需求将食物送到眼前，而食者认为这已经足够自己食用，于是吩咐别人不要再上了"之义。简而言之，就是"食物已足无需再加"之义，故其是自足的。对于道来说，它无处不在且用之不能尽。

总之，道闻不着、看不见、听不到、抓不得但用不尽，无任何值得注意的地方，故人们对此丝毫没有感觉。也就是说，仅仅依赖视觉、听觉、嗅觉等外部感觉来说，是觉察不到它的存在的，但它却是生成万物的根据所在。只有通过人们的观悟，才能发现它的作用以及它的存在。而由其衍生出的万物，却有着色、音、嗅、味、触五种特性，能被人们较为容易地认识。这也反映出道具有深不可测、自身幽昧的隐黑幽冥特性。

这种黑同时也体现出道不自生，即不自我生长、自我产生，在万物竞现不凸显自身，使自己处于幽冥隐秘之处，而是静默地促使物的形成，故人们感觉不到它的存在。在老子看来，这种居黑而不自生的特性，同样也不会自亡，唯有这样才会使自身长久地存在。这种情况反映在他的第七章中——"天长地久，天地之所以能长久，以其不自生，故能长生"。在老子看来，既然效法道的天地能够长久，那么道本身就更是不为己而生，因此其更为长久。因为道

---

① 赵诚：《甲骨文简明词典》，中华书局 2009 年版，第 247 页。
② 同上书，第 269 页。
③ 同上书，第 291 页。

不自我宣扬、不自我炫耀，故具有隐黑的特性，所以道居黑而不自生，而且这种不自生可以从三个方面予以体现，就是不自见、不自贵、不自大，它的这些特点我们将在以后的章节里进行详细阐释。

二　巨大特性

道不仅是长久存在的，它还是巨大的，首先指它无处不在，其次指它的能力是巨大的。

道的永恒不老特性在第五十五等章中能够得到体现，在此老子指出："物壮则老，谓之不道，不道早已。"此即是说，处于壮老之物的运行状态就不是道的行为。老子在此指出了道的特性，即道始终处在一个生长生成的状态，它不仅不会使自身壮大，更不会变老，而是处在一个常新、维新的过程中。在自然及道德等的作用下，使物处于一个逐渐生长的过程中，且自然之势暗含在物中，激发、决定着万物的这种生成状态，一旦万物处于鼎盛的位置，那么它就会走下坡路，按着自然运行的道理，最终走向衰老，乃至于衰亡。在这里，老子又一次指出了其最高范畴是自然而非道，因为在物至盛时期，就已经不是道的作为了，也就是说，道在此时，就已经不起作用了，它体现出道的局限性。但尽管道不起作用了，并不意味着自然不起作用，使物逐步走向衰亡，仍是自然在推进的。无论怎么说，不道的东西，最终会消亡，而且有些是很快地走向消亡，故老子说不道早已，这是他极力避免和强烈反对的一种情况。但从另外一个角度来说，这也证明了道的长久存在性。

道不仅长久存在，它的内涵还是巨大的。在《道德经》第二十五章中，老子称道为大，首先是指道在其领域范围内无处不在，并且不显露庐山真面目，好像离我们周围的现象世界很远，但因其最终生出万物，所以它又通过自创的有形的器物展现在我们眼前，以显示其能力，并让世界感知它的存在，因此道的作用是巨大的，且囊括、包罗一切。在第七十三章中，老子指出，道"不争而善胜，不言而善应，不召而自来，繟然而善谋。天网恢恢，疏而不失"。即道不言，也不与世间存在的万物相争，而是默默、持续不断地产生现象世界。他认为，正是道的这种特性，才使其作用超出万物，独成一体。即使功能最强大的事物，也难以与之抗争。因为后者再强大，也不能像道一样使万物产生，且其本身也会受到道的约束，也是被道最终产生出来的。此即是说，道持续生成现象世界，又不与万物相争，故其具有生成万物的博大胸怀，因之能盛于万物。且道不发出一言，从不哗众取宠，但是却善于应从万物。应字，窦文字等指出："篆文和繁体'应'字由'鹰'的省写和'心'构成。意思是像鹰对猎物马上有反应那样，心对外界刺激作出反应，由此产生应付、适应回答、答应和随声附和等含义。引申表示应当和应承等。"① 细读下来，该字的广字表示天穹下的各种环境，中间的佳字表示鸟类，而且不止一只，下面为心字。其义就是在天穹下的一些小鸟，对外部环境的警觉与反应。大家知道，尽管有些家养的小鸟很依人，但是它们对外部环境有极高的警觉，害怕有天敌等伤害它们，即使对外人也是这样。因此应字的本义是常怀警觉之心的鸟类随时对外界做出判断，随后产生灵敏的反应。老子在这里所说的道，不言而善于对自然现象做出机敏的反应，以此生成万物。另外，它不用外物特意相召而自为来其现场发挥作用。

在甲骨文中，左民安指出繟字"上部是带有两个耳朵的拍子，下部是木柄，古人用它打鸟，所以'单'的本义是捕鸟的工具"。而用"这种工具捕鸟一次只能捕到一只，所以'单'字有'单独'或'单一'之义"。另外，他指出，兽字的原始本义"其左是捕捉禽兽的猎具，其右下部是一条头朝上尾朝下腹朝左的猎犬（枸）。由猎具有猎犬，这就表明是打猎"。在金文中，"猎具中间又增加了网形的东西（实为'单'）"。② 熊国英也指出："'单'是古时狩猎、作战的武器，是由最原始的树杈演进而来的。远古的人类用最容易得到的树杈作工具和武器，后来在枝头绑上石块或绳索，用于砸打和套缚……后又在分叉处绑上捕网；作战时改为盾牌。……

① 窦文字、窦勇：《汉字字源》，吉林文史出版社2005年版，第133—134页。
② 左民安：《细说汉字》，九州出版社2005年版，第532—533页。

'单'字后加代表兵器的'戈'而成'戰'字；加表示动物的'犬'而成'獸'（狩）字。可见'单'和作战、狩猎有密切关系。"① 唐汉认为："甲骨文和金文的'單'字，源自上古时代的木杈。上部不规则的圆圈表示削尖了的叉端，中部的'口'或'田'可视作旋转（四处挥舞）符号，也表示田猎之义。就是说，这是一种用于打猎或战争格斗的'干杈'……'单'是古代捕兽或格斗的工具，也常常用作战争的武器，因而'单'在上古时期有捕猎、击打的意思。由于'盾'和'戈'配套才能攻守自如，而'单'则可攻可守，所以'单'字有'单独'或'单一'之义。又因为'单'的作用在其尖端的分杈，所以又引申为'端头'。"② 赵诚认为："象某种兵器之形，即后代之'單'本为象形字。"③ 马如森认为，它是"独体象物字，说解不同，一说象捕鸟兽的工具；一说单、干古今字，兵器单，盾牌形。暂从兵器说，本义是盾牌。后加'弓'作'弹'。"④ 徐中舒认为："此字初形应象捕兽之干……后于两歧之端缚石块……更于歧下缚以绳索，使之牢固……本为狩猎之具……又用为武器……"⑤ 窦文字等认为："甲骨文'单'字是头部拴着两块石头的捕兽网的象形。同时一个人捕兽工具由此产生单独的含义。引申表示单纯、简单、奇数和覆盖用的布等。"接着，他又阐释'掸'字"由'手'和'单'构成。单是一种不常用的捕兽工具，上面积满灰尘，用时必须先清除灰尘，否则会使浑身沾满灰尘。整个字的意思是用手除去单上的灰尘，由此产生拂去的含义。"阐由"'门'和'单'构成。'单'表示捕鱼网，整个字的意思是扛着捕鱼网出门。扛着捕鱼网出门，人们就知道你去打猎了，由此产生表明的含义。"弹"由'弓'和'单'构成。'弓'

---

① 熊国英：《图释古汉字》，齐鲁书社 2006 年版，第 44 页。
② 唐汉：《汉字密码》，陕西师范大学出版社 2009 年版，第 113 页。
③ 赵诚：《甲骨文简明词典》，中华书局 2009 年版，第 217 页。
④ 马如森：《殷墟甲骨文》，上海大学出版社 2008 年版，第 38 页。
⑤ 徐中舒：《甲骨文词典》，四川出版集团、四川辞书出版社 2006 年版，第 121 页。

字表示把东西发射出去，'单'字表示用单上的石头击打野兽，整个字的意思是抛出去的石头。它指抛石和抛出去的石头，由此产生弹丸的含义。引申表示子弹、炮弹和炸弹等。整个字也可理解为单独使用弓弦，由此产生使弓弦震动的含义，引申表示弹性和用手弹拨等。"① 商承祚认为，集韵"注云'或说弹从弓持丸如此。'此字正象之知弹为弓之或体，弹为后起字，由象形变为会意，再转为声，非也。"② 战"由'单'和'戈'构成。意思是用捕兽网去打猎和用戈与敌人打仗。他们的共同特点是进行生死搏斗，由此产生战斗的含义"③。另外，兽由单和口组成，"'单'字是捕兽网的象形。'口'字表示封闭场所，整个字的意思是用捕兽网捕到的并被圈起来的东西，由此产生野兽的含义。引申表示野蛮。以后字形在其旁加'犬'，意思是用捕兽网和犬捕到的并被圈起来的所有东西，由此产生了兽类的含义"④。

由上述诸家的解读可知，单有如下的意义：第一，单可以用手拿，是一种工具器械，如掸之意；第二，单可以放在屋中，如阐字之意；第三，它和兽类相关，如甲骨文用单和犬表示兽。一开始为口咬着单，后来具体化为犬咬着单；第四，它可以表示弹丸，用弓将其射远，以供捕猎或战斗之用；第五，它可以和戈等武器同时在打仗时使用，即战之意。

由此看来，第一，单是一个类似兽类的器械，根据其形状，很可能是在战争中作为防御的器械，颇似守护营地的护栏等物，并且它类似于某些动物的形状，易于自然形成，这些动物也是当时人们所熟知的；第二，它可以作为打扫卫生的工具，并且作为弹丸的形状，其前端应该是圆形或许还有着尖端，后面是一个凹形，以便射击目标的时候有杀伤力，便于操作。因此，它的上端类似草木，分为两杈，其上各有一朵像花瓣或果实的东西，其中间的矩形表示在

---

① 窦文宇、窦勇：《汉字字源》，吉林文史出版社 2005 年版，第 78 页。
② 商承祚：《甲骨文字研究》，天津古籍出版社 2008 年版，第 154 页。
③ 窦文宇、窦勇：《汉字字源》，吉林文史出版社 2005 年版，第 79 页。
④ 商承祚：《甲骨文字研究》，天津古籍出版社 2008 年版，第 142 页。

某块田野中，兽字的原始含义就是表示动物用口吃这种草木的样子。或者，它是人们用网接住树上较为成熟的果实的意思，根据该字字形，它更有可能是此意。以前我们家有一棵枣树，当其果实成熟时，我们就会爬到树上采摘红枣吃，但是长在枝端的枣用手是够不着的，于是我们常常用手将其摇落，有时让其落在地上，有时也用网兜罩在不洁之地，如厕所、粪堆等处，以防红枣落在这些地方，这也可能是单字的原始本义。该字再加上左边的绞丝旁，意为该网由丝线织成，铺放在果树之下，当果子成熟时自然地落下来，就通过丝网将之罩住，以防止其落到地上摔坏或丢失。随着该字的发展，中间的矩形或田字形表示用方形或网状形的东西绑在这种带权的草木上，小的可以捕捉苍蝇等物，大的可以捕捉鸟类等，并且可以用作防护自身被石块袭击的器械，而且可以掸净身上或其他地方的赃物。老子认为，这种丝网具有善谋的作用，其最大的谋就是"天网恢恢，疏而不漏"。看似很稀疏的网线，却能罩住猎物而不错失。由此看来，道是无处不在、包罗一切的，其强大到足以令其他物体难以匹敌的地步。

除此之外，道还有公平、均匀对待万物的意思，老子在《道德经》第三十二章中指出："道常无名，朴虽小，天下莫能臣也。王侯若能守之，万物将自宾。天地相合，以降甘露，民莫之令而自均。"此即是说，道是强大的，没有任何事物能使其臣服，它是自然之循环的发源地，并且是人们效法的对象，虽然它的无形看起来似乎是渺微的。另外，它对待万物是平等的，就像甘露对万物是均等的一样。甘露不因草木长得不好就不对它施为，不因它长得好就对其多加施为，而是对它们平均施为。同样，道德也是对万物平等的，道不因物恶就不生出它，德不因物恶就不畜成它。所以，正是由于道公平、泽物、慈生，因而受到万物的敬拜，受到万物的尊敬，这也使其自身变得强大，其强大也可以从其作用里体现出来，如老子说"大道泛兮，其可左右"，其言也能够让我们感知到它的强大。

三 处下柔弱特性

老子认为，道像水一样，甘于处下不争，善于与天地万物相处，可以容纳一切。根据道的像水的特性，可知道是柔弱、善于润泽万物的，而这种特性正是其强大的原因。

(一)道能够处下容物

在《道德经》第八章中，老子以水喻道。首先，他指出水的特点是处下，故能容纳河川；其次，它善于润泽万物，而不与万物相争。在老子看来，正是水不与万物相争、反而润泽万物，促进万物生长，所以它才不会遭到万物的嫉恨，故能达到无患无忧的状态。同样，在第六十六章中老子指出："江海所以能为百谷王，以其善下之，故为百谷王。"因为江海之水善于处下，并且以此容纳百谷千川，所以它也被称为百谷王。另外在第三十二章中老子又指出，"譬道之在天下，犹川谷之于江海。"他又一次以水喻道，如江海能够容纳川谷一样，道也能够容纳万物，道能够处下是其能够容纳万物的原因。此即是说，因为它处下位，可以吸引河川里的水流入。同样，道能够容纳万物，同江海容纳溪流一样，它不因物不善就不容它们，也不因物善就多容它们，这就显示出道能容的根本原因，而能容天下之物就显示出其大。

由于道处于隐黑幽冥之地，不断地接纳衰亡的万物归来，始终不充盈，这种情况不仅能够显示出其巨大的包容能力，还显示出其不争，即不与万物相争。但在老子看来，它"以其不争，故天下莫能与之争。"(六十六章)此即是说，就像道以其无为而无不为一样，它还通过不争，使天下万物难以与之相争。这就是道之不争所带来的益处。而且，道的不争特性还体现在它非常知止上，知道自身在生出其他东西之后就不再干涉其运行，而是非常低调地退出，将畜成的任务交给德，然后继续生出其他东西。在老子看来，正是因为道能够知止，不是什么事都争着干，什么都想拥有，以显示自己的功劳，所以才能够用之不竭，这也显示出它的强大。

在这里需要指出的是，限于时代的认识，老子只能感受到水利万物，促进万物生长，而没有认识到空气更是万物所需要的，并且相比于水，空气更不可捉摸，因为它看不见、闻不着、抓不到，很适合老子在《道德经》第十四章中所说的"视之不见曰夷；听之不闻曰希；博之不得曰微"，但它时刻主宰着包括人在内的生命，因此它更利于万物而不与其相争，更接近老子对道的描述。

（二）道具有柔弱特性

道是柔弱的，不像物那样，以其形而取强，这样最终才能够战胜刚强在老子看来，道像水一样，也是柔弱的，一点也不取强，甚至它比水更为柔弱。与之相反，不道行为则是强、骄等，故他极力反对用兵。为此他特意在《道德经》第三十、第三十一章中指出为道者反对战争与兵器，因为兵器是人们通过自己的智诈机巧做成的，是反自然的，而战争也是为了满足自己的欲望，不惜采取强硬的措施，以伤害他人为手段，这样会受到自然的报应与他人的报复，因此"师之所处，荆棘生焉，大军之后，必有凶年"。这些都有违道慈生的特点，故而受到了老子的严厉批评。为此他指出，人们在处理事务时坚决不能用强，只要做到"善有果"就已经足够了。果字，在甲骨文中，邹晓丽释为："手采摘果实之形。引申为'结果'、'终结'之意。"① 赵诚认为："象果实在树上之形。"② 又说"象果实在木上之形。本义当为果实之果。甲骨文用为副词，有果然之义，则为借音字。"③ 唐汉认为："整个字形像一株结满果子的树木。甲骨文的'果'，字下半部从木，上部是果实累累的形状。"④ 熊国英认为："'果'是植物结的果实。《说文》：'果'，木实也。象果形在木实之上。"而甲骨文果"是树枝上结满果实的形状"⑤。此外，左民安等人也持此种观点。盖在远古时期，人们尝以采集为生，其中包括树上和庄稼上的果实。当人们品尝到这些美

---

① 邹晓丽：《基础汉字形义释源》，中华书局 2007 年版，第 187 页。
② 赵诚：《甲骨文简明词典》，中华书局 2009 年版，第 120 页。
③ 同上书，第 288 页。
④ 唐汉：《汉字密码》，陕西师范大学出版社 2009 年版，第 129—130 页。
⑤ 熊国英：《图释古汉字》，齐鲁书社 2006 年版，第 84 页。

味时，就会感到回味无穷。非唯人知道果实的味美，就连动物也知道其中的真谛。因此人们常常称赞之，在吃过美味的果实之后，认为享受到了美餐。所以果的含义就是给人们带来美好结局的食物。老子在云"善有果而已"之时，显然是在告诉人们善有好的结局、结果之意。而有成效的结果就要做到"勿矜、勿伐、不得已、勿强"，唯有如此才能做到舍物入道。

在老子看来，为道者即使兵，也是不得已而为之，并非是为了杀人、以杀人为快乐之本，因为这样的人失道而处于器物的状态，是"不可以得志于天下"的。为了弥补自己的过失，必须"以哀悲莅之"，而非幸灾乐祸。在此章里我们也可以看出，人们若想得志天下、长生久视，就必须为道而不做器物。尽管器物强、刚，但都经不起时间的考验，而唯有道者，才能克服这一不利局面，这也是老子主张为道的原因所在。

为了根除这一状况，老子提出了自己的柔弱思想。他主张使用柔弱而非刚强的手段是基于以下两个原因的：首先，柔弱是坚强者难以战胜的，老子在《道德经》第七十八章中说："天下莫柔弱于水，而攻坚强者莫之能胜，其无以易之。弱之胜强，柔之胜刚，天下莫不知，莫能行。"由此看来，柔弱胜于刚强，是天下皆知的道理。其次，因为柔弱胜于刚强，故它可以有效地驾驭刚强，故在第四十三章中老子说："天下之至柔，驰骋天下之至坚，无有入无间。"他认为，即使再坚强的物体，也可以被至柔的存在渗透侵入，从而接受至柔的控制。

老子之所以倡导柔弱思想，显然是他从日常生活的具体现象中发现了柔弱的优点与特性，在第七十六章中他说："人之生也柔弱，其死也坚强。万物草木之生也柔脆，其死也枯槁。故坚强者死之徒，柔弱者生之徒。是以兵强则灭，木强则折。"在他看来，道是柔弱的，故其最终创生的草木万物，在其生成之初都是柔弱的，但是他认为，柔弱显示的力量是较为强大的，如在第五十五章里老子描述婴儿能够"骨弱筋柔而握固"，这显然就是柔弱力量的强大之处。当这些物体进入死亡的时候，却都是以刚硬的姿态出现的，如人死之时尸体会渐渐变得僵硬，草木枯槁时自身也变得强硬，而非生时柔弱可以随意弯曲而不折。所以他以此论证柔弱，自然是具有以"强大处下，柔弱处上"的科学性的。

正是因为老子看到了柔弱具有一些被普通人所忽视的优点，故他主张人们在修道时应做到像婴儿那样，正如在第十章里他所述的，"专气致柔，能婴儿乎？"即将自己的心气步入柔弱的状态，进入像婴儿那样的一种生活状态，就可以使自身逐步进入道的境界，这也是老子修道方法的具体论述，我们在此提及了，在后面的修道方法一节中就不再对之作具体讨论了。

总的来说，正是由于道始终具有柔弱的特点，不像物那样，逐步由柔弱转向刚强，乃至僵硬死亡，重新归入柔弱的道无世界，故而能够战胜看似强大的刚强，并以此显示出自己的强大。

四　无为简易特性

道是纯粹自然无为的，故老子崇尚之，且反对人伪智诈行为。除此之外，道的运行是非常简易的，不像物那么复杂。

（一）道是自然无为的，它反对人们的智诈行为

因为道不去干扰万物正常的生成变化，所以其恒常特性是无为，即它不刻意地作为，但是由于万物是由道衍生出来的，故对于它们来说，道是无处不在的。这就是说，它们无处不受道的影响。从道的这种特性来说，它又是无不为的。在这种无为又无不为的状态下，道对于万物来说，是最公平的，不会偏私任何特定的东西，即使对于人们讨厌的事物，它也不会将之遗弃。所以老子主张人们按道的方式处理事务。

另外在《道德经》第三十八章里，老子认为，道是本源性的存在。在他提出的道、德、仁、义、礼这五个范畴中，道的地位最高，是纯自然无为的。而儒家所遵循的礼则被老子所蔑视，因为它所具有的人为规范性最强，这是他极力反对的。尽管老子也崇尚德，但在本章里我们可以看出，其地位显然不如道，因为老子说："故失道而后德，失德而后仁，失仁而后义，失义而后礼。"在此

老子将德分为两种，即遵从自然、跟随道的德（即无为）和遵从仁、义、礼的德，根据其论"上德不德，是以有德；下德不失德，是以无德。上德无为而无以为，下德为之而有以为。"相比之下，他更赞赏前者和厌恶后者。

从本章里也可以看出，德随从道，以之作为其行为准则，尽管它也是自然形成的。如果说道最终生万物，那么德成万物。两者相比，道更重要，因为没有生，也就不会有畜养、有成物，所以前者是后者的基础。德之所以在地位上低于道，是因为它非纯自然的，已经有人为（心）的因素。当它有意遵循道的时候，就已经没有道那种纯粹的无为无欲了。总之，因为道更符合自然无为的状态，故老子崇尚之。

人们的智诈行为首先体现在第二十四章中——"企者不立，跨者不行，自见者不明，自是者不彰，自伐者无功，自矜者不长。"在他看来，凡是自见、自是、自伐、自矜者，从道的角度来看，皆是余食赘行，即妨碍自身自然行为的多余举动，所以有道之人坚决不这样做。企字，各家解释类似，如马如森认为是"从人从止，字形突出人的足，有足跟之意。本义是踮起脚尖"[1]。他指出，《说文》中的企字就是"举踵"之意。李孝定曾释义道："古文字每于见义部分特加强调。如见之从目，闻之从耳，企之从足皆是也。"[2]唐汉认为，企"由踮起脚跟张望又可引申出盼望之义"[3]。因此，企字当为踮起脚远眺之义。但这样不仅站立不稳，还需花费体力与精神，在老子看来，这是违背自然之道的一种举动。同样，跨者不行，即张开的步伐过于大，反而难以行走，不如顺从自然的步伐而行。老子认为，这就是人们的智诈在起作用，左右着他们的行为，这种智诈就是刻意而为的事情，都是非道的行为，故他极力反对之。

另外在第四十六章里，老子说："天下有道，却走马以粪；天

---

①　马如森：《殷墟甲骨文实用字典》，上海大学出版社 2008 年版，第 186 页。

②　同上。

③　唐汉：《汉字密码》，陕西师范大学出版社 2009 年版，第 333 页。

下无道，戎马生于郊。"在此他指出，道是按自然运行的，因此根据粪之情况使马在田地里自由地奔走。粪字，由米田共组成，窦文字等释为："是米里和田里共有的成分，由此产生粪便的含义。"①熊国英指出："甲骨文与小篆用双手执簸箕，向外抛弃'似米非米'的东西，此指人的粪便。"另有甲骨文字形"正象一手拿扫帚，一手拿簸箕，清除上面的小点（赃物）"。由此他认为，"粪的初义是扫除。后指粪便。"② 赵诚认为，粪字"象以箕弃除秽物，当为会意字。"③ 左民安指出，其"上部的三点为污秽之物（或赃土），中间为簸箕，下部为两手形。这就表示扫除污秽的东西"。而战国印文的形体，是双手拿簸箕清除脏物。上部的"米"字，即由甲骨文中的三点讹变而成。接着，他又进一步阐释道："《说文》：'粪，弃除也。'许说正确。粪字的本义为'扫除'。"④ 同样，徐中舒也认为该字"象双手执箕弃除秽物之形"⑤。因此，粪的原始本义就是用扫帚往簸箕里面装被废弃的赃物。而动物乃至人的粪便也同样是其体的遗弃物，久而久之，废弃物就变成了动物的粪便。虽然粪便是动物的废弃物，但却对庄稼有益，因此繁体字"糞"是根据人们的双手耕作田地，而使水稻成功结穗成为稻米的形象。因此它也有滋润某物的含义，如孟子在《滕文公上》第二章中有："凶年，粪其田而不足"之说。也就是说，在灾害横行的季节里，人们的稻米连当种子都不够。

在老子看来，如果天下有道，马可以自由地吃着地里的荒草，而且其粪便也可以当做施田的肥料，这样一种自然生活不是两全其美吗？而天下无道时，却使马用于增加军力方面——人们将其用缰绳系住，配上马鞍等，使之变成驻扎在城郊的戎马。这种行为反映

---

① 窦文字、窦勇：《汉字字源》，吉林文史出版社 2005 年版，第 119 页。
② 熊国英：《图释古汉字》，齐鲁书社 2006 年版，第 61 页。
③ 赵诚：《甲骨文简明词典》，中华书局 2009 年版，第 123 页。
④ 左民安：《细说汉字》，九州出版社 2005 年版，第 440 页。
⑤ 徐中舒：《甲骨文词典》，四川出版集团、四川辞书出版社 2006 年版，第 439 页。

出某些权贵人物，为了满足自身膨胀的欲望，而不惜违反自然之道。因为这种行为不是按照马的本性行事，而是违反这种本性为己谋利。为了规劝这些失道之人，老子劝他们："祸莫大于不知足，咎莫大于欲得。"老子认为，智诈能力越强，产生的欲望也就越多，为了避免这种反自然行为的产生，他希望人们能够做到知足，"故知足之足，常足矣"。如果人们拥有一颗贪婪之心，那么即使让他拥有全天下的东西，他也不会知足，如秦始皇、汉武帝等富有天下，还渴望长生不老，最终还是死在这方面了，这种行为是老子极力反对的。

（二）大道至简——道的运行是非常简易的，不像物那么复杂

老子指出，大道是非常简易的，但是它通过复杂的现象显示自身的存在。在《道德经》第五十三章中，老子说"大道甚夷"，此即是说，在自然运行中的大道远没有人们想象得那么复杂，它是非常简易地运行着，也就是处于无欲无为的自然活动当中。至于人们关于大道复杂的印象，则是因为道具有"夷道若纇"（四十一章）的特性，它蒙蔽了人们的双眼，使人们产生了错误的认知。其中"纇"字，主要由米、糸和页构成。其中关于米字各家的释义相近，都认为其形是一颗稻禾上生长着稻粒之形，一边三个，对称而长且在成熟时自行脱落。马如森认为："罗振玉释：'象米粒琐碎纵横之状，古金字从米之字，皆如此作。'《说文》：'米，粟实也。象禾实之形。'本义是谷米。"[1] 熊国英指出，米"指去皮壳后的粮食籽粒。……正是米粒从禾秆脱落下来的形状。"[2] 而唐汉对之的阐释更为详细，他释道："甲骨文的'米'字，用上下六点表示米的颗粒状，中间的一横，可以看作是风的吹过，表示米粒与谷壳的分离……谷类作物去掉皮壳后的籽实都可以称米，如'小米、大米、粟米、稻米、玉米'等等。"[3] 左民安认为，甲骨文的米"周围的六个点儿就象米形，中间的'一'字表示将米粒连接在一起的

① 马如森：《殷墟甲骨文实用字典》，上海大学出版社2008年版，第173页。
② 熊国英：《图释古汉字》，齐鲁书社2006年版，第146页。
③ 唐汉：《汉字密码》，陕西师范大学出版社2009年版，第206页。

意思"①。赵诚指出，该字"似指去了皮毂之后的某些粮食"②，"似为以稻米祭祀神灵……有人以为米祭即后代的类祭"③。邹晓丽认为："象米粒琐碎纵横之状，米在卜辞中亦指去毂之粟米。"④ 徐中舒指出："象米粒形，中增一横划盖以与沙粒、水点相别。"⑤ 因此，根据各说，"米"当指稻谷从稻禾上脱落之形，又经过风化、日晒等原因，以致将其外面的一层皮朽烂脱落，裸出其中的米粒。

"糸"字，马如森释为："象束丝之形，上下两端象有束余之绪，本义是细丝。《说文》：'糸，细丝也。象束丝之形。'"⑥ 赵诚、徐中舒也持此说，此论没有其他异议。

"页"字，马如森认为："字象一跪坐之人形，构形突出其头部，本义是头。《说文》：'页，头也'。"⑦ 熊国英认为，该字着重"表现头在身体的部位"⑧。唐汉也持此说。左民安认为，其字"上部像一个头，中间有眼睛，头顶有三根毛，头下是朝左半跪的一个'人'身"⑨。徐中舒认为，"象人之头及身、头上有发之形，以人身映衬头部特点，表示人之头颅"⑩，根据其字形，页当为人们使用眼睛仔细观察、辨别某物之形，因为它其实突出的是人们头部中的眼睛，意为观察某物。综上所述，"纇"就是人们看到米、糸搅和在一起，以显示出事物的纷繁复杂。在《说文》中，许慎将之释为"丝节"之意，认为它是丝上的结，当丝断时，人们将之系在一起，使之接成一根更长的丝线。因此相对于光滑的丝线来说，产生

---

① 左民安：《细说汉字》，九州出版社 2005 年版，第 438 页。
② 赵诚：《甲骨文简明词典》，中华书局 2009 年版，第 210 页。
③ 同上书，第 248 页。
④ 邹晓丽：《基础汉字形义释源》，中华书局 2007 年版，第 122 页。
⑤ 徐中舒：《甲骨文词典》，四川出版集团、四川辞书出版社 2006 年版，第 792 页。
⑥ 马如森：《殷墟甲骨文实用字典》，上海大学出版社 2008 年版，第 294 页。
⑦ 同上书，第 207 页。
⑧ 熊国英：《图释古汉字》，齐鲁书社 2006 年版，第 258 页。
⑨ 左民安：《细说汉字》，九州出版社 2005 年版，第 454 页。
⑩ 徐中舒：《甲骨文词典》，四川出版集团、四川辞书出版社 2006 年版，第 991 页。

一个结，就意味着在细线上增加了一个阻碍的力量，使人顺摸时会感到不爽。所以"纇"字的原始含义是使顺利的事情变得困难之意，将其含义延伸起来，其义就是使某物变得更复杂的意思。

根据老子思想的原义，与"纇"字相反的是夷字，左民安认为，在金文中，"夷"字像"一枝长箭上系着一条绳子，像猎取飞鸟的射具矰缴的样子"①。唐汉同样认为："甲骨文的'夷'字是在'矢'上增一缴形，即在箭的尾端系上细绳，其作用在于射杀飞鸟……用尾部系绳的'夷'射猎飞鸟，可以很快将射中的鸟雀找到。即便没有射中，'夷'因系有绳，也很方便在湖泊、草丛中找回。这种弓箭，为居住在渤海湾及黄河下游的先民所发明，候鸟聚集及沼泽遍布是这一工具产生的需求动力。历史典籍通常称东部这一民族为'夷人'、'东夷'。"②熊国英认为，"夷"字"象下肢弯曲的人形。表现的是东部民族蹲坐而不是跪坐的习惯"，并"反映了东部民族以射猎为生的特征"③。马如森也释为"字象屈曲之人体"，并引用李孝定释："象人高坐之形与席地而坐者异，盖东夷之人其坐如此。"④盖东部夷族，以善射箭著称，平时休息时喜欢高坐在土堆或石块之上，因我国东部地势平坦，多为低洼沼泽之地，因而鸟类较多，便于人们射杀，而居住在陕豫，如宝鸡、三门峡洛阳一带的地势却没有这种特征，因此"夷"字逐渐有平坦之意。所以老子说夷道若"纇"时，是指道其实是很简单、坦荡的，但其呈现出来的现象却似乎很复杂，这是因为人们容易看到物象，而难以发现其后的道体所致。老子说道隐无名，就是隐蔽在物象之后，不使自己的本来面目呈现，通过物象使自身的作用得到体现，不显露张扬自己，由于它难以被人们发现，也不容易被人们描述，所以是难以名状的，因此人们心中产生了道是非常复杂的，是很难认知的这一误解。

---

① 左民安：《细说汉字》，九州出版社2005年版，第389页。
② 唐汉：《汉字密码》，陕西师范大学出版社2009年版，第539页。
③ 熊国英：《图释古汉字》，齐鲁书社2006年版，第259页。
④ 马如森：《殷墟甲骨文实用字典》，上海大学出版社2008年版，第235页。

由大道所具有的简易特性，可以进一步引申出道具有一定的经济性，也就是说，老子认为道是经济运行的，并且能够通过俭啬得以体现。在《道德经》第五十九章中，老子认为，应采取啬的方式"治人事天"，唯有啬，才能积下厚德，而这是事物长久生存的方法。老子所说的"啬"，应和他的三宝之一"俭"的含义类似，只有"俭"或者"啬"，才能使道生成更多的物，并且使物能够得到更好地成长。在这里，老子似乎悟到了质能守恒定律，因为当他说只有啬，才能使道变事物更多、更长久。如果浪费与俭啬可以获得一样的效果，老子就根本不用强调俭啬了。他的这种思想被很多人继承与发展，其中张载、王夫之在其著作中就认为气是恒定的，后者说："故一物去而一物生，一事已而一事兴，一念息而一念起，以生生无穷，而尽天下之理，皆太虚之和气必动之几也。"[1] 其中，"几"是"象见而未形也"[2]。他们认为，太虚之气动于几微，使一物生而另一物灭，以之反复无穷，当随着物生必伴随着物灭时，就存在着这一前提假设，即太虚之气是恒定的，不能使物有生无灭，越增越多。而在老子的心目中，道只有俭啬使用，没有浪费，才会使物生生不已，最大化地使万物呈现，也能够使万物以整体最经济的方式运行，这也是老子训斥"甚爱必大费，多藏必厚亡"的根据。经济学和管理学原理告诉我们，个体经济最大化反而会导致总体的不经济，在自然状况下同样如此，如某种草或鱼等东西若具有最大化的成长空间，就会导致其他物种的灭绝，几十年前在澳大利亚出现的兔子猖獗的情景就是其具体体现，所以通过抑制其生存方式，类似于道之俭啬去对之加以解决。这样虽然会导致局部的不经济，但却使自然保持总体经济，体现出道的经济性。

同样，人类从其本性上来说是具有合自然性、合道性的，而合自然性是最经济的活动，它可以使人进入一种无意识的行动状态，感觉不到自己的思维活动，从而降低了人们的思考成本，减少了人

---

① 王夫之：《张子正蒙注》，中华书局 1975 年版，第 326 页。
② 同上书，第 76 页。

们在此方面所花费的精力。同样，对于人的体力劳动也是如此，当人们工作进入自然常态时，就是最省力的劳动。因此自然之道是经济的，人们遵循它也会使自身处于一种经济的生活状态。

五　厚实有信特性

道是厚实有信的，它既待物厚实，不虚华寡薄，并且它的厚实可以通过信表现出来。

老子认为，道是厚实的。"厚"字，各位学者对之阐释不一，该字里面的'旱'字，马如森释为"独立象物字，字象巨口狭颈之容器，象米谷在其中，唐兰，并释为厚"①。徐中舒认为，该字里面"实为垣墉之墉本字"②。左民安将之理解为"像一个敞口尖底的酒坛形"③。邹晓丽的解释与之类似，并补充道："上加'厂'盖住，表示勿使器中香味逸出，故为'醇厚'的'厚'的本字。"④在《说文》中，许慎指出："厚，山陵之厚也。"段玉裁注："山陵之厚，故其字从厂。"⑤熊国英指出，"'厚'是古人形容城郭象山一样坚厚……上边的'厂'表示山岩"，而里边的字"是由原始的半穴居建筑演变为城郭的字形，正可会意城郭象山岩一样坚厚"⑥。唐汉则认为："'厚'字的构形源自公畜生殖器的垂下，本义为'深'。"⑦但是窦文宇等人释为"甲骨文和金文'厚'字由'厂'和倒写的'高'构成。'厂'字是山崖的象形，整个字的意思是从相反角度看高高的山崖，即不看它的高度而看它的厚度，由此产生厚重的含义。引申表示厚度、重视和待人好"⑧。

---

① 马如森：《殷墟甲骨文实用字典》，上海大学出版社2008年版，第132页。
② 徐中舒：《甲骨文词典》，四川出版集团、四川辞书出版社2006年版，第607页。
③ 左民安：《细说汉字》，九州出版社2005年版，第79页。
④ 邹晓丽：《基础汉字形义释源》，中华书局2007年版，第89页。
⑤ 许慎撰，段玉裁注：《说文解字注》，中州古籍出版社2006年版，第229页。
⑥ 熊国英：《图释古汉字》，齐鲁书社2006年版，第89页。
⑦ 唐汉：《汉字密码》，陕西师范大学出版社2009年版，第487页。
⑧ 窦文宇、窦勇：《汉字字源》，吉林文史出版社2005年版，第151页。

　　笔者以为，该字里面的孚字应为由一层层物资加叠上去，就好比用砖砌墙一样，一直垒到直入云端的位置，当然此意有些夸张，但最起码垒到让人看起来感觉非常宏伟的地步。而外面的厂字则表示广阔、宏伟、高大的样子。由此看来，唐汉的解释不确，因为公畜的生殖器没有那么凹凸粗糙之状，而左民安、邹晓丽解释得有一定道理，但徐中舒解释得较为完善。

　　老子在《道德经》第五十章里说："出生入死。生之徒，十有三；死之徒，十有三；人之生、动之死地亦十有三。夫何故？以其生生之厚。"此段话的意思是，整个人类都在不断地出生入死，处于持续地生与死的过程中，其中正在出生的占三分之一，正在走向死亡的也占三分之一，而正在生存并逐步走向死亡的也占三分之一。为什么会这样呢？这是根据自然之道的生生之厚做出的判断。在这里，为什么将"其"释为自然之道呢？因为在《道德经》中，只有自然之道才能够做到生生之厚，而动植物也有生生之功能，但它们多是只生同类的后代，而不能像道那样，最终生成异在万物，自身也不能持续万代地生生下去，故其厚不如道。而德主要是畜养，不能生生，所以老子此处讲的是道。另外，究竟人类是否正好生、死及生存各三分之一，该数据还是值得商榷的。其他学者将这段话翻译为长寿者、夭折者和妄为养生而走向死路者皆占三分之一，此数据同样值得商榷。究竟人类生与死的数据是多少，我们不得而知，故在此存而不论。正因为道对于万物具有生生之厚，所以才能够使包括人在内的万物持续地生存，以致万代不息。故此在第三十八章中老子认为"大丈夫处其厚，不居其薄，处其实，不居其华"，就是主张人们当处其厚实，而不要浮华、轻薄、刻薄。

　　道的厚实可以通过信表现出来，在第二十一章中，老子说在道之为物的过程中，既存在从无到有的恍惚状态，产生精象世界，又进一步去成万物，形成现象世界。而在孕育生成之时，"其精甚真，其中有信"。故在此过程中，不仅有象、有物，还有精、有信。这就是说，道生成万物之信，是通过道能够产生精象世界和现象世界

（包括万物及其运行）体现出来的，没有精象与现象世界，我们很难确信道是讲信的。对道之信，我们平时也可以感觉出来，如春天草木生枝发芽，百花盛开；秋天瓜熟蒂落，稻香谷黄，都反映出道在厚实地生成万物，是讲信的。同样，我们每天看到日升日落，月出月隐；一年四季的春夏秋冬按时必然地到来，从中也可以知晓自然是守诺讲信的。

因为自然之道是守信的，所以老子要求人们也应该守信，故他主张"言善信"。所谓"言善信"，就是为道者轻易不言，一旦言出就必须信守之，就像道不言，一旦言出就会对万物产生作用一样。"言"字，闵德毅认为："像舌从口中伸出形。所以，言的本义就是说、说话，是动词。"①邹晓丽认为是上辛下口，因此该字是"口上加辛即口中发出的丛杂的声音"②。马如森认为"字象口吹箏形"③。而陈基发指出，"上部是箫管之类乐器的吹嘴子。其下的'口'表示用嘴巴吹"④。唐汉认为，"言"字"下面部分是口的形状，上面是在口腔中进出活动的舌头，表示人张口摇舌正在说话的意思。后来又在冂舌之间增添一横，表示舌头的摇动……'言'的本义为说话"⑤。同样，左民安指出，在甲骨文中该字的"上部是箫管之类乐器的吹嘴子，其下的'口'表示用嘴巴吹"，由此"'言'的本义是指'大箫'"⑥。熊国英认为："'言'是说话，口讲。《说文》：'言，直言曰言，论难曰语。''言'的初文与'告'、'舌'、'音'等字同源。甲骨文……即象说话时舌从口出，也是倒置的铃形（古酋长聚众时先摇铃，而后发言）。……因众人（特别是部落里的奴隶）的生死全在酋长一张口，所以又将'舌'写作'辛'（给奴隶和罪人行刑的尖刀）。

① 丁义诚等：《汉字详解》，新世界出版社2009年版，第800页。
② 邹晓丽：《基础汉字形义释源》，中华书局2007年版，第54页。
③ 马如森：《殷墟甲骨文实用字典》，上海大学出版社2008年版，第58页。
④ 陈基发：《趣说汉字》，新世界出版社2008年版，第314页。
⑤ 唐汉：《汉字密码》，陕西师范大学出版社2009年版，第393页。
⑥ 左民安：《细说汉字》，九州出版社2005年版，第491页。

金文、小篆都是口出尖刀（辛）的形状。"① 相似地，窦文字等指出："甲骨文、金文、籀文和篆文'言'字由'辛'和'口'构成。'辛'字是木枷的象形，引申表示戴木枷的罪犯，整个字的意思是君王口中的话决定怎样处理罪犯，由此产生命令、说话的含义。引申为语言、汉字。"② 赵诚认为："係于舌上加一横画表示，当为表意字。甲骨文言、音同字。可见在商人的观念中语言是有声音的，而语言之声音又是经过舌头发出的。但是，卜辞所说的……（疾言）……（言其有疾，即音具有疾）……却不是指舌头有毛病……而是指口腔内发音说话那一部分有毛病，当即指今之喉症（哑嗓子）而言……由此可知：一、某一个字的创造（如言乃于舌上加一横画以示意）和实际运用（言指嗓子和喉头）并不都是一致的；二、这种不同的认识表示了一种发展关系，即造字之初认为语言之声音出于舌，后来逐步认识到了语言之声音出之于口腔以及其它部分，这应该说是一种进步；三、商人在运用言这个字来指称某一部分有疾病时，对那一部分已略有认识，但还没有另造一字来表示。可见对事物的认识先于造字。反过来也可以明白，造某一个字之前，先可以借用一现存的字来指称。这借用来的字和新造的字之间不一定都是声音的关系，也可以只是意义上的关联，或仅仅是某种关系罢了。如口腔内发出语言声音的那些部位和言有某种关系，这一点对于古文字产生的研究极为重要。由此证明，甲骨文的言和后代的言只有一部分内容相同。"③ 故他指出："卜辞的言祭，从内容看似可分为两类：一，近似于告祭……二，甲骨文言、音同字，言也就是音，即后代的歆，饗也。"④ 随后他又补充道，"表示声音是通过舌尖发出的"。⑤

---

① 熊国英：《图释古汉字》，齐鲁书社2006年版，第251页。
② 窦文字、窦勇：《汉字字源》，吉林文史出版社2005年版，第71页。
③ 赵诚：《甲骨文简明词典》，中华书局2009年版，第160页。
④ 同上书，第233—234页。
⑤ 同上书，第357页。

由此可见，人们对言有多种解读：一是舌头伸出说话之形；二是用嘴吹箫管；三是出口为辛，对人实施刑罚；四是言、音同意，也就是说，说话代表着发出声音。笔者认为，"言"分以下几类：一是自然之言，即无意识地发出的言语，如当我们看到某人将要被某件东西砸到身上或被车撞到时，就会不由自主地大喊一声"注意！"自身遇到危险就喊救命，等等。这类话一般都是真实的，也是顾不上思考就发出的声音。由于这类语言是言而有信而不是虚伪的，故老子极力主张用这类言语说话，否则不言。

二是经过深思熟虑的言，它又分为两类：其一是机巧之言。此类的言即孔子所谓的巧言令色之言、花言巧语之言，是人们为了达到某种目的而说出的言语，带有一定的欺骗性。它并非不道德的，但肯定不是道德的。如通过自己的言语讨得别人的欢心、满足自己的欲望等，都是如此。其二是为善之言，即利用言语阐释自己发现的自然之理，经过思考陈述自己的价值观念等。如老子、孔孟教育自己的子弟时的谆谆教导，爱因斯坦阐释自己的科学理论，皆是如此。但这类语言也不一定是完全可信的，因为无论是理论还是圣贤法言，都有其考虑不周、不完备的地方，只因为如此，它们才有更好地发展空间。

显然，老子主张"言"的第一种含义，因为相比于后两种，它是最令人可信的，这就是他极力主张"言善信"的原因。他认为，道一旦发出"自然之言"，就会对现象世界产生或大或小的作用，故此它是最可信的。由此看来，当老子要求人们多发自然之言，根据自然之言处理事务或对其他主体形成影响时，并不是无的放矢的。

正是由于道"悠兮，其贵言"，不言而自生他象、他物，故老子主张为人一定要守信，不轻易许诺，因为"夫轻诺必寡信"（六十三章），据此，他提醒人们在许诺时需要特别的慎重。任何事情的完成，都需要花费一定的努力或者说成本，由于人们本身精力、能力等的有限性，不可能对所有说过的话都完全兑现，所以轻易地许诺必然会造成自身任务的繁重，最终很少有人能够厚实地完成自己的诺言。该结果不仅让别人失望，也使自己落下了言而无信的名声。此种情况在老子看来，就是"信不足也，有不信焉"（十七章），为此老子劝导人们像道一样，贵言而守信，实言而应物。他多次主张，要多讲厚实、真实的自然之言，不要说那些浮华无信之语，因为"信言不美，美言不信"（八十一章）。据他了解，令人信实之言是不美的，这就好比一个身着礼服、将自己打扮得漂亮帅气的人不一定是真诚的人一样，那些漂亮的话多半也是不信实的，对此老子极力反对之。由此也可以看出，老子积极主张人们应效法道的厚实而信之特性。

第三节　道的功能与作用

老子认为，道本身不仅具有许多特性，还具有一些强大的功能和作用，值得人们从中领悟与效法。

一　生成、衣养作用

老子在《道德经》第四十二章和第五十一章中，分别指出了道的生成作用，就是最终生成万物，即道的首要功能就是生成一，也就是前文论述的有。因为在第四十二章中的"道生一"与第五十一章中的"道生之"，即是一（或有），它继续生成阴阳精象，最终生成万物。在这个过程中，道起着主导作用，也就是说，没有道的生成功能，我们周围的大千世界、自然景象就难以看到，更不会有我们人类的产生，由此看来，道的这种生成功能是本原性的。道的生成作用，老子在第五章中进行了具体论述——"天地之间，其犹橐籥乎？虚而不屈，动而愈出。"此即指天地之间像一个持续推拉的风箱，其内看似空虚，却源源不断、永不停息地生成万物，使万物愈来愈多，此即是对道的生成作用的描述。从本章里我们可以看出，道的特点是长久甚至是永恒存在的，并持续不断地发挥着自己的作用，以致万物的不断产生，并补充着时刻归根消亡的现象世界，避免现象世界的萎缩乃至消失。

　　除了道的生成作用外，老子还特意阐释了道的衣养作用。在第三十四章中他说"大道氾兮"，其中氾（有时也写为泛）字对道功能的理解，是非常的关键。它不见于甲骨文中，可能是后创的一个字。其形是水向四处散发之意象。也就是说，河水泛滥、洪水暴发和其字有一定的相关性。同样老子思想中的道，也是能够向四周空间发散，以此呈现生成有及万物，只是相比于水，它的发散空间更广阔。正因为它有能力这样做，所以老子说"其可左右"。然后他进一步阐释说："万物恃之以生而不辞，功成而不名有。"恃字，由心字旁、寸字和之或止字构成，在甲骨文中，寸字表示手掌下面标一横道，意为从手掌下端到脉搏处的距离，此字可能来自于中医的诊断方法。用人身表示距离单位，在古今中外皆有，英国国王曾将自己伸出的手臂到鼻尖的距离设定为一个长度单位，我国曾用步伐来表示距离，都是同样的道理。而之或者止字，在古代的含义基本相似，都是止于某处之意。总的来说，用了然于胸的尺度去判断、测量自己制定的目标，当行为主体揣摩清楚之时，心里也就有谱了，然后以之作为行事的圭臬，这就是恃字的原始含义，它逐步流变为凭恃、凭仗之义。因此前者的意思就是，万物以道为凭仗，得之以生，对此后者是永远不会推辞的。但是万物根据它以生，最终使自身得以形成，从而呈现出多彩斑斓的世界，道却无意将这个功劳归于其名下，且恒常地衣覆、养护万物，扶持它们生长形成而不主宰它们，任由它们演变。这就是老子所谓的"衣养万物而不为主，常无欲。"

　　衣字，在甲骨文中，左民安指出，衣字"像衣服之形，上部的'人'字形部分就是衣领；两侧的开口处就是衣袖"。因此，"'衣'的本义是指'上衣'"①，唐汉等人持这种观点。熊国英指出："'衣'为人体遮蔽或御寒的物品。古时称上衣为'衣'，下衣为'裳'。《说文》：'衣，依也。上曰衣，下曰裳'。"② 马如森也认

---

① 左民安：《细说汉字》，九州出版社2005年版，第434页。
② 熊国英：《图释古汉字》，齐鲁书社2006年版，第258页。

为："独体象物字，象上衣形，有领、两袖和襟。本义是上衣。"①
赵诚认为："象襟衽相互掩覆之形……据考证卜辞的衣祭即殷祭。
《礼记·王制》'犆礿，祫禘，祫尝，祫烝'郑注：'鲁礼：三年丧
毕而祫于大祖，明年春禘于群庙。自尔之后，五年而再殷祭，一祫
一禘。'由此可知后代的殷祭举行于丧礼之后，包括祫、禘二祭。
据《说文》：'祫，大合祭先祖亲疏远近也'。《尔雅·释天》：
'禘，大祭也。'由于殷祭包括祫禘二祭，即包括合祭和大祭，必
然规模盛大，所以，《公羊传·文公二年》'五年而再殷祭'何休
注'殷，盛也'；《曾子问》'君之服除而后殷祭'郑注：'殷，大
也'。这都是浑然之词，不足为据。从卜辞来看，衣祭有两种：一
种相当于后代的祫祭，即将有关先祖合在一起进行祭祀……一种是
只对个别先王进行衣祭……这种对个别先王的祭祀，当然谈不上是
合祭。又卜辞另有帝（禘）祭，显然不包括在衣祭之内。可见卜辞
的衣祭在内容上和后代的殷祭并不完全相同。由这里可以得到这样
一个启示：商末的祭祀和后代必然有某种联系，甚至可能有一定的
继承关系，但在内容上很可能有某些差别。因此，后代的文献所记
的某些祭祀的内容，只能作为参考，决不能用作论证的直接依
据。"②论述至此，赵诚先生还觉得意犹未尽，他在其他地方继续
论述道："象衣之形。甲骨文用作副词有集合、会合之义，不明和
衣之本义有何联系，似为借音字……'衣逐'，卜辞常见，近似于
现代所说的合围。不同的是：'衣逐'只限于对野兽；'合围'不
仅对兽，也可对人。'衣逐'之逐与追义近；'合围'之围虽不完
全排除追，但主要在于围。衣作为副词的这种用法仅见于商代。"③
从上述论述里我们可以知道，衣的功能如下：首先是用作御寒，这
是衣服的基本功能；在此基础之上，出现了第二个功能，即遮蔽住
自己的私处。从衣服的这种功能看，它是人们从野蛮走向开化的标
志。正如《圣经》记载亚当和夏娃吃了智慧果之后，发现自身裸露

---

① 马如森：《殷墟甲骨文实用字典》，上海大学出版社 2008 年版，第 197 页。
② 赵诚：《甲骨文简明词典》，中华书局 2009 年版，第 249—250 页。
③ 同上书，第 287—288 页。

而感到羞耻，用树叶等遮住自己的身体一样，因此羞耻心是人类走出天然形态的必要一步。其次就是用作祭祀，即人们穿上盛装，祭祀自己所有的先祖或有显著贡献的先祖。那么祭祀先祖的原因主要是什么？笔者以为主要有两点：一是希望先祖保护自身和平安康，不受灾害的困扰；二是缅怀先祖，感激先祖为自己提供的福泽，如使自己平安地生存到世上等。这也是儒家仁和礼的来源之一。显然，除了第一个功能之外，老子不会同意其他的。故在老子的意义上，该字当为衣护的意思。

"养"字，在甲骨文中养左边为羊，右为一只手拿着一根树枝敲打之意，在小篆里改为由上羊下食组成。对此，马如森认为"养"字"象手持杖驱羊，释牧字。牧有养牛羊之义，故牧可释为养。《说文》：'养，供养也。从食羊声。'"[1] 熊国英持此说。而唐汉对此字解释得更为详细："像人手执鞭杖赶羊之形，表示放牧羊群。"[2] 因此，养的含义应为人们用枝杖御使群羊，将其引到生长旺盛的草地，使之能够啃食丰腴的草木，同时手中的枝杖还有驱使羊的天敌——豺狼等的作用。最终使之茁壮成长，有益于人们。所以衣养，在老子看来，就是保护、食养万物，使之能够生成为其应该是的样子。这些情况充分显示了道无夸己之欲和拥有的为而不宰、光而不耀的品质。因此在老子看来，它"可名于小，万物归焉而不为主；可名为大。以其终不为大，故能成其大"。即道的这些行为可将其名之于小，以显示出它的谦卑处下。然而正是它终不称大，所以最终会显示出它的伟大，显然，这种伟大不是宣传出来的，而是由谦卑而来的，正所谓尽渺小以至伟大！

综上所述，老子在此指出了道的功能，即道在起作用的时候，可以左右着世界的活动状态，支配着万物的生出，并且在后者产生的时候，并不继续主宰它们，而是在其背后做着养护等默默无闻的贡献。但是，尽管道对世界产生的作用是如此根本、重大，但是它

---

① 马如森：《殷墟甲骨文实用字典》，上海大学出版社 2008 年版，第 127 页。
② 熊国英：《图释古汉字》，齐鲁书社 2006 年版，第 10 页。

并不以此夸耀和夸大自己的作用，而是始终低调、处小，也正因为有如此的特性，才能真正地彰显其大，这看起来像一个悖论，但是这在社会现象中确实是存在的，即处小成大在我们日常生活中经常看到，如越是谦虚的学者越是有威望，正是其谦虚谨慎，才成就其影响力，反其道行之，则会受到别人的抵制，这样反而难以成其大。

根据老子所言，我们了解了道的生成、衣养万物的作用。但是，道的这种衣养和其所述的德具有的畜养功能，具有什么样的区别与联系？我们将在老子德观中详加讨论。在这里需要补充的是，道的主要功能就是生，而且它最终的产物也就具有生的功能，比如万物，只要是存在于现象世界的东西，都具有生成作用，但是这些生成物在老子看来，不一定都是顺应自然的东西，也就是说，他认为有很大一部分是违反自然的异化。而道的另一个主要作用，就是利用道自身的无欲、静等特性，去规制物的异化，压制其异作的欲望，使物回归自然常态生存，下面我们专门讨论这个问题。

二　压制物之异作作用

老子多次指出，在道最终生出万物之后，在此情况下，就任其自然自化、自我发展。他的这个观点在其他章节里也显示出来，如"反者道之动"，即道生成万物之后，就会顺应自然后退，这就是老子所谓的"功遂身退"，它不是制物而为，而是让物自然活动，不加以具体干涉，并且使其自身回归到无的状态，继续为生成他物发挥功力，这就是道的运行特性。老子看到了道的这些特性，并提出，如果王公诸侯等人能够遵循自然，守道而为，无为而治，使各种事情按其自然、不受干扰而行，那么整个自然将是在和谐中运行的，即宇宙体现出的是自然和谐。

显然老子认为万物是有自化能力的，但在这个自然进程中，它有两种选择：一是遵循自然，二是自我异化。即万物既可以遵循自然而生成变化，以致归于静无；也可以自我异化，如人之智巧体现的就是这种状况。这种能力异化为违背自然的蠢蠢欲动，最终会损害自然的恒常运行。也就是说，在它们自然自化的过程中，就会反自然地兴风作浪，这一点在人身上体现得尤为明显。具体来说，人的异化行为包括仁、义、礼、智等。故他在《道德经》第十八章中说道："大道废，有仁义。"老子认为，道是自然的一个部分，是自然运行中的主要承担者，而仁义则是万物之一的人的一种异化状态。因此对于老子来说，如果人们不遵循道，那么就必然会异化为有"仁义"之心的主观行为。此即是说，只有在人们不遵循道的时候，仁义才会显示出来，尽管此德也体现了善的一面，但与无为的道相比，在境界上还是差了一层。物的异化还体现在"智慧出，有大伪"方面，老子指出，正是作为人的异化证据之———智慧的出现，才使社会上有大的人为活动出现，骄恣做作，逆自然而为，有损物的自然运行发展。同样"六亲不和，有孝慈。国家昏乱，有忠臣。"此即是说，在六亲之间反自然的失和状况下，才会有人提倡孝慈，而在国家混乱的情况下，才会有忠臣挺身而出，维护国家利益。在此老子不是反对孝慈和忠臣，而是说与其提倡孝慈行为和忠臣，不如让人们处于自然生活状态下，不知有这些行为和人物。

另外人们的这种异化行为，也体现在第三十八章中。老子在此认为，道是自然世界首要的存在状态，因为它是无欲无为的，并且生成有及万物而不自显自耀。尽管德也是自然之子，但由于它孕育了万物智作的因素——异化的基因，是自然走向异化的本源所在，然而它和道一样，也是自然行为之一，畜养着万物的发展壮大。在没有道的作用下，德就会自动起作用，在其智作的影响下，往往会促成具有主体意识的仁义产生。因此在老子看来，"失道而后德，失德而后仁，失仁而后义，失义而后礼"。如果在人们心中道德不存，那么就会剩下有主体意识的仁义了。但是，相对于礼来说，仁义似乎会更好一些，这将在德观中进行详细的论述。也就是说，仁义尽管是人后天的主体意识的呈现，但它们还是先天具有的，是自然经过异化生成的。相比仁义，老子对礼更是深恶痛绝，这种情况在其他学派那里也得到了体现，因为在孔子时代乃至其后，人们对礼进行了强烈的批判。其中墨子嫌人们规范的繁文缛节太多，过于虚伪，以致影响了人们的正常生活。而老子则认为，这些礼纯粹是人们后天人为地用其违反自然道德的智，在自然纯真生活的人们的颈项上，戴上一副沉重的枷锁。此即是说，老子认为是人们用其智刻意制定的礼，反过来成为约束人们生活的一条绳索。在这种情况下，甚至一些人可以借此名正言顺地指责另一部分人，类似于戴震批判理学的以理杀人。所以相比于道德仁义，老子更反对儒家乃至周公的礼。

由于老子认为这些情况是万物之中最大的反自然行为，会导致包括人类在内的万物走向非自然的无序状态，他十分担心这种情况的发展，希望找到一种方法来根除之，那就是效法道。在老子看来，道是无为的，对于按照自然规律运行和发展的万物，它不加干涉，但对于在此过程中的异化之举，则会采取严厉的措施予以规制。

为了根治因物之异化而出现的乱象，使世界回归到自然运行中，他就积极寻找解决这个问题的方法。在观悟道的过程中，他发现朴具有这样的能力。由于"无名之朴"是道的名称之一①，它的特点是无欲无为，而无欲无为体现了自然及道的静的特点，这种特点可以有效地规制万物的"化而欲作"，使其返回道的无为无欲状态。这样，整个现象世界就会自我安定，一切按照自然秩序运行，不再使"化而欲作"现象发生。此即是说，用无名之朴规制万物的蠢蠢欲动，其途径就是根据静，即将静作为管理万物的工具和手段，使万物不欲，遵循自然，最终达到天下自定的结果。由上可知，道的功能就是使万物不再"化而欲作"，为所欲为，这也是老子重要的管理思想之一。

综上所述，道压制异作的模式就是：朴——静——不欲——镇压异作。

---

① 老子以无名来称呼"道"，同样朴也是道的别名，这在前文已经论述过。

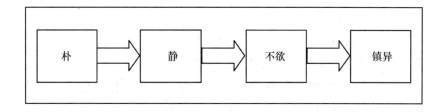

图2-2 压制异作的管理模式

下面我们根据《道德经》第三十七章的内容对之进行具体论述，也就是说，如果万物在这种自然的演化过程中试图有为地奋作起来，则可以用"无名之朴"将之消于无形。然后老子说，"无名之朴亦将无欲"，即"无名之朴"没有欲望，故"不欲以静，天下将自定"。其中"以"字，在甲骨文中，唐汉认为："从厶从人，两根会意，表示手持绳套，有所凭借之义。"[1] 显然，他将厶释为绳套。另在《汉字密码》中，他认为："源自上古时代先民的猎狩活动，乃是猎捕禽兽所用绳套的象形白描。"[2]《说文解字注》云："今则假'私'为'公厶'。仓颉造字，自营为厶，背厶为公。"[3] 王大新认为，其"意思是围绕自己，为自己谋利益……本义就是属于个人的或为了个人利益的，跟'公'相对"[4]，……从其字义来看，"厶"当为用绳子将某物捆起、圈起。"私"字就是人们用绳子将农作物捆在一起，便于运送，而捆在一起的这些东西，就是属于自己的。因此，根据该字的演化与流变，其意就演变为专属自己的东西。再加上人字旁，即"以"字，是显示人们用绳子将某物捆起、圈起之意，捆住之后，就意味着将之控制与占有住，这就是"以"的原始本义。随着该字的进一步演化，就变成具有把控某事、使用某物等含义。因此，当老子说"不欲以静"时，就是采

---

① 唐汉：《汉字发现》，陕西师范大学出版社2007年版，第206页。
② 唐汉：《汉字密码》，陕西师范大学出版社2009年版，第810页。
③ 许慎撰，段玉裁注：《说文解字注》，中州古籍出版社2006年版，第321页。
④ 丁义诚等：《汉字详解》，新世界出版社2009年版，第584页。

取、使用或通过静来做到不欲之意。具体来说，就是通过"无名之朴"之静，压制住万物蠢蠢欲动的欲望，具体到人，其欲望就是智。其逻辑思路就是：无名之朴——静——不欲。

"定"字，在甲骨文中，左民安认为："外面是个房子，房内上为'口'下为'止'（脚），其实就是个'正'字。'正'字的本义就是脚站得端正，不偏不斜，那么在室内不偏不斜即为'安定'或'定居'之义。"因之，他认为，"'定'的本义是'平定'或'安定'"①。唐汉指出："甲骨文的'定'字，其上为房屋之象形，中间为'口'，则表示屋室的入口，与下面表示走向入口的脚迹合体为'正'。整个字形，以会意的方式表示走回家中的意思。金文的'定'字将其中的'口'演变为一横，大概与穴居建筑消失，代之以地面建筑有关。"② 马如森认为："从宀、从足，足以示人走入居室。本义是安定。"③ 熊国英认为，其字上面的宀"是房屋的形状"，下面的字"由门口的'口'和代表脚的'止'（趾）组成的'正'"。上下合起来就是"走到家门口心里就安定了"④ 之义。窦文宇等认为，该字"表示向目的地走，整个字的意思是走到了家，由此产生不走了的含义"⑤。上述各家对该字的阐释大同小异，就是人们在外面劳累一天⑥，当一走到家里的时候，就感到能够安顿下来，在甲骨文里"宀"与脚印之间的"口"字，更有可能是供人们休息的床、椅⑦等物。忙碌了一天的人们，回到家匆忙

---

① 左民安：《细说汉字》，九州出版社 2005 年版，第 113 页。
② 唐汉：《汉字发现》，陕西师范大学出版社 2007 年版，第 685 页。
③ 马如森：《殷墟甲骨文实用字典》，上海大学出版社 2008 年版，第 176 页。
④ 熊国英：《图释古汉字》，齐鲁书社 2006 年版，第 51 页。
⑤ 窦文宇、窦勇：《汉字字源》，吉林文史出版社 2005 年版，第 211 页。
⑥ 在猎狩和采集时期，人们在外面的工作难以按计划进行，捕捉猎物或采集果实受到时间、地点与猎物活动的限制，人们为了生存必须东奔西跑，以获取理想的食物。这时人们的生活乃至工作都很不安定。
⑦ 据说古代没有椅子等物，它是由外国传入中国的，但是人们在需要休息的时候，寻找一个东西，如石头、土堆等坐下来这种状况是肯定存在的。

烤制食物，吃完①之后，就在一个较为固定的场所休息，为第二天的活动提供精力，这或许就是"定"字的原始本义。老子指出，天下将自定，就是指天下万物如果根据道的特点与作用，使万物通过静而达到不欲，就会使万物按照自然秩序稳定下来，形成一个规律，不会出现违背自然的现象。因此在老子看来，无为、不欲以至于寂静、安定，这些道的特点产生了巨大的作用，是针对万物异常地自我振作来说的。

需要指出的是，老子对道压制异作的作用是出于一种理想状态，即他认为自然之道是一种常规，没有异常的不道存在，即使存在道也会将之消除，如"木秀于林，风必摧之"，就是道将异常的木材摧毁，使之符合常态。他在《道德经》第六十章里所云的"以道莅天下，其鬼不神"，也是同样的道理。但是具体情况是否如此，还需要我们进一步验证。

三　利物善人作用

道具有利物善人的作用，其首先表现在不伤害人上，其次公平地对待万物，但最终还是善待人。老子认为，道不伤害人的原因在于，道是慈生的，又是柔弱的，故不会伤害人。

（一）道是不害人的

正如上文所言，道能够以静、不欲规制包括人在内的异作异化，所以道对万物来说是有利而无害的，如老子在《道德经》第八十一章中所云的"天之道，利而不害"。所谓利，就是用镰刀等物收割农作物之义，每当收获季节，人们总会去辛勤耕耘的田地里收割成熟的粮食，以供今后食用。如果在一家人消费一段时期之后还有剩余（如一个耕种期，半年或一年等不同的时期），就会将之出售给他人，所得收入以供交换其他产品。在老子看来，天道是有利于万物生成的，因此对于万物乃至人来说，它是有利而无害的，这

---

① 此处也不敢说吃饱，因为古人通常是饥一顿饱一顿的，很难顿顿都得到满足，或许到了农耕社会，才有可能逐步安顿下来。

是道的基本作用。然而，老子的观点是带有理想主义色彩的，的确，天道能够给万物带来益处，从人的角度来说，不仅生成了人这类动物，而且提供了供人类维持生存的各类食物等，因此天道是有利而无害的，对于其他生物也是如此，故《易经》云："天地之大德曰生。"① 但是，我们也应该看到，天道既能给人们带来益处，也会给他们带来灾害，如地震、飓风、冰雹……因此，我们应全面地看待天道对万物。总的来说，虽然自然天道给人们带来很多灾害，但终究还是让人类等万物能够成功地生存下来，这或许是天道给万物带来的最大益处。

道之不害人还体现在《道德经》第三十五章中"执大象，天下往，往而不害，安平太"这句话上。前文已经论述，所谓大象是象帝之先，就是道。老子在此认为，执道而行，遨游于天地之间，则不会伤害一人一物，这样就会使他们过着安稳平和的日子，所以人们心甘情愿地追随之。由此可以看出，道及执道者皆是护人而不害人的，使万众生活在一个安定祥和的社会里，而不是在水深火热等充满灾难的环境中挣扎。

在《道德经》第六十章中老子说："以道莅天下，其鬼不神。非其鬼不神，其神不伤人。非其神不伤人，圣人亦不伤人。其两不相伤，故德交归焉。"在此他也阐释了道的不害人作用，即道莅临天下，能够阻止异常的行为出现，道使万物处于一种常态。所以在治理国家乃至天下的时候，不要干涉百姓的自然生活，这种不扰的行为，就是不产生异作以伤害百姓的自然正常生活，否则不仅会伤人，还会使管理失效，最终得不偿失。老子所谓的鬼，在这里即是异作的主体，对其的解读将在老子德观中详加论述。将异作落实在现实生活层面，多指的是天灾人祸，而道是规制这些行为的。因此老子认为，道是不会伤人的，对物是有益的。具体来说，道通过使万物处于常态运行，这样它们就能够存活下来，并得以持久存在，这种行为就是利人、护人而不伤人。

---

① 存良：《白话易经》，内蒙古人民出版社 1997 年版，第 400 页。

（二）道具有善人的作用

在老子看来，道不仅不伤人，还是善人之宝，并且可以保护不善之人。他在《道德经》第六十二章里指出，"道者，万物之奥"，即道是万物存在的密钥，接着老子说："善人之宝，不善人之所保。"即它是善人所具有的美德、宝贝，他曾经说"吾有三宝"，就是道具有的三种美好的特性，它们都是善人的宝贝，是它们珍贵的特质。同样，道也是不善之人的保护伞，不善人可以、也只能通过道来保护自身，否则会导致身败名裂、身削人亡。因为道"常善救人，故无弃人；常善救物，故无弃物"（二十七章），对于不善者，道或者体现道的圣人也不会随意地将之抛弃，而是努力使之回归自然常道，即使回归不了，自然也会使之通过衰亡回归道无世界，为道无世界提供质料。因此无论善与不善，老子认为都是有用的，故此他提出"善者吾善之，不善者吾亦善之"（四十九章）的主张。

在这里请注意，这里的善人与不善人之分和儒家的不同，老子认为善人就是尊道贵德之人，而不善人则与之相反。在他看来，道不会遗弃任何一个人，包括不遵从道的人。并且老子认为，即使我们拥有高位、家藏万贯，也都是身外之物，不会长久的，人如果想求得，想免除灾祸，就必须以道行事，不能任意违反自然规律。因为高位、财富常常会给自身招致飞来横祸。非罪之罪，怀璧其罪，古今中外，有多少权赫一时的人物遭到杀身之祸，甚至皇帝、国王也不能避免。同样拥有巨大资产的富翁也不能避免，这就是比尔·盖茨、李嘉诚等人适时乐捐的智慧所在。由此可知，道的作用之一就是佑人免罪，是保护人自身的主要因素。

尽管道能够保护不善人，不抛弃他们，进而公平而非刻意地对待他们，但是它却常给予遵循道的善人更多的机会，使善人能够更多地享受道的益处。在第七十九章中，老子指出"天道无亲，常与善人"，这句话颇体现了皇天无亲的思想，即他认为天道不会偏亲私爱任何一种东西，正如天地不仁一样，但不为此就认为天是有害的。它不刻意地亲仁万物，显示出自身是慈善的，这种慈善是一种自然的慈爱，而非儒家所坚持的人为性的仁爱，故能公平地善待善者和不善者。道不亲万物，万物也感觉、感受不到它的亲，但它常常将自身之特性施与善人，结果使后者的行为同其一样。此即是说，唯有善人能循道，故老子认为道与道者同体，道与善人同一，为之，在第二十三章中他说："故从事于道者，道者同于道……同于道者，道亦乐得之。"在这种理念的支配下，他不仅主张人们认同道，而且倡导人们喜欢道、践行道，争取做到和道同一，也就是拥有道所具有的特点，这样不仅会利于自身，而且还会受到它的认可，因为道乐于接受和得到这样的人。其体现的是，道使乐道的善人像自身一样，能够长生久视，这就是许多修道者能够长寿的原因，个种情况，妙不可言。

四 挫锐解纷作用

既然道能够守常伐异，不伤众物，它就具有挫锐解纷的作用。具体来说，道的挫锐解纷作用体现在"挫其锐，解其纷，和其光，同其尘"（四章）这段话中。其中第一句是"挫其锐"，与之类似的观点见之于《道德经》第七十七章中，在此老子说："天之道，其犹张弓欤！高者抑之，下者举之，有馀者损之，不足者补之。天之道，损有馀而补不足，人之道则不然，损不足以奉有馀。孰能有馀以奉天下？唯有道者。"他指出，天道的一个重要功能就是损余补欠。前文提出的木秀于林，风必摧之，体现的就是这种自然本相。一方面，因为物在某部分显得有余、多余，于是会被自然之常的风摧损之。具体来说，高出别的树木一大截的大树，由于没有其他树木的回护，当风来临之际，必先受到风的吹打，也最容易被风刮折。同样，有锐气、锐角的物体也最容易受到自然的打击，如带有锐角的石头，最终会被磨成鹅卵石，故老子说"揣而锐之，不可长保"（第九章）。在老子看来，这都是自然的起端——道在起作用。他认为，人之智慧也是物之锐，和雄、白等一样，必受到道之挫。故此他指出，天道就是这样运行的，它会将自然一切多余、异常的事物加以减损。

另一方面，它也会将事物的不足之处加以修补，如当我们发现一个低洼的坑地时，总会有水、尘土等物体将其填住。如果是一座大山，则会经受风吹日晒，使之腐化。在老子看来，天道总是"损有馀而补不足"，相反，他认为，人之道却与天道的运行特征相反，总是存在《圣经》中所描述的马太效应，即使富得越来越富，穷的越来越穷；有的总是会越来越多，而没有的则是更加减损，致使社会的两极分化越来越严重。显然，老子看到了人类这种反天道的情况，故反对人类的各种智诈行为。故此他赞扬有道者也即圣人能够"有馀以奉天下"，体现了道的损余挫锐、补缺填漏作用。

第二句是"解其纷"，当物物之间相互冲突时，会发生争斗，如挨在一起的两棵树，尽管有相互滋养的一面，但也有相互争夺资源的一面。如果一棵树长得快，一棵树长得慢，那么长得快的树会压制长得慢的树。这种情况在动物界就显得更加明显，如虎狼吃牛羊，牛羊吃草，等等，都是这种情况。同时，自然也存在着互相促成的一面，即一物的存在可以形成和促进其他物的顺利成长，如水泽万物，动物的粪便滋养草木生长等，皆是如此。老了认为，这都是自然在起作用，即自然中的道，通过上述方式解决、消解万物之间的纷争。因此他认为，道在物物之间的相互竞争和滋养中起作用，其结果最终形成我们所能看到的现象世界。

第三句是"和其光"，和字，正如笔者在创作《孟子大丈夫思想对现代企业的指导作用研究》一文中的论述一样，它是不同的物体相互搭配、帮衬形成的一幅美妙的图画，或者相异的声音构成的一篇优美的乐章，如果都是相同的物品或声音反而会使人们觉得枯燥难听。光，就是万物可以呈现其形的现象。如草具有青色细杆细叶之状，石头的白色坚固块状，皆是如此显现，以其光显示其色。因此与道的生存现状相反，老子似乎看到万物在呈现其形的时候都是其中的光在起作用。当我们看到长河落日圆之景、小桥流水人家之境时，其反映的就是自然和合万物之象而形成的景色。这些都是老子所谓的万物所呈现出的光，互相映衬、互相影响所形成的效果。因为与单调的颜色相比，色彩斑斓显得更加美丽，出现这种景色都是自然之造化。当人们欣赏一条小河从高山流入平原时的美景，正是万物相互争斗与调和的结果，显然，老子看到了这些。

第四句是"同其尘"，此句的意思和"夫物芸芸，各复归其根"相似，就是尽管万物之间相互争斗、相辅相成，但最终都会成为尘土，复归于看不到的无。人如此，动物草木同样如此。看似无限风光、趾高气扬的场景，最终和幽暗深谷一样，归落尘土，进入道无的寂静世界。反映在人间社会，就是无论王侯将相，还是富豪名士，他们和默默无闻、碌碌无为的普通人一样，最终会命归黄土，重归黄泉，而不管其生前的事迹是多么的光辉灿烂。由此看来，自然确实公平地对待每一件事物，绝无遗漏疏失。这就是老子对自然现象和道的作用进行的真实、深刻的描述。

第四节　修道的方法

道具有许多珍贵的特性，并对万物的生活起着决定性的作用，老子极力倡导人们效法之。但是怎样才能有效地效法道呢？老子在其《道德经》中提出了一些很好的方法。

一　自身闭户体验

进行修道，首先要做到自身的闭户体验，老子认为，通过感知自身的生活习性，就可以真实地了解道的运行，而非出外体验。在第四十七章中，他坚持"不出户，知天下；不窥牖，见天道"的观点。也就是说，人们若想观到真道，就必须待在家里，而不必煞费苦心地到外面去求道。因为这样做不仅不会有所收获，反而会出现"其出弥远，其知弥少"的窘况。他提出，只要在家里观察自身及家人的日常生活，就可以了解大道真谛，即通过人伦日用，就可以知晓大道运行的原理。因此，包括人们在内的自然生存状态，体现着天道的存在，而不是外面的大千世界。在老子看来，越是沉沦于外面的花花世界，就越会背离大道的运行，从而造成自我本性的迷失。

老子指出，通过深闭家门——真正做到"塞其兑，闭其门，终身不勤"（五十二章），从自身在家的生活体验中感悟自然的真谛，根据自己的生活状态了解天道的自然运行。这样不仅能够使自己在光怪陆离的花花世界中不会迷失，也能避免孟子意义上的"物交物，则引之而已矣"（《孟子·告子上》十五章）的状况发生。

老子提出无为不行的原因，就在于自己作为物，与其他人有同样的习性，故他在《道德经》第五十四章中说："故以身观身，以家观家，以乡观乡，以国观国，以天下观天下。吾何以知天下然哉？以此。"这就是说，通过了解自己的生活习性，同样可以了解到其他人、其他家、乡、国、天下的活动习性。这样他就将自己的生活状态推己及人，然后再进一步推及天下，就可以知道天下人的自然生活状况，根本不需要通过了解外部世界的各种活动，来了解道的真实面目。老子认为，唯有如此，才能够达到良好的修道效果。

二 损知入道、无为无事

老子指出，在做到闭户体验之后，就可以通过"损知入道、无为无事"的方法进行修道。道与学相反，损知入道，就是损学识、损作为，据此能够达到无欲无为，而无为无事就可以受到天下的拥戴。因此在四十八章中，他特意指出："为学日益，为道日损，损之又损，以至于无为。"所以观道，不是要学习自然乃至人伦之知识，如孟子主张的"万物皆备于我"，而是应塞其兑、闭其门，对于可以引诱自己的现象世界，应当采取无听无视，乃至于无思无欲的态度对待之，根据自身浑然质朴的本性去生存，唯有如此才能使自身的自然生活特性本真地呈现出来。越是如此，就越是能得到大道，并证得大道之效力。而这种看似茫然无欲的状况，却能够使人像道一样，无为无事。此即是说，人们不能为了自己的利益，从而不择手段地达到自身的目的。

在老子看来，人们不使用自己的智力去为所欲为地干涉万物的生成习性，而是促使后者自由自在、按照自身习性运行生长，进而使自然得到正常的运行，这种情况所导致的结果则是"无为而无不为"。故老子主张人们"取天下常以无事"，而"及其有事"之时，则"不足以取天下"。这就是说，如果想获取天下，需要在万物不知不觉的生活状态中赢取，如果万物知晓某主体有意识、有目的地获取自己，就会产生最大限度的抵抗行为，这样反而达不到自己所要的效果。如想捉住一只鸟，就伸出手去抓它，反而会引起鸟的警觉，迅速飞走。当我们天天用食物喂养它，久而久之，使这只鸟习惯了以后，即使我们赶它，它也不飞走，这不是比马上抓住它更好吗？因此，一个人若想观道、修道，就应采取去知、无为、无事的方法，而不是通过学知、学识去领悟之，从而避免后天刻意获取的知识蒙蔽人们观道的耳目。显然，老子此处的论述，既是观获大道最有效的方法，也是道本身的运行特征。

但是，他提倡无为无事，并不是什么也不干、绝对的不作为，而是遵循自然而为，且不敢有异作，故法道、求道进而修道的第三个方法就是自然施为。

三 自然施为

老子认为，观道、修道应遵循道的法则与规律，由于道是自然施与而非刻意施为的，它不需要人为地创造一些路径。为之，在《道德经》第五十三章里他指出了行道的方法，即"使我介然有知，行于大道，唯施是畏"，其中在甲骨文中，"介"是一个侧立人形，其腿的前后分别画了上下两竖，类似于圆点但比圆点长的两竖。对此，徐中舒释为："象人衣甲之形，古之甲以联革为之。"[1]因此腿的前后四竖类似于衣甲。同样，马如森也赞同徐中舒的说法，认为："合体象物字。字象人穿着铠甲形。"[2] 左民安释为"面朝右侧立的一个人，手臂略向下方伸展，腿的前后四点是护身的铁甲"。等发展到金文，可能是由于在金属上刻字的麻烦性，腿前后

---

① 徐中舒：《甲骨文词典》，四川出版集团、四川辞书出版社 2006 年版，第 69 页。
② 马如森：《殷墟甲骨文实用字典》，上海大学出版社 2008 年版，第 28 页。

的四点就变成了前后两竖。状如由竖立的阴爻变成了阳爻。因之他继续阐释道："一个曲背弯腰形的人，不过其甲衣已成为前后两片了。"① 后该字又引申为"貌小、微贱"之义。邹晓丽也指出："象古代武士身穿铠甲之形。古代武士的铠甲为一片片皮革缀成，所以字形上用'点'表示。"② 熊国英也持近似观点，他说："'介'本指人穿铠甲和人体间形成的隔离层……中间是侧身的人形，前后的小点表示串缀起来的甲片。用铠甲将身体与外界分开。"③ 窦文字等也指出："甲骨文的'介'字是一个人身体前后有铠甲护身的示意图，由此产生铠甲、在两者之间和一个人的含义。由在两者之间的意思中又引申出正直的含义。从穿铠甲的含义中又引申出特别注意的含义、甲壳的含义。"④

但是，唐汉先生却提出了与之不同的见解，他认为，该字"原本是一个依托象形字。甲骨文的'介'字，是一个面朝右侧站立的人形，腿部的前后四点（是）腿从泥水中拔出后的水滴。"接着，他又指出："腿足从泥水中拔出，必有跨出之姿。因此，'介'的本义为跨站两边。引申用作'媒介'，也可表示'界限'之义，汉字中的'界'字即由此孳乳而生。"但他又认同介为铠甲的意思。"古代战争，是干戈相向的战争，介（护胸）胄（头盔）乃是兵士们必需的防护装备。……《左传·成公二年》一书中，有齐侯'不介马而驰之'的描述。这是说：齐侯没有把马尾巴捆束起来。这里的'介'字，表示把马尾用布条或细绳缠裹起来。'介'字的词义也随着扩展，引申用来表示'铠甲'之义。"⑤

上述各家的诠释似乎都将介字理解为铠甲。那么，它符合该字的原始本义吗？陈鼓应释"介"为"微小。《列子·杨朱篇》：'无

① 左民安：《细说汉字》，九州出版社 2005 年版，第 16—17 页。
② 邹晓丽：《基础汉字形义释源》，中华书局 2007 年版，第 2 页。
③ 熊国英：《图释古汉字》，齐鲁书社 2006 年版，第 109 页。
④ 窦文字、窦勇：《汉字字源》，吉林文史出版社 2005 年版，第 203 页。
⑤ 唐汉：《汉字密码》，陕西师范大学出版社 2009 年版，第 662—662 页。

介然之虑者。'《释文》：'介，微也'。顾本成疏：'介然，微小也。'①但楼宇烈在《老子道德经注校释》一书中，论述道："介然"，河上公释为"大"。马叙伦说："'介'借为'哲'。说文曰：'哲，知也。'"高亨说："'介然'犹'慧然'也。'介'读为'黠'。劳健《老子古本考》则释介然为'坚确貌'。按，劳说义较近。"②由此可见，各家对介的理解各有其说，但都没有说出其根据何在。因此有必要对此进行一次界说。

正如前文所述，各位学者将之释为铠甲。但是为何当时人们将铠甲穿在下面呢，大家知道，在今天我们看到的古代将士形象中，他们皆全副武装，从头到脚都穿着盔甲，防护较严。头有头盔，全身上下皆有甲，尤其是胸前，还有护心镜。那么这种形象为何与先人们创造的介字存在如此大的差异呢？盖在远古时期，人们生活在猎狩和采集的时代，当时多受到毒虫猛兽的侵袭，尤其是蛇的袭击。由于蛇是喜阴动物，一般隐藏在草丛等较为阴凉之处，而人们在打猎或者从事其他的劳动中，因当时还没有发明鞋子，如果赤脚无意踩着它们，这些蛇为了保护自身，就会咬人们的下肢。这是些无毒蛇还好，如果是带毒的蛇虫，那么在当时医学不发达的年代里，人们很可能为此失去性命。因此无论在西方还是东方，人们都对蛇充满了恐惧。在《圣经》里，第一篇就写蛇如何引诱人吃苹果，最后让蛇与人尤其是女人互为敌人。而东方的情况也大体如此，中国有句俗语，"一朝被蛇咬，十年怕井绳"。在甲骨文中，"它"字就是蛇竖立起来咬人的形状，以致人们谈"它"色变，用该字代替一切物事。后来人们为了保护自身，就用牢固的东西护住腿，以防被蛇咬，这大概就是介字的原始本义。因此，它的意思就是用某物防护自身，以免受其他动物的伤害。在这里，就有一个主体意识的自觉活动，即先将某事（特指危及自身的事情）挂在心上，后通过采取必要的措施予以防备之意。

---

① 陈鼓应：《老子今译今注》，商务印书馆2003年版，第268页。
② 王弼：《老子道德经注校释》，楼宇烈校译，中华书局2008年版，第142页。

唐汉将介字的甲骨文字形，释为人们从泥水里拔出来后的水滴，这是否有道理呢？根据文本所述，实际的情况更有可能是人们被蛇虫咬后流出的血滴。在被咬之后，人们不自觉地弯下腰，以显示其痛苦之情。因此，他们就想办法让自身不被伤害，于是用坚固的、足以能够防止蛇虫袭咬的东西来保护自己，而且在起初，人们掌握的技术不是那么成熟，疑仅用碎片的东西将大腿、小腿包裹住，后来随着技术（尤其是织布、织衣技术）的发展，人们将大腿、小腿包裹的防护层连接在一起成为一个整体，于是就出现了金文中介字的模样。

"然"字，前文已述，就是事物生成的流程，即其主体包括道与万物的不断生成转化。因此"介然"就是感知、意识到某物发生，并采取某种预防措施之意。当老子说"使我介然有知"，就是说，使我有意识、自觉地感知，但在老子的意义上，他反对智诈，因此用"观"来陈述这种感知。再往下读，就是"行于大道，唯施是畏"，其中的"施"字也是一个较难理解的字。陈鼓应根据众人的观点，将之释为"邪；邪行。"他这样论述道："王念孙说：'施'读为迤。迤，邪也。言行于大道之中，唯惧其入于邪道也。下文云：'大道甚夷，而民好径。'河上公注：'径，邪不正也。'是其证矣。"① 其他学者如钱大昕、蒋锡昌等人也持类似看法，但不知他们读施为迤的根据何在，仅以径邪释为迤，显然理由不太充分。此即是说，要么老子写字错误，要么用施来表述另外的想法。由于该字较难理解，我们可以先跳过去继续读下文，即"大道甚夷，而民好径"。

"径"字，在篆文中，窦文宇等认为："整个字的意思是直路。引申为直径、直截了当、走小道等。"② 该字的左部代表道路，这个大家都能理解，对于左边的巠（繁体）字，窦文宇等认为是"由弯曲的经线的象形和'工'构成。'工'是夯的象形，有向下

① 陈鼓应：《老子今译今注》，商务印书馆2003年版，第268页。
② 窦文宇、窦勇：《汉字字源》，吉林文史出版社2005年版，第481页。

用力的含义，整个字的意思是用力把经线抻直，由此产生用力和变直的含义。籀文字形用'人'和'土'代替'工'，'人'和'土'合起来表示人用夯砸土，造字原理相同"①。唐汉认为，该字"乃是上古时代腰带织机的象形白描。这种织机通常由两根平行杆支撑经纱，一根固定在织者的腰带上，另一根由织布者双脚蹬开以绷紧经纱，中间则是将经纱单双分开，把纬线靠紧插杆"②。陈基发同样也认为是织布机器，他说，该字"上部的三条曲线就是织布的'经线'之形，上下两横像织布穿筘时的棕框，下面是织布机的脚架"③。熊国英也指出，金文"象经线绷在织机或线拐上的形状"④。左民安认为，其"下部是织布时撑线用的'工'，上部三条曲线就是织布的'经线'之形"⑤。因此该字的含义就是使用一定的工具（器物）将凌乱曲折的丝线拉直，规理有序。根据这种含义，径的意思就是人们试图将曲曲弯弯的小路整成平坦笔直的大道，以方便人们行走。因为在自然状态下形成的路都是弯曲的，直路很少，而用人为、老子意义上反自然的方法将之抻直，是违反道的规律的，故此举受到他的反对。将径的含义进一步引申，就是人们花费精力、财力等资源人为修整的路，它与自然形成的道截然相反。在此整句话的意思就是大道甚为平坦，但民众却好费尽心思，自创道路。

根据径字的含义再反推施字，它更有可能就是施与、施舍的意思。在老子看来，人为地施与也是一种违道行为。如果根据这种解读去理解老子的第一句话，那么就是"使我能够意识到的感知，然后以此行于大道，就会畏惧刻意的施与、施舍"。因为道生万物就是出于一种无意识的生成状态，它不会带着好恶的意图去生成它们，而一旦有了类似于人为意识，那么它就会有选择地生成万物，

① 窦文宇、窦勇：《汉字字源》，吉林文史出版社2005年版，第480页。
② 唐汉：《汉字密码》，陕西师范大学出版社2009年版，第179页。
③ 陈基发：《趣说汉字》，新世界出版社2008年版，第355页。
④ 熊国英：《图释古汉字》，齐鲁社2006年版，第113页。
⑤ 左民安：《细说汉字》，九州出版社2005年版，第100—101页。

这种情况对于万物来说，是一种不公平的行为。在自然状态下，道是公平地对待万物，不偏不倚。在老子看来，人们在自然平坦的大道上行走，是多么的好啊！为什么要刻意做一些违背自然的事情呢？他认为，对自己偏爱的多施，就会出现"甚爱必大费，多藏必厚亡"的现象，从后文的"朝甚除，田甚芜，仓甚虚，服纹彩，带利剑，厌饮食，财货有余"可知，这些行为就是刻意的施与、施为，它是老子深恶痛绝的。当人们采取这种行为时，他会感到深深的畏惧。

"夷"字，正如前文所述，是指东夷人在平原打猎时，喜欢用带绳的箭射杀猎物，以便能够方便地找到这些被射杀的猎物。我们通过射箭的慢动作可以知道，箭运行的轨迹不是笔直的，而是带有一定的弧度，这样更符合自然。老子认为，大道甚自然、平坦，但是人们却喜好用其伪智人为地创造一些路径，即人们通常所说的走捷径。而他认为，走捷径就是耍小聪明，不符合道的正常运行之轨迹。看似能够为己获利的聪慧，好像能够给自己带来好处，但最终因其不符合常道，而使己陷入肆意妄为的生活状态中。在这种思想的引导下，老子极力反对人为之举，如追求穿华丽的衣服、盖富丽堂皇的宫殿，甚至使用舟舆这类工具等行为，在他看来均不符合道，最终会招致自然之道的惩罚，而这也是朱熹反对人欲的缘由之一。

根据这一章，我们可以知道老子认为道是公平的、平坦的、自然的，故此他不喜欢人们使用伪智，从而违反道。所以在修道方法上，他主张自然施为，而非刻意施与，要求自己或他人不采取智诈性的投机取巧工具，并试图以此走捷径，而是以纯真自然施为的方式入道。

四 以愚管理

既然道是自然无为的，并以知足知止、无欲无知、无事无为等具体体现出来，所以老子以此断定道是愚民而非明民的，于是他主张人们像道一样，通过不智对自身及他人进行规范与管理。在第六十五章中，他说："古之善为道者，非以明人，将以愚之。民之难治，以其多智。故以智治国，国之贼；不以智治国，国之福。"在此老子指出，为道者，即以道行事的人，其主要任务"非以明人，将以愚之"，即杜绝人们知晓事物的念头，不去了解、思考身外之情况，使他们盲目地生活，处于一种混沌的状态，这样反而能使他们遵循道，根据道去自然地生存。

"愚"字在甲骨文中，窦文宇等认为由禺和心构成，"籀文'禺'字由'甶'、手形和尾巴的象形构成。'甶'由鬼头的含义，整个字的意思是脸像鬼脸、爪子像手，有尾巴的一种动物，由此产生猴子的含义"。而愚的"意思是猴子的想法。猴子与人相比又傻又蠢，由此产生愚蠢的含义，引申表示愚弄，引申成为谦词"①。同样，"甶"字，徐中舒认为，该字"象鬼头形"，释义为"所斩获敌国之首也，用为祭品"②。马如森也认为："独立象物字，字非田地之'田'，是象鬼头形。本义是鬼头。《说文》：'甶'，鬼头也。象形。"在卜辞义中，马如森解读为："疑用作祭牲。'羌方甶其用王受佑。"③ 对于禺字，唐汉指出，"原本表示申颈张口的蛇"④。此说颇有道理，它的字形像蛇仰起头而被人们用手提住其颈之形。在远古时期，蛇经常伤害人，但它也是智商极低之动物，当人们发现它时，尤其是在其仰头张望或袭击人、物时，就很容易抓住它的七寸，即蛇颈之处，将其捕获。所以相对于人们捕捉其他动物，对蛇的捕捉更为容易一些，这是人们认为蛇比较蠢笨的缘由。随着概念的流变，该字又寓指当时的少数民族部落成员。大家知道，即使现在的少数民族，有些人也较纯朴真诚，缺少先进发达民族某些人物的机诈。在他们走出家园，融入发达社会的时候，想象天真、处理事务单纯，往往被自作聪明的人视作头脑简单、办事

---

① 窦文宇、窦勇：《汉字字源》，吉林文史出版社2005年版，第365页。

② 徐中舒：《甲骨文词典》，四川出版集团、四川辞书出版社2006年版，第1024页。

③ 马如森：《殷墟甲骨文实用字典》，上海大学出版社2008年版，第213页。

④ 唐汉：《汉字密码》，陕西师范大学出版社2009年版，第670页。

蠢笨，进而被这些人蔑视。但在老子看来，这种特点正是他们的可贵之处，因为他们的行为特征深为符合他心目中的道。在其眼中，天真无瑕更是一个褒义词。

在古代，某些少数民族部落成员因为不善于用智力开发某物，想象问题简单，不会设立圈套，因此在部落冲突或与先进国家发生战争时，容易遭受失败。这会造成大量的部落成员被杀，敌人常常取下他们的头颅当做战利品，甚至用之当做祭品，以告慰已经去世的祖先，让其在天之灵得到安慰或者庇佑自己的后代。直到现代，还有将敌人的头颅当做祭品，放在自己亲人或战友的坟前，以告祭亡灵的现象发生。我们有时在欣赏电影或电视剧时，就会看到这一情节，如武松亲手杀死害兄的仇人，将之人头割下来，放在武大郎的牌位前，以祭奠之，即是此意。因此无论唐汉还是徐中舒、马如森等人，对禺字的解读都有一定的道理。同样，愚字就是表示从动物的低智能到人们的纯朴简单，不用智巧智谋去思考事物，这或许就是愚字的原始本义。所以它的本质是不去思虑，朴素厚实，这是对事实的描绘。至于有人将其理解为蠢笨，则是对其进行的价值判断。在老子看来，这种思维状况的事实描述正好符合道的自然运行特性。

在这种观念的指引下，老子找出了"民之难治"的原因，就是"以其多智"。他认为，正是因为他们的智慧多了，知晓、掌握了事物运行之理，就会发明许多器物，并以此生出许多事端，导致了"天下多忌讳、民多利器、人多伎巧、法令滋彰"现象的发生，这种情况结出了"民众弥贫、国家滋昏、奇物滋起、盗贼多有"的恶果。此即是说，当人们的智谋多了之后，就会异作，使机心技巧横行于世，发明出诸般致使社会混乱的物事，最终造成天下大乱。在老子看来，与其人们多智，反不如遵循自然，浑然无知更好一些，因为这样更能促进自然及社会秩序的稳定。

在总结了诸般经验教训之后，最终老子总结道："以智治国，国之贼。"在此，他进一步反对执政者以智治国，即凭借自己的智慧管理国家，认为这样会给国家造成无尽的事端和混乱，这就是典型的异作之举所带来的灾难。因之他倡导"不以智治国",只有这样才是"国之福"。不智治国,或者说以愚管理,就是不用思虑、智慧,不行蠢动异作,不仅可以让百姓自然地生活,还可以促进社会的稳定,人与社会、自然和谐的发展,而这正是老子希望看到的场景。将这种管理方式推广开来,可以作为人们修道的具体方法,即通过绝智多愚,不思考事物运行之原理,而是按照其自然本性浑浑噩噩地生活,这未免不是一种很好的生活方式。在这里,老子承认圣人或者管理者的标杆作用,如果他们采取以愚管理的方式,首要以之管理好自身,然后以此管理好整个社会,最终乃至管理好整个国家,那么百姓也会纷纷效法之。由此老子不止一次地告诫人们要愚不要智,应以愚管理而非以智管理,其目的在于希望每一个人都能成为一个循道之人,如此不仅使人们生活幸福,还可以使整个天下按着自然和谐的方向运行。所以在这里,我们可以看出老子也像孔孟诸人一样,有一颗慈爱众人的本心。

五 容物有施

除了以上诸般方法外,老子还主张通过虚而容物、施为厚实的虚心修道。首先,道本身就具有虚心容纳万物的胸怀,并且通过慈生等将之予以实现,这样它就具有永恒存在而不会消亡的特征。老子希望人们效法道的这种特性,从而使自身生存得更为长久。

当道冲而用之、而不盈时,其主要体现的就是它的虚而容物特性,无论输入多少衰亡的万物,它都不拒它们的回归,接纳之且永不会盈满。如果想做到虚而容物,就要虚心。老子在《道德经》第三章中说"虚其心",就是不要将自己的心居实,反之就会容不进其他的事物或意见,而是要像道能够容纳万物一样,接纳各种事物和意见。对于为道者来说,只有将自己的心掏虚,不先天地具有各种事物与想法,以致拒斥外部事物,才能做到心虚,然后就能够接纳外物。在老子看来,如果人们能够这样效法,就做到了虚而容物。

在第十六章中,老子指出"知常容,容乃公,公乃王,王乃天,天乃道，道乃久，殁身不殆"。唯有容，才可以达到公，即道是因容物而公的。对于乃字，唐汉认为是"女性乳房的侧面形象"。即其"本义为女性乳房。在古文，'乃'字的本义由后起的'奶'字承担"①。熊国英也持此说。马如森认为，"字象气屈曲之形"②。显然，他受《说文》"象气之出难"③的影响。邹晓丽随之释道："用弯曲的笔道表示出气之困难。在古文献中可作代词、副词、连词、发语词，也相当今天的系词表示判断。不管词类如何，凡用'乃'都有表示经过慎重思考而郑重其事的意思。"④ 笔者认为，起初乃可能就是指乳房，后特指女性乳房。表示抚育子女之义，后来由于人们看到乃字流变，将之理解为气体屈曲升起遇到阻力之后的形状。再后则讹变为特指由甲到乙的意思，即王弼所释的"乃至"的含义。

"公"字，像一个口字，两边或上方有一个八字，后口字演变为厶字。朱芳圃认为，其"本为'瓮'字的初文，也就是一个大口瓮的形象，上有瓮盖"，在金文中，"将其下部的方口变成圆口"⑤。左民安继续指出在《韩非子·五蠹》中：韩非子说"自环者谓之'私'，背私谓之'公'"。他认为，"此说为许慎所本，'公'与'私'相对"⑥。徐中舒、马如森持此说。唐汉指出："甲骨文的'公'字，其上的'八'为之两分，下边的'口'乃铜锭的形状……楷书在隶变过程中，将下部表示铜锭的'口'讹变为'厶'，缘此写作'公'。'公'的发音，可能与剁铲剁分铜锭有关，乃是一个拟声音。"⑦ 但其说"口"像铜锭，不知何据。陈基发认为："它的上面是一个'八'字，表示分开相背的意思。下面的'口'字是'厶'的另体字。合起来就是'背厶'。私本是指某种东西为某个人或某几个人所有，'公'与'私'相背，那就应该是

---

① 唐汉：《汉字密码》，陕西师范大学出版社 2009 年版，第 465 页。
② 马如森：《殷墟甲骨文实用字典》，上海大学出版社 2008 年版，第 114 页。
③ 许慎撰，段玉裁注：《说文解字注》，中州古籍出版社 2006 年版，第 203 页。
④ 邹晓丽：《基础汉字形义释源》，中华书局 2007 年版，第 52 页。
⑤ 左民安：《细说汉字》，九州出版社 2005 年版，第 45 页。
⑥ 同上书，第 227 页。
⑦ 唐汉：《汉字密码》，第 811 页。

'公而无私'了。所以，'公'的本义应是'公正'……后来，'公'字引申为'共同的'。"① 赵诚指出："从八从口，构形不明……卜辞的公可能指先公。"② 窦文字等指出："甲骨文、金文和籀文'公字'由'八'和'口'或其变体构成。'八'字有分开的含义，'口'表示自己管理的地方，整个字的意思是自己管理的地方以外的地方，由此产生与'私'相反的含义。引申表示公共、公开、公事等。"③ 因此，甲骨文中的厶字起初像行为主体用口吃东西，以使自身获益的意思，后演变为用绳子拴住自己所需的东西，由口到东西，反映了人们所获财富的增加与剩余。

"八"字，赵诚指出："《说文》：'八，别也，象分别相背之形。'与八字的原始构形之义可能一致，当为会意字。但用作数词则为借音字，既是数字又是序数词。"④ 熊国英也认为："'八'字本义是分别、分开。《说文》："八，别也。"后借为数字。《左传》：'八世之后，莫之与京。''八'字是自甲骨文、金文、小篆、隶书直至今日简化字，基本没有变化的少数字形之一。各种字体都是用一左一右的两笔来表示'分'义。其实'八'正是'分'的本字，在'八'被借为数字后，为强化'分'义，表示用刀切开，成左右相背之状。既然是二人分开，必然背道而行，所以《说文》称：'象分别相背之形'。"⑤ 左民安认为，在甲骨文、金文里"都表示一个东西被分为两半的样子。所以'八'就是'分'的意思。小篆好像两个'人'背靠背的样子，所以也有'分别'之义……'八'当'分'讲的本义后来完全消失了。当数字用的'八'那是同音假音的问题，在词义上没有任何联系。"⑥ 唐汉认为："甲、金文字中的'八'，也源自手势语言。把拇指和食指分开，便构成了

① 陈基发：《趣说汉字》，新世界出版社2008年版，第77页。
② 赵诚：《甲骨文简明词典》，中华书局2009年版，第227页。
③ 窦文字、窦勇：《汉字字源》，吉林文史出版社2005年版，第160页。
④ 赵诚：《甲骨文简明词典》，中华书局2009年版，第255—256页。
⑤ 熊国英：《图释古汉字》，齐鲁书社2006年版，第2页。
⑥ 左民安：《细说汉字》，九州出版社2005年版，第44页。

'八'的撇捺相背之形。不过，古人表述'八'时，是手臂下伸，虎口向下或向着他人，不同于今天的虎口向上。"① 马如森也认为："用二个相背的符号'八'，标示分开，象形字。本义是分开。"② 邹晓丽指出："在卜辞中一是数字，二是表示声气的发舒。许慎'六'的说解中已指出'阳'是'正于八'，即'八'是纯粹的阳。在'八'说解中，许慎则指出'八'的另一含义：'别也'，也就是'分别相背'的意思。换句话说，许慎认为'八'作为部首，其部中所收的字有'分别'（如分、公）、有气向相反的方向发散（如曾、尚等）两种意思。"③ 徐中舒认为："《说文》'八，别也，象分别相背之形'。甲骨文乃以二画相背，分向张开，以表示分别之义。卜辞借用为纪数之词。"④ 窦文宇等认为："它是用双手把东西向两边分开的示意图，由此产生分开的含义。个位数中不能不断平分的最大数目是八个，它由此产生八个的引申义。"⑤

　　在我们的生活世界中，八代表着全方位、全部、全面的意思，如八方代表各个方位，八极代表极远，八卦代表所有卦象等。在《易经》中有天七地八之说，也说明八代表地的各个方位。由此可以看出，八是普遍地、完全地具有的含义。其下的厶字，前文已述，是为己谋利的意思。而公与之相反，是将自己私有的资源奉献给所有主体的行为，而且是将之普遍公正地施与他人他物。老子说，"夫唯道，善贷且成"（四十一章），其义就是道善于做出施舍，尤其是在道势和质料方面，并使万物生长成其该是的样子。在老子看来，这就是厚实而非虚假的行为。其中贷字，在甲骨文中，上戈下贝，众所周知，贝在古时被当作货币，此字的含义疑为当时人们将贝借贷与别人，并用戈等将之刻上记号，以作为借与别人的凭据，其本义是通过物质财富的借贷来帮助别人。道的这种行为或

---

①　唐义：《汉字密码》，陕西师范大学出版社 2009 年版，第 774 页。
②　马如森：《殷墟甲骨文实用字典》，上海大学出版社 2008 年版，第 27 页。
③　邹晓丽：《基础汉字形义释源》，中华书局 2007 年版，第 215 页。
④　徐中舒：《甲骨文词典》，四川出版集团、四川辞书出版社 2006 年版，第 67 页。
⑤　窦文宇、窦勇：《汉字字源》，吉林文史出版社 2005 年版，第 132 页。

许就是公的原始本义。

根据前文对乃字的解读，知其为"通过哺育乃至、达到"的含义，通过容纳，并且普遍施舍及生成外物，就可以达到公。这里需要注意的是，除了容纳善的事情之外，还要容纳不善之事，然后将之做出全面比较，就可以做到公平。因为仅仅接受事物的一个方面，我们是难以做出公平的决策的。而通过公可以达到王，通过王可以达到天，通过天可以达到道，而道则是长久存在的，这是一个循序渐进、日益发展的过程。因为通过包容，可以让人们知道某个主体的公平，而公平是万众共同认可的理想，但是只有道才能做到这一点，包括人在内的物则不能。在老子看来，如果能够做到这一点，就可以成为王乃至天，天乃道，即由天可以推至、达到道，进入道，就可以达到长久不亡的地步。因为道是永恒存在的，它能够延续到永远，永不枯竭，这就是老子"道乃久"的含义。

从本章里我们可以得到启发，对于人来说，可以通过虚心容物，厚实地施与他人而使自身长久地存在。固然人作为万物之一，肉体难以持久地生存，但是通过容物有施、虚心实行的方法（其逻辑思路是虚心——容物——厚施），不仅可以使自己的胸怀变得宽广，能够心情愉悦地看待各类事情，以此使自身更加健康长寿，还可以使自己的名声长久流传在他人心中。尽管道家刻意不强调名声，但这种行为确实能够让自己的声誉不为而成。这就是通过容物有施、虚心实行的方法进行修道的具体思路和成效。

关于法道、修道的方法还有许多，比如居重处贱、守雌处小、慈俭卑后等，由于章节篇幅和本书内容体系设计的需要，这将在以后章节里加以详细论述。

第三章　老子德观体系研究

上一章里我们较为详细地阐释了道，论述了它的特性与作用，以及行道的方法等内容。然而，它究竟和德有着什么样的关系呢？德在老子的思想意义下，究竟有何含义？是否和儒家对德的界定一样呢？下文我们就对这些内容及德的特性、功能作用及修德的方法等进行详细的论述。

第一节　德的原始本义及老子对德的观感

一　德的原始本义

德，马如森释为"标示行走时目直前方，心不二焉。行为正直。本义是行为端正"①。窦文宇等进一步引申道："甲骨文'德'字由'彳'和'直'构成，'彳'字是道路的象形，整个字的意思是在行动中保持正直的心态，由此产生道德、信念的含义。引申表示好的品行和恩惠。"②唐汉认为，甲骨文德字"表示目不斜视，双脚不偏离道路，直达目标。金文的'德'字在'直'下又添加了一个'心'的象形图案，强调了不仅要目光直视，走通行大路的准则去'行'，而且必须这样去'想'。"③陈基发指出："从甲骨文来看，左边是'彳'，表示行动；右边是一只眼睛，眼睛之上是一条垂直线，表示目光直视。其意思是行动端正，目不斜视。金

①　马如森：《殷墟甲骨文实用字典》，上海大学出版社 2008 年版，第 48 页。
②　窦文宇、窦勇：《汉字字源》，吉林文史出版社 2005 年版，第 281 页。
③　唐汉：《汉字密码》，陕西师范大学出版社 2009 年版，第 815 页。

文……在眼睛之下加了'心'，会意就更为全面了。行为正、目正、心正才算'德'。……'德'的本义是'道德'、'品行'，引申为'心意'、'意愿'。"① 左民安也持类似的观点。熊国英认为："'德'今指道德，品行；并引申为恩德，德惠等义。此义是历经演进而成的后起义……由表示行走、行进的'行'……及表示直视（目视悬垂）的'直'组成。当时是指酋长（或帝王等有德之人）'循行察视'的意思。金文下加'心'字，表示'心正行端'。"②

以上诸说的意思大致相同，仅有较为微小的区别，皆释为直路而行，心正行端，并以此成为自己的行为准则。在甲骨文时代，道与德字形几乎相同，仅有细微差别。前文已述，道在甲骨文中显示的是一只脚在路上行走，意为践行自己的道路。后来在金文里演化为面首在道中，意为用眼环顾十字路口，判断向何处行走，我们可以将其引申为针对某事物的观察、判断、思考其中之理的主体思维运行过程。而德的图式是一个人站在街上直视着正前方的某个地方，看似观察到或者发觉了什么。它主要描述行为主体经过判断之后，已经选择了行走方向。具体来说，它表示该主体经过对环境事物等的观察，并对之进行判定和选择，从而在心中形成了自己的特定观点与目标，然后对之予以践行和实现。

在进一步演化中（如在金文中），德字又加上了心部，表示用心思考、判定、获取某事物以达到其目标的意图更加明显。它不仅体现出了价值选择，而且还体现出通过对自己选定的理想、志向的实现而感到满足。孟子认为，人们可以根据对其先天具有的善性的认识、判定和选择，然后居仁由义，并通过礼体现出来，就是德。总的来说，这是一个行善成德的过程。由此他指出的所谓德，就是行为主体通过修养所具有居仁、由义和执礼等特性，以显示出自己的行为美感，当然，这是从孟子思想的意义上理解的德。显然，老子思想中的德是与儒家存在一定差异的，正如他对道的感观与儒家

① 陈基发：《趣说汉字》，新世界出版社2008年版，第545页。
② 熊国英：《图释古汉字》，齐鲁书社2006年版，第47页。

的不同一样。下面我们对它进行详细的论述。

二　老子对德的感观

首先，老子认为德的含义比较杂乱，在《道德经》第三十八章中，他指出德分上下："上德不德，是以有德；下德不失德，是以无德。上德无为而无以为，下德为之而有以为。"即是说，上德不彰显其德，不认为其德是德，且遵循自然之道而为，这才是真正的德。而下德不失其德，时刻不忘其德，对之执之不放，所以才是真正的无德——这种情况颇类似佛家的执着，即执我执法，由此可以看出佛道之间的学理传承。上德之所以无为，是因为没有什么可以有所作为的，正因为如此，它才经常处于一种无为的状态。显然在这里，老子对上德进行了高度的赞扬，似乎认为它同道一样，都是无欲无为的。而下德，如前文所述，其行为颇似仁义的概念，它们都含有带着某种目的去从事某事之意，这是老子极力反对的。他的这种区别可以如此描述，即前者是自然之德，后者是人文之德。而老子肯定的是前者，他在其他章节里论述德的时候，多指的是这种德。而下德，具有儒家色彩的德，似乎是老子加以反对的。由此观之，他对德的界定，特意与儒家的定义区分开来。

其次，老子在《道德经》中，多次将德与道并列，如在第五十一章中，老子说"道生之，德畜之"，即是说，道生成万物，而德紧跟着养畜万物，使之自然成长而不被其他东西有意摧残，或者故意不提供万物所需要的质料、养分等，最终使其夭折。而其得到的回报就"是以万物莫不尊道而贵德"。这种情况在老子看来，就是"道之尊，德之贵，夫莫之命而常自然"。从这句话里我们可以看出，德与道是并行存在的，同是自然的产物，而不是道产生的德。陈鼓应认为："老子以体和用的发展说明'道'与'德'的关系；'德'是'道'的作用，也是'道'的显现。混一的'道'在创生的活动中，内化育万物，而成为各物的属性，这便是德。因而，形而上的'道'落实到人生的层面上，其所显现的特性为人类所体验、所取法者，都可说是'德'的活动范围了。"① 在这里，陈鼓应将德称为道的体现、特性，并且以道为体，德为用。但根据老子的这句话来看，陈鼓应显然没有理解透彻其道、德的含义。也就是说，老子心中所谓的德、道概念，皆是自然存在的、自然而为的，因此它们在自然存在中是最尊贵的。并且在老子的思想中，德也不是道的属性，而是畜养万物的自然实存，但是包括人在内的万物可以效法与习得德的属性。显然，老子认为德的含义，就是行为主体遵循自然运行特性，以万物正常成长为目标，通过选择以无为畜养的途径，最终使现象世界得以形成。

三 道与德的关系

那么，道和德究竟是一种怎样的关系呢？在《道德经》第二十一章中，老子指出，"孔德之容，唯道是从。"孔，王弼释为"空也。惟以空为德，然后乃能动作从道。"② 即以空为德，做到虚心，才能随从道。显然，此种阐释陈鼓应等学者不认可，后者指出，"孔：甚、大。"他再一次指出，"'道'的显现和作用为'德'。"接着，他在下一行又说道"德乃指事物从道所得的特性。"③ 熊国英认为，在金文、石鼓文中，"'孔'是用小儿吃乳表示通孔。即乳汁经过乳腺通孔达到婴儿口中。"④ 但是其他学者不认同这种观点，诚如《说文》所云："孔，通也。从乙、子。"⑤ 因之窦文字等指出，孔"由'子'和'乙'构成，'乙'字是脐带的象形，整个字的意思是孩子和脐带的由来之处，由此产生阴道的含义。引申表示小洞、通达和特别等。"⑥ 据此看来，简单一个字，却引起这么多人对之进行不同的解读，那么哪一种含义比较可靠呢？

---

① 陈鼓应：《老子今译今注》，商务印书馆 2003 年版，第 34 页。
② 王弼著：《老子道德经注校释》，楼宇烈校译，中华书局 2008 年版，第 52 页。
③ 陈鼓应：《老子今译今注》，商务印书馆 2003 年版，第 156 页。
④ 熊国英：《图释古汉字》，齐鲁书社 2006 年版，第 122 页。
⑤ 许慎撰，段玉裁注：《说文解字注》，中州古籍出版社 2006 年版，第 584 页。
⑥ 窦文字、窦勇：《汉字字源》，吉林文史出版社 2005 年版，第 24—25 页。

我们知道，孔由"子"和"乙"字构成，这几乎是学者的公认，同时大家也认可"子"字的含义，即婴儿的样子。但是对于"乙"字大家确有不同的理解，《说文》认为："'乙'象春草木屈曲而出，阴气尚强，其出乙乙也。与丨同意。乙承甲，象人颈。"①受许慎的影响，很多人认为"乙"像春天草木初生屈曲之状，如陈基发就是这样以为的。另有人说"乙"弯曲之状像肠形，故而《尔雅·释鱼》指出："鱼枕谓之丁，鱼肠谓之乙，鱼尾谓之丙。"②除此之外，郭沫若也认为："乙之像鱼肠，丙之像鱼尾，无可庸说。"③同样，左民安指出："'乙'之本义为鱼肠，但这个本义到后世根本不用了。看'乙'的形体倒有点像'鸟'的形象……"④乙还有标记符号的意思，如司马迁在《史记·滑稽列传》中说："从上方读之，止，辄乙其处。"⑤即用之标记读到某一部分暂停的地方。因之，今天我们写作时要在一句话中增补所需的内容，在V符号上加字就称为涂乙。也就是说，在古代乙字就起这个作用。而陈基发指出，"乙"字的形体像"鸟"：上部左弯者为头，中为腹，下部右弯为尾。因之张融在《答周颙书》中说："道佛殊商，非凫则乙。"⑥凫意为野鸭子，当然乙也是一种鸟，陈基发认为是燕子，而在《古汉语常用字字典》中也是这种解读。唐汉则指出，"甲骨文'乙'字的形和义，源自上古先民猎捕禽兽的绳套（或搓制的大绳）"⑦，从而用以抓住猎物。而成汤的名字也成为"大乙"。吴其昌将甲骨文与金文结合起来，认为它们"皆象刀形"⑧。此又为乙的含义作了一说。俞敏认为，"'乙'是履形"⑨，即鞋的样子。

① 许慎撰，段玉裁注：《说文解字注》，中州古籍出版社 2006 年版，第 740 页。
② 邹晓丽：《基础汉字形义释源》，中华书局 2007 年版，第 220 页。
③ 左民安：《细说汉字》，九州出版社 2005 年版，第 11 页。
④ 同上。
⑤ 同上书，第 12 页。
⑥ 陈基发：《趣说汉字》，新世界出版社 2008 年版，第 4 页。
⑦ 唐汉：《汉字密码》，陕西师范大学出版社 2009 年版，第 788 页。
⑧ 转引自马如森《殷墟甲骨文实用字典》，上海大学出版社 2008 年版，第 322 页。
⑨ 邹晓丽：《基础汉字形义释源》，第 221 页。

邹晓丽赞成此说。尽管人们对该字的解释意见纷纷，但徐中舒等人不同意他们的解说，徐中舒发出了字义不明的感叹，而赵诚同样认为其"构形不明，释为'履之初文'、'象人颈之形'、'春天草木冤屈而出之形'、'象鱼肠之形'皆不可信。用作天干字则为借音字。"① 因此，在他们看来，这些解释都是不准确的。

那么，究竟"乙"字是什么含义呢？结合"子"字，即燕子、刀、鞋子等与婴儿结合起来，形成孔字，我们很难理解。由于拿刀是一件危险的事情，大人们根本不会让其接触；婴儿与燕子相合也与"孔""子"字不搭边，鞋子应该在脚下，而不应该在婴儿的中上部位置，因之这些很难形成"孔"字的原始本义。于是就剩下诸位解读为鱼肠、草木、乳房、绳套和脐带等物与婴儿相配合来了解该字了。

乙字的形状，看起来确实像一个类似长绳的东西，但结合许慎释的"孔"有通的含义，那么绳索显然是不合适的。柔弱的草木与婴儿形成"孔"字，其义也难以理解。诚然，有些草木中间也是空心的，但婴儿与这些草木怎么相合形成"孔"字呢？更何况在甲骨文、金文当中也有草木的字形，它们和乙字的字形完全不同，因此婴儿与草木结合成"孔"字不太恰当。同样，婴儿与鱼肠合在一起形成"孔"字，也很难从逻辑上说清楚。熊国英认为，乙是乳房的意思也很难解释得通，虽然乳房有中通的意思，但已经有乳字存在——在甲骨文中，就是一个女子抱着婴儿喂奶的图景，将乳房的形状特意标出来；在金文中，也同样如此；只是到了篆字时期，两个字的左旁才都用乙字表示。所以，它是不是乳房，还是值得怀疑的。

相比之下，窦文宇等人将之释为脐带，还有一说。在婴儿刚出生时，他们的脐带与母亲相连，并且它处于母亲的子宫、阴道里，有幽冥隐黑之义。这种解释也符合老子一贯主张的生、玄等含义。所以"孔"字更有可能就是幽冥隐黑的自然运行之义，它多指存在

---

① 赵诚：《甲骨文简明词典》，中华书局2009年版，第263页。

从幽冥的自然（或母体）产生出他物之意，并且通过养料对之进行滋养。这时我们将孔、德联合起来理解，就是处于幽冥隐黑之中且能够滋养畜养他物之德。

"容"字，由宝盖头和谷字组成，它有两种含义：一是宝盖头为山洞，后演化为房子，它们具有储存谷子之用。"谷"字，在甲骨文中的字形，熊国英认为是"两山之间狭长的通道或流水口"①。邹晓丽引用《尔雅·释水》明确规定："水注川曰谿，注谿曰谷。"②《说文》指出："谷，泉出通川为古。从水半见出于口。"③邹晓丽指出，谷上四点"表示从山中刚流出山洞尚未成流的泉脉，因以指明泉之所在地"④。同样，赵诚认为："表示峡谷之口，即所谓山洞。"⑤ 李连元指出："谷的常用义有两个：一是山谷，二是谷类农作物。"而"谷的本义是山谷""谷类作物的谷原来写作穀，谷和穀曾通用，简化汉字把二字归并为一，山谷的谷、谷类作物的谷用同一个字"⑥。左民安认为，甲骨文形体中的谷，"上部是水形，下部是水的出口处，表示泉水从泉眼流出"⑦。马如森指出，该字"象山谷有出入口之形，本义是山谷"⑧。看来诸家对于谷是泉眼中的水流向外部这个含义，基本上没有什么异议，都是认可的。其上的宝盖头为山洞，后演化为房子，与谷字合在一起，就表示在一个山洞里，至少有一个泉眼或者存水（或者从山缝里流下、滴下的水）坑，随着水储存得增多，逐渐流到外边的一种状况。在今天的汉中黎坪景区，其中的海底月城景点，有一个称为金鱼洞的地方，就是这种情况，或许这就是容的原始本意。因为洞里能够包含溪流、池坑等物，故其经过流变，具有了容纳之意，这就是今天

① 熊国英：《图释古汉字》，齐鲁书社2006年版，第77页。
② 邹晓丽：《基础汉字形义释源》，中华书局2007年版，第207页。
③ 许慎撰，段玉裁注：《说文解字注》，中州古籍出版社2006年版，第570页。
④ 邹晓丽：《基础汉字形义释源》，中华书局2007年版，第207页。
⑤ 赵诚：《甲骨文简明词典》，中华书局2009年版，第132页。
⑥ 丁义诚等：《汉字详解》，新世界出版社2009年版，第779页。
⑦ 左民安：《细说汉字》，九州出版社2005年版，第180页。
⑧ 马如森：《殷墟甲骨文实用字典》，上海大学出版社2008年版，第257页。

的含义。另外这种情形可以形成一副景观，所以它还有事物呈现出其容貌的意思。

那么，孔德之容，根据上述的状况，就是具有幽冥隐黑特性且能够滋养畜养他物之德，呈现出包容的面貌及其具体运行状态。而"孔德之容，惟道是从"这八个字的含义，具体说来，就是具有幽冥隐黑畜养特性之德所呈现的，就是随从道的自然运行。因此这种幽冥隐黑的自然运行实体，就是老子所称的上德，它与道的特性相似，但它是顺从道生有的自然功能，之后衣养畜养有，使之自然成长壮大，直到完全形成物的形状。所以德和道一样，都具有自然的运行特性，或者说，它们都属于自然，而不是德属于道的关系。

那么，在道与德之间，老子更认同哪一个？显然在老子看来，道更重要，他说："故失道而后德，失德而后仁。"（三十八章）也就是说，在道、德、仁之间，道更重要，它是万物滋生的本始力量，更具有无为的自然特性，上德具有道的根本特性，但下德却具有人为的一些东西，如仁、义等，皆发自于人的某种有目的的活动，因此，比起道来，德还是略差一筹，它是纯粹自然的道转向具有人为特性的仁、义、礼的中间过渡环节。尽管它也是自然生成的，但是老子对之没有像道那样偏爱，正如老子更轻视物一样。

另外在《道德经》第二十八章中，老子又一次指出了道与德的关系，即"知其雄，守其雌，为天下溪。为天下溪，常德不离，复归于婴儿。知其白，守其黑，为天下式。为天下式，常德不忒，复归于无极。知其荣，守其辱，为天下谷。为天下谷，常德乃足，复归于朴"。其中雌、黑、辱都是道的特性，而守雌、守黑、守辱都是行为主体遵循道、效法道的特性，当它们将道的这些特性通过效法居于自身时，就具有常德，此即所谓的循道为德。当行为主体根据道的运行规则而为，就使自己成为一个有德者，进一步可以达到婴儿、无极、朴的境地。在这里需要指出的是，尽管人们可以循道为德，但德的各种特性是来源于自然的，它是先验存在的，只是人们可以通过循道行为将其特性体现出来，这反映出道与德以人为载体而具有的承传性。

因此，总的来说，在道与德的关系上，有两层含义：其一，行为主体遵循自然之道的运行特性，使其自身思想行为具有这些特性而成德。因此行道者通过效法道的自然特性，使其特性居于自身，就是有德者。显然，在其遵循自然各种特性的过程中，通过对自然运行之理的效法，就有了主体意识自觉在起作用，这为万物的异作提供了来源和依据。其二，德承传着道的运行状态。当道最终生成万物的时候，德随之畜养、养护着万物，使万物自然地生长，顺利成形，从而保证了现象世界的出现。显然，老子在描述德时，后一种含义占据了主导位置。在他看来，德和道一样，都遵循和效法了自然之中最优秀的特性，并在生物的过程中体现出来，同时它所具有的这些特性能够供万物仿效。

第二节　德的特性

从上文分析可以得知，德有上德与下德之分，这里所论述的德的特性，主要指其上德，即自然之德，而非人们通常所认为的人文之德。

一　幽妙深远性

老子的玄德是悠妙深远的，为之他不止一次地指出："生而不有，为而不恃，长而不宰。是谓玄德。"[①] 也就是说，行为主体产生（某物）而不拥有、占有之，自为而不凭仗它，使之生长、成长而不主宰它，这就是所谓的玄德。因此，在老子看来，行为主体产生、自为、助其成长而不占有、凭仗、主宰万物，这就是最高深、最悠远的德，它是逐步渐进形成的高等级的德，故老子对之极力推崇。

无独有偶，在《道德经》第六十五章中，老子对玄德进行了另一种解说，即"古之善为道者，非以明人，将以愚之。民之难治，

---

① 如老子在《道德经》第十章、第五十一章中均提到了这些。

以其多智。以智治国，国之贼；不以智治国，国之福。知此两者，亦稽式。"前文已述，善于行道的人，不应启发民智，而是愚之，使之不知晓智的作用。如果百姓的智慧多起来，统治者就难以对其进行有效规控、管理，因为后者可以凭借其智力为所欲为，甚至做一些伤天害理的事情。同样，统治者也不应使用智力治理国家，如果以智治国，就会祸害国家；相反，如果不使用智慧管理国家，而是采取遵循自然，即无欲无智、任其自为的方式进行治理，那么将会给国家带来福气、幸福。随后，老子强调，知晓用智治国的不利和不以智治国的益处就是稽式。所谓稽式，有的版本认为是楷字，而王弼认为，"稽，同也。今古之所同则，不可废"。① 而"式，模则也"②。类似地，陈鼓应将之理解为"法式、法则"③。对之，笔者本想认同这两家的说法，但是鉴于这个概念特别重要，因此认为有必要对之训诂。

"稽"字不见于甲骨文、金文，但篆字中确有其字，它由禾、尤和旨字构成。"禾"字大家都了解，它是谷类庄稼的意思。尤字，《说文》指出："尤，异也。从乙，又声。"④ 其他学者显然不认同许慎的解释。如高鸿缙认为："尤实从（手）而以一横画表禁止之动象，言手有作为，而有外力以禁止之，其本义应为禁阻，动词。"⑤ 熊国英认为，尤的意思是"特殊，奇异的"。在甲骨文、金文中它"是手臂形，臂上的斜划象一种牵制手臂活动的某种力"⑥。左民安指出，甲骨文尤字是"在一只右手的手指上有一点，意思是生了一个肉瘤，即'疣'"⑦。接着，他又根据《说文》的解读做出了进一步的引申，指出"'尤'字的本义为'特异'、'不正常'，此说近是。尤实为'疣'的初文。因为疣在人体中是多余的、不正

---

① 王弼著，楼宇烈校译：《老子道德经注校释》，中华书局 2008 年版，第 168 页。
② 同上书，第 169 页。
③ 陈鼓应：《老子今译今注》，商务印书馆 2003 年版，第 305 页。
④ 许慎撰，段玉裁注：《说文解字注》，中州古籍出版社 2006 年版，第 740 页。
⑤ 马如森：《殷墟甲骨文实用字典》，上海大学出版社 2008 年版，第 322 页。
⑥ 熊国英：《图释古汉字》，齐鲁书社 2006 年版，第 170 页。
⑦ 左民安：《细说汉字》，九州出版社 2005 年版，第 252 页。

常的，所以能引申为'过错'"①。赵诚先生认为，甲骨文尤表示手多出的一横"表示区别的符号"，指出该字"表示灾害凶祸之义"②。徐中舒的解释与赵诚相似。窦文宇等人认为，尤字表示人的手掌上多出一指，即六根手指的意思。

上述诸说，有些阐释是有问题的，如左民安指出，手指多出一个肉瘤即疣，显然不符合甲骨文的原意，因为果真如是，其字应为在手指上加重地画出一点，以表示这个肉瘤，而不应该是用一横表示。另外，窦文宇认为，将某一手指画出的这一横表示多出的一指，有其一定的可能性，但不必然如此。因为在更多的情况下，是手掌上多出一指，而非手指上多出一指。但无论哪一说，该字应该表示在处理某事时遇到了某种阻碍，这种阻碍用有形的一表示，有可能是一个物品，抑或抽象为一条准则。显然，这个东西引起了人们的不快，以致形成了其衍生义，即怨恨等。因为对于渴望自由自在的人们来说，一些规定显然阻碍了他们的这种欲求。

对于旨字，窦文宇等释为"由'匕'和'甘'或它们的变体构成，'匕'字有叉子的含义，整个字的意思是口中嚼着用叉子取来的肉，由此产生美味的含义。人们的一系列活动的最终目的就是吃美味食物，它由此产生目的和意义的引申义"③。唐汉认为："甲骨文中的'旨'字，下部是一个'口'，上部是一个勺子（匕）的象形，表示将甘美的食物送到口中的意思。金文的'旨'字，在'口'中增加一点，强调口中的甘美。小篆缘此而来，成为'上匕下甘'的会意字。楷书在隶化的过程中产生讹变，将下部的'甘'字写作了'曰'。"接着，他又说："'旨'，《说文》释为：'旨，美也。'即滋味美好的意思。"④熊国英指出该字释义不一："或称以'匕'送食入'口'，品其'甘'；或称以'口'呼'人'来。"随后他指出："其实旨的本义是祭祀时用美食招呼神主来享用。包

---

① 左民安：《细说汉字》，九州出版社2005年版，第253页。
② 赵诚：《甲骨文简明词典》，中华书局2009年版，第282页。
③ 窦文宇、窦勇：《汉字字源》，吉林文史出版社2005年版，第84页。
④ 唐汉：《汉字密码》，陕西师范大学出版社2009年版，第625页。

含了'美味'和'召唤'两个意思。"①

吴式芬《攈古录金文》云："从千从甘为旨，言甘多也。"为之邹晓丽解读道："千，指众多的意思。字形是由舌形变化而来。"② 因此她认为，旨有甘多味美之义。马如森认为，旨"从匕、从口，或从曰，字象以勺极物于口，有食者美足之义。"另外，他指出，旨可"借用作祭牲"③。同样，左民安认为在甲骨文、金文中，旨字是从口、从匕，只是到了小篆，将"'口'变为'甘'，'甘'为'甜'义，所以'味美'的意思更明显"。为之，他特意指出："请注意：'旨'与'甘'是有区别的。'旨'，一般是指味美好吃的食物；而'甘'除了味美之外，还有'甜'的意思。"④ 对之，赵诚干脆认为："旨，从人从口，与《说文》古文形近，但构形不明。甲骨文从口之偏旁，后代有演变为曰者，如鲁字下部甲骨文从口，后世变为从曰，与旨字之演变同。甲骨文旨字用作人名，为商王手下之大将，应为借音字。"⑤

综上所述，诸家对于旨字解读上的争论可谓比较激烈。其一，旨究竟是从匕从口，还是从千从口？这是吴式芬、邹晓丽等与其他人的见解不同之处。从后来该字的演化来看，采取前者的意见比较合适，因为后来旨字上部确实演化为匕字，而没有演化为其他字。其二，其下部究竟是从口字还是曰字演化为甘字？同样的理由，我们认为应该是沿着曰字进行的流变，或者说演化。因此，旨字的原始本义，就是用刀或者勺子处理摆在某一地方的食物，但将该食物摆在一个四方的挑盘上，表示庄严尊重的样子，那么它有可能就是祭品，正如马如森、徐中舒等人认为的那样。其三，该食物是肉类，还是其他种类的？我们不能明确地确认。但是结合稽字左边的禾字，我们更应该确认，在稽字中使用的是谷类，即是说，是用谷

---

① 熊国英：《图释古汉字》，齐鲁书社 2006 年版，第 293 页。
② 邹晓丽：《基础汉字形义释源》，中华书局 2007 年版，第 56 页。
③ 马如森：《殷墟甲骨文实用字典》，上海大学出版社 2008 年版，第 117 页。
④ 左民安：《细说汉字》，九州出版社 2005 年版，第 178 页。
⑤ 赵诚：《甲骨文简明词典》，中华书局 2009 年版，第 171 页。

物做成的食物，将之做得美味可口，以供祭品之用，然后将其分食掉或做其他处理。

最终，稽字的原始含义是人们根据某项标准、规定，将祭祀用过的祭品分给部落各个成员，这样他们不仅求得了先祖或神灵的佑护，而且以此避免部落的成员被饿死，从而保证了该部落能够持续地生存下去。显然，这种分配方式必须遵循一定的规定——尽管这些规定会被某些人厌恶或怨恨，因为有些人认为自己的贡献大，应该更多地享受劳动成果，即较为公平的分配，否则会有弱肉强食的现象发生，致使其中的老弱病残幼被饿死。因为在远古时期，人们的生存能力是有限的，他们得不到充足的且足以维持自身生命的食物，故必须采用这种分配方式，以保证所有成员都能够成活。但食物一旦充足的时候，则避免不了自私心理的作用，这样私有制就会适时地出现。

将稽字进一步延伸地解读下去，就是人们采取一定的方式管理自己和他人的欲望（食欲）。如果尤字多出的那一横还不能完全确定的话，那么老子使用了"式"字，则完全具有这种含义，正如王弼、陈鼓应等人认为的，它具有法式、法则的含义。因此，稽式就是人们，尤其是部落首领等管理者，按照一定的标准来处理足以满足人们某种欲望的各种资源，使之形成一种规则，以供他人效法。因此老子所谓的楷式，就是说以用智与否为标准，能遵循不以智治国而杜绝以智治国的管理方式，并且管理者深深地知道这一点，并将之运用到实际的管理过程中，就是稽式。

论述到此，老子显然觉得意犹未尽，他继续道："常知稽式，是谓玄德。"也就是说，常知这种稽式，就是所谓的玄德，这是老子阐释玄德的第二种含义。这种玄德"玄德深矣，远矣，与物反矣，然后乃至大顺"。在此他对玄德进行进一步的解读，指出玄德十分切合自然之深远，与道的特性相似，皆与物相异。对于"与物反矣"，王弼解释为"反其真也"①；林希逸认为："反者，复也，

---

① 王弼著，楼宇烈校译：《老子道德经注校释》，中华书局2008年版，第168页。

与物皆反复而求其初。"① 无论是反其真，还是复其初，皆有返回到自然本身状态之意。另一种含义如河上公所云："玄德之人，与万物反异，万物欲益己，玄德施与人也。"② 笔者认为，其中的反字，就是不同、相异的意思，即与物相异、相差别。正因为德深远，所以与现象世界的万物不同，它能顺应自然，这或许就是能至大顺的真正含义。因为只有顺应自然，才能达到大顺，尽管道大、德玄，但它们大、玄不过自然，并且效法自然，以自然为效仿的对象。

二　柔弱处小性

既然德是悠妙深远的，所以它像婴儿一样，也是柔弱处小的。老子早就感觉到了这一点，但是为了让人们更好地理解，他就以婴儿比喻德。在《道德经》第二十八章里老子说："知其雄，守其雌，为天下谿。为天下谿，常德不离，复归于婴儿。"即知晓其雄壮，而守其雌弱，就可以成为天下之谷、天下之始，在这里，谿是谷的含义，而谷有始的意味。成为天下之谷，天下之始，就不会离开恒常之德，最终回到婴儿柔弱的状态。老子以婴儿比喻德，体现在以下三个方面：一是处于初始期，因为婴儿本身就是人之初，是人的初始，老子以婴儿比德，说明德处于万物生成之初，或者说在万物生成之初就已经存在，在这个阶段对万物施加着影响。二是这种初始状态是比较柔弱的，正如婴儿筋骨是柔弱的一般，但它柔弱却不软弱，其强壮起来，反有刚强未到之处，如水之发作，可以摧毁坚固的城墙；空气柔和平静，但其发作起来，形成飓风，万物难挡其势。三是它可以发展壮大。像谷一样，婴儿同样可以成长壮大，发展成人。正因为德有如此特点，因此老子又说："含德之厚，比于赤子。毒虫不螫，猛兽不据，攫鸟不搏。骨弱筋柔而握固，未知牝牡之合而全作，精之至。终日号而不嗄，和之至也。"他认为，

---

① 陈鼓应：《老子今译今注》，商务印书馆 2003 年版，第 305 页。
② 同上。

婴儿德性之魅力，可以使万物震撼，即使毒蛇猛兽也不会侵害之。而其柔弱所展现出的力量，也是十分的强大。但是，老子似乎认为，随着物的成长，其离道、德愈远，因此老子认为婴儿的德行较厚，而成人的德相应较薄；万物在其幼年期、初期较具有道性，而在壮大时期则无之，故老子指出物壮则老，是谓不道。万物到了不道的时候，就进入了复命的过程，直至返回与道。老子的这种认识不仅加深了人们对德的认识，而且也指出了婴儿等的行为更接近于自然之德。并且，老子曾通过水来喻道，在这里则是通过婴儿来喻德，不仅使人们更容易地理解了道德的特性，而且具体指出了婴儿具有柔弱无知等特性。

三　广大无不为性

柔弱的德同道一样是广大的，同时也是无声地畜养着万物。老子在《道德经》第四十一章中说"广德若不足"，其义同大成若缺的含义相似，即广大、完满的德似乎存在，好像呈现出一定的缺陷，看似有许多不足的地方。随后老子指出"建德若偷"，王弼认为"建德者，因物自然，不立不施"①。他认为，德的形成，是让物自然而为，不对其施加干扰因子。与之相比，蒋锡昌的分析更为细致一些，他提出："'建'，立也。'偷'为愉之假。"然后他又论述道："《说文》'偷，薄也'。'建德若偷'，言立德之人若薄而不立也。"② 但是高亨将之理解为"犹言强德若弱耳"③。俞樾则认为："'建'当读为'健'。《释名·释言语》曰：'健，建也。能有所建为也。'是'建''健'音同而义亦通。'建德若偷'言刚健之德，反若偷惰也。"④ 陈鼓应先生也在某种程度上接受了蒋锡昌、俞樾等人的观点，他指出："'建'通'健'。偷作'惰'解。'建

---

① 王弼著，楼宇烈校译：《老子道德经注校释》，中华书局 2008 年版，第 112 页。

② 转引自王弼著，楼宇烈校译《老子道德经注校释》，中华书局 2008 年版，第 114 页。

③ 转引自陈鼓应《老子今译今注》，商务印书馆 2003 年版，第 230 页。

④ 同上。

德若偷'，刚健的德好像懈怠的样子。"① 确实，各位学者对这句话是议论纷纷，莫衷一是。笔者通过对老子思想的通篇理解，认为此句话这样理解更合适，即逐步形成、建立的德，是在润物无声的过程中体现出来的。因之笔者将"建"理解为形成、建立的意思，而"偷"则表示"不易发觉、润物无声"的意思。将之理解为润物无声且逐步建立的德是不易被人发觉的，似乎更符合老子思想的本意。

将这两句话综合起来理解，就是逐渐形成的广厚博大之德，在隐黑之处畜养着万物，使之成长壮大，但不显现自身，给人一种隔雾看花之憾，因此其对物的作用似乎不太明显，更显得不太充足，故此广德若不足。实际上，德在自然中所起的作用显然不止如此。

老子思想中的德，也就是他所称的上德，同道一样，既然是广大的，其特点就是无不为。诚如他在《道德经》第三十八章所云："上德无为而无以为，下德无为而有以为。"上德对待事物看似无为，其自身也没有想到去为，更不会殚精竭虑地去为——积极地刻意为之，而是相反，遵循自然正常特性，根据其作用来对待万千事物。但恰恰正是这种"无心"之为，却使万物在无形中都受到了它的恩泽——对之进行了化育，这是它对万物的最大贡献。《易经》云，"天地之大德曰生"，含义虽与老子的德稍有差别，但是都体现了德对万物的这种恩泽。因此，它的为是博大的，包罗万象、纵贯一切的。所以老子的德是全德，是对一切事物都有益的，也是"无为而无以为"的德，这也是老子德的最大功能。

因此，在这里无为并不是说没有一点、纯粹虚无的无所作为，而是用无来为，即老子所述的"无之以为用"（十一章）之无来为。对于无字，多数学者认为是跳舞之舞字，表示跳舞之义。如徐中舒指出，"甲骨文无为舞之本字"②，而舞字，"象人两手执物而

---

① 陈鼓应：《老子今译今注》，商务印书馆 2003 年版，第 230 页。
② 徐中舒：《甲骨文词典》，四川出版集团、四川辞书出版社 2006 年版，第 1387 页。

舞之形，为舞字初文。《说文》：'舞，乐也。用足相背"①。但此人双手执何物，徐中舒没说。同样为何跳舞？其引申义为何？徐中舒也没说，而其他一些学者对此进行了解读，如赵诚先生对此思考颇多，他说："象人舞之形，后来无借用为有无之无才另造舞字。卜辞无当为舞之本字。作为主管舞之职官，当为引申义。卜辞记载商代求雨、祭祀经常用舞，有时商王还亲自自舞，可见当时对于舞之重视。"② 他又说："象人舞之形，为舞之本字。甲骨文用作祭名，为以舞求雨之祭。"③ 熊国英也主张："'舞'是'無'的初文。源自古时祈雨之舞。"④ 但赵诚更进一步指出："象人舞之形，为舞之本字。卜辞从不用作有无之无。甲骨文作为动词，即用其本义。"⑤由此看来，在商代之时或之前，无字皆作跳舞之舞字，根本没有有无之无的含义。

唐汉认为："甲骨文的'无'字，是一个象形字。在一个人形（大）的两侧，有状似树木枝叶的舞蹈道具，整个形象恰似双手拿枝条而舞的人形。……'无'字来源于始前先民的舞蹈。手持松柏枝叶，围绕篝火边转边舞，最终要将手中的松柏枝叶投入火中；舞罢曲终，尽兴而手中空空，火熄而一切皆无。因而，舞蹈之'无'被引申表示有无之'无'。……'无'《玉篇》释为：'无，不有也，虚无也。"⑥ 陈基发同样认为"甲骨文、金文里'無'、'舞'同字……像一个人手持枝条、火把之类的东西在跳舞。……繁写'無'字和简化的写法'无'。两者古即同字，道家书籍中的'無'写作'无'。"⑦ 马如森指出："《甲骨文编》：'象人两手曳牛尾而

① 徐中舒：《甲骨文词典》，四川出版集团、四川辞书出版社2006年版，第630页。

② 赵诚：《甲骨文简明词典》，中华书局2009年版，第62页。

③ 同上书，第251页。

④ 熊国英：《图释古汉字》，齐鲁书社2006年版，第228页。

⑤ 赵诚：《甲骨文简明词典》，第322页。

⑥ 唐汉：《汉字密码》，陕西师范大学出版社2009年版，第737—738页。

⑦ 陈基发：《趣说汉字》，新世界出版社2008年版，第93页。

舞之形，后世用为无。'本义是舞。"① 由此看来，在人们手持何物跳舞时，唐汉、陈基发和马如森等人的看法不同。

另外，邹晓丽认为："巫为古代跳舞降神之人。古巫、無（舞）同字。巫和無（舞）后来才分化成两个字：'巫'，名词。'無（舞）动词'。"② 窦文宇等人指出："甲骨文'无'字是双手挥舞的示意图，由此产生跳舞的含义。跳舞的日子没有工作、不工作，由此产生没有和不的引申义。"③ 而左民安则释为："'无'字本为'無'字的或体字，表示'没有'的意思。"④

由是观之，各位学者对无字的解读还是存在一定差异的，单从字形来看，甲骨文无字是人们手拿着日常所见的东西，双臂伸直但不到伸平90°的位置。仅根据该字的图形，看不出其人是在跳舞或者走路，而其拿的东西，有类似草木树枝的，也有看似鱼的，或其他的物品。可以确认的是，其左右手拿的是同一类的东西。根据上文论述及该字的字形，我们或许能够得出以下结论：为了某种目的，人们双手拿着树枝草木或其他物品，烧烤或蒸煮着某种东西，此时人们运送草木时或走或跑或腰肢扭动，其姿势类似于跳舞，这或许就是跳舞的舞字来源。而人们用草木烧烤蒸煮东西，无论是鱼还是其他食品，最终不是被烧成灰烬，就是被吃掉，从此也能引申为没有的含义。但从被演化为無字看，也可能是人们用火烹饪食物等使用类似舞台房屋之形的器具，因此它更有可能是做饭用的厨具，如蒸馒头用的蒸笼等物的雏形厨具。但无论怎么说，该字都强调的是人与食物等相关物品的关系，因为它强调的是人们拿着物品的动作之形，最后使此物消失。此即是说，所谓无为，就是通过无形无声的自然情形来为，而不是像物那样，通过炫耀张扬其行为来为。这种为的结果就是无不为，也就是无所不为的意思，其强大的为是万物难以比肩的。同道一样，这也是德的主要作用之一。由此

① 马如森：《殷墟甲骨文实用字典》，上海大学出版社2008年版，第136页。
② 邹晓丽：《基础汉字形义释源》，中华书局2007年版，第31页。
③ 窦文宇、窦勇：《汉字字源》，吉林文史出版社2005年版，第346页。
④ 左民安：《细说汉字》，九州出版社2005年版，第6页。

看来，德和道都是无为的，而并非像有些人所强调的仅仅是道无为。由于这种情况反映的是包括道德在内的自然无为，这又一次证明自然是高于道德的实体存在。

四 有益无害性

德同道一样，对于物来说都是有益无害的。在《道德经》第六十章里老子云：“治大国若烹小鲜。”这一章同样是难以理解的，众学者对之议论纷纷，首先对第一句话，就存在较大的争议。对于鲜字，河上公认为是鱼，小鲜即小鱼：“‘鲜’，鱼也。烹小鱼不去肠，不去鳞，不敢挠，恐其糜也。”① 这句话尽管有异议，但许多学者还是认同了这一观点。鲜字在金文中为上羊下鱼，小篆中改为左鱼右羊。也有将三鱼写为鲜的，如鱻，可能这是鲜的原始文字，《说文》：“鲜，鲜鱼也，出貉国。”② 此疑为鱼的一种。但无论怎么说，它表示鱼的味道鲜美。与鱼肉比起来，羊的味道也同样十分鲜美，但是别有一种鲜美的味道，这可能是羊膻气所起的作用，如现在用各种激素饲料等喂养的羊就缺乏这种美味。或者羊肉的味道与鲜鱼较为类似，或者人们想描绘某种鱼的味道十分鲜美，就用羊肉来作譬喻，因此鲜字就用人们品尝到的鱼、羊来描述。

相比于羊肉，鱼的新鲜与陈腐更容易做出比较，也就是说，鲜活的鱼味道比起陈腐的鱼味会使人觉得更加可口，更惹人喜爱。故此相对于羊，人们似乎更愿意以鱼来表述某物的新鲜。因此，鲜的含义就意指活鲜的鱼，小鲜就是味道鲜美的小鱼。据此理解，老子这句话的含义当为：治理大国，就像烹食鲜活的小鱼一样，不要做些刮鳞、掏肠甚至翻搅等画蛇添足式的活动，反而更能使鱼味鲜美。大家知道，鱼是容易熟烂之物，如果过多、长时间地干涉它，肯定会将鱼肉搅得糜烂，最终难以吃到味道鲜美的整条鱼。此即是

---

① 王弼著，楼宇烈校译：《老子道德经注校释》，中华书局2008年版，第158页。
② 许慎撰，段玉裁注：《说文解字注》，中州古籍出版社2006年版，第579页。

说，如果煞费心机地翻搅、整理鱼，则达不到预期效果。相应地，将之运用到治理国家方面，就是"治大国若烹小鲜"，让烹煎的小鲜自然发生，而不去做出干涉，这也就是王弼所说的"不扰也"①。老子认为，治理国家应当无为，不要做那些令人厌烦的事情，否则就会如削足适履一样，达不到理想的效果。陈鼓应就是这样理解的，这种解释也深合老子的总体思想。

然后老子继续说道："以道莅天下，其鬼不神。非其鬼不神，其神不伤人。非其神不伤人，圣人亦不伤人。其两不相伤，故德交归焉。"② 这段话同样引起了人们对它的误解，主要包括以下这几个方面：首先，"其鬼不神"这一句话中的"鬼、神"二字。许多人将之理解为人格化的一种东西。其实这样理解不一定符合老子的本意，因为老子是不讲人格化的鬼、神的，相反，挂在其嘴边的就是对人们的生活起着决定作用的自然道德等。如果他提倡人格化的鬼神，那就没有必要反思这些自然道德，只将万物的起源归之于这类东西就行了。

鬼字，在甲骨文中，上为与田相似的字体，下位是男或女下蹲或跪坐状，篆字的字形与之相似，《说文》释为"人所归为鬼"③。此可理解为人被埋于田下，就形成鬼。但此解与鬼的实际含义不同，更与老子的阐释有所差异。因为人所归于某处，不一定意味着人死，如醜字，意为一个人跪卧在酒坛旁边，意为人喝多归于醉，而其形象肯定不受人们的赞同，故称为丑。无论怎么说，鬼的形状异于人的常态，给人造成一种负面印象。当老子说"以道莅天下，其鬼不神"，即道之鬼不神时，更有可能是指道归于某处，但老子在其他章节的阐释里，其义为道归于有，而这个有是不神的。其中的神字，很多人认为同"伸"，在金文中，其含义就是展示出发生

---

① 王弼著，楼宇烈校译：《老子道德经注校释》，中华书局2008年版，第157页。

② 这句话在前一章中已经做过解读，但那时是处在道的角度理解的，在此则是站在德的角度上进行阐释的。

③ 王弼著，楼宇烈校译：《老子道德经注校释》，中华书局2008年版，第434页。

闪电之状，熊国英指出"本指天空释放的闪电。引申伸展"①。而在篆字中，其字形展现的是，人们用双手去抓捕闪电，故有神出鬼没之感。但是，闪电高了人们抓捕不到，低了同样抓不到，即使抓到了，也会被闪电击一下，造成人身伤害。因此，神有发生、产生之意，进一步引申，它有发生某种光电可能会伤害到人之意，即对行为主体有所伤害。因之，老子这句话的含义当为，以道莅天下，其产生的异状不会对他人他物产生影响，即使产生了影响，也不会对人造成伤害，比如仁虽然有违自然，但这种非正常自然的状况却也不伤人，因此，异常的道还是道，它不会以伤人为目的。同样，遵从自然道德的圣人也是不会伤人的，所以最后老子说道，"其两不相伤，故德交归焉"。对于这句话，诸家对此翻译得也不太准确，下面我们对之进行进一步的解说。

"其两不相伤"，并不是说神与圣两者之间是相伤的，因为这和"神不伤人，圣人亦不伤人"这句话有矛盾，因此"神与圣是相伤的"这个命题不成立，它指的是神与圣人均不伤人。"其两不相伤，故德交归焉"，即两者都不伤（人），故德交归焉。对于后一句话，也有两种译义：一是所有德皆施与人。在此处，归有施舍、施与的意思。但是，归有这类含义吗？在甲骨文中，归字左边由类似于数字8或字母B组成的图景，即现在的目字，右边由一个扫帚形的东西组成，对于这个字，历家阐释不确，它有可能像用绳子盘绕成的垫子之类的东西，当一个的高度不够时，再连接着增加一个，使之可以当做椅子供人坐卧之用。盖在远古时期，人们白天经常出外工作，只能晚上回家坐在它上面，或作为床休息一下。我们可以想象，在当时人们住的山洞或者房子密封效果不好，因此会有一些大风将这些厚草绳刮脏，人们在休息时就先用类似于扫帚的东西将之敲打或扫除干净，然后再坐卧其上休息。估计是人们将这种行为称为归家、归到该休息的地方去，故归的含义就由之而来。因此，将归字释为施舍、施与的含义是不正确的。韩非子将其理解为

---

① 许慎撰，段玉裁注：《说文解字注》，中州古籍出版社2006年版，第434页。

"言其德上下交盛而俱归于民也"，其义也不正确，与老子本义相左，因为道之鬼神、圣人不伤人，不一定就是将德交归于民。而王弼将之解为"神圣合道，交归之也"①。此处的之，如理解为道，那么更合老子思想的本义。但是我们指出，老子的德，是和道紧密联系的但又不同于道的实存，因此其最终可以接近道，但不能归于道，而是归于自然更为合适。

因此，德在此处的含义是指其不伤人，这和孟子提倡的"杀一无罪非仁也"中的"仁"字有异曲同工之妙。两者都反对伤害人，尤其是无辜害人，但老子的德相比孟子的仁含义更广泛，他认为，无论对善人还是恶人，都应报之以德，这与墨子的兼爱有一定的相似之处，但比其更广博。因为老子认为，道、德无论对人还是物都是同样对待的，他们本身没有善恶之分，都是道、德之体自然运行所呈现的特性，之所以有恶，那是后天人为用智所产生的恶果。因此人们应该公平地善待这些人物，否则就是违反自然。后来佛家提倡的众生平等，疑借鉴了道家中的德。因此，该句的第二种含义就是指其回归于自然状态，与道相接，继道而行。老子不止一处提出了这一点，在其论述"孔德之容，惟道是从"等时，体现的都是这种含义。因此继道体而养万物，或许才是老子对德的真实论述。

五　德与德者的自然一致性

老子指出德与德者之间具有自然一致性，故人们可以继道而为，行德成圣。在《道德经》第二十三章中老子说："……从事而道者，道者同于道，德者同于德。"在此他指出，行道之人的行为举止符合甚至同于自然之道；同样，行德之人的行为举止就符合甚至同于自然之德。这里的道者、德者、失者显然是在场主体，即海德格尔所谓的此在。其行为不仅受到场（类似于佛家的境，唯物主义的客观世界）的影响，而且也反过来影响着场的变易，因此他们的德行必然受到自然道德的深刻影响，同时也在某种程度上影响着

---

① 王弼著，楼宇烈校译：《老子道德经注校释》，中华书局2008年版，第158页。

自然之道德的变易。但这些行为都是自在自为的，也就是自然发生、生成的，故老子道出了这些言论。

然后他又进一步阐释道，"同于道者，道亦乐得之"，即道者与道相同，道亦乐于得到这种状况；同样，德者与德相同，德亦同样乐于促成此种局面，所以"德者同于德，德亦乐得之"，两者相辅相成，形成场与此在的统一，保持主客体的一致，使两者处于共融共存的状况。它们所形成的这样一种共性，自然而然地与其他事物形成了差别，以体现自身的价值所在。显然，德者通过其形其意呈现出德的存在，正如道者通过其形其意显示道的存在一样，突现了行道为德者与自然之道、德保持的和谐一致。这种状况再一次证明了道、德皆是自然的一部分，属于自然的必要组成成分，正如势、物也同样属于自然的必要组成成分一样。因此在很大程度上，自然之德通过德者形象地体现出来，故老子用"德者同于德"予以表述，所以这种情况也是德的一个重要特性。并且在他看来，能够法道成德，使其变成一个老子意义上的有德者，这就是他所谓的圣人。

第三节 德的功能

老子认为，德同道一样，具有一些自身特色的功能，而这些功能是与其他存在的实体有所差别的。

一 畜养功能

德的首要功能是畜养万物。正如道的首要功能是生一样，即生成万物的本源。但以"有"为始逐步形成的万物在起初像婴儿、刍狗，甚或刚发芽的植物一样，还很弱小，此时要想使之顺利、平安地发展壮大，达到成熟的物质现象世界，就需要有一种力量或势力使之成长成形，那么能完成这个使命的就是德。老子所谓的"道生之，德畜之"，就是这种含义。在《道德经》第四十一章中，老子同样说过"上德若谷"，这就是说，所谓的上德，就像谷一样，当自身积攒到一定程度时，就会溢水成流，畜养万物。这种畜养的过程，同样是无为而就的，而不是刻意地滋养万物。因此，德的首要功能就是畜养，使万物走向强大。

正如前文所述，在万物走向强大之时，便逐渐离弃道德，依据自身的特性而为，在其最强大的时候，就是其离弃道德最远之时。这里就存在一种矛盾心理，即物越强大，离德就越远，道德对其的影响也就越小。这就是所谓的物之为壮，离德日远。

在这里有必要注意一下衣养与畜养的区别，衣字在上一章已经进行过阐释，它具有保护、遮住身体的意思，一是用作御寒，二是遮蔽住自己的私处，因此它是人们从野蛮蒙昧走向文明开化的标志。养的含义就是人们使用枝杖御使羊群到生长旺盛的草地上，使之能够啃食这些草木之意，并且牧者手中的枝杖还有驱使羊的天敌——豺狼等的作用，以此保护羊，使之顺利成长。

至于老子说"德畜之"中的畜字，徐中舒引用《说文》道："畜，田畜也。《淮南子》曰：'玄田为畜。'"而甲骨文玄字"象束丝形"，其下字形如田字，但类似圆形中间用十字隔开，其间各小块的中间各有一小点，他认为该字"当象田形，形不方者乃小讹，其中小点乃象草木形，《淮南子·本经篇》：'拘兽以为畜。'田猎所得而拘系之，斯为家畜，此为玄田之正解。"[1] 然后他释义道，"豢养也"[2]。崔重庆的看法与徐中舒不同，他认为，畜字其下部"是正在出气的牛鼻子，中间的小点代表呼出的气"。其上部是專字的上半部分，"就是纺线的纺锤，引申为用绳牵着，上下两部分合起来，就是用绳索牵着牛鼻子，这个形体既可表示对家畜的驯服和豢养，即动词；也可表示被驯服的家畜，即名词"[3]。窦文字等指出，该字"由'玄'或其变体和'田'或其变体构成。'玄'字有子孙繁衍的含义，整个字的意思是在田野里繁衍后代，由此产

① 徐中舒：《甲骨文词典》，四川出版集团、四川辞书出版社2006年版，第1469页。
② 同上书，第1470页。
③ 丁义诚等：《汉字详解》，新世界出版社2009年版，第548页。

生禽兽的含义，特指家畜。引申表示饲养家畜。"①

从该字字形来看，上部为玄，下部为田，现在我们所看到的畜字的结构也是如此。崔重庆释为"正在出气的牛鼻子"是有疑问的，因为牛不可能有四个鼻孔。对于玄字第一章已经论述过，当为"事物持续地发生，这些初生之事物还相当微小，似有似无，连串在一起无限地持续下去"。而田字容易理解，因此两字综合起来，就是田地里面的事物持续不断地发生，其中既有禽兽昆虫等动物，也有花草树木等植物。在老子看来，包括生物在内的物体，它们的自然生长都是自然之德促成的，即后者能够促使这些处于幼小的物体自然地生成发展，最终成为其应该能够长成的那个形体。因此，德的畜养功能主要是促使物体成长为其该是的那种样态。

衣养的含义就是保护物体，使之顺利出生与茁壮成长。在老子看来，就是保护、生养万物，这也是道的基本作用，显示出道的利而不害的特性。而畜养则是强调使事物自然的成长，与衣养相比，它没有道慈生的功能，也没有道慈生的保护作用，而是提供一个场合与环境，以及一个自然供应链，使物体通过自己的活动自然成长，这就是两者之间的区别。当然两者也有一定的联系，首先，德随从道之保护慈生，促使万物继续成长；其次，德也提供质料，如给羊提供能够啃食的草木，给狼提供能够食用的羊兔等，使物体自发自为地成长。因此道和德一样，也是对万物有利而不害的。

二 化解怨恨功能

其次，因为德是遵循自然法则的，所以它像自然一样，可以化解人们的怨恨。由于德同道一样，是由自然生成的，故其"莫之命而常自然"。也就是说，道德顺从自然，以自然为法则，在冥冥之中是没有意识而刻意为之的实体，所以它们的行为是遵循自然的。正因为老子看到德具有这个特性，故他在《道德经》第七十九章中指出："和大怨，必有余怨，安可以为善？是以圣人执左契而不责

---

① 窦文字、窦勇：《汉字字源》，吉林文史出版社 2005 年版，第 195 页。

于人。故有德司契，无德司彻。"在这里老子指出，如果刻意地调和、调解大怨，则必有一些余怨调解不开，难以化无，如果想将之化解开，必须以玄德自然地去做。

契的表现形式即契约，这个概念在中西思想史里，不是一个陌生的名词，如卢梭专门论述了社会契约论。他是站在社会的层面上陈述契约的，指出每个人应同等地放弃他的全部天然自由权利，将之转让给整个集体，以换取他们约定的、平等的契约自由，并且按照契约来开展社会活动。

契在甲骨文中，左丰右刀字旁，在小篆中有两种写法：一是在左丰右刀字旁的下面加一个木字，另一个是在下面加一个大字。熊国英指出，丰"是古人用刀在木上刻画，记载事物的方法，与'结绳记事'异曲同工"①。左民安认为，"'契'的本义就是'刻'，在《六书正伪》中说：'象刀刻画竹木以记事者。别作契，契为后人所加。'"②其他诸家的解释与之相似，所以我们可以把契理解为用刀刻画记号，以供记住某事之意。将之引申，就是在交易活动中，买卖双方可以通过它来作为记账等凭证，以之约束自己的行为，从而保证双方都能够认真地履行契中的约定。因此通过谈判形成双方能够共同遵守的契约，以此约束双方的行为，这就是契字的原始本义。显然，老子是赞成这种方式的，他在第八十章中说："使人复结绳而用之。"而不用舟舆甲兵等人智制造的什伯之物，使他们回归到一种自然的生活状态里③，就是一个明显的证据。

将之进一步引申下去，即老子是在自然之义上讨论契约的，它通过信予以体现。具体来说，通过道德所显现的信来践行之，即道生、德畜万物而不爽约的信用方式体现自然契约。这种契约的形式同样也适合于现象世界中的物，它们通过复命归静返回到道的情景，就是与自然、道形成的一个契约。双方各自完成其使命，兑现

---

① 熊国英：《图释古汉字》，齐鲁书社 2006 年版，第 166 页。

② 左民安：《细说汉字》，九州出版社 2005 年版，第 71 页。

③ 老子的回归是不彻底的，因为即使用契约、结绳记事，也还是表示人们的智力活动，即人智方式，只是相比于当时的舟舆甲兵，在技术上落后了一些而已。

与对方所约定的契约，从而使世界形成一个完善的自然系统，这或许就是老子自然契约论的本义。

对于责字，邹晓丽认为是"'债'的初文。从'贝''朿'声。卜辞中亦为地名。铭文中有积贮之义"①。熊国英指出："'责'本指强行索取，要求。《说文》：'责，求也。'……上边是表示荆条的'朿'（刺），下边代表货币和财富的'贝'。和起来会意以粗暴的行为索求他人的财物。"② 唐汉指出："甲骨文和金文的'责'字构形相似，下部均为一个'贝'，上部则是一个'刺'（朿）字，原本为荆棘上尖刺的象形白描，在此表示以针穿通之义。两形会意，这里用天然海贝必须打孔后才能用作货币，表示必不可少的责任……'责'的本义为责任、职责。由货币的穿系引申为积蓄，这一词由后造的'積'字承担。'责'字还可表示由积蓄引申而来的求取义。"③ 窦文宇等认为："'朿'字有木刺的含义，引申表示刺伤，整个字的意思是刺伤他人要用贝补偿，由此产生责任、要求、指摘、过失、责问等含义。"④ 从上述可知，人们对责字的解读多种多样。从该字字形来看，贝代表货币有其根据，朿字也有刺伤人之义，由此将其理解为用朿伤人，而通过贝做出补偿。唐汉先生认为是给贝穿孔，那么穿孔用的东西不太可能是木刺，因为木刺穿不透坚硬的贝壳，反而会使自身折断。老子认为，圣人之德就是根据自然契约而为，即遵循自然，奉献民众，且从不渴求后者的回报。

对于彻，各家解释不同，王弼认为是"司人之过也"⑤。楼宇烈进一步解释道："无德之人注视人之行迹，以察他人之过。"⑥ 陈鼓应指出，"'彻'是周代的税法"⑦，无论哪一家的解释，体现的都是人们刻意而为的形象，这正是老子所反对的。因此老子说"有

① 邹晓丽：《基础汉字形义释源》，中华书局 2007 年版，第 143 页。
② 熊国英：《图释古汉字》，齐鲁书社 2006 年版，第 286 页。
③ 唐汉：《汉字密码》，陕西师范大学出版社 2009 年版，第 733 页。
④ 窦文宇、窦勇：《汉字字源》，吉林文史出版社 2005 年版，第 396 页。
⑤ 王弼著，楼宇烈校译：《老子道德经注校释》，中华书局 2008 年版，第 188 页。
⑥ 同上书，第 190 页。
⑦ 陈鼓应：《老子今译今注》，商务印书馆 2003 年版，第 343 页。

德司契，无德司彻"，即有德之人遵循自然契约，即自然法则，因而是有德的；无德之人使用人智活动刻意而为，所以他们体现的是一种无德行为，容易招致他人的非议与怨恨。德通过这种自然法则，即奉献万物而不求回报，无意地取得了万物的感恩。这样它以其实际的行为，有效地化解了人们心中所产生的怨恨或者余怨，让后者真正感到了德之伟大，这也是德的重要作用之一。

由于这部分内容较难理解，我们可以举一个例子来阐释之。《淮南子·诠言训》记载了这样一个故事，"方船济乎江，有虚船从一方来，触而覆之，虽有忮心，必无怨色。有一人在其中，一谓张之，一谓歙之，再三呼而不应，必有丑声随其后。"① 此即有船在江上行走，有一无主空船迎面而来，最终因两船碰撞在一起而导致船覆，这时行船者虽有恼怒，但因对方是空船而无从埋怨。如果对方有一人在船中，一会儿让他这样划，一会儿又让他那样走，如此再三地对他呼喝，这时他不仅不会听从对方的摆布，反而会以骂声相应。这就说明人们对自然而为的事情不会怨恨，因为它是无主的，但对人为之举则会产生恼怒。因此德在施恩时，人们不会怨恨；即使它在生难时，人们也不会对其产生怨恨。它以其恩使人们忘记了对其的怨恨，并通过这种行为化解了人们的怨恨。由此看来，这是它的主要作用之一。

第四节　修德的方法

老子在对德进行观感时，不仅对德的内容、特性和作用进行了深刻的思考，而且还对怎样修德阐释了自己的观点。

一　通过俭啬的方法积德

在《道德经》第五十九章里，老子云："治人事天，莫若啬。夫唯啬，是谓早服。早服谓之重积德。"像其他章节一样，他的这

---

① 陈广忠：《淮南子译注》，吉林文史出版社1990年版，第675页。

一章也颇为难解，但毫无疑问也是论述德的。其中第一句的啬字，不是现代意义上吝啬的含义，而是更接近老子所谓的俭。而俭啬也是道的主要特性之一，因为老子在第六十七章里曾说"我有三宝，持而保之：一曰慈，二曰俭，三曰不敢为天下先"，其中的俭就是道的三宝之一。老子认为，俭啬不仅是老子道之三宝之一，而且也是修德的具体方法的体现。然后他指出，唯有俭啬，才可以称得上早服。同样各家学者对于早服尤其是服字，也存在着不同的理解。其中王弼认为"早服，常也"①，即恒常的意思。马叙伦等人认同将服字理解为复字，认为早服就是"早反于道"②。在此他们继承了韩非子的诠释："夫能啬也，是从于道而服于理者也。"③ 但俞樾、刘师培等人则反对这种说法。另外，劳健认为服有事的含义，他说："'早服'犹云早从事。"④ 而任继愈认为，早服就是早作准备的意思。相比而言，他的解释更为具体。对于早服如此众多的解读，可能读者早已感到头晕目眩了。为了较为准确地理解其中的含义，笔者只有再一次对之进行训诂。因为篆字是老子时代使用的文字，而它又承接了甲骨文、金文，因此从甲骨文一直到金文，对之作图式论等意义的解读，或许更能接近老子思想的原义。

"服"字在甲骨文中，左边一人跪倒在地，其右边有一只手，意为用强有力的手使某人跪下，因之它具有使某人臣服、服事，或者降服某人之义。有的金文中，在该字的左边又加上一个舟字，其义为将这个跪倒之人押送到船上。此意可能是指在部落冲突中，有的部落渡船去攻击其他部落，获胜后将俘虏押送上船，带回本部落，随后要么将其出售，要么使之作为本部落的奴隶，以供驱使、奴役，等等。更为残酷者，则将这些俘虏的耳朵割下来，然后或者将其杀死，或者带回来当作奴隶。其中取字反映的就是这种图景，或者说图式。到了篆字时期，其义更加抽象化，但其本义没有改

---

① 王弼著，楼宇烈校译：《老子道德经注校释》，中华书局 2008 年版，第 155 页。
② 同上书，第 157 页。
③ 同上书，第 156 页。
④ 陈鼓应：《老子今译今注》，商务印书馆 2003 年版，第 289 页。

变，只是到了楷书之时，将左边的舟字改为了月字，从而曲解了服字的原始本义。因此，服字的原始本义就是使人臣服、屈服。关于这个意思各家几乎没有争议，我们认为它就是一个标准答案。

因此，老子"早服"的含义就是尽早服从。能够使所有人完全服从或心悦诚服地服从的，就是老子意义上的自然道德，其他任何意义的服从，都是局部的、片面的。比如臣服从君命，臣只是君臣中的一部分，而君也不止一个。但他们都是人，只能说人中的一部分服从其中的另一部分，因此这只是部分人的服从。而人们共同服从的，就是自然、天地、道德，比如人的年龄，是服从自然的，没有任何人能阻止自己年龄的增长，而只能是顺从自然地成长、老去。另外，人的体形也是受自然、环境控制的，比如某些人的长高、变矮、长胖、变瘦等，既是人为的结果，也是自然的作用。

所以，老子所谓的早服就是早早服从于自然，按自然法则处理事务。在他看来，这种早服行为就是重积德，积德的意思好懂，就是积累已德，重积德就是能够持续不断地积德。也就是说，通过服从自然、遵循俭啬管理百姓，奉祀上天，就可以积累主体自身的德行。由此可见，俭啬是积德的具体方法，并且他指出，再也没有比这种方法更好的了。

老子在本章里接着说道："重积德则无不克，无不克则莫知其极。莫知其极，可以有国。有国之母，可以长久。"这段话的意思是，通过积德不仅可以使天下万物臣服，而且无往而不利，可以战胜任何物性的东西。当天下任何物体都不能将其战胜时，就显示出其深不可测，广厚无极，最终可以获得长久。在老子看来，这种情况"是谓深根、固柢、长生、久视之道"。也就是说，通过俭啬能够持续地积德，而积德可以进一步达道，最终进入道之深远长久境界。因此在本章中，老子具体提出了通过俭啬——积德——长久之道的修炼模式去修德的过程。这样就能够使人们通过尊道贵德，遵循自然，来塑造自己的完善人格。

二　通过逐步推进的方法修德

老子认为："知其雄，守其雌，为天下谿。为天下谿，常德不离，复归于婴儿。知其白，守其黑，为天下式。常德不忒，复归于无极。知其荣，守其辱，为天下谷。为天下谷，常德乃足，复归于朴。"他在此指出，当行为主体知雄守雌的时候，就可以做到"为天下谿"，如婴儿一样常德不离。当知白守黑的时候，就可以成为天下的法式，德行达到无极幽冥的境界。当处于知荣守辱之地，就可以成为天下之谷，此时德行圆满充足，可以恢复到素朴的道体境界。由此看来，在入道时期，德的功能最完满，对万物起的作用最大，而到了万物大成之时，德的功能逐步减弱、降低，直至几近于无。

显然，老子的德在这里分为三种境界，因为此处的谿，是指谷逐步形成溪流的过程，虽然此时谷的作用还较明显，但其流亦不是谷了，而这个像涓涓细流一样的德，类似于初生婴儿的行为特性。等其到了能够进入无极世界的时候，修为显然比作为婴儿又前进了一步，完全可以成为天下的法式，以供人们效法。但到了质朴的境界时，德行已经非常齐备完满，此时的德是本源之德，其行为几乎接近于自然之道。显然，在这里质朴的境界最高，无极次之，但已经很深远、幽远了，接近于谷地了，与之相比，婴儿的境界最低。然而将此德比喻为谿，其离质朴的谷地相差的也不是太远。将这些情况做出形象的说明，这就是说，谷是本源，是质朴的，谿则是从本源发出的溪流，而法式是在本源发出流动过程中所显示出的特性和规则，严格来说三位是一体的，故老子以此三者喻德。对于修德者来说，这也是修德的三个具体方法。其中知雄守雌是第一种方法，通过此方法而达到第一层境界，就可以为天下谿；相应地，知白守黑是第二种方法，通过此方法达到第二层境界，就可作为、成为天下的法式；而知荣守辱是最后一种方法，通过此方法达到第三层境界，也就接近于道之谷境界，这时修德者的德行就十分完满了，它也是道家梦寐以求的上德境界。故此老子希望人们通过守雌、守黑、守辱这三种方法，逐步提升自己的德行，进而达到自然之道德的境界。

同样，在这里老子也含蓄地论述了道与德的关系，从前文可以获知，德跟从道，随从幽冥隐黑之道自然地运行，和道一样公平地对待万物。如当老子说知荣守辱，从而成为天下谷时，此时的常德已经圆满充足，从而可以进一步回归到朴之境界。他在《道德经》第六章里也曾说，"谷神不死，是谓玄牝"，对此前文已经论及，谷神就是老子所说的道，而天下谷就具有道的某种特性，故此老子十分强调守辱的重要性，希冀人们能够居德入道。而行为主体或者说海德格尔意义上的此在，在守雌为谿、守黑为式、守辱为谷等逐步推进的修德过程中，就可以达到道的自然运行状态，这就是道的境界。同样，老子认为，朴也是道，此即是说，行为主体修成常德，就能够进入质朴之道中。因此，以德为中介，通过修德进入道的境界，是一种有效的修养方法。由此可知，至德达道，不仅反映出修德的最终目的所在，而且也体现出两者之间的关系。

老子认为，人们不仅能够积德，而且根据修德的进展状况，可以知道某人修德的范围和程度。如他在第五十四章中云："修之于身，其德乃真；修之于家，其德有余；修之于乡，其德乃长；修之于国，其德乃丰；修之于天下，其德乃普。"显然，自己修身成德，其德就是真实存在的，楼宇烈将真字校释为"朴实"①。德行之影响力超出自身，泽及家人，相应地，其德就突破了本己，从自身溢余出来，显现于家。由此向外推，修德现于乡里，其德就在乡里为长。修德现于一国，其德之丰，就能泽及一国。修德现于天下，其德就能普及天下、风行天下。从范围来看，普德最广，丰德次之，长德又次之，余德随次之，真德的范围最窄，仅限于自身。因此修德的范围不同，层次也就不同，其有德的深度也就有差异。显然，普德的程度最深，再推下去，真德最浅，普德也就是最深远的德，是最符合自然的德。目前西方所谓的普世价值观，从某种程度上说

①　王弼著，楼宇烈校译：《老子道德经注校释》，中华书局 2008 年版，第 144 页。

也是一种普德，但其是否真的能普世，还需要进一步验证。具体到中国，可以用儒道等家思想或事物展现的实际情况对之进行评述。

但是，这并不意味着真德就不符合自然，只是与普德有一定的差别而已。也就是说，这些德仍具有一定的共性。因此，老子以之进一步推论道："故以身观身，以家观家，以乡观乡，以国观国，以天下观天下。"即以真德观身，以余德观家，以长德观乡，以丰德观国，而以普德观天下。由于"善建者不拔，善抱者不脱"，所以有些人能够遵循自然。此即是说，由于其具有善建、善抱的能力，使己修身成普德、到普德的境界。但另外有些人显然不具备这些能力，故其修德的境界差了一些。因此在这里，修德的成就具有了一定的层次性。在老子看来，修德的程度越高，范围越大，那么其德行也就越高，最终可以达到至德。综上所述，老子在此论述了德具有真—余—丰—普递进式延展性，反映出人们修德的运行模式。根据这种方法修德，最终可以修到最高境界。

三 通过不争处下的方法修德

老子在《道德经》第六十八章中提出了通过不争来达德。他所谓的不争之德，就是说德不与现象世界相争，为此他举出了四个例子，即"善为士者不武，善战者不怒，善胜敌者不与，善用人者为之下"。即善为士者，不逞武力；善作战者，不动怒气；善胜敌者，不与对手接触、直接动手；善用人者，常处其下。其中的武字，马如森释为"从戈、从止，朱芳圃释：'戈，兵器；止足趾，所以行走，象挥戈前进也'"[1]。朱芳圃随后继续释道："春秋元命苞：'武者伐也。'此本义也。"[2] 马如森又引用"《说文》：'武，楚庄王曰，夫武定功戢兵，故止戈为武。'"[3] 王梦华释这句话为"……许慎认为用武的目的就是止息干戈，故'武'字用止、戈字会合成义。从古文字看，'止'象人足并不表示停止、制止义，象人荷戈

---

① 马如森：《殷墟甲骨文实用字典》，上海大学出版社 2008 年版，第 285 页。
② 同上。
③ 同上书，第 285—286 页。

行进，恰恰是出发征讨"①。商承祚批判了许慎的观点，他认为："今由甲骨文观之，象人执戈，故有武谊，止即人形之代表，非止之之止也。"② 唐汉也持类似的观点，他指出："戈止会意，表示仗戈讨伐、武装示威的意思。讨伐者必有行动，'止'则表示行动；威慑者须示以武器，'戈'即武器。"③ 丁义诚指出："'止'原是脚的象形，在古代只当足讲。'戈'是一种兵器的象形。两个部件合起来是挥戈前进的意思。"④

熊国英认为："'武'是武装行动，以武示威。泛指军事、技击等舞刀弄枪的动作……其实'止'在甲骨文、金文中都是'止'（趾脚，代表行动，动作）；'戈'是古兵器，代表武装，战争。合起来就是武装行进。"⑤ 于身吾、徐中舒、左民安等的观点与之相似。赵诚释为"从止表示行进，从戈表示武器，本义当是征伐、示威之类的意思，为会意字"⑥。窦文宇等指出，"由'戈'和'止'构成。'止'字是脚的象形，有行动的含义，整个字的意思是拿着戈行动，由此产生勇猛和军事行动的含义。"⑦

根据武字的字形，其上为戈字，下为止字，应为人们走到戈处之义。当人们走到放戈的地方，就可以延伸出守着戈，或拿戈去操练，甚至上战场打仗的含义。如果是操练，就有拿戈列队站立、演习之义，即使打仗，也有拿着戈去冲锋陷阵、杀向敌军之义。因此无论是操练还是实战，都有拿着戈舞动的含义，而这种活动就有示威炫耀的意味。所以老子说善战者不武，就是说善于打仗的人，不会刻意拿着兵器耀武扬威，要么拿着兵器直接进行战斗，要么不拿兵器，或拿着兵器也不进行多余的活动，更不会故意卖弄自己的武力，而是让自己深藏不露，使敌人搞不清楚自己的虚实。因为在一

① 马如森：《殷墟甲骨文实用字典》，上海大学出版社2008年版，第286页。
② 商承祚：《甲骨文字研究》，天津古籍出版社2008年版，第223页。
③ 唐汉：《汉字密码》，陕西师范大学出版社2009年版，第564页。
④ 丁义诚等：《汉字详解》，新世界出版社2009年版，第317页。
⑤ 熊国英：《图释古汉字》，齐鲁书社2006年版，第230页。
⑥ 赵诚：《甲骨文简明词典》，中华书局2009年版，第279页。
⑦ 窦文宇、窦勇：《汉字字源》，吉林文史出版社2005年版，第56页。

般情况下，敌方摸不清自己的实力，就很少会做出主动进攻等冒险行为。这样就能够镇静地应对对方的挑衅等各种举动，为自己更有效地打击敌人创造条件，同时也为己方的胜利增添筹码。

"与"字，邹晓丽认为："字形从许多只手交错、从'牙'（或'牙'的变体）、有的形体还另外加'口'。大约是许多人共同商讨之义，本义是'参与'的'与'，动词。"① 陈基发指出："从金文来看，四角是表示四只手共举，中间是'牙'和'口'，口牙相交，表示多人结盟。"② 窦文字等认为："现在的'与'字是'牙'的简化形式。'牙'是互相咬合的示意图，引申有跟、和、交往和参与的含义。籀文'与'字由双手形和'牙'构成。意思是两人的手握到一起了，由此也能形成上述含义。整个字还可理解为双手把东西交到另一个人的手中，由此产生给与的含义。"③ 根据籀文字形，其四边是四只手形，中间上部为牙齿的牙字，中间下部为口字，因此根据该字形，其义应该是接触之义，将之引申，就是通过接触传导信息。人们在商讨事情时，需要使用口齿和手势向对方表达自己的观点和想法，以此进行信息的准确传达。当老子说"善胜敌者不与"时，就是少与对手接触，杜绝进行交谈等能够向对方传递信息的途径，让对方了解不了自己的图谋，这样就更容易战胜对手。

因此在老子看来，能够做到不武、不怒、不与、为人之下，即不刻意炫耀、心态沉稳不发怒、不与敌人频繁接触、善于为人之下，"是谓不争之德"，正是通过这些不争的举动，才能够有效地用好自身和别人的力量，从而达到自己的目的。采取为人之下用人之法，确是老子的管理智慧所在，人都是有自尊心的，这一点马斯洛已经说过，因此通过处下使用人，人们会很乐意被别人使用，因为这容易使被用之人感到有尊严。比如向老师请教问题，如果学生态度谦虚，老师就很乐意帮学生解决问题，此时学生就成功地使用

① 邹晓丽：《基础汉字形义释源》，中华书局2007年版，第70页。
② 陈基发：《趣说汉字》，新世界出版社2008年版，第30页。
③ 窦文字、窦勇：《汉字字源》，吉林文史出版社2005年版，第239页。

了老师的能力。如果这个学生态度傲慢，并引起老师的反感，那么他是很难达到自己的预期目的的。同样，通过这种方式，员工可以有效地使用领导，甚至小国、弱国也可以有效地利用大国、强国。

最后，老子指出，他所谓的这种不争之德"是谓用人之力，是谓配天古之极"。天古之极，即天的极端处，事物的本源所在，最终所说的就是自然。大家注意，在这里老子所说的行为主体就是人，因为在现象世界中，只有人才具有认知自然、道德的能力，也只有人才能具有感悟自然本体世界的能力。另外，对于修道者来说，只有通过德、以德为中介，才能将自然、道与人联络在一起，从而打通天与人之间的联系。由此可见，德完全能够作为天人之间的桥梁。因此，使用深合自然的不争处下方式修德，就可以使自身的行为符合老子意义上的上德，即自然之德，从而使自身成为一个得道者。

综上所述，老子认为修德的主要目的，就是使人最终入道。显然，在这里通过不争处下的方法入道，是修德过程中所采取的重要方法之一。

四　通过以德报怨的方法修德

由于老子提倡的德深合自然，故此他在《道德经》第六十三章中又说："为无为，事无事，味无味。大小多少，报怨以德。"前一句话的意思是，为的是无为，从事的是无事，品尝的是无味——以无为为为，以无事为事，以无味为味，它体现的是老子思想意义上的圣人境界，这是他非常向往的一个境界。

但是后一句话却比较难解，其中"大小多少"，严灵峰释为"大生于小，多起于少"①，陈鼓应支持这一观点。后一句"报怨以德"，王弼将之释为"小怨则不足以报，大怨则天下之所欲诛，顺天下之所同者，德也"②。但笔者以为，这句话的意思应为：无论

---

① 陈鼓应：《老子今译今注》，商务印书馆 2003 年版，第 298 页。
② 王弼著，楼宇烈校译：《老子道德经注校释》，中华书局 2008 年版，第 164 页。

怨大、小、多、少，都应该以德报怨。① 综观其他典籍我们可知，老子的这句话在当时引起了很大反响。如在《论语·宪问》篇中，有人问孔子："以德报怨，何如？"在此可以看出，此人的观点显然深受老子当时此一思想的影响，但是孔子却不赞成这种观点，就教诲道："何以报德？以直报怨，以德报德。"此意为，要用直率的态度对待构怨者，而对于施德者则报之以德。有人以此认为儒道两家"道不同，则不相为谋"。其实，由于儒道两家不是在相同的语境中来论述道与德的，故他们对德的认识是有差异的。道家的道是本体论意义上的道，是最终生成万物本源的道，而儒家的道是方法论意义上的道，遵循的是仁义之道，即两者不是在同一语境中论道。德也是一样，老子的德是遵循自然的德，对万物平等对待、毫无偏私的德，故老子尝称其善救人物而不弃之。因之在实际行动中，老子坚持"善者，吾善之；不善者，吾亦善之；德善"（四十九章）的理念。正是在此种意义上，老子才倡导以德报怨。因为有德者具有自然之德的这种特性，故他们对待万物同样没有丝毫偏私、歧视，不仅对待有德者报之以德，就是刈待构怨者也报之以德。他认为，唯有如此，才能显示出一个人真正的德行。

而儒家所倡导的德显然与之不同，他们坚持据义施仁，行之以礼而成德。正如孟子所云："动容周旋中礼者，盛德之至也。"（《孟子·尽心下》第三十三章）当对方失礼无德时，君子应先反思自身，当发觉自身的行为举止确实没有失礼时，就将对方的失礼之处，归结为不知礼法的禽兽。对待这样的人，一是不与他一般见识，二是直接指出其人的失礼之处，而不应隐于心中漠然处之，是故孔子主张以直报怨、以德报德。在孔子看来，如果对怨报德，那么对德该怎么办？如果同样报以德，那么其人就是非不分了，这就是孔孟所谓的乡愿，是他们极力反对的一类人。所以儒道两家主张的道德含义不一样，他们采取的方式就会不同，如果将他们主张的

---

① 这句话是笔者的臆测，只是根据句子的逻辑关系、使之通顺的一种解读，并无其他根据。

道德含义混淆起来加以阐释，显然是得不到他们的本意的。

　　总之，老子提出以德报怨，就是希望为德者根据自然之德施与他人，无论他人是善还是不善，都应毫无偏私、平等地对待之。这就是说，即使作为不善之人对自己造成了某些妨碍与伤害，使自己产生了某种程度的怨言和怨气，也应不计前嫌地对之回报以上德。这样就能够使自己的行为举止符合自然之德，进而进入道的状态中。也就是说，老子希望通过报怨以德的方法进行修德，最终使自己的举动符合自然之道德，如此才能够使自身道德走向完满。

　　综上所述，本章通过对德的描述，论述其与道的联系，指出了德的特性、功能与方法，将老子对德的认识加以系统化、条理化，从而构建了他的德观体系，以供人们更加清晰、系统地了解老子的德观思想。

第四章　老子物势观

老子虽然非常赞叹自然道德及其功能与作用，但是他对自然之物势，也不是置之不理，而是试图对它们进行客观的观感与认识，继而对它们进行一定的描述。现在我们逐次对它们进行论述，首先是老子的物观。

第一节　老子物观

同老子深刻地观察道、德等概念一样，他对自然之物也进行了细致的观察，并且形成了自己的一些认知。我们在论述其观点之前，先了解一下物的含义。

一　物的原始本义

物字在甲骨文中，左民安认为是"左为牛，右为勿。卜辞谓杂色牛为'物'……《说文》：'物，万物也。牛为大物，天地之数起于牵牛，故从牛，勿声。'许慎的说法牵强附会。'物'的本义是指'杂色牛'……后世'物'也就指各种各样的东西"①。陈基发则指出："从甲骨文来看，有两种不同的解释。一种解释认为，左边为牛，右边的（勿字）……是'来'的省写，几'点'表示土地，所以'物'字是象形字，表示以牛拉犁耕田。另一种解释认为，左边是牛，但右边是一种用杂色帛做成的五彩缤纷的旗帜，所

---

① 左民安：《细说汉字》，九州出版社2005年版，第250页。

以'物'是会意字，表示杂色牛。如果按第二种解释，'物'是杂色牛，那么可以由此引申出'颜色'一义……按色选择，每物一类，故'物'又可引申为'种类'、'选择'。还可引申为'事物'、'物品'。"① 由此看来，他不反对许慎的解读。而马如森也持此类观点，他说物"从牛、从勿，勿象耒端刺田起土，土色非一色，引申为杂色，字从牛，故物为杂色牛。郭沫若释'犁之初文，象以犁启土之状。'由犁启土，故物之本义为杂色牛。……卜辞义：用作祭牲"②。此外，徐中舒同样持此论。邹晓丽曾言王彦林认为"字形象屠牛时刀上有血滴之形，故本义为屠杀，卜辞中就有此意"。而王国维指出"卜辞中'物'为杂色牛之称，作为'万物'的'物'是引申义"③。唐汉进一步解释道："甲骨文中的'物'字是个会意字：从牛从勿。'勿'，本义为捅入后再拔出来的刀。两个字根会意，在此表示杀死了牛……'物'字的本义为宰杀之牛。'勿'因此有不要义。物，也可理解为将牛牵到祭坛前待一会，然后再牵了回去。'物'，由杀与不杀的留存，引申为动物的存有。由动物的存类，又引申为事物的种类，泛指客观存在的世间万物。'动物、植物、人物'乃至'物料、物品、物理'等等。物以类聚，所有的东西都可称之为物。我们今日的物品意识，同上古先民的意识仍在一个基准点上，只是我们今日所拥有的'物'多了千万倍，称之为'万物'了。"④ 窦文宇等的阐释与上述几位学者不同，他们认为，物"由'牛'和'勿'构成。'勿'字有不要的含义，整个字的意思是不要把像牛那样重要的东西丢了，由此产生重要东西的含义。引申表示所有东西"⑤。赵诚指出："勿，构形不明。甲骨文用来指物色，即后来所指的云气之色，则为借音字。从这种意义上来说，勿即物色之物的初文。古代占候，多望云气。

---

① 陈基发：《趣说汉字》，新世界出版社 2008 年版，第 333 页。

② 马如森：《殷墟甲骨文实用字典》，上海大学出版社 2008 年版，第 32—33 页。

③ 转引自邹晓丽《基础汉字形义释源》，中华书局 2007 年版，第 172 页。

④ 唐汉：《汉字密码》，陕西师范大学出版社 2009 年版，第 19 页。

⑤ 窦文宇、窦勇：《汉字字源》，吉林文史出版社 2005 年版，第 229 页。

《周礼·保章氏》：'以五云之物，辨吉凶水旱降丰荒之襂像。'郑注：'物，色也，视日旁云气之色'，'知水旱所下之国。'《后汉书·明帝纪》：'观物变'。章怀太子注：'物谓云气灾变也'。即指此。……在商代人的心目中，物色的出现或遥远，都与现实生活有关。可见望云气以测吉凶变化，由来很古。物（勿）所指的云气之色，从传世文献中可得到印证。这种物色必然是一种自然现象，只不过古人以之和吉凶、祸福、奇迹加以比传，从而用来说明'人间的某些现象，天上必然有某种反映'而已。古代所谓的'紫气'就是这种物色之一。随着社会进步，科学文化的发达，占候之术已从社会中消失，古人所说的云气之色，即自然界中的某一种天象也就不为人们所知道。勿即物这个词原有的这一含义也就随着消失。"① 他又说："物。商代为杂色牛之专名。所谓杂色牛，即今人所说之花色牛。……物或勿牛在卜辞多用为祭牲……"② 戴昭铭指出："物字是个形声词。《说文解字》解释道：'万物也。牛为大物，天地之数起于牵牛，故从牛，勿声。'……用现在通俗的话说，'物'就是事物、东西、万物。……中国古人认为世上有一种创造万物的神力在起作用，这个神力就叫'造物'。基督教认为万物都是上帝创造的，因此称上帝为'造物主'。生物是由无生物演化而成的，又可以转化为无生物。事物发展到极端，就要向相反方向转化，叫做'物极必反'。动植物到生命的尽头都要死亡，变成其他事物。中国古代把人的去世叫'物化'或'物故'，意思就是化成其他事物了。"③

从以上论述可知，人们对"物"的解读是从云色之气开始的，但是这一解读明显和老子的思想不同，在老子自然观中我们可知，道生万物是一个连续过程，它遵循道无——精象——万物——静化的模式持续发生。因此，包括五色之云在内的精象可以进一步生成万物，而自身并非万物。那么物到底指什么呢？除了一些学者所述

① 赵诚：《甲骨文简明词典》，中华书局2009年版，第188—189页。
② 同上书，第197页。
③ 丁义诚等：《汉字详解》，新世界出版社2009年版，第373页。

的云气之色外，主要还有以下几种观点：一是牛拉耒耜之说。即认为物字的左部为牛，右部的勿为耒耜之形，勿中的小点为牛拉犁耒翻土时，从地里溅出来的泥块、灰尘之类的东西。他们认为，物字反映的就是这样一种场景。而另一部分学者认为，物字左部为牛，这和前者的观点相同，而右部为人们持刀杀牛之形，以便用作祭祀。还有一种看法就是：物指杂色牛，意为皮毛颜色杂多的牛，有众多之意，引申代指形状众多的万物。由于古代颜色较为单一，可能物字很难用五彩颜色予以刻画，因此只能用一种来表示。

由此看来，人们对物字的理解也存在着差异，而且各家对之的解读都有一定的道理，我们无法确定哪一家阐释得更为合理。因此在确定该字的含义之前，我们先来了解一下该字右部勿字的含义。左民安认为，甲骨文勿字"是一把刀头向左弯的刀，其中的三点，是表示用刀割东西而黏附于刀上的物屑等。而这些物屑往往是无用之物，所以'勿'字的本义当'不要'讲……"① 窦文宇等人认为，"甲骨文'勿'字是用簸箕簸粮食的示意图。簸粮食时要特别注意不要把粮食簸出去，由此产生不要的含义"② 马如森指出："《甲骨文编》：'象以耒翻土，土粒箸于刃上土色黧黑，故勿训杂色。'从此说。《说文》：'勿，州里所建旗，象其柄有三游。杂帛幅半异，所以趣民，故遽称勿勿……'卜辞非'建旗'。"他认为，卜辞勿有两种含义：一是"用为杂色牛。祭牲"。二是"借用作否定副词，勿"③。徐中舒认为，"引弓而发矢则弓弦拨动，故发弓拨弦乃勿之本义，卜辞借其声而为否定辞"④。熊国英的观点与徐中舒有相似之处，他说："'勿'……象弓弦颤抖之形。以弦颤抖的声音，假借作否定词：不、不可、不要。"⑤ 而商承祚则指出"徐

① 左民安：《细说汉字》，九州出版社 2005 年版，第 64 页。
② 窦文宇、窦勇：《汉字字源》，吉林文史出版社 2005 年版，第 229 页。
③ 马如森：《殷墟甲骨文实用字典》，上海大学出版社 2008 年版，第 216 页。
④ 徐中舒：《甲骨文词典》，四川出版集团、四川辞书出版社 2006 年版，第 1043 页。
⑤ 熊国英：《图释古汉字》，齐鲁书社 2006 年版，第 230 页。

中舒先生谓勿为土色'象用耒端刺田起土之形。'其说是也。"① 唐汉认为："甲骨文的'勿'字是一个依托象形字。右半部为一把刀之象形，左上有两点，表示刀刺入或划过后流出的血滴。金文在刀刃部又增加了一个点，使血滴之意更为明晰……利刃划过必有伤口，用刀捅入会使他人受到伤害。刀是随身佩带的工具，使用应有限度。因此，远在殷商时代，'勿'已被借用为否定词，表示禁止或劝阻……'勿'也可表示一般意义上的否定，相当于'不'……'勿'做组词构件时，仍含有'不'的意义。如物品的'物'字原为不杀之牛，由不杀而存在，引申了'物品'之义。"② 赵诚认为，"甲骨文用作副词，表示否定……"③ 邹晓丽认为："古时州里召集民众用的一种旗，柄上有游，游的颜色单一则说明事缓，游的颜色杂（即多种颜色）则说明事情紧急。又，郭沫若以为'笏'之初文。《礼·玉藻》：笏……凡有指画于君前用笏，造受命于君前则书于笏。天子以球玉，诸侯以象（牙），大夫以鱼鬚文竹，士竹木象可也。备考、'勿'在卜辞中已借为否定副词。"④

由上可知，人们对勿字的解读也是众说纷纭、意见不一，疑各位学者看到的是不同勿字的字形，或者说是近似于勿字的字体。也就是说，有些学者根据甲骨文字形认定的勿字，在其演化为篆字或楷体时，其字形不一定就是原来甲骨文的勿字。由此笔者认为，解读此字，不仅应考虑该字的图式，而且应考虑该字的后来义，而现在我们所指的勿字其义即是不、不要等否定词义。将之与物字连在一起，那么物字的含义更有可能如唐汉等人所述的，是人们在杀牛时，流出的血液或血滴的场景。至于当时人们杀牛的原因，多半是祭祀上天或者先祖，以此庇护自己能够得到长久的安全和富裕，然后再将这些作为祭品的牛肉分食掉。在此可能出现的情况是，人们先用刚宰割过的生牛肉祭祀天祖，后来他们发现熟牛肉更为可口，

① 商承祚：《甲骨文字研究》，天津古籍出版社 2008 年版，第 252 页。
② 唐汉：《汉字密码》，陕西师范大学出版社 2009 年版，第 557 页。
③ 赵诚：《甲骨文简明词典》，中华书局 2009 年版，第 292 页。
④ 邹晓丽：《基础汉字形义释源》，中华书局 2007 年版，第 106 页。

并且又能够避免因吃生牛肉而给自己带来的疾病，所以就逐渐用熟牛肉代替生牛肉作为祭品或食物。显然用熟牛肉取代生牛肉，就是对前者的肯定和对后者的否定，那么勿字逐步作为否定副词就有其一定的根据。总的说来，物的图式或场景就反映出人们对自己所敬畏但又能给其带来祸福的上帝与祖上的尊重之情。此即是说，人们将通过辛勤劳动而获得的东西，用于自己认为最重要的活动——祭祀中。为了祭祀天祖，人们必然用最有价值的东西作为祭品，牛足以代表众多牲畜而胜任这一角色。由于牛在牲畜中的个头最大、肉最多，所以先人在创造这个字时，就用牛来代表所有牲畜。在汉语中，"牲畜"之牲字的原始本义就反映了牛的价值——因为不仅物字，就是牲字也用牛部首来表示。

但是在当时，由于人们用于祭祀的祭品种类众多，后人就用这些种类丰富的祭品代指他们周围的万物，这其实就是物的引申义。总的说来，物首先指祭品，这是物字的原始本义，然后将之泛指万物。一些学者认为，物是指人们耕犁的场景，但这种场景很难用甲骨文物字的形状加以解读。因为物字右部的勿字形状，既不像耒耜（耒在甲骨文中另有其字，和勿字的字形完全不同），也不像犁字的形状，更何况先人专门创作犁字，以表示犁地的场景，因此他们没有必要再创造物字代表犁地，而且牛不可能拉刀耕火种时期的石刀木棍等物，而只能拉耒耜、犁等较后期人们制作出来的农具器械。由此来看，作者不敢苟同这些学者的观点。

老子所谓的物，就是指我们周围存在且占有一定空间的有形体。它的含义由有形可见的祭品演化而来，包括我们所述的万物，也是万物的抽象体，为之老子说"物形之"，这就是说，也只有物能够形成、反映我们的周围世界与环境，而道、德、势都不能代表这个现象世界。

二　老子对物的看法

相比于老子对道、德等自然实体的赞美，他对物的看法则是比较纠结的，既指出了它们的作用，也指出了它们的不足。并且他对物的态度，深刻地影响了后世学者如王弼等人，以致后者直接提出了贵无论。

那么老子所谓的物是什么呢？首先，他指出物以其形显示出其自身的存在，并且种类繁多，形状也是多种多样的。之所以说老子有这样的认识，是因为在《道德经》第五十一章中他所说的"物形之"，就是物通过其形呈现出其自身，并使现象世界得以显现。正如我们看到万物的繁多一样，老子也看到了世界上万物的多姿多彩，各有特色——草木花果、飞禽走兽等应有尽有，于是就用"万物"一词概名之，并且他常用"万物"一词来论述他的物观。如"有，名万物之母"（第一章）、"天地不仁，以万物为刍狗"（第五章），等等。物的种类繁多，也可以看作现象世界的纷纭复杂，万物不仅受到自然之势的作用，而且会相互作用而生成新的物种。具体来说，由物构成的现象世界之一部分，也是根据万物之形相摩相荡——互相影响、相互损益、相互作用而形成的。但不管物之间是如何相互作用的，它们都受到道、德的衣养畜成。这就是说，自然之道、德对物的产生成长具有决定性的作用。因此在道、德生畜万物及物之间相互作用的混杂发生过程中，最终形成了现象世界——它就是我们所看到的大千世界。

其次，老子认为，万物不是我们想当然地认为的纯粹静止不变，而是持续并作的。他在《道德经》第十六章中说："万物并作，吾以观其复"，即万物都是同时发作着，它们具有共时性。在共同发作之时相互之间不仅存在着合作性——促进相互的生长，即益生，也具有一定的竞争性——互相争夺资源而残杀。其中的并字，徐中舒认为："象连接二人相并立之形。《说文》：'并，相从也。'自卜辞辞例观之，无相从之意。"然后他在释义中指出该字应释为"兼也，合也"①。熊国英也认为，"'并'是合并，二合一。《说文》：'并，相从也。'甲骨文、金文及小篆均象二人并立之形。

---

① 徐中舒：《甲骨文词典》，四川出版集团、四川辞书出版社2006年版，第918—919页。

或将二人成侧面形，下加两横画表示等同。小篆另加一立人，强调人的并列。"① 马如森指出："从二人、从一，或从二。一或二象地也。字象二人于地上相并之形。本义是并列相从。"② 唐汉认为："《说文》：'并，相从也，从二人声。'实际上，甲骨文的'并'字，乃是一个指事字，中间一横为指示符号，标示并强调两个人被捆缚在一起，即合而为一的意思……'并'的本义为并靠，即合在一起的意思。"③ 左民安认为，该字"甲骨文的上部是正面站着两个人，脚下有一条横线表示地面，这就表示两个人并排站在一个地面上……并字的本义是'并列'"④。从并字的字形来看，它反映的就是两人同向相连相从，连续共同地进行某项活动。因此老子所云的万物并作，就是万物共同地、持续地按照自然法则运行，它包括时间上的连续运行和空间上的相互竞争与合作，最终都走到了自己的对立面，即进入了道无世界。黑格尔似乎就看到了这种现象，因此推出了他的否定之否定规律。

这就是说，道使"万物作焉而不辞"（第二章），它永不退却地让物顺利、自然地产生。但是物的发作不仅可以使其走向成熟，最终也使之走向死亡，回归于道。显然，物是接受自然其他实体的资助或作用而得以走向成熟的，即从幼小走向强盛，并最终自我发作而走向衰亡。这些实体也包括自然之势，它和德一样，都是努力促使万物发作的重要因素。

最后，老子认为，道与物是互相生成与转化的，两者缺一不可，共同处于自然循环之中，这种情况就是他所说的有无相生。老子在《道德经》中多次指出，天下之万物，在其刚产生之时，看起来都显得非常柔脆。何以如此？盖老子常常观察万物，发现了这一实情。如小羊羔刚出生时，根本站立不起来，虽然它试图尽早站起来，以降低被天敌杀死等不利的风险，而其慈母则会用舌头舔着这

① 熊国英：《图释古汉字》，齐鲁书社2006年版，第15页。
② 马如森：《殷墟甲骨文实用字典》，上海大学出版社2008年版，第194页。
③ 唐汉：《汉字密码》，陕西师范大学出版社2009年版，第327页。
④ 左民安：《细说汉字》，九州出版社2005年版，第371页。

个弱小的孩子，将其身上的秽物舔除干净，以帮助这个弱小的生命。而小草、小禾苗刚出生之时也是柔嫩的，在其生成小芽的时候，只有一两片叶，多是嫩黄色的，看起来很容易被大风吹折。就连刚垛成的新墙也是如此，这种用水掺着土垛好的墙，起初也是弱不禁风，等其晾干后，才能经得起大梁的承重。这些情况都反映出新生事物的脆弱性。

正如前文所述，在物发展壮大，得以成形之后，就会变得较为强大，但此时物开始走下坡路，乃至走向消亡。因此在万物死亡之后，都会变得特别坚硬——动物死后尸体变得僵硬，草木死后变得枯槁，老墙倒塌时，其某一部分会凝结成十分坚硬的块状物，难以将其粉碎。故在《道德经》第七十六章中老子说："万物草木之生也柔脆，其死也枯槁。"尽管如此，它们也摆脱不了消亡的命运。这就是说，新生的物体看似柔弱，因为具有道的属性，就有着强大的生命力，是任何事物都不能阻挡的，而在鼎盛状态时，物体的形态逐步加强，看似强大，但最终必将走向衰亡，这就是老子对于物体生长衰亡规律的深刻认识。

尽管"道之为物"，但最终却使物"复归于无物"。在老子看来，这种"无状之状，无物之物"（第十四章）是道的运行转化状态。因为从物的广义概念来理解，道也是一种物，是一种看不见、闻不到、摸不着的物。这是老子的大物观，它甚至包括自然本身就是物，只不过是抽象的物、感觉不到的物、形而上的物，在其中道和狭义的物互相转化。当老子说："有物混成，先天地生"时，此即是说物最终会走向衰亡，并且相互之间混合着在现象世界消失，从而重新归入道的一个混沌的持续演化过程，而此句中的物即是道乃至自然之意。但老子在《道德经》中主要阐释的是狭义的物，就是与道、德、势对立而在大千世界所呈现的物，是有形的、具体的物。

由于物不仅品类繁多，而且其数量也是难以穷尽的，如谁能够知道地球上的蚂蚁有多少？蚊子有多少？或者细菌有多少？尽管它们有一个总量，但是这个总量具体是多少，是我们难以得知的。总之，在这个世界上，总有一部分物是同时或者几乎同时消亡而归入道的。这时就会出现物的混成，它为道提供了材质，以资助道重新产生新物的连续不断过程。由此看来，道无互相转化，就是老子的有无相生思想的具体论述。

三 物的显现特性

上文我们对老子意义上的物进行了较为详细的论述。但是老子对物的观察还不止于此。下面我们对物能够显现的特性进行归纳，这也是老子重点论述的内容。其实经过分析就会发现，物具有与道完全相反的特性。

首先，物具有雄、白的特性。在《道德经》第二十八章中，老子认为，人们应该"知其雄"，即人们应当了解与雌相反的雄，知其具有的优缺点。相比较而言，雌柔弱、慈生，而雄表现的则是刚强雄壮，和雌不同，它不会生成万物。固然人们在困难面前显得坚强、刚直是一种优点，反映出他们在遇到困难时决不低头屈服的英雄气概，但是如果像雌一样，遵循自然环境，利用自然的特性为自身或他人谋福利，也不失为一项更好的选择。

总的来说，物具有雄的特点，这主要体现在以下几个方面。第一，物显示出的刚强特征。它不像道那样隐藏在幽暗无形的地方，与万物不争，而是以其形状、体积与他物争夺成长的资源及成长的空间等。第二，在此基础上，物体现出易消亡性。相对来说，刚强的物体会过早地消亡，如在一般情况下，男人比相对柔弱的妇女会更早地死亡，也就是说，其寿命明显低于女性，而比女性更为柔弱的道就生存得更为长久。因此老子认为，物之刚强的雄性色彩是坚脆易折的、短暂的、临时的，因而是不能更为长久地存在的，最终易走向衰亡。

另外，物具有白的特性。前文已经说过，当有产生之时，就是一种恍的状态。在这种状态中，就具有白的萌芽，而当物产生之后，就完全具有白的特点。此即是说，如果说幽深黑冥是道的特点，那么与之相反的物就具有白的特性，即物通过其形体使其自身显现，这就是白的具体特征，故老子提倡知其白。值得注意的是，这里所说的白，泛指一切物能够看到的形状，如果说黑能够被人觉察到，它甚至也包括黑在内。而道则是人们觉察不到的存在，只能凭借观感甚至推理来发觉它。同样对于人来说，只有具有能够引起人们觉察到的特性，才能称其为白，觉察不到的特性则不在老子意义上白的范围内。

因此相比于道之黑，物体通过其白炫幻出自己的存在，张扬出自己的形状，这种白的好处就是使自身出现在大庭广众之下，引起他物的感知和注意。但其显示的光耀更容易引起他物的比较和对抗，对之做出人格化的描述，此举更容易招致别人的嫉妒羡慕恨。总的来说，物越白越容易招惹他物的注意和敌视，如人们对皮肤白的人就会产生这种嫉妒心理。有些人试图通过化妆品来增加自己皮肤的白腻，尤其是女人，在夏天还打起太阳伞以防止阳光将皮肤晒黑，以维持肤色不变。更有甚者，有些人为了使皮肤变白不惜损害自己的健康。但是，自然与社会常识表明，极力使自身呈白，则会受到他人他物的抵制与打击，从而使其处于　个不利的位置，这就是名人容易受到别人非议的根本原因。因此老子认为，物的这种特性远不如道之黑，更容易受到他物的认可与欢迎。

同样，物具有不慈的特点。前文已述，道是慈的，它通过生以显示自己的慈爱。而物与之相反，它很少显示出自己的慈爱，固然包括人在内的万物都有一定的恻隐之心，会对亲属朋友甚至普通人表现出一定的慈爱。但是他们在面对利益的时候，往往会遮蔽住自己的慈爱之心，为了求取利益而不惜争斗。也就是说，物为了满足自己的欲望，通过逐利将自己的好胜本性展现得一览无余，为此忘掉了自己宝贵的慈善本心。我们家喂养的两条狗即是如此，在没事的时候，它们显得特别友爱，互相用舌头舔对方的脸、耳朵，尽情地显示出双方关系的亲昵。但当我们扔给它们一块带肉的骨头时，它们马上就争夺起来，为此不惜撕破脸皮，压根儿就忘记了刚才亲昵的举动。骨头吃完后，没多大会儿，它们却好像忘记了刚才的争夺，又互相亲爱起来。这种行为在很多动物之间都可以看到，或许它体现出动物之间的行为游戏规则。但也有例外，我们观察到一只母猫在子女抢夺自己面前的鱼肉时，不是参与争抢，而是默默地走开了。这种情况也见于公母狗之间，当扔给它们一块骨头时，母狗上前抢，公狗也上前抢，但当它发现母狗也在抢夺时，就退出了争抢行列，也是默默地走开了。但总的说来，对于猎物，动物之间相互争抢行为表现得更为充分，除非力量相差悬殊，否则它们不通过一番争抢是决不罢休的，我们在《动物世界》栏目中经常看到这样的场景。

即使植物之间也是如此，它们为了自己更好的生存而拼命争抢养分，苗与草之间如此，草与草之间、苗与苗之间也是如此。前人早就发现了这种情况，故而有丛林法则一说。因此在很大程度上，物都显示出不慈爱的行为，这或许就是他们的天性。但"揣而锐之，不可长保"（九章），物的这种行为最终使自身难以长久存在。而道、德却与之不同，无论是亲友，或者陌生人，抑或其他动物，他们都是平等地对待后者。老子甚至在某种程度上包括墨子，都提倡慈爱无差等，他们都反对儒家所推崇的爱有差等。在他们看来，这才是最公平的行为，也是人们能够脱离或超越物本性的标志。

其次，物常处前与处上。物通过其形体处于世界的前台，在现象世界中展现自己的存在。以戏台表演为例，物好比是站在戏台中心的演员，尽管有主配角色、男女角色之分，但他们都在前台通过表演展示自己的存在。但其实他们并不是整个戏剧的灵魂。那些灵魂是处在戏台之外的作家、编剧、导演等人，因为这些人支配着整台戏的演出。但即使加上这些人也不能将戏表演好，还需要许多无名甚至无形的角色配合，如化妆师、音乐师、灯光师，甚至一些其他打杂人员等，才能够将这出戏演得比较完美。显然，物在整个世界里就扮演着这个前台角色，它在这个世界里较为充分地表现着自己，但真正左右现象世界的却不是它们，而是隐藏在其背后，当着无名英雄的道、德、势乃至自本体。尽管如此，物还是将自己推到了现象世界的前台，时刻炫耀着自己，但最终它们远没有躲在其后、处于幽冥深黑之处的道、德重要。

物除了积极处前之外，还乐于处上。相比于自然中的其他实体，物常处于高上的位置，这也是它的本性所在。也就是说，它总是渴望通过处于高上的位置，充分显示出自己的存在价值，这种情况正如我们所看到的冰山一样。冰山在阳光的照射下，发着刺眼的白光，以其妖娆的身姿屹立在海平面上。远看似乎很小，近看又似乎非常雄伟壮观，时常引发人们的遐思联想。造成"泰坦尼克"号悲剧的罪魁祸首就是它，电影又将之演绎出一幕凄美的爱情悲剧，这似乎让人们感觉到漂浮在海上的冰山所发挥出的巨大作用。然而科学普及者却告诉我们，平时看到的或在影视中看到的冰山，其实都是冰山之一角。因为显露出水面的那部分冰块，大约只有整个冰山体积的10%，而隐藏在水面下人们看不到的部分则占总体积的90%左右。显露在水面上的部分是以隐藏在水面下的那部分为基础的，这一部分尽情地炫耀展现着自己。而物正如冰山露在水面上的那部分一样，以冰山下部的道为基础，在现象世界展现着自己。同理，物都想在现象世界中处于高上的位置，以便时刻地展现自己，正如我们看到群峰耸立的状况一样。但是由于物都喜欢处上，它们之间就会展开竞争，而竞争的结果就是我们所看到的世界这般模样，是物竞天择，优胜劣汰，适者生存。所谓适者，就是适应自然的运行。然而它们甚至没有感觉到，看似处在高上位置的自身，却受到处于其下位置之道、德的制约。

最后，物具有自大、实、躁、荣的特性。物自大、处实，这是物的又一特点。尽管有些物看起来体形庞大，比如高山峻岭，连续多天都走不到尽头，而且也容易使人迷路，但它们与蕴含万物总体那样巨大的道相比，仍是沧海之一粟、土丘之一米，显得微不足道。然而物却喜欢以大自居，生恐被别人看小、轻视，但越是这样，就越显出自己的渺小。由于物自有形体，除了道能自由出入其间之外，其他东西很难溶进其中①，即因其内部的结构夯实而不能

---

① 如在山中我们可以看见草木的生长，这是典型的在山的本体中生成其他物品，当草木在其体内生长出来时，反映出道在物体中所起的作用。此即是说，道入物体中促使他物生成。

容纳万物。因为它的这种自矜性，造成其自身也不能无限增大，只能按其本性生长到其最大的形体，然后逐渐走下坡路，最终走向衰亡。越是小的物体，越是怕被别人看小，于是就将自己看得伟大，但因其实而不能容纳他物，反而使自身不能无限增大，这就是所谓的欲大而难大。与之相反，越是大的东西，则越是将自己看得渺小，但因其虚而可以容纳万物，反而显得自身博大。如山可以容纳草木禽兽，海可以容纳百川鱼鳖等。尽管它们博大，然而比起道来，还是渺小得多，但比起鱼鳖草木，它们的胸怀又相应要大得多。作为物之一的人也是一样，越是地位低且无自信的人，为了自尊而自夸自己，而大师级的人物、高级官员、企业家却多是神情和善，谦虚谨慎，以下自居，如周总理、成中英、李嘉诚都是这样的人物。

另外，物还十分轻躁。正如上文所述，物具有实的特点，也希望自高自大，但每个物都是由道的一个微小部分生成的，因此它与道比，其分量还是显得较为轻微。然而也正是因为其轻微，所以更容易受到他物的影响，同时也能够对他物产生一定的作用。在这种情况下，它的表现相对来说就较为狂躁。因为它既没有道的稳重，也没有道的冷静，即由于自身分量较轻，一遇到风吹草动等的环境变化，就很容易轻举妄动，使自身的狂躁特性发作起来。犹如一个城府较浅的人，遇到糟糕的事情就容易头脑发热，马上冲动起来，结果做出甚至令其终身悔恨的事情；而遇到令人兴奋的事情却又沾沾自喜，自鸣得意、趾高气扬，一副小人得志的样子，结果引起别人的厌烦。但城府深的人却不如此，无论遇到的事情有多么不顺，也不显露给外人，表现出怨天尤人的模样；同样，遇到欣喜的事情也是不动声色，绝不显露出自己得意的神态。他们不以物喜，不以己悲，在命运得失面前荣辱不惊，岿然不动，这样会令人感觉到其的深沉。如果这些人一心为着人们的幸福，时刻做着自己默默无闻的奉献，诸如周总理、谢安等，则会受到人们的崇拜和爱戴。遗憾的是，大多数人都是以物的轻躁特性自居的，他们容易将自己摆在轻的位置上，因而处理事情就显得狂躁、急躁。这样的物或者人，是做不了大事业的。老子十分清楚地看到了这一点，于是提出处静居重来克服人的这个毛病。

除此之外，物还显示出自己的虚荣。它时常将自己摆在荣的位置上，渴望自己变得或显得尊荣显贵，这也是每个人都梦寐以求的东西。因为这是人的自尊（即自我价值认可）本性在起着作用，所以人们特别向往那些伟人，在后者出席会议或者公开的场合接见客人时所显露出的那种庄严气度，再加上主持人或广播里的激情介绍与报道，其气场特别令人折服。人之所以努力奋斗，终其一生地勤劳工作，如企业家努力做大企业，政府官员热切盼望晋升，尤其是那些企业家不顾身体健康而玩命挣钱，甚至出现40岁以前拼命赚钱，40岁以后费心养生的保命现象，就是因为那些看不见或者看得见的尊荣左右着这些人的思想与行动，使其为自己能够获得荣宠而奋斗一生。一旦人们通过某种努力取得了一定的社会地位，处于尊荣的位置上，却又招致了他人的羡慕与敌对。因为人们都有一定的竞胜之心，从内心里都不愿意让别人超越自己。这就是美国奋力压制中、日、德、俄等国家的重要原因，因为曾经的世界老二，当向世界老大地位发起冲击时，必然会受到老大的压制。同样，这也是当今社会仇富的重要原因之一，固然有些富豪通过不法途径致富，但更多的却是通过自己的辛勤努力取得成功的，但有些人却将这些人蔑称为土豪、钻石王老五，在某种程度上反映出人们对富豪的轻视心理。对之香港超人李嘉诚也不能免俗，曾经的经商英雄，现在在人们心目中的地位也是一落千丈。而道则不同，自处于贱辱等他物都不愿处的地方，并且滋养着万物，最终受到物的欢迎。故老子主张人们效法道、德，知荣处辱，不像物那样爬在荣的位置上。这样的低调处世不仅可以避免别人的攻击诋毁，反而容易受到他人的接受与认可。

最后，物都有甚、奢、泰的特性。其中甚字，《说文》认为是："尤安乐也，从甘从匹。"窦文字等认为："籀文与篆文'甚'字由'甘'和'匹'构成。'甘'字有好吃东西的含义，整个字的意思是可以与好吃的东西相匹敌的东西，由此产生特别的含义。引申表示超过。什么东西好吃呢？由此产生疑问的含义。"① 此种含义显然受到许慎的影响，但邹晓丽对此持否定观点，她指出："从甘从匕，即甘于女色（沉湎于女色）。如《老子》：'是以圣人去甚、去奢、去泰'，这'去甚'即圣人应除去（或离开）沉湎女色之事。甚，色情过分，故有过分、盛、极点之义……小篆中'甚'误为从匹从甘。"② 据徐中舒《中华大辞典》所云，从甘从匕和从甘从匹两种写法都是甚的古字。看到的字形不同，对其的解读也就有差异。对于人来说，为了自己的欲望不断得到满足而持续从事某些事情，如纵情、沉湎于饮食、情色、声乐之中，永不知足地获取珍物等，都会产生过分的含义。因此，甚有超越常态而过分、过度的意思。

相对来说，物常常是过分、过度地占有世界，这一点和道也不同。达尔文在其《物种起源》一书中说，很多低纬度高山上的树木和高纬度针叶林的品种是一样的。他因此猜测是在地球寒冷时期北方的树木向南部迁移，因此这些物种广泛地分布在南方的山岭土地上。等到地球逐步变得炎热时，南方的这些寒带植物生存不下去，就逐渐退回北方，而生长在高山上的这些植物，由于处于海拔较高、气候较冷的地方，才能得以幸存。如果其论为真，那么它就反映出这样一种情况，就是物种具有扩张的倾向。如果一种物品在条件适宜的情况下，它会快速地向其他地方扩张。这种情况很常见，澳大利亚曾经为兔子的过度繁殖而苦恼，农民也为稠密的荒草而发愁，中国的鲤鱼在美国泛滥成灾，等等。它们的行为均反映出动植物皆有扩张的本能，但它们的扩张一旦超过自然能够承受的限度，就会对自然平衡产生严重的破坏力。由于过度放牧，当羊吃光了某地的草时，此地很快就会沙漠化，进而限制了羊群的继续增加，此即反映出某物的过度发展会带来严重的后果，因为自然会采取必要措施对之予以惩罚。所以在没有自然之道的制约下，物都会过度地

① 窦文宇、窦勇：《汉字字源》，吉林文史出版社 2005 年版，第 217 页。
② 邹晓丽：《基础汉字形义释源》，中华书局 2007 年版，第 4 页。

占有世界，此即老子所说的甚，这是物固有的本性。

道则与之相反，它从不做过分的事情。就是说，它不会无限地占有万物回归的各种资源而不让之重生，也不会在产生出万物之后继续干扰它们的成长。庄子说，无论流入多少水，大海也不充盈，无论蒸发吸走多少水分，其水也不干涸。比大海还要大的道同样也是如此，它尽管吸纳着万物的归来，但无论多少物归来，其自身也不显得充盈；而无论产生多少东西，都不会使之枯竭。它将自身所拥有的资源皆用在了万物的最终生成上，自己不会保留什么，故此它受到万物的敬仰与回归，因而自身也变得非常博大。与之相对应，物尽管渴望拥有天下、长生不老，为此不惜想尽各种办法，耗尽一切心机，采取各种手段，追逐在道、德看来都是些过分的东西，但却不能得到多少，且什么也带不走，最后不得不回归道无世界。这就是为甚的悲哀之处，故而老子在《道德经》第九章中云，"持而盈之，不如其已"，或许这才是物的最好出路。

奢字，窦文字等认为："由'大'和'者'构成。'者'字有结果的含义，整个字的意思是从结果上看比实际需要大了，由此产生过分的含义。引申表示挥霍财物。"① 邹晓丽指出："本为张弓。至于'铺张、夸大于人'之义，《论语·八佾》'礼，与其奢，宁俭'，已与'俭'对称。"② 唐汉认为："这是一个会意字。金文的'奢'字'从大从者'。'者'在古文中的构形源自野火贴地燃烧。'大、者'会意，即森林大火蔓延而起，越燃越烈的意思。因而，'奢'的本义为奢侈，由焚烧一切引申出挥霍无度的意思。"③ 对于两位学者的不同解释，我们有必要继续进行分析。

对于者字，左民安认为："金文的形体，其上部像楮树形，其中四点像结子之形。朱芳圃认为：'当为楮之初文。'其下部的'口'为附加之形符。"④ 熊国英认为："'者'多用作代词、助词。

① 窦文字、窦勇：《汉字字源》，吉林文史出版社2005年版，第459页。
② 邹晓丽：《基础汉字形义释源》，中华书局2007年版，第155页。
③ 唐汉：《汉字密码》，陕西师范大学出版社2009年版，第351页。
④ 左民安：《细说汉字》，九州出版社2005年版，第307页。

《说文》：'者，别事词也。'其本义是烧煮，与'寮'字同源。甲骨文……（上部）是黍类植物，四周的小点是脱落的黍籽。金文……表示口中感到烧煮的黍味甘美。"① 窦文宇等指出："甲骨文'者'字由'木'、'火'和四点构成。四点表示烟，整个字的意思是木头燃烧会冒烟。火是烟的原因，由此产生原因的含义。烟是火的表现，由此产生标志、现象的含义。引申成为代词。烟和火之间有因果关系。金文字形由'木'、'曰'和两点构成。两点表示烟，整个字的意思是口中说木头着火会冒烟，它明确地表达出烟和火之间的因果关系。"② 唐汉指出："这是一个会意字。金文的'者'字，上部木上有点，表示火的燃烧；下部是一个'口'，在此表示目标或目的地。两形会意，表示野火贴地蔓延向既定目标烧进……'者'。取像野火蔓延，即'著'的初文。在自然界，一物附着于他物的现象普遍存在，如日月星辰附著于天，山水草木附著于地。上古先民通过生活实践，发现附著力最强的东西莫过于野火。因此，用野火贴地燃烧表示'附著'这一概念。"③ 由此看来，各位学者对该字的解释有较大的分歧。

既然我们无法从大与者两个字来解读奢字，那么我们就需要根据奢字的整体来阐释之。从奢字的字形来看，上为大，中间为米粒，下面为口。我们似乎应该将其理解为：上部的大字象征一个四肢张开的人，中部的米粒是精致的粮食，下部为一个口，其总体含义就是一个人正在往嘴里进食米饭。可能是由于当时大米比较珍贵，而且需要将其作为祭祀用的珍馐，因此能吃上的人较少。盖在当时，能够吃上米饭，会被人看作一件相当奢侈的事情。因为它超过了当时人们正常的消费，于是就用这个事例来表示奢侈。在老子看来，人们只要能够吃饱就行了，不应追求超过正常需求而显得奢侈的东西。这种观点后来被朱熹接受了，他说，满足人们正常需要的吃穿符合天理，而追求豪华美味的饮食，多娶妻妾则是人欲，所

---

① 熊国英：《图释古汉字》，齐鲁书社2006年版，第291页。
② 窦文宇、窦勇：《汉字字源》，吉林文史出版社2005年版，第457页。
③ 唐汉：《汉字密码》，陕西师范大学出版社2009年版，第216—217页。

以他以天理、人欲的概念来解读老子的奢。

与道俭的特性相反，万物体现的是奢。道之俭，在于更多地生成万物，不将某一种物过分地生产，从而降低了他物的生成数量，这是自然最优化的生成，即不让任何一种物占有绝对的优势，以此将其他物种灭绝。由此看来，自然也反对物对资源的垄断。虽然鱼、昆虫容易被其天敌消灭，但由于其数量优势，往往是野火烧不尽，春风吹又生的。如苍蝇、蚊子，每年生产的数量都会比人类多出 N 倍，它们生存力不强，但繁殖力极强。而鲸鱼、大象甚至人类，不是智力超群，就是体积庞大，几乎在动物界占有统治地位，但其生殖能力却不如鱼类、昆虫这些低等生物，这就反映出道是公平地对待万物的。

与之相反，物却不是如此，它们总是希望自身强大，不惜耗费世界上所有的资源为自身谋利，人即是其中之一。有些人为了自身的利益，不惜挥霍世界上的大量资源，以供自己享乐，此即是奢侈的表现。有些人甚至根据自己的喜好利害评判他物，他们喜爱或者同情羊、兔子而憎恨蛇、狼等动物，都是按照人自身的角度做出评判的，因为前者能够给人带来利益而后者却给人带来损害。如果大家能够考虑到羊、兔这些动物几乎啃光了草原上的青草，以致造成土地沙漠化，进而给人们的生存带来严重损害，那么相信他们的观念是可以改变的。

物之奢在人身上还体现在对奢侈品的追求上，当国人去海外旅游时，拼命购买海外名牌产品即是一例，因为瑞士手表、LV 包等让他们感到放心的高档商品能够满足其自尊的心理。在国内，人们以喝茅台、五粮液、法国高档葡萄酒为荣，以开着宾利、兰博基尼为快等。生物也同样如此，它们渴望拥有最好的领地与美食，争取得到有阳光的地势，这都是追求奢侈的具体体现。但其结果正如老子在《道德经》第九章中所说的，"金玉满堂，莫之能守"，尽管物都渴望得到最好的东西，也希望将之更好地保存，但随着它们自身的衰亡，终究不可能永远地拥有。如一个地主通过某种方式为自己赢得了一座豪宅，但豪宅存在的期限远远超过他的寿命，故而在临终时他不得不将之传给自己的后代，其后代可以选择处理掉这座豪宅，或者因为经济拮据而出售它，或者继续住下去，然后再将其传给自己的后代。无论哪一种情况出现，这个已经死亡的地主都不可能再占据这座豪宅了。从这个豪宅的角度来看，尽管每一个主人都能主宰它的命运，但随着岁月的流逝，看着这些进进出出的人，究竟谁才是宅子的主宰呢？显然，豪宅自身不会奢侈，而奢侈的人却难以长存。这就是说，与俭啬长久的道相反，物因其奢侈而促使其自身最终消亡。

泰字，陈基发认为："《礼记·曲礼上》：'泰，大中之大也。'可见，'泰'的本义是'太极'、'过甚'。《说文》中还有这样的解释：'泰，滑也。''滑也'就是'泰'字引申出的'通'、'顺'的意思……'泰'又可引申为'平安'、'太平'之义。'泰'还可引申为'骄恣'、'骄纵'、'奢侈'。"① 窦文宇等指出："篆文'泰'字由'大'、'双手形'和水构成。'大'字是人活动的示意图，整个字的意思是双手往活动的人身上泼水。双手往身上泼水表示给凯旋的将士洗尘，这意味着战争结束了，由此产生安定的含义。用泼水的方式庆祝将士凯旋是很久以前的事情了，由此产生极远的含义。"② 唐汉指出："这是一个会意字。古文的'泰'字，是在表示人形的'大'字上，添加两短横，表示撒尿。小篆的'泰'字，便象形了许多：将'大'下的两点改为'水'字，旁边各增添一只手，表示尿憋之时，双手解开衣裙的意思……'泰'的本义为通顺，源自尿憋急后撒出的感觉……情急撒尿，心中泰然，但行为上有尽情释放之嫌。由此引申出'泰'的骄纵之义。"③ 在《易经·序卦传》中，有"履而泰，然后安，故受之以泰；泰者通也。"④ 根据其意，可知泰有两义：其一是通畅，即泰有通畅之义；其二是安，也就是说，泰的目的或想达到的结果就是使事情平安。

---

① 陈基发：《趣说汉字》，新世界出版社 2008 年版，第 425 页。
② 窦文宇、窦勇：《汉字字源》，吉林文史出版社 2005 年版，第 445 页。
③ 唐汉：《汉字密码》，陕西师范大学出版社 2009 年版，第 340 页。
④ 存良：《白话易经》，内蒙古人民出版社 1997 年版，第 438 页。

根据上述各种解读，可看出学者对其的理解各有特点。

根据小篆的字形，其意就是人们用手扒开一条渠道，使水通畅流动，该字疑为大禹治水时产生。其时，当发现父亲用堵的办法解决不了四处泛滥的洪水，因之被处死时，大禹就反其道而行之，首先他疏通河道，然后将洪水引向渠道河流里面，最后使之流入大海。因此他用疏通的办法，在唯慎唯恐中治理了肆虐神州的水患，解除了人们的洪水之厄，使天下得以太平。而大禹也因治水成功，为天下苍生赢得了更好的出路，于是受到了人们的敬仰，并由此获得了舜禅让的帝位。在通过一番推让之后，大禹最后践天子位，成为天子。其身处天下最高位，也深为符合《礼记》中"大中之大"的含义。但随着执政时间的增加，天下治理的成功，疑似大禹逐步变得骄纵起来，也产生了一些私心。出于对权位的崇拜，他最终将帝位传给了其子而非其他贤人。① 由公天下转为家天下，无论怎么说，也就有了对权位骄纵的味道。于是大禹因权位而自大，自大而生骄，因骄纵而将权位顺利地交接给其子。纵观大禹一生的行为，他先通过挖渠使洪水流得更为通畅，让人们获得了安全，然后通过挽救百姓的生命，受到舜等人的赏识，使之登上天子之位，之后他迷恋权位，并让其子继承其位，这又有了骄纵之意。这或许就是泰的原义，同时也是老子去泰的本意。但由于先秦诸家在为贤人避讳的理念指导下，大禹一直以正面形象留在后世人们的心中。这同时也反映出大禹是极具智慧的一个人，其治水的理念和功劳，使人们忘却了他将公天下变成私天下这一改变中国政体的事实。

因此，泰就具有太平、骄纵之意。对于万物践行泰的举动，老子是极力反对的。在他看来，物的本性就是自贵自身，虽然共同遵从自然之道，但是它们之间却相互轻视，尤其是那些占了优势地位的物体，常常会产生自高自傲的心理，在这种意态的指引下，就会产生骄纵之心。《庄子》就反映了这种情况，《庄子·秋水篇》借

---

① 相传禹将帝位传给了益，但因为益没有尧、舜、禹等这些贤君的才能，故当时人们拥戴禹的儿子启，遂使他践天子位，进而开辟了夏朝。禹究竟在多大程度上涉及此事，我们不得而知，但从常理推断，他有很大的可能采取了一些有益其子继任的措施。

北海若之口说："以道观之，物无贵贱；以物观之，自贵而相贱。"① 但"富贵而骄，自遗其咎"，这种骄纵却给自身及其后代带来了一定的祸患，桀的遭遇即是一例。因此，正是看到了物之骄纵的特性及其结局，他希望通过入道来规避之。但只有放弃物所具有的骄纵之心，使自己虚心处下，像张良、华盛顿等人那样功成而退，才可以使自己进入道的境界。在老子看来，此举不仅可以使自己得以身存，还能够惠及后代，并且千古流芳。这也是物除了衰亡从而被迫回归道无世界之外的又一条进入道无境界的路径。

综上所述，老子在行为上反对过度的色欲、食欲，在思想方面反对骄纵，认为这些都不是自然的特性，天下之道也是如此，只有异常的物才会如此而为。同样，圣人也不会具有骄纵、过分的色、食举动，故老子希望去物入道，回归人的自然本色。

以上所论述的就是物的特性，尽管它们具有一定的优点，但是缺陷更加明显，所以老子希望人们通过归入道，从而进入自然状态予以规避。

四 物的缺陷

与道相比，物的缺陷非常明显，主要表现在它的馀食赘行行为与特性上。老子在《道德经》第二十四章中说："其在道也，曰馀食赘行，物或恶之，故有道者不处。"即是说物有四种缺陷，容易造成道的厌恶和不处，即自见、自是、自伐、自矜。为之他在该章劝诫道："自见者不明，自是者不彰，自伐者无功，自矜者不长。"物的这些缺点同时也是其特点。

首先，物是自见的。前文已述，物因其形使自身呈现，而这种呈现表明其可以被他物感知到，更可以被包括人在内的他物通过视觉看到、发现他，通过嗅觉、味觉、听觉等闻到、尝到、听见，甚至触摸到。究其原因，就是在自然中，物在恍的过程中产生，因此

---

① 王先谦、刘武：《庄子集解·庄子集解内篇补正》，中华书局1987年版，第173页。

具有白的特性，正是其自身之白，使其产生出能够被他物感知的形状。但在老子看来，或者在为道者看来，这些善于自见（现）的物，反而是不明的。所谓的明就是行为主体自身发出的光亮或对他物施加的影响，使本体得以呈现，在老子看来，这只是自然之道及日月星辰等精象世界才有的特点，而普通的物是没有这种特点的。道则与之相反，它是不自见的，使自身不是像物那样刻意地显现出来，以炫耀自己的存在，这种状态即是逝隐。此即是说，道者就是通过阴暗幽黑，不使他物发觉，但通过慈生而使万物信服的，老子认为，这就是它最大的明。如果现象世界的普通物强行这样做，反而得不到预期的效果。因此，物渴望自见，但其自身的行为却使自己达不到这种目的。

其次，物是自是的。它总是认为自己是对的，总是通过成形成体而自我肯定，希望以其雄威彰显自身的突出地位，进而压制住他物。此即是说，物通常觉得自己的这种存在方式能够超越他物，是最佳的，并以之自诩。这种直接竞争式的突出自我行为，显然是与道的特性相违背的。在老了意义上，从物的角度看待他物，正如一个人，总是希望通过雄壮、强大、多智、霸道等物的特性来突出自己，以显示自己超人一头、高人一等，结果会招致他人的鄙视，所以欲彰而不得，反而会获得适得其反的效果，以致最终会被他人鄙视和遗弃。而道则能虚而待物，不自以为是，奉献自身而不索取，故能获得万物的欢迎。这就是说，道从不认为自己所做的都是正确的，甚至是永恒不变的宇宙真理，而是无思无虑、虚心容忍与接受万物的存在样态。大道相通，当孔子说毋我时，也就是要求人们能够放弃主观自我、个人主见及自以为是。在老子看来，这就是遵循大道，与自然为一。然而，物常常做不到这一点，它放不下自我，总是渴望以其雄壮的面貌、自是样态呈现于现象世界，常常自以为其想法行为都是正确的，并为之沾沾自喜，但此举常会招致别人对自身价值的误判。此即是说，自身远没有别人认为得那么重要，如果一味沉迷于这种自我感觉，则会引起他物的敌视或漠视，故这也是物的缺陷之一。

再次，物是自伐的。它总是通过自身的呈现来显示自己，以夸耀自己的存在，显示其荣，即通过实形存在来展现其尊荣。所以这种情况是行为主体试图呈现、体现其高高在上——而非像道一样处下、处辱、处贱等处万物之所恶——的位置，以此夸耀自己的能力。如众人为了赢取别人的敬重或者器重，皆渴望通过展示自己的能力和功劳，以显示自己比他人更优秀、更有能力。在夸耀自身的同时，就有蔑视他人的意图和情况出现，即认为他人不如自己的优越感时刻存在着，而这种情况不仅会招致他人的反感，也会受到有道者的冷遇。他越是认为自己出力大、智谋深，以显示自己的能力强，就越会受到别人的羡慕甚或抵制。在这种情况下，即使他获取了一定的成就，赢得了一定的功劳，也很容易受到他人贬低和忽视。更何况，当人自夸时，招致别人的反感倒是其次，让这种心态蒙蔽自身，阻碍自身进步，从而限制自身进一步获取成就，才是更为严重的事情。但是道从不自伐，它绝不会故意卖弄、夸耀自己，以显示自己的成就伟大，它以一种低调谦卑的样子存在于自然之中，故能够受到万物的尊敬。

最后，物是自矜的。物一旦成形，即有自己的形体后，就会通过这种形体约束或者规范自身，不使自己随意变成他物。如氢和氧一旦成为水之后，就不愿再返回到氢和氧的前存状态，如果非要让它再回到那种状态，就必须花费很大的精力和成本，这种情况就是我们认为的主体价值自我认可。所以物一旦自我成形后，就会自我固化、粘接化，努力避免使自身演变成其他形态，除非有更强的外力存在，使其强迫式地被改变，否则它会坚强地维持自身的这种存在，而不愿意改成其他样态和形态，这就是物的自矜行为。但是，正因为物这种固守自己的形体，不使自身发生变化，或者说，不使自己化生他物，以维持自身长久存在的自矜特性，所以，其结果却事与愿违。它反而不能像绵绵不断、永不停歇地接受万物回归并生出万物的道一样，能够生存得极其长久——最终会衰亡消失得无影无踪，归化于无。此即是说，道从不自矜，不自我压抑，而是积极勇敢地生成万物，这是其能够长久的重要原因。但是物以其自矜抑制了自身的进一步发展，因而不能长久。

对于物的这四种特性，老子进一步指出了它们的缺陷，即"自见者不明，自是者不彰，自伐者无功，自矜者不长"。自见者不明，一种说法是能够被看见的东西，没有道生有时呈现出的明。见字，在甲骨文中，是一个人头上重点标画了一只眼，它强调的是看、观察。众所周知，由于每个人的体形、经验、思维模式不同，同样一件事，每个人的看法都不尽相同，因此在对待同样一件事时，我们常常各抒己见，各说各的理。这种情况没有什么不对，但是人们一味地任凭自己的一孔之见指导自己的行为，难免会阻碍自己的眼界。同样地，人也可以通过自己的行为语言来表达意见和看法。如果人们固执己见，不愿参考、借鉴别人的知识，就会陷入减损自身价值的境地，因之陈鼓应指出："自逞己见的，反而不得自明。"①另一种解释如上文所述，即刻意地自我显现，并不能够呈现出其明。如物以其形极力使自身显现，但常常不能达其所愿。

与之同理的是自是者不彰，自以为是的人，即事事都认为自己行为正确的人，是不能有效地彰显自身的正面形象的。同样，自我夸耀的人，即那些沉迷于自我的人，是很难取得成就和别人的认可的。伐字，是以戈割人颈的样子，猎杀敌人，是一项值得夸耀的事情。但一味地自我夸耀，就会令人讨厌，即使有功也容易被人轻视、低看，以致将其功劳泯灭。古往今来，剥夺别人的功劳乃至据为己有的例子比比皆是。而自重、自我设限、固步自封的人，也是很难取得发展和进步的。矜字，左矛右令，后令字误写为今字。它的含义是命令自己或他人持矛的意思，机械地重复这种动作或姿势，久而久之，将之固化以形成习惯，而不加以改变与创新，就是一种固步自封、自我设限的行为。老子认为，那些自见、自是、自伐、自矜，皆是不合自然道德的人为自设活动，是物的典型特性，又是与道相反的举动。

在老子看来，这四种情况就像吃过量的饭一样，不仅对自己的

---

① 陈鼓应：《老子今译今注》，商务印书馆 2003 年版，第 168 页。

身体没有任何好处，而且还会带来危害，使自身受损。具体来说，过量的、过度的饮食不仅会引起肠胃的负担过重，也容易使人体发胖，而发胖的身体会使自己的身形臃肿，造成行动的不便。所以老子认为，过量的饮食对人们来说，就是一种多余的行为，一种没有必要做出的行动。同样，人们为了提升自己的地位而做出的不必要、多余的行动，也与之类似。它们皆是人为的或自为的一种发作，却是物自有的特性和具有的惯常现象，按照道的角度来看，这种举动及特性是物存在的缺陷或不足。所以正是物具有这些固有特性，它们才会被称为物。同样，也正是因为物的这些特性，它们才会被道恶之，也才会被得道者恶之，更会被他物恶之。因此老子反对包括人在内的万物从事这些相关活动。

由于道没有物这四种缺陷，故老子主张人们遵循道，不希望他们做出"馀食赘行"的事情，即物的种种令人讨厌的行为，而应做到逝隐、虚心、谦卑和慈生。使自己处于幽昧的世界，不显山露水；处于谦卑的位置，默默地为慈生万物做出自己的工作，最终使自身长久存在。所以真正了解道的人，真正观悟道的人，真正领会、懂得道的人，都会不以物的这四种特性自居，不使自身处于不道之境地，而是相反，让自己步入不自见、不自是、不自伐、不自矜的状态，最终使自己像道一样，达到明、彰、有功、长的地步。同样，管理者也应居于这种境地，进而超越物的这四种特性，真正为企业的发展提供不竭的动力。

除此之外，老子还反对包括人在内的物用智来彰显其举动。他认为，通过智来进行战争、掠夺、制造奇物等，也是物的缺陷。如在《道德经》第三十一章中，他指出："夫惟兵者不祥之器，物或恶之，故有道者不处。"因为兵者给人们带来了巨大的伤害，故人们极力反对之。为此老子在第三十章中说："师之所处，荆棘生焉。大军过后，必有凶年。"他认为，军事不仅造成田地荒芜，荆棘遍布，给人们带来了凶年，也使整个社会进入了兵荒马乱的时期。而这种情况仅仅是为了满足统治者个人的欲望，体现出其争强好胜的物之心态。同样，在军事活动或战争中，各方将领为了己方的取胜，不惜绞尽脑汁、费心极虑地盘算运筹，于是无所不用其极——不惜杀人盈野，尸身盈城。连老子自己也说，应以奇用兵，在他看来，这种不慈多智的反道行为是偏离常道的奇异之作，与道的慈生特性是截然相反的，会招致人们的厌恶，故他说物或恶之。

显然，老子认为，兵者的举动本身就是一种物的行为，因为唯有物才会有竞胜之心，才会贵己贱它，才会通过武力建立自己的威权、威势。这种情况不仅动物界存在，即使在植物界也同样存在，例如，无论是草还是树都希望自己变得强大，故它们拼命地往上长，而那些没有长起来的树只好被它们打压着生存，所以显得又细又矮。草同样也是如此，它也充满着争胜欲，为了使自己长得更为强壮，它们努力地获取土地里的养分，而且还协同其同伴一起向外扩张，试图占领全世界的土地，这种现象在达尔文的进化论中有着充分的描述。从自然中演化出的人类也不能免俗，古代许多部落都是通过冲突或战争的形式来维护自身生存的，即使发展到高度文明的现代社会，战争仍是解决争端的常用武器，这种情况在西方表现得尤其明显。但此等解决问题的方式显然受到了老子的批判，他指出，这是对自然正常活动的异化，是物的发作行为，会给人们的生命财产带来巨大的损失。无论是对敌方还是己方，它带来的都是不祥，因而会受到人们的反对，而真正的有道者是不屑于这样做的。故"有道者不处"于这种物的奇作中，而是遵循着自然常态。

人们尤其是执政者用智足欲，带来的恶果还不止于此。为此他在《道德经》第五十七章中深刻地指出，"天下多忌讳而民弥贫"，在他看来，这些忌讳也是人们用智产生的，但其最终结果则是百姓愈加贫困。具体来说，由于执政者多通过其智谋搜刮民脂民膏，从而造成百姓的困苦，故老子在第七十五章里怒斥道："民之饥，以其上食税之多，是以饥；民之难治，以其上之有为，是以难治；民之轻死，以其上求生之厚，是以轻死。"他认为，由于执政者的有为，造成了百姓难于管制；由于执政者追求奢侈的生活，贪婪于求生，造就了百姓将自己的生命看得轻贱，以至于轻易铤而走险，敢于赴死。为此他指出，出现这种混乱的局面，就是执政者用其智力所造成的恶果。这反映在百姓身上，则"民多利器，国家滋昏；人多伎巧，奇物滋起"，即百姓多掌握利器，国家则变得愈加昏聩。此处的利器也可以理解为与人的智力有关的计谋、数术，或者是通过智力产生的工具类东西。而人多技巧，则会产生出与自然相反的奇物。对于这些奇物及与之相关的东西，老子皆是持负面态度的。具体来说，当人们狂热地追求奇珍异宝时，在老子看来就是迷物失道之举。因此，对于人们制造的奇物或者物的异化及发作，他都是坚决反对的。而对于执政者为了自身利益，不厌其烦制定的规章制度，老子也是坚决反对的，认为它们都是人之智巧的产物，只能造成庙堂上或绿林中盗贼的增加，故此他认为需要通过无名之朴将之予以消除。

老子在《道德经》第二十九章中指出了物的又一缺陷，即物欲掌控天下但不得已，这就是说，由于物具有有限性，它难以对天下进行绝对的操控。因此他说，"将欲取天下而为之，吾见其不得已。天下神器，不可为也。为者败之，执者失之"。以物的方式对待天下，即用强力去获取天下，进而强制性地掌控自然、支配自然、改变自然，都是行不通的。因为自然之道既不是物能够随意对之而为的，也不是它们能够任意控制的。如果谁反其道而行之，最终都会遭到失败，即"为者败之，执者失之"。显然在老子的思想里，人定胜天是不可能的，更谈不上有效地规制它，这样就会招致失败。此即是说，物欲管控天下，支配自然的行动是不可能成功的。究其原因，就在于物"或行或随；或嘘或吹；或强或羸，或挫或隳"，他认为物各具有其特点，而这些特点是有差别甚至相对立而存在的，因此体现出自己的局限性。具体来说，它们都以其形而存在，不像道那样，处于幽深黑暗、贱下无形的位置，是物难以感知的。既然物对之感知存在困难，就很难认识它，更难以表述它，更不用说掌控它了。对物来说，因为它们自身具有的特性或者说缺陷，甚至对其他物的控制也具有条件性、有限性。而其自身最终会归向道本身，所以它根本不可能掌控道，也不可能掌控天下。因此，根据物具有的局限性去管理他物甚至自然之道，则会走向失败。即使取得短暂成功，最终也会遭到彻底的失败。

五 物与道、德、有的关系

前文已述，物自身具有其独特性，但它在自然中不是单独地存在，而是和其他实体存在具有很强的关联性。

首先，在道与物的关系上，老子认为，它们具有对立性的差别，即道黑物白、道生物消、道柔弱物刚强等。他在《道德经》第六十二章中说，万物的奥妙之处在于道，正如前文所云，奥字是人们将米捧到洞里的黑暗幽深处，以防别的部落或内部成员找到私自偷吃之义。因此，根据其义，道处于幽深黑暗之处，自然将其产生。它蕴含着象物等潜在实体，并将后者产生出来，并善待之。所以对于象物来说，道是它们的奥妙所在。具体到人来说，可以将之作为使用工具，依据它、效法它来处理事务，解决他们所遇到的问题。所以物可以遵循道，将之作为管理工具，不仅能够保护自己，也可以使用它进行有效管理，这是道、物关系中的第一个特点。

之所以如此，是因为道对物的作用而形成的。前文已述，道的作用是巨大的，尽管它难以被人感知到，其产生之物还比较弱小，但是它最终却能支配整个现象世界，并左右着现象世界的运行状态和发展方向。这就是说，万物都是依据道而生的。面对这种职责，道勇于承受与担当，不辞产生万物的烦乱纷杂，并使现象世界持续运行着。令人敬佩的是，道虽然最终生产出现象世界中的万物，但不以之自居，认为自己的功劳大进而飞扬跋扈，去主宰物的自然生成。而物却普遍存在这个问题，任何物都认为自己重要，自己的功劳大。于是没有功劳地想办法寻找功劳，以之作为自夸的资本；而有功劳的更认为自己是举足轻重的人，甚至是百姓的大救星，其实，这些行为在有道者的眼中，都是不值一提的。

就道与物之间的主要关系来说，就是道慈生万物，而物宾服、复归于道。所以道、物关系中的第二个特点，就是物自愿对道的臣服，或者说是宾服。老子指出，如果执政者能够坚守道，根据道去治理天下，那么民众就会像万物认道为宗那样去臣服他们。对于物来说，道是它们产生的根据，并为之提供一定的材质，由气体现，故老子说道"似万物之宗"。但是，真正使万物得以形成的，则是道直接生成的有，为此老子特意在《道德经》第四十章中解释道："天下万物生于有，有生于无。"然而不管怎么说，由于道、有生成万物，故万物对其远祖——道十分宾服。将之继续追问与还原，我们可以知道，由于道、德、势是按照自然法则资助物的成长的，不敢自我做主而自为，故老子在第六十四章中云："以辅万物之自然而不敢为。"在他看来，道、德、势都是根据自本体形成的自然法则而互相发生作用的，是顺自然而为，而不是任意而为。由此可知，既然道、德、势对自然非常遵从，不敢自为，那么万物对于道、有则更应该如此。

更有甚者，万物莫不尊道而贵德。具体来说，由道、德生养的万物对"道之尊，德之贵"的崇敬，是"夫莫之命而常自然"（五十一章）的，为此物甘愿处于宾客的位置，像对待主人那样对待道。由于道是物的最终归向，也就是说，包括人在内的万物对道的遵循和归向是他们最恰当的选择，故此老子极力强调物的这种选择性。总之，在物与自然之道的关系上，物是对道非常宾服和遵从的，对于这种宾服和遵从，也就是万物尊道的具体体现。同样，对于万物最终归入道，也体现出它们对道的遵从。

在管理方面，被管理者也非常喜爱那些具有自然之道特性的管理者，因为这些管理者不干涉员工的具体工作，让员工感知不到他们的存在，并且还时刻资助着他们，帮助他们成为一个有用的人才。显然对于这样的管理者，他们会感到心悦诚服的，这就是物对道宾服的直接证据。由于物对道宾服，同时自身也会随着这种宾服而自化，故老子在《道德经》第三十七章中云："道常无为而无不为。侯王若能守之，万物将自化。"钟永森认为，企业文化建设与老子的无为而治有一定的关联性，因为文化的特点"是'有生于无'，是'无为而无不为'的"①。所以它可以使企业在不通过管理

①　钟永森：《道德经与无为管理》，凤凰出版传媒集团、凤凰出版社 2010 年版，第190 页。

者的指令下，无形的规范员工自身的思想和行为。但是钟永森的观点有其正确的一面，同时也有其不足的一面。固然企业文化可以做到无为而治，在一定程度上可以有效地管理员工，但是与老子的主题思想却大相径庭。因为老子强调的是自然管理，反对用带有心智活动的人文去管控万物，同样指出效法自然的圣人管理方式也是如此。所以他指出万物遵从自然之道，而万物也是有这种无意识的意愿去服从道的管理的。因此在自然与文化处于对立的情况下，老子极力反对采用人文之礼去进行管理。

前文已述，为了更为详细地说明道慈生万物的特点，老子以水喻道。他指出，类似于道之作用的水，时刻滋润着万物。在对万物的生成本源加以追问时，无论是在西方还是在东方，都有水源说。如西方两希文明中的古希腊，被认为是哲学鼻祖的泰勒斯，就是水原说的倡导者，即他认为水是生成万物的本源。希伯来文化也有类似的观点，上帝在七天内创造了世界和人类，唯一没有创造的就是水，故此《圣经》开篇说道："起初，神创造天地。地是空虚混沌，渊面黑暗；神的灵行在水面上。"① 然后神逐渐创造了大地万物。这里虽没有说明万物是水创造的，而是上帝创造的，但是水在上帝产生之前就存在着，却是事实。中国也有类似的观点，如在太一生水中讲述了水生万物："天地者，太一之所生也。是故大一藏于水，行于时……"② 这就是说，太一在水中蕴藏，而产生出了天地，进一步，天地产生了万物。而老子认为，水滋润万物，促使万物成长，从这一点来说，它和道、德所起的作用是类似的，只不过水可以被人看到，而道德是不可以被人看到的，只能由感悟而知。当老子用道来阐释万物的生成时，显然比水是万物的本源更深刻。但由于道对待万物的过程难以描述，而水润泽万物则可以具体论述，故老子用水来喻道。而在道与物的关系上，显然道滋润着万物，这也是物尊贵、臣服道德的根本原因。

---

① 《圣经》，中国基督教协会，1996年，第1页。
② 李零：《郭店楚简校读记》，中国人民大学出版社2009年版，第42页。

另外，物对道的臣服，还在于物能够被道公平地对待。老子指出，自本体、道都是公平地对待物的，没有丝毫偏私或者厚此薄彼。在自然法则中，物各相贱，因此众人或者海德格尔意义上的常人，是随意地喜欢或者厌恶他人他物。效法自然之道、德的圣人则相反，对人物皆一视同仁，不仅不会随意抛弃那些看似无用的东西，而且还能够做到常善救人救物，不使之像众人那样随意地当作废物被抛弃。在老子看来，在这个世界上根本就没有弃人弃物。因为不管在众人的眼中是有用还是无用，但其作为自然的产物，在遵循道之圣人眼中都是有用的。为此，老子在《道德经》第十一章中还特意指出了无用的用处："三十辐共一毂，当其无，有车之用；埏埴以为器，当其无，有器之用；凿户牖当其室，当其无，有室之用。故有之以为利，无之以为用。"所以在老子的眼里根本没有弃物这一说，同时这也是万物宾服道的又一个原因。老子的这种观点是有道理的，在现在看来，即使被人们当做废物的垃圾，也可以经过处理，成为可回收资源，或者进行垃圾发电。按现在的话语来说就是变废为宝，而在老子看来则是无弃物，所以老子主张在这个世界上根本就没有弃物，故此他劝导人们不要随意弃物，而应注意多救物，公平地对待它们，使物能够奉献出它们的资源优势，得到它们本身具有的价值。总的来说，道生成物，物对其宾服，并以之为效法对象，使用它来为自己服务。

前文已述，道不干涉物的自然成长，并顺应它的这种运行状态发展。但对于物之异作，则极力规范之。因为在自然所包含的所有实体中，真正能够反自然任意而为、发作的则是物。故产生其的道必须对之加以制止。所以物无论怎么发作，最终都会归入道，这就是对道、物关系的较为全面的论述。

同样，在德与物的关系上，老子在《道德经》第六十五章里说："玄德深矣、远矣，与物反矣。然后乃至大顺。"他认为，德像道一样，在本质上是深远的，因此众人是难以感知的，与之相反，物则是浅显的、近前的。故与德相比，物是可以直观的，让人们很容易通过耳目等感官将其发觉与认识，而德只有通过理性间接地观悟，才能推断出它的存在，仅凭感官是感触不到的。前文已述，德畜养万物，而后者也是敬重德，效法它来处理在世界上存在的某些事务，这是双方最主要的关系。

在该章的语境中，老子主张以愚而非以智治国，道、德、势等自然存在皆是以愚进行管理的典范。但这种管理不是不使用思维，而是通过遵循自然法则（思维），不妄为发作、随意地进行管理。能通过愚的方式进行管理，就是具有慈生、畜养的方式对万物进行管控，而不是根据自己的欲望为所欲为，用他人的损失来为自己谋利的零和游戏。相比较而言，通过压榨、危害他人为己谋利，是比较直观的一种现象，而根据道德进行管理，从而为己牟利，则不是直观的，即通过奉献的方式赢取他人的回报，使他人心甘情愿地让己获利。这种管理方式不是众人能够直接观悟到的，也只有效法自然的圣人才有此等能力，因此道商可以根据这种方式进行管理，最终使自己成为一个商界赢家。此之谓与人而使自身获利的经营思路。因此，德通过这种方式调整、管控万物，也是德、物关系的体现。具体来说，它是从管理的角度来反映双方关系的。

最后，在有等实体与物的关系方面，老子在《道德经》第三十九章中说："万物得一以生。"同样他认为道生一，并且我们在前文已经说过，老子所谓的一，就是有，即通过恍使实体呈现，具有光的特性。万物得到这个有，才能得以生存，显然，这个有像道一样，也是能够慈生的，它承续道的作用，进一步促使万物生成。我们可以将之归结为有产生的阴之作用，所以老子也说"万物负阴而抱阳，冲气以为和"（四十二章）。即万物都是根据阴而产生，并通过阳得以呈现。而气作为材质、质料使物成形。因此阴、阳、气三者生成了万物，万物的形成具备了这三者的因素，由这三个因素构成。但其中占主导地位的，则是身处辱贱的阴。或者说，阴具有下、弱、黑、雌、幼等在万物看来比较厌恶的特性，但其不仅受到物的欢迎，而且还可以像道、有一样长久。

从另一个角度来说，没有有的下贱，则不会有物的显现。一旦失去了这个有的作用，物最终将走向消亡，故其云"万物无以生，将恐灭"（三十九章）。具体来说，如果没有道生成有及后者产生阴阳及材质（即气）的作用，物将无从谈起。正是在它们的协同作用下，同时在德资助下，物才能逐步走向强壮，并最终走向衰亡，这就是物的运行、生活状态。另外有同道一样，也是知足知止的，它在阴阳产生之后，就不再干涉这些实存的具体演化。这里需要指出的是，在万物产生之初，德、阴、阳、气对其的成长起着决定性作用，而当物成长成熟、变得强壮之后，它们就不再资助万物了，这时物没有成长实体的资助，就会逐步走向衰亡。换言之，物处于强势位置后，失去道、有等实体的资助，物就没有可以仗恃的东西，使之再继续生存下去，这时候它便遵循万物之自然而走向衰亡，乃至重新归入道的循环状态。这就是说，失去道、有等实体资助的物，就失去了生的根据和理由。

读者读到这里可能会产生一个疑惑，就是老子经常提到道、德、物、势，同时也提到道、有、阴、阳、气，那么这两组概念究竟有何联系与区别呢？笔者以为，这两组概念确实有不同的含义，是从不同的角度提出的，其中道、德、物、势是从存在论的角度提出的，而道、有、阴、阳、气则是从生成论的角度提出的。道、德、物、势皆由自本体生成，各自存在，既相互关联但又不相互隶属，是自然的存在状态，其中道、德、势都对以物为主体的现象世界——其产生、衰亡等变化产生着各自不同的作用。而道、有、阴、阳、气则是生成关系，它们为生成物而层层递进地发挥各自的作用，其形成道——有——阴阳——阴阳气——万物的生成模式，这种生成模式是自然循环中的道生物阶段，在此生成过程中，还有其外的德、势在该过程中起着十分重要的畜养、成长、生成等作用，这就是两者的区别与联系。

以上讨论的就是物的特性及道、德等与物的关系。对于自然来说，如想正常无异地运行下去，仅有道、德、物是不行的。也就是说，仅此三方面是不可能使自然按其法则发生的，如想使之顺利地运行，还需要自然之势的作用。

第二节　老子势观

老子对自然之势也是非常看重的，它既是自然之中形而上的存在，也是一种自然实存。那么势的含义是什么呢？

一　势的原始本义

窦文宇认为："篆文和繁体'势'字由'埶'和'力'构成。'埶'字有种树的含义，引申表示在封地周围种树以表示其边界，整个字的意思是在一定范围内显示出其力量来，由此产生势力、样子的含义，雄性生殖器的含义。"① 而对于埶字，他解读道："甲骨文'埶'字由'木'和一个人双手活动的象形构成。意思是双手种树苗，由此产生种植的含义。金文字形由'木'、'土'、人双手活动的示意图和'女'构成，意思是女人用双手把树苗植入土中……篆文字形由加了指事符号的草形、'八'、'土'和双手活动的示意图构成。加了指事符号的草形表示树苗，整个字的意思是把土分开双手把树苗放入，由此产生种树的含义。"② 同样商承祚也认为："此象两手持木形。殆是埶字。石鼓文……增土，埶于土也。金文毛公鼎……复加女字，女人之意也，体有繁简，初义则同……殆埶不专谓木，诗小雅'我埶黍稷'。"③ 徐中舒认为"象以双手持草木会树埶之意。"④ 唐汉认为，埶与艺同字，他说"甲骨文的艺字像一个人跪在地上双手栽种苗木的样子；另一款则像双手植'木'于土上之形。金文的'艺'字综合两款：左边是木在土上之形，右边则是一个人双手正在操作的形态……由上文可知，'艺'

---

① 窦文宇、窦勇：《汉字字源》，吉林文史出版社2005年版，第428页。
② 同上。
③ 商承祚：《甲骨文字研究》，天津古籍出版社2008年版，第182页。
④ 徐中舒：《甲骨文词典》，四川出版集团、四川辞书出版社2006年版，第269页。

的原本意义乃是栽种或种植（与稷字音同意近）。"① 熊国英则认为，埶与艺同，"'艺'本指种植。甲骨文和金文都是一人蹲在地上，双手捧一秧苗在栽种。金文和《石鼓文》还在下边加一'土'字，强化了栽种于土的意思。其中金文的人形为一女字，说明自古就有女子从事种植活动。金文的人形写成了犬形，这是秦末统一文字前常见的混乱现象。小篆中人的双手完全变形，远不如甲骨文形象直观。此时的艺字写作'埶'。隶书（汉《夏承碑》、《史晨碑》）上加草字头，成为'从草、埶声'的形声字。在隶变的初期，草字头和竹字头有混用。"② 马如森持类似的观点，他认为："从人、从象一植物形，字象一人双手种植植物形。本义是种植。艺的从简字'埶'……引申为'艺术'。"③ 左民安认为："甲骨文的（艺字）是面朝左跪着的一个人，手中拿着小禾苗正要向地里栽种。金文与甲骨文的形体完全一致，人的形象画得很逼真……小篆的形体，左上部仍然是小禾苗，禾苗之下增加了一个'土'字，表示禾苗根植于土。其右边的人形则不太像了。这个字古代也就写作'埶'。……'艺'的本义是'种植'……凡是种植的好，就是一种技能，所以'艺'字又可以引申为才能、技能……凡是种植亦应有个尺度和标准，所以'艺'字又可引申为'准则'。"④ 陈基发指出："从甲骨文来看，左上方是'禾'，表示作物；右边是一个跑着的人，这人伸出双手，似乎正拿着禾苗向地里栽种。到了小篆……在禾苗下增加了一个'土'字，表示禾苗植根于土。实际上也就是'埶'字。楷书时……因禾苗是草类，所以在'埶'的上部又加上了草字头。后来，又因为这种形体不能显示读音，于是在'艺'下面增加了一个声符'云'（'云'和'艺'读音相近），出现了'藝'字……'艺'的本义是'种植'……由'种植'引申

① 唐汉：《汉字密码》，陕西师范大学出版社 2009 年版，第 217 页。
② 熊国英：《图释古汉字》，齐鲁书社 2006 年版，第 261 页。
③ 马如森：《殷墟甲骨文实用字典》，上海大学出版社 2008 年版，第 67 页。
④ 左民安：《细说汉字》，九州出版社 2005 年版，第 365—366 页。

为‘技艺’、‘才能’。”① 赵诚指出：“象人种树之形，即树艺之艺的本字，后代也写作藝。”② 邹晓丽认为：“人种树或种五谷之形，‘树艺五谷’的‘藝’、‘园藝’的‘藝’，是本义。古人学习‘六艺’之‘艺’是引申义。段玉裁‘埶，种也’。六经为人所治，如种植于其中，故曰六艺。后人种埶作藝，六经又加‘云’作‘藝’。‘艺术’、‘技艺’均作藝。故‘艺术’的藝，‘技艺’的藝均为引申义。唐兰以为人持木为火炬形，是‘燕’的本字。恐非。”③

力字，徐中舒指出：“象原始农具之耒形。殆以耒耕作须有力，故引申为气力之力。《说文》：‘力，筋也。象人筋之形。治功曰力，能圉大灾。’《说文》说形不确。”④ 熊国英认为：“‘力’字说解有二。《说文》：‘力，筋也。象人筋之形。’即手臂之肌肉形；一说是原始农具‘耒’形。因耒耕属粗重劳动，需强力而引申力量。从字形看，甲骨文和早期金文象‘耒’；后期金文和小篆象手臂。当是义随形变的象形字。”⑤ 陈基发认为，在甲骨文和金文中，力字“像来形，因此‘力’与‘来’古音相通。还有一种说法，它像一只手从下往上举物的姿势，因为由下往上举物比较吃力，所以‘力’的本义是‘体力’、‘气力’……一个人所具有的力气和智慧，就是力量、能力，所以引申为‘能力’、‘力量’”⑥。马如森指出：“独立象形字，象古农具耒形。金文字形（上引）尤象。本义是耒，名词。耒、力双声，义通。假为力。《说文》：‘力，筋也。象人筋之形。治功曰力，能圉大灾。’许说非本义。”⑦ 左民安认为：“……‘力’字的甲骨文形体，看样子是古代耕田的犁：上

---

① 陈基发：《趣说汉字》，新世界出版社 2008 年版，第 118—119 页。
② 赵诚：《甲骨文简明词典》，中华书局 2009 年版，第 235 页。
③ 邹晓丽：《基础汉字形义释源》，中华书局 2007 年版，第 67 页。
④ 徐中舒：《甲骨文词典》，四川出版集团、四川辞书出版社 2006 年版，第 1478 页。
⑤ 熊国英：《图释古汉字》，齐鲁书社 2006 年版，第 130 页。
⑥ 陈基发：《趣说汉字》，新世界出版社 2008 年版，第 19—20 页。
⑦ 马如森：《殷墟甲骨文实用字典》，上海大学出版社 2008 年版，第 308 页。

部弯曲的部分是木制的犁把，下部就是耕田的铁制犁头，古代称为'耒耜'。所以'力'就是犁的象形字……耕田是要用力的，所以'力'字后来就用为'力量'的'力'了……许慎在《说文解字》中说，'力'像'人筋之形'。这种说法不可信。因为从古籍中找不见当'筋'讲的'力'。'力'是个部首字，凡由'力'字所组成的字，大部与'力量'和'行动'有关，如'男'、'劳'、'动'、'劲'、'努'、'助'等。"① 邹晓丽说："起土用的木制农具。尖头、有齿，即'耒'。高鸿缙说字象以肩、臂、肘、掌用力之形表示力量。备考。"② 窦文宇等认为："甲骨文'力'字是弯曲的胳膊的象形。弯曲的胳膊中蕴含着力量，由此产生力量的含义。引申表示尽力。"③

看来各位学者均认为"埶"字是种植禾苗或者树木的场景，在这一点上他们的观点颇为近似，几乎没有异议。唐兰认为是手持火炬的含义较无说服力，因为埶字在后世的流变中也没有演化为与燕子相关联的词汇，更何况与该字中含有的"土"字没有联系。因此，把埶字认定为种植植物几乎成为各位学者的定论，笔者也认同这一观点。

对于力字，学者们对之有两种观点：一是人的手臂用力的形状；另一个是耒耜的形状或者是耒耜的原始形状。但依笔者看来，我们无法断定它就是耒耜或其原始形状，因为我们没有找到足够的证据证明它就是耒耜的原始状态，也无法描述它是怎样演化为创作文字时期的耒耜形状的。况且，耒耜在甲骨文中自有其字其形，如果认为它和力字是同一个字，不仅造成两字的混淆，而且它的流变就会使它们成为同一个字或类似的字，而不会分成力和耒两个差距较大的字形。与之相反，将之解读为人们通过手臂用力之形更符合其字意，我们现在看到、所说的力字也具有这种含义。

最后两相综合，对于势字我们可以理解为：人们在土里种植植

---

① 左民安：《细说汉字》，九州出版社 2005 年版，第 58—59 页。

② 邹晓丽：《基础汉字形义释源》，中华书局 2007 年版，第 140 页。

③ 窦文宇、窦勇：《汉字字源》，吉林文史出版社 2005 年版，第 6 页。

物，以便使之长大成形，而其作为一个主体存在对其他东西的活动，形成一定的影响力或影响范围。它也特指人们通过种植活动来改变事物的原本生存状态，反映出人作为行为主体对其他事物形成的影响力或影响范围，以显示他的活动能力及其彰显其价值存在。这也是本书用自本体、道本体、德本体、物本体等范畴来解读老子思想的理由之一，因为这些本体都可以形成自己或大或小的影响领域，以对自身和他物产生不同的影响和作用。老子认为，自然存在的势对事物形成所产生的作用，就是使物最终形成。在自然的这四个实体中，道、德、物、势各司其职，各负责一个过程、一个阶段。

二 对"势成之"的解读

以上是对势的解读，在此基础上，我们对"势成之"和其中成字进行解读。对于成字，窦文宇等认为："甲骨文和金文'成'字由大斧子的象形和一小竖构成。意思是大斧子向下砍。它指杀牲取血盟誓，由此产生办好了、可以、达到一定程度、定形、成果、成为、其中之一等。引申表示一定数量、十分之一等。篆文'成'字由'戊'和'丁'构成。'戊'字是宽刃斧子的象形、'丁'字是钉子的象形，引申表示双方牢牢地结合在一起了，整个字的意思是为双方的结盟用斧子砍牲口，由此产生歃血为盟的含义。"[1] 左民安指出："甲骨文的左下角像一块木状物，其右边是一把长柄板斧，表示'成盟'（实为古代的建交仪式）……'成'字的本义是'成盟'、'和解'。"[2] 姜文振也持这种观点。但唐汉的观点则与之不同，他指出："甲骨文右上部乃是一把长柄板斧，左下角的一短竖（古文的十字）表示长柄短斧砍了下去。在金文的'成'字中，右边的弯柄大斧更为形象，下部的'十'字延伸得更长一些。小篆变化较大，上边的斧形演变为'戊'，下边的长竖演变为一个'丁'

---

① 窦文宇、窦勇：《汉字字源》，吉林文史出版社2005年版，第395页。
② 左民安：《细说汉字》，九州出版社2005年版，第281页。

字（表示斧子砍下然后抬起），原来的会意字变成了形声字，成了外形（戊）内声（丁）的形声字。……古代，斧钺乃砍头杀人的刑具，斧钺砍下，意味行刑完毕。因此，'成'字的本义为'完成'……由'完成'之义又引申为'成功'。"① 另外熊国英认为："'成'最初是殷代先王'大乙'的名字。后指成功、完成、成就等义。《说文》：'成，就也。'甲骨文、金文都是斧钺（古兵器）形。反映了武力征服和原始的'枪杆子里边出政权'的思想。"②

根据诸家的阐释，成字的意思当为人们使用斧钺等作为工具，将某物按照预期目的或者脑中设想进行加工，最后予以完成的一系列活动过程。正如一台车床将一个零件加工成型一样，斧钺等工具将某物也最终加工成型，以达到设计者的预期目标。或者也可以将斧钺下的那一竖（即 | ）理解为十全十美的十字，意味着人们用斧钺等工具将某事做得甚是完美，没有给他们带来遗憾。

前文已述，"势成之"中的之字表示事物的形成过程，因此"势成之"这一句话的含义就是自本体通过势将全部世界产生得十分完美，没有缺陷，达到了自本体的合目的性。其实包括人在内的物都具有合自然性，当我们看到原生态的大自然时，会对其所呈现的景色产生喜悦感和亲近感，甚至被这种景色之美所震撼，这都是自本体中势的功劳或作用。由此看来，势对世界的形成，其作用极其重大。势也按照其最大形象将物塑造成形，使物能够将其自身形体完美地向现象世界展现出来。自然之势的这种情况就是其主要作用和功能的体现，因此对老子这句话的解读，也是对其势观的具体理解，我们将在下文对之进行详细论述。

三　老子势观

老子在《道德经》第五十一章里特意将道、德、物、势并列，强调了势在自然活动中的重要性与必要性。因而势也是老子思想体

---

① 唐汉：《汉字密码》，陕西师范大学出版社 2009 年版，第 567—568 页。
② 熊国英：《图释古汉字》，齐鲁书社 2006 年版，第 28 页。

系中很重要的一个概念，但其对势的论述却非常少，仅在该章里提及，这种情况尤为显示出该字的珍贵性。所以我们只能根据"势成之"这三个字对势这个概念进行论述。笔者不止一次地提到，道生成万物，德畜养万物，物以自身之形体现，而势形成、成就万物，并消解了它们。其思想也可以这样理解：道最终产生了现象世界，德畜养了现象世界，物形现了现象世界，势终成了现象世界，并使现象世界最终回归到物亡世界。此即是说，如果没有势的作用，现象世界不可能最终形成，万物也不能复归其根，因此对势的理解极其重要，即缺少了它，老子的思想体系就是不完整的。

正如上文所述，由于势字的含义是行为主体通过一定的方式使某物成为其该是的样子，以显示其对这种事物形成的影响力或影响范围。将之进行广义的理解，它是在自本体自我运行中逐渐增大并形成的势力存在——也是一种实体，这种存在时刻对其他实体的运行成长状态发生着作用。可以说，势类似于自然的自字所起的作用或承担的角色。它一旦形成，就对事物起着重要的作用。

是使物最终生成。比如人们在土中栽培植物，最终会使其长大成形。而这些植物由于在自然之道的慈生下，从种子吸收各种养分开始，其本体逐渐孕育出新生的材质，这个过程就是道在起作用，因为道促使了这个植物的产生。在此植物产生之后，由自然蕴涵的德，为该种子的发芽生枝，提供了环境与氛围，以此开始抚育、畜养它，直至使它渐渐地长大长成。而随着此植物的成长，就逐渐占有了更大的形体，直至增长到其形体最大的时刻，是其发展的鼎盛时期。这时候，它已经完全生长成熟，通过展现最大化的形体，使其自身得以完全体现。这是物的自然伸展和展开状态，在这种物的完满成形状态展现过程中，其背后都是势在起着作用。也就是说，势继承着德，促进物的最终形成，使其成长、发展到鼎盛期。笔者在此论述得较为晦涩，对此文没有完全领会的读者可以根据第一章对其的比喻来加以理解。

二是使万物消亡，以此让自然循环最终形成。前文已经论述过，自然是循环发展的，物通过道的慈生、德的畜养、物的成形和势的完成之后,最终走向消亡,回归于道。在这个过程中,势对物起着完善作用和消亡作用——由于物完全成熟之后,就会最大化地对其外部环境产生作用、施加影响,不仅影响着其他物品物质,还或大或小地影响、左右着自然的运行状态或道的蕴涵材质。此时势不仅促进物的发展圆满,而且通过其对他物的影响或作用,以及物性的完全绽放,使之最终走向消亡,重新归入道的怀抱。这就是说,势还促使万物消亡,重新入道,这也是它的基本作用之一。而当物归根达静时,不仅意味着万物复归道无世界,还意味着物作为自然运行的一个必要环节,使其循环最终顺利完成。形象地说,自然循环就像一个圆,其中道、德、物将圆顺时针地运行到了270°,而最后的90°被势完成,最终自然就像一个360°的圆圈一样持续不断地循环着。总之,势补齐了自然的循环,使自然循环这个圆最终圆满而无遗漏。

三是体现在道、德、物之中。势除了自身凝聚成实体,推进道、德、物的形成外,还存在于物本体中,最终促进物自身的衰亡。另外,它还存在于道德本体之内,促进这些本体产生出各自的特性和作用。具体来说,它在道本体内,不仅促进道慈生象物、规制异作等,还使之具有幽冥黑晦、柔弱外小等特性。同样,它在德本体中,除促进德畜养万物、提供场所、环境氛围外,还让德的俭啬、无为等特性得以呈现。因此势无处不在、无时不存,可以说,凡是有实体的地方,就有势在起作用。例如一条鱼,道使其从母体中产生出来,其中道所蕴涵的势助推其母体的生。在其成长的过程中,德为其提供水、空气等生存环境,并且还负责安排鱼草、虾米等供其生存成长的各种食料,而势在其中助推着德的这些畜养工作。同样,势还存在于物本体中,推进物的成长成形,乃至最终衰亡。总的来说,自本体中之势促进道德物形成和变化,又推动它们相互之间发生作用、发生影响。

根据势的作用,我们可以概括出其具有的两种特性:其一,它可以形成一定的影响范围。前文已述,人们用双手亲自将植物培育成熟,当物成形之后,就会对其周围环境产生一定的影响。一般来说，当其成长到体积或体形最大的时候，对周围环境的影响力相应来说也就最大。其实，自从物的形体产生一直到其体积最大，乃至回归到道无世界，它都对环境施加着影响，只不过在其体形最大时施加的影响力最大，其影响范围也就相应地达到最大。这就是说，此时它不仅对他物产生着最大的影响，而且就它的作用扩大而言，可以对自然运行产生一定的影响，此即谓物所体现出的势。但物在成长时期或过了鼎盛时期而步入衰亡时期时，它对外部环境的影响力也就相应较小，在其出生之前和归入道无世界之后，它的影响力就不存在了。我们可以将势与物的关系反过来理解，看似物通过势对自然及他物产生一定的影响，其实是自然之势对物的影响，即它使物成形，又从其极盛时期转向逐步衰弱，并使物回归于道。我们也可以将上述的物理解为老子意义上物的广义概念，具体来说，就是自然的自本体。它是纯粹的形而上的存在，左右着道、德、势、物的运行发展，而自然则是它的运行痕迹，它内在地、按其本性地运行即体现为自然法则。① 总之，它是道、德、势、物存在的根据所在。因此，势通过自本体形成道无世界、精象世界、现象世界和物亡世界，以此体现出它的影响力和影响范围。

其二，它通过力予以体现。在甲骨文中，势的图景是人们用双手将某种植物培育长大，最终使其成形。而它在这种活动中是通过力得以体现的，将其作用进行推广，它是整个自然正常循环的核心因素。随着该字的演化，我们可以将其中的双手形而上为力，这种力不仅可以使植物生长成形，而且我们可以将这种力进一步扩大，以致将之作为促进事物发展成形的根本动能。也就是说，如果没有势中之力作为事物的推动力量，不仅事物不能成功长成，而且自然的正常运行也就没有保证。尤其是，如果没有势的作用，自然循环

---

① 说得更为详细、深刻一点，它就是我们理学所论述的性本体，只不过理学家并没有将其阐释得更为清晰，由于题目所限，本书也没有必要将其阐释得更为清晰、具体，以后笔者在构建自己的哲学体系时，将对之进行详细论述。在这里想说的是，它也不同于李泽厚的情本体，关于性情的关系，包括董仲舒在内的许多学者都进行过论述，因之笔者将在今后的论著中详细地对其加以论述。

就难以顺利完成（它类似于亚里士多德所提出的动力因），或者说根本就不可能完成，更不用说万物的具体成形了。此即是说，没有力，万物不可能具体生成，同样，它们也不可能回归于道，最终自然也就不可能正常循环。所以说，势中之力在自然循环中起着极其重要的作用。

以上是对势字的论述，下面我们将对势的启示意义进行论述。

四　势的启示意义

在老子思想中，势的作用极其重要，它对人们有着巨大的启示意义，因此我们有必要对之详加论述。首先，要学会成势。它可分为以下几个步骤：第一，应积极增势。前文已述，势是行为主体通过其自身形体实力对外界造成的影响。因此想成势者，首要的任务就是为自己增势，充分利用内外部条件，通过两者的协调作用，积极培育自身之势的能量与实力，以增加自身的实力和对外的影响力。如作为市场主体的企业，应利用各种机会扩大自己的实力，以便对消费者等群体形成自己巨大的影响力，这样才能有更大的机会吸引他们来消费自身提供的产品和服务，以此体现出自己的市场感召力和竞争力。第二，在给自身增势的基础上，还应给自己造势。即行为主体自身有势还不行，还要学会给自己造势，将自身的优势通过一定的渠道宣传出来，让其他主体可以有效地知晓自己的相关信息。目前，企业除了加强自身的产品和服务等增势活动外，还应通过广告、促销等宣传途径，将自身产品和服务所具有的优势宣传出来，从而让消费者知道这些产品和服务的特色。第三，行为主体还应做到成势。在做到增势、造势之后，行为主体制定的任务并没有完成，而是要确保将自身之势完美地展现在其他主体面前，没有明显欠缺。比如，企业在将产品和服务较为妥善宣传、推销给消费者时，还要做到回访，以便了解在产品购买和服务过程中是否出现了让某些消费者感到不满意的地方，如果有，就应该想办法修正、完善自己的产品，做到精益求精，确保消费者从了解到使用，直至将之报废的整个购买、使用流程，对企业的产品没有一丝严重影响企业声誉的怨言，这样企业才能做到成势。

其次，行为主体学会借势。在自然循环中，行为主体如果能够有效地借势，对其发展也是极其重要的。在借势的活动中，第一要学会借自然之势，自然是宏大的，相应地，自然的力量也是巨大的，行为主体要学会通过借助自然之势，来增强自身的实力。比如物根据自然之势促进自身的生长与发展，最终使自身形体、实力等势能达到最大化。同样，企业也应学会借市场之势，通过把握市场规律与趋势将自身实力做强。第二要学会借他物之势，利用他物给自身提供的机会，促进自身发展。如草木借阳光、水、矿物质等，使自身发展壮大。同样，企业可以借上游、下游企业、消费者、政府政策甚至同行之势，促进自身发展，如一些地方的企业集群，就是利用同行的力量来壮大自身的影响力，最大效果地吸引消费者前来光临与消费，从而为自己创造了更多的效益。第三，行为主体可以借自身之势，最大限度地发掘自身的潜力，使自身的实力完满地展现给其他主体。如企业同样可以挖掘自身的潜力，降低内耗甚至不出现内耗，使自己内部拧成一股绳，共同为企业的发展贡献自己的最大力量。第四，行为主体应学会借其他自然实体之势，如道可以借物之势，充盈自身；德可以借道之势，畜养万物，成就自己；物可以借道、德、有，最优化、最大化地发展自身。同样，企业也可以借周边环境之势，发展自己。如饭馆、茶馆、咖啡厅可以借校园师生之势，提供师生喜欢的产品和服务，以便更好地发展自己。另外，企业可以借政府政策之势，让政府积极扶持自己，宣传自己，从而提升企业的实力和影响力等。

总之，行为主体可以通过多方成势、借势，极大地发展自己。同样，企业也可以利用成势、借势，最大限度地促进自身发展。这就是老子势观给人们、企业带来的启示意义。

第五章　老子圣人观

老子根据世态人情，感悟自然变化，最终提出自然、道、德等范畴及其特性、作用，作为其行为的本源根据。因此他不仅赞叹这些范畴所起的作用，而且还试图让人们通过践行这些特性，来完善自己的人格。那么老子的理想人格是什么呢？就是他最为看重的圣人，并且他认为，只要人们能够尊道贵德，效法其特性，就可以成为圣人。我们在本章主要介绍老子的圣人观，以便读者更为方便地了解之。

第一节　老子对圣人的理解

一提起圣人，人们就会不自觉地想起孔子、孟子、周公这些人，至少在潜意识当中，认为这些人才有资格成为圣人，而我们这些平凡大众、芸芸众生，是成不了圣人的。因为连孔孟都不敢自称圣人，更何况我等凡夫俗子？即使做学问做到像朱熹、王阳明这样的儒学巨子，也不敢自称圣贤，那么谁还敢自称圣人呢？

之所以有这种念头，都是因为孔孟思想对人们的影响太深的缘故，在潜意识中认可他们的圣人观，这种理想人格在普通人甚至一些大儒心中，是可望不可及的，于是乎谁如果胆敢自称圣人，不仅会受到旁人的嘲笑与蔑视，甚至也通不过自己的良心良知所产生的羞恶这一关。

但是，如果我们仔细研究一下孔、孟、老的圣人观，就会发现，不仅儒家和道家的圣人观大相径庭，而且在儒家内部的孔、孟，对能够成为圣人的标准也是不一样的，其中孔子对圣人提出的标准最为严格，连他自身也不敢自称圣人，仅以君子自居，更遑论他人。而孟子对圣人的条件则降低了很多，他认为不仅孔子、周公有资格称为圣人，就连伯夷、伊尹、柳下惠这样的人也可以称为圣人。因此在他的思想里，圣人的概念就较为宽泛化了。

那么，老子的圣人观究竟是怎样的，其要求的条件与标准是否很高，人们能够通过修行成为他心目中的圣人吗？显然老子认为，如果人们能够遵循自然、尊道贵德，并最终能够做到去物入道等，也就是说，他们通过效法而具有自然之道、德的诸般特性，就可以成为圣人。

一 无为不言特性

第一，圣人无为不言，深合道德自然特性。

老子在《道德经》第二十九章中说："将欲取天下而为之，吾见其不得已。天下神器，不可为也。为者败之，执者失之。夫故物或行或随，或嘘或吹，或强或羸，或接或隳。是以圣人去其，去奢，去泰。"在老子看来，人只能顺从道与自然，而不能随意而为，更不能占有之。执字，邹晓丽指出："从'幸'从'丸'。即用桎梏铐住罪人双手之形（金文中还有梏住双足之字形者，意同），本义是抓住罪人，动词。后来'执'的词义才扩大成为'捕捉'的意思。"[1] 唐汉认为："甲骨文的'执'字，象一个人双手被手铐锁住的形状。……'执'，《说文》释为：'执，捕罪人。'因此，执的本义为捉拿、拘捕人犯……'执'由拘捕义，又引申为泛指一般意义上的握持……由握持之义又引申指持有或掌握某种事物或主张……由掌握不放又引申出坚持之义……由握持之义还可引申出以此证明的凭据。"[2] 窦文宇等指出："甲骨文'执'字是人双手被木制铐子铐住的象形，由此产生逮捕、实行、掌握的含义。被捕之人

---

① 邹晓丽：《基础汉字形义释源》，中华书局2007年版，第67页。
② 唐汉：《汉字密码》，陕西师范大学出版社2009年版，第586页。

要在供词上画押，由此产生。"① 左民安认为，甲骨文"左边是类似手铐一类的刑具，右边是一个面朝左半跪着的人，双手被手铐锁住……《说文》：'执，捕罪人也。'许慎的说法正确。'执'字的本义就是'拘捕'、'捉拿'……由捉拿引申为'握'……由'握'又能引申为'主持'、'主管'……后来，由'执'又引申为'执行'"②。熊国英认为："执的甲骨文是一个屈膝在地并被戴上手铐的人形。周代的金文字形写法很多，且多从铐中脱出，人形也不如甲骨文准确。"③ 马如森认为，执"从人、从幸，字象一人双手被刑桎锁住之形。本义是捕捉罪人"④。徐中舒认为，"象人两手加桎之形"。他在释义中说，"拘执也"⑤。商承祚认为，"象有物桎人双手，乃执字也。又或系之以索（后世之絷）或牵之以手（后世之挈）谊益显著"⑥。赵诚认为："象用幸（一种刑具）钳制人之双腕之形，会捕执之义，为动词，引申之，凡被捕执之人亦称之为执，则为名词。在卜辞里，执常用作祭祀时之人牲。"⑦ 他又说："……甲骨文用作动词，有两种意义：一、捕执之义；……二、夹击之义。"⑧ 因此，执的原始含义为将罪人的手刑桎锁住。这样做的意思就是对之予以惩罚，使其不能够再做某事，所以执字有掌控之意。老子认为，道是自然运行的，人们不应掌控自然，也不能够使其按照自己的主观意图运行，强行为此是徒劳无功的，甚至会反过来遭到自然的惩罚、报复。这里的天下，就是天地之间及其中的万物，其中神器的神，前文已经阐释过，即生成万物的本源势力，借指自然的运行状态，如道物相生的持续过程等。在这种自然

---

① 窦文字、窦勇：《汉字字源》，吉林文史出版社 2005 年版，第 207 页。

② 左民安：《细说汉字》，九州出版社 2005 年版，第 255 页。

③ 熊国英：《图释古汉字》，齐鲁书社 2006 年版，第 293 页。

④ 马如森：《殷墟甲骨文实用字典》，上海大学出版社 2008 年版，第 237 页。

⑤ 徐中舒：《甲骨文词典》，四川出版集团、四川辞书出版社 2006 年版，第 1169—1170 页。

⑥ 商承祚：《甲骨文字研究》，天津古籍出版社 2008 年版，第 117 页。

⑦ 赵诚：《甲骨文简明词典》，中华书局 2009 年版，第 164 页。

⑧ 同上书，第 333 页。

运行中，人不能够随意造作，否则会遭到失败；也不应掌控之，否则越掌控，会发觉失去的越多。因此老子在本章中的意思就是指人们不要强行地掌控、改变自然，这样做只能得到一个失败的结果。而且，老子不止一次地指出这样做会失败，如他在第六十四章中也曾指出，"为者败之，执者失之"，然后他说道："是以圣人无为，故无败；无执，故无失。"在他看来，圣人就是无为、无执的典范，后世佛家要求人们破除执着，显然也受到了老子的影响。

老子之所以如此主张，就是因为即使对于物来说，也是各具特点，难以一一掌控的，如有些物善于奋勇向前，有些物乐于在后跟随，如领头羊和其后的羊；有些物喜好张扬，有些物则颇为低调，如风、花善于张扬，空气、草根等较为低调；有些物长得强壮，而有些物看起来则较为羸弱，如牛兕强壮，而羊狗看起来较为羸弱；有些物善于持养，而有些物善于毁坏，如水善于持养万物而雷电则多损害万物。正是存在这些不同甚至相反的物体，所以老子认为若想了解、掌控万物，则是不可能的。

在此，老子主张人们无为无执，就是要求他们效法自然之道，远离物之品性。并且他认为圣人就是这样做的，他们效法自然，去物入道，因此老子说他们"去甚，去奢，去泰"，正如上文所云，就是摈除物的过分、奢侈、骄纵等特性，进而成为万众效法的人物。论述到此，老子还感到意犹未尽，于是他又在另外一章里论述了圣人"以辅万物之自然而不敢为"。如果人们想成为圣人，就必须始终如一地无为无执，学习自然的无为。前文已述，无为不是什么也不去为，而是根据无、根据道而为。也就是说，老子所述的无为不是纯粹的不为、无所作为，而是以无来为，根据自然之道来为，对道德以外的事情，则是拒绝去为。所以道是有所为的，为的是生有，且是持续地生有，同时为的是让万物正常运行，对异作零容忍。它不仅为了某一事物，而是为了万物，使万物公平地产生。因此自然按照其运行轨迹周而复始、永不停歇地运行，且是自然而然地自我运行，不会为某一特定目标而行动，从这一角度来看，它是无为的。所以想成为圣人，就必须使自己遵循自然法则去处理事务，而不能为了某种目的刻意地使自己任意妄为，否则就会受到自然的规制，这就是其管理作用。对之将在后面章节中加以详细阐释。

显然，圣人是遵循自然、去知无为的。为之老子在《道德经》第二章中说："是以圣人处无为之事，行不言之教。"他认为，圣人当无为，不去从事那些超越自然常规之外的事情，而是使自己无欲无事，顺应自然而为。所以他所述的圣人无为，就是效法自然之道的无为无执，这也是老子所谓圣人不争而为的思想。故在第八十一章即最后一章里他指出："信言不美，美言不信。善者不辩，辩者不善。知者不博，博者不知。"在这里，他认为信实的语言不会是华丽的，而华丽的语言也不可信，因为华丽的语言，肯定是人们通过自己的思维包装过的，相比较而言，质朴的语言更能反映事物的真实情况。同样，领会自然之道的人是不会与人辩论的，他们用其精力观悟自然造化，没有与人争论的欲望。而那些善于与人辩论的人，老子认为他们都不能领悟自然之道的真实情况，从而使用自己的机心与人争辩，试图让别人认可自己的说法，以成就自己的名声。老子反对这种像物一样的人，故提倡"行不言之教"。并且老子指出，那些所谓的智者，也是没有广博胸襟的，越是精于计算、斤斤计较的人，其心胸越狭隘，不像遵循自然的圣人那样，平等地对待万物，以显示其博大的情怀。因此，正是因为圣人具有自然之道的信、不辩、博大等特点，所以老子才从内心里赞美他们。

同样，老子还反对人们多言，这就是孔子所云的佞者。和前者的主张类似，孔子主张讷言，而不是佞言。他在《论语·里仁篇》中说："君子欲讷于言而敏于行。"就是说要出言谨慎，不要说一些无根据的话。"子路曰：'有民人焉，有社稷焉。何必读书，然后为学。'子曰：'是故恶夫佞者。'"由此可见孔子对佞者的痛恨。之所以如此，他认为，"友便佞，损矣"（《论语·季氏篇》）。与之结交，只能使己遭受损害，而没有什么益处可言，他的态度就是"远佞人"，因为"佞人殆"（《论语·卫灵公篇》）。孔子不仅主张如此，还身体力行，他说："'予欲无言。'子贡曰：'子如不言，则小子何述焉？'子曰：'天何言哉。四时行焉，百物生焉。天何言哉！'"（《论语·阳货篇》）孔子慎言思想显然受到老子的影响，后者认为，对人施展教化，并非一定要通过佞言，而更应该以自己的尊道贵德的行为，对他们施与影响。在他看来，仅靠言传而不亲自施为，是难于使他人信服的，更何况，我们很难用语言对事物进行准确的把握。道是不言的，却使天下受益，而那些具有物特性的佞者不仅不能给世界带来益处，而且以其似是而非的话语为自己的过错辩解，让人无意识地丧失自己的是非观，这对任何人来说，都是有百害而无一利的。因此老子强调，圣人不言，是深合道之特性的，故其能够成为大家效法的对象。

第二，圣人主张以正治国，体现出道的经济性。老子在《道德经》第五十七章中主张"以正治国"，而他的这个正，字从上口下止，赵诚认为"正月即一月"①，"表示城邑。从止即趾，本为走向城邑之义。甲骨文用为征伐之征，可能为引申义"②。邹晓丽也从此说。熊国英说："'正'就是（方向）正直。不偏斜。《说文》：'正，是也。从止，一以至。'……合起来就是脚对正城门口或某一方域走去。此时为征途的'征'字。"③唐汉指出："'正'的本义为直达目标或直线前进，引申为抽象意义上的中正、正直之义。"④马如森认为："从止、从口。诸家说解不同，从口标示目标，象意字，字为脚前进的去向。'表示人要到的地方去。'是为正之本义。"⑤根据诸说，正的含义就是人们直着走向城邑之义。并且在走的过程中，没有斜路，也没有弯曲，而是直达目标。它体现出了行为的经济性、简单性和直接性，也具有道德之俭啬特性。因此，老子倡导的以正治国，就是用最简单、最直接的方式治理国家，以体现治理的经济性。前文已述，道之运行就有这种特性，在

① 赵诚：《甲骨文简明词典》，中华书局 2009 年版，第 265 页。
② 同上书，第 327 页。
③ 邹晓丽：《基础汉字形义释源》，中华书局 2007 年版，第 291 页。
④ 唐汉：《汉字密码》，陕西师范大学出版社 2009 年版，第 320—321 页。
⑤ 马如森：《殷墟甲骨文实用字典》，上海大学出版社 2008 年版，第 42 页。

这里，圣人也通过遵循自然之道的经济性来治理国家。具体来说，老子意义上的以正治国要求管理者能够做到自重好静、无为无事，以此影响百姓也能够做到这些。他认为，正是现实社会缺失了这些，导致了百姓的多欲躁动、有为多事。其表现为多征税赋、生产利器而非必需产业、追求珠宝等，法令众多，却致使百姓贫困、国家滋昏、追求奇物、盗贼愈多。在老子的眼里，这是越治越乱——越是煞费苦心地治理国家，反而使国家出现的事情越多，社会也就越不稳定。对此老子提出的诊治良方就是："我无为而民自化，我好静而民自正，我无事而民自富，我无欲而民自朴。"（五十七章）

老子指出，作为管理者，首先应做到自身无为。孔子曰："君子之德，风；小人之德，草。草遇之风，必偃。"自身的行为端正了，自然也就影响到了天下百姓，使后者接受风化，最终改变了自己的异作举动，如此天下风气就会大变。其次使自身稳重沉静，不受外部绚丽多彩世界的引诱而内心躁动，从而做出一些不道行为。自重守静，就是按照自己的自然生存状态生活。既然管理者如此，别人也会跟着效仿，这样百姓就会回归到安静的自然状态。再次使自己无事，不求取与自己自然生活无关的那些奇物，而是努力从事对自己生活有着直接关系的各种劳动。这样不仅百姓会变得知足、富裕起来，就是国家也会随着繁荣昌盛。如果管理者狂热地追求那些与生活用品无关的奇物，就会使百姓迷失方向，促使他们跟着去追逐这些东西，这样百姓连基本的生存都得不到保证，即使得到了价值连城的奇物，也是无济于事的。最后自身应无欲，不追逐耳目之欲，清守自己的自然本心，这样百姓也会进入一种浑朴自然的本真生活状态。这既是老子提倡无为、好静、无事、无欲的理由所在，也是其小国寡民思想的基础。在他看来，通过这四种方式治理国家，不仅体现出其以正治国的管理思想，而且也体现出圣人遵循自然、教化天下的典范。

二 弱志实腹特性

老子认为，圣人通过虚心弱志、实腹强骨的虚心实行方法，使智者不敢为，这一点也和道柔弱、抑智的特性相一致。他在《道德经》第三章中说："圣人之治：虚其心，实其腹，弱其志，强其骨。常使民无知无欲，使夫智者不敢为也。"即他认为圣人的管理方法，首先使人们虚其心。王大新认为，"'虚'的本义是大丘"，接着他引用段玉裁的话说，"虚本谓大丘，大则空旷，故引申之为空虚"。"因此，'虚'就引申为空虚。"① 唐汉认为，"金文的'虚'字，上边是一个已经有些变形的虎头，下边则是一个'丘'字……'虚'，以虎头和丘会意，表示貌似高大，实际是由土构成的大土山……由土山之义，又引申特指有人住过，后来荒废的高地。"② 窦文宇等认为，虚"由'虎'的省写和古'丘'字构成。意思是老虎占据的山丘。老虎占据的山丘没人居住，由此产生无人的含义。引申表示空虚，再引申表示不实在，再引申表示思想和理论。人们不敢到老虎占据的山丘去，由此产生心理怯懦的含义。引申表示虚弱"③。从诸述可知，该字是虎踞山丘的场景，导致无人居住，这样的山野看起来就很空旷。因此它有两层含义：一是大；二是空。老子本章中的虚与实，是相对立而存在的两个概念。所谓虚其心，首先就是大其心，而不能心胸狭隘，容不得事物。其次要求心要空，不能心满而拒绝他物，将之引申，就是要善于容纳别人的意见和行为，尽管它或许与自己的想法不一致。老子提出此论，就是要求人们在处理事务，或与他人相处时，要将自己心中先入为主的观念清除掉，类似于胡塞尔现象学里的悬置观念，将自己已有的固见搁置起来不用，保持自己的脑袋里是空的，不以自己的原有经验与思想而自是自满，唯有如此，才能够接受自然运行之则（其外在表现为规律）④，使自身的意识处于自然状态。之所以老子提出虚其心，就是因为当时人们崇尚贤者，认为这些贤者比一般人高

① 丁义诚等：《汉字详解》，新世界出版社2009年版，第688页。
② 唐汉：《汉字密码》，陕西师范大学出版社2009年版，第293—294页。
③ 窦文宇、窦勇：《汉字字源》，吉林文史出版社2005年版，第151页。
④ 如地球围绕着太阳，每年转一周，这就是规律，然其则是两个星球之间的引力在起作用，遵循力大为王的法则，小的就围绕着大的星体运转，如果两个力量大小差不多，就互相围绕着对方转。

明，会使用计谋处理事务，显得其办事能力高人一等，因而受到人们的认可与赞扬。但在老子看来，这是人们的竞胜欲在起作用，因为人们乐于在相互之间进行比较，即通过个人主观的比较来评定谁优谁差，甚至为此煞费苦心，不惜为此设立评价标准。如人们经常讨论三国中的诸葛亮与周瑜谁优谁劣，由于两人能力、水平相差不多，所以一时不便认定谁的能力更强一些。在老子时期的情况也是如此，如齐桓公与晋文公谁更强一些，人们一时不好评定。人们的这种行为当然就违反了老子的道德，因此他特意指出不尚贤，让人不要争论孰更强之类的不道行为。

其次要实其腹。就是想办法使自己的腹脏结实起来。老子似乎在此还感到意犹未尽，特意指出"圣人为腹不为目"，他主张这个观点的理由有以下几条：一是要保证身体的健康与强壮，如自然界的动物一样，为了自身更好地生存，必须有一个强壮的身体、强健的体魄，这样才能在自然当中有其立足之地。如果想达到这样的目的，就必须找到或得到对自己身体有益的食物，如食肉动物需要吃肥壮嫩鲜的肉类，而食草动物则需要茂盛带露的青草。老子指出，如果说万物必须有志，那么就要将之减弱到使自身身强骨硬这一项，就已经足够了。而强其骨，就是自然造化给予动物能够生存的功能，使之利用这些功能为自己掠取食物，进行正常的生活，如牛羊有强有力的牙齿和强壮的四肢，以便于食草和逃避天敌，而食肉动物则有锋利的牙齿和灵活的身体，使之能够较为容易地捕捉猎物。

老子主张虚心弱志、实腹强骨的原因，在于人们追求感官满足的欲望是无限的。他曾指出："五色令人目盲；五音令人耳聋；五味令人口爽；驰骋田猎，令人心发狂；难得之货，令人行妨。"人们为了追求五彩缤纷、光怪陆离的美丽景色，不惜使自己的眼睛受损；为了聆听美妙动听、悦耳的声音，不到把自己的耳朵听聋绝不罢休；不吃到山珍海味等美味可口的食物就永不满足，而且吃烦了这种就换另一种，以致欲壑难填。流连于射杀猎物时的欣喜，骑着骏马发狂地追逐自认为将要到手的猎物。不仅如此，人们还宠爱金银珠宝，甚至出现守财奴、吝啬鬼诸如此类的人物。老子认为，万物的地位都是平等的，都是道产生的，故道公平地对待万物，而人则会对物品进行价值评判，认为一些物品贵重于另一些，如宝玉强于木石等。当人们有了这种意识之后，就会拼命争夺那些罕见之物，如秦王欲抢占赵国的和氏璧等，这种情况最终会导致盗窃之风倡起。所以老子主"不贵难得之货"，这样就"使民不盗"，避免社会混乱的事情发生。

人们由于经受不住外界的引诱，使得自己的清净之心变得旷荡。而这样的情况现在依旧存在，如现在手机的上网功能，导致许多人天天沉湎于网络，这种行为深刻地改变了当今社会的生活方式。这类事情太多了，如美国西部的淘金热，就显示出人们非理性的逐利活动，使自己的宁静之心变得盲动，急匆匆地加入了西去淘金的大潮中，结果一小部分人变得富有，而大多数人依然得不到梦想的财富，为此而郁郁终生。又如在某行业出现一个创新产品，于是其他企业跟着发狂，纷纷仿制之，导致企业之间激烈竞争，最终获利的只是少数企业，有时甚至没有一个企业能够营利。为了阻止诸如此类事情的发生，老子认为应愚众人之心，使之清静而不受外界的干扰。即不让人们看重某些看似贵重、值得追逐的物品，这样他们的心才会从狂躁变得安静下来。此正如老子所云的"不见可欲"，这样才能够"使心不乱"。

在人们无休止地追求心中所欲的东西，并且乐此不疲时，就为打开心智提供了前提与基础。因为在追求这些东西，以便满足自己的欲望时，会使人们超越自然，利用自身本有的智力去为之。例如，我们想得到一只罕见的狐狸，就必然想办法去设计捕捉该动物的方案及工具等，以便将之捕捉即是一例。由于人的思维欲望是无限的，而人的身体欲望则是易于满足的。正如前文所述，人们对身体所产生的欲望可以及时得到满足，如果人们饿了，就会通过摄取食物以满足之，而且即使饭菜味道太鲜美了，但由于自己肚子容量的限制，大多也不会让自己冒着被撑死的危险去继续进食。渴了就喝饮料，即使没有饮料，喝口凉水也能解决这个问题，同样人们不会让凉水撑死自己。对于性欲的满足也是如此，过了几天，有了性需求了，就通过和配偶进行交合以满足此事，但也不会天天如此，时时进行，否则身体会吃不消，落个精尽而亡。这就是人的生理机能对其心理欲望的限制作用。

但是与之相反，人性是贪婪的，能够产生无穷的思维或心理欲望。如民谣所云，成了富人还想贵，当了皇帝想成仙。即使笔者本人，在很多情况下，也不能阻止自己为了满足欲望所进行的各种思想活动。因此，人们对欲望的追求和满足是永远不会穷尽的，随着特定目标的实现不仅不会停止，而且还会持续增加。显然，人如果没有理性思维的限制，就会利令智昏。并且对多数人来说，也不会自觉地运用自己的理性对这些欲望进行规制。

老子看到了这种情况，感到非常担心，于是他提出虚其心、弱其志对人们永不节制的欲望进行规制，然后提出知足、知止的主张来限制人们这种无限增长的欲望。前文已述，自然之道、德、势、物是各司其职的，在这里老子要求人们效法自然、弃物入道，也体现出圣人应司守道、德、势之优点而丢弃物之各种不良属性的各司其职理念，这就要求人们在物面前知足知止。他对此主张去彼取此，其义就是去掉心智、志向，而选择实腹壮骨的生活方式。因此老子指出圣人采取虚心弱志、实腹强骨的虚心实行方法，阻止人们用智而为，此深为符合自然之道、德的柔弱、抑智特性。

三　不学知病特性

老子指出，如果人们做到无知无欲，就应不学，这样才能够像圣人一样入道。在如何对待学上，道家与儒家的观念截然相反。老子多次反对学，他认为"绝学无忧"，因为"为学日益，为道日损，损之又损，以至于无为"（四十八章）。即为学与为道是两件截然相反的事情，所以学能害道，故老子极力强调不学入道，以致达到无为。老子之所以这样做，是因为为学需要智虑思考，这样就会耗费心力，失去自然及人与生俱来的纯真状态。因此老子倡导人们所能够学的就是不学，就是"复众人之所过"。其中的过字，陈基发认为，"象脚（止）在十字街上走，意思就是现在的'走'。

所以'过'的本义是'经过'、'走过'……由本义'过'可引申为'超过'、'超越'……'过'也可做名词，有'过失'、'错误'的意思"①。左民安指出，"……金文的形体，其上象枯骨的'骨'形，在此只表音；其下是'止（脚）'表意，要经过、走过就要用脚"②。富金壁认为，"过的本义，与行走有关，即经过……"③窦文字等认为："金文'过'字由'辵'和从一个地方到另一个地方的示意图构成，由此产生经过的含义。以后字形由'辵'和'呙'构成。'呙'字表示野兽窝，整个字的意思是人从野兽窝走过，由此产生超越的含义。整个字的意思也可理解为从野兽窝旁边走是路走错了，由此产生过失的含义。"④ 对于过字，由于金文、甲文、籀文和篆字等字形不一样，因此诸家解释的略有差异。但是"经过"一义，是大家共同认可的。因此老子其义就是圣人不去学，而是跟从众人的自然生存状态办事，体现出"不敢为天下先"的自然之道。在他看来，通过不学，最终能够达到辅助万物自然运行而不为的无知无欲状态，而这却是道德之特性。

不学的具体表现，就是不舍外求知，做到无事无求。老子在《道德经》第四十七章中指出，要不学，即"不出户，知天下"；不观察，即"不窥牖，见天道"。他指出，"行万里路"不仅是没有必要的，反而是有害的。因为"其出弥远，其知弥少"，其经历越多，接触的事物也就越多，这样反而离道愈远，对道的感知愈少，迷失于精象世界与现象世界之中而不能自拔。另外，由于道是听不见、看不到、摸不着的，通过人们在外的观察接触、经历体验是感受不到的，只有在家舍里体验自身的本真生活，才能接触道。那么，究竟人们该怎么做呢？老子特意主张，人们应按照自己的自然本性生活，而没必要刻意、殚精竭虑地使用智虑，毫不知足地追求那些过分的、超出自然给与的享受，因为这是对自然的严重异

---

① 陈基发：《趣说汉字》，新世界出版社 2008 年版，第 245 页。
② 左民安：《细说汉字》，九州出版社 2005 年版，第 503 页。
③ 丁义诚等：《汉字详解》，新世界出版社 2009 年版，第 107 页。
④ 窦文字、窦勇：《汉字字源》，吉林文史出版社 2005 年版，第 495 页。

化。所以人们如想观道、循自然，就没有必要尽心学习，努力观察，而是应按照自己的自然本性本真地生活。

老子指出："圣人不行而知，不见而名，不为而成。"他们能够遵循自然，因此不行就能观察到自己的自然生活本性，在老子看来，这才是最大的知；不呈现自身，不彰显自己，反而能使自身得到最大的明（名）。同样，圣人也像自然及道一样，不刻意而为，让事物自然生成及运行，因物之性而自然发生，按照自然的法则、规律，根据万物的本性自然行事，而不是刻意地按照自己的意图去对其做出改变，这样才会使包括现象世界在内的万物自然形成。总之，老子反对学，强调不去舍外求知，而是根据自然行事，以便做到无事无为。在他看来，这些情况才深合道之特性。

老子认为，圣人除了不学无知之外，还应知晓自己的不知，即有自知之明，能够做到知病不病。老子在《道德经》第七十一章中同样谈论了知的问题，他说："知不知，上；不知知，病。"他的意思是说，知道自己不应该知，这就为上。古希腊的苏格拉底指出，认识事物就像是一个圆的活动，当人们无知的时候，就类似处于圆点的位置，与外部世界接触较少，知道自己的无知领域也相应就少，这时其人就会觉得天下几乎没有自己不懂的知识，因而在这个阶段就会变得非常狂傲。但随着个人知识的增多，与外部世界接触也就越多，正像圆的直径逐步扩大一样，这时人们就会发觉自己所了解的圆外无知区域也就越大，进而感到自己的无知。于是，越是知识渊博的人，代表自己的圆圈越大，与外部接触得越多，面临圈外无知的领域就越多，就越会感到自己的无知，甚至发觉自己就是一个最无知的人。显然，老子的思想与苏格拉底相反，他认为，人们不应该知，反对学。并且他指出，自己本来不知，却想当然地认为自己知了，就是病。为此孔子也是教诲子路，要有"知之为知之，不知为不知"的严谨治学态度。但在本章里，老子一连用了八个病字，以批评人们的求知行为，因此有必要对该字解读一下。

病字，熊国英认为："'疒'是'病'的初文，也是表示各种疾病的象形字符。……'病'指重病。古时称重病为'病'，轻病为'疾'。《说文》：'病，疾加也。'"① 富金壁指出："像人有病躺在床上，疒就表示疾病。病这个字的意思，在古代与疾有点区别。疾指一般的疾病，病指较重的病。"② 窦文宇等指出："由'疒'和'丙'构成。'丙'字有内部的含义，整个字的意思是身体内部的病。"③ 唐汉指出："甲骨文的'病'字，左边是……床的象形白描；右边则为一人躺着发汗之状。为适应汉字竖长横窄的特点，甲骨文字形为竖刻，这一图景只要调整 90 度，便会形象分明……实际上，在上古时代，'病'表示人卧床不起。浑身出汗，乃是内科之病；'疾'则表示人体的刀剑外伤，是外科之病。"④

但从诸位学者的解释里，对该字了解的信息不充足，因此有必要对该字做进一步的解读。它由"疒"和"丙"构成，对于疒字，在甲骨文中，它是一个人躺在床上的场景，因此它相对容易理解，关键是丙字。马如森认为："字形诸家释说不同，释象鱼尾形，象物之底座形，丙、两同形等，不详述。待辨。《说文》：'丙，位南方，万物或柄然。阴气初起，阳气待亏。'"⑤ 徐中舒、邹晓丽等人也认为该字各学者争议较大，不好辨识。左民安认为："《说义》：'丙，位南方。'这是以天干配五方的说法，而并非'丙'的本义……在五行中'丙丁'属火，所以'火'的代称为'丙丁'。"⑥ 唐汉指出："甲骨文的'丙'字，取象于钻木取火的软木片……'丙'的本义为取火用的有孔木片，借用为'丙'部族。有可能的是，这个部族是一个善于使用火的部族，烧铜烧陶是他们喜爱的技艺。"⑦ 窦文宇等认为："甲骨文和金文'丙'字与'内'字写法相同，字义也相同。引申成为天干序位第三位的位号。"⑧ 而内字，他指出："甲骨文'内'字

---

① 熊国英：《图释古汉字》，齐鲁书社 2006 年版，第 16 页。
② 丁义诚等：《汉字详解》，新世界出版社 2009 年版，第 610 页。
③ 窦文宇、窦勇：《汉字字源》，吉林文史出版社 2005 年版，第 361 页。
④ 唐汉：《汉字密码》，陕西师范大学出版社 2009 年版，第 415—416 页。
⑤ 马如森：《殷墟甲骨文实用字典》，上海大学出版社 2008 年版，第 323 页。
⑥ 左民安：《细说汉字》，九州出版社 2005 年版，第 7—8 页。
⑦ 唐汉：《汉字密码》，陕西师范大学出版社 2009 年版，第 789 页。
⑧ 窦文宇、窦勇：《汉字字源》，吉林文史出版社 2005 年版，第 83 页。

由凹形东西的象形和'入'构成。意思是楔子进入物体之中，由此产生内部的含义。引申表示妻子家的亲属。"①

根据字形，丙字有某物进入凹形物内之意，但这个凹形物是由什么质料构成的，我们还无法得知。唐汉指出是取火用的有孔木片，具有一定的道理，因为人们需要取火做饭，就通过摩擦易燃木质而生之。但也可理解为先人用各种物料进行类似的加工活动，如在石头、玉器、铜器、铁器上打磨成孔，都会产生热量，因此人们逐步将丙作为热的代名词。随着文化的进一步发展，人们将具有热度的丙字代表火热的南方，并在五行的顺序上，将其列为第三。这可能就是"丙"字的流变过程。而病字，则是病人之病，可能多是由于上火发热引起的，因此该字由一个人躺在床上，其旁加一个丙字的原由。概当时老子认为，当人们正常时，是应该健康没有疾病的，一旦出现了疾病，则是一些难明的东西进入了生物的机体内，造成了病变，以致身体出现了异常。在他看来，它是违反正常的自然之道的异作。

当老子说"夫唯病病，是以不病"。其义是说，唯有将会给生物带来灾难的，将这些异常的疾病当作病、以病为病，即以痛恨、异常的思维看待这些病——以病的态度看待这些异常和病，自身才能免受病的袭击，如将本来不该知的东西异常化为知，就是一种大病。为了避免这些情况，以这些情况为病，用异常特殊的机理、态度处理这些病，就会使自身回归正常，重新进入自然的状态。所以老子最后说："圣人不病，以其病病，是以不病。"即圣人痛恨病，将病看作违反自然的异常状态，因此避免其在自身产生，所以他们不会病。将具体的病抽象为人们的多知行为，使人们自然地做到不去知、不去学，以这些学知为病，并以异常之病的态度看待这些病，才能使自己回归到正常的自然状态，这正是老子希望看到的。而此种情况也反映了老子的守常伐异主张。

圣人的自知之明主要体现在自知不见、自爱不贵上的道德特性方面。老子在《道德经》第七十二章中指出："民不畏威，大威

---

① 窦文宇、窦勇：《汉字字源》，吉林文史出版社2005年版，第83页。

至。"许多人认为，这里威的施发者是当时的诸侯，其实这是对老子思想的误解，因为后者从来不认为这些诸侯是威力的施发者，反而是产生出他们的自然，是产生威的源泉。前文已经说过，自然中的势具有这种功能。在老子看来，一个人无论能力多么出众，也不能和自然作对。这种情况其实可以理解，即使现在，人们也无法压制住地震、飓风等自然灾害，这也证明了荀子人定胜天思想的有限性。所以老子指出，民如果不畏惧这些自然力量，不仅会遭受它们的报复，而且是更大威力的报复。这种思想老子也曾在其他章节里体现出来，如人们异作，则用道去规制的主张，即是一例。然后老子又说道："无狭其所居，无厌其所生。"同样，许多人将无理解为不要，其实老子这里的无，可理解为道无世界的无，它可以减损人们的居所，借此厌恶人们的异化生活。如果说道不厌恶万物，是有所根据才不会厌恶的，根据《道德经》全文的思想，人们只有遵循自然，自然之道才会做出如此行动。而人们一旦违反自然，与道背向而行，则会受到自然的惩罚。故老子说"夫唯不厌，是以不厌"。前文已述，其中的"以"有通过、依据的意思。

　　老子指出："是以圣人自知不自见，自爱不自贵。"在这里老子想说的是，圣人效法自然，遵循道的自知能力①，虽然根据《道德经》第三十三章的意思，他反对知人，指出"知人者智"，强调人们应生活在一种无知无欲无为的状态中。但是老子极力强调人要有自知能力，因为它是明的体现。明字，老子在《道德经》中多次论述，他说："见小曰明，守柔曰强。用其光，复归其明。"在道生有的恍惚之间，明就已经有了，它体现出有脱离了道的幽深悠无世界。而甘愿自小，坚守柔弱，在老子看来，既是有初现时的特性，又是圣人守雌的主要内容。然而看似弱小的有，却能够生成天下万物。另外老子多次说明，如"知和曰常，知常曰明"（五十五章）、"复命曰常，知常曰明"（十六章）等。由于常是自然及道的运行法则的特性，故老子提倡人们要知常、守常，他将能够遵循自然之

――――――――

　　① 老子说，自知则明。

常者称为圣人。"和"的意思可能大家明白，就是不同之物构成一个融洽的场景。在老子看来，不同之物混同运行，就是现象世界的常态。知晓这种情况的人才能够算是明白事理，因之得到人们的赞誉而使自己显得知名有象。同样，既然人们效法自然之道，那么就会将自身处在一个幽暗不显的地方，这就是在万物回归的道无世界中。老子的自知则明，其义就是将自身处于一个不自我呈现的地方。但这里需要指出的是，圣人效法道，想不自见，但道的"无为而无不为"的特点，反而将自身推入一个明的世界，像道得到万物的推崇一样。故其惩罚人们异常的效果会更有效，能够形成大威。由此看来，圣人是效法道的不见而明的特性的。

老子随后指出圣人"自爱不自贵"的行为，前文已述，他反对儒家仁所具有的偏私之爱，故特别强调对万物公正的慈爱，而且这种慈爱对于万物来说是平等的。显然，这种爱比墨家的兼爱更为博大，既然慈爱万物，作为万物之一的自身，则更需要爱护。但是老子认为，作为效法自然之道的圣人，应处下位、处后位、处卑位，而不是像某些物一样，殚精竭虑地使自身处于上位、尊位、贵位。殊不知"物壮则老"，这些物最终会走下坡路，因此老子极力反对人们的不道类物行为。为此他试图劝阻人们拔出泥潭，做到自知自爱，进入道的状态，而非自见自贵等令人厌恶的物的形态。能够做到这一点，就会深刻理解老子思想中的智慧。总结而言，就是这句话深刻地体现了圣人遵循道之处黑、处下等行为。

四　利物不害特性

（一）道是公平待物的，且以救人救物显示其慈

老子在《道德经》第二十七章中又一次指出了道的特点，即其"善行，无辙迹；善言，无瑕谪；善计，不用筹策；善闭，无关键不可开；善结，无绳约不可解"。他认为，善于行的主体，就看不到它的痕迹；善言者，让人挑不到理，难于对其话语进行责备；善于计谋的人，用不到筹策计算就很详备；善于关闭，用不到门拴，而人们就是难以打开它；善于结者，不用绳子打结，但人们就是解

不开。显然，这里的行为主体都是遵循道的人。老子在此描述道看似无形无影无踪，但却是无懈可击的，敌手难以对其制定出有针对性的反击策略，这说明道是不可战胜的，它有点类似于武学中以无招胜有招的哲学思维。在老子看来，这才是真正的善，无的强大由此可见一斑。接着，老子指出圣人效法自然之道德，对于无论是好的还是坏的事物，他们都公平地对待，没有善恶之分。同样无论是好人还是坏人，他们都不分区别地加以对待——其对待的方式主要体现在对其的救助上。前文已经说过，老子不讲仁，但讲慈与救。自然不会弃物、弃人，而效法自然的圣人，当然也不会弃物、弃人。因之在《道德经》第四十九章中他指出："圣人无常心，以百姓心为心。善者吾善之，不善者吾亦善之，德善。信者吾信之，不信者吾亦信之，德信。"就是说，圣人不是不用心智，而是没有恒常或者长存的心智，他们将其心智放在了百姓身上，以百姓的心智为其思考模式。也就是说，圣人的思维随百姓的思维变动而变动，而不自作意见，像道或天地对待万物一样。由于善者可以习其经验，不善者可以知其教训，以戒他人，因此两者都有其存在的价值，故圣人皆善之，此之谓"德善"。同样对信也是如此，道生万物是信的体现，因为不信也就产生不了万物，而不信者作为信的反面，作为一面镜子照出信的价值，故也有其存在的理由，故圣人应对不信这种现象也信之，此之谓"德信"。正是因为他们善于救人救物，故老子认为，善人是不善人的老师，前者是后者效法的对象，而不善人是善人引以为鉴的资料，因而为道者应珍惜这些不善人所起的作用，不能将之一概废弃。

所谓救字，熊国英认为"是阻止危险，进行援救。《说文》：'救，止也。'……右边是表示手持武器或工具做打击状的'支'，左边是以毛皮表示被打死的兽类'求'（裘）。因此说'救'字既是打死野兽救人的会意字，也是'从支，求声'的形声字"①。窦文字等指出："金文'求'字由手形和'毛'构成，意思是手想抓

---

① 熊国英：《图释古汉字》，齐鲁书社 2006 年版，第 116 页。

到带毛的野兽，由此产生设法得到的含义。引申表示求助。"① 而
救字，他说"由'求'和'支'构成。'求'字表示求助，'支'
字有手拿长棍的含义，整个字的意思是给求助之人递去长棍子，使
其脱离危险境地，由此产生救助的含义。"② 《集韵·虞韵》："救，
禁也。"郑玄解释道："救，犹禁也。以礼防禁人之过者也。"③ 根
据救字左部求的字形，可能是一种伤人的野兽，在这种野兽企图袭
击人时，人们用棍杖之物打击之，无论将之打伤或打死，都是避免
它再伤害人。因此，它有阻止的含义。概括来说，救字的原始本义
当为防止避免此在（行为主体）被野兽伤害，这也是老子讲慈的意
义所在。将该字做进一步的引申，可理解为避免人们受到各种事物
的伤害，使之归入自然常态，即自在地生长生存。

弃字，左民安认为："甲骨文的上部是'子'（小孩）形，周
围的三个点是初生婴儿身上残留的胎液，中间是'其'形（古簸
箕形），最下部是左右两只手，表示用双手拿着簸箕把初生而死的
婴儿抛弃掉的样子，这就是'弃'的本义。这是个会意字……
'弃'的本义为'抛弃'。"④ 马如森指出："从子、从双手、从其，
合体象意字，字象双手持簸箕将其子扔出。本义是抛弃。"⑤ 唐汉
指出："甲骨文字形上部是'子'，乃婴儿之形，中部是盛放丢弃
物的畚箕，下部是双手持箕之形。整个字形像手持畚箕，将盛放在
箕中的婴儿丢弃掉。上古时期，生活艰辛，医药卫生水平低下，婴
儿的死亡率达到70%以上，'弃'字乃是这一现实的客观反映……
'弃'用持箕弃子来表示'抛弃'，由此，引申出一般意义上的
'丢弃'……抛弃的东西往往被遗忘，所以'弃'字又用来表示
'遗忘'……'弃'还可表示'背弃'之义。"⑥ 熊国英认为：

---

① 窦文宇、窦勇：《汉字字源》，吉林文史出版社2005年版，第303页。
② 同上。
③ 徐中舒：《甲骨文词典》，四川出版集团、四川辞书出版社2006年版，第614
页。
④ 左民安：《细说汉字》，九州出版社2005年版，第361页。
⑤ 马如森：《殷墟甲骨文实用字典》，上海大学出版社2008年版，第100页。
⑥ 唐汉：《汉字密码》，陕西师范大学出版社2009年版，第512页。

"'弃'是抛开、废除。甲骨文……是用双手执簸箕向外抛弃一'子'的形状，当是古代弃婴的写真。"① 窦文宇等也认为："整个字的意思是双手拿簸箕把刚出生的婴儿扔出去，由此产生抛弃的含义。"② 陈基发指出："从甲骨文来看，上面……表示头部朝上的婴儿，婴儿周围的四点'水'，表示初生儿身上残留的羊水；下面是双手端着一个簸箕一类的东西，似乎是要倒掉头向上出生的婴儿。婴儿头向上表示'逆生'，即是难产，古人称为'寤生'。'寤生'被认为是不祥之兆，婴儿多被扔掉……'弃'字由'弃子'引申为'抛弃'……由'抛弃'又引申为'离开'。"③ 商承祚则认为，字"乃扫粪之具，非倒子也"④。笔者认为，弃字上部确为甲骨文的子形，因而商承祚的解读无根据，它的原始本义应为将子丢弃，至于丢弃的孩子是死婴还是活的，从该字形中难以确定，既可以是死婴，也可以是活婴，其中丢弃之可能有多种原因：一是生活艰难，养不起这些活婴；二是这些婴儿有残疾，故意丢弃之；三是婴儿非合法生出，故遗弃；四是可能是女婴，不想养育。其理由还有很多，总之，该弃婴不一定就是死婴。

那么，为何老子主张救人，不让他们受到异常的伤害，就连那些祸害人的各种事物也应平等对待呢？前文已述，万物皆由自然生成，其存在自有其理由，我们不可人为地将其消除，就像自然将之生成而没有将之消除一样。它们存在的最大价值，就是作为反面案例供善人引以为戒，正如善人的最大价值是其有资格作为不善人的表率一样。因此老子主张公平对待自然产生的每一件事物，能做到这一点的就是圣人。所以，那些不善之人是自然孕育而生的，不应将之丢弃。

老子论述至此似乎意犹未尽，他进一步说道："不贵其师，不爱其资，虽知大迷，此谓要妙。"这就是说，有些人虽然有极高的智力，由于不知善人和不善人的价值，不知从中观察到值得借鉴的

---

① 熊国英：《图释古汉字》，齐鲁书社2006年版，第166页。
② 窦文宇、窦勇：《汉字字源》，吉林文史出版社2005年版，第27页。
③ 陈基发：《趣说汉字》，新世界出版社2008年版，第287—288页。
④ 商承祚：《甲骨文字研究》，天津古籍出版社2008年版，第252页。

东西，就是陷入了迷茫的境地。老子认为，这就是能否成为圣人的妙处所在。在此我们又一次看出，老子是对人们的智力、智慧持否定看法的。综上所述，老子认为圣人效法道德，善于公平待物、救人救物，以此显示出自然之慈。

（二）道在生化万物时不会伤害众物，圣人应如此效法

在《道德经》第二十八章中，老子指出："朴散则为器，圣人用之则为官长。"前文已述，朴是道的具体表现之一，朴散则为器，就是道化为万物的生成过程，即朴是道而器为物。圣人善于运用这种情况来造福天下，从而可以为天下的楷模。官长的官字，可理解为具有一定权力的在位者，特指具有一定权力的管理者管控其管辖范围的各种具体事务。

而长字，左民安认为："甲骨文的上部是向右弯曲的两根长头发，其下的一横表示人头，再下是朝左站立的一个人，手臂向左下方伸展，手中拄着一根拐杖，身子与腿都作弯曲形，这就表示一个老年人持杖而立。所以'长'字是个象形字。金文则把拐杖扔掉了，似乎表示'老当益壮'……'长'字的本义是'老年人'，即'长者'……因'长者'的头发很'长'，所以就有'长短'之'长'了。"① 马如森指出："象物字，字象人头上有长发之形。本义是长发。引申为长短之'长'。《说文》：'长，久远也。从兀从匕，兀者高远意也。'"② 窦文宇等指出："甲骨文'长'字是头发披散、驼背弯腰、手拄拐杖的老人的象形。本义是老人。引申表示辈分高、长者、首长和排行第一。人老是生长的结果，由此产生生长的含义。孩子生长会使个头增高，由此产生长度的引申义。"③ 邹晓丽认为："《文》：'久远也。从兀，从匕（化），亡声。兀者，高远意也。久则变匕（化）……兀，即高大突出……长发，手持手杖之人。"④ 对于《说文》的解读，商承祚认为"其说附会不可通，

① 左民安：《细说汉字》，九州出版社 2005 年版，第 457 页。
② 马如森：《殷墟甲骨文实用字典》，上海大学出版社 2008 年版，第 215 页。
③ 窦文宇、窦勇：《汉字字源》，吉林文史出版社 2005 年版，第 36 页。
④ 邹晓丽：《基础汉字形义释源》，中华书局 2007 年版，第 22 页。

殆人体各部最长者为发，此长之初谊也"①。而徐中舒指出"象人长发之形，引申而为凡长之称"②。熊国英认为："'长'是用长发的老人形表示'长，长久'……又用老人形表示'长者，长辈，生长'……甲骨文、金文及'说文古文'字形相近，都是长着长发，拄着拐杖的老人形。其中金文或加'口'，或加'古'，或加'立'，写法颇多。说明这个时期（主要是春秋战国）由于连年战争，诸侯割据，政不一统，字形驳杂。秦小篆对字形进行了规范，但离象形字渐远。下边的'匕'形当是拐杖的讹变。也有学者称'匕'是饭勺，说明老人只能吃而不能做了。"③

　　根据长字的字形，笔者以为，该字的含义是人经过壮年之后开始变老，但在古代农业社会，人们的经验占据着重要的地位，因此年纪大的人即是活的时间长的人，常常因其阅历丰富而成为部落首领或家长。随着年纪的增长，其头发也就相应而长，尤其是与婴儿和青少年相比，他们的头发更长。老子指出循道为德，道最终可以生成万物，而圣人遵循这种生成规律，将之运用到自己的生活过程中，就能够知晓自然造化，并对之予以践行，从而成为具有洞察自然的先驱和有资历的领导者。其行为因受到众人的爱慕而被仿效，以此德化了天下。

　　最后老子云"大制不割"，这里的制字，许慎认为，"制，裁也。从刀未。未，物成有滋味可裁断。一曰止也。"段玉裁注为"裁、制衣也"④。陈基发指出："它的左边是一个'未'字，右边是个力（刀）字。'未'字……的上部分像重叠的树枝叶，最初跟'木'字是被当为同一个字。'刀'本是一种兵器，又是一种工具、用具。由此，我们便想到那些园林工人，在精心培植树苗时，就需要用刀剪等工具修去多余而重叠的树枝叶。因此，'制'的本义应该是'裁制'、'制作'的意思……后来又引申为'控制'、'制伏'、

---

① 商承祚：《甲骨文字研究》，天津古籍出版社2008年版，第116页。
② 徐中舒：《甲骨文词典》，四川出版集团、四川辞书出版社2006年版，第1041页。
③ 熊国英：《图释古汉字》，齐鲁书社2006年版，第24页。
④ 许慎撰，段玉裁注：《说文解字注》，中州古籍出版社2006年版，第182页。

'制度'、'制作'等。"① 窦文字等认为："籀文'制'字由'祟'
的省写、'巾'、'彡'和'刀'构成。'祟'字表示间接手段办事，
'巾'字是权杖的象形，引申表示命令。'彡'字是阳光透过云缝的
象形，有引人注目的含义，整个字的意思是通过间接手段用刀处罚
人的命令。这个间接手段就是各项规定，由此产生规定、制度和约
束的含义……繁体'製'字由'制'和'衣'构成。意思是按规定
的式样做衣服，由此产生制造的含义。"② 他们将未训为祟，不知何
据。从字形来看，"未"当是树木的形状，制中间的'彡'可能是
人们用刀裁剪下来的树枝、树叶等物，其右边就是一刀形。由此该
字的含义就是人们使用刀剪等器械将树木上的多余枝叶裁剪下来，
从而使树木得以顺利地成材。后该字演化为繁体'製'字，其义是
用剪刀等物修剪裁制为衣服之形。在这里老子用"大制"之意，其
义就是自然裁决万物，不允许有异常智鬼任意发作，最终使自然成
为一个浑然一体的世界。所以大制可理解为自然运行法则，它是持
续不断地运行，形成一个无限运行的循环，人们很难将之区分为各
个阶段。如在道持续地生物的同时，物也在不断地回归为无，归根
为道的状态。且各种实体并行而为，呈现出一个纷繁复杂的局面。
在这种状态下，圣人也像自然一样，只对它们的异作进行规制，但
不会伤害万物和妨碍自然的正常活动。唯有如此，他才能成为一个
掌控天下、使人们顺应自然造化的管理者。所以在这里，老子指出
好的管理不伤人，但要根除后者的毛病，使之成为一个合格的人。
这从另一个方面印证了其爱民如子、治民如己的执政理念。同样，
老子在《道德经》第六十章中也同样指出圣人不伤害人，是遵循自
然造化的，其义在老子德观已经做出具体阐释，此处不再赘述。

　　另外老子在《道德经》第七十九章中，再一次论述了圣人遵循
无为的自然之道。他认为，即使人们煞费苦心地调解怨气，也仍会
有一些怨气存在于他们的心中，这是挥之不去的。如无缘无故地当

---

① 陈基发：《趣说汉字》，新世界出版社 2008 年版，第 336—337 页。
② 窦文字、窦勇：《汉字字源》，吉林文史出版社 2005 年版，第 63 页。

众被人打了一巴掌，即使打人者想尽办法寻求挨打者的原谅，并且后者确实已经原谅了他，但在后者的内心深处，这种挨打所承受的生理和心理阴影可能一辈子也忘不掉。这种情况在老子看来，与其费尽心机去和解，不如不让此事发生，这样的结果才是最善的。在"老子德观体系"一节中，通过对"责"的解读，发现其有补偿、索取的含义。遵循自然之道的圣人，执自然契约，像道德一样，生畜万物善待民众，而不责求于人。即圣人常帮助他人，从不奢求他人的回报。因为根据现实情况，只有自然生畜万物，没有万物生畜自然之说。所以这些效法自然之道的圣人，慈爱民众从没有苛求回报这一说，他们认为自己的这种行为就是遵循自然。然后老子指出："故有德司契，无德司彻。"即人遵循自然常态，故有德；善用其智，故无德。最终"天道无亲，常与善人"。天道从不私爱，平等地对待万物，而遵循道的人由于将其慈爱奉献给了民众，即使他不苛求人们的回报，也会受到自然或他人的善待。因而这种情况却恰好体现了天道，即圣人是自然之道的体现者，从而代表了天道，故道与圣人、善人的活动更为一致。

（三）圣人规制异作而不伤人，以此施加影响

老子在《道德经》第五十八章中指出："其政闷闷，其人醇醇；其政察察，其人缺缺。祸，福之所倚；福，祸之所伏。孰知其极？其无正。政复为奇，善复为妖。人之迷，其日固久。是以圣人方而不割，廉而不害，直而不肆，光而不曜。"这里需要注意几个字的含义，首先是闷字，它由门和心字构成。门字，窦文字等认为："甲骨文'门'字是双扇门的象形，由此产生大门的含义。引申表示家族的一支、宗教派别、起门作用的东西等。引申成为量词。"[1] 赵诚指出"象两扉关闭之形"[2]。徐中舒认为，"从二户，象门形"[3]。马如森认为："象二扇门形，本义是门。《说文》：'门，

---

[1] 窦文字、窦勇：《汉字字源》，吉林文史出版社 2005 年版，第 492 页。

[2] 赵诚：《甲骨文简明词典》，中华书局 2009 年版，第 211 页。

[3] 徐中舒：《甲骨文词典》，四川出版集团、四川辞书出版社 2006 年版，第 1282 页。

闻也。从二户，象形。"① 唐汉指出："指房屋等建筑物的出入口。甲骨文的'门'字，有门框，有门楣，还有一对门扇，显然是一座完整的门形。这是中国古代建筑形制……金文的'门'字去掉了门楣，但仍保留着两扇门的原形……'门'本义是门扇……又引申表示房屋的出入口……词义扩大后，泛指类似像门的东西……由门的通过之义，又引申为'途径'，如'门路'、'窍门'。"② 左民安指出："甲骨文上部是一条嵌上门枢的横木，下部很像两扇门的形象。金文则把门上的横木去掉了，但仍保持两扇门的原样儿……'门'字自古及今皆用其'门户'的本义……后来引申为进出口也称门……一门之内为一家，所以'门'也能当'家'或'家族'讲……从'家族'之义，又能引申为'门类'的意思。"③ 熊国英指出："'门'是房间或区域可以进出的口。古时特指两扇对开的大门。两扇称门，单扇称户（指小门）。《说文》：'门，闻也。从二户，象形。'这里的'闻'指内外可以听到声音，区别于墙。甲骨文、金文、小篆字形近似……均象两扇门的形状，上有一横者是门楣形，用于固定门扇，至今偏远农村还可见到这种形式的院门。"④ 邹晓丽指出："字形上面门框、下面是两扇门之形。"⑤ 陈基发指出："甲骨文……上部是一条嵌入门框的横木，下部是两扇门的形象。金文……门上的横木被取掉了，但仍保持两扇门的原状……门的本义是'门户'……引申为'做事的方法'、'门径'、'关键'……一门之内为一家，所以'门'也能当'家'或'家族'讲……'门'亦引申为派别、宗派……还指身上的孔穴……也作计量单位。"⑥

窦文宇等指出："闷由'门'和心构成。意思是总呆在家里

---

① 马如森：《殷墟甲骨文实用字典》，上海大学出版社 2008 年版，第 264 页。
② 唐汉：《汉字密码》，陕西师范大学出版社 2009 年版，第 682 页。
③ 左民安：《细说汉字》，九州出版社 2005 年版，第 201—202 页。
④ 熊国英：《图释古汉字》，齐鲁书社 2006 年版，第 144 页。
⑤ 邹晓丽：《基础汉字形义释源》，中华书局 2007 年版，第 133 页。
⑥ 陈基发：《趣说汉字》，新世界出版社 2008 年版，第 38 页。

不出门的心情，由此产生心烦的含义。'心'字还有内部的含义，整个字还可理解为人在大门以内，由此产生呆在家里的含义。意思表示密闭、密闭的感受等。"① 从诸家的解读和老子的主导思想来看，闷字当为心被束缚在一个密封的空间里，使之不对外发挥出它的作用义。因为古时门由门楣、门框和门扇等组成，而心在这里面，等于说被整个门包围住，使之显现不出来的意思。老子认为，只有不对外用智费心施政，才能够使百姓"淳淳"——纯朴淳厚地生活。闷闷，即闷之又闷；察察，即察之又察。对于该字窦文字等认为，"由'宀'和'祭'构成。意思是在房子里检查祭祀用品的准备情况，由此产生认真检查的含义"②。徐国庆认为："许慎《说文解字》：'察，覆审也。'所以'察'的本义应该是'调查核实'……要调查核实就必须亲眼所见，就必须观察、仔细看……一般地说，'察'就是通过观察发现了解情况。"③在篆字中，祭字由表示祭品的物品、手与示构成，其义就是用手仔细地处理祭品，并将之供奉给上天、上帝或者先祖。在古代，祭祀活动是一项庄重、隆重的活动，人们必须严肃对待之，因此在祭祀之前要检查祭品是否变质、被老鼠咬等，且会检查得十分仔细，而这项活动多是在洞里或屋子里完成的，所以就形成了察字的这个意思。

缺字，由缶和夬字构成，缶字的意思大家都知道，就是一种盛东西的陶器，而夬字，窦文字等认为："籀文'夬'字由'十'、一拐和手形构成。'十'字有相交的含义，一拐表示野兽转身逃走，整个字的意思是野兽中箭后逃走，应该用手把它抓住，由此产生果断、决定胜负的含义。"④ 徐中舒认为，该字中间的半圆弧"实象玦形，为环形而有缺口之玉璧，以双手持之会意，为玦之本

---

① 窦文字、窦勇：《汉字字源》，吉林文史出版社2005年版，第492—493页。
② 同上书，第183页。
③ 丁义诚等：《汉字详解》，新世界出版社2009年版，第100—101页。
④ 窦文字、窦勇：《汉字字源》，吉林文史出版社2005年版，第368页。

字，从玉为后加义符。"① 而熊国英进一步指出："'玦'是环形而有缺口的佩玉。《说文》：'玦，玉佩也。'甲骨文……象上下两只手收受或把玩一缺口的环形玉。因其圆而不周（断开）而成为绝交、诀别的象征物。"② 从该字意可知，当为人们手持珍贵而有缺口的玉。

窦文宇等指出："缺字由'缶'和'夬'字构成。'夬'字表示野兽中箭，整个字的意思是有伤的陶器，由此产生残破的含义。引申表示缺少、缺点、空额等。"③ 张国庆指出，缺字"左边的形旁是'缶'字。缶是一种瓦器，圆腹小口，可以用来打水或者盛水装酒，因而从缶的字……'缺'字的右偏旁为'夬'字，实际上'夬'也有表意作用，古来水缺为决，玉缺为玦，器缺为缺，都有'破损不完'的意思，所以《说文解字》上讲：'缺，器破也。'可见，'缺'的本义就是破损、残缺……也有破损残缺是因为缺少一部分所致，所以'缺'又引申出缺少、欠缺的意思"④。

从诸家所述可知，缺字是指对人们来说有用，但是又有缺陷的器物，如玉、缶等。老子之意当为人们为了应付、对付执政者的察察，就会使用智力。而在使用的过程中，就会使自己从正常的自然之道偏离，即不能完全地循行道，因而产生了中断或缺陷。也就是说，人们所拥有的珍贵东西因某种原因而有了缺陷或不足。老子认为，人之自然常态是完美的，但因执政者化而欲作，使人们的这种自然常态有了缺陷、不足。当他说其政察察时，其意就是执政者细致地施政——煞费苦心地了解政治事务及其管理对象，但却带来了"其民缺缺"的后果。

倚字有依靠的意思，容易理解，它由人和奇构成。奇字，由大和可字构成。唐汉认为："这里的奇从大从可，像一人双腿叉开跨

① 徐中舒：《甲骨文词典》，四川出版集团、四川辞书出版社 2006 年版，第 285—286 页。
② 熊国英：《图释古汉字》，齐鲁书社 2006 年版，第 117 页。
③ 窦文宇、窦勇：《汉字字源》，吉林文史出版社 2005 年版，第 369 页。
④ 丁义诚等：《汉字详解》，新世界出版社 2009 年版，第 700 页。

在马背之上，意为可跨也。"① 大字容易理解，就是一个人昂立在天地之间的意思，因此它特指人。可字，徐中舒引用李孝定释，认为"可字实象枝柯之形"。释义为"肯也，宜也"②。熊国英认为，其外部形似丁字的"是直柄或曲柄锛斧的形状；'口'表示劳动发出的声音，如劳动号子或助力声"③。唐汉认为："'可'的取象源自在不允许有声响的地方，如伏击野兽时，用手捂在嘴上咳嗽或低声交谈，其发音也与此有关。因此，'可'的本义为许可、准许。"④ 根据该字字形，其义是用斧糊口之义。而奇字，则意味着人们拿着斤斧以求糊口，此人或者采伐食物，或者从事猎狩等活动。而在甲骨文里奇字则是人们"一人骑在非马非栏的物体上边"⑤。它特指人们骑在无论是驯服的马，还是架起的栏杆上，都意味着他们使用自己的奇技淫巧创造工具的行为。之后，该字演化为人们使用斤斧去为自己谋食。在老子看来，这些都是非自然行为。因此这里的倚字当为某人初学跨马、牛等物，因技术不熟练，可能会跌倒，而旁边一人则时刻指导或守护着，这使骑马、牛等物之人心里有了依靠之义。

伏字，左民安认为："金文左边是一个面朝左的人，他的屁股之后有一只犬（狗），犬一口就把人给拽倒了。所以'伏'的本义就是'趴下'。"⑥ 陈基发指出："由'人'和'犬'组合而成，描述被饲养的'犬'紧跟在主人背后，俯首向下的姿态……'伏'的本义，是'趴下'。"⑦ 唐汉认为："这是一个会意字，由人、犬两个字组合而成。金文字形左上角是'人'字，右下角是'犬'字，表示人像狗一样爬伏在地上……'伏'字，用人似狗一样趴伏

---

① 唐汉：《汉字密码》，陕西师范大学出版社 2009 年版，第 50 页。
② 徐中舒：《甲骨文词典》，四川出版集团、四川辞书出版社 2006 年版，第 506 页。
③ 熊国英：《图释古汉字》，齐鲁书社 2006 年版，第 121 页。
④ 唐汉：《汉字密码》，陕西师范大学出版社 2009 年版，第 739 页。
⑤ 熊国英：《图释古汉字》，第 163 页。
⑥ 左民安：《细说汉字》，九州出版社 2005 年版，第 22 页。
⑦ 陈基发：《趣说汉字》，新世界出版社 2008 年版，第 197 页。

地上，表示守候、埋伏的意义，这是'伏'的本义。"① 熊国英认为："'伏'是面向下俯伏，象伏地守候的样子……会意犬卧在人脚下为伏。"② 窦文宇等认为："意思是人和犬去打猎。打猎时人和犬要埋伏起来，由此产生隐藏、低下去和趴着等含义。在人和犬的进攻下野兽不得不屈服，由此产生屈服的含义。"③ 马如森指出："独体象形字，象侧视人体弯腰下卧形。本义是弯腰。《汉书·淮南历王传》：'恐惧伏地。'《说文》：'伏，司也。从人从犬。'许说非是。"④ 值得一提的是，马如森的字与前两个学者的字不同，它是甲骨文，显现的是人弯腰下伏的样子，而左民安等人的字则是站立或弯曲撅臀的人，后面有一只狗的形状。而邹晓丽则认为，勹是伏的初文，她认为的勹字，正是马如森所谓的伏字。根据字形来看，伏字当指人被狗咬而屈身下伏的样子，因为金文中描述的是狗张开嘴跟在一个弯腰的人后面，甚至有的字中呈现出狗的嘴直接挨着人的臀部之形，分明是狗咬人之状。因此伏的含义是因受到狗或某物产生的压力而屈服。

老子指出，"祸，福之所倚；福，祸之所伏。孰知其极？"就是说，祸是福之所以存在的依靠，没有祸就显示不出福，而福是祸之所以屈服的因素，因为对于人甚至万物来说，福远比祸重要。但是福与祸究竟怎样运转、朝什么最终方向运转，却是无法知晓和确定的。正因为我们没有评判事物的标准，所以看似正的东西却可能变成奇（与正相对立而存在的事物）的东西，善的东西也能转化为妖的事物。而人们沉沦其中，已经很长时间了。此处的正就是直接、简单的意思，而奇字则如刚才所述，是使用工具器械等相对弯斜、曲折、复杂的意思。因此更近似道的行为，而奇更接近物的异作行为。

要想破除此种现象，区分出道、物的不同特性，老子认为，圣

---

① 唐汉：《汉字密码》，陕西师范大学出版社 2009 年版，第 30—31 页。
② 熊国英：《图释古汉字》，齐鲁书社 2006 年版，第 63 页。
③ 窦文宇、窦勇：《汉字字源》，吉林文史出版社 2005 年版，第 1 页。
④ 马如森：《殷墟甲骨文实用字典》，上海大学出版社 2008 年版，第 363 页。

人的"方而不割，廉而不刿，直而不肆，光而不曜"可以为我们指出一条道路，这也是圣人的具体表现特性。

其中方字已经解读过，它是指人们用刀具或耒耜在地上耕种时留下的坑或沟，这种活动虽然对土地有一定的伤害，但对事物总体是有益的。正如教育一个人，尽管批评者口气很严厉，但是对挨批者是有好处的；古时先生打学生的手板，是要使其记住过错，永不再犯，这样对学生端正自己的行为，有着莫大的益处。因此老子主张通过批评指正的方式待人待物。而割字则不同，它是指刀具对物体的纯粹伤害，是没有任何好处的伤害。所以老子这句话的含义是带有一定的伤害性的方式使某物有益成长，但不会根除它们。

廉字，由广和兼字构成，对于兼字，唐汉指出："由又和两个禾组合而成。兼的本义为一手拿两束禾，引申表示并持、合并，即把两个或两个以上的东西归拢在一起的意思……'兼'又有'兼而有之'的意思，表示同时涉及几个方面。"[1] 窦文宇等指出："篆文'兼'字是手握两棵庄稼的象形，由此产生加倍和不止一方面的含义。"[2] 对于广字，如前文所述，表示天穹下的各种环境，其下的兼字，表示人们在广阔的田野里手拿多束禾苗（当人们手拿着禾苗工作时，就无暇干其他的事情）。此时在人们的心目中，拿此苗与彼苗是同样的，苗与苗之间没有孰优孰劣的区别。故兼有由彼及此而无差别之意，墨子的兼爱之兼，意即出于此。毋庸置疑，当人们用手拿着多根禾苗时，为了不让其掉在地上，必然会对这些禾苗施加一定的力，而这些禾苗相互之间也会碰撞、摩擦，因此存在一定的损耗，但是这种行为不会影响到它们的生死。

刿字，由岁和立刀旁构成，其中岁字，马如森认为："独体象物字，兵器，戉的异体字，武器大斧。于身吾释'……字上下二点即表示斧刃上下尾端迥曲中之透空处，其无点者，乃省文也。'甲文岁不从'二止'，其谓'上下二点'之异。本义是斧钺。《说

① 唐汉：《汉字密码》，陕西师范大学出版社2009年版，第209页。
② 窦文宇、窦勇：《汉字字源》，吉林文史出版社2005年版，第45页。

文》：'岁，木星也。越历二十八宿宣徧阴阳十二月一次，从步戌声。律历书名，五星为五步。'许说非本义。"接着他在卜辞义释道："1．用作历法，收获一季为一年，即今岁……"① 左民安认为："甲骨文就像长柄斧钺之形，斧刃朝左，其中的两个小点表示斧刃上下尾端回曲中之透空处。"而"金文的形体，原来的二小孔变成两个'止'，上下二'止'组成'步'。夏代称年为岁，取'岁星'运行一次为一岁（即一年），也相当于大自然向前跨过一步，所以'岁'字从'步'。……《说文》：'岁，木星也。'作为星名，并非'岁'的本义，而是假借义。'岁'字的本义应为'兵器'。不过后来它的本义为斧钺所代替，所以多用假借义，指'年'。"② 陈基发认为："'岁'本来是星名，即木星。每年经过一个星次，所以字形从步，步有越历的意思，表运行之意。古人用岁星所在的星次纪年，称为岁星纪年法。"③ 熊国英指出："'岁'是由古兵器'钺'（戉）演进而来的。借指岁星名（即木星）。《说文》：'岁，木星也……十二月一次。'又因十二月（一年）运行一周，故称一年为一岁……（钺）上下各加一'止'（脚趾），即'步'字，表示岁月在运动、行走。"④ 唐汉指出，该字"既像斧或镰刀上有血之形，又像一边行进一边挥斧之形。'斧钺'和上古时代的石刀本为一种杀伐的武器，所以上古的文献中，'岁'多用来表示'割牲以祭'，即杀牛以祭祀祖宗和神灵。甲骨文第一款'岁'形上两个小点，乃是杀牲以祭的血迹。专指'一岁举行一次'的那种大规模的隆重祭祀。甲骨文第二款的'岁'字增添了两个脚趾（止）之形，表示边行进边收割地里的庄稼。由收获完毕引申，'岁'又被当作表示'年岁'这一时间单位的名称……'岁'成为年岁之名，大概也与先民祭祀的对象有关，在中国人的星宿档案里，'岁星'，又名'太岁星'，即木星。因木星每十二年

① 马如森：《殷墟甲骨文实用字典》，上海大学出版社 2008 年版，第 42 页。
② 左民安：《细说汉字》，九州出版社 2005 年版，第 279 页。
③ 陈基发：《趣说汉字》，新世界出版社 2008 年版，第 232 页。
④ 熊国英：《图释古汉字》，齐鲁书社 2006 年版，第 212 页。

在天空中绕行一周，古人于黄道附近设十二个标点，就是十二辰，作为纪年的标准。木星运行一辰就是一年，所以叫'岁星'。夏代古人是否祭祀岁星，已不可知，但'太岁头上动土'之语遗留至今。可见岁星在古人心目中乃是威灵的象征物。"① 赵诚认为："象斧戉形，即岁之本字。用作岁星之名，则为假借字。"② 又云："象斧钺形……后来演化成岁，即今一年一岁之岁。卜辞用作祭名。关于……（岁）祭，目前有三种主要的解释。第一种认为'祭名曰岁者，殆因一岁举行一次而然'。第二种认为不是一岁一次的祭名，而是载牲之祭……第三种认为岁用作列，割杀之意。岁祭就是杀牲以祭……从卜辞来看，岁祭不大像是一年举行一次。根据比较公认的意见，商代从武丁到帝辛共二百七十三年左右，而记载岁祭的卜辞远远超过二百七十三次。卜辞义还有……（癸亥卜，父甲夕岁二牢——用二牢对父甲进行夕祭、岁祭）……这样的记载。和夕祭同时进行的岁祭，当然在夜里进行，这不像是一年一次的大祭。从后代岁用作列来看，岁似为杀牲之法，即是割；用这种杀牲之法以祭先祖也就是岁祭。"③ 又云："本是一种象斧的武器，卜辞用作年岁之岁则为借音字。……卜辞的岁，指一个收获季节而言……前面讲到的春，是指以夏收为中心的一段时间，秋，是指以秋收为中心的一段时间，近似于后代表示四季的时间词。卜辞的岁，可指夏收，也可指秋收，但所指只是收获季节，不像春、秋那样是明确的季节时间词。所以两者有区别。后来岁字用来表示年岁，而春秋发展为表示季的名词，和它们本来的区别有关。"④ "象斧钺形。甲骨文用作列割之列，为动词，则是借音字。"⑤ 在甲骨文中记载着王祭祀，需列一牛，当为宰杀一牛，用作祭品，可以消除灾祸。窦文字等指出："甲骨文'岁'字由测角仪的示意图和两短横构成。两短横表

① 唐汉：《汉字密码》，陕西师范大学出版社2009年版，第271—272页。
② 赵诚：《甲骨文简明词典》，中华书局2009年版，第190页。
③ 同上书，第238页。
④ 同上书，第266页。
⑤ 赵诚：《甲骨文简明词典》，中华书局2009年版，第317页。

示天体的不同位置，整个字的意思是测量天体运行的角度变化，由此产生周期的含义。对人们关系最大的天文周期是一年，由此产生一年的含义。引申表示年成和岁数。古人认识到的最长的天文周期是木星的周期，它长达十二年，因此又把木星称作岁星。金文、篆文和繁体字形由测角仪的示意图和'步'构成。意思也是用测角仪观测天体的运动周期。籀文字形由测角仪的示意图和'月'构成。意思是用测角仪测量月亮的周期变化，由此也能形成天文周期的含义。"[1]

在释刿字时，窦文宇等人说："由'岁'和'刀'构成。'岁'字有一年的含义。引申表示一生中的一部分时间，整个字的意思是刀使身体损失了一部分，由此产生刺伤的含义。"[2] 由此可见，学者对岁的解读多种多样。细观其字，当为斧钺之形，一是演化为岁星；二是演化为收割粮食用于祭祀，或者杀牲祭祀。根据该字字形的演化，可理解为人们收割的情景，甲文的上下两点表示收割的禾苗麦粒之类的东西，演化为脚步则表示人们收割时需边走边收割，比如收割小麦、水稻时皆须如此。当岁字加上立刀旁变为刿字时，其情就变得更为明显。人们用刀或类似的农具收割粮食，当然，这些东西也可以作为祭品。因此，刿字有用刀使某物根除的意思，也就是说，用刀将麦粒等物从麦秆上切除，成为人们食用的粮食。因此老子云廉而不刿，就是使万物相互影响、相互制约，甚至相互抑制，但不会使它们因相互残杀而灭绝。故此他指出，施为者采取一定的方式使之遵循自然，在自然进程中相互作用与发展。显然，圣人遵循道的功能——解其纷、挫其锐，其主要目的就是化解纷争、钝其锐角，以这种方式对物进行规制与管理，而不是要灭绝它们。

因此，道对物的管理体现在两个方面。其一，使物与物之间相互抑制，相互作用；其二，道本身对物的管理与规控，遇到异常的事情或异物，将之消除，使其回归常态。

---

① 窦文宇、窦勇：《汉字字源》，吉林文史出版社2005年版，第477页。
② 同上书，第478页。

　　然后是直而不肆。直字容易理解，就是直接、直观的意思。在甲骨文中，该字意味着眼直视着前方的场景。肆字，窦文字等人认为："籀文'肆'字由'金'和手持牛尾的象形构成。意思是在铜器上铸造用牛尾写得那么大的字，由此产生不顾一切、任意去做、陈列的含义。篆文字形由'长'和手持牛尾的象形构成。意思是手持牛尾写很长的字。"[1] 李先耕认为，"肆字有陈列、陈设的意思"[2]。因此，肆字是某物自我呈现，也就是说，是不按某种特定的规定，而是随意地、任意地展现自身。显然，老子说直而不肆，就是说圣人处理事务，要直观事物本身，而不是随意地对待之。同样，自然也是真实、直接地展现自己，而不是随意放恣、骄纵泰侈地展示自己，从而扩大或缩小自身的作用。

　　最后是光而不耀。光字，前文已述，"意为人们考虑某些问题百思不得其解之后，其头脑中突然灵光闪现，激发出一些东西来"。它是指人们从一头雾水、迷雾中突然悟觉，这是其抽象的理解。它也指道生一时，从幽深之无形成有时的质料自现。从科学道理来看，光需要两种因素：一是光源；二是能够反射光的质料物体。仅有光，没有物体的有效反射，人们是看不到世界的，如在太空中一样，是一个幽暗的世界，但有物体而无光源也同样看不到世界，如在黑夜里人们看不到实物一样。老子所谓的光，就是产生有时，质料所呈现的，似有还无的物体呈现，光的亮度是极其微弱的，仅比漆黑强了很微弱的一点。但其之闪现，却使现象世界得以呈现。

　　耀字，由光和翟字构成。翟字，熊国英认为："'翟'是长尾巴山雉。引申装有山雉图案的衣服和车子，以及用山雉尾制成的舞具。《说文》：'翟，山雉尾长者。从羽，从隹。'小篆的'翟'字上边是'羽'……都是羽毛的形状。'翟'字下边是'隹'。'隹'与'鸟'最初是同形同义的两个字。后逐渐分化：'隹'代表短尾鸟；'鸟'代表长尾鸟。《说文》称：'鸟之短尾总名也。'……由

---

① 窦文字、窦勇：《汉字字源》，吉林文史出版社 2005 年版，第 367 页。
② 丁义诚等：《汉字详解》，新世界出版社 2009 年版，第 763 页。

代表鸟的'隹'和羽毛的'羽'组成的'翟'属典型的会意字。"① 左民安指出:"这个'翟'字是个象形字。金文的下部是一只头朝左独趾而立的鸟,其头部的'羽'就是一撮鸡冠形的毛……小篆的形体,上部仍然是'羽',下部是隹(鸟)……'翟'字的本义是'长尾巴的野鸡'。"② 马如森则认为:"从羽从隹,突出其长尾,表示其形体的特征。本义是山雉,亦称山鸡。《说文》:'翟,山雉尾长者。从羽从隹。'段玉裁注:'隹为短尾鸟总名,又此鸟以尾长为异也。"③

对于耀字,窦文宇等认为:"篆文和异体由'火'和'翟'构成。'翟'字有羽毛华丽的含义,整个字的意思是火光像华丽的羽毛那样闪动,由此产生光线强烈的含义。"④ 根据字义可以看出,翟字是指拥有艳丽鸡冠的山雉类的鸟,而这种鸟的羽毛也是多姿多彩的,当它在走动或飞行时,影像十分美丽,在求偶的季节,这种鸟有意地展示自己华丽的羽毛,以吸引异性的注目和青睐。并且,它在火光或阳光的照耀下,其身体会呈现得更加绚丽多彩,不仅吸引同类,还会吸引人的眼光。因此,耀字有刻意展示自己绚丽的外表以吸引……的含义。将其进一步引申,该字有炫耀、卖弄的意思。因此,当老子说光而不耀时,其意是说圣人可使自身得以呈现,但是无意识的,而不是刻意炫耀、卖弄式的,以赚足别人的眼球。

对这四句话加以总结,就是圣人能够做到影响物体而不伤害物体,使物相互影响而不相互谋害,直接而为、面向事物本身而不任意放肆,自然显现而不刻意炫耀。在老子看来,这就是遵循自然而放弃智巧等异作。从这里也可以看出,在福祸相倚、善妖转化中,人们不能确定哪种情况更好时,老子就希望人们采取直接简单的道德行为,而非物的作为,以正治国治事,不要用智力创造出的奇技

① 熊国英:《图释古汉字》,齐鲁书社2006年版,第301页。
② 左民安:《细说汉字》,九州出版社2005年版,第487页。
③ 马如森:《殷墟甲骨文实用字典》,上海大学出版社2008年版,第343页。
④ 窦文宇、窦勇:《汉字字源》,吉林文史出版社2005年版,第390—391页。

淫巧等复杂方式进行管理，将简单问题人为地复杂化，从而加重管理成本，造成管理的不经济性。由此可以看出，自然是在不伤害万物的基础上，对之加以管制，压制它们的异作，最终却是救赎而不灭绝它们，以这种方式使世界正常运行，而效法自然的圣人意思采取这种方式管理他们的子民的。

五　与人不有特性

老子指出，圣人效法自然，积极为人，但不自夸、居有自己的功劳。

（一）圣人积极为人与人，但最终自己的收获最大

老子在《道德经》第八十一章中说："圣人不积，既以为人己愈有，既以与人己愈多。"圣人像自然之道一样，从不积蓄东西，不珍贵物品，并且他们具有为人、与人的特点，使得民众像物复归道一样，对其真心拥护。这种情况在老子看来，才是更多的有。也就是说，圣人对民众奉献得越多，他们从民众那里得到的回报也就越多，尽管他们不苛求任何人的回报，但是这些回报却是他们不能左右的。随后老子说道："天之道，利而不害。圣人之道，为而不争。"也就是说，天的运行之道，是有利而无害的。即使它降威惩罚人类，也是惩罚那些有违自然的异端，而非顺着自然本性生活的大多数人物，因此总体来说，天还是对芸芸众生有利的，否则这些生物就不会存在。故老子说"天之道损有余而补不足"（七十七章），而这些损之多余的，就是异常的东西，就是从道的角度来看馀食赘行之物，包括人们所具有的机巧等。同样施与人的东西，也是后者所缺乏的东西，这就是圣人的损余补欠思想。最后老子指出，圣人的生活之道，是为而不争，就是有所作为，也是生成万物之为，而不与它们相争，从而获取显耀的地位。老子这里所说的为，就是无为，也就是用无去为，这正是道的本然状态。从此可以看出，老子的圣人思想从始到终，论述的都是遵循自然及其核心的道。因此我们可以得出结论，凡是效法并符合自然之道的，都可以成为老子意义上的圣人。

（二）圣人像自然一样，生养万物而不有不恃，利民而弗居不争

在《道德经》第二章中，老子指出："万物作而不辞，生而不有，为而不恃，功成而弗居。夫唯不居以不去。"此处老子说明了自然持续地生成万物而不停止，慈生万物却不占有它们、役使它们、支配它们，而是默默地退出，继续产生他物，以此成就自己的崇高，这是道的特性；畜养它们而不以此夸耀自己的奉献，并以此为据来呈现自己的存在，同时显示出自己的伟大，这更可能是德的特性；促成万物的最终形成，却不以此作为自己的功劳而自居，以此体现出自己的谦卑，这就是势的特点。他在此告诫人们，圣人遵循自然的这些道、德、势的特性，所以才能够成为圣人的。类似的观点还体现在《道德经》第七十七章中，老子指出："圣人为而不恃，功成不处，其不欲见贤。"他再次强调，效法自然的圣人是不恃能、不居功的，最终以其不欲展现给世界。前文已述，自然实体是各有其职的，即道、德、势、物各司其职。而老子所谓的圣人则效法道、德、势的特性而抛弃物之特性，因此与具有物性的众人相比，他们也是坚守其职的，且以拥有自然之美好品质为其努力目标。

六　爱民如子特性

圣人想使百姓回归婴儿时期，反映出其像道一样，爱民如子。老子在《道德经》第五章中说："天地不仁，以万物为刍狗；圣人不仁，以百姓为刍狗。"其意是说，圣人和天地一样，是不仁的，这句话其实很难理解，孔孟都推崇仁义，而老子为何反对仁呢？对此王弼的解释是这样的："天地任自然，无为无造，万物自相治理，故不仁也。仁者必造立施化，有恩有为。造立施化，则物失其真。有恩有为，则物不具存。"① 他对老子人的概念有一定理解，指出仁是一种人为刻意的行为。庄子在《齐物论》中说道："大仁不

---

① 王弼著，楼宇烈校译：《老子道德经注校释》，中华书局2008年版，第13页。

仁。"① 意为世间上最大的仁就是不仁，但没揭示出仁的含义。其实，尽管孔孟同为儒家，但是他们对仁的理解是不同的。孟子认为，仁是通过自己先天本有的恻隐之心，扩充到施爱于他人他物及自身的活动过程，而孔子的仁就是使自身的行为符合礼，即他所云的"克己复礼为仁"。孔子仁的概念是形象的，而孟子的仁是本源的。也就是说，孔子的仁反映的是两人见面互相施礼的场景，在老子看来这种行为是刻意凿智，是反自然的。因此老子反对孔子意义上的仁，但是这种反对并不意味着他反对慈爱众物，相反，他认为道是慈生的，故老子讲慈不讲仁。道之所以受到老子的尊崇，就是它能够对待万物像对待刚出生的、天真烂漫的刍狗一样。其实，这符合人之常情，当人们看到小狗、小孩或其他小动物时，都会从内心产生一种喜爱之情。这种情景是有其深刻根源的，比如，当我们看到一只虎仔、狼崽或小狗，都会觉得其可爱，忍不住会抚摸它们，但是如果遇到凶悍的猛虎、恶狼和凶猛的藏獒，试问谁敢抚摸它们呢？之所以如此，就是人们在潜意识当中，认为那些小狼小狗之类的动物不仅不会给自己带来伤害，而且看起来又可爱，所以人们都喜欢之。而对那些成年动物，人们考虑的则是这些动物会否伤及自身，如果这个答案是不确定的，那么人们就不敢冒被伤害的危险去招惹它们。这反映出在人性假设中，人是利害人，即人像其他动物一样，都具有趋利避害的本能。韩非子等人采取赏罚二柄的原因，就是利用的这一人性假设。

那么老子提出天地不仁、圣人不仁，其义就是天地以及效法天地自然的人不采取像孔子所谓的那种仁，而是像人们对待刍狗那样，来自其天然、本能的对弱小生命的喜爱，它不是人们刻意造作的。对于天地自然来说，再凶猛的动物，也是由它们产生、畜养后成形的，因此相对于它们，这些动物的力量也是弱小的。也就是说，这些动物能力再大，也不具有像天地一样的能力。因此道、自

---

① 王先谦、刘武：《庄子集解·庄子集解内篇补正》，中华书局1987年版，第33页。

然、天地对待它们就像人们对待弱小的动物一样，喜爱它们。在老子看来，人之所以为大，就在于其能效法天地，善待万物，因此老子称之为大。包括庄子在内的许多人认为，老子所谓的刍狗就是草扎的小狗，是用于祭祀的礼品，但是我们在通过全面分析老子思想之后发现，这种观点是有疑问的，因为老子不仅反对儒家的仁义，而且深恶痛绝儒家的礼仪规则，他在《道德经》第三十九章中说应坚决地将礼弃之不用，因为它是"忠信之薄，而乱之首"。由此看来，他怎么可能认为天地和圣人视万物为祭祀礼仪时用的草狗呢？其实类似的话孟子也说过，即"大人者，不失其赤子之心者也"（《孟子·离娄下》）。尽管他所比拟的对象不一样，但其含义则是相同的。因此，圣人不仅自身有婴儿般的生态，对待百姓也是如此，也希望百姓恢复到这种生活状态中。

之所以如此，是因为老子认为婴儿具有自然的诸般特性。如老子在《道德经》第二十八章里指出，人们应知雄守雌、知白守黑、知荣守辱。这些都是道的功能与特点，其中道生故谓雌，而知雄守雌，就是守住有、阴，然其特性是能使人回归到婴儿的道德状态。老子经常用婴儿来喻道，如《道德经》第十章"专气致柔，能婴儿乎？"第二十章"我独泊兮，其未兆，若婴儿之未孩"，第五十五章"含德之厚，比于赤子。毒虫不螫，猛兽不据，攫鸟不搏"等，认为德的特点就如婴儿，新生，无智而愚，活泼可爱；道处于幽远的地方，故黑，这是天下运行的根本模式，可以归于无极。物若知此，可以进入道的状态；道低调处下，故处于辱的地位，因而能容纳万物。显然婴儿的优点还不止于此，像道一样，婴儿也是柔弱的，这种柔弱有两个特点：一是使自身的力量更为强大，如在《道德经》第五十五章中说婴儿虽然骨弱筋柔，但握住拳头牢固；精力旺盛与经久。而在第七十八章中又说"弱胜强，柔胜刚"，因此其力量是强大的。二是它能够体现出处下处辱，同样在《道德经》第七十八章中，"圣人云：'受国之垢，是谓社稷主；受国不祥，是谓天下王。'"这里的圣人所主张的就是人们应身居柔弱，处于垢、不祥等辱的位置，才有资格成为统治者。这种情况不仅显示出圣人具有自然之道的特性，而且也突出显示了其具有的虚而容物的王道情怀。总的来说，老子认为，婴儿具有自然之道德的特性，故主张人们效法之，这样不但使自身的力量强大，也能够成为天下的领袖。

然后，老子主张通过浑其心，使百姓回归到婴儿时的自然生活状态。在第四十九章里，老子指出："圣人在天下，歙歙为天下浑其心。百姓皆注其耳目，圣人皆孩之。"在这里，他指出了圣人是怎样管理天下和对待百姓的。歙字，左翕右欠，其中翕字，《尔雅·释诂上》说："翕，合也。"①《说文》云："翕，起也。"段玉裁注："翕从合者，鸟将起必敛翼也。"② 由此看来，段玉裁结合两家的观点，将合与起意有效地结合起来。后世释老子该字义，深受这两种观点的影响。欠字，各家认为是人打哈欠之意，即人们张口打哈欠，意为人们精神有所疲困所显示的一种身体行为。歙字，《说文·欠部》认为："歙，缩鼻也。"王筠句读："歙与吸同音，其引气入内亦同，惟吸气自口入，歙气自鼻入为不同耳。吸者口无形，故曰内息也。歙者作意如此，则鼻微有形，故曰缩鼻。缩者蹴也。"③ 段玉裁注："缩者，蹴也。歙之言摄也。"④ 又老子在《道德经》第三十六章中指出"将与歙之，必固张之"，歙与张对偶，有收缩之意。因此该字的本义就是人们在打哈欠时，会自然地吸一口气，多半是用鼻子，吸过之后，再将浑浊之气呼出的一种身体活动状态。

浑字，由水旁和军构成，军字，左民安释为："金文的中间是'车'，其外是环绕的军营……军的本义是'军队'。从'军队'又引申为'驻扎'。"⑤ 熊国英指出："'军'本指以战车围成的军阵。

---

① 徐中舒：《汉语大字典》，湖北辞书出版社、四川辞书出版社1992年版，第1395页。

② 许慎撰，段玉裁注：《说文解字注》，中州古籍出版社2006年版，第139页。

③ 徐中舒：《汉语大字典》，湖北辞书出版社、四川辞书出版社1992年版，第901页。

④ 许慎撰，段玉裁注：《说文解字注》，中州古籍出版社2006年版，第413页。

⑤ 左民安：《细说汉字》，九州出版社2005年版，第363页。

引申并泛指军队和军事编制等。《说文》：'军，环围也。四千人为军。从车，从包省。'古时（特别是春秋战国时期）冲锋时战车在前，驻扎时战车围成圆阵而防卫。"① 唐汉认为："这是一个会意字。金文的'军'字中间是一个'车'字，字形外部是'勹'字，像手臂包围之形。两形会意，表示用兵车包围环绕的意思。在春秋战国时的战争中，兵车是作战的主要武器。驻扎时，用兵车将驻地围起来，便形成一道屏障，成为军队的营寨，所以，'军'字的本义为'营垒、驻扎'。"② 邹晓丽则认为："周代战争，兵车为主（如千乘之国），宿营时，将兵车车辕向里围成一圈作为屏障，故'军'从勹从车，战国时还有从'匀'得声者。本义是'驻扎'，后来又作名词军队的'军'。甲文中无'军'，证明车战始于周代（东周）。"③ 窦文宇等认为："籀文'军'字由'车'和周期的示意图构成。意思是兵车围成圈形，这是古代军队宿营时的通常作法，由此产生军队的含义。"④ 从其字形来看，军字经历了一定的演变，从篆字来看，该字特指在营房或洞穴里存放的兵车，而在籀文中，则为人们用手将兵车围成圆形的示意图。因此两种说法各有其理，将之综合起来，就是在无战事时期，人们将兵车存放在营库里面，并做以保养。而在战争时，士兵将之从营库里面拉出来，套上战马，作为冲锋陷阵的有力武器；夜晚休息时，则解开车前的战马，然后将之放在军营的四周，以保护阵营不受敌方夜晚的袭击。

对于浑字，窦文宇认为："由'水'和'军'构成。意思是军队做饭用的水。军队做饭都用天然的河水或湖水，由此产生全部、天然、污浊的含义。引申表示不明事理。"⑤ 富金壁解释得更为详细，他说："浑是个形声字，从水，军声。据许慎《说文解字》，浑的本义是水乱流发出的声音。不过这个本义人们早已不用了，他

---

① 熊国英：《图释古汉字》，齐鲁书社 2006 年版，第 119 页。
② 唐汉：《汉字密码》，陕西师范大学出版社 2009 年版，第 573 页。
③ 邹晓丽：《基础汉字形义释源》，中华书局 2007 年版，第 3 页。
④ 窦文宇、窦勇：《汉字字源》，吉林文史出版社 2005 年版，第 485 页。
⑤ 同上。

们一直把水不清叫浑，与浊同义，所以有双音词浑浊。浑有水不清的意义，引申指人的头脑不清，就是糊涂。如说头脑糊涂就为浑头浑脑，不明事理的糊涂人就是浑人，这些词语的贬义色彩是很强的。可是人们看事物可以有不同的角度，于是词义的引申就有了不同的方向。浑浊的水是没有经过澄清的，因而浑又引申出天然的、未加修饰的意义来。古人认为，天然的、未经雕饰加工的东西有一种质朴的美，而经人工雕饰的东西难免有一种矫揉造作的虚假意味。所以，浑的天然而未加修饰的意义又具有褒义色彩……于是，浑常用来形容人的性格纯朴敦厚，即'浑厚'……因浑有未经加工的意义，于是引申出完整的意思。完整而不可分割，叫'浑然'……由；完整的意义进一步引申出全、满的意思来，全身可说成'浑身'……在古代诗文中，浑又有几乎、简直的意思。"① 因此，该字的含义应该是水流经营库中的车时，就像山涧冲撞石头等物一样，从平静流淌变成四处漫延流动的样子，以此显示混沌的场景。但这种水的流变是自然行为，而非人们的刻意举动。

老子看到百姓皆重视他们的耳目之欲，就试图效法水自然流经他物，进而改变它们一样，来改变人们的这些刻意之举。这样就可以使百姓像婴儿那样对耳目之欲无知无觉，守住自己的本真之道。在这里老子采取了两个步骤：其一，圣人使自己注意的目标从外部现象世界，转向自身的思想行为，使自己不受外部世界的引诱。其二，通过浑其心的方法，使百姓像婴儿一样，收回自己的耳目之欲，回归自然生活状态，从而守住自己的道心。这也是老子在此连续用两个歙字的初衷。从本章也可以看出，老子认为，将人们的生活回归到婴儿的无知无欲之状，就能够让其重新步入自然的生活状态中。

综上所述，老子所谓的圣人，皆是效法自然之道、德、势的特性，以之作为其行为准则，从而践行之，最终塑造了自己的圣人人格。

---

① 丁义诚等：《汉字详解》，新世界出版社 2009 年版，第 30—31 页。

第二节 圣人为道特性

上文已述，圣人是遵循自然之道的。他们以道、德为法，自身具有自然之道、德的各种属性，因之成为老子意义上的圣人。在效法自然道、德之时，他们逐步形成了一些自身的特点和修道方法。

老子在《道德经》第十五章中说："古之善为道者，微妙玄通，深不可识。夫唯不可识，故强为之容。"他在此章中对道进行了较为全面的描述，也具体论述了为道者的行为。在他看来，为道者可以修身为圣人，而圣人也时常为道。老子指出，道是深远微妙的，是隐藏在现象世界之外的客观存在，不会被一般人所认识，前文已述，这是道的主要特点。但在老子看来，正因为道是隐含不见的，则更激发了他的认知欲望，从而试图对之进行详细描述，当然，他是通过描述为道者的特点来进一步叙述道的。

首先是"豫焉若冬涉川"，川字大家都知道，就是河流的意思。由于冬天河水稀少，天气寒冷，造成河面结冰。在宁夏、内蒙古、陕西一带，很多人能够在冬天涉过黄河，河水之稀少由此可见。豫字，由予和象构成，左边予字，由两圆相勾套的环构成，下面连着好像一根线或树枝模样的东西。窦文字等释为"上部两个相重叠的三角形表示父亲的一小部分物质变为子女身体，下部一撇表示这种关系不断传下去。由于子女的生命是父亲给予的，由此产生给予的含义。父亲给予子女生命的关系是连续不断的，由此产生连续不断的含义"[1]。随后，他又解释豫为"'予'字表示父子相传，引申表示有血缘关系，整个字的意思是与象有血缘关系的动物。它指毛象。毛象没有天敌，可安闲的生活，由此产生快乐、安闲的含义。'犹豫'一词表示犬喝酒以后分不清毛象和一般象的差别，由此产生缺乏判断力的含义，引申表示迟疑不决。"[2] 唐汉认为，予字有

---

[1] 窦文字、窦勇:《汉字字源》，吉林文史出版社2005年版，第192页。
[2] 同上书，第193页。

两种含义：一是表示"我"；二是表示"给"，并且他指出："甲骨文和小篆的'予'字，与古文'野'字中的'予'构形相同，该字分别表示男、女性生殖器。""金文的'予'字，繁化后强调了抽送进出，表义更为明确。"他接着论述道："男女性交以射精为终结，因此'予'有给予之义。男人以性交往实现个人在种族意义上的存在，体现男性的雄风犹存，证明自己在氏族群体中的等级，因此，'予'有'我'之义，引申为第一人称代词。这一点，与原本表示鼻子的'自'虚化为第一人称代词十分相似。"① 邹晓丽引用于身吾的观点，认为"它是'雍'的本字，意思是'合'、'贯通'。'雍'在卜辞中是地名、人名。在周代铭文中以'雍'为'饔'（《说文》：'饔，熟食。'）即进献熟食以祭祀的祭名，祭祀即指神与人之间相沟通的关系，所以是'贯通'义的继续沿用。'互相沟通'也就有迭代、交叉的意思，故又可引申为'给予'的'予'"②。

根据以上所述，我们可知"予"的含义就是通过联系、交往给予之义。豫字右边有一象字，意思就是大象之间进行交流，赋予某些象信息之意。众所周知，象是巨型兽类，它发起脾气来，就是连狮、虎、犀牛、豹子等大型动物也不敢招惹它，所以在一般情况下后者不敢找大象的麻烦。因为象是食草动物，当然也不会骚扰这些食肉动物，所以它们平时显示出一种悠闲自得、安泰祥和的样子。在冬天，河流里的水连人也挡不住，更不要说大象了。因此它们涉川过河也就显示出安泰祥和的状态。但是大象也不是经常以这种心理涉川的，因为河流里面也经常存在一些淤泥浮沙，如果一不留神就会陷入里面而不能自拔，这时它们就会产生惊惧惶恐的心理。为了防止类似的灾难发生，它们之间常常交流信息，以确定所涉河流的地形是否安全，如果答案是肯定的，它们则会安然渡过去。

尤字，徐中舒引用丁山意，为"象手欲上伸而碍于一……按其

---

① 唐汉：《汉字密码》，陕西师范大学出版社 2009 年版，第 479 页。
② 邹晓丽：《基础汉字形义释源》，中华书局 2007 年版，第 130—131 页。

说可参。《说文》：'尤，异也。'"他接着释义道："亡尤，占卜用语，为无灾异、无不利之义。"① 可见，徐中舒认为它有"灾异、不利"之义。赵诚认为："尤。从右从一。一不是一、二、三之一，而是表示区别的符号……表示灾害凶祸之义。"② 熊国英认为，尤"是特殊、奇异的"，甲骨文、金文是"手臂形，臂上的斜划象一种牵制手臂活动的某种力，也表示手臂长了'肬'"③。

唐汉指出，"在甲骨文中，'犹'字的本义为狗喝醉酒后的可笑丑态。这就是古文字中的'犹'字，不论甲骨文、金文或小篆，在'犬'旁总有一个酒坛的原因。上古时代的酒，类同今天的米酒或醪糟，甜而味酸，酒精度很低，但多喝了一样会醉。狩猎大获后，人们狂饮之余，也会让狗加入会餐之列。这样，在人们的眼前便出现了醉狗之态，'犹'，正是对这一情形的表述。醉狗会东晃西倒，不知应该到何处去，因此，'犹'的本义为摇晃，如'犹豫不决'一词。醉狗之态的根源，乃是吃酒糟太多，因此，犹在作为副词时有'已'、'太'的意思，也可表示某种状态的持续不变，相当于仍然。"④ 同样，窦文宇等人也认为："甲骨文'犹'字由'酉'和'犬'构成。意思是犬喝酒了。犬喝酒会产生与人喝酒类似的反应，由此产生如同的含义。犬喝酒之后难以分清家人和外人，由此产生犹豫的含义。"⑤ 马如森认为："金文克鼎铭文字形从酉从犬。猴类动物，本义为猴。《说文》：'犹，玃属。从犬酉声。'一曰陇西谓犬子为猷。'玃《说文》：'玃，母猴也。从犬矍声。'"⑥ 左民安也持此类观点，他说甲骨文中该字的"左边是一条头朝上背朝右的狗，左边是盈尊的酒器之形，既表意也表音。本为犬守器之意……《说文》：'犹，玃属。从犬酉声。''犹'的本义

---

① 徐中舒：《甲骨文词典》，四川出版社集团、四川辞书出版社 2006 年版，第 1539 页。

② 赵诚：《甲骨文简明词典》，中华书局 2009 年版，第 282 页。

③ 熊国英：《图释古汉字》，齐鲁书社 2006 年版，第 270 页。

④ 唐汉：《汉字密码》，陕西师范大学出版社 2009 年版，第 30 页。

⑤ 窦文宇、窦勇：《汉字字源》，吉林文史出版社 2005 年版，第 250 页。

⑥ 马如森：《殷墟甲骨文实用字典》，上海大学出版社 2008 年版，第 229 页。

早已消失，许慎的说法是假借义，后世也多用它的假借义，即指一种猴类的动物……'犹豫'一词，古今书籍中均有。段玉裁引《曲礼》正义说：'犹，玃属；豫，象属。此二兽皆进退多疑。'所以后世就用'犹豫'表示'犹豫不决'。"[1] 熊国英认为："'犹'本为兽名。一说是猴，又叫犹猢，形似麂。一说是犬。"[2] 从字形来看，犹字当为犬嗅酒缸之形。众所周知，狗的鼻子是非常灵敏的，远比人类的嗅觉好。如果它们寻找酒，就会到酒缸旁边去，即使酒缸里没有酒了，也还会有一些酒的味道留在其中，或者还残留一些酒痕，这时狗就不能判定酒缸里是否还有酒。而人则会通过摇晃酒缸或者搬一下酒坛，根据其轻重做出判定。但狗做不到这些，它只能根据鼻子来判断，但却分辨不出酒缸、酒坛里是否有酒。在长时间不能确定时，它们就会产生捉摸不定的感觉，进而会吠叫起来，以显示其焦虑。当老子说"犹兮若畏四邻"，是指行为主体在不能判定四周情况对己的利害时，就会产生焦虑感，此时对环境畏惧一点会更合适。

综上所述，"犹豫"就是指行为主体对某件事情既产生惊恐，又安然自若的心态。或者一会儿表现出惊惧惶恐的神态，一会儿又表现出镇定自若样子，正是这两种心理的交替作用，才会产生看似矛盾的心理状态，这或许就是犹豫的原始含义。

俨字，由单人旁和嚴字构成，其中嚴字由两个口、厂和敢字构成。唐汉认为："金文的'严'字，下部是一个'帚'和'又'，表示手拿笤帚，上部则为三个口，下边与一条曲线相连。其中的'口'可视作对孩子的苛责，曲线则为翻转符号'厂'，表示施加于孩子身上。从'严'字的整体构形分析，这乃是母亲用笤帚对亲生孩子的训导教育……'严'的本义为父母亲的威严……又由威严引申为表示程度的深、远、大、高……又引申为紧密。"[3] 敢字，唐汉认为，"作为野猪横冲直撞的对照物，甲骨文的'敢'字，象

①　左民安：《细说汉字》，九州出版社 2005 年版，第 289—290 页。
②　熊国英：《图释古汉字》，齐鲁书社 2006 年版，第 271 页。
③　唐汉：《汉字密码》，陕西师范大学出版社 2009 年版，第 466 页。

人手持猎叉迎面捕捉野猪（豕）之形。金文'敢'字则简省掉两只手，'豕'形也变得简略难辨，但左下方增添了一个表示陷阱的'口'；小篆字形发生讹变，左上部的野猪之形失去象形的韵味，演变为一个'爪'，下部表示陷阱的'口'上增添了一个表示坠落的十字。整个字体原本图形完全改变，但以手捉拿的意象仍得到保留。手持网兜或猎叉捕捉野猪必须勇猛直前，不能被野猪的横冲直撞所吓跑。因此《说文解字》称：'敢，进取也。'敢的本义指勇于进取。野猪是一种凶猛的野兽，捕捉时须要有很大的胆量和勇气，所以'敢'字又有刚毅勇猛的意思。"[1] 熊国英指出："'敢'是有胆量，勇于进取。《说文》：'敢，进取也。'此字在发展、使用过程中变化较大：甲骨文……象手持'干'（干是树杈制成的原始武器），打到'豕'（野猪）的形状；或将'干'变为'毕'（用于改进的捕网），省去一只手；后来武器讹变，误将'毕'逐步改为'口、曰、日'……字形驳杂反映了秦末统一文字前的混乱现象。"[2] 窦文宇等人认为："金文'严'字由许多城口的示意图和'敢'构成。'敢'字表示割下手，整个字的意思是不论从任何城口闯入的人都将被剁掉手，由此产生严厉、严密、认真的含义。"[3] 另外，他们解读说"'敢'字由与手交叉的示意图、物体的象形和手形构成。意思是用手在物体上把另一个人的手剁下来，由此产生有勇气的含义"[4]。

根据甲骨文、金文字形，与敢字有联系的还有古字。陈基发认为："'十'表示草木萌芽时种皮裂开的形象，'口'就是嘴。《说文》解释为：'古，故也。''古'即'原先'之意。"[5] 马如森释为"从十、从口，从'中'为'十'之繁文。象意字，《说文》：'古'，故也。从十口识前言者也……朱骏声《说文通训定声》：

---

① 唐汉：《汉字密码》，陕西师范大学出版社 2009 年版，第 41—42 页。
② 熊国英：《图释古汉字》，齐鲁书社 2006 年版，第 69 页。
③ 窦文宇、窦勇：《汉字字源》，吉林文史出版社 2005 年版，第 373 页。
④ 同上。
⑤ 陈基发：《趣说汉字》，新世界出版社 2008 年版，第 130 页。

'十口相传为古.'本义是口言前事."① 邹晓丽指出:"'古'从'十',是指开天辟地的时代,从'口'表示讲述。所以'古'是讲述开天辟地时的事情。"② 赵诚指出:"古,构形不明。有人以为古与故为古今字,甲骨文用作卜官之私名,则为借音字。"③ 他又说:"甲骨文用作动词,有从事、办事之义……故(即古),典籍训为事,似是从卜辞的'古'演化而来。"④ 左民安认为:"这个'古'是个会意字。甲骨文的上部可不是'中华'的'中'字,而是'十'字,表示'多'义;其下部是个'口'字。这是说,世世代代口口相传就叫做'古'……'古'字的本义就是'古代',与'今'相对。"⑤ 熊国英也认为:"'古'指过去很久的时间与事物。《说文》:'古,故也。从十、口。识前言者也。'因远古没有文字,过去的事靠口头一代传给一代。所以甲骨文用'口、中'会意,表示言传口授。"⑥ 唐汉指出:"甲骨文的'古'字,下边是一个'口',口上为一竖(古文的十字,用为直出字根)。整个字形,以会意的方式,表示已经发生过的往事经由口中说出。"⑦ 窦文宇等指出:"甲骨文'古'字由盾牌的示意图和'口'构成。意思是口中说过去的战斗故事,由此产生从前的含义。以后字形由'十'和'口'或'曰'构成,'十'字有相交的含义,引申表示交战,整个字的意思讲从前的战斗故事。"⑧

在古代,"十"表示十全十美、完善的意思。它是中国个位数中最大的数字,这一点不同于阿拉伯数字9为最大个位数。因此,古字的含义就是用口讲述以前发生的某事,而且是完完整整地讲述。这一点它与故字有区别,故字是不仅用口,而且用文字记述这

---

① 马如森:《殷墟甲骨文实用字典》,上海大学出版社2008年版,第57页。
② 邹晓丽:《基础汉字形义释源》,中华书局2007年版,第50页。
③ 赵诚:《甲骨文简明词典》,中华书局2009年版,第64页。
④ 同上书,第344页。
⑤ 左民安:《细说汉字》,九州出版社2005年版,第175页。
⑥ 熊国英:《图释古汉字》,齐鲁书社2006年版,第76页。
⑦ 唐汉:《汉字密码》,陕西师范大学出版社2009年版,第393页。
⑧ 窦文宇、窦勇:《汉字字源》,吉林文史出版社2005年版,第321页。

些故事，古字则是完全用口。另外在甲骨文中，敢字就是人们在围猎时，奋勇地捕捉野猪的形象，此词比较复杂，因为人们捕捉野猪等野兽时，使用的武器繁多，其中也可能用网。如果是不太结实的网，则不能将野猪罩住，因为它的獠牙会把网冲破。金文中该字指人们用叉围猎野猪，并大声呼喊着，起着给自己壮胆和人们彼此交流的作用。在小篆中，该字演化为手、爪和口，意思是人们用手和口描述着围猎的情景，以显示捕猎者的勇敢与坚强。

严字，则表述人们在屋子里或洞穴里讲述这些令人感到自豪的、激励人心的事情。一般情况下主要由自身经历的围猎者讲述这些故事。在讲述的过程中，讲述者不自觉地就流露出自己的得意与威严。对于没有经历过的人，在听到这些故事时，就会对讲述者产生油然的崇拜与敬佩之情。他们特别是年幼者也希望自己在将来，像这些能够给自己带来食物的英雄一样，拿着武器去捕获猎物，尤其是能够供大家吃多顿的大型猎物。而讲述者也就自然而然地通过提供给大家食物和激动人心的故事，来保持自己的尊严。儼字则强调了主体、具体来说是人的尊严，在老子看来，就像拜访别人的客人一样，而这里的主人则指自然。大家知道，在别人家里，就没有在自己家里那么随便，需要保持拘谨，也要保持严正，不能想说什么就说什么，想做什么就做什么，想穿什么就穿什么。老子认为，对待自然，遵循自然也应如此，要保持尊严、严正等人应有的姿态，而非随意地应付自然及道。

"涣兮若冰之将释"中的涣字，其右边的奂字，李德润释为"盛、多或文采鲜明的意思"①。而涣字，"本义是'水的流散'，所以用'水'做形旁，后来引申为'消散'"②。窦文宇等人认为："籀文'奂'字由'文'，内部的示意图和双手构成。'文'字表示人工作用，整个字的意思是双手拿的工具内部是人工制造的东西。它指金属工具，由此产生色泽鲜明的含义。引申表示文采鲜明。春

---

① 丁义诚等：《汉字详解》，新世界出版社 2009 年版，第 477 页。

② 同上书，第 478 页。

秋时期铁工具大量涌现，由此产生多和兴盛的引申义。篆字字形由'人'、'内'和双手形构成，意思也是双手拿的工具内部是人工制造的东西。"① 涣字由"由'水'和'奂'构成。'奂'字表示铁制工具代替了石制工具，整个字的意思是石制工具像水那样到处都是，由此产生散开的含义。整个字的意思也可理解为水情比原先厉害了，由此产生水势盛大的含义"②。

根据籀文字形，该字由"文""日"和双手形构成，其义很可能是人们在某项娱乐活动中，故意用双手托着太阳的形状。阳光照射在双手上，即双手在阳光的照射下，会显得灿烂多彩。这种情形远比人们拿一圆物更令人惊奇，因为其增加了壮丽的色彩，激发了人们的想象力和一种别样的浪漫情怀。其左边加一水流形，则意味着用物体代指这种情形，因此特指水比平时增大时的浩渺之状。老子指出"涣兮若冰之将释"，则指冰凌渐渐融化，在阳光的照射下，使水逐步变得浩大壮观之形。在这里，老子认为人们通过遵循道，会使自己逐步超越常人，变得伟大。因为道善于容纳归向它的万物，依次又磅礴浩荡地生产有及万物，以此显示出它的灿烂辉煌。那么为道者也善于容纳各种事物，并且使百姓回归到自然本真的生活状态中，他们以实际行动体现出道的特性和自己的伟大。

"敦兮，其若朴"中的敦字，赵诚指出，上亯或亯下羊，"甲骨文用作攻击挞伐之义，即后世敦之异文"③。对于亯或亯，马如森指出，"本义是宗庙"④。唐汉指出，敦右边的攴、反文旁，是"手持棍杖之形，含有驱赶，强迫的意思"。"公羊配种，看起来有点野蛮，常常是不管母羊是否情愿，便强行爬跨上去。因此，'敦'有猛地往下放的意思，这一意义由后起的'蹾'字承担。公羊跳上母羊背，两者体积似乎合一，显得大多了，因此，'敦'有大而厚的意思，由这一意义后来创制了'墩'字。公羊在羊群里总

① 窦文宇、窦勇：《汉字字源》，吉林文史出版社2005年版，第455页。
② 同上书，第456页。
③ 赵诚：《甲骨文简明词典》，中华书局2009年版，第329页。
④ 马如森：《殷墟甲骨文实用字典》，上海大学出版社2008年版，第132页。

是不断地寻觅可交配的对象，因此，'敦'又有邪恶、心术不正的意思。"① 在他看来，该字后来引申为敦促、诚恳之义。窦文宇等人则认为，"篆文'敦'字由'享'、'羊'和'攴'构成。'享'字表示到宗庙去祭祀，'攴'又有督促的含义，整个字的意思是督促同族人带着羊去祭祀。督促人去祭祀祖先是诚心诚意替他人着想，由此产生诚心诚意和敦厚的含义。"②

由此可见，各位学者对敦字的解读，归纳起来有三义：一是攻击挞伐之义；二是以供祭祀的宗庙之义；三是羊交配之义。根据该字字形，由于看不出有羊进行交配之义，故其为第三种含义的可能性不大。根据对该字字形进行分析，由于亯或富的下面是一羊字，其右边加一"攴"字，其义就是拿着牺牲（羊）去祭祀祖先或上天，在祭祀的过程中，有时人们会拿着树枝棍棒之物，驱赶落入牺牲上边的飞虫等物，如苍蝇、飞蛾或其他虫子等。当人们祭祀时，会产生虔诚祭拜之情。因此老子叙述"敦兮，其若朴"，就是说要虔诚——这种虔诚不是通过礼节仪式，因为老子特别反对这种人为之举，而是自然流露出对上天的感恩——体现出自己对道或者自本体的虔诚与诚信，这种状态体现出老子所谓的质朴，因此他要求为道者具有质朴、朴实的诚信，而非礼仪上的虔诚，对生成自己的道以表感恩。

"旷兮，其若谷"中的旷字，窦文宇等人认为，它"由'日'和'廣'构成。'广'字有会场的含义，引申表示开会，整个字的意思是开会的日子。开会的日子不能干活，由此产生荒废、耽搁的含义。整个字也可理解为太阳照耀的广大空间，由此产生空旷的含义。引申表示心境阔大"③。王大新认为："这个字的本义就是'明亮'的意思，世界上最明亮的物体就是太阳，自然，它就同'日'有关系了。《说文解字》中说：'曠，明也。从日，广声。'段玉裁在《说文解字注》中更认为'旷'的意义是'广大之明也，会意

---

① 唐汉：《汉字密码》，陕西师范大学出版社 2009 年版，第 8 页。
② 窦文宇、窦勇：《汉字字源》，吉林文史出版社 2005 年版，第 433 页。
③ 同上书，第 287 页。

兼形声字也.' 也就是说，他认为'廣'不仅是声旁，而且兼形旁，它同另一个形旁'日'一起，不是'旷'的意义是'广大之明'，也就是说这种'明'的亮度是非常之强的，照耀的面积是非常之广的……'旷'的本义是'明亮'；由于人心情开阔，心境开朗就像日光照耀一样明亮，因此，'旷'又获得了开朗、心境开阔的意义……由开朗、心境开阔这一抽象心理活动意义又进而引申为表示具体事物的空间的辽阔、宽大的意义……辽阔、宽大必空虚，因此，'旷'又引申为空虚、空缺的意思……表示空间的虚空、空缺的意义又进而引申为表示时间的荒废、耽误的意义……男子到了或超过结婚年龄而尚未娶妻，身边没有人陪伴，也像空缺点什么，因此，'旷'又指'男子壮而无妻'，俗称'旷夫'。辽阔、宽大，距离必远，间隔必大，因此'旷'又引申为间隔、间隙等意义。"①

该字的含义就是明亮强烈的日光照耀着广阔的大地，而包括高山大海等在内的万物被衬托得渺小卑微，因而世界就显得空旷无物。雨果说，比大海大的是天空，比天空还要大的则是人的胸怀。那么，在这里就可以说，比大海大的是天空，比天空还要大的是道。在老子看来，道是幽旷的，为道者的胸怀也是深旷的，所以他在此告诫人们，要像为道者一样，其心胸要博大，能够做到虚怀若谷——既要像山谷是流水之源一样，时刻生成、滋润着万物，并促进万物回归其应是的自然运行状态，也要像山谷那样能够容纳草木禽兽等，也能够容纳世间万物万事，不管是惬意的，还是令人恼火的，都应该去包容。因此，老子希望人们的胸怀空旷得像山谷一样，虚心容物、待物，这是为道者一个必有的基本素质，也是圣人的标志性特性之一。

对于"混兮，其若浊"中的混字，它由三点水、昆字组成，而昆字又由日字和比字构成，我们若想解读混字，就必须先解读昆字中的日和比字。相对来说，日字容易解读，比字则较难。首先它由两个匕字构成，窦文宇等认为："甲骨文'匕'字是吃饭用的叉子

_____

① 丁义诚等：《汉字详解》，新世界出版社2009年版，第325—326页。

的象形。本义是叉子。"① 熊国英认为："'匕'人多从简释作勺或匕首、箭头……其实'匕'当是指女性生殖器。"甲骨文、金文等中该字字形"都是伏身耸臀形。远古人类性交姿势与其它脊椎动物相同，多用后位式，此体形最易暴露阴部"②。赵诚指出，该字"可能为女人侧面之形。甲骨文多数用作祖妣之妣，在偏旁中作为形符时，基本表示'母的'、'雌的'这一类意思。匕字偶尔也单独用来表示'母的'、'雌的'之义，为形容词，但极少见，如……（匕牛即牝牛，今所谓母牛），由此可见匕是牝牛之牝的初文"③。他又说："匕。构形不明。有人以为象匕（与后世之匙类似）之形……（他根据出土匕匙的形状认为与匕字形不同）……而商代人又把有些匕字写成人的形状，从反面证明匕字在商代人的心目中并不是匕（匙）的象形，而是象人站立拱手侧面之形，甲骨文除用为祖妣之妣，还用作副词，有'连续'之义……这种用法的匕，当读为比。比在古代有频义，如《史记·吕后本纪》'又比杀三赵王'之比，即有连续之义，与卜辞用法近似。"④ 唐汉认为："'匕'是古代一种特殊的食具，兼有从鼎、鬲中切割熟肉，从鼎、鬲中又取肉食的双重用途。出土的鼎和鬲中常配附有铜匕，可证其用途……商代的铜匕，相对于今日西部少数民族的食刀，其形状为尖首有柄，当是为了便于切割和扎取食物……在甲骨文中，匕勺之'匕'与表示母畜生殖器的'匕'字，形体相近，后世两形合一，因此在辨析字形、字义时需认真分析。"⑤ 马如森认为，该字"独体象物字。字象侧视之匕形。李孝定：'……实为匕柶之象形字也……亦谓之调羹，实古人取饭载牲之具。'本义是调羹、食具。《说文》：'匕，相与比叙也。从反人，匕亦所以用比取饭，一名

---

① 窦文宇、窦勇：《汉字字源》，吉林文史出版社 2005 年版，第 83 页。
② 熊国英：《图释古汉字》，齐鲁书社 2006 年版，第 10 页。
③ 赵诚：《甲骨文简明词典》，中华书局 2009 年版，第 280 页。
④ 同上书，第 289 页。
⑤ 唐汉：《汉字密码》，陕西师范大学出版社 2009 年版，第 641 页。

柶。’段玉裁注：‘木部曰，礼有柶，柶匕也。所以取饭’。"① 左民安主张，匕"在甲骨文是面朝右而侧立的人形。《说文》认为‘从反人’，这是对的。"接着他反对"有人认为‘匕’字像‘匕首’之形，不妥。因为从甲、金文看，‘匕’字根本不像‘匕首’，而颇肖人形，其本义为‘人’。卜辞中‘匕’与‘妣’实为一字，女名。由人推及兽，如‘牝’从‘匕’，指雌兽。但后世本义消失。《说文》认为‘匕亦所以用比取饭’。这是许慎根据小篆的形体及其通行词义而判定‘匕’的本义是‘汤匙’。"② 除此之外，邹晓丽认为匕有三层含义：一是"在卜辞中代表已逝的祖母或祖母以上的女性"，"‘匕’为女性是其本义"。"二是象里则有反人之道而行之义，如‘比周’的‘比’。三是‘匕’当饭匙解"③。

从以上诸家的解释可知，他们各有自己的诠释理由。但我们以为，造成他们众说纷纭的原因有以下几点：一是该字刻写不规范，容易让人产生歧义，如不同的人刻写的字画不同，人们对其的理解也就存在差异。二是怀疑匕中类人形字的头朝下、朝上应作区分，疑朝上的可以理解为人形成，以形成比，朝下则为汤匙之匙。如果人们不注意该字存在方向上的区别，就容易将之混淆。三是该字可能从原始带尖的饭匙演化为匕首，从而与汤匙在形状上、功能用途上逐渐分离。四是根据该字形状，不能确定它必然地代表女性，但由牝、妣可知，该字确实和女性有关联，疑为在创字时代指女性、雌性，后泛化为代指所有性别的个人。

无论是人还是匕首等物，将他们并列在一起，就有了群居之意，而聚集在了一起，也就会产生比较的意思，故出现了该字的后起义。而昆字，唐汉认为："金文昆‘日’下乃是鸟的两足。‘昆’字的形义，源自上古时代鸟载太阳飞行这种观念的图形化……太阳浑然一体，像个大火球，何以在天上移动呢？为了解释太阳运行的秘密，上古先民认为：有一只大鸟载着太阳每天飞行。《淮南子·

① 马如森：《殷墟甲骨文实用字典》，上海大学出版社 2008 年版，第 194 页。
② 左民安：《细说汉字》，九州出版社 2005 年版，第 13—14 页。
③ 邹晓丽：《基础汉字形义释源》，中华书局 2007 年版，第 4 页。

精神训》曰：'日中有骏鸟。'以及商代青铜器上的鸟载日行图像，可以为证。'昆'字，乃是古人对太阳运行之谜的直观认识。'昆'的本义为太阳的飞临。明日太阳来临，自会有一番光明景象。因此《广雅》释'昆'为：'盛也'。"① 熊国英认为："'昆'是同、齐。会意共同。与'众'义近似。《说文》：'昆，同也。从日，从比。'假借为兄弟的'兄'……甲骨文、金文……象日下有相从相比的两个人形。'比'字本身即是二人相同的形状，日照出的人影与人形自然相同。"②

窦文字等指出，昆"由'日'和'比'构成。'日'字是床铺的示意图，'比'字有兄弟的含义，整个字的意思是在一个床铺上睡觉的兄弟们，由此产生众多、子孙、兄弟的含义。"③ 而混"由'水'和'昆'构成。'昆'字表示众多，整个字的意思是各种各样的水混合在一起了，由此产生掺杂在一起的含义。引申表示苟且度过、蒙混、胡乱、浑浊的意思"④。比字，"甲骨文和金文'比'字是两个人在一起侧身睡觉的象形，由此产生兄弟们的含义，靠近、挨着的含义。父母常对兄弟们进行比较，由此产生比较、对比的含义。父母常让兄弟们之间互相学习，由此产生比方、摹拟的含义。"⑤ 熊国英认为："'比'的本义是亲密、亲和、勾结等义……甲骨文、金文及小篆都是两个侧面的人形。有学者认为是后体位交合形。今多用于考校、对比等义。'说文古文'是两个正面站立的人形，比较、并列义更明显。"⑥ 左民安认为，甲骨文的比字是"面朝右并站的两个人。上部是头，中部是身子，下部弯曲的是腿，其右为向下伸展的手臂。这两个人紧紧地挨在一起。这就是'比'的本义。"⑦ 马如森认为："字象二人并比之形，以示亲密。本义亲

---

① 唐汉：《汉字密码》，陕西师范大学出版社 2009 年版，第 239—240 页。
② 熊国英：《图释古汉字》，齐鲁书社 2006 年版，第 125 页。
③ 窦文字、窦勇：《汉字字源》，吉林文史出版社 2005 年版，第 41 页。
④ 同上。
⑤ 赵诚：《甲骨文简明词典》，中华书局 2009 年版，第 40 页。
⑥ 熊国英：《图释古汉字》，齐鲁书社 2006 年版，第 10 页。
⑦ 左民安：《细说汉字》，九州出版社 2005 年版，第 19 页。

密。《说文》：'比，密也。二人为从，反从为比……'段玉裁注：'其本义谓相亲密也。'"① 李波指出："从古字形上看，'比'是两人靠在一块儿。"② 徐中舒指出："从从二人，比应从二匕。"③ 而匕"象人鞠躬或匍伏之侧形，郭沫若以为象匕匙之形，实非……《说文》：'匕，相与比叙也，从反人。匕亦所以用比取饭……'不确。"④ 邹晓丽认为："卜辞中'比'用为'妣'。后'比'有二人同向内走（从二匕）以示亲近之义，如'比周'就有结党营私的意思。"⑤ 赵诚认为："从二匕。甲骨文用作连词，表示并列。"⑥

　　根据字形，我们认为，比字是指多人聚集在一起从事某项活动的动作，要求大家统一地去做这项活动之义。其上有一日字，疑为远古时期人们对日的崇拜，在祭拜的过程中，人们会对之行使祭祀之礼。盖在远古时期，不仅西方人对日产生崇拜，如希腊的阿波罗就是太阳神的名字，而且中国人同样也崇拜太阳，如成都金沙遗址出土的太阳神鸟，就反映出当时先人对太阳的崇拜。据此唐汉认为昆指太阳鸟，有其一定的道理，但其解释并不完善，因为尽管在我国古代有鸟载太阳一说，昆字并非必然就是指这种含义。根据昆字字形，其不像鸟的双足，整个字形也不像鸟载太阳的形状，而更像人们施礼的形状。我们如果据此推测一下，那么该字反映的情景就是人们对太阳施礼，以希冀太阳保佑他们的生活美好。当人们对日行祭拜之礼时，负责人希望大家的行为一致，但如果人数过多，造成指挥失效，就会出现混乱的局面。这就好比解放军走的仪仗队，如果其训练不到位，就很难走出整齐划一的步伐。先民们祭拜太阳，其情况也同样如此。特别是此时如果大雨倾盆，人们纷纷躲避雨水，其无序乱跑的场面就会更加混乱，很难出现有序的团体从容

---

① 马如森：《殷墟甲骨文实用字典》，上海大学出版社 2008 年版，第 195 页。
② 丁义诚等：《汉字详解》，新世界出版社 2009 年版，第 319 页。
③ 徐中舒：《甲骨文词典》，四川出版集团、四川辞书出版社 2006 年版，第 920 页。
④ 同上书，第 913 页。
⑤ 邹晓丽：《基础汉字形义释源》，中华书局 2007 年版，第 11 页。
⑥ 赵诚：《甲骨文简明词典》，中华书局 2009 年版，第 302 页。

处理偶发性应急的情况，这或许就是混字的原始本义。而蒋可心认为，"'混'在现代汉语中经常表示掺杂、混合、杂乱的意思……又引申为……蒙混、冒充……还可以表示得过且过、苟且过活的意思。"当读为第二声时，它"有两个意思，一个是表示水不清、污浊……第二个是表示糊涂、不明事理"[①]。这可能就是该字的场景及演化义。

在老子的论述中，"混兮，其若浊"，就是用混乱、浑浊的水比喻道生万物时的场景，水之所以浑浊，就是因为水里含着泥、沙、杂草秆木及其他杂物，这种情景在发洪水时特别常见，特别是淹没人们赖以生存的村庄之后，其混乱的场景尤其如此。同样在道生物的过程中，也不是整齐划一地生成的，而是通过生成气、水、山、风、植物、动物等不同的物象，使现象世界得以出现。且在道生物的过程中，还夹杂着物生物、物返回道的各类不同过程。在老子看来，这个过程就是一个混乱的过程，它在天地之间形成的万物，就像水中拥有混杂物一样。水能改变其中之物，如通过水的浸泡改变物的本质，以变成他物。同样道也通过其势生成、改变物的性质与形状——道之混生物纳物之情由此可见。

然后老子说："澹兮其若海，飂兮若无止。"这两句是从静动两方面来阐释道的。其中的澹、飂这两个字是理解这两句的核心字，但遗憾的是，这两个字不见于甲骨文词典，无法对其进行还原式的解读。但根据字典里的含义，还是可以对之进行一定程度的理解。首先，澹兮中的澹字，是淡泊、安静的意思，老子认为，大海在无风时，是很平静的，而道在安静的时候，同样也很平稳，因此人们常常感觉不到它的存在。但是老子又说，"飂兮若无止"，其中，飂是风暴的意思。也就是说，道在动的时候，像永不停歇的风暴一样持续地产生着万物，永不停止。如果说"澹兮其若海"，是一种表面现象，那么"飂兮若无止"则是道的本性。老子要求为道者静时就像无风无波、容纳万物的大海一样淡泊、安静，而动时则像风

---

① 丁义诚等：《汉字详解》，新世界出版社 2009 年版，第 48 页。

暴一样永不停息地生畜万物。最后，老子又说道"孰能浊以止？静之徐清。孰能安以久？动之徐生"。此即是说，如果想让如风暴一样的道停歇冷却下来，那么就采取静的方式。通过静，混浊猛烈的道就变得沉静清澈了。但是如果想让道长久地存在，就应采取与之相反的措施，使道徐徐生动起来，直至变得波涛汹涌，风暴肆荡，这样就能使之永续存在。由此句话，我们可以看到道的动静转化，它是在这种情况下无限循环的。尽管道有如此的威力，但老子继续说："保此道者，不欲盈。夫唯不欲盈，故能敝而（不）新成。"这就是说，道是不盈不竭的，不会因为万物回归而盈溢，也不会因生成万物而枯竭。因之这种不盈不竭的状态，可以使物源源不断地回归道无世界，而道又永续不断地促使新物产生。

我们通常所看到的八十一章版本的《道德经》，将本章最后四个字写成敝不新成，陈鼓应先生对此存有异议，认为这四个字似乎有守旧止新之意，与老子本章的其他内容不一致，也与老子总体思想有违，故他认为应改为敝而新成，意思是去故更新，这样就与本章其他内容保持一致了。但陈鼓应此说也有一定的局限性，因为老子之道意不在去故，而在于化故出新、推陈出新。

以上所述是老子对道的感悟与描述，它们反映了道的特性，而老子希望为道者甚至包括圣人应效法道的这些特性，从而成为真正的道者。后世所称的道人，其实质也是希望自身去物入道，保持纯真自然的生活状态，尽管在具体的实施过程中有些变异。

第三节　圣人为道之法

前文已述，圣人效法自然，能够践行自然各实体之特性，将其居于自身，这是其成为圣人的具体原因。而且，由于其行为能够深刻地影响百姓的生活，规制后者的异作，由此可见，自然之特性的作用是巨大的。但是人们怎样修道才能得以成圣呢？其具体方法是什么？

一　言宗事君

圣人以自然法则为根据处理事务，具体来说，就是以言宗事君的方法为道。老子主张，不要苦心追求那些人们自认为珍贵难得的宝物，因为这些东西显然没有自身遵循自然之道更加宝贵。但他极力倡导遵循自然的主张，却受到了人们的误解，为此他叹道："吾言甚易知，甚易行。天下莫能知，莫能行。"他和孟子一样，均认为其道既是简单明了的，也是简便易行的，但是寻遍天下，却很少有人知晓其道、践行其道，这让他们感到自身是孤独落寞、离群索居的。接着他解释道，"言有宗，事有君。"宗字，马如森指出，"从宀、从示，'示'以示神主。从李孝定释：'……示象神主，宀象宗庙，宗即藏主之地。'本义是神主之庙。《说文》：'宗，尊祖庙也。从宀从示。'"① 熊国英认为："'宗'指祖庙，祭祀祖先的地方……（宀）象房屋的形状，是祭祀场所，下边的……（示）是祖先牌位。将祖先牌位尊于房屋（庙宇或祠堂）中，正是'宗'的本义。"② 邹晓丽指出："从'宀'从'示'。'示'，神主，表示与祭祀有关，为宗庙。卜辞中用本义。因古人祭祀多祀祖先，故为'祖宗'、'宗祠'的'宗'。"③ 徐中舒、唐汉、闵德毅、窦文宇等也持类似的观点。左民安认为："……甲骨文的形体，外部是房舍，其内有敬祖的灵石，表示这里就是宗庙。"④ 从该字形来看，它反映出古代先人对其祖先的崇拜。祖先是产生后人或行为主体的根本所在，没有祖先也就没有后人；后人对产生自己的直接本源，即祖先的这种功能，产生出知恩图报之情，正如《酒干倘卖无》这首歌的歌词所说，"没有你哪有我"，因此他们希望通过祭祀以缅怀祖上的这份恩情。另外，人们对祖先的成功经验予以效法。当他们为某事犯难而决议不下时，就借鉴祖上处理相关事务的经验，作为自

---

① 马如森：《殷墟甲骨文实用字典》，上海大学出版社 2008 年版，第 179 页。
② 熊国英：《图释古汉字》，齐鲁书社 2006 年版，第 303 页。
③ 邹晓丽：《基础汉字形义释源》，中华书局 2007 年版，第 128 页。
④ 左民安：《细说汉字》，九州出版社 2005 年版，第 112 页。

己处理事务的指导思想，以资助自己解决此类问题。总之，宗是能够左右自己的根本，同时也是人们处理事物的根据所在。当老子说"言有宗"时，其义就是说我们的言论应有所依据，知道其之所由来。具体来说，他指出人们在从事某项活动时，要依据产生他们的自然及其运行法则，作为人们谈论的依据，而不是想当然地想起什么就说什么，即空口无凭的泛泛之谈。

事字，马如森认为"字象手持笔之形"①。在甲骨文中，史字像手持类似于"中"字东西的场景，而事字则是人们手持类似于中字的东西，其丨的上端分为两杈，像英文字母Y。邹晓丽释为："'事'从'史'（右手持简策）出疆（即出使别国）立于旗下（旗，本国的标志）。"②陈基发则认为，"'事'的本义是'事情'。"③左民安则指出，该字"右上边是一个捕捉禽兽的长柄网，其右下角是一只左手，这表示手执捕猎的工具去田猎就叫'事'……'事'字的本义原指'捕猎'，后来就引申为不管做什么事情都可以称为'事'"④。徐中舒也持这个观点。窦文宇指出："甲骨文'事'字是手拿装满东西的容器的象形。本义是做事。"⑤赵诚认为，这种手拿的东西"表示某一种器物，当为史或事之本义。这种器物可以树立……从卜辞来看，事这种器物一树立，即可聚集众人（即可使众人聚集）……卜辞时代，事的词义已经逐步抽象、概括，由指称具体之器物虚化为指称某一类事"⑥。又说："甲骨文作为动词，用作使、派遣之义。"⑦

由于该字字形较多，学者们对其解读容易产生歧义，但根据众人的解读，该字可能是当事情来临时，相关负责人召集部落成员在某个地方集合，然后从事之的意思。比如需要打猎，部落首领就召

---

① 马如森：《殷墟甲骨文实用字典》，上海大学出版社2008年版，第74页。
② 邹晓丽：《基础汉字形义释源》，中华书局2007年版，第60页。
③ 陈基发：《趣说汉字》，新世界出版社2008年版，第323页。
④ 左民安：《细说汉字》，九洲出版社2005年版，第56页。
⑤ 窦文宇、窦勇：《汉字字源》，吉林文史出版社2005年版，第44页。
⑥ 赵诚：《甲骨文简明词典》，中华书局2009年版，第219页。
⑦ 同上书，第344页。

集人们在某处聚合，然后拿着捕猎工具去开展相关活动。

　　君字，该字的上部是手拿丨形，下部是口字。熊国英认为："'君'是古代统治者的通称。又专指帝王。《说文》：'君，尊也。从尹发号，故从口。'……手执笔表示制定政策的人，即'尹'；能说话算数的人必是统治者。"① 马如森指出："从尹、从口，象意字。象手持杖，口示发令之意。本义是'握有权柄的发号施令者'。《说文》：'君，尊也。从尹发号，故从口'。"② 邹晓丽认为："右手执笔而且口中发号施令者，故为'君主'的'君'。卜辞中尹、君同义。周代金文中'君'才有国君之意。"③ 左民安指出："甲骨文（君字）的上部是一只手拿着一支笔，表示写字；其下部的'口'是文饰符号（也有人认为'口'发命令）……《说文》：'君，尊也。'其实，'尊'只是'君'字的引申义。'君'的本义是上古执笔的官。"④ 唐汉认为，该字"为'尹'下增'口'，表示给刻写卜辞者发号施令的人……'君'不仅手握权杖赋有治理之义，更有一张'口'可以发号施令"⑤。赵诚认为，"从又（手）持笔从口"⑥。窦文字等认为，尹字是"手拿大棍子的象形。意思是手拿大棍子管教人的人，由此产生官员和治理的含义"⑦。而君"由'尹'和'口'构成。'尹'字表示官员，整个字的意思是用口命令官员办事的人，由此产生君主的含义。引申表示有社会地位的人，再引申表示有道德的人。"⑧ 根据字形，君的意思是人拿着一根类似于指挥棒之类的棍子，在指挥人们做某事，但是仅仅是用手指挥是难于表达清楚的，还需要用口下命令或说清楚分配给下属的各项具体任务。当老子说事有君时，其义就是说我们处理事情必

① 熊国英：《图释古汉字》，齐鲁书社 2006 年版，第 119 页。
② 马如森：《殷墟甲骨文实用字典》，上海大学出版社 2008 年版，第 34 页。
③ 邹晓丽：《基础汉字形义释源》，中华书局 2007 年版，第 61 页。
④ 左民安：《细说汉字》，九州出版社 2005 年版，第 181 页。
⑤ 唐汉：《汉字密码》，陕西师范大学出版社 2009 年版，第 599 页。
⑥ 赵诚：《甲骨文简明词典》，中华书局 2009 年版，第 60 页。
⑦ 窦文字、窦勇：《汉字字源》，吉林文史出版社 2005 年版，第 44 页。
⑧ 同上。

然有一个主宰者，这个主宰者可以是人，也可以是法则或制度，显然，老子之意就是要遵循自然的经常法则。

老子说这句话的目的，就是要求人们说话时应有根据，从事各种活动应该接受自然运行状态或者说自然经常法则的指导，这样才能够成为遵循自然的圣人。正是有些人对自然的无知，他们也不知道老子思想的意指，故老子哀叹："夫唯无知，是以不我知。知我者希，则我者贵。"即知道我的人是稀少的，而效法我的人却是难能可贵的。老子认为，圣人遵循自然之道是唯一正确的行为，人们效法圣人是最珍贵的事情，所以他极力主张人们效法自然，而老子在此分明以圣人自居。随后他说道"是以圣人被褐怀玉"。显然，这里的玉实指自然法则，因此这句话的含义是，圣人使其内心崇尚自然、遵循其法则，即使外表朴素无华也无所谓，在他看来，这才是最珍贵的东西。综上所述，老子要求人们以自然法则为其行动指南，这样处理事务就有了根据，然后以朴素的面貌显现，这就是圣人修身的首要方法，而他提出的言宗事君就是其中的核心与关键。

二 自重处静

其次，圣人通过自重处静的方法使己成圣。老子在《道德经》第二十六章里指出："重为轻根，静为躁君。"前文已述，重为轻之根本，静为躁的君主。那些轻的物体，或者随风就能飘扬起来，或者经受不住水的潮涌浪打，从而散落得不知边际。重物则与之相反，能够经受住风吹浪打而不动摇，因此物体只有自重，才会做到岿然不动。同样，人们遇到事情应冷静对待，而不能表现出急躁、狂躁之态，否则会失去理性，使事情变得更糟。老子主张冷静，就是通过静来规制、管理好自己的狂躁心态。而老子所指的躁，多指人们惶惶于各种欲望的满足，如为了逐利，大多数人会显得利欲熏心，以致失去平时安静的心态，会使自己变成另外一个人，这就是失去自然本性的体现，而这种现象正是他所反对的。现在有句话叫"冲动是魔鬼"，人一旦失去冷静，没有静的压制，就会马上冲动起来，但这是一种非理性的判断行为，会招致适得其反的后果。他的这句话是在观察到时人平时多表现得不冷静后有针对性地提出的。在老子看来，只有自身做到稳重，才能够冷静、安静下来，如此遇事才不会狂躁，更不会将其主要目的放在寻求、追逐欣喜之物上，而是保持身体的稳重和心灵的宁静。由此可见，老子提出静重思想对规制人们的行为具有重要意义。

老子进一步指出："是以圣人终日行，不离辎重。"其意是圣人整日之所为，是不离辎重，这里所谓的辎重，显然不是指实物的辎重，而是特指内心的辎重，就是重与静。他认为，圣人坚定自己的思想，不为外物所迷惑，用一颗平常心对待事物。如果遇到事情尤其是与己相关的事情，便随之改变自己的平常心，使其摇荡起来，就是没有使用身重心静之法规制好自己的轻躁心态，这也是老子对人们异化行为所恐惧的理由。辎字，由车和甾构成，其中甾字，邹晓丽引用《说文》源义道："东楚名缶曰由，象形也……"显然，许慎认为，它是由的古文。但邹晓丽释道"构形不明。在卜辞用做地名，也可作动词。与今之'载'意近，故于身吾以为是'载'的古字……在卜辞中还可以作助词或起指代作用，王国维认为'由'的本字，读如'甾'；郭沫若以为是'盐'的初文。今学者同意王国维之说"①。马如森认为，"象器物缶形，古盛酒浆的瓦器，小口大腹。后也有铜制的。本义是缶，名词"②。观看其形，其下端是类似锥形底，与古载字近似，因载字是平底，底面积较大，不易翻倒。徐中舒认为："字形与《说文》甾字篆文及古文相近……王国维谓……甾字即由字。"③赵诚对该字研究得最细致，他多次阐释了其义，即"甾。构形不明。甲骨文用作卜官之私名，则为借音字……有人释为由，不确"④。又云"……卜辞的甾字和

---

① 邹晓丽：《基础汉字形义释源》，中华书局 2007 年版，第 150 页。
② 马如森：《殷墟甲骨文实用字典》，上海大学出版社 2008 年版，第 290 页。
③ 徐中舒：《甲骨文词典》，四川出版集团、四川辞书出版社 2006 年版，第 1395 页。
④ 赵诚：《甲骨文简明词典》，中华书局 2009 年版，第 72 页。

后代用作语首助词的载字有着某种继承关系。"① 然后他续道："甾，用作之，近似于此也，实际上是说彼。"② 另外他又说：

> 甲骨文用作动词，有两种意义：一、驾着拉车的马前进，即现在通俗所说的驾马车……二、处理商王交办之事，即行王事，用现代的话来说就是替商王办事……现代汉语词义比商代汉语词义要丰富得多，词义系列的分类也要细致得多，同时，由于词义的发展、变化，词义系列的分类又必然产生交叉、矛盾和对立。甲骨文甾这个词的"甾车马"和"甾王事"的用法和现代汉语比较就是如此。"甾车马"是驾马车，但在商人的心目中则是使驾着车的马前进。"甾王事"是办王事，在商人的心目中则是使王的事进行。抽象起来看，甾就是使什么进行、前进之义，两种词义是交叉的。如此，则"甾车马"和"甾王事"在商代词义系统中当然同类。也就是说，在当时尚无驾马车、赶马车、驾车、赶车、办事、处理事务之类表示区别彼此差别的词义，因此也就不会像现代汉语那样把驾车和办事分为相离较远的两类。而现代汉语由于词义系统分类的细致，这两类词义已经远远地分开了。
>
> 各个时代词义系统的分类千差万别，有的是由于词义不同，有的则是划分的角度和标准不同。甲骨文的"甾车马"和"甾王事"紧相关联，属于同类，实际上包括了这两方面的原因。
>
> "甾车马"的重点是马，意为拉着车的马，所以说成甾马车，从词义和概念的关系来看，比较直接、比较具体。"驾马车"或"赶马车"的重点在车，意为马拉着的车，所以说成是驾（或）赶马车，从词义和概念的关系来看比较曲折、比较抽象。因为任何人把车是赶不走也驾不走的。简单地或直接地

---

① 赵诚：《甲骨文简明词典》，中华书局2009年版，第299页。
② 同上书，第309页。

去理解赶马车或赶车是不合理的。但是，人们都能把这曲折的、抽象的词义作具体、简单的理解。一方面这是由于对词义的理解要受词义继承性和约定俗成性的制约，另一方面，也是更主要的方面，是由于词义系统的丰富、细致和逻辑思维的日益严密。由此可以得出这样一点，要理解某一时代某一词义必须以该时代的词义系统和该时代人们的认识为出发点。[①]

在这里，赵诚先生对该词义做出了自己的理解与认识，但是他没有说到的是：人们的经验，即经验性联想对理解某个词义具有重要的启发意义。如赶马车，我们没有见过赶马车，不知道其含义是什么，但我们知道了之后，一提起赶马车，就会知晓它的含义，这就是经验的重要性。它的结果使词更加简约，词义更加丰富，最后使人们向抽象思维走得更远。但甲骨文词义阐释问题，因为时代久远，人们难于经验到，所以我们对其的猜测只是根据其类似于图画的意象进行关联性描述，同时结合当时的社会背景，使其尽量符合，即较为真实地显示其时的情况，如甾字即是如此。根据其形，甾当为古代盛东西的陶器，上面口小，下面低，平面也小，而中间，也就是其腹部容积较大，它被称为缶。赵诚的解释与马如森等不同，疑为看到的不是同一个字。当它为空的时候，就容易翻倒，而当它在盛重物的时候，就会稳定下来。

对于辎字，徐中舒指出，是"古代有帷盖的车。也名衣车"[②]。它不仅可以载衣服、载人，也可以载军用物资，相当于今天的库车。它可能也像甾一样，中间有较大的空间，当没有人或重物时，容易因外力的作用而移动，从而陷入不稳定状态中。而当其承载一定的重物时，就会使车子处于较为稳定、外力难以将之移动的状态中，除非使用牛马等大型牲畜才能使之移动。老子认为，圣人行不离辎重，其义就是使自身处于重静的状态，而不

---

① 赵诚：《甲骨文简明词典》，中华书局 2009 年版，第 343—344 页。
② 徐中舒：《甲骨文词典》，四川出版集团、四川辞书出版社 2006 年版，第 1476 页。

随外物之动而跟着变动，从而不能经受住外部世界的引诱，以致深陷其中。这样就会"虽有荣观，燕处超然"，即外部世界无论多么诱人，只要保持自身的重静，就不会为之所动，从而使自己的精神行为处于超然状态，在老子看来，这也是圣人所必须具有的一种生活状态。

另外，老子在此提出重是轻的根本，静是躁的主宰。他分别从存在和管理的角度论述了修养成圣的方法。如果我们将之深化一下，就可以知道，圣人遵循的仍旧是自然之道，因为道不欲以静，使天下自定。也就是说，通过静，可以使天下自然地恢复到安定的状态，这样就能有效地限制轻躁在人们思想行为中的泛滥，因此，它同样要求人们通过重静的方法规制自身，最终使己成圣。

三　处下处后

老子认为可以通过处下身后的方法，救人助物，以成就其无私，并最终成就其为圣人。在《道德经》第七章中，老子提出"天地所以能长久者，以其不自生，故能长久。是以圣人后其身而身先，外其身而身存。以其无私，故能成其私"的思想。在此他同样将圣人比作天地与道，认为天地是较为长久的存在，其原因在于其像道一样，没有异常作为，不考虑自我生长。而效法天地的圣人也是一样，不与物一样，先其身与万物竞长，同样在促成他物成长的时候，也不考虑自身得失，将自己置之度外，这样反而使自身能够更为长久地存在。这种情况给与我们的启示就是，在处理日常事务时，应忘记自身的成败得失，不要争先恐后地展现自己，而是要把这种机会让给别人，并使自身处于幕后即道的位置，真正做到超越荣辱之境，观乎得失之外。在普通人看来，这样似乎会对自己产生不利，但对于有智慧的人，诸如老子等人看来，如此做反而会使自身得到最大的利益，看似无私的行为，可以成就自己，使自身得到最大的赞誉和长久的美名，获取人们最长久的敬仰与爱戴，即最大化地成就一己之私。这才是处理尘世事务的最高境界，为此老子曾说，"吾有三宝"，其中最后一宝就是"不敢为天下先"，在他看来，只有万物才争先恐后地为天下先，但这些物最终都是昙花一现，不可能得到长久存在，如想避之，唯有像道、天地一样，在促使他物彰显的同时，也使自身获得长久。总之，老子认为，圣人像天地一样，做到后其身，不与物争耀显胜；外其身，不考虑自身利害得失。只有这样，才能受到人们的尊敬，以成就其博大。

那么，为何人们处后、处外就能得到最大的益处呢？在《道德经》第六十六章中，老子指出了主动处下身后给人带来好处的原因。如果人们想成为人上人，就必须先学会下人、后人，以此为中介，最终做到上人、先人。为此他举例道："江海所以能为百谷王，以其善下之，故能为百谷王。"在老子看来，江海之所以能够成为超出一等的百谷王，就在于其能够善下之，这样就能容纳一切河川溪流的注入，而那些高高在上的山丘反而达不到这种效果。对于圣人来说，"欲上人，必以言下之；欲先人，必以身后之"，老子在此指出，包括圣人在内的众人不是不想上人、先人，而是说，唯有通过下人、后人的方法，做到万事不争先，谦让与人，即通过卑下、退让，让别人处在上位、尊位的方式——让其先为、先行、先得，以此换回这些人的尊重和爱戴，最终能够达到上人、先人的效果。当然，这种效果是在无意识中自然产生的，而非通过处心积虑地谋划形成的。因而这种方法能够使人达到"惟谦卑以至尊贵，惟处后而能前显"的境界。随后老子指出："是以圣人处上而人不重，处前而人不害，是以天下乐推而不厌。"正因为圣人平时使自身处于卑下的位置，借此上位而人们不会感到对自身有压力、有威胁；同样平时处于人后的位置，以此推前而人们感觉不到对其有何危害。因此天下之人乐意推许之而毫不感到担忧与厌恶。故老子云"以其不争，故天下莫与之争"。此即圣人通过不争的方式，获得了最大的、别人无法与之比拟的竞争优势。这种情况让人们感到匪夷所思，但却是实实在在的道理。

在此，老子又一次提出了不争的思想，并在此具体化了一下，即指出通过处下、处后而达到不争，这些正是道的行为。故他主张人们通过处下后身的方法，实践自己的个人修养，最终使其成为一个真正意义上的圣人。

四 化难由易

老子认为，圣人通过认事为难，先从细微易处着手，最终可以解决难事。老子在《道德经》第七十三章中说："勇于敢，则杀；勇于不敢，则活。此两者或利或害。天之所恶，孰知其故？是以圣人犹难之。"在这里，老子提到了他的迷误，不仅他如此，就是对其非常崇拜的庄子也有这种迷误。庄子在《庄子·至乐》篇中说："若以为善矣，不足活身；以为不善矣，足以活人。故曰'忠谏不听，蹲循勿争。'故夫子胥争以残其形，不争，名亦不成，诚有善无有哉？"[1] 老子指出，勇于敢，则被杀；勇于不敢，即不敢为天下先，则容易存活下来，那么这两种选择，哪一个更好一些呢？显然，老子自身无法回答，于是他就向天追问答案，可遗憾的是，天所采取的行为，人类是难以认知的。由此看来，即使老子所谓的圣人，对此也感到迷惑，因为他指出，尽管效法自然之道的天，即使对万物所起的作用是包罗万象的，不会漏掉任何一物，且不争、不言、不招而达到善胜、善应和自来的效果，但对于它在何时奖罚人类、因何事情奖罚万物，为何会出现"好人不长命，坏人活千年"的现象，也没有任何暗示。因此包括圣人在内的所有民众，也都回答不出来。其后的庄子更是以伍子胥之例说明，对于名与身的选择，是难说何种为善的，两者更是难以兼得，并且他们认为，世界上存在的难以选择的事情很多，这让人感到无所适从，以致手足无措。[2]

---

[1] 王先谦、刘武：《庄子集解·庄子集解内篇补正》，中华书局1987年版，第184页。

[2] 但是，根据老庄的总体思想，他们还是认为要遵循自然，因之他们提出"勇于不敢"精神。在这一点上，孔孟的中庸思想倒是提供了另外一种选择，从而破解了这个迷局。

老子认为，正因为圣人感知到了事情的诸多困难，所以他们知难先易，知大为细，最终将看似困难的事情较为容易地予以解决。在《道德经》第六十三章里他提出："为无为，事无事，味无味。大小多少，报怨以德。图难于其易，为大于其细。天下难事必作于易；天下大事必作于细。是以圣人终不为大，故能成其大。夫轻诺必寡信，多易必多难，是以圣人犹难之，故终无难。"显然，在这里他要求人们先将事情看得困难，然后从事情的细微处着手，能够做到细致、做到易行，最后再一步步地解决问题，从而使看似困难的事情变得不难，并且将之妥善地解决。

具体来说，人们首先需要做到无为、无事、无味，即不要多为，不要滋事，不要寻找美味，而是要恬静无为，追求无事。然后老子指出，欲做大事，必从细微①的事情开始；如想攻克难事，事先就应做好较为容易的事情。在这里，老子的一切要求都是让人们遵循自然、遵循道。当道生一的时候，这个一还很细微、弱小，欲使之长大成形，则需德的畜养、势的作用，最后才能成物。尽管当时非常细微，但是它却最大化地体现了道的特性，具有巨大的生机，是物得以生成的本源，所以它对物的作用是决定性的。正是看到了自然之道的这种特性，老子强调要注重细微的事情，处理事务应从细微处着手，看出其发展趋势，然后顺势解决问题。因为它不仅是完成各种大事的基础和关键，也可以显示出圣人遵循自然之道。另外，老子还非常注重易事，他认为，看似容易做的事情，其实，它们是完成难事的基础，可以为难事的完成提供平台与条件。老子深刻地洞察出，道生有的时候看似容易，其实它成为成形的物需要一个艰难的过程。比如小鱼在长大的过程中，不仅要躲过大量天敌的吞食，还要克服恶劣的环境变化，同时还需无数次地找到自然提供给它的食物。也就是说，自然之德虽然为其提供了不少食品、适宜的环境，使其能够成长，但它还需经历无数磨难才能长成，这条道路是艰辛的。因此，将看似容易的事当成难事去做，寻

---

① 老子此处将细与大相对，难与易相对，显然认为细是微小的意思。

找诸事中最容易做的事，以之为抓手，然后顺藤摸瓜，这样反而能够有效解决起初认为十分困难的事。所以圣人处理事务始终不从大事、难事着手，而是先从小事、易事着手，先解决细微之事，那么面对大事就相对容易应付了，甚至看似一些小事、易事的解决，会使原先认为的大事、难事迎刃而解。因而圣人在处理事务时，先将自己看小，如履薄冰、如临深渊地解决在别人看来似乎是细微的事情，并将之视为复杂困难的事情，然后对之加以慎重处理、认真解决，以之为契机，最终成功地解决了较为困难、复杂的事情。另外，由于圣人认识到了事物成长的这种艰巨性和复杂性，他们从不对事物轻易许诺，否则会陷入失信的不道行为中；也从不认为事物生成容易，这样反而会增加预期不到的难关，并被这些难关弄得手足无措。相反，圣人谨慎地对待事物的生成，把易事想象得困难些，这样才会成大、无难。因为处细，处微，慎待困难，小心地克服困难，也会避免或从容应付各种预想不到的困难，会使事物容易生成，成就圣人的成大、无难。

老了看到，遵循自然处理事务，不仅要从细微处着手，还需在处理这些细微之处的基础上，用坚忍不拔的毅力坚持下去，这样才能有效地处理好大事、难事。遗憾的是，普通百姓往往经不起考验，在最后的关头改变了自己的自然生活状态，进而产生异作，他认为这是一件非常可惜的事情，故此说："民之从事，常于几成而败之。"要想保持终身的自然状态，老子指出应"慎终如始"，即始终坚持如一，"则无败事"，使自己的一生处于一种完满的状态。要想做到这点，老子指出了两种途径：一是不欲，二是不学。所追求的就是不欲，即最大的欲望就是不欲，最佳的学就是不学。因此，老子希望人们处理事情从细微处着手，并持之以恒。或许他认为，坚持更为重要，对某事不懈地坚持下去，将是获得成功的必要基础和条件。总之，知难——从细微处着手——坚持——不欲不学——成就其大，就成为圣人解决困难、成就其人的固定方法和模式。

以上就是老子的圣人观，正如前文所述，老子认为，圣人的行为体现了自然运行法则，遵循了道德常态，并通过各种行为使自身去物入道，以此成就他们的圣人人格。因此他们的这种行为可以形成一个有效的管理理论，从而指导人们塑造老子意义上的圣人人格，使后者成为一个名副其实的道商。

第六章　老子管理模式及圣人（道商）人格塑造方法

我们在上一章里归纳了老子圣人人格的特性，以及践行该人格的一些方法，企业家如果能够效法这些圣人特性，按照相关方法去处理企业的事务，就可以成为老子意义上的道商。那么怎样才能做到这一点呢？本章在叙述道商人格之前，首先论述一下当时执政者的管理模式及老子管理模式。

第一节　当时执政者的管理模式

一　老子的遵循自然思想

老子的管理思想主要体现在以下几个方面：首先，他强调自然运行法则的恒常性，要求各类管理人员应遵循这种恒常法则，其中包括政府机构应各负其责，不能随意相互代替。如在《道德经》第七十四章中他指出，若有想尽办法让人们时常畏死的管理者，应该将其执而杀之。在他看来，这些人有意违反自然，私自制造出让人畏死的恐怖氛围，是合该被杀的。这一点老子并不反对，但是对于谁有资格杀死他们，老子则说得非常明白："司杀者杀。"也就是说，负责司法的办事人员有权力、有责任将之除杀。而那些想代替司法人员的管理者，是没有资格这样做的，否则就是不道行为，强行去做反而会自伤其身，即"夫代司杀者杀，是谓代大匠斲。夫代大匠斲者，希有不伤其手者矣"。由此可以看出各业的从业人员应各守其职，相互之间不能随意代替，否则会陷入十分混乱的局面，正如道、德、势、物在自然运行中各司其职，谁都不能干涉其他实体的作用和职责一样。因此，老子主张的遵循自然法则，不是什么也不管，像西方某些放任式的自由主义思想那样，而是要对其加以管制，只是这种管制必须符合自然性。遗憾的是，当今某些政府和企业部门却不是如此，它们看到有利的东西，就竭尽全力去争取，而看到对己不利的事情，就会想办法推诿，于是乎就积极寻找各种理由去获取利益，并时刻躲避对己有害的事情。显然，这种行为是不符合老子所推崇的各司其职之自然法则的。

其次，老子指出，人们在遵循自然恒常法则的基础上，对出现的有违自然秩序的东西，要着手进行处理，而且是在其异作微动的初期，就必须将之彻底清除。如那些为奇者，他们刻意地伤害民众，老子认为需要将之清除。故此他在《道德经》第六十三章中说："图难于其易，为大于其细。"论述到此他还意犹未尽，于是在紧接着的一章里说道："其安易持，其未兆易谋，其脆易泮，其微易散。为之于未有，治之于未乱。"他认为，在物还没有成长起来，还处于未兆、微小的萌动时期，就应将异作予以清除，因为这是花费成本最小的清除策略，否则等其长大了，再想将之彻底清除，就会受到较大的阻力，造成成本过高，不如起初时容易。如一棵小树，将之拔除比较容易，等到其成为参天大树，再予以拔除就比较麻烦了。

因之老子的自然管理，就是使各行各业的人各处其位，各行其职，而管理者处于道的位置，对这些各行其职的人进行自然规控，并且要在其异作处于微弱萌动的初期予以灭除，从而使喧杂的社会逐步走向自然化，并形成社会的自然常则。

那么，社会异化、有违自然常则是怎样产生的呢？老子认为有以下三个原因：一是人们的多欲；二是人们的多智；三是人们总是将前两者结合起来去满足欲望，即采取勤的方式满足自己的各种欲望。

二 执政者的管理模式

老子不止一次地指出人们尤其是执政者的欲望多，并且指出这些欲望给他们带来的不是福音，而是灾难。如他在《道德经》第十二章中指出，人们拼命地追求美色，以满足目的欲望，但结果得到的确是目盲；人们渴望追求天音，以满足耳的欲望，结果得到的却是耳聋；人们热切地追求美味，以满足口的欲望，结果得到的却是口爽；狂热地追求猎物，最后的结果却是使人变得疯狂；急切地追逐难得之货，却使自身的行动受到妨碍。更有甚者，以执政者为代表的管理者阶层，通过逐欲使其自身步入一个"朝甚除，田甚芜，仓甚虚，服文采，带利剑，厌饮食，财货有余"（五十三章）的境地，其结果并没有给自己带来什么益处，最后老子得出的教训是——祸莫大于欲得。因而他严肃地指出，人们的逐利足欲行为，不仅是一种违反自然的失道行为，而且也会给自身带来严重的灾难。

同样人们喜欢用智，而智也是老了强烈反对的，故此他多次指出智的危害。如他指出，智慧出，有大伪。即智慧一出，就使人们变得机巧伪诈。而最终导致"民之难治"的原因，就是"以其智多"，此举最终造成了国家的混乱。因之老子提出自己的治国之道，这就是他的弃智治国思想，即"绝圣弃智，民利百倍；绝仁弃义，民复孝慈；绝巧弃利，盗贼无有"。其实这段话经过流变，出现了一些与老子思想相左的观点。如老子不反对圣人，并以圣人的标准要求自己，认为圣人是天下最优秀的人格，因此他花费大量精力来论述他的圣人人格。而在已发现的战国初期之郭店楚简，则可能真实地反映出老子的本真思想。如"人多智，而奇物滋起，乏物滋张，盗贼多有"。针对这种行为，老子开出的药方就是"绝智去辩，民利百倍。绝巧弃利，盗贼无有。绝伪弃诈，民复孝慈"。

这就是说，人们为了满足自身的欲望，将智作为满足这种欲望的思维工具，即以智为平台，通过他们的智力活动去满足自身的欲望。其结局是人们尤其是诸侯追求奇珍异宝，盲目修建自己的宫舍，猎取天下的美女，享受最美味的饮食等。为了满足这些欲望，需要巨额的投入，那么这些钱从哪里来呢，当然不会通过自然生出来，而是通过残酷地剥削与压迫民众、搜刮百姓的民脂民膏换来的。在这种剥削活动中，执政者必然使用心智，煞费苦心地寻找、发现民众在某些方面有值得剥削的地方，然后动用国家工具予以执行，从而残酷地掠夺其统治下的民众。在老子生活的环境中，这种情况随处可见。但是哪里有不平，哪里就有反抗，不仅受剥削者会采取积极的或消极的手段予以反抗，如逃跑、武力抵抗等，而且还会招致邻国的觊觎。结果导致天下大乱、诸侯争霸局面的形成，人们也生活在一个不安定的环境当中。

老子发现，当执政者试图通过智力来达到其为所欲为的目的时，就必须采取实际行动，否则仅仅通过设想来满足其欲望，无异于画饼充饥。这就是老子所说的"为"，"为"字在甲骨文中为一只手抓着一头大象鼻子的形状，对此马如森释道："字象手牵象形，为人助劳。本义是手牵象以助劳。"① 赵诚认为："从又（手）牵象，引申为有所作为之义，乃会意字。"② 各家对其解释基本同意，表述的是人们牵着大象的活动行为，是一个正在进行活动的场景。老子在其书中论述"为"的时候，就说是行为主体所采取的行动过程。当人们用其智力想达到某种目的时，就必须通过一些行为来完成，否则仅是一种设想。因此，人们的活动必须根据行为来对其定性，法律也是根据这种情况给疑犯定罪的。由此看来，行为对人们带来的影响极端重要，故老子主张人们尤其是执政者一定要做到无为，希望以此来保证国家的自然化治理。

如果执政者偶尔为之也还罢了，但是情况却与之相反，他们常常是勤而为之，故老子也积极主张不勤。他在《道德经》第六章中说："绵绵若存，用之不勤。"在老子看来，自然是不勤而用、自然而然的，所以人们应做到"塞其兑，闭其门，终身不勤"。（五

---

① 马如森：《殷墟甲骨文实用字典》，上海大学出版社2008年版，第67页。
② 赵诚：《甲骨文简明词典》，中华书局2009年版，第252页。

十二章）不去看外面光怪陆离的世界，不必患得患失，做到终身不勤于作为。即使勤，也应该勤于道，践行道，即所谓的"上士闻道，勤而行之"（四十一章），而对于外界的物质诱惑，不必勤，因为勤于有为会带来各种事端。

最后，老子提出了"事"这一概念，它反映出某种行为所带来的直接性后果。在《道德经》中，他多次提到事，特别指出带有一定智谋所形成的事，会给人们带来灾难性后果。如他在《道德经》第三十章中云："其事好还。师之所处，荆棘生焉。大军过后，必有凶年。"这反映的是执政者用兵给其自身带来的祸害。此即是说，为了追逐自己的欲望，执政者不惜采取劳民伤财的战争形式，最终却落得个不道早已的处境。同样，事的形成还会给民众带来苦难和不幸，如《道德经》第七十五章云："民之饥，以其上食税之多，是以饥；民之难治，以其上之有为，是以难治；民之轻死，以其上求生之厚，是以轻死。"执政者的种种作为使得天下黎民处于饥寒交迫、轻死淡生的境地。这种结果不仅会使百姓处于民不聊生的悲惨境地，即使作为执政者，也会因百姓的流离失所而给其自身带来巨大的打击。因为在当时，各国都处于人力资源稀缺的困境里，当时谁拥有的人口多，就意味着那个国家的力量大，因此许多诸侯国家都想尽办法吸引人口，招揽人才。这时如果一些执政者反其道而行之，有为多事，那么给其带来的祸患是可想而知的。其结局是使当时的诸侯国处于一个混乱、贫困的局面，其社会也会陷入动荡不安中。

综上所述，老子认为，当时一些执政者执行的是这样一个管理模式（如图6-1所示）。

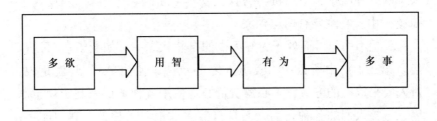

图6-1　执政者的管理模式

第二节　老子愚人之治的管理模式

针对执政者管理模式所带来的恶果，很多学者都提出了自己的根治主张，其中孔子提出了以礼治国，墨家提出了兼爱利民等思想，以老子为代表的道家，则提出了愚人之治的管理模式。

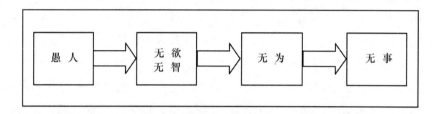

图6-2　老子的愚人之治的管理模式

老子认为，若想从根本上改变当时执政者的管理模式，就必须反其道而行之，实现遵循自然的愚人之治管理模式。其主要含义是：通过愚人之心，使民众处于无欲无智的自然状态中。当人们做到无欲无智时，自然也就达到无为的状态，这种状态最终使人们处于无事中，这是老子最想看到的一种管理状态。虽然该模式看起来比较简单，但要真正论述清楚并非一件易事。尽管如此，本书试图对之加以疏浅的表述。

老子的愚人思想。老子意义中的愚字，并非像常人理解的，是愚蠢的意思。前文已述，该字的含义"就是表示从动物的低智能到人类的纯朴简单，不用机巧智谋去费尽心机地思考事物"。在《道德经》中，它主要有两层含义：

一是不去思考而处于无知无欲的自然状态中。如老子在《道德经》第二十章中所云："我愚人之心也哉，沌沌兮。"此就是说，对人要采取愚的方式，不必煞费苦心地使用各种智谋来制定规章制度，把控人们的各种行为，而是自然无欲地与人相处。其中沌字，由水和屯构成，左民安认为，该字"甲骨文就像古代缠线的工具，所以'屯'就是'纯'的初文……'屯'的本义是指缠线、丝的工具。缠线，就是线的积累，所以这就可以引申为'聚集'的意思"①。另外，他反对许慎对该字的解释。赵诚指出："大家都认为是一个量词，由于卜辞不见中心词，至今尚未断定称量的是什么。目前最主要的有两种观点：一种认为屯即后世之纯，指丝织品之一束一匹称之为一纯。另一种看法以为屯指甲骨文而言，一屯即一对，一对即两块，学术界大多倾向于后一种看法，但还不是定论。"②唐汉指出，该字"恰似一颗植物种子刚刚发芽生根的样子：中间的圆圈是种子还未完全脱掉的籽壳，上边是生出的顶芽，下边是根须；在根须上特意画了一条指示符号，表示种子拼命往下扎根的意思。如果你见过豆芽菜的发育生根，便会对'屯'字多一番感性认识"③。熊国英的解读与唐汉相似，他说："'屯'的本义是艰难。《说文》：'屯，难也。象草木之初生，屯然而难。'甲骨文、金文字形虽不尽相同，但表现的都是幼芽破土而出的形状。幼芽出土在冬春之交，天寒土硬自然艰难。小篆将芽苞变成一横，可以理解为地面；地下部分扭曲，表示生长困难。"④此外，徐中舒、马如森、窦文宇等人都持类似的观点。对于沌字，徐中舒认为，《玉篇·水部》《集韵·混韵》都将之释为混沌、元气未判之意，为之他释为"天地未分以前的状态"⑤，另又依据老庄之意释为不知貌。

　　根据"屯"字字形，该字为一斜竖线，之间有一类似圆形的突出物，下面有一横或一撇与斜竖线相交。赵诚等人释为纯或对，不知有何依据。我们可以认为是草木在地上发芽的场景，也有可能是花草开花之前长成的花骨朵，但无论为何，都有某物之内部物质未完全展开之意，徐中舒将之释为天地未分之前的混沌状态，有一定

---

① 左民安：《细说汉字》，九州出版社 2005 年版，第 5 页。
② 赵诚：《甲骨文简明词典》，中华书局 2009 年版，第 258 页。
③ 唐汉：《汉字密码》，陕西师范大学出版社 2009 年版，第 121—122 页。
④ 熊国英：《图释古汉字》，齐鲁书社 2006 年版，第 219 页。
⑤ 徐中舒：《汉语大字典》，湖北辞书出版社、四川辞书出版社 1992 年版，第 656 页。

的道理。旁边加上水,其字当为水或者浇灌这个草木,或者淹没这个草木的场景。当水浇灌草木,那么后者经过水的滋润之后,要么生长得更快,要么促使花开得更艳。如果是水淹没花草的话,则花草会受到摧残,甚或被冲到其他地方。如果是水浇灌滋润草木的场景,我们就会知道这样会使草木生长得更好,而如果大水淹没了这个渴望扎根生长的草木,我们就不能确知草木的结局为何,或许被冲走,或许在大水流走之后,它又顽强地在原地生存了下来,究竟是哪种结果,我们不得而知。故该字可理解为在自然运行中,我们对这个草木的前景一无所知,对其内部结构和运行机理,也是茫然无知。根据老子的思想,是大水淹没之意的可能性大,此即是说,我们可以不考虑这个草木的最终结果,让其与他物(比如水)根据自然法则互相作用,以遵循自然之道,至于其最终的命运,人们则不必费尽心机地知晓,一切让其自然发生。显然,老子主张通过沌沌兮愚人时,就是让世界随其自然发生发展,人们不要对外界了解那么多,而是要无知无欲、无忧无虑地生活。圣人之治即是如此:"古之善为道者,非以明民,将以愚之。"(六十五章)二是这种无技巧之心的自然生活状态,反映出愚的纯朴义,即具有愚质特性的人,显示出其具有的纯朴本质。老子提出见素抱朴就是使人步入愚的境地,最终达到自然中的道无状态。而能进入此境界的人,就是老子所谓的圣人。

使人步入愚朴世界,要做到以下两件事情:一是无欲,二是无智,否则是进入不了道无状态的。老子曾多次主张圣人是遵循自然的典范,因为他们是无欲的。如在《道德经》第六十四章中他说:"圣人欲不欲,不贵难得之货。"对于圣人来说,其最大的欲望就是"不欲",故此他们就"不贵难得之货",视这些东西为低于自然之道的东西而不刻意去珍惜它们。因而老子在《道德经》第七十七章中称赞"其不欲见贤",即以不欲显现于世,并以不欲为贤。显然,老子以不欲赞美圣人,因为后者真实地效法了道。在《道德经》第三十四章中,他认为道就具有这种品格,它不辞生物、功成不有、衣养万物而不为主的品质,使老子由衷地对其加以赞叹,并将之作为圣人效法的对象，且不欲也是他本人的管理理念及工具。具体来说，他认为道是无欲的，没有占有其所衍生之物的欲望，即对其没有占有欲、控制欲。而圣人就是效法道的这种无欲特性的，在其管理方式方面，也体现了这一点。前文已经论述，他在《道德经》第三章中指出，圣人管理天下的方法，就是虚心弱志，实腹强骨，从而保持在一个无知无欲的状态里。当社会主流处在这样一个自然状态时，即使想有作为的智者，也不敢再有所作为，否则会受到大家的极力反对。因为他与纯朴之道大相径庭，所以老子对此是批判的。另外老子在《道德经》第三十七章中进一步指出，无名之朴即道是无欲的，它可以镇住万物的蠢蠢欲作，这就是说，当其还没有作为的时候，就必须用无名之朴的道将之镇压住，否则会给世界带来无穷的灾害，即当事情刚有征候还未大成之时，就需要将其控制住，不让它们进一步坐大。前文已述，这是最低成本控制异作灾害的方法，故老子主张此法。由此看来，不欲不仅是有价值的，而且还是可以做到的。那么怎样才能做到无欲呢？在前文老子已经提到了达到无欲的方法：其一是通过自重，即人们应能够做到重，使自身稳重，遇到事情不轻浮狂躁，进而蠢蠢欲动，遇到风就是雨，而应做到沉稳应对。因此老子指出，重为轻根，即它是轻的根本，没有重的轻狂是轻举妄动，不仅会导致事情的失败，而且会给人轻浮、轻薄的感觉，从而引起别人的轻视，故老子提醒人们要时刻使自己处于稳重的状态，以赢得别人的尊重。在老子思想中，"重"有几层含义：一是沉重的重，如"圣人处上而民不重"（六十六章）就是这种含义，不使百姓的生活感到负担沉重，是圣人的重要管理目标之一。二是看重、重视的重，如"使民重死而不远徙"（八十章），其义就是使百姓看重自己的死，而不轻易地来回迁徙。老子提倡管理的国家要尽可能小，百姓也要尽可能少，更重要的是他们要看重自己的死，不要任意迁徙。显然，如具备这些条件，则有可能达到一个理想的组织自然治理模式。同时这也是老子的死亡哲学，他认为死是一种自然的归道行为，不必对这种死产生异化感，如悲伤、哀戚、恐惧等。他的这种观点深刻地影响了庄子等后人。三是连续不断的意思，即"……早服谓之重积德。重积德则无不克。"（五十九章）在老子看来，遵循自然、顺应道德，也是自己持续不断的积德过程。德全的圣人，就可以其完满的人格魅力感染被管理者，以此形成遵循自然法则的文化氛围。一旦这种文化得以形成，就会成为约定俗成的习惯，约束和指导着人们的行为。无论谁违反了这一习惯，就是耗费心机的不道行为，他就会受到人们的指责和批判，甚至会对其进行强行规制。

其二是静，重是静的基础，静是重的必然展现或结果。即能够做到自身稳重，进而也可以做到处事冷静，所以老子极力主张静。老子指出了静的作用，它体现在以下几个方面：第一，静是躁的主宰，当人们狂躁、万物蠢蠢欲动的时候，可以通过静使之稳定下来，所以冷静是人们能够正确处理事务的根本，这就是老子所云的静为躁君。一个企业在面对机会时，一定要保持冷静，应分析它是不是自己的机会，自己是否有实力把握住它？其背后是否隐藏着巨大的陷阱？诸如此类的事情需要人们去观悟，以免利欲熏心地使自己做出轻举妄动的行为，最终给企业带来不必要的损失。第二，静可以战胜躁。老子说："躁胜寒，静胜热。清静为天下正。"（四十五章）因为静能够战胜躁，所以静是天下的正宗，可以压制住一切狂躁的行为。这是静的主要作用，现在有句话说，冲动是魔鬼，就是要求人们遇事要沉着冷静，用理性思考而非激情，固然激情在管理中有其重要之处。为此老子举例指出，代表静的牝，可以通过静击败躁的牡，即他所云"牝常以静胜牡，以静为下"（六十一章）。故他主张人们应守静，通过静胜躁，规制住自己的欲望。第三，根据静，可以使自己产生不欲，也就避免了人们极力满足自己欲望的各种举动，这就预防了人们沉湎于各种欲望而不能自拔，做出非分的行为。因此静是达到无欲的根据和根本路径，也就是说，只有遇事冷静面对，才能达到无欲的境界。如果根据静而显现出不欲，使天下步入一个安定的生活状态，这是老子最希望看到的社会场景。

那么，自然是怎么做到静的呢？老子认为，包括人在内的物，各复其根，复根即归入道。在老子看来，这就是万物的复命，它是自然的常态,知晓这种常态之得道者才能被称为明。老子所述的"夫物芸芸,各复归其根。归根曰静,静曰复命"(十六章),就是这个道理。并且他做了一个譬喻,即《道德经》第十五章所述的,躁动的大水通过静,使之止动安定下来、缓缓变清;而通过动使万物得以产生,持续循环,这就是自然法则。所以静是万物归入正途、使事物正常运行的保证力量。作为圣人,即能够遵循自然,而对于坚守常道的管理者来说,要想使自身的行为进入自然常态,达到道的境界,就必须守静,做到"致虚极,守静笃",做到守静去噪,克己之欲,使自己成为一个名副其实的道商。显然,企业家自身的尊道入常行为,可以自然有效地使被管理者——对于企业来说,就是使企业员工在无意识中受到感染,不自觉地效法,从而使组织步入尊道的自然常态中去,此即老子所云的"我好静而民自正"(五十七章)。前文已述,这种状态可以产生出企业文化,而企业文化也是有效控制员工行为的低成本管理措施之一,且老子认为这是最经济的管理措施,因此他大力提倡这种静的管理方式。

综上所述,老子的不欲自定模式可归结为:自重——冷静——不欲——自定,在老子看来,执政者遵循这种模式,就可以做到无欲,进而能够使天下国家稳定下来。在此也可以看出,道家与儒家在管理模式上有共通之处,都是主张通过增强自身的修为来影响他人,进而使整个社会都践行这种修为,最终做到天下大治,只是修身的内容及路径有较大的差异。

为了进一步杜绝人们的多欲思想,老子进而提出无智的管理方法。他在《道德经》第十章中追问道:"爱民治国,能无知乎?"即在通过爱民的治国过程中,管理者自身要做到无知,进而"常使民无知无欲"。因为这样不仅会"使夫智者不敢为也"(第三章),而且还会使执政的管理者公平地慈爱每一个民众,却无偏私差等之分。显然,老子的这个主张更接近墨家,却与儒家的主张相左。笔者多次指出,老子极力反对人们有智慧。他认为人的这种特性违反了自然之真,为人们的刻意行动创造了条件。在他看来,这种人为的举动会使人们偏离自然质朴,并是社会混乱的根源。因为人们能够通过其智力使某物变得低贱，也会使某物变得珍贵，这样本来在自然面前平等的万物，就有了高低贵贱之分，以致人们对珍贵之物存了觊觎之心。当他们有了此心之后，那些志雄胆壮之徒就会对其产生占有之心。如果这些人都想将贵重之物占为己有，最终会导致盗贼多有。他极力反对智，更在于智会产生伪。战国时期，秦王欲占有和氏璧，即是一例。故他极力坚持"绝智去辩，民利百倍。绝巧弃利，盗贼无有。绝伪弃诈，民复孝慈"的观点，这样民众会处于一个安定的社会环境中。

总之，老子指出正是多智造成了民众的难以治理，进而给国家带来灾难，这样就给社会回归自然之道人为地增加了运行成本。与之相反，他强调的无智治国（即不以智治国），则能给国家带来益处，同样也给百姓带来福祉。显然，这一正一反的管理方式，给国家带来了两种截然相反的管理效果，这种情况促使老子反对前一种而支持后一种，并将其称为稽式。而知道此稽式的就是源于自然而形成的德。因此按照德的法则处理事务，在老子看来，也是在遵循自然。

老子除了反对智外，还提出了践行无智的方法，即通过塞兑闭门的方法，首先使人们不出户远行，进而增加自己的知识阅历；其次关闭自己的各个感官，不使用它们去感知外部世界。管理者若想践行道家思想，塑造自身人格，首要的就是通过昏昏和闷闷的方法，做到无知，即抛却智慧。老子在《道德经》第二十章中指出，一般的人都是欲昭昭，似乎对什么事情都想搞得非常清楚明白，渴望通过施展自己的才能而使自己变得卓尔不群，最终达到自见、自是的境地。而老子则主张人们应该隐敛自己的才华，做到昏昏，即使自身处于幽昏不显的境地。昏字，赵诚指出，该字"表示黄昏到黑定这一段时间，比暮、落日都要晚"①。徐中舒也持类似观点。左民安认为，在甲骨文里该字的"上部为人形，其下为'日'，太阳降至人手以下，表示黄昏时分。这与'月'在人的腋下为'夜'

---

① 赵诚：《甲骨文简明词典》，中华书局2009年版，第262页。

是同样的道理……'昏'字的本义为'傍晚'"①。唐汉指出:"上面的斜面线是古文'水'的省形;下面的一竖表示从上至下,用水面至水底为造字形象,表示太阳运行到底部这一概念。"接着他释义该字是"表示太阳已经落到地平线以下。此时余光未尽,天色尚未全黑,所以,'昏'的基本义指黄昏"②。因此他的解读之意为日落在地平面以下,天临近、已到夜晚之意。马如森指出:"从日、从氏,氏亦作氐,氐有下意。字象日西下之意,太阳渐昏。本义是初晚黄昏。《说文》:'昏,日冥也。从日氐声,氐者下也,一曰民声。'"③ 赵惜微也认为:"意思是太阳落下去,即日暮,黄昏。"④而窦文宇等人认为,该字"由'氏'和'日'构成。'氏'字是帐篷的示意图,整个字的意思是太阳落到帐篷的下边,由此产生黄昏的含义。引申表示黄昏、神志不清楚。"⑤

从甲骨文字形来看,其上边的氏字既像人体之形,又像人手之形。下边的日字形象则非常清晰,就是太阳的形状。因此我们可以将该字解读为,上天用某物遮住太阳而不使其发出光芒之意。那么这个物显然就是能够将太阳罩住的东西,即某一类似天棚的东西,盖在了太阳上面,使太阳的光线发射不出来,从而使大地变得逐渐幽昏阴暗。也就是说,当天棚盖日之状形成时,整个天地就变得非常黑暗,或许这就是昏字的原始本义。太阳既可以表示被夜幕遮住,也指能够被其他物遮住,如乌云遮住光线出现的昏暗景色,而表示临近傍晚的黄昏仅是其中含义之一。将之进一步引申,就是人的头脑中的事物不清晰,处于混沌无知的状态中。

同样,老子指出,普通人善于明察事物,以显示自己的智能,他们将事物辨别得非常清晰,甚至使之具有条理性,这在老子看来,同样与道之特性相左。作为圣人,就是要做到闷闷,为自己的

---

① 左民安:《细说汉字》,九州出版社2005年版,第325页。
② 唐汉:《汉字密码》,陕西师范大学出版社2009年版,第242页。
③ 马如森:《殷墟甲骨文实用字典》,上海大学出版社2008年版,第159页。
④ 转引自丁义诚等《汉字详解》,新世界出版社2009年版,第327页。
⑤ 窦文宇、窦勇:《汉字字源》,吉林文史出版社2005年版,第260页。

思维活动设限，甚至根本不去思考，如此就可以进入一个茫然无知的混沌状态。前文已述，闷字是行为主体的心被封闭在一个密封的空间里，即闷是将心限制在一个范围内，不让其对外发挥作用之义，目的是使之不予以呈现。在老子看来，这里的昏字和闷字有类似的意指，昏字是人们应当将其视觉收回自身，不去观察、明察外部世界；闷字特指将自己的心收回来，不去思考外部事物。因此，老子希望人们通过不用感官、心智去看、去思的方式，规劝人们去过自然本真、无知无欲的生活。而察字与之相反，是用心洞察万物，以便了解事物的道理之意。

昭字，由召和日构成。徐中舒指出，召字其形"象双手，以手持匕把取酒醴，表示主宾相见，相互绍介，侑于尊俎之间，当为绍介之绍初文"[1]。熊国英也持类似观点，他认为该字"当会意在田间劳作的农友互相招呼，坐下来互敬饮食"[2]。唐汉指出："甲骨文的'召'字，上部形同人形的图形来自古代的匕勺，下部为'口'，表示叉起肉块请他人享用的意思……上古时代，人们从鼎中取肉，用的是一种似刀似勺的工具，这种工具称之为'匕'。'匕'在古代即是匕勺，也是匕首，用来在鼎中切肉舀汤。甲骨文中的另一个'召'字。上为两手持'匕'之形，下为'酉'，'酉'为酒尊之形，整个字形，表示挹取酒浆款待客人的意思……用'匕'将肉叉起，或勺起美酒，有请别人食用之义。"[3] 窦文宇等人认为："甲骨文'召'字由'刀'、'口'、双手形、'酉'。两个'人'和'田'构成。'口'表示一个地方，'田'字表示横竖成行的座席，整个字的意思是双手拿刀在一个地方做菜，准备招待众人在一起喝酒会餐，由此产生呼唤、召集、会餐、向一起聚集等含义。"[4] 而昭字则表示"人们在太阳下面露天会餐，由此产生明

---

① 徐中舒：《甲骨文词典》，四川出版集团、四川辞书出版社 2006 年版，第 90 页。
② 熊国英：《图释古汉字》，齐鲁书社 2006 年版，第 290 页。
③ 唐汉：《汉字密码》，陕西师范大学出版社 2009 年版，第 402 页。
④ 窦文宇、窦勇：《汉字字源》，吉林文史出版社 2005 年版，第 453 页。

显、显示的含义。"① 由此可知，昭字的意思就是人们在阳光下饮酒会餐，而对酒、菜等物人们则看得清清楚楚。更进一步讲，人们对酒菜的种类、品质等了解得清清楚楚。

显然，老子在此要求人们对外部世界不要了解那么多，更不要洞察其中的道理，当然，这个"外"包括自己的身心及其外部的现象世界等，而是自由自在地按照自己的自然本性生活。唯有如此，才能生活在一种无智的状态中。除了在感官、心智方面无为之外，老子还主张人们通过浑沌的方式去阻止他人用智。他主张的昏昏和闷闷，可以具体表现为浑其心，沌其愚，以此使人们的心智遵循自然而为，不去刻意感知外部世界的生死变化，以保持自己的心身不受外界引诱而变化，最终达到愚朴的境界，进入先天道德状态，这样就能够使自己成为圣人。

当人们做到无欲、无智之后，老子接着主张无为。老子所谓的无，有两层含义：一是道无的无，这是一个甚至连有都不存在的虚无世界，但是它有一定的质料形式，为产生有及万物提供物质基础，或者说质料空间基础。因此它不是纯粹的无，而是无空间形态、幽冥无光的无，这是道的寄存地，即道的世界。二是它是"没有"的意思，是纯粹、抽象的无，即否定词什么也没有、不的意思。

老子多次指出"为"的无益，认为"为者败之，执者失之"（二十九章），故此强调人们应无为。因为想为所欲为的人，最终都以失败而告终，所以他提出，与其有为乃至物为，倒不如无为，主张抛弃那些刻意造作之为，如礼仪等。况且人的有为不仅达不到满足自身永久存在的欲望，反而还会受到自然的惩处。在老子看来，世上出现的祸乱，都是统治者有为的结果，故他力图戒除之。具体来说，就是希望人们能够去物入道，遵循自然。他的这一主张，也是根据自然的特点形成的。如他在《道德经》第十章中说："明白四达，能无为乎？"因为知晓自然之道的无为特性，所以才

① 窦文字、窦勇：《汉字字源》，吉林文史出版社2005年版，第453页。

279

主张人们应做到无为。而老子提出诸如道常无为、上德无为而无以为等观念，就是要求人们切实地效法。并且他指出，圣人是效法自然的楷模，当然也不例外。如《道德经》第二章就认为圣人是通过无为对待事情的，并且老子也借此教导其他人应当像自然之道、德一样无为。在他看来，圣人无为的最大好处，就是使自身处于一个不败的境地，即"是以圣人无为，故无败"（六十四章）。不仅不败，而且还会使其步入成功，为此他在《道德经》第四十七章里提出"是以圣人不行而知，不见而名，不为而成"的观点，认为不刻意妄为，使事物按其自然之道运行，以使万物各按其自然本性生成，这才是圣人应做的事。

而圣人类的执政者，如前文所述，对于其下的民众，具有很强的风化能力。不仅孔子认可君子的风化能力，效果特别明显，就连老子本人也说过——我无为而民自化。由此看来，这两位圣人可说是"英雄所见略同"，都是强调他们的无为而治理念的根本精髓所在。因之，老子在《道德经》第三章里所强调的执政者不尚贤人、不贵物品、不现可欲，就会使民无为，即百姓不争论、比较，不去珍贵稀有之物，使民心保持安静，不陷入物欲世界以至迷惑的境地，实质上，就是使之无为。

由此看来，无为能够带来许多益处，不仅有效地降低了管理者的治理成本，而且还能够使物按其本性发展，这是最健康的成长道路。故其功效是巨大的，所以老子在《道德经》第四十三章中指出，以无为体现的自然之道，以其至柔的特点，可以征服天下最坚强的物体。即使天下最牢固、最密不透风的东西，也经不住自然的慢慢侵蚀，因为无有可以侵入其无间之处，最终使这些东西复归于无，即归入道无世界。根据老子的这种论述，显然，他发现了无的作用，知晓了无为的益处。如果人们想正面攻击它，因其无形而难以找到破绽，而且通过造化，反而可以使万物复归于无，这就是自然的妙处。但是老子同时也指出，这种无为的妙处、益处不是所有人都能观悟到的，只有能够遵循自然之道的圣人才可以，故"天下希及之"。这更需要圣人的愚人之治去加以普及，帮助民众认识到此中的奥妙与益处。老子的这种观点对于企业有巨大的启示意义。对于管理者来说，也应按照企业及市场运行法则及规律进行经营，而非强行按照自己的主观意愿设计出一套理念制度进行管理。当企业面临竞争对手的攻击时，不要以眼还眼、以牙还牙，而要努力使自己处于一个自然运行状态，同时发现其缺点，使对方在企业及市场的运行规则及规律中被自然淘汰，而不是被企业所施的残酷竞争打垮。

同时老子指出，自然的无为不是什么也不为，即不是纯粹的不为，而是指不按照物的行为去为，是根据道去为。尽管道不按照物的角度去为，但它的结果却是无不为，即他所云的道常无为而无不为。所以道看上去无为，但其造成的结果却是无不为，从而使万物产生，即无为的效果就是达到无不为。老子最推崇的为，就是无为之为，唯一能够为的就是无为，故此老子指出为无为。而这种无为产生的无不为的效果，首先是像圣人那样的为腹不为目，即前文所述的为了自身的生理强壮健康，而减少对色欲的无限追求，使人像自然生物一样自由自在地生活，而不刻意去追求什么。其次要求人们"为而不恃"，即使万物产生，并使它们茁壮成长，以致发展到它们的巅峰状态，但从不干扰它们的这种生成模式。也就是说，在万物开始产生时，就不去干扰它们；在它们成长时，也不去干涉它们；及至它们成人成物时，更不试图主宰它们。而且更为可贵的是，自然并不因生成万物，以致形成现象世界而自傲，觉得在这个世界上非己不可①，并认为产生这个世界是自己对之的最大贡献，对万物的最大功劳，从而将生成万物作为自己傲视一切的资本，以此为资历，笑傲万物。相反，它表现的是不有、不恃、不居，这是自然之为，也是自然的品德之一。最后，如果说为，就要做到为雌。他在《道德经》第十章中说："天门开阖，能为雌乎？"也就是说，做到为，就是要为雌而不为雄。雌体现的是柔、弱、生等特

---

① 事实上，在我们这个现象世界中，自然的作用是独一无二的，没有任何存在物可以比拟之。

点，而这些特点与道的特性正相符合，所以老子极力推荐之。在他看来，能够做到雌性之柔、弱、生，不仅会使后代得到繁衍、哺育、成长，而且以阴柔、软弱的形象受到人们的爱怜与喜欢。相反，雄性的争强好胜却会使人们感到讨厌，认为这是不道之物的行为。因此雄的表现，受到了老子的批判，但是雌性的诸般特性，则受到了老子的高度赞扬。

具体来说，老子的无为思想可分为三个方面，即不言、不学和不行。

第一，老子强调不言。言是人们欲望的表达、思想的外在展现，因此它是精神活动的体现，故而也是一种为。老子指出，自然之言是有信的，它是与有实质的事物相合而体现出来的，而不是所谓的虚言。如《道德经》第三十一章中的"言以丧礼处之"，就指出将军应根据丧礼处置那些死者的言论，这就假设人们能够做到言而有信。并且老子在《道德经》第二十二章中所论述的"古之所谓'曲则全'者，岂虚言哉？诚全而归之"，也道出了"曲则全"的信实性，而非一时的虚言。正是因为自然之言是言而有信的，所以它显得格外珍贵，并不轻易发出自己的声音，因此"悠兮，其贵言"（十七章）。故老子要求人们应效法自然，能够做到贵言。另外，信言是质朴的，也就是说，自然之言具有质朴的特点，没有经过人为的修饰，所以对于人们来说，"信言不美，美言不信"（八十一章）。那些所谓的美言，是经过后天伪饰的，听起来很美，可以赢得人们的喜欢与推崇，但却是不尽可信的，所以虽然有些"美言可以市尊，美行可以加人"①（六十二章），老子却对之十分讨厌，于是他特别强调，要有根据地去言论，不要无的放矢。做事心里也要有谱，不要盲目地去做那些想当然的事情，否则会给自己带来华而不实的恶果。

---

① 注意，在这里老子言与行并举，指出了二者之间的逻辑关系：一般来说，人们总是先有言而后行从之。先通过言，然后做事是一个常则，孔子提出的"言必信"就是这样一种说法。但事情也不是绝对如此的。在很多情况下，我们可以不发言而根据自己的想法做事。

　　同样，老子在《道德经》第七十三章中指出上天是不言的，以此主张人们"希言自然"（二十三章）。要像上天一样，少说多做，甚至多做不说，因为"多言数穷，不如守中"（五章）。在大多数情况下，多言会给人带来烦恼，而不言则会给人带来许多益处。与其多言而张扬，不如寡言而修养自身——遵循自然，遂道而为。他认为，圣人就是这样做的，后者在管理百姓时，就是无为和不言，即他们以不言教导民众，以无为处理事务。但是真正能够达到此境界的人非常少，所以这种特点愈显得珍贵，故老子感叹道"不言之教，无为之益，天下希及之"（四十三章）。在他看来，也只有这样的圣人，才能够有资格管理天下百姓。因为他们能够以寡言而信，给百姓带来实实在在的利益。

　　老子认为，人们应当少言甚至不言，但一旦有善言，就必须是无可挑剔的，即"善言无瑕谪"（二十七章）。而且这些言必须是易知的，听过之后也觉得可行，并且易行，这样的话才能够使人们低成本地践行，进而才有公信力，最终可以建立自己的话语权。具体到管理这个层面来说，圣人治理天下，常常是通过谦卑、鄙下但可信的话语，使人们信服，并对之加以推崇，进而形成自己的威望，最终达到道治天下的效果。最后，老子认为"知者不言，言者不知"（五十六章）。真正的知者，即能够观知自然造化的人，在一般情况下是不言的，倒是那些站在物的角度上说话的人，他们对整个自然一知半解，却乐于喋喋不休，以卖弄自己的知识，从而显示自己的博学多才。其实，这在老子看来，完全是多余的，真正观知的人不在于多言，也不在于美言，而在于信实的、易知易行的、难以挑剔的，从而产生公信力的语言。因此对于一个企业的领导而言，不应以口若悬河来显示自己的口才出众，这样就把自己贬低到了物的地位。要么不言，要么说出来就显示出自己的信度，不要废话连篇，终无一取。

　　第二，老子提倡不学。老子认为，人们没有必要去学，因为学增加了有为倾向，而为道就要日损，减少自身的作为，以至于无为，这样就可以达到无不为的层次。故他指出，不学可以降低人们的欲求，减少他们对外部世界的追求。如果他们自然地生活，没有什么欲求，也就谈不上对得不到的东西有所遗憾了，这样就减少了他们患得患失的荣辱观，相应地也就没有什么忧虑，即因为得不到自己所想得到的东西而感到忧愁、愤懑。因而老子主张不学，认为绝学是无忧的。随之他指出，其唯一可学的，就是如何使自己不费尽心机地去学，即学的就是不学，并践履众人之所过，即人们应跟从民众的自然生活而不用尽心机去有为，进而开创新的生活道路，这样就减损了自己探索、开拓的欲望。所以老子希望人们能够遵循自然，践履众人的生活状况，以致达到不学而为，自然而然就不会产生其他的想法和欲望了，最终也能够促使他人他物自由自在地生活，而不横加干涉他们自身的自然活动。

第三，老子强调不行。他在《道德经》第四十七章中说圣人不行而知。此即是说，老子不支持人们通过实践获取知识，而是希望他们能够通过自身的自然生活状态，观悟到自己对道的真知，圣人就是这样做的。另外，老子所谓的行，不是万物之行，而是自然之道的行。因此所谓的善行，就是其显现不出辙迹，即真正的行和动物行走不一样，是无痕迹的，让别人感觉不到在行，也看不出这种运行的踪迹。但它却是符合自然之道的，也是低调不显的，老子主张按道运行而反对物的获知之行，这样才能显示出人之本真无欲的生活状态。所以对于包括人在内的物应该行的，就是不行，即老子"是谓行无行"（六十九章）。这种行就是他所说的美行，而"美行可以加人"（六十二章），使人更加自然。由于无行也可以看出道行，故他支持的就是通过不言而行去教化民众。显然，这种行不言就是行无行的具体表现，是效法道在行。对于实在物之行，老子则是强烈反对的，在他看来，正是由于某些"强行者有志"（三十三章），即努力去行、实践，会产生知、远大的志向等心智活动，而这些则会危害人的自然本性，所以老子主张以行无行来反对人们这种有志的强行，并使之达到无为的生活状态。

最后老子指出，当人们能够做到无为之后，也就自然无事了，故其劝诫人们应少事甚至无事。相反，如果通过有为而带来的事情，多会给人带来烦恼。老子在《道德经》第五十二章中所云的"开其兑，济其事，终身不救"，指出了有事给人们带来的严重后果。即人们通过对外开放自己的感官心智，热心探求外部世界，借以帮助自己积极生事，这样惹出的事端，不仅会给自身带来不益，而且终其一生难以从尘世中自拔。因此在《道德经》第四十八章中他说："取天下常无事，及以有事，不足以取天下。"此即是说，无事最大的好处，就是能够赢取天下，因而赢得天下的归往。而人们有事甚至多事则适得其反，不仅难以取得天下，还会给自己带来灾祸。统治者如此做，不仅会使百姓负担沉重，以至于流离失所，甚至会造成民众多智、轻死等反抗行为。在老子看来，这都是执政者多事给自己和他人带来的祸害，所以他在《道德经》第五十七章中又一次强调人们应"以无事取天下"。

同样，如果老子主张人们有事的话，也就应该是事无事，即要努力从事的事情就是无事，他认为圣人就是如此做的，即他在《道德经》第二章中论述的"圣人处无为之事"。老子之所以主张管理者无事，在于"我无事而民自富"（五十七章），此即是说，如果天下的执政者无事、不生事，或者用无来从事，那么天下也就回归到自然常态，进而达到太平社会，百姓也会为此生活得富裕和安康，因为他们会从自然中安稳地得到财富。另如前文所述，处理事务要从易事、小事、细事做起，唯有如此，才能够使事情更容易成功。这样处理事情的益处主要体现在两个方面：一是维护自然常则应从小事、易事开始，先易后难，先小后大，这样事情做成功的概率会增大。二是对于异化的事情也应及早预防，当它们还处于弱小不成之际，就要予以处置。这样做的成本最低，且效果最好，否则等其发展壮大之后，再去处理，则需花费巨大的成本。

总的来说，老子认为，失于智，得于道，这才是从事的真谛、奥妙所在。老子指出的以道为事的方法，可分为以下几个方面。首先是做到事有宗，即处理事务有根据，有自己的指导思想和行为准则，力求正确地做事。其次是做事应达到吉祥的效果，老子指出："吉事尚左，凶事尚右。"（三十一章）人们应积极从事吉事，同时避免凶事的发生，否则会受到报应，因为以兵强天下，其事好还。即要以道辅佐人主，而不是兵事，如果硬要这样做，就会遭到报复，如使良田变成荒野，安年变成凶年等，这会给自己带来不利的后果。然后做到事善能，这就是说，做事要善于展现其能，即使用其能处理事务，从而达到自己所想达到的效果。另外，能够做到俭啬做事，为此老子说"治人、事天莫若啬"（五十九章）。对待自然之道，应养精蓄锐，做到精力、精神的长久旺盛，而只有通过啬而非奢，才能将事情更好、更全面、更持久地做好。再次应做到谨慎，因为慎重地处理事务，则会将事物处理妥善。"慎终如始，则无败事"（六十四章），而不能像某些民众一样，"常于几成而败之"，在老子看来，这是一件非常令人惋惜的事情，所以应抱着如履薄冰的心态处理事务，从一而终，最终达到预期的效果。最后是从事者要做到功成身退，像道产生有之后就会退出一样，圣人级管理者在事情做成之后，也应该急流勇退，真正达到"功成事遂，百姓皆谓'我自然'"（十七章）的管理境界。因此老子主张从事要做到知足，进而知止，而不能贪得无厌，既生成他人他物而又想主宰它们，这样会严重地干扰后者的行动，取得适得其反的结果。

综上所述，老子不希望人们多事，主张以无、以道从事，为之老子提出了他的无事方法模式（如图6-3所示）。这就是说，若想做到无事，应做到无执，故老子主张无执。前文已述，"执"有掌握、控制的意思，显然老子对此是极力反对的。他在多章中提出为者败之，执者失之，指出人们不应执掌、规控万物，如果这样做，即越想掌控，反而越容易失去。因为对于同是物的人，是难以对他物进行完善掌控的，所以深谙自然之道的圣人决不如此而为，"是以圣人无为，故无败，无执，故无失"（六十四章）。老子指出，当人们能够真正做到无执，放任他物自流，不仅不会失去什么，反而会得到万物的尊重与回归。为了说明无执用道之能，老子提出"扔无敌，执无兵"（六十九章）的军事作战理念。他认为，不执兵而用道，就能取得战争的最好结局。

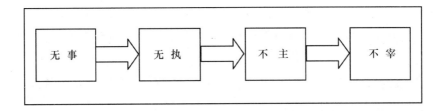

图6-3　无事方法模式

与之相反的是，老子主张的执，同上文一样，就是无执——以道来执。所以他在《道德经》第十四章中指出，人们通过掌握古之道，即掌握自然法则，就可以御制现存的有，进而规划有的发展历程，使之最终能够顺利演化生成万物。他提倡执大象，本质就是执有道。因为道在天下来往运行，给万物慈生而不伤害，是天下平安、太平的保证。故老子所倡导的执，就是要达到此种效果。对于效法自然之道德的圣人，他们推崇自身付出而不求回报，于是坚持执左契而不责于人。总之，圣人将此执纳于心中，让自身坚守具有道德特性的行事准则，并且付诸行动。最后，为了捍卫具有道德特性之执，老子主张对于"为奇者，吾得执而杀之"（七十四章），即将异作离常者，予以坚决地清除与消灭，以防他们祸害百姓。

具体来说，无执主要体现在不主上，为此老子专门提出了不主的思想。其一，他指出，道的特性就是衣养万物而不为主，即衣养万物，使万物自然顺利地生成，但在其成长的过程中不去支配它们，不像有些人，刻意支配他们所拥有的物品。如人们养牲畜，不不停地抽打它们，使之干活，即按照自己的心意去做事情，而且为了自己的口爽而将之随意宰杀掉，以足自己的口福。而自然之道却不如此，既然生成它们，就让它们按照自己的本性成长，而不随意干涉它们的生长态势，除非它们有了反自然的异作举动。因此，道只讲奉献，而不行使控制万物的权力去干涉它们。其二，道具有万物归焉而不为主的特性，即道处卑处下、虚而能容，对于万物的回归不加主导，而是让其自然地进入。对于归入和生成衣养万物而不主，显示出道的双重不主特性。即使将其用到军事方面，也同样如此，老子在《道德经》第六十九章中说："吾不敢为主而为客，不敢进寸而退尺。"即在两军对垒时，不是站在主的位置上，而是站在客的位置上，不敢盲目进取，甘愿守成无险。正如孔子所云的临事而惧，即使己方处于柔弱、下小的位置，最终形成哀的氛围、情绪，并以此战胜敌人。

另外，无执还体现在德之不宰上，因此老子提出了不宰的思想。他在多章中指出德具有的长而不宰特性，即它使万物自然、正常地生长，而不试图去主宰它们、控制它们、左右它们，以此为资本而自傲。只是无求回报地畜养、滋养它们，使之能够自由自在地发展下去，最终形成它们该是的东西。从物的角度来说，我抚育喂养的东西我去主宰，这没有什么不对，似乎是天经地义的事情。正是这种想法的作怪作祟，导致有些家长极力控制子女的行为，想让他们按照自己的想法生活。而某些企业家则试图牢牢控制着员工的思想行为，想让他们一丝不苟地按照自己的意图、想法工作。但他们从来没有想过，如果自己的想法错了，那么因此造成的后果将会如何。老子认为，要克服这些不足，就必须像德一样，有功不居，有物不宰，让物按照自己的本性成长，就像员工按照自己的兴趣工作一样，反而能够取得更好的经营绩效。

综上所述，老子倡导的无执不主，其实质是在遵循道德的特性。企业家若想效法其不主不宰的特性，并以此形成自己的经营理念，就要使自己的企业遵循市场法则和行业游戏规则，按照市场自然规律经营。而对于员工，则应在其所具有的能力与企业经营理念相符的基础上，进行有效地引导与规制。

愚人之治的总体逻辑思路就是，首先以愚人之心为其宗旨和主要目标，然后通过无欲无智、无为无事的方法、途径来践行之。具体来说，无事包括无执、不主和不宰三个方面，管理者只要在这三个方面做好了，就可以体现出自己的无欲无智、无为无事的道家特性，这就达到了愚己之心，如果他人受到影响并予以效仿，进而就达到了愚人之心，此举的结果就是实现了社会的自然化，使包括社会在内的自然正常运行。这是老子最希望看到的景象，因此他极力推崇之。

以上所述的就是老子愚人之治思想，他的管理理念具有较为严谨的逻辑性，只不过这种逻辑性需要我们对之进行提炼。同时践行这些理念需要一定的方法，我们将在下面的章节中予以具体陈述。

第三节 圣人的法式楷模作用

上文已经简述了老子强调人们修道的原因，在于这种修道方式不仅可以给自身带来益处，还能够产生深远的影响，使其加以仿效，最终大家都能够成为有道者，即老子意义上的圣人。故此老子特意指出人们通过为道修成圣人，就可以成为天下的法式楷模，这也是圣人的主导作用之一。他在《道德经》第二十二章中指出，"圣人抱一为天下式"，而这个一，就是有的意思，具体表现在以下几个层次，即曲、枉、洼、敝、少。

曲字，唐汉认为："这是一个象形字，金文的'曲'字，恰似一把曲尺之形，曲尺上的斜线则为测量角度时的刻度标准……'曲'，特指曲尺，乃木工测量角度画线的工具。因其形状为九十度弯角，由此引申出'弯曲'这一意义，与'直'相对。《玉篇》释为：'曲，不直也。'"[1] 马如森指出："独体象物字，象一器形，一说象曲尺形，可能与乐器有关，何属字形待辨，其义待考。《说文》：'曲，象器曲受物之形，或说曲蚕薄也……'段玉裁注：'……乐章为曲。曲，乐曲也。按，曲合乐者，合于乐趣也。'"[2] 马连琪认为，该字读平声"它的基本意思是弯曲，和'直'相对"。读第三声"有两个意思：一是能唱的文词……还指歌子的乐调"[3]。窦文宇等认为："金文、籀文和篆文'曲'字都是弯曲东西的象形，由此产生弯曲的含义。引申表示弯曲的地方和偏僻的地方，引申表示由高低不同的声音构成的曲子，再引申表示歌

---

① 唐汉：《汉字密码》，陕西师范大学出版社 2009 年版，第 712 页。
② 马如森：《殷墟甲骨文实用字典》，上海大学出版社 2008 年版，第 379 页。
③ 转引自丁义诚等《汉字详解》，新世界出版社 2009 年版，第 342 页。

的乐调。"① 左民安认为："甲骨文的形体，像一种弯曲的东西，中间有纹饰……小篆的形体（呈英文字母 U 形状），像能装东西的器物之形，可见'曲'本为象形字……'曲'字的本义就是'弯曲'，与'直'相对……于身吾先生说：'又乐章为曲，谓音宛曲而成章也。'就是说乐曲之'曲'，也是从声音的委婉而得名。"②

从各家的解读可知，曲就是弯曲不直的意思，有两层含义：一是直角弯曲或带一定角度的弯曲，如甲骨文字形所示；另一种是由弯曲形成的曲线，如电子、光子等的正弦波等。如果将波形运行的粒子强行拉直，不仅得不到它们的真实情况，反而会得其偏，误导人们的认识。老子认为，自然之道并不直接显示于世界，而是通过生成万物，从而隐晦曲折地反映出它的存在，反而使其自身不像物那样仅能得物之一面，而是全面显示自身。形象地说，道就是通过幽冥、空旷全面地呈现出自身的状态。

枉字，在篆字中由木、之、土构成，窦文宇等认为："整个字的意思是不正常的树。它指树干歪曲的树。引申表示弯曲、受屈、徒然、使歪曲等。"③ 笔者以为，该字的右部为上之下土，之字有草木的含义，其右部就是从土里生出的草木状。其左部为木字，显现的是木本植物生长之形，但其长得有些歪斜，像草一样，乱生枝叶，而不是像杨木等多数树木那样笔直地伸向天空。老子认为，无论是树木，还是花草，都应该按其自身的生活状态生长，而不应该通过剪枝、捆束、支撑等人为的行为将其形状改变，这样反而有失它们的本真面貌。因此该字所呈现的，就是草木合乎自然生长的行为。故老子认为枉则直，其意是有及万物自然地生存，不需通过人为改变，它们以这种现状直观地显现出来。在老子看来，这样的世界才是最真实的世界。

洼字容易理解，许慎指出："洼，深池也。从水。圭声。"④ 窦

① 窦文宇、窦勇：《汉字字源》，吉林文史出版社 2005 年版，第 154—155 页。
② 左民安：《细说汉字》，九州出版社 2005 年版，第 82 页。
③ 窦文宇、窦勇：《汉字字源》，吉林文史出版社 2005 年版，第 381—382 页。
④ 许慎撰，段玉裁注：《说文解字注》，中州古籍出版社 2006 年版，第 553 页。

文字等认为，该字其一由"'穴'、'水'和'圭'构成。'圭'字有封疆的含义，整个字的意思是像洞穴那样的地方有水，由此产生水坑的含义"。其二是"由'水'和'圭'构成。意思封疆内易聚集水，由此产生地势低的含义"①。所以，洼字的含义是地之低洼处积水的意思。老子认为，地势越低，积得水就越多，这样水就处于盈的景象。大海处于地之最低处，所以成为百谷王。同样，人也是如此，只有低调、谦虚，才能懂得多，也能比他人容纳更多的事物。这样更能赢得人们的尊重，更会受到人们的欢迎。所以遵循自然及道的圣人就有洼的特点。在经济学里有资金洼地一说，即易于吸纳资金的领域和行业，其意显然继承了老子洼的概念。

敝字，左民安认为："甲骨文左边的中间是'巾'（上古的'巾'即为'布'），其右是手持木棍之形，意思是手持木棍抽打一块布。左边的四个点儿，即为打破后掉下来的布屑……'敝'的本义是'破旧'……由'破旧'之义又可以引申为'衰败'……也正因为'敝'有'衰败'义，那么有的东西也会因为衰败而被'抛弃'……也正因为'敝'有'破旧'义，所以古代对自己或自己一方也常用一'敝'字表示谦称……后世又有'敝人'、'敝舍'等谦词。"② 马如森认为："字象手撕破的巾衣之形。本义是撕破。"③ 唐汉指出："这是一个左右结构的会意字。甲骨文'敝'字的右半部，乃手持木棍之形，表示一个人手持棍杖在敲打着什么；右边则是一个'巾'字，上下四散的四个点儿，为'巾'上的破洞或灰尘……'敝'字的物象，来自在人体或器物上蒙'巾'，手持棍杖敲打后出现的损坏。因此，'敝'的本义为'破败'……由'破败'之义又引申为'衰败'。"④ 姜文振认为，敝字左边"由'巾'和上下四点组成，'巾'表示一块布，四个点表示散落下来的碎布条。右偏旁俗称反文旁……表示手里拿着

① 窦文宇、窦勇：《汉字字源》，吉林文史出版社2005年版，第424页。
② 左民安：《细说汉字》，九州出版社2005年版，第321页。
③ 马如森：《殷墟甲骨文实用字典》，上海大学出版社2008年版，第184页。
④ 唐汉：《汉字密码》，陕西师范大学出版社2009年版，第656页。

棍子或鞭子抽打的意思。'敝'字最初的意义是指衣服破……由'破'这个基本义引申出来的另一个意义是衰败、衰竭……由于破旧的东西最后的结果往往是被抛弃掉，所以'敝'字由本义还引申出抛弃的意思……由于'敝'有破旧之义，所以后来常常用它构成谦词称呼与自己有关的事物。"① 商承祚指出："此象以支击巾而敝之形。"② 熊国英认为："'敝'是破旧的衣服，引申衰败。"③ 赵诚认为，该字"构形不明。后世为败意，不知起于何时"④。徐中舒认为是"会敝坏之意"。⑤ 因此，该字的原始含义可能是在远古时期人们用兽皮做成衣服毛巾之类的东西，当使用时间长了之后，毛就会掉下来，或者由于受潮，皮毛发绿毛，导致其损坏，这时人们试图使用木棍等物打掉被细菌感染的绿毛，从而导致这些兽皮损破之意。当这些兽皮衣等物起不到防寒作用时，就会被人们抛弃，并更换新的。这或许就是老子所欲表达敝则新的真实含义。上文提到的"敝而新成"，其义和老子在此论述的"敝则新"，有相近之处，皆有推陈出新、万象更新之意。显然，道及有就具有容纳旧物，产生新物的特性。

少字，前文道观一章曾指出，既有小之义，但也有寡之义。老子认为，尽管道、有至少，但却是生成万物的根本。在老子看来，能够促使万物产生，则是最大的得。此即是说，由道生成的一，就是最小或者说最小的整数，比其小的零，则意味着什么也没有，是什么也难以显现的道无世界，由之而生的一，或者说有，能够由其光、恍的特性使自身显现，继道生成现象世界，这就是其最大的成就，而万物尽管也能够生成其后代，但与道和有相比，其得就显得十分渺小。

---

① 转引自丁义诚等《汉字详解》，新世界出版社 2009 年版，第 398 页。
② 商承祚：《甲骨文字研究》，天津古籍出版社 2008 年版，第 211 页。
③ 熊国英：《图释古汉字》，齐鲁书社 2006 年版，第 11 页。
④ 赵诚：《甲骨文简明词典》，中华书局 2009 年版，第 128 页。
⑤ 徐中舒：《甲骨文词典》，四川出版集团、四川辞书出版社 2006 年版，第 871 页。

当万物各自生活以及生成呈现时，大千世界就得以形成。这个光怪陆离的现象世界，其中的万物各显其能，各自展现自己的形象。对于行为主体（或海德格尔的此在）来说，有时就会感到眼花缭乱，茫然失措。此时，如果人们的欲望没有受到正确的或自然之道、德特性的引导或规制，就会像猴子掰玉米穗一样，看到大的就扔掉小的，最终一无所获、一事无成。也就是说，人们常常试图追求、获取最大的成果，结果反而是什么也得不到，这就是人们对于得感到困惑的主要原因。

所以老子认为，遵循自然之道的圣人，应是"抱一为天下式"。具体来说，就是能够做到曲、枉、洼、敝、少，进而达到全、直、盈、新、得的理想效果，并且坚决制止求多，因为多则惑，使自身陷入现象世界，惑于物欲而不能自拔。按照这样的方式为道，就可以成为天下之楷模，以供他人效仿。圣人不仅如此，他们还使自身做到不自见、不自是、不自伐、不自矜，以显示出自己的德行，最终做到常人羡慕的不争而胜之道、德境界。

相应地，如果企业家效法这些特性，以这些特性为自己的行为法则，就会使自己成为道商，进而可以使自己成为天下的法式与楷模，供员工及他人去效法。老子认为，这就是圣人为道法式、楷模的最主要作用。

第四节　圣人(道商)人格塑造的方法

一　处黑

老子不仅提倡人们践行愚人之治的管理模式，希冀以此根除其时执政者的相关模式，并以之塑造自己的人格，还较为系统地提出了一系列其他塑造人格的方法。

前文已述，道的特点是黑，故老子也提倡守黑。他在《道德经》第二十八章中指出，人们应知白守黑，因为这不仅使其自身成为天下的法式，而且也是他们遵循自然的必要方法。前文已述，其中白是由恍产生的光，由光呈现出的明，以体现出现象世界，这就是白的实质，它是由物体现的。黑则与之相反，它是惚的体现，是道的本来面目，即道处于一个幽冥隐深的世界中，人们不通过观悟，是不知道其存在的。老子认为，守黑就是守道，故他指出人们应守处于阴暗幽黑之道的位置，以其特性为自己的行为准则，来知晓万物的运行、现象世界的发展，并以此作为天下效法的模式。管理人员如果能够做到守黑，就会使自身处于一个有利的地位，这样可以更加有力地观察下属员工的工作行为，为其考察员工的工作绩效等提供方便，故崇尚老子之道的韩非子，力主管理者处于深不可测的位置。

我们在老子道观中说过，黑显现出道的不自生，而不自生体现出道的不自见等特性。其义就是隐藏自己，不使自己显耀于这个现象世界，具体表现为《道德经》第十四章"迎之不见其首，随之不见其尾"的描述。在这里需要强调的是，他所述的不见，也就是不自见。老子非常赞赏道的这种特性，指出自我炫耀者反而不能引起万物的注目，最终使己不明。但不自见却与之相反，为道者不想自见，因其慈生等功能，反而能够得到最大的见；不与万物争，反而能得到万物的尊崇。对于不见，最主要的表现就是不使自己的欲望呈现，也就是说，使自己没有欲望，即老子在《道德经》第三章中所说的"不见可欲，使心不乱"，从而不让自己的心受到外界的感染，受到具体物的诱惑。另外老子提出的不自见，就是使自身不以物自见，如果行为主体想见的话，就以道见，即见之于道的特性，使自身以道体相见。为此老子论述的"见"有两层含义：一是见素，使自己不以物的形态呈现，而是以自然之道的形式出现，此举使自身处于朴素的状态而非虚华的呈现中。这也是老子所述的不贵，即不以物的形态贵自身。二是见小，他认为"见小曰明"，从而使自己不称大。其实中国是一个崇尚大的国家，在称呼上都有大字，如大领导、大作家、大学者等。但老子反其道而行之，主张称小，认为唯称小才能成其大。即通过小而体现出其大，这正是自然之道的特点，而圣人循之。因为道正是以不炫耀、不呈现自己，但是通过慈生万物而得到万物的称道的。这里先论述一下不自见的首要特性——贱。

二 处贱守辱

老子十分强调通过处贱守辱来完善自己的人格，而处贱守辱主要表现在处后处外与处下不争上，下面我们对之详加论述。

处于幽冥之黑的道不以光显示自身，就是不自我呈现，从物的角度看来，就是身处贱的位置，而老子恰恰倡导处贱。他指出贱的价值，即"贵以贱为本，高以下为基。是以侯王自谓孤、寡、不毂，此非以贱为本耶？"（三十九章）这就是说，贵以贱为根本，任何贵都是建立在贱的基础上的，故人们常常通过贱来达到贵，如王公诸侯皆以称贱来成就自己的尊贵。由此看来，处贱是守身的根本。

为了遵循自然之道，老子要求人们处于贱的位置。它主要体现在两个方面：一是受国之垢。别人不愿接受但又需要有人接受的事情，自己接受。而污垢之处，正是别人讨厌的地方，自己坦然相待。或许别人会认为这是傻事，但是它正反映了受到别人认可的奥妙所在。二是受国不祥。不祥的事情，谁都想逃避，而作为圣人却勇于承担，从而使别人趁机躲避，这无疑会受到人们的赞许，也是自己有资格作为社稷主和天下王的资本。从本性上讲，人都喜欢受到尊敬，因此人们将自己定位得高高的，唯恐被人轻视。但老子希望通过垢、不祥等处贱的途径来取得这种效果，这是最好的辩证思维。同样人们还希望通过纹饰以显示自己的尊贵，如坐上精雕细琢的豪车，穿上细致纹绣的服装，这些在老子看来，都是刻意而为，反而受到得道之人的蔑视。而那些坚守质朴之道的圣人，却是"被褐怀玉"，拥有最宝贵的品质，远远超过那些穿着绫罗绸缎、吃着山珍海味、坐着豪华轿车的所谓富贵者。因为他们遵守的是形而上的自然法则，效法的是能够给世界带来重大变化的自然之道。

对于管理者来说，要积极处贱，积极承担和承受企业的污垢、不详等员工不愿意待的地方，如亲临企业脏乱差的工作场所，带头处理好需要在这里完成的任务，此举又能体现出一种谦卑的领导态度，它无疑会受到员工的感激和好评。

那么这种贱又由三个方面构成，其一是处后，即行为主体应身处别物之后，像道一样整体处于现象世界之后，让人们觉察不到；其二是处外，即外其身，将自己处于现象世界之外，不干涉它的运行；三是处下，即使自身处于下的位置，不与万物争光争耀，使己处于显赫的位置。以下我们逐一阐释。

（一）处后处外与处下不争

首先是处后。处后是老子提出的道的第三宝，即不敢为天下先，就显示出了道的处后特性。由于道知足知止，能够做到功成身退等，所以它具有不为天下先的特性。在老子看来，这种处后行为，"故能成器长"（六十七章），即不规控万物，使之自在地成长，最终顺利长成，故道处后的特性也引起了万物的朝宗。

因此老子积极主张人们要处后，不要与其他人或物争先。争先是万物甚至包括人的基本欲望，即人们具有先天的争先欲。如在无规制地获取食物、财物时，人们常常会不由自主、争先恐后地争抢。这种情况到现在也是司空见惯，如我们经常在网上看到某地钞票或水果等物掉了一地，人们纷纷争抢等。在自然界中的动物也具有这种本能，当我们撒鱼食后，许多看起来怡然自得的鱼，就纷纷聚在一起抢夺鱼食；叽叽喳喳在树上唱个不停的小鸟，看见人们撒食时，就飞下来争夺鸟食。有时为了得到食物，甚至相互之间不惜啄咬。商家正是看到了人们的这一特性，就使用饥饿营销等方式，在网上设定某一时段以较为便宜的价格兜售其产品，让消费者认为有利可图，便纷纷参与到抢购这种商品的风潮中。因此，看见对己有利的事情去争，是一种天性。但在老子看来，这只是人们在物层面的行为表现，如想超物而达到道的境界，就必须做到卑让，即不主动去争去抢，而是将好事让给别人，以这种方式去赢得他人的认可。对于管理者来说，必须学会处后，做到欲先民而以身后之，这样才能得到员工的尊敬，也才能成为一个优秀的领导者。老子指出，圣人就是这样做的，正是因为如此，才能够实现他的愿望，即如《道德经》第七章所云，通过成就别人的自私而得到认可，这样则可以无私成就其私，做到不私而私。显然，它是人们待人理事的极高境界，使企业能够取得一种良好的经营效果。但是，如果人们反其道而行之，严重者会导致身败名裂，轻微者也会令人不齿，即所谓"舍后且先，死矣"（六十七章）。因此，要想成为一个优秀的管理者，就必须做到处后，尽可能地不与员工争抢利益。

其次是处外。处外是指在大多数情况下，人们会对自己产生过高的评价，但自己常常感觉不出来。他们非常认可自己的价值，常常因为办了一件在旁人看来很小的事情，就自认为很了不起，这种心态表现出了对自身存在的认可。因此多数人都认为自己的想法甚至生命很重要，而别人的相对来说就要低等一些，这种情况有时是人们在无意识之中产生的。学术上产生的很多争论，在很大程度上也是这种心态造成的。但在关键时刻，能够挺身而出的人却凤毛麟角，如昆明火车站砍人事件，如果大家集体反抗，歹徒也不会那么猖狂，但是先站出来的那几个人肯定会遭受损失，极有可能献出生命，在这种想法和人们肯定、顾及自我生命的情况下，许多人采取了消极反抗的态度，这时反而使很多人失去了生命，且造成数百人受伤。这种行为就叫作自我价值认可，认为相比自身，其他事情都相对不重要，为此他们不惜一切代价保护自己。然而，老子的想法与一般人不同，他是站在自然的角度上看待事情的，主张人们应学会奉献自身，借此体现自己的价值存在。因此他强调人们应"外其身"，不顾自己的身体，做到为人、与人，这样做反而会使自身能够永久地生存，如雷锋因奉献自身而永垂不朽，韩愈因为民请命、造福一方而千古流芳。所以这些不顾自身而无私奉献的人，结果却是"外其身而身存"（七章）。有时尽管他们的生命失去了，但精神却长留后世。如果昆明事件有一两人能够挺身而出，像新疆飞机上勇斗歹徒一样，那么不仅会受到人们的赞赏，反而有可能使其生命得到保全。所以，通过外其身能够成就自身，就像上文所述的，以其无私而造就其私一样有益。老子正是看到了其中的益处，故此主张人们积极处外。同样，管理者也应该学会处外，遇到利益不要考虑自身的得失，而是先为他人着想，先要照顾他人的利益，这样更有可能使自己获取最大的利益。

老子指出，外身的重要表现就是无身，只有舍身奉献社会的人，人们才会全力支持他，将自己心中最重要的事情托付给他，这样即使他不想拥有天下，天下人也不会让他这样做。结果是他以身奉献给他人，得到的回报是受到他人的爱戴与拥护，从而使人们将天下委托给他，这就是管理的最高境界。故老子在《道德经》第七十五章中强调："夫唯无以生为者，是贤于贵生。"在他看来，将其身置之度外，远比爱惜自己的身体更重要，故他极力强调外身的重要性。从此也可以看出，老子与杨朱的思想是有天壤之别的。

同样，老子还提倡无心，所谓无心，不是说不要有心，而是心不要拘泥于某一个位置上，将之固化。他说，"圣人无常心，以百姓心为心"（四十九章），就是说人应该做到恒心不居，时刻以百姓的心转动，以其欲求为念，以他们的自然生活状态为则，善待百姓、听信百姓，干他们喜欢的事情，这样才会成为一位优秀的管理者。而无心是外身的内化，内心能够做到变动不居，其身才能表现出外身。相反，如果我们贵生，就会珍惜自己的身体，这样就会产生患得患失的心理。

老子的外身无心主张，换取人们将天下托付给他，显示出极高的智慧。和一些西方思想家一样，他也认为人具有天赋权利，这种权利不是通过人为的拉选票甚至受贿竞选而获取的。当西方的政客为了赢得竞选而苦心经营时，他们可曾领会了老子的这一段话？是否了解老子的不竞而选的境界？为数不多的一次，就是普京第一次成为总统后的再次参选，他通过具体的工作而不是直接面对观众的演讲，赢得最后的大选，颇似老子的这个主张。

最后是处下。老子极力主张人们能够处下。他认为常人所轻视的下，其实是很重要的。首先，善下才能包容万物，如大海能够处下，故有能力包容百川之水。我们知道，海拔越低，其容纳的水量也就越大。而道之大也在于自身处下，即处于万物不知的幽冥世界，并接受万物的回归，故能成其大。另外，道的善容特性还体现在其不自矜上，即不自我抑制，故能够绵绵不断地生出万物，永不停歇。其次，高是以下为基础的，高的突显、伟大皆是有下作为奠基的，否则成就不了其高。所以唯有下，才能够促进其高。最后，道遵循扶下抑高的自然法则。"高者抑之，下则举之"，即对于高的东西，"木秀于林，风必摧之"，而对于下的物体，则极力提举。如暴风将高岗上的土沙刮到低洼之处，即是如此。将有余的东西减损，补给不足的那些，都是道扶下抑高的具体体现。在老子看来，唯有处下，才能够顺应道，接受道的资助，这就是他提出损余补欠思想的原因所在。

对于效法道的管理者来说，也应处在下的位置。有效地用人，不是处于上位吆五喝六，而是处于下位激发员工的积极性，让其自愿地解决工作中的实际问题，这样有可能取得更好的管理效果。在此我们也应当将管理的概念扩大，即管理不一定只是高层管理底层，相反底层、基层也同样能够管理高层，老师管理学生，反过来学生也能够用好老师。如学生遇到数学题目或其他论文等不会做，就虚心地向老师请教，而老师看到学生如此谦虚好学，就会无意识地帮助他们，积极辅导他们，这时表面上是老师帮学生，实际上却是学生利用自己的谦虚使用了老师，让老师心甘情愿地为其服务与工作。老师则深陷其中而不知，这就是学生的处下用师之道。同样在企业，员工也可以通过虚心地向上级、有经验的同事积极请教，换取他们的欣然指导，这就是利用他人的能力为己服务。尤其是作为上级的管理者也依法炮制，效果会更加明显，会让工人感到自己很重要，不自觉地就积极为企业工作。为之老子叹道："善用人者为之下"(六十八章)。显然，领导者通过言下身后，不仅是使人们拥立他们，使其处于高位的最优途径，也是老子发现的最有效的管理方法。梅奥的霍桑试验就是通过尊敬工人，从而使后者工作绩效提升的证据。因此通过处下，使员工"乐推而不厌"，最终以不争的方式赢得成功，是老子的主张之一。

同样对于国家来说也要如此，大国想建立自己的威信，不是通过霸权而应通过处下而为。故此老子在《道德经》第六十一章中说:"大国者下流,天下之交,天下之牝。牝常以静胜牡,以静为下。故大国以下小国,则取小国;小国以下大国,则取大国。故或下以取,或下而取。大国不过欲兼畜人,小国不过欲入事人。夫两者各得其所欲,大者宜为下。"固然小国以下与大国相处,则会讨得大国的欢心,使之麻痹大意,放松对小国、弱国的警惕,从而使其利用大国之资为己服务。或者让小国以弱胜强,取得对大国的胜利。如越王勾践服侍吴王夫差,大宋向辽国、金国称臣,最终赢得了胜利。但大国通过静处下、处雌,则更能赢得小国的认可和拥戴。如文王以其仁政使天下小国的归附,善于养老使天下老人投奔,从而赢得了天下百姓之心,为取代纣王奠定基础,即是一例。一般来说,大国是稳重的,不轻易更改自己的对外政策,而小国的对外政策相对来说则比较灵活,但如果不遵守处下的自然法则,则会给自己带来不利的后果。总的来说,老子认为,处下的东西最终都会取得好的结果。

老子认为,人们应该做到使自己像水一样,处于万物之下,并且润泽着万物。但从物的角度来看,这就是处辱。由此而言,处下就是处辱。为此老子在《道德经》第十三章中说:"宠为上,辱为下。"在他看来,因为辱在宠的下端,所以辱处下,守辱就是处下位,所以老子主张之。如他在《道德经》第二十八章中主张知荣守辱,指出做到守辱,不仅能够容纳万物,更可以达到不争而善胜的境地。辱字在《说文》中意为:"耻也。从寸在辰下。失耕时。于封畺上戮之也。辰者,农之时也。"① 而在《广雅·释诂三》中释为"污也"②。由此看来,许慎等人认为受污为辱,守辱为耻,但这是不是其真正含义,我们还需要做一番分析。辱由辰和寸构成。辰字,熊国英引用徐中舒的释义,认为"商代农民用蜃壳(蛤蚌贝壳)作镰刀,在蜃壳背部穿孔扎绳缚在拇指上,用来掐断禾穗。'辰'字的甲骨文正象蚌镰缚于手指的形状。蜃壳本应呈圆弧形,

---

① 许慎撰,段玉裁注:《说文解字注》,中州古籍出版社2006年版,第745页。
② 徐中舒:《汉语大字典》,湖北辞书出版社、四川辞书出版社1992年版,第1502页。

因甲骨文是用刀刻笔画的，转折不便，故作方折。如同甲骨文刻'日'字成方不成圆一样，金文不仅将蜃壳画圆，且加'手'和'趾'表示动词。"① 左民安也承认是"上古以大蚌壳作农具"②。赵诚指出："象人拿着石镰或其它农具，表示耕作之意。"③ 马如森也持类似的观点。而唐汉则认为是"整体字形以图解的方式，表示用边锋锋利的石刀割断脐带，使胎儿与胎盘分离"④。寸字，是根据手掌某一位置的长度以寸名之。因此综合起来，辱字可能就是人们在用农具干活时，将手弄脏了的意思。或者用唐汉意，是指人们用石刀或蚌刀切断脐带时所出现的血污等物。仅从污意来看，这两种解读皆有道理，但是如果了解辱字还有耻辱之义，那么唐汉的解释更有道理，因为在切脐带时，必然涉及女子的私处，此有羞耻之意。因此当老子说"大白若辱"（四十一章）时，其义就是至白的东西，好像是带有污秽之意。即他认为至白之物好像受到黑辱一样，此处的辱不仅具有黑之意，还有垢之意，故老子又有受国之垢、受国不祥的提议，认为唯有守辱受垢，才能够成为好的管理者。

老子指出，人们所以宠辱若惊，是因为其皆有主体意识。由于他们不能忘记自身，常使自身处于物的位置，因此多受到自身利害的驱使，在这种情况下，产生了患得患失的心理，结果让自己陷入了争荣去辱的行为当中，最终产生了宠辱若惊的现象。此即是说，因为他们常常过分地考虑自身的安危得失，所以办起事情来总是患得患失，结果多是一事无成，很难干出什么名堂。当宠上辱下的理念盛行时，人们都想得到宠，因为宠可以给自身带来尊贵。与之相应的是，他们不欲受辱，因为辱会使其人格之尊严丧失。在许多情况下，人们甚至将自己的尊严看得比生命还重要。与之相反，主张遵循自然的老子提倡人们守辱，前文已述，就是主张知荣守辱，为

① 熊国英：《图释古汉字》，齐鲁书社2006年版，第27页。
② 左民安：《细说汉字》，九州出版社2005年版，第521页。
③ 赵诚：《甲骨文简明词典》，中华书局2009年版，第264页。
④ 唐汉：《汉字密码》，陕西师范大学出版社2009年版，第801页。

天下谷。这样他们就能够做到对任何事物都没有反感，更不用说拒绝、排斥了，反而会采取宽容的态度，主动接纳人们所讨厌的事物，这样一来就不仅仅是成就其虚怀若谷的心胸了。

综合老子辱的思想，可以形成一个守辱不辱的概念，即人们使自身处于一个辱的境地，开阔胸襟、虚怀若谷地接受任何人们不喜欢的事物，并对任何事物没有贪欲，以此获得人们的爱戴，这样就可以做到守辱不辱的境界。如果企业家能够做到这一步，干员工都不愿承担的工作，如风险投资、有重大责任的事情，同时不独占其中的收入，而是与员工共同分享，则会受到人们的欢迎。因此企业家要学会守辱，干大家都不喜欢干的工作。

道之黑不仅能够使人们做到宠辱不惊，而且最终让他们达到不争的境界，这就是老子要求人们为道守黑的结果。老子之所以提倡不争，就是看到了自然具有这种特性，如他曾说天之道，是不争而善胜的。与道有相似特点的水，也是如此。他认为，这种不争会给自己带来两种好处：一是不会给自身带来后患，这就是他所谓的"夫唯不争，故无尤"。俗话说，不做亏心事，不怕鬼叫门。自身不与外界相争，并时常给之带来益处，对人们来说，就不会有什么担惊受怕的事。二是可以使物难以争胜，"夫唯不争，故天下莫能与之争"（二十二章）。此即是说，天道是通过不争，利用奉献来得到万物尊崇的，从而使其超越万物，故善胜它们。对于效法自然之道的圣人，情况也是如此，他们不与他人相争，而是为人、与人，只讲奉献而不求回报，故受到他人的尊崇。另外他们不与万物争胜，也不与万物争耀，仅仅通过下言、后身的方式来赢得人们的尊重。所以圣人通过不争而产生出其他人难以与之相争的局面。管理者如此而为，也能够达到这种效果。

在这里老子的不争思想有几层含义：其一是不贵难得之货，就是前文所述的奇珍异宝，如看重它们，则会引起人们的争夺。其二是不注重享受美食华服等，如果过于享受了，则会引起他人的侧目。其三是不尚贤，就是不讨论他人的优劣长短。因为人是平等的，没有高低之分。一旦人们对他人评头论足，就会有贤不肖之断，由于每个人评判的标准不同，于是会引起他们的争论。老子指出，对这些行为都应该除却，这样才会使人达到不争的境界。

（二）不贵不恃

除了处贱之外，不自生的第二层含义就是不贵。既然道不自生，也就不自贵。老子认为，贵是与贱对立存在的，没有贱，也就显示不出贵。故他指出贱为贵之根，贵以贱为本，只有以贱为基础，才能显示出其贵。站在道的角度来说，只有处贱不贵，才能得到最大的贵。一个得道的统治者，如果做到了不贵，自称寡、孤等，同样能够成就其最大的贵，其他人也同样如此。所以老子主张不自贵，他心目中的圣人即是如此，故他在《道德经》第七十二章中说圣人自爱不自贵，即他们不将自己看得过尊过高，反而使己处于贱卑之位。他们认为，如果将自己看得高贵，就会使自己处于一个物的位置上，这是与道背道而驰的，会降低自己的水准，所以他们不仅不会这样做，还会将自己看得较为低下，甚至以被褐怀玉的形状呈现在世人面前。相反，物则不一样，它们常常将自身看得高贵，同时看轻别人。不仅庄子看到了这一点，柳传志也有同样的认识，他说："当两个鸡一样大的时候，人家会觉得你比他小；当你是火鸡，人家是小鸡的时候，你会觉得自己很大，人家会觉得咱们一样大；只有当你是只鸵鸟的时候，别人才会承认你大。"[①] 通过对道与物这种特性的对比，老子发现了道的优点和物的缺陷，故他主张不自贵。

具体来说，圣人不贵，就是不贵稀有之物。自然平等地对待每一个事物，不对它们实行差别对待，对于善者与不善者是如此，对其他物品也同样如此。所以圣人无论是对待珠玉还是瓦石，是"不可得而贵，不可得而贱"（五十六章），不将它们做高低贵贱之分，对它们一视同仁。在圣人看来，不贵难得之货，这样做的好处表现在使民不为盗上。在许多人看来，稀有之物是他们梦寐以求的东西，他们趋之若鹜地追求着这些东西，甚至不惜做出违法的事情，

---

① 彭征、袁丽丽：《联想教父柳传志》，现代出版社2009年版，第31页。

甚至舍弃自己的生命。老子指出，根治此祸的方法就是让人们不贵任何珍品，这样也就激不起他们的占有之心，因此人们就不会费尽心机地争夺这些物品。而这样做的人能够赢取天下的尊重，故其为天下贵。由于圣人能够效法自然的这种特性，做到平等待物，所以他们能够弃物入道，依道而为。

在老子看来，如果人们想贵的话，就必须以道理事，首先做到身为天下，如此为天下贵。前文已述，只有以身为天下，后者才能够放心地将其权力托付给他，从而使其成为天下的治理者。其次做到贵言，他要求人们在一般情况下不轻易发言，但发言了就要承担其后果，遵守其承诺。有些承诺自己可以做到，但有些则不一定，因此对于管理者来说，谨慎地说话是体现信实的标志之一。再次是贵左，正如上文所述，老子提倡崇尚吉事，反对凶事，因此要有贵左的意识，这样才能为人们带来福祉。最后是贵食母。食母就是吸取道的养分，即效法道的特性。

那么人们为什么要如此做呢？老子特意指出，这样做可以得到道的庇护，进而求得免罪，西方人不知此理，故将之想象为神的作用。老子根据对自然的观悟，得出是道在起影响的观点，比西方在领悟自然方面更进了一步。其证据是《道德经》第六十二章中所说的"古之所以贵此道者何？不曰以求得，有罪以免耶？"此即是说，道能够使人们获取其最美好的品性，避免后者步入罪恶的深渊，所以道是天下最为宝贵的东西，为此他要求人们贵道。在这里老子隐含了一个人性假设，即人是利害人，具有趋利避害的本能，总是做着趋利避害的活动。而韩非子倡导的赏罚二柄，也是建立在利害人基础上的。由于"则我者贵"（七十章），故老子提出人们应向尊道的圣人学习，这样可以使己进入最好的生活状态。相反，如果人们"不贵其师，不爱其资，虽智大迷"（二十七章）。他们不尊德贵道，不效法圣人，而是利用自己的智力处世，将自己保持在物的层次，最终会自我迷失，不自觉而无价值地走向衰亡。

既然自然之道、德不贵自己，更不贵珍品，它就不会以此为资，故其显示出不恃的特性。老子多次强调道、德是为而不恃的，它们畜养、培育万物，使其自我发展，但不以此为资历、功劳而有所仗恃，老子认为，这是自然之德的优秀品质。有些人总是在自己有了一点成就时就沾沾自喜，甚至狂妄自大，认为世界非己不可。他们的行为反映出自然不恃之德在现象世界中是多么的难能可贵，也是包括管理者在内的所有人效法的对象。

自然之道、德不恃的特性，又反映出其具有不自是的优点，故老子主张不自是，即不自以为是。虽然道、德为现象世界的形成做出了莫大的贡献，但它们从不认为自己的能力和功劳最大，从而在世界之中炫耀自己，而老子认为这样更能有效地彰显它们。对老子的这个观点孔子也是非常赞同的，孔子告诫人们要做到"毋我"，不要固执己见，认为自己的意见、话语、举止就是最好、最全面、最完美的，从而歧视别人的看法及其他方面的行为，认为别人什么也不是。有些企业家就很容易犯这个毛病，他们往往将自己的想法看得非常重要，而忽视别人的意见，此举常常造成其一叶障目，最后造成巨大祸患，这是在思想上的自以为是；他们在高谈阔论时，口若悬河，滔滔不绝，毫不关心别人的言语，也不顾忌其他人的感受，只是为了自己的一时高兴，这是语言上的自以为是；他们常常根据自己的喜好处理事务，从不关心别人的心情，如吃饭时只点自己喜欢吃的菜，只喝自己喜欢喝的酒，而不管其他人是否吃得惯辣椒，喝的惯白酒诸如此类的事情，这是在行为上的自以为是。概在春秋时期，老子等人就看到了人们的这种自是心态，并且发现了这种思想行为给自身带来的不利，故此他极力劝导人们戒除之。而现在的企业家，也同样有必要戒除这种带有物性的缺点。

三　守雌自小

(一)　不大

不自见还体现出道的不大特性。老子称道为大，如在《道德经》第二十五章中他说："吾不知其名，字之曰'道'，强为之名曰大。"或许是他看到了道的作用巨大，其特性为万物所推崇，故谓道大。在老子看来，凡是被称为大的东西，都是与原物特性相别的实存，如大象，它已经超越了有形的精象而成为道的代称，是无形的。大方不像普通有隅的方，它是无隅的，如此等等。另外老子指出，大白若辱、大成若缺、大盈若冲、大直若屈、大巧若拙、大辩若讷等，都反映出某种东西、特性大到一定程度，就与其原来东西的特性不同，故老子以大称之。同样老子称道为大道，也显示出其与普通物有所区别。他发现，道之所以大，是因为"万物归焉而不为主，可名大"（三十四章），即所谓的有容乃大，但是令人敬佩的是，"以其终不自为大，故能成其大"，它的大不仅在于能够容纳万物，还在于它不自称大。或许后一个特性更加重要，或许因此道才被视为能够超越物的存在。此即是说，道在物面前处小。虽然道对现象世界所起的作用是无与伦比的，没有任何物所起的作用比道大。尽管如此，道从不自大，认为自己比万物强，而是隐藏着自己，为生物做出自己的努力。物则相反，总是认为自己很强大，试图通过其形突显出自己的存在和强大。殊不知自己与道相比是那么的渺小，但是没有经过观悟的万物就是如此的任性。老子认为，如想克服物的这些不足，就必须超越物而进入道，对于管理者来说，就是要进入道的管理状态中。老子指出，圣人是效法自然之道的，尽管知晓道、德，洞察万物，但却使自身处于小、下的位置，坚决不炫耀自己，处处表现自己，而且使自己的行为符合自然法则，并效法其特性。尽管它们也终不为大，但其能够尊自然之道、德而为，善于容纳珍物和弃物等，这样反而表现出自己的伟大，故能成其大。

由于道、德不自大，故它们也不会自伐，也就是所谓的不自我夸耀，如颜回所云的"愿无伐善"，就是其义。有些人总是认为自己做出的功劳最大，不仅喜欢张扬自己，还常常蔑视其他之物。显然，这些人就是爱显摆，有了一点功绩就沾沾自喜，到处宣扬。甚至没有功劳，也要抢占别人一部分功劳据为己有，以彰显自己的"贡献"。屠呦呦获得了诺贝尔奖，马上就有人宣称这是集体的功劳，难道不是这种心态在作祟吗？而牛胰岛素的合成本来是有机会获奖的，不也是因为大家都想占有功劳，最终挑选不出一个代表人而作罢了吗？还有些人摆正不了自己的心态，常常容忍自己的嫉妒心发作，抱着我不能获取成就你也别想有功绩的心理，明着或暗里阻止别人的正常工作，为他们下绊子、设陷阱，想方设法不让他们出成果。对于这些人，有必要让他们看一下老子的不自伐思想，学习道、德的不自伐精神，从而改变自己的这种阴暗心理。也就是说，他们如果能够做到不仅积极促进别人出成就，而且自己出了成就也不到处宣扬，而是稳步地做自己应该做的事，那么他们就能够超物入道了。

（二）守雌

老子认为，自然道、德的不大、不自伐特点，也体现出它们的守雌处小特性。第一，他指出自然道、有的特性是母。有人认为，老子的核心思想是道，而道的特性是母，其实这是一种误解。的确，无论自然也好，或其含有的道也好，都具有母之生的特性，但老子并不以之称为母，相反，他是将道生成的有，称为母，即在《道德经》第一章中所云的"有，名万物之母"，而不是将道称之。但是老子在第二章里指出有无相生，即二者是互相产生的，这不仅印证了老子的自然循环论观点，而且指出了母的主要特性就是生。事物是循环相生的，很难断定究竟哪种实体是原始之母，因此老子只能具体地指出谁是产生万物的直接之母。在《道德经》第一章中老子指出，有是万物之母，而道则是天下之母，这种观点在《道德经》第二十五章中也有体现，但在这里他仅称道是天下之母，是否就是万物之母，老子并没有具体说明。而在《道德经》第五十二章中，老子说："天下有始，以为天下母。既得其母，以知其子。既知其子，复守其母，没身不殆。"而这个始就是《道德经》第一章里所云的"无，名天地之始"的始。显然，这里老子将天下与天地等同。无产生天下，天下即是有。① 然后有又生出万物，而天下万物又复归于无，这是一个自然循环。

另外，老子在《道德经》第二十章中指出："我独异于人，而

① 老子之有也可以划分为阴阳，而《易经》中也将阴阳比作天地，究竟二者是否一致，需要进一步论证。老子对此也没有做出具体说明，根据逻辑推理，他将有等同于天下或天地，我们在此不能必然地认定二者是同一类实存。

贵食母。"许多人认为，这是食于道，此处将母理解为道，其实，老子在此与其说是效法道，倒不如说是效法自然。将自然循环而生作为母，体现自然的持续生成与演化过程，使之得以永不枯竭地运行。在此老子指出，人应该效法自然使万物得以产生，即人们可以在自然之中吸取物质、精神食粮，使之扩充于自身，最终也可以像自然一样，制造出供人享用的产品，其实人类社会一直都是这样的。同样，老子在《道德经》第五十九章中指出，人们通过俭啬积德，最终可以使国家形成，而国家如果遵循自然运行、生成，并不是刻意而为，造成百姓的流离失所，就会长久地存在。因此对于管理者来说，如果他们能够遵循自然生成法则，其企业也会更为长久地存在。就像一个人，如果如"塞其兑、闭其门"般地安心生活，则可以长寿，像母生子一样，多生出自己的日子。相反，如果天天斤斤计较、患得患失，并时刻算计着别人，不仅会招致别人的报复，还容易减损自己的寿命。由此看来，自然或者说自本体不仅具有母的特性，而且其产生的道德，甚至部分物也具有这种特性和功能，同样，这些也能被人类效法。

第二，应做到雌。因为雌同样是产生事物的本原性存在，也就是说，没有雌的作用，也就不会使世界存在，因此老子极力劝导人们应守雌，而上文所述的母其实也是雌的一个组成部分。他在《道德经》第十章里指出的天门，即是产生万物的出入口。它开阖之时，就是万物绵绵不绝地得以产生的过程。开是万物出生之时，如婴儿从母胎出来时的状态，而阖则意味着出入口关闭，积蓄着孕育万物的质料，为自然从无到有做着准备工作。这个过程恰似雌性的孕育生产过程，因此老子试图用雌性的这个功能来表述道生万物的形成过程。如果人们想要弃物入道，就必须会守雌母之道，通过慈生畜养芸芸众生而受到他们的认可和爱戴。更为难得的是，相比雄性来说，作为雌性，总是处在下位，她们更不喜欢彰显自己，也没有雄性活泼，比较稳重隐忍，同时能够接纳各种事物的展现。显然，这种性格更容易受到众物的欢迎，导致后者像水流入溪一样，向着前者投奔，而前者也会欣然接受之。但雄性则与之相反，总是喜欢给自己划定势力范围，并在此范围内排斥入侵者，但这样更容易引起争斗。在老子看来，与其为了利益而争斗，不如与众物和平相处，互与互爱，这样反而更能促进相互之间的成长。他认为，如果雌性无欲无求，不与外物相争，以此形成自然常态，这是多么美好的一件事情。故老子希望管理者要善于守雌，不与他物相争，并容纳后者的到来，与之和谐并生，互助互与，如此就能达到一个理想的管理效果。

（三）自小

除了做到母、雌之外，老子还认为，人们还要做到处小。只有为小，才能更容易被万物接纳，被人们所认可。相反，如果自大，则容易遭到他物的排斥，所以他主张小。但是小，并不意味着其作用微弱，"朴虽小，天下莫能臣也"。虽然道看起来弱小，但却是生成万物的本源所在，因此其作用是巨大的。更可贵的是，它的小是从不掌控万物、使万物最终回归的角度来说的，是自甘处小，而不是其本身真正地小。因为它促使现象世界呈现，始终不自称为大，但道的这种处小行为在实质上却促成其大，直至现在，人们仍用大道称之。前文已述，中国是崇尚大的国家，对此老子也不能免俗，他也尊崇大，但是他与众不同，希望通过为小来成就自己的伟大，因此他指出："可名大，以其终不自为大，故能成其大。"由此看来，他希冀人们能够以此践道成圣。在日常的管理工作中，管理者也应处小，以此成就员工的大。如在研发中，要让技术人员感觉到自己工作的重大；在营销方面，要让营销人员感到自己的任务重大，等等，这样就会激发他们的工作欲望与成就感。而让这些人多为企业出成绩，管理者也不失时机地表彰这些人员的贡献，表面看起来，这些人似乎非常的重要，但真正将企业搞兴旺的，却还是管理者本人。也就是说，其实是管理者的作用更为重要，只是让人难以轻易地察觉而已，这就是管理者处小的作用。

四　柔弱守慈

（一）柔弱

自然之道在守雌处小的作为中，体现出其柔弱性，因此效法自然的老子主张柔。他认为柔看似没有什么能力，但是其力量是最强大的，是任何力量也战胜不了的，所以他在《道德经》第四十三章中指出，至柔的东西可以降服天下至坚的物质，无可以进入没有致密没有间隙的东西里。在这里老子悟出了一个科学道理，即世界上再稠密的东西，都抵挡不住无的侵入，如原子核内部除了原子核和电子以外，还有大量的虚无空间。而道是无所不入的，因此看似至柔的自然之道，即至柔的无具有无处不在的威力，并时刻影响至坚之物的生存发展。同样，由于柔在某种程度上具有弱的特点，所以与贵柔思想一样，老子也同样贵弱。他多次指出弱的作用，认为弱的特点也近似于道，同柔一样，也是战胜坚强的有效力量。之所以如此，是因为弱者为道之用，即道生的作用就是弱，同柔一样，它使用弱战胜刚强。

老子认为，由于体现在道的特性方面之柔和弱具有相似性，故他常以柔弱并称，尤其在论述柔弱拥有巨大到不可战胜的力量时，也同样如此。为了更为明确地阐释他的这种思想，老子列举了多种物质来说明他的观点。首先，他以水的柔弱特性来论证看似柔弱之道的强大力量，在《道德经》第七十八章中他说："天下莫柔弱于水，而攻坚强者莫之能胜，其无以易之。"老子在此分析了柔是如何无敌的，即柔以无改变了局面，使坚强者找不到其弱点与把柄，故此战胜不了柔弱。其中的易字，一些人认为是蜥蜴，因它会改变其身上的颜色，故有交换、变化的意思。如许慎、邹晓丽、左民安等人皆持此说。而赵诚认为，该字"甲骨文作为动词有两种意义，其中之一是用作'赐予之赐'，和金文的易用作锡（即赏赐之赐同）……"[1] 他又说："其中的一种意义近似于后代的'平安'、'痊愈'……"[2]唐汉认为："'易'的本义为鸟儿飞离而去，又表示鸟儿从一种运动行为到另一种行为的自由变换。"[3] 但徐中舒、熊国英、窦文宇等认为，该字是从一个壶里倒液体给一个类似于杯

---

[1] 赵诚：《甲骨文简明词典》，中华书局2009年版，第334页。

[2] 同上书，第369页。

[3] 唐汉：《汉字密码》，陕西师范大学出版社2009年版，第75页。

子之物的形状。故而徐中舒释为"象两酒器相倾注承受之形，故会赐与之义，引申之而有更易之义"①。熊国英、窦文宇等人也持相似的看法。故"易"的含义就是将酒从一个壶里倒进另一个酒杯里。所以老子无以易之，就是水凭借无的特点将坚强者击败之意，通过看似无力的柔弱打败坚强。其主导力量就是通过无将之改变，也就是说，无像水一样，当遇到小的攻击时忍让、不反抗，当遇到大的攻击时，却以巨大的反击力摧毁攻击者，如海浪击打礁石一样，最终使有棱角的礁石变成圆滑的磐石。这就是水处于柔弱的妙处，而比水柔弱的道更是如此。老子指出，柔之胜刚，是天下万物皆知的事情。如高山峻岭看似强大，最终会通过风化走向衰亡；太阳地球看似刚强，但其衰亡之时也会重归于道。

另外他认为，生的东西都是柔弱的，而死亡的东西则是刚强的，且活的东西都能够战胜死的东西，故他坚持柔弱胜刚强。在万物中，都是柔弱的处于上风——人类草木也是生时柔弱，而死后僵硬枯槁，显示出柔弱的巨大生命力，而坚强枯槁则意味着衰亡。具体来说，无论是人，还是物，处于柔弱的地位，则更有生命力，而处于坚强位置的东西却相反。如人死之后，尸体会变得僵硬，从而显示出刚强的样子。草木也是一样，在其生长的时期，枝条显得很柔弱，但是衰敝变得枯槁之后，就会变得很刚强，但其反而很容易折断。同样老子认为，当一支军队强大时，就好比人变成死尸一样僵硬，最终会走向灭亡，如看起来强大的秦王朝即是如此，反而被不具军事才能的农民军打得风雨飘摇。由此可见，自然实际上也是可以操控、主宰那些表面强大的坚强之物的。从另外一个角度来说，代表物的刚强不可能战胜、代表自然之道的柔。故老子认为，看似柔弱的东西，反而会赢得竞争优势，而那些看起来强大的东西，由于不入道，则会自然地走向衰亡。

由于柔是顺应自然之道的，它永远不会处于强壮的地步（其最

① 徐中舒：《甲骨文词典》，四川出版集团 四川辞书出版社 2006 年版，第 1063 页。

终生成的物，才会如此），这也体现出道的不盈而谦卑特点，而看似坚强的东西，在实质上是走向衰老死亡的，即物壮则老。所以说，柔代表了自然之生，故而柔弱，而坚强则代表了死亡，是走向毁灭的东西，最终柔弱在与坚强的斗争中最终会取得优势，显示出其柔弱胜刚强的本色。此即是说，顺从自然之道的柔弱，代表了道生的自然特点，是弱的新生事物，代表了自然发展潮流，因此它是不可阻挡、不可战胜的，能够战胜看似强大的坚强。总之，道是不占空间的存在，可以生成占有一定空间的万物。但是，一旦占有空间，就意味着它会走向衰老死亡，这种状态不是道的特性，而是物的特性，所以要想遵循永恒存在的道，就不能像物一样拥有雄、白、荣、耀等特性，而是要像道一样处下、处黑、谦卑、守辱、守雌等。

因此，正是因为柔的作用巨大，所以老子主张守柔。他指出，"守柔曰强"（五十二章），认为人们只有守住自己的柔脆，才具有最强大的力量，这就是其贵柔思想。在这里应该指出的是，老子认为，柔弱的不仅是雌性，而且包括婴儿，也是守自然之道的重要主体。为此他说道，赤子婴儿看似柔弱的筋骨，却能够坚固地握住东西，以显示其强大。而那些身怀厚德的人，其德可以与赤子相比拟，即使毒蛇猛兽，也不会伤害他们。故老子在《道德经》第十章中云："专气致柔，能婴儿乎？"就是要求人们像婴儿赤子一样守柔，进而使其他势力不敢侵扰，以此显示自己的强大。

另外老子提出，守弱的关键在于弱智，若想成为具有圣人特性的管理者，就需要通过弱智强骨的方法管理民众，使之处于一个无知无欲的状态，这样就会达到一个自然管理状态。以之为鉴，看似柔弱的管理方式，却能达到强权管理所达不到的管理效果。故老子积极强调柔弱，提倡柔弱管理。而所谓柔弱管理，就是通过自己身心柔弱的方式，来支配坚强者的各种工作事务，使其不使用智诈、不逞强卖乖却能够有效地为自己服务，进而顺利完成企业目标的一种管理活动。它不强调被管理者的智力，而更多的是有高效的执行力去完成企业布置的任务。在这个管理过程中，管理者不是采取强制性的措施管理员工，而是采取柔和软弱式的风格，指导他们的工作。以道辅佐人主君王者，就是通过采取柔弱处下的方式治理天下，而不是"以兵强天下"，就像目前的美国所做的那样，一味地逞强，利用自己的实力不断地搅扰他国，最终招致了四处动荡的局面。在老子看来，其逞强行为，就是物的举动而非道的行为，只能暂时地强大，而不能得到长久永恒的效力，并且还会遭到他人的抵制和惩处。正因为如此，所以他才说："夫惟兵者，不祥之器，物或恶之，故有道者不处。"（三十一章）但是，为了保全自己不受威胁，老子又说可以"不得已而用之"。这就是说，如果说用兵，也是一种被迫无奈、被动地使用，而不是一种主动的行为。如果崇尚用兵，乐此不疲，就是乐于杀人，"夫乐杀人者，则不可以得志于天下矣"。因为它不符合道的慈生柔弱特性，故不能赢得天下的认可与赞美。

（二）慈畜

前文已述，道不仅不会伤人，反而还会保护人，使人们顺利地生存下来，这显示出自然的慈生畜养特性，所以老子主张人们应当做到慈。他在《道德经》第六十七章中所提出的道的三宝之首就是慈。"我有三宝，持而保之：一曰慈。"在老子的概念中，慈是万物生成之心理。对于慈字，学者有两种解读，其中窦文宇等认为是由兹和心构成，他指出，"籀文'兹'字由两个'幺'构成。'幺'字表示家族后代，整个字的意思是两个家族的成年后代现在合在一起了。它指男女交媾，由此产生现在和年的含义。男女交媾是引人注意的话题，它由此产生这个的含义。'玄'字也有家族后代的含义，造字原理相同。"① 据此他解读慈为"由'兹'和'心'构成。'兹'有男女交欢的含义，整个字的意思是男女交欢的心态，由此产生爱、和善、对人好的含义。引申表示母亲。"② 而另外一些学者则与他们的解读不同，赵诚指出，兹"象两束并列的丝，当

---

① 窦文宇、窦勇：《汉字字源》，吉林文史出版社2005年版，第196页。
② 同上。

为丝之本字。甲骨文用作兹，为指示代词或指示词，则为借音字"[①]。马如森也持同样的观点："字象两束丝形，即古文丝字，本义是丝，借为兹。《说文》：'兹，草木多益……'"[②] 徐中舒也认为，"象丝两束之形"[③]。而包括商承祚、邹晓丽在内的学者皆将幺等同于玄，其义是悠长的丝线形成的捆或者结，意象为道不断地生成物（由圆点或黑点表示），而且不止一处，即两束引申为多重、深厚发生的含义。由此可知，慈的含义就是心使复杂多样的万物生成，即深厚的爱。使万物生成，体现出道的慈爱、慈和，这是道的本质作用。而它的主要表现是勇，即勇于生成万物，全范围长久地生成万物，故其勇无处不在。

此即是说，道唯有慈，才能生出有。"慈，故能勇"；即道有慈，才能体现出其勇，这种勇还体现在能够生成有上。显然勇于生，才是世界上最大的勇。同时，慈指导着勇的方向，如果"舍慈且勇"，就会"死矣"，因为盲目的勇会导致自身陷入不妙的境地，如勇于害人、勇于用智等不道行为，则不是慈的本性。并且老子认为守慈可以做到左右逢源，"夫慈，以战则胜，以守则固"，无论是战还是守，都会使自己处于不败之地。所以"天将救之，以慈卫之"。自然救助某人某物，就是通过慈来体现的。如慈生使某物复生，如一年一枯荣的草就是如此。正因为道勇于慈，使万物形成，现象世界呈现，因此老子十分强调慈的重要性，他希望人们通过慈来使自己回归到自然状态，以此反对具有智为倾向的仁义，即"绝仁弃义，民复孝慈"。在他看来，当民众抛弃仁义时，就有条件使他们恢复到孝慈的自然状态中去。

但是，这里值得指出的是，虽然孝慈具有一定的自然本性，但其本身还是具有智力因素的，故老子在《道德经》第十八章中指出："大道废，有仁义；智慧出，有大伪；六亲不和，有孝慈。"

---

① 赵诚：《甲骨文简明词典》，中华书局2009年版，第308页。
② 马如森：《殷墟甲骨文实用字典》，上海大学出版社2008年版，第22页。
③ 徐中舒：《甲骨文词典》，四川出版集团、四川辞书出版社2006年版，第450页。

此即是说，自然大道被废弃之后，人们试图用仁义来使人们相互亲爱，这里老子有明显反对儒墨两家主张的倾向，因为儒墨都倡导通过仁义来治理社会。而这种智慧的出现，就会产生大伪，即人们的刻意而为，在道治天下时，人们既不知管理者，也不知自己的亲人是谁，更不会有意识地伤害自己的亲人，在人们有智慧后，道治的局面被彻底改变了，即使亲人们也互相倾轧，结果就发生了父子相残、兄弟相害的现象。面对这种局面，儒墨等都主张通过仁义孝慈予以制止，但老子认为这仍然是一种智为，这种行为的存在，不能真正有效地规制这种残害举动，即只能治标不治本，而只有通过无智的自然生活状态，让人们没有害人的意识，这样就能从根本上根除可以产生互相伤害行为的土壤。同样，老子主张不欲也是出于这种意图。

老子指出，即使迫不得已而产生了杀人行为，也应"以哀悲莅之"，即在战胜敌方之后，对被杀死的人也应"以丧礼处之"（三十一章）。这样做不仅体现出了自己的哀悲，也接近于自然的慈生本性。因为这是一种无奈之举，比如面对盗寇、侵略者，你不杀他，他却主动地伤害你，仅仅是通过劝说是阻止不了他们的，在这种情况下，只有将之彻底消除，才能避免自己受到伤害，这种行为就体现了杀恶人即是善举的理念。因为将之消灭，也就摧毁了他们再去伤害其他人的条件，使之不能为所欲为。但是，即使将这些恶人处死之后，老子也主张以哀悲的心情，通过丧礼将其处理掉，而不是随意蔑视他们，甚至践踏他们的尸体。因为他们也是道最终生出的，这就是老子主张对之慈的原因。对于管理者来说，也要坚持用慈进行管理，不仅要慈于生产商品，也要慈爱员工、消费者等利益相关者，而不能将之仅仅视为赚钱的工具和手段。

五 俭啬不有

（一）俭啬

老子认为，道是慈的，和其并称的是俭，通过俭，可以使更多的物生成；德是啬的，通过啬可以积德，使之更多地养育万物，因此道德具有俭啬的特性，通过由俭到啬的转换，可以反映出自然之道向德的角色转换。但俭啬在本质上的含义是一致的，都对万物有益，故老子主张俭啬。我们曾指出，老子似乎感悟到了宇宙整体守恒法则，认为宇宙的质能是守恒的，这一质能的消失必然引起另一质能的生成，其中物与物之间、能与能之间、能与物之间可以互相转化，但其总体量维持不变，这种情况在西方用质能守恒定律表示。当老子说"俭，故能广"（六十七章）时，显然就说明了这一道理。如果道对某一物投入更多的资源时，必然会使它对另一物投入资源不足，致使后者被形成的数量减少，甚至难以产生。而人类通过其智力，经常造成这样的局面，这也正是一些物种灭绝的根本原因。于是老子通过道之俭去规避这种情况，希望能有尽可能多的物种存在或产生。他指出，通过俭而非奢侈，可以使万物都有生存空间，同时也使它们各自得到道的质料的一部分，从而能够自然地生长，而不是对一种物品投入资源过多而影响另一种物品的正常生成。正因为道通过俭的方式能够照顾万物，所以万物中的每一个只有在其作用下才能正常生长，以致现象世界得以形成。所以说，俭啬意味着通过经济性的节约，可以使物更多更好地产生出来，故其范围广阔。但如果"舍俭且广"，即想在每一种物中都投入巨大的资源，由于道本身资源的恒定性——这种恒定则意味着其拥有的资源总数是有限的，会造成万物所得的资源因总资源的约束而使之最终受到限制，必然会使其中之一部分因得不到资源而无法产生，最终会导致自然循环链条的断裂，结果是现象世界的倒塌，我们面对的世界也将会不复存在，或者不是以现在我们看到的这种景色存在，甚至人类也不能存在，故老子说"死矣"。由此可见，他对俭啬思想的认识是深刻的，也深深地影响了张载、王夫之等人。当张载提出他的太虚之气时，也涉及了这种气的恒定性。由于道有俭的特性，老子主张"治人、事天莫若啬"（五十九章），即管理者无论是管理人，还是事奉天，都要做到德之俭啬，只有俭啬，才是真正地顺应自然，按自然法则处理事务，这样不仅可以兼顾更多的人和事，比较全面地处理事务，让每一个人都能感受到管理者的关怀,也可以让组织按照自然运行,使每一个人都得到合乎自然地使用,因而其观点既是合理的,更是合道的,它是自然法则在组织管理中的具体体现。

在老子看来,圣人效法自然,坚持使自身俭啬成德,决不甚爱大费和多藏,故他提倡不积不有的思想。在《道德经》第八十一章中老子指出:"圣人不积,既以为人,己愈有;既以与人,己愈多。"此即是说,效法自然的圣人,不会为自己积攒任何私物,而是为人着想,积极地将之奉献与人,但这种行为反而使己拥有越多。即他们慷慨施与的物品越多,得到的赞誉和物品也就相应越多,久而久之就成功地塑造了自己的美好形象。概人皆有贪便宜和要求公平的心理,多数人喜欢占别人的便宜,但讨厌别人占自己的便宜,如果有人提供给自己占便宜的机会,大多数人会笑纳之。其中有些人觉得自己占别人的便宜过多时,就会良心发现,对于再去占别人的光就显得于心不忍,并显现出羞愧、忸怩等表情。更有甚者会将心比心,主动施舍一些东西给那些经常施与者,致使后者越施舍越富有。大道相通,孔子提出"己欲立而立人,己欲达而达人"的思想和老子这个观点所反映的道理是一样的。

(二)不有

老子也积极提倡不有。他多次指出道生而不有,认为它的品质就是慈生万物,却不拥有它们,而是让它们自由自在地生存、成长,以致形成我们所能见到的现象世界,真正做到了"功成而不名有"(三十四章),这就是道的伟大特性。因此,不占有、不控制是道的本质特性。正因为道不有,因此也就无有,这样它就可以无处不在,随意进到它所去的地方,这也是道柔弱特性所起的作用,此即是说,一切物进不到的地方,由于道具有柔的特性,可以进入其中,因为道不占有它们,对之无为而处,所以万物对其不设防,欢迎道的光临与施赠。既然道的作用如此之大,因此老子主张在万物产生之前,就要对其本源进行管理,即《道德经》第六十四章所云"为之于未有,治之于未乱"。这就是说,当事物还没有产生时,就对之进行塑造、引导,远比发生之后再这样做,成本要低得多,故《大学》说

"凡事预则立，不预则废"，尤其是例外的事情，在其发生前对其做到有效地预防，其效果要比发生的时候再进行处理要好得多。因此老子说，要做到对事物的不有，即除非它们做出异作举动，否则不会干涉它们的自然行动。另外，老子认为使道产生的有，也会最终对包括人类在内的万物产生益处，即《道德经》第十一章所云的"有之以为利"。故人有的不是财富，而是奉献与付出。

总之，代表自然之道的圣人不给自己积累财富，也就是自身不拥有它们，而是能够为他人着想，将这些东西施于他人，最终使自己的收益最大，这就是圣人不积、不有，为人、与人过程中所体现出的智慧。这就是说，道的施与、不有及对万物产生的益处，是圣人效法的具体内容，也是道商效法的重点。

正如前文所述，作为圣人还需做到自重守静，平时举止端庄，行为稳重，时刻注意使自身不受外物的引诱，遇到事情荣辱不惊。这样，在他们一旦遇到突发或意外情况时，就能够沉稳冷静，不会使自己惊慌失措、心烦意乱，而是能够果断、更有效地处理之。除此之外，效法自然之道的圣人，还应该学会增势和借势，即除了容纳万物，壮大自身，发展自己，以便增加自己的势力外，还应学会借势，能够做到借自然法则、规律之势，学会借道、德之势，物品之势。对于人来说，通过有效整合内外部资源，通过这些资源来提升自己本身的实力，从而增强自身对外的影响力和感召力，这也同样体现出自己的管理能力。对于企业来说，也应该如此而为。

这里需要指出的是，本节是以方法论的形式展开论述的，其中包含了处贱守辱、处雌自小、柔弱慈畜、俭啬不有等多种具体方法，试图以此说明道商究竟如何塑造，也就是说，如果企业家按照以上诸种方法来塑造自己的人格，他就可以成为一名老子意义上的道商。当然，这还需要一些其他条件。

综上所述，作为企业，应用遵循自然法则、尊道贵德、厚实有信的理念，采取处贱守辱，居后处外，处下不争，处雌自小，柔弱慈畜，俭啬不有等方法，通过增势借势等途径，使企业健康顺利地成长，也使自身成为一名道商。

第七章　老子道商理论及其案例

老子《道德经》仅有五千余字，但其所含的内容丰富，思想深邃，真正做到了言简意赅。其复杂的内容体系为我们建立管理理论提供了有效的材料。翻开中国先秦各派的书籍，尽管其论述的内容有所差异，甚至大相径庭，但其指向都是相同的，即人。后人用儒家、道家、法家、墨家、兵家等来称呼他们，就是指作者本身首先是作为人而存在的。尤其是儒家和道家思想的主要目的就是如何教化人，使之按照其思想进行活动，而他们本身也同样是按照这种思想来指导其行为的，即他们按照其制定的思想行为准则来指导自身的实践活动，这种实践的结果就是使其形成特定人格。显然，老子也是通过顺应自然之道来塑造其道家人格的，更精确地说，是塑造其自然人格的。人们对老子的理解主要体现在道上，这种认识由来已久，现姑且将老子的自然人格称为道人（非宗教上的称谓），而能够遵循老子自然之道的企业家则称为道商。

第一节　道商人格塑造理论

如果一个人想有资格被称为道商，那么他就要按照老子所主张的道家思想从事，首先是信奉这种理论，其次是践行它。就将这种理论陈述如下。

一　道商人格塑造理论的内容

如果一个想有资格被称为道商，那么它就要按照老子所主张的道家思想做事，首先是信奉这种理论，然后是践行它。笔者接下来就将该理论陈述如下。

第一，管理者必须遵循市场和企业的自然法则和规律，以其作为自身的指导价值观和行为准则，去处理管理方面的主要事务。在这里需要说明的是，这里提出的仅是主要事务而非一切事务或者说所有事务，看来其成为道商的条件降低了一些，但是考虑到任何一个人和另外一个人的思想行为、处理事务的方式不可能完全一样，会存在部分的差异，就连老子的继承者庄子，其思想也与老子不完全相同。因此我们要求管理者在主导理念、经营思路方面与老子自然观一致，而非事事都如此。

在以自然法则和规律为常则的基础上，管理者需要遵从自然的以下几个特性。其一是要求企业人员各司其职，不能僭越，切实做到知足知止。对他们来说，能够处理好自己工作职责内的事务，就已经足够了，而不能干涉、影响别人的正常工作。但是我们身边的一些人，自己的工作干得不是十分优秀，却总是好为人师，并干涉别人的工作，总觉得自己什么都会，什么都能，是该领域的专家，于是他们对别人的工作说长道短、指指点点。之所以如此，是因为别人不如自己的思想等在作祟，试图以己认为的所能去影响或改变别人的工作思路和方式。其二是管理者能够做到守常伐异，即管理者应时刻守住自己的自然常道，反对违反常道的异作之举，即能够坚守其职，惩罚任何违反自然本性的异作举动。在管理中，对于违反企业正常运行的工作事务应及时予以制止，防止它们产生较大的破坏力，使企业的自然秩序受到危害。特别是在近期，人们对自然环境的破坏特别严重，后者反过来对人类的不法行为进行了严重惩罚——污染环绕着我们，地震、龙卷风等灾害伤害着我们，使人类深受其害。但使人类更为难以觉察的是，其人文环境受到的破坏更大，人们煞费苦心地为自己谋利时，无形中产生的反自然行为，时刻影响着我们的社会，而人们对其危害性的认识不是十分充分，没有像自然环境那样使其感受得那么强烈。其三是损余补欠，即对于贪婪多得的、超过其所应得之外的东西，应想办法将之减损，对于该得到而没有得到的东西，应加以补偿，这是老子守常伐异措施在实际管理事务中的具体应用。人为的作用会导致这个社会的不公平，因此管理者应遵照自然之道，公平地处理企业事务。其四就是要做到公平待物，无论是优秀的员工，还是有问题的员工；无论是企业的珍稀资源，还是企业的遗弃物品；无论是企业的亲信，还是企业的普通员工，都应该公平地受到对待。这里需要指出的是，公平地对待人和物，并不是说要平等地对待他们，比如在规定的范围内，多劳多得，少劳少得，体现的是公平，而不管多劳还是少劳，给与相同的报酬则是平等，相比较而言，公平比平等更合理。

第二，管理者在遵循市场和企业的自然法则与规律的同时，要了解自然所包含的各种实体要素的特性，即应了解物是以形显耀其存在的，他们往往在处理事务方面显示出其刚强、雄白、奢泰、轻躁、高大上等特性，并以此等特性对他物施加影响。更有甚者，有时他们为了显示自身的价值，不惜采取用智学知的方式彰显自己、扬捧自己、夸耀自己，以显示自己高人一等。而自然之道、德则与之相反，它们坚持以无知守愚、不学不见、处贱不争、慈生畜养等方式与物相处。所以具有道商特色的管理者，真正做到了尊道贵德，并效法道、德的各种特性，能够抛弃自身先天具有的物性特征，即丢弃自身具有的，试图以智学知、最终使己得以显耀的刻意之举。在道家看来，这种具有令人讨厌的雄强高上、轻躁奢泰等物之特性，应该予以果断抛弃，这就是老子主张的弃物入道思想。即他希望人们能够抛弃自身所具有的且令人厌恶的物性，转而追求自然之道、德等那些讨人喜爱的特性。因此管理者在经营企业的过程中，应根据道、德的特性处理事务，并抱着虚而容物、厚实有信的理念去践行之。

除此之外，管理者应通过增势借势等途径，使企业能够健康顺利地成长。管理者不仅充分利用自身资源，即最大效度地使用它们，让其为企业的发展贡献力量，如企业的人力资源、财务资源、技术资源、形象资源等，而且应积极、合理地利用企业的外部资源，如自然资源、人脉资源、消费者资源等，将之与企业内部资源有效结合起来，以顺利地实现企业的预期目标。而所谓的借势，就是企业以自身所具有的资源为基础，借助于外部资源，使之与内部资源进行有效结合，最终实现企业的预期目标。在企业借势过程中，也提高了企业自身的实力。

综上所述，管理者可以通过遵循自然法则、尊道贵德、去物入道的方式，通过借势增势的途径，使其成为名副其实的道商。

第三，在具体施为方面，管理者应做到无欲、无为、无事，将之作为塑造自己人格的主导理念和必要的逻辑思路。即对自己所从事的工作不产生过多的要求，不产生过高的期望，也就是不要产生太多的欲望。没有欲望，就不会有过多的索取，也不会费尽心机且贪得无厌地为自己逐利，使自己保持在一个稳定宁静的生活状态中。如果在思想上能够做到无欲，那么在行为上则应做到无为，即不干那些分外的事情，做到少言、寡言甚至不言，不与他人相争，遇到利益主动退让，让别人先得。不仅如此，还要不居功劳，积极地将其让给别人。在管理员工方面，应做到不严格看管他们，而是给其创造一个适合发挥其特长的空间及氛围，让员工在这种条件下自在地工作。对于服务行业的员工，更应该如此管理，而不是试图强行控制他们的工作方式、风格，对他们的工作行为进行主宰、操控。当然，采取这种自然管理方式的前提是，必须保证员工的工作与企业的发展目标相一致，而非相反。在管理结果上，就是要做到无事，在员工按其方式正常工作时，尽量少给他们添麻烦，不到万不得已，不要做出影响他们正常工作的各种活动，让其专心工作。因此，这种管理作风就要求管理者能够做到合理的分权，即将自身拥有的权力之一部分授予下属员工，让下属帮自己分担部分的工作职责，使之根据其工作能力及面临的实际情况，独立自主地处理他们所要完成的工作，而管理者则能够为企业的长远、总体的健康发展投入更多的精力。这就是老子的愚人之治，或者说无欲、无为、无事而治的思想。

老子指出，最高境界的管理者会让人们感觉不到他的存在，即

"太上，不知有之"，再就是儒家所倡导的"亲而誉之"。持此类观点的还有墨家。墨子在《公输》篇中指出："治于神者，众人不知其功；争于明者，众人知之。"① 在管理方面，道墨两家找到了共同点，就是一起反对儒家。在老子看来，这要求管理者自身像道一样，处于幽冥不自见的位置，并时刻使自身无欲无为无事，守雌处柔、守辱善下，这样不仅能够使员工感知不到自己的存在，也能有效地塑造自己的人格，从而使自己成为一个名副其实的道商。因此，如果让企业员工较少地感知到自己是一个强势领导者，甚至在无意识中不认为自己是一个管理者，不仅会受到员工的爱戴和尊敬，而且能够发挥员工的主观能动性，使其积极为企业同时也为自己工作。这样的结果就是，管理者和员工共同为企业的成长而最大限度地做出自身的贡献。

第四，如果管理者想取得无欲、无为、无事的管理效果，就必须做到自重守静、处贱守辱、居后处外、处下不争、处雌自小、柔弱慈畜、俭啬不有，通过这些方法达到其预期的管理效果。

首先要做到重，它要求管理者处理事情要稳重，不能轻率做出决策，遇到例外和重大事情能够做到稳如泰山。不仅自身行为要稳重，不能过于轻浮，而且应要求手下员工同样如此，否则不仅会被别人轻视和看不起，严重时还会造成重大的决策失误。

其次要做到静，管理者在遇到例外事情或者市场波动等情况时，不要盲目地采取行动，而是要冷静、理性地分析这种事情产生的原因，然后采取有效的方法予以解决，而非拍脑袋决策，因一时冲动而做出有损企业利益的事情。

对于处于企业尊位的管理者来说，或许最难做到的事情就是处贱。因为在中国的传统上，面子对一个人极其重要，有些人为了自己的面子而不惜使自己的利益受损，甚至牺牲自己的生命，而作为企业的管理者，这种观念尤甚。但道商则与之相反，强调在管理过程中可以丢弃自己的面子，积极做到处贱。具体来说，在企业经营

---

① 吴毓江：《墨子校注》，中华书局1993年版，第748页。

中，管理者应主动放下自己的身段与姿态，与员工打成一片，主动承担员工不喜欢做的工作、不愿干的事情，不愿承担的额外、例外责任等。从管理者的处贱态度上可以看出他们的荣辱观。对于他们来说，要超然地看待荣辱，能在工作当中做到守辱，将功劳、光荣让给别人，主动与积极承担出现的过失——在自身确实应付一部分责任的情况下，使自身处于辱的位置，这样反而能够赢得员工的欢迎与尊重。

许多管理者的官本位制观念特别强，自认为高人一等，任意役使员工。道商则与之相反，他们反对管理者具有等级制优越心理，而是主张公平地对待每一位员工，即使对于能力较弱的工作人员，他们也不鄙视，更不会解雇，而是积极帮助他们，与他们共同成长。最主要的是，管理者必须做到在功劳面前处外，不争强好胜，不与员工争风头，有了成绩主动让给员工。在利益面前应处后，而不是积极参与到争利的行列当中，这同时也反映出他们的处下不争。故他们并不自高自大，看不起员工在企业中所起的作用和所取得的成就，而是与后者一起分享企业的成功、利益与乐趣。同样，道商在困难面前积极处外，遇到事情时不去考虑自身的安危得失，而是勇于面对困难，解决问题。即他们遇事不是退避三舍，而是发扬奉献精神，主动做出自己的努力，绝不要求别人积极奉献而自己却在后面偷偷索取。

另外，管理者在守道时，还要做到守雌。前文已述，多数人都希望称雄，但老子与他们相反，主张守雌。管理者守雌不仅可以使自身处于下位，而且会使自身退到阴暗等不与人争胜之处，同时为员工等利益相关者默默地做出贡献。另外，管理者应在权力面前做到处小，让员工不对其产生敬畏心理，甚至在员工感觉不到他们的存在时也能够忘我而努力地工作，这才是高级的管理水平。再者管理者应守柔、守弱，柔弱同样是一般人所不喜欢的，但是它们不仅代表了万物生机的旺盛，也代表了自然的发展法则，是新生事物，而人们追求的强壮则与之相反。因此在企业经营过程中，管理者一定要善于发现能够持续成长的产品，而非目前市场上的金牛类产品，因为后者是逐步走向衰落的，而新兴产品则因为代表着消费者的消费趋向，故会逐步受到消费者的认可与欢迎。因此看似柔弱的、能够迎合消费者潜在需求的新兴产品，起初的市场看似很微小，但是它们却会逐步步入辉煌。对于管理者来说，使自身处于柔弱的地位，不强制进行管理，这种温情式的管理风格也更易受到员工的认同，从而可以更有效地赢得员工的真诚对待。

同样，管理者还需要自小，即不将自身放到大的位置上，要时刻记得自身是作为万物之一的人类中之一分子，所起的作用是非常渺小的。即使在他们的带领下，企业运作得非常良好，也应记得在这些功劳中，他们仅占很少的一部分，大部分功劳都是员工通过辛勤的努力换来的。所以作为管理者在企业中实际所起的作用，并没有想象得那么大，因此管理者应该自小不自大。另外，管理者处理事务还应从细微处着手，通过对细微之处的妥善解决，很多看起来比较困难的企业事务，有时很轻松地就可以得到解决，甚至在不知不觉中，就可以将企业所面临的问题化于无形。在道家看来，这都是自小所达到的效果。

再者，管理者应做到慈，它有两层含义：一是普爱不私，对员工公平对待，不存在偏私，反对儒家提倡的爱有差等那样的偏爱思想。老子主张做到公爱的原因是，自然擅长救人救物，因此对于管理者来说，无论对于人，还是对于物，都要公平地对待、处置，而不能存在任何偏私，否则就是不道行为。这样在企业中就会避免结党营私现象的发生，有效解决普遍存在的非正式组织对企业正常运营的阻抗。二是应做到奉献不求回报，管理应真正做到利而不害。即管理者多做对员工有益的事情，避免做出对其有害的行为，如积极促使员工的健康发展，为他们提供适合且喜欢的发展平台。由于自然是衣养、畜养万物的，管理者也应该爱护、培养员工，积极帮助他们成长，按照其天分和资质将之培养成有用的人才，使之成为企业的栋梁。这就是说，由于每个人的才能是不同的，他们对某些事情的领悟存在差异，有些人在这一方面有天分，有些人则在另一方面有能力。所以作为管理者应充分认识到员工的不同特长，根据其特长帮助其健康成长，这样不仅能够赢得他们的感激，还能更有效地管理好企业。总之，由于自然之道是"善贷且成"的，管理者也应积极帮助员工、肯定员工，成就其工作业绩，以此促进企业的整体绩效提升。

最后，管理者应该做到俭啬不有。他们在投入资源的过程中，要抱着节俭的理念，不仅将企业的每一分钱都花在刀刃上，还要争取以最小的投入获取最大的收效。尽管有时企业很难做到这一点，或者说做到这一点不现实，但如果照着这个理念去做，无形中会使企业减少很多不必要的开支。另外，尽管管理者的天职就是赚取利润，但他们也应做到不将企业创造的资产视为己有，而是将之作为大家共同创造的财富。他们应积极使用这些财富帮助那些需要帮助的人，不仅包括企业内部的员工，而且包括企业外部那些应该资助的人。令人欣喜的是，许多企业家都意识到了这一点，他们都积极地帮助那些弱势群体，如比尔·盖茨、巴菲特、李嘉诚等人。

如果管理者能够按照上述的论述而为，就可以有效地塑造自己的道商人格，这样不仅可以转变、改进自己的经营理念，提升自己的修为境界，还可以提高自身和企业的形象，最终提高企业的经营绩效。

二　道商坚持的准则

首先，他们应像道一样，做到自知不自见，老子认为，圣人就是如此而为的。他希望人们能够做到自知，因为自知则明，同时不要观察外物，以免受到物的引诱，使自身的心态行为受到干扰，而是应知道、懂得使自己生活在自然状态中。自见是物的表现特征，当物产生及成形之后，都是通过形而自见的，而道与之相反，隐于幽黑不显之处，不张扬自身。管理者如想成为道商，就必须使自己超越物之行为而进入道的不自见状态。具体来说，他们将有功劳的事情让给员工，而自己做无名英雄或者幕后工作者，这是自身处下而将员工捧上的道家管理方式。

其次，管理者应做到自爱不自贵，这也是使自身处于道的位置。自爱就是珍惜自己，使自己入道，做到长生久视，就是对自身的最大爱惜。另外，他们也应像道一样，使自身居于下、贱、辱之处，而让员工处于贵的位置。管理者的这种行为就是遵循道处贱而物处贵的原则，它是道家倡导的主要思想之一，是其核心理念的体现。因此管理者应使自己处于较低的位置，平等地对待员工及消费者，特别是对于问题较多的消费者，不能感到厌烦，而应尽量满足他们的要求，积极解决他们所面临的实际问题，以便更好地帮助其成长。所以道商不能像物一样，常常高看自己而轻视别人，喜爱表现优良的员工而忽视暂时工作存在困难的员工。

最后，道商应做到知难不难。当工作上遇到问题时，要看重这些问题，把它们当做难题来抓，无论它们看起来是否如此。因为有时看似简单的问题，如果不认真对待，就会严重地影响企业的经营与形象，而有些看似复杂、困难的问题，如果能够认真对待，不惜花费精力进行处理，也会将之处理得很好。所以我们要慎重看待工作问题，对那些看起来较为简单的问题，不能掉以轻心，而应小心地解决它们，事先将之作为难题对待，并充分考虑在解决过程中会遇到的例外情况。当我们对这些事情考虑得较为周全的时候，会发现即使十分困难的问题，解决起来也是事半功倍的。正如老子在《道德经》第六十三章中所云："夫轻诺必寡信，多易必多难。是以圣人犹难之，故终无难矣。"在问题没有得到解决之前应出言谨慎，也不能轻易做出诺言，因为看似简单的问题，可能会出现我们事先预料不到的情况。因此管理者应做到在事情没有得到彻底解决之前，不轻易承诺保证，夸海口，等事情解决好了，再下定论也不迟。若遇到了真正的难题，也不要惊慌失措、沮丧焦虑，而应细心地将之分解为多个能够解决的小问题，然后耐心地将之一个个解决。许多问题都是通过这种方式解决的，企业家解决了许多在常人看来难以解决的问题，从而使企业步入辉煌，在很大程度上、在很多情况下都采取了这种方法。其实，人的智力是相差不大的，而之所以在后天出现了如此大的差距，就是因为有些人在有了经验后产生了许多理念，获得了许多解决问题的方法，而另外一些人则没有这种意识。所以知道问题不会轻易得到解决，了解其中的难处，谨慎地处理问题，反而会更容易地将问题解决。总之，遇到简单的事情，要看到背后的复杂性；而遇到了复杂困难的事情，要将之分解为各个容易解决的事情，将它们当做难事去处理，就做到了知难不难。

同样，道商也应做到病病不病。所谓病病，就是将自身的毛病、问题看成是病，看成是问题，然后采取一定的方法将其解决。做到病病，就是时刻将自身的毛病记在心中，在为人处世的过程中，时刻谨记和预防这些毛病，不让它任意发作，乃至永远不让它出现，即让它从自己的身上消失，这才是病病的最终目的。老子曾说："知不知，上；不知知，病。夫惟病病，是以不病。"如果一个人知道自己不应该知，则称为上，而不应知道，自己却知了，这就是病。在此老子以知为病，要求自己及时调整自身的情绪，使自己处于一种不知的状态。"知"通"智"，即老子所谓的机心诈智。当人们为了满足自己的欲望而绞尽脑汁，甚至不惜损害别人的利益时，这种智力就会给人们带来灾害。所以老子呼吁人们不要整天斤斤计较于个人的利益得失，不为大家着想，遇到事情先忙着打自己的小算盘。他希望人们要以这种机心诈智为病，下力根除之，然后就达到了不病的生活状态。

尽管老子反对智慧，将智慧等异作看作馀食赘行，但是他的知难不难、病病不病思想却体现了极高的智慧，这恐怕是老子没有预料到的。

除了这些思想之外，老子还提出了成为道商的两个准则。第一是见素抱朴。其义就是使自己呈现出自己本有的朴素面貌，而这个朴素面貌又能够体现出自己的自然生活状态。因此他要求人们应当按照自己的自然本性去规范、役使自己。老子反对纹饰、厌恶机心，所以他主张按照自己的本来面目生存。为之他指出"是以圣人被褐怀玉"，就是说道商要在内心遵循自然法则，而不要在意、考虑自己的外在形貌。显然，他十分强调人们的内心修养，轻视自己的衣着装扮。将之运用到管理上，就要求管理者应时刻注意自己的心灵需求，根据自然法则所表现的自然生活状态进行组织管理，而不必在乎那些所谓的规章条文，后者是死的，而自己的自然生活却是鲜活的，是随时起着作用的，并时刻支配着自己的行动。这些自然法则包括自己的本能、良知，在某种程度上也包括逐渐养成的生活习惯和自设的行为准则等。它们不是与生俱来的，而是后天根据自己的喜好形成的，其实，这些喜好也与自身的生理、心理有着密切的相关性，它们甚至会伴随人的一生。因而它们是人们无法避免、难以规制的东西，此即是说，人们只有顺从它们，按照它们的本性来约束自己，指导自己的生活。而那些规章条文却是外在的，是随着时间的流逝可以更改的东西，所以老子主张坚守自己的本质东西而放弃那些外在的、暂时的东西。这也是老子思想的深邃之处，为此道商应根据自己本有的慈、与、成等本能良知去经营企业，不仅如此对待自身、员工与消费者等，而且应这样对待自己的产品。显然，这些产品也是符合自然与人的本性及其价值理念的，作为道商更要注重这些，而不要过分在意那些规章条文等枝末类的东西。这样才能抓住企业经营与管理的本质，而不为其外表所迷惑。

第二是虚而容物。所谓虚，即指"虚心"，就是老子所述的"虚其心"之意。他强调，做为圣人，就要具有道的特性，做到虚心，从而能够接受万物的回归。如果像物一样实其心，容纳不了他物，结果会导致自己也大不了。故要想成为圣人，就必须虚心容纳他物，这样就可以显示其大。道商同样如此，他们应该具有虚而容物的胸襟，能够积极调整自己的心态，接纳并善待不同的事物，能够以此应对企业可能出现的各种情况。因此所谓的虚而容物，就是要求管理者不仅乐于笑纳自己顺心的事，而且还应善于容纳各种令人烦恼的事情，做到从容地接受它们，公平地对待它们。具体来说，管理者在处理事务、做出决策时，千万不要实心自能，听不进他人的建议。即使自己的判断是正确的，也不要表现出自满的样子，而是应平心静气地听取别人的意见。这些意见或许没有自己想得周到，但是它们或许会使自己的想法更加完善。唯有善于听取他人意见的管理者，才能够使自己决策的正确率得到真正提升，因此管理者应善于容纳与接受不同意见和主张。这就是说，员工的意见对于管理者来说，或许是有价值的，是自己喜欢的，也可能是有价值而自己不喜欢的，但无论自己喜欢还是不喜欢，只要对企业的发展有利，就应排除自己的好恶而加以采用。即使这些建议对自己来说没有什么价值，也不能表现出厌烦自满的样子，而是要耐心且带着理解的心情将之听完，以显示对员工的尊敬。唯有这样的管理者，才是一个有见地、有眼光的管理者，才能因采纳众人之力而成就其伟大，同时，这样的企业才能够发展得更为强大。所以做到虚而容物，也是道商必备的一个基本条件。

此外，道商还应具有厚实有信的践行特性。而厚实有信，就是要求管理者厚实地待人处世，做到言而有信，不说那些难以验证的话语，不承诺难以甚至无法做到的事情。它体现出管理者踏实、忠厚的管理风格，诚信的管理形象。因此对于道商等管理者来说，其自身作为人，要做到质朴浑厚，不浮夸虚华，而且能够使用其信以保证自身言语行为的可靠性。前文已述，道是通过厚实促进万物产生和顺利成长的，最终通过信实促使现象世界产生。因此对于管理者来说，也同样需要做到自身的质素纯朴，待人诚厚，通过信实处理企业事务。不仅在行动上做到言而有信，切实地践行和兑现自己的承诺，而且在企业制度的制定方面也要予以体现，不使之流于形式，然后通过有效的执行力，在实际工作中将其加以具体落实。这样，不仅管理者自身厚实的形象能够有效地建立起来，而且还会得到员工的充分信任。以上就是道商需要遵循的原则，它们对于道商的塑造，具有较强的保障性。

三　道商人格塑造的理论假设

任何一个理论的构建都需要有一些假设，道商人格塑造理论同样也不例外。其理论假设主要体现在以下几个方面。

其一，人的活动是合自然的，具有合自然性。固然人的行为有其人为行动的一面，但在深层次上，则深合自然之道、德属性，具有慈生、畜养其他事物的本能，这就是我们能够看到现代社会的原因。例如，人们不仅生出了自己的孩子，还有将之抚养成人的本能。与此同时，他们生产出了许多产品，以供自己和他人使用等，这也是合乎自然的道、德特性。同样，人的合自然性还体现在与他物相争上，即人类具有与他物相互伤害的物性特征，都自贵而贱他，这是人合乎自然的物性。人是从自然中走出来的，身上必然具备自然的多重特性，包括道、德、物、势等。

其二，人有能力认识到自己的自然特性。当人有意识或无意识地了解自身存在的这些自然特性时，就会对其进行价值判断，使己知道其是非，于是就产生了道德意识。作为人类之一部分的管理者，有能力知晓道、德对自己带来的益处与物性带来的不利。具体来说，管理者能够辨别出何为物的特性，也能够理解物的这些特性对人是有害的，是不利于管理者进行长久、有效管理的。同时也能够认识到自然之道、德的各种特性之优点，并从内心心悦诚服地认同这些优点，真正渴望效仿它们，以之作为自己进行企业管理的经营理念。

其三，在管理者认识到自然之道、德有益而自身的物性有害时，他们就能够做到去物入道。即当管理者认识到道、德尊贵而物性不可取时，就会自觉并有能力离弃自己身上的自然物性，去追求人人向往的自然之道、德特性，这种行为就是前文所述的去物入道，即他们能够通过管理、规范自身，使己去物入道，在企业的具体经营中勇于践行之，以自己的实际行动体现出自然之道、德的这些特性，并且管理者能够以这些理念指导企业的实际运营。在这里，老子似乎提出了自己的人性假设，他认为人性具有二重性，即人之物性与道性。物性正如前文所述，具有馀食赘行之特质，无论对于自身还是对于别人，都是有害的。而道性，甚至包括德在内，则是自然当中最美好的东西，对世界提供的是有益的因素。故老子极力主张人们去物入道，在他看来，管理者若能够做到这一步，就不仅体现出他们具有管理自身的能力，为有效地塑造其道商人格奠定了基础，也能够通过自己的道商人格，深刻影响企业的全体人员，从而形成企业独特的道商文化。

道商人格塑造理论只有建立在这三条假设的基础上，经过管理者的理性认识，并通过上述各种方法的践行，才能够有效地塑造其道商人格并构建企业的道商文化。

以上就是道商人格塑造理论，自从老子提出圣人观以来，践行老子道商人格的案例无数，包括历代帝王将相等管理者，都在其管理活动中以老子圣人观作为其行为准则。严格说来，这些遵循老子思想的帝王将相不属于现代意义上的道商，称其为道君或者道者更为合适，但因为他们都是管理者，和近现代道商的管理思想如出一辙，所以，我们将之和近现代道商等同对待，都作为践行老子道商人格的具体案例。

第二节　老子道式管理的缘起

老子提出的管理思想，显然是在总结先圣成功管理方式的基础上形成的，因为他是周室的史官，看到的历史资料远比我们想象得丰富。针对当时社会混乱的局面，他希望以此治理天下，从而使天下回归到自然常态，使百姓也能够像自然一样，生活在稳定的生活秩序中。因此，他试图寻找一种成功的管理方案及模式，希望解决其时出现的各种问题。

他发现许多前代圣王都非常尊崇自然，利用自然法则治理天下。根据我们对《史记》的研究，我们知道我们的先祖黄帝"顺天地之纪，幽明之占，死生之说，存亡之难。时播百谷草木，淳化鸟兽虫蛾"[1]。在这里，司马迁说黄帝"顺天地之纪"，就是说他顺从自然运行法则，根据季节播种庄稼，驯化鸟兽，显示出其遵从自然之道的治理特点。除此之外，在"轩辕之时，神农氏世衰，诸侯相侵伐，暴虐百姓，而神农氏弗能征。于是轩辕乃习用干戈以征不

---

[1]　许嘉璐：《二十四史全译·史记》，汉语大词典出版社2004年版，第2页。

享，诸侯咸来宾从"①。这就是说，在当时的天下共主神农氏势衰之际，他控制不住其下诸侯的相互侵伐、欺凌和对百姓的残暴虐待。看到这种情况，轩辕黄帝就训练武士，征讨不进献神农氏的各路诸侯，使其服从神农氏的领导。而通过征伐使百姓能够生活在一个安定的环境中，这就反映出黄帝惩罚异作、慈爱百姓的情怀。当然，这里也可能存在黄帝本人的抱负。不仅如此，当"炎帝欲侵陵诸侯，诸侯咸归轩辕。轩辕乃修德振兵，治五气，艺五种，抚万民，度四方……以与炎帝战与阪泉之野。三战，然后得其志"②。即他通过修养己德、整饬兵马、整治自然、安抚万民、教种农业，不仅以此增强自己的实力，还经过多次会战，战胜了侵害诸侯百姓的炎帝。而当"蚩尤作乱，不用帝命。于是黄帝乃征师诸侯，与蚩尤战于涿鹿之野，遂禽杀蚩尤"③。黄帝的这种行为不仅挽救了天下黎民的生命，使之能够休养生息，而且也显示出他遵从、维护天子权威的合法性，同时此举也反映出其畜养百姓，甘于司其职责的本色。同样，他借神农名正之势，打击了异作的炎帝、蚩尤，为自己实力的增加与扩展提供了条件，此举深合老子借势增势的发展理念。正是在这种理念指引下，于是"天下有不顺者，黄帝从而征之，平者去之，披山通道，未尝宁居"④。即当平定某一暴乱地区之后，黄帝不是像一些残杀无辜的诸侯一样，杀害造反者，而是在平定之后及时地离开，不再骚扰当地的百姓。因此为了达到天下安宁的目的，他乐此不疲，始终没有安居过，由此可见黄帝守常伐异、慈爱众生、维护正道之举。

与黄帝同样遵从自然之道的统治者还有颛顼、帝喾、尧等人，其中颛顼"养材以任地，载时以象天，依鬼神以制义，治气以教化，洁诚以祭祀"⑤。即他根据地力种植作物，使其按其本性成材，

① 许嘉璐：《二十四史全译·史记》，汉语大词典出版社2004年版，第1页。
② 同上。
③ 同上。
④ 同上。
⑤ 同上书，第2页。

效法自然之道制定四时，依据鬼神特征来定义理，根据气候实施教化，洁身诚心祭祀上天，这都反映出颛顼是遵循自然之道，利用自然本性实施治理的。同样，帝喾也"顺天之义，知民之急……取地之材而节用之，抚教万民而利诲之。历日月而迎送之，明鬼神而敬事之"①。他顺应上天的运行之道，知道百姓之所急，迎送日月，敬事鬼神。并且他获取大地提供的各种资源，根据自然的情况和百姓的需要而使用之，以此教化百姓遵循这种对待自然的方式，不仅显示出其利诲教化、安抚万民的慈生本色和损余（取地之材）补欠（利诲）的道家管理特性，还显示出其节俭不有经营天下的理念。

即使深受儒家推崇的尧舜，其治理天下的理念与方式也具有一定的道家特征。如尧"敬道日出，便程东作……敬道日入，便程西成"②，即体现了尧的遵循自然之道——诚敬日出日落，按时令耕作，据季节收获。在"尧知子丹朱之不肖，不足授天下，于是乃权授舜。授舜，则天下得其利而丹朱病；授丹朱，则天下病而丹朱得其利。尧曰：'终不以天下之病而利一人。'而卒授舜以天下"③。即他知道其子丹朱不肖，难以堪当大用，于是将天子之位传给了舜。其实他心里非常清楚，如果将天下传给舜，则天下百姓则会得利而其子受损；如果传给其子，那么天下就会遭难而其子就能得利，在权衡天下百姓与自己家族利益得失上，他认为不应该使自家得利而损害天下苍生。于是在传位于子和贤者之间的选择上，尧为了不使天下百姓遭受其子的压迫，毅然将其位传给了舜。由此可见，尧利天下而损私人的思想，为了公共利益而损害自家私人的利益，深刻地体现出其守常伐异、处贱守辱、居后处外、公平对待众生等的道家特色

舜也同样如此。舜顺事父母兄弟，这种行为既符合儒家孝亲爱弟的主张，也符合老子的顺从天伦自然，慈爱家人的思想。《史记》明确记载："舜父瞽叟盲，而舜母死，瞽叟更娶妻生象，象

---

① 许嘉璐：《二十四史全译·史记》，汉语大词典出版社2004年版，第3页。
② 同上。
③ 同上书，第6页。

傲。瞽叟爱后妻子，常欲杀舜，舜避逃；及有小过，则受罪。顺事父及后母与弟，日以笃谨，匪有解。"① 由于亲生母亲早死，其父及后母、弟弟常欲杀害舜，但舜从不计较这些，小过受罪，遇害逃避，不报无道，以德待人，因此按照自己的本分关爱家人。即使他登上天子之位，也是如此而为。"舜之践帝位，载天子旗，往朝父瞽叟，夔夔唯谨，如子道。"② 以德报怨，深刻体现出舜的道家待人待物之行为，并且舜此举还凸显出其具有虚而容物的胸襟气度、处贱守辱、慈爱父兄的道家特色。除此之外，舜还非常俭朴，他极力反对不肖子的淫乐行为，并引以为戒，为此他劝诫道："毋若丹朱傲，维慢游是好，毋水行舟，朋淫于家，用绝其世。予不能顺是。"③ 他像尧一样，没有将天子位传给儿子，而是传给了禹，深恐其子祸害天下，此种行为既体现了他能够制止其子的异作，慈爱天下的特性，也反映出其处雌自小、处下不争的道家理念。

同样，大禹也是如此对待尧舜的儿子的，"尧子丹朱、舜子商均，皆有疆土，以奉先祀。服其服，礼乐如之。以客见天子，天子弗臣，示不敢专也"④。当大禹践天了位后，分封尧舜之了疆上，使其成为一方诸侯，让其穿着自己家族特色的服装，传承其祖上的礼乐，祭祀祖先。并且他们用宾客的身份而非臣属的身份面见大禹，而大禹亦不敢以臣属对待之，以示自己没有专有天下。由此可见，即使对待像丹朱、商均这样的恶人，大禹也是敬让尊重，这反映出无论其本人是否为善，他都不嫌弃，而是待人以善，体现出道家公平待物的思想。同样，他不敢以天子待臣那样对待这些人，也反映出他能够处柔弱处雌、自小不大的道家特性。

另外，大禹善于处下守辱，如他"卑宫室，致费于沟淢"⑤，甘愿住在卑陋的地方，即不在意自己所居的住所，而是将其主要工

---

① 许嘉璐：《二十四史全译·史记》，汉语大词典出版社 2004 年版，第 6—7 页。

② 同上书，第 10 页。

③ 同上书，第 19 页。

④ 同上书，第 10 页。

⑤ 同上书，第 14 页。

作放在致力于治理水患上，体现出其忘身无我的奉献精神，当老子要求管理者外其身，人们就可以将天下托付给他时，怀疑就是根据大禹的事例来论述的。同样，大禹的"食少，调有余补不足"①，也反映出他遵循自然之道，即效法老子意义上的天道之"损有余而补不足"，使天下诸侯百姓均得食物，以免忍饥挨饿。由此可见，对于百姓的困苦，他是时刻关怀的。并且，他深谙道家治理之道，曾说："知人则智，能官人；能安民则惠，黎民怀之。能知能惠，何忧乎骓兜，何迁乎有苗，何畏乎巧言善色佞人？"② 即知人而用之，就能够治吏；惠民而安之，就可以使百姓怀念。如果能够做到知人惠民，何必去担忧骓兜、有苗的异作，畏惧佞人的巧言善色？此即是说，将自身分内的事情做好，不必担心外部的为非作歹，巧言令色，因为自有有司处理之。他的这种治理理念和老子提倡的守常伐异、各司其职等思想深为契合。

另外，老子对穆公时期的圣人由余，也是推崇有加，故疑老子西去，就是去探访由余所述的西部纯朴的社会民风。当戎王"闻穆公贤，故使由余观秦"③ 时，"秦穆公示以宫室、积聚"④。即穆公希望通过宫殿的豪华及物质的丰富，在由余面前进行炫耀或示威，但此时由余不仅不为之所动，反而批判道："使鬼为之，则劳神矣。使人为之，亦苦民矣。"⑤ 由余认为，穆公的这种行为是劳民伤神之事，不足为之，由此可以看出由余慈爱百姓、自重守静之无欲无智的道家主张。但是秦国国君对由余的话显然不理解，于是"穆公怪之，问曰：'中国以诗书礼乐法度为政，然尚时乱，今戎夷无此，何以为治，不亦难乎？"⑥ 即中国以礼仪法度治理国家，但仍不能保证国家安稳，而西部蛮夷地区，若不用这种方式而采取其他方

---

① 许嘉璐：《二十四史全译·史记》，汉语大词典出版社 2004 年版，第 14 页。
② 同上书，第 18 页。
③ 同上书，第 58 页。
④ 同上。
⑤ 同上。
⑥ 同上。

法，不是更难治理好国家了吗？面对穆公的责问，由余笑曰："此乃中国所以乱也。夫自上圣黄帝作为礼仪法度，身以先之，仅以小治。及其后世，日以骄淫。阻法度之威，以责督于下，下罢极则以仁义怨望于上，上下交征怨而相篡弑，至于灭宗，皆以此类也。"① 由余先是批判了中原诸国根据礼仪法度治理天下所存在的不足，即首先制礼的黄帝试图根据礼仪法度治理天下，并以身作则，但仅使天下小治，不能达到预期的效果。至于其后代，则通过礼仪法度责罚下民，而百姓则会根据仁仪的标准怨恨执政者，因此造成双方之间的矛盾尖锐化，最终会演变成双方之间的互相伤害，结果导致许多执政者陷入国消家亡的困境。在由余看来，出现这样的双输状况，都是执政者采取礼仪法度治理天下的结果。在他批判了包括黄帝在内的儒家，主张以礼仪法度治理天下的不足之后，又进一步说道："夫戎夷不然。上含淳德以遇其下，下怀忠信以示其上，一国之政犹一身之治，不知所以治，此真圣人之治也。"② 由余指出，戎夷之王通过淳德对待其下，而百姓反过来报之以忠信。也就是说，执政者爱民如爱自己的身体一样，治理国家事务犹如治理自己的身体，其真正达到了人、己、事的高度合一，就像根本不知道如何治理似的，但却使天下得到了大治，这也是其圣人之治的管理思想。由余提出淳德忠信的治国理念，深刻打动了老子。尤其是执政者不用智谋治理国家，却使其国得到有效治理的案例，开启了他无为而治治理思想。为了能够亲眼看到这种景象，他骑牛西去，以寻找他心目中向往的治理地区，就不足为怪了。

　　由余的这番话显然触动和震撼了穆公，"于是穆公退而问内史史廖曰：'孤闻邻国有圣人，敌国之忧也。今由余贤，寡人之害，将奈之何？'"③ 他把由余当做了圣人，害怕他治理下的戎夷超越秦国，于是采取了向戎王贡献美人的计谋，最终使由余投靠了秦国，从而为秦国的强大做出了贡献。

---

　　① 许嘉璐：《二十四史全译·史记》，汉语大词典出版社2004年版，第58页。
　　② 同上。
　　③ 同上。

综上所述，老子作为史官，在充分了解历代先圣先王的治理事例基础上，将之思考加工，并结合其时的治理现状，有针对性地提出了他的愚人之治管理思想，而执行该思想的主体，就是道人，将之具体推进到企业管理方面，就是道商。

第三节　汉初道式管理案例

从上文可以得知，老子所提出的管理思想主要体现在社会治理上。他不是贸然提出的，而是在了解、总结前人成功的治理方式基础上提出来的，因而具有一定的实效性。因为他主张的遵循自然、慈爱守柔、处下处小、守常伐异、坚守其职等思想，都是先圣先王的事迹，他据此系统性地提出自己的道式管理思想，并且深刻地影响了后世管理者。被中国史学家誉为三大治理盛世之首的初汉及文景之治①，也是深刻地受之影响，我们可以此作为老子管理思想有效的有力证据。

一　惠帝、吕后的道式管理事例

在汉初，刘邦虽然打了许多胜仗，灭了许多逆臣，并逐渐平定了天下，但他至死没有使天下安稳，时有叛乱出现。在其驾崩之后，汉惠帝及吕后执政。尽管吕后为了自身利益铲除了许多对自身有威胁的敌对势力，但始终没有骚扰百姓的正常生活，而是让其处于一个休养生息的环境中。故此司马迁在《史记》中赞道："孝惠皇帝、高后之时，黎民得离战国之苦，君臣俱欲休息乎无为，故惠帝垂拱，高后女主称制，政不出房户，天下晏然。刑罚罕用，罪人是希。民务稼穑，衣食滋殖。"② 他指出，在吕后、惠帝执政时期，百姓远离了诸侯战国之苦，这是因为他们尝试用无为之术治理天下的结果，而坚守此管理之道的还有后来的文景和曹参等人。在不出

---

① 我们不排除在文景之治前还有盛世，如周朝的成康之治甚至尧舜夏商时期的天下大治，但因其资料较为缺乏，故此不便对还没有得到详史证实的事情进行讨论。
② 许嘉璐：《二十四史全译·史记》，汉语大词典出版社 2004 年版，第 152 页。

门（房户）的情况下，就使天下处于安稳和谐的环境中，这显示出他们治理国家的自重守静、无为无事的道家特性。此举的结果是执政者慎用刑罚，但是犯罪的人却很少，因为人们希望得到富足安定的生活，都专注于农业耕种生产而难以顾及其他，导致人们生活在天下太平的社会中。究其原因，就在于当时的管理者不去干扰百姓的具体生活，而采取道家方式来治理天下。具体来说，就是惠帝、高后等人通过柔弱、慈畜、无为的方式管理天下。

　　惠帝除了采用无欲无为之治外，其内心还非常包容、慈生，不似吕后对竞争对手那么残忍。刘邦所宠爱的贵妃戚夫人之子刘如意，深受刘邦的宠爱，进而有意立其为太子。此时吕后明显感到了巨大压力，在其与包括张良在内的重臣谋划与劝阻下，并借势于惠帝太子之位，迫使刘邦最终改变了这一成命，使戚夫人及刘如意成了这一宫廷政治斗争的牺牲品，从而成功地树立了自己的威势。获取胜利的吕后并不完全满足这一结果，而是企图对其对手实施了斩草除根的毒计，欲铲除戚夫人及其子赵王刘如意而后快。但是"孝惠帝慈仁，知太后怒，自迎赵王霸上，与入宫，自挟与赵王起居饮食。太后欲杀之，不得间"①。显然，具有慈生之心的惠帝为了保护赵王的安全，不仅亲自到霸上迎接他，还与其同饮食、共起居，使吕后难以对之下手。即使如此，吕后还是趁惠帝早晨射猎而赵王未醒之际，用药酒毒杀了赵王。即"孝惠元年十二月，帝晨出射。赵王少，不能蚤起。太后闻其独居，使人持鸩饮之。犁明，孝帝还，赵王已死"②。更令人发指的是，害死赵王之后仍不甘心，于是"太后遂断戚夫人手足，去眼，煇耳，饮喑药，使居厕中，命曰'人彘'。居数日，乃召孝惠帝观人彘。孝惠见，问，乃知其戚夫人，乃大哭，因病，岁余不能起。使人请太后曰：'此非人所为。臣为太后子，终不能治天下。'孝惠以此日饮为淫乐，不听政，故有病也。"③ 一向慈生的惠帝看到戚夫人受到断除四肢、挖眼、去

---

① 许嘉璐：《二十四史全译·史记》，汉语大词典出版社 2004 年版，第 144 页。
② 同上。
③ 同上。

耳、饮哑药等重刑而变成了人彘，认为这不是作为一个正常人能够干出的事情，何况这个人是自己的亲生母亲，因此心灵受到强烈的刺激和打击，最终得了一场大病，这一躺就是一年多，并为此不理朝政。于是他消极地抵制母后的异作——夜以继日地饮酒作乐，此举不仅致使朝政废弛，而且也使他的身体受到了伤害，落下了病根。

惠帝除了慈生怜悯戚夫人及其子刘如意外，还非常敬重其庶兄齐王，"十月，孝惠与齐王燕饮太后前，孝惠以为齐王兄，置上坐，如家人之礼"①。看到惠帝如此敬重王兄，心胸狭隘的"太后怒，乃令酌两卮鸩，置前，令齐王起为寿"②。知道吕后底细的惠帝为了保护其兄，于是在"齐王起，孝惠亦起，取卮欲俱为寿。太后乃恐，自起泛孝惠卮。齐王怪之，因不敢饮，佯醉去。问，知其鸩，齐王恐，自以为不得脱长安，忧"③。虽然最终惠帝通过与其兄俱饮药酒未果（吕后打翻了惠帝手中的药酒），而使齐王装醉幸免于难，但使齐王处于恐惧状态中，最终通过让与吕后的亲生女儿鲁元公主数邑才解除被害之厄。此举同样反映出惠帝慈生守弱、处辱处下的道家思想特色。从另一个角度也体现出虽然他贵为皇帝，位居天下至尊，但对其母后却甘愿处雌自小，这也是道家处理事务的风格。

同样，《汉书》对惠帝的治理模式也是赞叹有加，在其登基居位之时，就赏赐吏民爵粮，做到了与民同乐。他还提倡刑罚宽松，更是顺应了自然人性，即对于"爵五大夫、吏六百石以上及宦皇帝而知名者有罪当盗械者，皆颂系"④，也就是说，他提出，对于爵位在五大夫、俸禄六百石以上的官员，犯罪应加刑械的可以适当宽容。而对于"上造以上及内外公孙耳孙有罪当刑及当为城旦、舂

---

① 许嘉璐：《二十四史全译·史记》，汉语大词典出版社 2004 年版，第 144 页。
② 同上。
③ 同上。
④ 许嘉璐：《二十四史全译·汉书》，第 33 页。

者，皆耐为鬼薪白粲"①，即对于上造以上及内外公孙耳孙当中有罪当刑之人，或判刑当为城旦、舂者，皆可减刑为鬼薪、白粲之刑。同样对于"民年七十以上若不满十岁有罪当刑者，皆完之"②，即年过七十或不足十岁有罪当刑者，皆可免除肉刑，使其皮肤完整。另外"民有罪，得买爵三十级以免死罪。赐民爵，户一级"③，即百姓可以买爵三十级以免其死罪。有喜庆在赐民爵时，每户赐一级。由此看出，惠帝在对待犯人方面尽量减缓刑罚的力度，反映出其慈生畜养、损余（减刑）补欠（赏赐）的道家思想。

对于其管理理念，汉惠帝曾说："吏所以治民也，能尽其治则民赖之，故重其禄，所以为民也。"④ 即他认为官吏的职责就是管理好百姓，如果能够做到尽职尽责，就会得到百姓的信赖，因此可以给与其厚重的俸禄，以彰其德。因为他们是为了百姓而勤奋工作的，是值得他们的那份俸禄的。从这段话里我们可以看出官吏有效治理百姓所能得到的回报，也可以看出各级管理者在治理百姓的过程中是各负其责的，它体现出老子守责思想。同样，该思想还反映出管理者一切为百姓生活着想的执政理念。

在惠帝四年"春正月，举民孝弟力田者复其身"⑤，即对于孝顺父母、尊兄爱弟者，且努力耕田者，免除其徭役赋税。在其20岁举行加冠典礼时，他也不忘天下，随即大赦天下。同时"省法令妨吏民者；除挟书律"⑥。即惠帝下了两条具有道家思想的法令，一是撤销妨碍官员治理及干扰百姓生活的法令，二是废除秦时挟书者灭其全族的律令。此举体现了惠帝慈爱百姓、宽厚容下、无欲无为而治的道家思想。惠帝的道式治理行为，深受《汉书》的推崇，班固说："孝惠内修亲亲；外礼宰相，优宠齐悼、赵隐，恩敬笃

---

① 许嘉璐：《二十四史全译·汉书》，汉语大词典出版社2004年版，第33页。
② 同上。
③ 同上书，第34页。
④ 同上书，第33页。
⑤ 同上书，第34页。
⑥ 同上。

矣。"① 指出，惠帝在待人接物方面，对内慈爱亲属，对外礼遇宰相，具体来说，就是优待宠幸其庶兄齐王刘肥和幼弟赵王刘如意，对他们之关爱可谓情深义重。在听取管理对策方面，他"闻叔孙通之谏则懼然，纳曹相国之对而心说，可谓宽仁之主"②。这就是说，当他听到儒者叔孙通的进谏，内心就感到害怕，而在听取具有道家思想曹参的对策时，就非常高兴，并积极采纳之。从这段话可以得知，他不仅是一个宽厚慈爱之君，而且是一个具有道家管理思想的执政者。显然惠帝的所作所为，得到了班固的高度赞赏。

吕后虽然对待竞争对手心狠手辣，但是她对待百姓，也多是采取了道家思想。在惠帝之后的元年春正月，她下诏曰："前日孝惠皇帝言欲除三族罪、妖言令，议未决而崩，今除之。"③ 即此前惠帝在时想废除的苛法三族罪、妖言令，由于在讨论还没有得出决定时惠帝就已经驾崩，因此吕后接替其将这两种法令废除，也显示出吕后对百姓的关怀和对其亲生儿子的缅怀。

二年春，她下诏曰："高皇帝匡饬天下，诸有功者皆受分地为列侯，万民大安，莫不受休德。朕思念至于久远而功名不著，亡以尊大谊，施后世。"④ 高祖刘邦平定整饬天下，颁布凡是有功之人皆封为列侯，拥有封地的命令，此举导致天下太平、百姓平安。但是她考虑，因时间过久，如果不将列侯的功名记录下来，就会被人渐渐地淡忘，以致后人就不能尊其大义，施恩于后世。对这些话予以分析，就可以知道吕后不仅在笼络群臣，使其名垂千古，而且也渴望天下太平，百姓安居乐业。然后吕后道："今欲差次列侯功以定朝位，藏于高庙，世世勿绝，嗣子各袭其功位。其与列侯议定奏之。"⑤ 其大意是：现在我想根据列侯所立的功劳以确定其在朝廷的次序，并将之藏在高祖庙内，世世代代都不绝，使其后代能够继

① 许嘉璐：《二十四史全译·汉书》，汉语大词典出版社 2004 年版，第 35 页。
② 同上。
③ 同上书，第 37 页。
④ 同上。
⑤ 同上。

承其功位，此事可与列侯商议之后再向我参奏。随后丞相陈平进言："谨与绛侯勃、曲周侯臣商、颍阴侯臣婴、安国侯臣陵等议，列侯幸得赐餐钱奉邑，陛下加惠，以功次定朝位，臣请臧高庙。"① 即他经过和周勃、灌婴等人商议，使列侯有幸得到赐餐钱和封邑，认为这是陛下所加的恩赐，现在这些人以功劳大小确定了其朝位，臣请藏于高祖庙堂。结果"奏可"，即得到了吕后的认可。由此可以看出，吕后对旧臣不是一味地诛尽杀绝，而是有所照顾的，这反映出她对旧臣的关爱之情。

由于当时少帝（继承惠帝之位）知其非皇后子，于是有怨言，吕后听到后就将其幽禁在永巷，并下诏说："凡有天下治万民者，盖之如天，容之如地；上有欢心以使百姓，百姓欣然以事其上，欢欣交通而天下治。"② 她指出，凡是拥有治理天下百姓的当权者，其覆盖惠泽就应像天一样，容纳事物就应像地一样，皇上应该以欢心役使百姓，而百姓则能够欣然地事奉其上，两相欢心交融，则天下就能大治。显然她以批评少帝心胸不够之机，陈述管理者应该心胸宽广，包容万事，抱着使天下百姓欢乐的心态管理百姓，这样就能够换取百姓的真心相待，使之乐意做自己分内的事情，而这正是国家所期望的。从吕后的这些话里可以看出，她在某种程度上具有道家虚而容物的管理理念。

惠帝、吕后采取的道家管理措施，取得了巨大的成就，因此《汉书》称赞道："孝惠、高后之时，海内得离战国之苦，君臣俱欲无为，故惠帝拱己，高后女主制政，不出房闼，而天下晏然，刑罚罕用，民务稼穑，农食滋殖。"③ 班固认为，在惠帝、吕后之时，天下脱离了战乱之苦，君臣都想无为而治，所以惠帝敛手无为而治天下，吕后不出宫门而听政，却使天下太平，百姓欢乐，其时刑罚罕用，百姓务于耕种，以致丰衣足食。这体现出两位执政者在治理天下方面，都采取了无欲无为的治理方式。他们以百姓心为心，遵

① 许嘉璐：《二十四史全译·汉书》，汉语大词典出版社 2004 年版，第 37 页。
② 同上书，第 38 页。
③ 同上书，第 40 页。

循百姓的生活法则与规律，慈爱众生，畜养百姓，使其丰衣足食，安居乐业，很快使天下从战乱走向太平。该论虽和《史记》大同小异，但班固和司马迁一样，都认为惠帝、吕后执行的是道家主张，并对他们采取的道家管理方式给予了高度评价。

二　曹参的道家管理事例

大汉的开朝元勋曹参，也是一位使用老子道家思想来治理天下的管理者。据《史记》记载，曹参多次破敌，立功甚巨。当时朝廷论功，许多人认为"平阳侯曹参身被七十创，攻城略地，功最多，宜第一"[1]。而刘邦独爱萧何，却将后者列为汉朝开国第一功臣。对此曹参并没有与之相争，而是甘愿让出，由此可见他本人也是信奉道家处下不争思想的。他在孝惠帝元年，担任齐国丞相。为了治理好该国，他在其地寻求治国之道，当时"天下初定，悼惠王富于春秋，参尽召长老诸生，问所以安集百姓，如齐故诸儒以百数，言人人殊，参未知所定"[2]。由于儒家影响力巨大，曹参招诸儒探讨，但他们各有各的主张，所论各异，弄得曹参不知所云，无从下手。当他"闻胶西有盖公，善治黄老言，使人厚币请之"[3]。即他听说胶西盖公善治黄老道家之术，于是派遣人带着重金去邀请他。于此可见，曹参是个善于容纳各家管理思想的政治家，其行为深为符合虚而容物的道家特点。"既见盖公，盖公为言治道贵清净而民自定，推此类具言之。"[4] 这就是说，盖公提倡的清净——无欲无为无事的管理之道可以使百姓自行安定，并根据这种治国理念用具体事实予以论述，以彰显其中的道理。显然曹参对盖公的话极为信服，对其人也十分推崇，于是"参于是避正堂，舍盖公焉"[5]。也就是说，他让出正堂而让盖公居住，此举反映出曹参甘于处贱守辱、居后处

---

① 许嘉璐：《二十四史全译·史记》，汉语大词典出版社 2004 年版，第 810 页。
② 同上书，第 817—818 页。
③ 同上书，第 818 页。
④ 同上。
⑤ 同上。

外，显示出其超乎荣辱的道家心态。结果"其治要用黄老术，故相齐九年，齐国安集，大称贤相"①。即他采取黄老道家思想治理齐国，结果使齐国百姓安居乐业，人们称曹参是一位贤相。

萧何去世之后，曹参应诏奔赴朝廷，担任惠帝的丞相。于是"参去，属其后相曰：'以其狱市为寄，慎勿扰也。'"②他在临上任前，还嘱咐接替他担任齐相的人，让后者慎重对待诉讼狱和交易市场，因为这是百姓的寄托之所，并且吩咐他不要干扰百姓的具体行为。但后相对之感到不解，疑惑地问道："治无大于此者乎？"③即没有比这些更重要的事情吗？于是参曰："夫狱市者，所以并容也，今君扰之，奸人安所容也？吾是以先之。"④其意是诉讼狱和交易市场是包容各类人的场所，如果先生强加干涉，那么坏人如何容身呢？所以我将这些事情放在管理的首位予以考虑。由此可知，曹参确实根据老子的管理思想处理事务，这体现在以下几个方面：其一，遵循老子无为无事之道，不干预诉讼狱和交易市场的具体运行规律。其二，像老子的自然之道特性一样，善于容纳万物，善人应接受，而不善之人也应容纳，从而公平地对待各色人等。其三，不干涉百姓的自然生活状态，让其按照自己的日常生活规律过日子。其四，对于有异作者，通过诉讼狱等途径予以惩治，以保证社会秩序的正常运行。

在他接替萧何为汉相国之后，仍旧遵循自然之无为而治的执政理念，"举事无所变更，一遵萧何约束"⑤。即他继任汉朝的相国后，不是新官上任三把火，按照个人的想法整治朝纲，而是一切都按照萧何制定的制度法令处理事务，没有任何变动更改。不仅如此，曹参还"择郡国吏木讷于文辞，重厚长者，即召除为丞相

---

① 许嘉璐：《二十四史全译·史记》，汉语大词典出版社2004年版，第818页。
② 同上。
③ 同上。
④ 同上。
⑤ 同上。

史"①，即他选拔任用的人员，皆是不善言辞且为人忠厚，又担任过郡国各级官吏的长者。希望这些厚实有信的丞相史，能够尽心地为国家、为百姓服务。与之相反，"吏之言文刻深，欲务声名者，辄斥去之"②，即对于那些言辞苛刻、追求名誉的人，曹参却总是斥退驱逐他们，不希望他们参与政事。对于曹参的用人之术，《汉书》与《史记》的记述几乎相同，只是这句有所差别："择郡国吏长大，讷于文辞，谨厚长者。"③ 即他选拔的人才，都是郡国小吏出身且不善文辞的谨慎、忠厚长者，让他们为丞相史。班固的《汉书》加了谨慎之义。由此可见，曹参有意将深具道家大丈夫人格的人才，提拔到管理岗位上。

由于曹参"日夜饮醇酒。卿大夫已下吏及宾客见参不事事，来者皆欲有言"④，当群臣及宾客看到曹参不理国政时，感到不可理解，皆想进言劝谏，但是"至者，参辄饮以醇酒，间之，欲有所言，复饮之，醉而后去，终莫得开说，以为常"⑤。即对于来劝告的人，曹参却总是一味地劝他们饮酒，即使少有空隙，来客刚想开口进言，曹参又让他们饮酒，直到醉后离去，却始终使后者没有开口劝说的机会，这种情况多了，就逐步变得习以为常。此种行为传到了皇上那里，惠帝颇为怪怒，问其所为，随即"参免冠谢曰：'陛下自察圣武孰与高帝？'上曰：'朕乃安敢望先帝乎！'曰：'陛下观臣能孰与萧何贤？'上曰：'君似不及也。'参曰：'陛下之言是也。且高帝与萧何定天下，法令既明，今陛下垂拱，参等守职，遵而勿失，不亦可乎？'"⑥曹参认为，自己和惠帝的才能皆不如高祖及萧何，且在他们平定天下之后所制定的法令已经非常完备了。如果惠帝垂衣而治，即像《易经》中论述黄帝等人一样，无欲无为

① 许嘉璐：《二十四史全译·史记》，汉语大词典出版社 2004 年版，第 818 页。
② 同上。
③ 许嘉璐：《二十四史全译·汉书》，第 938 页。
④ 许嘉璐：《二十四史全译·史记》，第 818 页。
⑤ 同上。
⑥ 同上书，第 819 页。

无事地治理天下，而包括曹参在内的各级官员谨守自己分内的职责，即遵循萧何等人已经明确制定的法令而不去任意改变，不也是很好吗？由此观之，曹参不仅自己严格地遵照老子的思想进行管理，努力做到各司其职，而且还劝谏惠帝等人也如此而为。当惠帝曰"善。君休矣"① 之时，就是接受了曹参的观点，显然，道家无智无为的管理方式，为西汉走向兴盛建立了基础。

曹参使用道家思想管理天下的事情不仅于此，据《史记》记载，"参见人之有细过，专掩匿覆盖之，府中无事"②。即当他看到下属有略微细小的过失时，就尽量将之掩盖，而不是扩大，从此处也可以看出曹参宽容待人的优点，而此举的结果就是其府中相安无事。对于曹参无欲无为而治所得的成果，"百姓歌之曰：'萧何为法，讲若画一；曹参代之，守而勿失。载其清靖，民以宁一。'"③即萧何制定的法令，使人明白得如同画个一字那样，曹参代其为相后，慎守不忘，此举的结果是使百姓安宁、天下一统。从百姓的评价来看，显然他们对曹参无欲无为的管理之道评价甚高。

对此太史公马迁也评价道："曹相国参攻城野战之功所以能多若此者，以与淮阴侯俱。及信已灭，而列侯成功，唯独参擅其名。"④ 即曹参在攻城野战中获取的功劳如此之多，是因为他和淮阴侯韩信在一起的缘故。但是在韩信等人被灭之后，能够列侯成功且善始善终的，也只有他一人。而"参为汉相国，清净极言合道"⑤。此即是说，在他执政时期，极力主张清净无欲，以合于道家所倡导的自然之道。"然百姓离秦之酷后，参与休息无为，故天下俱称其美矣。"⑥ 在百姓脱离秦王朝严刑峻法的残酷压制后，曹参通过无欲无为的管理方式，使其自由自在地休养生息，所以天下

---

① 许嘉璐：《二十四史全译·史记》，汉语大词典出版社2004年版，第819页。
② 同上。
③ 同上。
④ 同上书，第820页。
⑤ 同上。
⑥ 同上。

百姓皆称赞其美德。可此可见，老子的无欲无为管理方式对于治理天下、国家的效果是极其明显的，它有力地促进了大汉王朝的稳定与发展。

对此《汉书》也赞曰："萧何、曹参皆起秦刀笔吏，当时录录未有奇节。"① 即萧何、曹参在秦时皆为刀笔小吏，负责起草文书、记述事件等工作，因此碌碌无为，没有显现出过人之处。但"汉兴，依日月之末光，何以信谨守管龠，参与韩信俱征伐"②。即大汉兴盛之时，他们皆依托如日月般的刘氏之余光，其中萧何诚信严谨地把守管龠，而曹参则与韩信一起参与征伐。在"天下既定，因民之疾秦法，顺流与之更始，二人同心，遂安海内"③。即在天下平定之后，因为百姓痛恨秦法的残暴，于是他们顺应潮流，与百姓一起更改秦时的严刑峻法，由于二人能够做到同心共德，遂使海内得到安稳。在这里，班固同样认为萧何、曹参二人用"以百姓心为心"的道家治理理念，来管理大汉王朝。而最终"淮阴、黥布等已灭，唯何、参擅功名，位冠群臣，声施后世，为一代之宗臣，庆流苗裔，盛矣哉！"④ 即淮阴侯韩信、黥布等人被灭，唯有萧何、曹参独擅其功名，以致其位冠绝群臣，声名流传后世，成为受到万民敬仰的一代宗臣，并使他们的后代也得到了恩荫。其势盛大啊！由此可见，汉朝建立后，曹参依据道家思想管理天下，不仅使百姓深受其利，而且也使其人名声播于四海，流传千古而不绝。他以道家思想建立的功业，显示出其达到了不争而善胜的道德境界。

三 汉文帝的道式管理事例

汉文帝是初汉、也是历史上中国最伟大的皇帝之一。正是他的治理才使西汉成为中国最强盛的朝代。当时经过周勃、陈平、朱虚侯等上层的政变，刘氏家族从吕氏手中夺取了政权，使其家重新占

---

① 许嘉璐：《二十四史全译·汉书》，汉语大词典出版社2004年版，第939页。
② 同上。
③ 同上。
④ 同上。

据政权的中心位置。具体情况是这样的：在高后八年吕后去世之后，经过众臣商议，对夺取军权、政权有巨大功劳的陈平、周勃，欲立当时还是代王的文帝继承皇位，他们力劝代王进京登基。由于对京城局势不明，不知去长安是祸是福，故代王显得非常犹豫和谨慎，其部下张武劝阻他进京，害怕这是一场阴谋，恐遭遇不测。但宋昌力排众议，劝其行之。汉文帝听宋昌之言，内心感到特别纠结，于是在和其母太后商议之后，又通过龟甲占卜，得其吉祥，这才决定去长安。

到了长安，他接见拥戴他的重臣，此时太尉周勃上前进言说"愿请间言"①，即他想私下与文帝谈话，这时宋昌曰："所言公，公言之。所言私，王者不受私。"②即如果周勃想言公事，可以当着群臣及天下百姓的面谈论之，如果想谈私话，那么王者不接受私下谈论，由此看出文帝等众受公不受私的办事行为，深受老子"道乃公"思想的影响。随后众人请其即天子位，他说道："奉高帝宗庙，重事也。寡人不佞，不足以称宗庙。愿请楚王计宜者，寡人不敢当。"③ 在此他以自己能力不足为出拒绝践天子位，同时也不排除文帝因不明朝廷局势及群臣的意图，不敢贸然答应，但他承诺愿与楚王等人一起讨论此等事宜。此举不仅能够体现出其自重守静、慎重地对待继位大事，同时也显示出其具有处下守辱的道家特性。但"群臣皆伏固请。代王西乡让者三，南乡让者再"④。经群臣的再三劝导，他遂即天子位。在其登基的时候，并非只顾自己，而是时刻念及天下百姓及立功的群臣。于是他下诏云："朕初即位，其赦天下，赐民爵一级，女子百户牛酒，酺五日。"⑤ 同时重赏平吕氏之乱者如陈平、周勃、朱虚侯等人。由此看出文帝起初就有慈爱万民、赐福百姓、赏赐有功的行为。

---

① 许嘉璐：《二十四史全译·史记》，汉语大词典出版社 2004 年版，第 154 页。
② 同上。
③ 同上。
④ 同上。
⑤ 同上书，第 155 页。

　　文帝的慈生思想不止于此，随后他说道："法者，治之正也，所以禁暴而率善人也。今犯法已论，而使毋罪之父母妻子同产坐之，及为收帑，朕甚不取。其议之。"① 即对于较为严酷的连坐法，文帝不忍其危害于民，于是下令建议取消。但有司皆劝道："民不能自治，故为法以禁之。相坐坐收，所以累其心，使重犯法，所从来远矣。如故便。"② 他们以百姓不能很好地约束自身，而连坐法可以在内心警诫人们犯法，坚持遵循以前的法令，不主张将之予以废除。然而文帝指出："朕闻法正则民悫，罪当则民从。且夫牧民而导之善者，吏也。其既不能导，又以不正之法罪之，是反害于民为暴者也。何以禁之？朕未见其便，其孰计之。"③ 他认为，如果法律正确，则民自然遵从。而作为官吏，就应该导民为善，如果不能如此，又用不正之法残害百姓，是难以彻底禁止他们犯罪的。由此可见，文帝是从其根源处，指出重法产生的失当性。闻听此言，有司皆曰："陛下加大惠，德甚盛，非臣等所及也。请奉诏书，除收帑诸相坐律令。"④ 从中可以看出，文帝希望万民罪当其事，官吏坚守其职，主张管理者应引导百姓为善而非强行管制百姓的执政理念。

　　在有司请立太子时，文帝推辞道："楚王，季父也，春秋高，阅天下之义理多矣，明于国家之大体。吴王于朕，兄也，惠仁以好德。淮南王，弟也，秉德以陪朕。岂为不预哉！诸侯王室昆弟有功臣，多贤及有德义者，若举有德以陪朕之不能终，是社稷之灵，天下之福也。今不选举焉，而曰必子，人其以朕为忘贤有德者而专于子，非所以忧天下也。朕甚不取焉。"⑤ 为之他举例道，叔父楚王知天下义，明国家大体，其兄吴王惠仁好德，弟淮南王持德陪己，有这些人就不用预立太子。况且王室有许多贤者，可以陪伴自

---

① 许嘉璐：《二十四史全译·汉书》，汉语大词典出版社 2004 年版，第 155 页。
② 同上书，第 155—156 页。
③ 同上书，第 156 页。
④ 同上。
⑤ 同上。

己终身，这也是社稷之灵，天下之福。如果现在忘记贤德之人而只考虑自己的儿子，会让人认为自己是一个舍弃天下而只顾自己私利的人。由此可知，他有心让有贤能德才的兄弟继任皇位，而非其子，这样做的意思是为天下苍生的幸福考虑，因为他害怕其子不能继承他的事业，以致祸害天下苍生。另在《汉书》中，文帝推让其子为太子的事情是这样记载的："朕既不德，上帝神明未歆飨也，天下人民未有惬志。今纵不能博求天下圣贤有德之人而嬗天下焉，而曰豫建太子，是重吾不德也。谓天下何？其安之。"① 即他认为应当选立有德之人管理天下，而非必须是自己的儿子，又认为现在国家还未治理好，百姓没有过上满意的生活，这时提起立太子的事情是一种自私行为，没有为天下百姓的生活考虑。从文帝挑选继承人的初衷来看，他体现出了道家公平待物的选拔理念。

但百官根据自己的理由继续劝说文帝，于是他们坚持进谏道："古者殷周有国，治安皆千余岁，古之有天下者莫长焉，用此道也。立嗣必子，所从来远矣。高帝亲率士大夫，始平天下，建诸侯，为帝者太祖。诸侯王及列侯始受国者皆亦为其国祖。子孙继嗣，世世弗绝，天下之大义也，故高帝设之以抚海内。今释宜建而更选于诸侯及宗室，非高祖之志也。更议不宜。子某（启）最长，纯厚慈仁，请建以为太子。"② 百官认为，选拔天子的继承人，自从殷周就有之，而立嗣必然是其子，信奉这个规矩的历史可谓久远。自从刘邦建立大汉王朝之后，就分封大量的诸侯，让他们成为其国的始祖。而其子孙继嗣，世世不绝，这已经成了公义。故高祖设立太子继承皇位，以此安抚天下。若不设太子而选诸侯宗室，不是高祖希望看到的。今文帝之子刘启，纯厚慈仁，最有资格立为太子。在这里，他们仍旧将道家提倡的忠厚慈爱作为选立太子的标准③，可见，当时人们所受道家思想的影响是多么深厚。看到有司的强烈要求，

① 许嘉璐：《二十四史全译·史记》，汉语大词典出版社2004年版，第44页。
② 同上。
③ 儒家也同样提倡仁爱，但没有像老子等道家那样明确提出厚实、慈爱等范畴，尽管人们也推崇这种品格。

"上乃许之"①。在选定接班人之后，文帝仍旧没有忘记天下百姓，"因赐天下民当代父后者爵各一级"②。

另外，"上为立后故，赐天下鳏寡孤独穷困及年八十已上孤儿九岁已下布帛米肉各有数。上从代来，初即位，施德惠天下，填抚诸侯四夷皆洽欢，乃循从代来功臣"③。因为自己立后的缘故，特赏赐弱势群体生活用品，并且他还封赏代地部下及跟随刘邦的故臣，以显示自己不忘旧故。这些措施的实施最终使天下洽欢，社会和平的局面实现。据《汉书》记载，为了关注贫孤老幼的生活及生死，文帝特下诏曰："方春和时，草木群生之物皆有以自乐，而吾百姓鳏寡孤独穷困之人或阽于死亡，而莫之省忧。为民父母将如何？其议所以振贷之。"④ 他指出，自然中之万物在春天皆以生自乐，而鳏寡孤独穷困之人却陷于濒临死亡之境，如果为民父母却不知怜恤之，为之而忧，要之何用？于是他要求为官者采取切实的方法去资助这些人。针对老者，他又强调："老者非帛不暖，非肉不饱。今岁首，不时使人存问长老，又无布帛酒肉之赐，将何以佐天下子孙孝养其亲？今闻吏禀当受鬻者，或以陈粟，岂称养老之意哉！具为令。"⑤ 由于人在年老之后，身体就相对变得衰弱，抵抗不住寒冷饥饿的侵袭，因此文帝要求有司及时抚恤老者，赐予他们布帛酒肉，使之能够抵御寒冷饥渴，而不是仅仅赠其陈年粮食，这显示出他对老者的尊敬。当"有人请令县道，年八十已上，赐米人月一石，肉二十斤，酒五斗。其九十已上，又赐帛人二匹，絮三斤。赐物及当禀鬻米者，长吏阅视，丞若尉致。二千石遣都吏循行，不称者督之。刑者及有罪耐以上，不用此令。"⑥ 在具体的实施方面，他要求官吏按照老者的年纪分别给与不同的财物。而且他

---

① 许嘉璐：《二十四史全译·汉书》，汉语大词典出版社 2004 年版，第 44 页。
② 同上。
③ 许嘉璐：《二十四史全译·史记》，汉语大词典出版社 2004 年版，第 157 页。
④ 许嘉璐：《二十四史全译·汉书》，第 44 页。
⑤ 同上书，第 44—45 页。
⑥ 同上书，第 45 页。

认为，对于官吏也要采取一定的监督，防止他们阳奉阴违，借此伤害百姓。但是对于有罪者，则不在政府关怀之列。汉文帝的治理效果极其明显，在当年的六月，"令郡国无来献。施惠天下，诸侯四夷远近欢洽"①。即他要求各郡国不要来京进献，并广泛地施惠于天下，结果天下之地，无论四夷还是中原地带，都呈现出一片欢乐祥和的气氛。显而易见，这种政令不仅减少了郡国进献的劳苦，突出了文帝对臣属百姓的关怀，也反映出文帝时期经济上的富裕。

从上述可以看出，文帝根据群生之物的自乐，延引到天下百姓之苦乐，于是采取措施，通过赏赐衣食关爱天下老者，改善其生活，使贫困者得其赡养，同时免去郡国进献的劳苦，不忘旧臣之功，结果使天下大治，万民欢愉，天下和谐，不仅显示出他具有道家慈生畜养百姓的管理特性，同样也证明了其用道家思想治理天下所取得的巨大成效。

为了减轻京城的经济负担，他特命令："朕闻古者诸侯建国千余，各守其地，以时入贡，民不劳苦，上下欢欣，靡有遗德。今列侯多居长安，邑远，吏卒给输费苦，而列侯亦无由教训其民。其令列侯之国。为吏及诏所止者，遣太子。"② 即他要求在封诸侯都要去其封地赴任，如果因在朝廷任职而不能亲自到封地的，就请他们的太子去，而不能滞留在京城吃喝玩乐，挥霍国家财政收入。文帝此举的目的，就是要避免各诸侯封地的官吏，因运送诸侯所需的各种物品而出现的仆役劳苦，以及节省运输成本等，同时亦让他们管理、教化当地的百姓。其最终的目的是形成诸侯国内上下和谐欢洽的天下大治局面。由此可见，其政令不仅体现出道家的俭啬不有思想，即显示出其从俭啬的角度治理天下，而且也反映出他让诸侯各守其职，进而慈畜百姓的道家理念。

对于多次出现的日食等时人认为不祥的征兆，文帝特意下诏："朕获保宗庙，以微眇之身托于兆民君王之上，天下治乱，在朕一

①　许嘉璐：《二十四史全译·汉书》，汉语大词典出版社2004年版，第45页。
②　许嘉璐：《二十四史全译·史记》，汉语大词典出版社2004年版，第157页。

人，唯二三执政犹吾股肱也。朕下不能理育群生，上以累三光之明，其不德大矣。今至，其悉思朕之过失，及知见思之所不及，丐以告朕。及举贤良方正能言极谏者，以匡朕之不逮。因各饬其任职，务省徭费以便民。朕既不能远德，故悯（xian）然念外人之有非，是以设备未息。今纵不能罢边屯戍，而又饬兵厚卫，其罢卫将军军。太仆见马遗财足，余皆以给传置。"① 文帝的话中有几层含义，首先指出，出现不祥的主要责任人是自己而非别人，对此他不是埋怨别人而是检讨自己的过失，认为自身没有照顾好群生的生活，也累及日月星三光之明，此举反映了他处下守辱的特点。其次他借此深刻反思自己的失误，还希望其臣下帮助其进行反思及纠正这些过失，而不是怨天尤人，将过失推给别人，这反映出他具有勇担责任的精神。再次他要求包括自身在内的各级官员奉守职责，减省徭役及各种开支，多做有利于民生的事情。最后他要求削减军队中的不必要开支，将军中多余的财物如马匹等送给驿站，这样不仅减少了军费开支，也保证驿站更有效地为国家及地方服务，真正增加民生之福利。这不仅体现出文帝具有各司其职、畜养百姓、俭啬不有、损余补欠的道家管理情怀，也降低了国家财政负担，以较低的运营成本管理国家，体现出管理上的经济性。为了能够落实这项规定，在"三年十月丁酉晦，日有食之。十一月，上曰：'前日诏遣列侯之国，或辞未行。丞相朕之所重，其为朕率列侯之国。'绛侯勃免丞相就国，以太尉颍阴侯婴为丞相。"② 即他借日食等不祥之象的出现，要求丞相周勃带头去其封地，为此不惜免去其职权，而周勃是文帝能够登基的有功之臣，此举有让其作为表率之意。

为了发展当时的主流经济，促进国强民富，在执政第二年正月，文帝下诏曰："农，天下之本，其开籍田，朕亲率耕，以给宗庙粢盛。"③ 他亲自耕种祭田，减少了其他人的劳作，又为人们积极耕种树立了表率，同时也反映出其甘愿处下守辱的道家治理本

① 许嘉璐：《二十四史全译·史记》，汉语大词典出版社 2004 年版，第 158 页。
② 同上书，第 159 页。
③ 同上书，第 158 页。

色。此事《汉书》也有记载，即在十三年春二月甲寅，文帝颁诏曰："朕亲率天下农耕以供粢盛，皇后亲桑以奉祭服，其具礼仪。"① 即朕亲自率领天下耕种以供祭祀用的祭米，皇后亲自采桑以奉供祭服，这要成为礼仪制度。不仅如此，其后他又一次强调："农，天下之本，务莫大焉。今勤身从事而有租税之赋，是为本末者毋以异，其于勤农之道未备。其除田之租税。"② 他不仅指出农业是国家经济发展的根本，而且为了促进农业生产，减轻百姓负担，他特意免除了百姓种田所需支出的租税，并和往常一样，赏赐孤寡之人一定的生活物资，这同样体现出文帝的慈生畜养思想。

为了能够更好地治理国家，让官吏在没有顾虑的情况下上书，文帝特下令曰："古之治天下，朝有进善之旌，诽谤之木，所以通治道而来谏者。今法有诽谤妖言之罪，是使众臣不敢尽情，而上无由闻过失也。将何以来远方之贤良？其除之。民或祝诅上以相约结而后相谩，吏以为大逆，其有他言，而吏又以为诽谤。此细民之愚无知抵死，朕甚不取。自今以来，有犯此者勿听治。"③ 为了能够听取善言、了解自己的过失，选拔真正的贤良人才，他下令免除谣言诽谤之类的罪行，对于百姓因对上级不满而有谩言，文帝也提出不予追究。不能因人们通过不敬但又说出的良言，有司就当作诽谤谣言予以打击。这体现出文帝具有容纳不善之言的入道行为，同样也对敢于直言的人做出必要的保护。他的这种理念对于当今的社会治理，仍具有重要的借鉴意义。

为了搞好与外邦匈奴的关系，他使"汉与匈奴约为昆弟，毋使害边境，所以轮遗匈奴甚厚。"④ 即文帝与匈奴结为兄弟关系，并遗赠其大量财物，以防止后者骚扰大汉边境。但在文帝执政的第三年，"右贤王离其国，将众居河南降地，非常故，往来近塞，捕杀吏卒，驱保塞蛮夷，令不得居其故，凌轹边吏，入盗，甚敖无道，

---

① 许嘉璐：《二十四史全译·汉书》，汉语大词典出版社 2004 年版，第 49 页。
② 许嘉璐：《二十四史全译·史记》，第 16 页。
③ 同上书，第 158 页。
④ 同上书，第 159 页。

非约也。其发边吏骑八万五千诣高奴，遣丞相颍阴侯灌婴击匈奴"①。对于来降的匈奴右贤王骚扰边吏边民，文帝毅然派兵制止这种不道行为，因为按照老子的标准，右贤王的这种行为就是化而欲作的不道之举，同时也是他所认为的用兵等凶事，故此文帝认为应该将其镇压。结果"匈奴去，发中尉材官属卫将军军长安。辛卯，帝自甘泉之高奴，因幸太原，见故群臣，皆赐之。论功行赏，诸民里赐牛酒。复晋阳中都民三岁"②。将匈奴击退之后，文帝对将士们论功行赏，而对于遭受祸害的百姓，他也通过减免税赋徭役、赏赐酒肉等方式予以慰问犒劳。这是文帝慈生百姓，公平对待将士的具体表现。

而此时"济北王兴居闻帝之代，欲往击胡，乃反，发兵欲袭荥阳"③，即济北王趁文帝巡视代州之际，欲袭击荥阳。在文帝了解其动机后，乃诏有司曰："济北王背德反上，诖误吏民，为大逆。济北吏民兵未至先自定，及以军地邑降者，皆赦之，复官爵。与王兴居去来，亦赦之。"④ 他先给起兵造反的刘世居定性，指出其行为是大逆之举，然后宣布对于反正与归降朝廷的人，文帝下令恢复他们的官职，即使曾与反王来往的人员，也尽量地赦免他们。这显示出文帝的宽容、处雌致柔的道家情怀，不愿为此而牵连有功和无辜的百姓。在文帝执政"六年，有司言淮南王长废先帝法，不听天子诏，居处毋度，出入拟于天子，擅为法令，与棘蒲侯太子奇谋反，遣人使闽越及匈奴，发其兵，欲以危宗庙社稷。群臣议，皆曰：'长当弃市。'帝不忍致法于王，赦其罪，废勿王。"⑤ 在当时，淮南王废除先帝法令，不听从天子诏书，行为比拟天子，擅自颁布法令等，在朝廷看来，这些行为皆是大恶不赦的罪行，更何况刘长还欲联合匈奴、闽越之地共同反叛，当时有司认为其应受弃市之

① 许嘉璐：《二十四史全译·史记》，汉语大词典出版社 2004 年版，第 159 页。
② 同上。
③ 同上。
④ 同上。
⑤ 同上书，第 160 页。

刑。但文帝却赦免其罪，仅仅免去其王位，此举让各位大臣都看不下去，于是"群臣请处王蜀、严道、邛都，帝许之"①。但"长未到处所，行病死，上怜之。后十六年，追尊淮南王长谥为厉王，立其子三人为淮南王、衡山王、庐江王"②。这就是说，刘长未到流放之地即病死，文帝可怜其行，于是追封其为厉王，并立他的三个儿子分别为淮南王、衡山王、庐江王。对于反叛的王侯，不仅从轻处理，而且还追赠其爵位，并封其子为王，由此可以看出文帝是多么的仁慈和宽宏。

文帝待人慈厚不仅体现在对待其宗室上，就是对待后宫女子，也是同样如此。据《汉书》记载，在文帝执政第十二年"二月，出孝惠皇帝后宫美人，令得嫁"③。其时对于先帝的宫女妃嫔，老死在后宫似乎是天经地义的事情。但文帝念其可怜，又觉得没有留在宫中的必要，于是将其释放，让她们重新找到生路，进而有了新的归属，这也是文帝道家慈生特性的具体体现。

随后，文帝下诏曰："道民之路，在于务本。朕亲率天下农，十年于今，而野不加辟，岁一不登，民有饥色，是从事焉尚寡，而吏未加务也。"④ 其义是，以农为本，发展农业，是引导百姓走上生存道路的必要保证。虽然我亲自率领天下之民从事农耕，至今已经十年了，但是田野仍旧没有做出新的开垦。如果粮食一年歉收，百姓脸上就会出现饥色，这是因为从事农业的人数不足，并且官吏在此方面也努力得不够。接着他说道："吾诏书数下，岁劝民种树，而功未兴，是吏奉吾诏不勤，而劝民不明也。且吾农民甚苦，而吏莫之省，将何以劝焉？其赐农民今年租税之半。"⑤ 虽然我多次下诏书，年年劝勉百姓耕种，但收效甚微。究其原因，就在于官吏执行诏令不力，致使劝民执行诏令的目的不明确。再加上百姓生活困

① 许嘉璐：《二十四史全译·史记》，汉语大词典出版社2004年版，第160页。
② 同上。
③ 许嘉璐：《二十四史全译·汉书》，汉语大词典出版社2004年版，第48页。
④ 同上书，第49页。
⑤ 同上。

苦，而官吏不加省察，那将用何劝民呢？应免除今年一岁的租税。从文帝此诏可以看出，尽管由于各级官吏没有很好地贯彻他下的诏令，百姓也没有积极开垦田地的意识，但他还是谅解了这些吏民，并且免除百姓一般租税，由此可见文帝的器量是何等之大，而其关怀百姓困苦的行为是多么的急切！

然后他又说："孝悌，天下之大顺也。力田，为生之本也。三老，众民之师也。廉吏，民之表也。"① 即孝亲、关爱兄弟是天下最大的顺从，而耕田是人们的生存之本。三老是众民的师长，廉吏则是百姓的表率。有此品德之人能够对社会的安稳起着重大作用，故"其遣谒者劳赐三老、孝者帛人五匹，悌者、力田二匹，廉吏二百石以上率百石者三匹"②，即文帝派遣相关谒者赏赐三老、孝者每人五匹帛，和睦兄弟者、力田者每人两匹，廉吏二百石以上者每百石赐三匹。他对百姓的关怀不仅于此，随后又说道："及问民所不便安，而以户口率置三老孝悌力田常员，令各率其意以道民焉。"③ 也就是说，文帝要求有司询问百姓有何不便不安之处，并想办法予以解决。同时按照户口计算设置三老、孝悌、力田等常任乡官，命令他们各按其想法引导百姓向善。文帝不仅关怀百姓，而且也充分放权给各级官吏，让其根据自己的想法及当地实际情况引导百姓，由此看出文帝秉承了道家无为而治、各司其职的管理思想。

十三年夏，文帝感悟道："盖闻天道祸自怨起而福繇德兴。百官之非，宜由朕躬。今秘祝之官移过于下，以彰吾之不德，朕甚不取。其除之。"④ 他认为，根据天道法则，人们之所以有灾祸皆因对他人有怨恨，进而对他人进行埋怨而造成的。相反，通过增强德行，则会使福运增多。此言反映出文帝遵循自然之道，即天道体现出祸自怨起、福由德兴的法则。而其甘愿承担百官的过失，害怕众

---

① 许嘉璐：《二十四史全译·汉书》，汉语大词典出版社 2004 年版，第 49 页。
② 同上。
③ 同上。
④ 许嘉璐：《二十四史全译·史记》，第 160 页。

官私揽帝过，以此进一步彰显皇帝的不德。在文帝看来，这种行为是非常不道德的，因此他拒绝接受有司下担上过之举。他认为，让下属替自己背黑锅，表面上是塑造皇帝圣明的形象，但实际上却是为后者洗脱罪名，使其人格进一步受损，因此他极力废除这种不良现象。由此看来，文帝是甘于处下处辱的。

文帝的慈厚多体现在刑法的废除上。据《史记》记载，淳于公有罪当刑，其女欲代父过。此事"书奏天子，天子怜悲其意，乃下诏曰：'盖闻有虞氏之时，画衣冠异章服以为僇，而民不犯。何则？至治也。今法有肉刑三，而奸不止，其咎安在？非乃朕德薄而教不明欤？吾甚自愧。故夫驯道不纯而愚民陷焉。《诗》曰：'恺悌君子，民之父母'。今人有过，教未施而刑加焉，或欲改行为善而道毋由也。朕甚怜之。夫刑至断支（肢）体，刻肌肤，终身不息，何其楚痛而不德也，岂称为民父母之意哉！其除肉刑。'"① 此举让文帝感受颇深，他指出，在虞舜时期，用区别普通人服装的异服让犯人穿，使后者感到非常羞愧，于是不愿再犯法。在文帝看来，能够让民众有耻辱感觉和羞愧心理，避免自身犯罪，这才是最佳的管理之道。其后之诏书大意是，现在大汉法定的肉刑就有三种，但是仍不能制止人们犯罪，这不是自己德薄并且教化不显著吗？因管理、教导不善而使无知的百姓陷入不法之地，我感到非常惭愧。如果教化未施而对之加以刑罚，想迁善而没有门路，我对陷入这种无奈之境的人们十分哀怜。对于断肢刺肉的刑法，会使他们终身不能复原，对于他们来说是何其痛苦啊，对于管理者来说，又是何其不道德啊，这难道是为民父母的本意吗？因此我希望废除肉刑。从文帝的此段话里也可以看出，他认为虞舜对待犯人就采取了守常罚异措施，因为给罪犯穿的都是不同于常人的衣服，而罪犯却以此感到羞耻，因自身被区别对待而感觉受到了惩罚。面对犯罪行为，文帝不是怨恨这些罪犯的不法之举，而是先检讨自身，看自身存在哪些问

---

① 许嘉璐：《二十四史全译·史记》，汉语大词典出版社2004年版，第160页。

题，执政者在哪些管理方面出了问题①，这是他处下守辱的体现，同样也反映出儒家的反身自省思想。文帝提出要废除肉刑，不想让有罪的人承受断肢刺肉的酷刑，这是慈生行为。对此《汉书》也说，十三年"五月，除肉刑法"②。综上来看，文帝的管理方式比较符合道家的管理思想。当然，有些行为是做了道家式的解读，它们也可以通过儒家思想予以解读。从此也能看出道儒思想在很多方面是相通的，尽管存在着一定的区别。

在"十四年冬，匈奴来犯，帝欲自将击匈奴，群臣谏，皆不听，皇太后固要帝，帝乃止"③。此即是说，对于匈奴不断来犯，经常骚扰边境，使得当地官吏百姓深受其苦，文帝想亲自出击，即使群臣劝阻也不为所动，最后招致太后的极力反对，这才作罢。从中同样能够看出文帝守常伐异的道家行为，因为按照自然之道的特性，让人民能够安稳地生存才是常道，而使民不聊生则是异道，故老子主张慈生万物、镇压异作。对于文帝来说，之所以不听群臣劝阻而坚决要征伐残暴，是因为群臣是其部下，而之所以听从太后劝阻，则是因为太后是慈生自己的母亲，是其长辈。由此可以看出，文帝此举采取的是道家处贱自小的为政之道。

十五年春天，文帝说："朕获执珪币以事上帝宗庙，十四年于今，立日绵长，以不敏不明而久抚临天下，朕甚自愧。其广增诸祀埠场珪币。昔先王远施不求其报，望祀不祈其福，右贤左戚，先民后己，至明之极也。今吾闻祠官祝厘，皆归福朕躬，不为百姓，朕甚愧之。夫以朕不德，而躬享独美其福，百姓不与焉，是重吾不德。其令祠官致敬，毋有所祈。"④ 在这里，他自愧两点：其一，自认不是英明之主，却有幸执政多年，甚感惭愧；其二，先王施恩惠不求回报，祭祀祈求天下黎民多福而不求自福，并且抑亲举贤，遇事先考虑百姓然后再考虑自身。在文帝看来，这才是极为圣明的

---

① 他认为是自身德薄、教化不明。
② 许嘉璐：《二十四史全译·汉书》，汉语大词典出版社 2004 年版，第 49 页。
③ 许嘉璐：《二十四史全译·史记》，第 161 页。
④ 同上。

君主。但现在祭祀官只是祈求皇帝一人多福，而不为百姓考虑，因之感到羞愧。因为他认为，自己本来就不贤德，而独享上天降予的福泽，百姓却在此外，这就更增加了其不德行为，所以文帝要求在举行祭祀时，不要再为其祈福。从此可以看出，文帝善于处下守辱、居后处外，像老子所述的君王称寡、不谷一样，又希望百姓幸福高于自己，是典型的处后下民之举，这又符合老子的道家管理理念。

随后"黄龙见成纪"，文帝为之下诏曰："有异物之神见于成纪，无害于民，岁以有年。朕亲郊祀上帝诸神。礼官议，毋讳以劳朕。"① 即当黄龙现于成纪时，由于它没有暴虐百姓，并带来了瑞年，文帝想亲自祭祀上天。于是他要求礼官商讨此事，并特意指出不要因怕其劳累而避讳隐瞒祭祀方面的一些事情。是否真有黄龙出现我们姑且不加讨论，就因它能给百姓带来瑞气，文帝就不辞辛苦地祭拜上天，它反映出文帝对百姓的关爱。

不仅如此，据《汉书》记载，在该年"九月，诏诸侯王公卿郡守举贤良能直言极谏者，上亲策之，傅纳以言"。② 即他希望各级官员能够提拔那些敢于直言劝谏者为政，并亲自考查他们，根据对答之言的价值，予以认真吸取、采纳。从记载可以看出，文帝希望录用那些有真才实学且敢于直言的人任职，这样就可以了解到百姓的真实生活情况，并根据这些人的谏言，采取针对性的措施去解决百姓所面临的实际问题。文帝此举深刻地反映出其具有借势从善、厚实有信的管理风范。

另外他又下诏曰："问者数年比不登，又有水旱疾疫之灾，朕甚忧之。"③ 因为连续数年粮食歉收，又出现水旱疾疫等灾害，他非常担心百姓的日常生活，并对造成此种情况的原因进行了剖析。和以前的做法类似，他不像某些人出了问题首先寻找别人的过错，

---

① 许嘉璐：《二十四史全译·史记》，汉语大词典出版社 2004 年版，第 161—162 页。

② 许嘉璐：《二十四史全译·汉书》，汉语大词典出版社 2004 年版，第 50 页。

③ 同上。

而是反躬自省，认为自己"愚而不明，未达其咎。意者朕之政有所失而行有过与？"并推断可能是因为执政有失、行为有过。接着他继续分析道："乃天道有不顺，地利或不得，人事多失和，鬼神废不享与？何以至此？"① 在这里，他不仅指出天道应该正常运行，若非如此则灾害频繁，降罪于人，百姓则深受其害，另外，他还反思了地利、人事和鬼神等相关因素，最后他说："将百官之奉养或费，无用之事或多与？何其民食之寡乏也！"② 官民关系历来是出现社会问题的症结所在，他担忧官吏等管理者为了自己的利益或从事无关百姓痛痒的废事过多，导致他们残酷地剥削百姓，以致后者食不果腹，忍饥挨饿。接着他又寻思道："夫度日非益寡，而计民未加益，以口量地，其于古犹有余，而食之甚不足者，其咎安在？"③ 最后他初步得出了当今地多而食少的原因可能就是"无乃百姓之从事于末以害农者蕃，为酒醪以靡谷者多，六畜之食焉者众与？细之大义，吾未能得其中"④。即他认为百姓食少，尽管其细节还不甚了解，主要是造酒、养牲等浪费大量粮食的缘故。综上所述，文帝从各个方面反思了出现灾害、造成百姓食不果腹的原因，虽不中亦不远矣。为了进一步寻找相关的原因，他下令让"其与丞相列侯吏二千石博士议之"⑤，如果发现"有可以佐百姓者，率意远思，无有所隐"⑥。即只要对百姓有益，他要求大家可以畅所欲言，随意发挥，不要拘谨而有所隐瞒。根据此诏可以看出，文帝根据天降的灾害反思自身的过错，怜悯百姓，寻找自我俭啬等方法帮助百姓渡过难关，显示出其慈爱畜养百姓的道家特色。

十七年，文帝得一玉杯，刻有"人主延寿"，于是他更改元年，令天下聚会痛饮，真正做到了与民同乐。在后二年，由于匈奴多次

---

① 许嘉璐：《二十四史全译·汉书》，汉语大词典出版社 2004 年版，第 50 页。
② 同上。
③ 同上书，第 50—51 页。
④ 同上书，第 51 页。
⑤ 同上。
⑥ 同上。

侵犯边境，残害生灵，文帝深深自责，为此他说："朕既不明，不能远德，是以使方外之国或不宁息。夫四荒之外不安其生，封畿之内勤劳不处，二者之咎，皆自于朕之德薄而不能远达也。间者累年，匈奴并暴边境，多杀吏民，边臣兵吏又不能谕吾内志，以重吾不德也。夫久结难运兵，中外之国将何以自宁？"① 对于匈奴的不断侵犯，文帝也进行了反思。同样，他首先进行了自省，认为自己的德行不足以泽及四夷，故不能让戎夷之众安稳地生活，而内地百姓也是非常劳苦。值得钦佩的是，对于祸乱，文帝不是怨天尤人，而是反躬自省，甘处辱下之位。其次，由于匈奴屡犯边境，杀害汉民，因此他认为仅凭武力是难以彻底征服的。于是为了吏民的生命，他决定与匈奴进行和平谈判，而不是边吏所主张的使用武力抵抗，从而造成兵火连绵不绝，致使吏民深受其害，这反映出文帝处柔守弱的道家思想。针对此，他"夙兴夜寐，勤劳天下，忧苦万民，为之怛惕不安，未尝一日忘于心"②，心忧百姓，以百姓心为心，这显示出文帝心念万民的慈生特色，因而他"遣使者冠盖相望，结轶于道，以谕朕意于单于"③。也就是说，他派出大量使者出使匈奴，不厌其烦地与之和谈，让对方能够真正了解其和平本意。此举最终使"单于反古之道，计社稷之安，便万民之利，亲于朕俱弃细过，偕之大道，结兄弟之义，以全天下元元之民。和亲以定，始于今年"④。为了让单于回心转意，使双方放弃以前相互之间的是非对错，文帝决定采取和亲的方式，与匈奴结成兄弟间的友谊，共同走向和平，以造福天下百姓。由此可见，文帝为了天下苍生计，采取了守雌处辱的道家管理方式，在一定程度上解决了长期严重威胁西汉安稳的外患。

据《汉书》记载，在"四年夏四月丙寅晦，日有蚀之。五月，

---

① 许嘉璐：《二十四史全译·史记》，汉语大词典出版社 2004 年版，第 162 页。
② 同上。
③ 同上。
④ 同上。

赦天下。免官奴婢为庶人"①。因有日食，文帝大赦天下，并将官府的奴婢释放，使之成为庶人，从而让她们可以自由地生活。这反映出他据天象而尽人事，时刻为百姓利益着想，切实解决其困难，此举又一次反映出其心忧万民悲苦，想法使其更好地生活的慈生畜养理念。另据《史记》记载，后元六年，"天下旱，蝗"②。这让文帝感到特别担忧，于是加惠："令诸侯毋入贡，驰山泽，减诸服御狗马，损郎吏员，发仓庾以振贫民，民得卖爵。"③ 这就是说，由于出现了旱蝗等灾害，文帝下令取消诸侯进贡，减少皇家的花费，裁减不甚重要的官员，开放以前被禁封的山泽，开仓救济穷人，并同意人们可以卖出自己的爵位，用以购买急需的粮食。对于此事，《汉书》是这样记载的："六年夏四月，大旱，蝗。令诸侯无入贡，驰山泽，减诸服御，损郎吏员，发仓庾以振民，民得卖爵。"④ 与《史记》记述雷同，这又一次反映出文帝的俭啬不有，慈生黎民，心忧天下，以百姓心为心的道家治理特色。根据其实施的措施，也可以看出其具有天道损有余以补不足的道家平等思想。

"孝文帝从代来，即位二十三年"⑤。对于汉文帝的功绩，《史记》是这样评价的："宫室苑囿狗马服御无所增益，有不便，辄驰以利民。"⑥ 即他没有增添供其消遣的娱乐设施，也没有增添服饰车马，认为这些东西都不便于百姓的生活，而他心中所想的都是怎样为百姓带来利益，显然，该行为也体现出其俭啬不有的执政理念。另外，他"尝欲作露台，召匠计之，直百金"⑦，即文帝想修建一个露台，但一做预算，需要花费百金，于是他说："百金中民十家之产，吾奉先帝宫室，常恐羞之，何以台为！"⑧ 他认为，自

---

① 许嘉璐：《二十四史全译·汉书》，汉语大词典出版社2004年版，第51页。
② 同上。
③ 同上。
④ 同上书，第52页。
⑤ 许嘉璐：《二十四史全译·史记》，汉语大词典出版社2004年版，第163页。
⑥ 同上书，第51页。
⑦ 同上。
⑧ 同上。

己已有先帝留给自己的宫室，并且常常为自己不能有效治理天下而感到羞耻，现在若为自己修一个台子而需要花费价值十户中等人家家产，这是一件既劳民伤财又使自己失德的事情，因此他终止了这项计划。他的俭朴还不止于此，"上常衣绨衣，所幸慎夫人，令衣不得曳地，帏帐不得文绣，以示敦朴，为天下先"①。他不仅自己穿粗制衣服，就是他所宠幸的慎夫人，也不许她的衣服拖地，帷帐不能纹绣，唯恐这样浪费人工材料。同时他主张"治霸陵皆以瓦器，不得以金银铜锡为饰，不治坟，欲为省，毋烦民"②，即修建霸陵皆须用瓦器，不能用贵重金属装饰，并且要求不修坟，以显示其不烦扰百姓的节省目的。因为他深知，皇家的每一项消费，都来自天下百姓的税赋，为了不让百姓为之深受其害，他极力提倡节省，希望过俭朴的生活，这又显示出文帝的慈。

他的慈爱容让不仅于此，当"南越王尉佗自立为武帝，然上召贵尉佗兄弟，以德报之，佗遂去帝称臣"③。尽管南越王叛汉自立是一件很严重的事情，但文帝采取的不是派兵镇压而是使其弟显贵的方式，让其去帝称臣。这个事件也反映出，文帝坚持以德报怨的执政理念，而不是孔子等儒家所主张的以直报怨，体现出文帝的管理方式与儒家相比，更契合老子的道家思想。前文已述，文帝的另一大功劳，或者说创举，就是与匈奴和亲。他改变了以前只知道用武力与敌相战的竞争思维，进而采取和平相处的合作互助思维，这在当时是一大进步，同时也体现出文帝具有"不敢为天下先"的道家思想特色。然而，争取和平的忍让不等于对敌屈膝投降，在"匈奴背约入盗，然令边备守"④，但"不发兵深入，恶烦苦百姓"⑤时，文帝采取御敌于国门之外的策略，其主要目的就是不烦苦百姓，使其安定地生活，同时也显示出其稳重守静，不冒进蛮干的温

---

① 许嘉璐：《二十四史全译·史记》，汉语大词典出版社2004年版，第163页。
② 同上。
③ 同上。
④ 同上。
⑤ 同上。

和抵抗思想。

在吴王诈病不进京朝见时，文帝明知对方轻视自己，但表现出的不是雷霆之怒，而是采取老子处辱、处下、处弱的思想，对其"就赐几杖"①。不仅如此，"群臣如袁盎等称说虽切，常假借用之"②，即在朝廷不都是言辞委婉的大臣，也有一些直率、语言激烈亢进的官员如袁盎等人，即使面对贵为皇帝的文帝，也是如此而为，但文帝却能采取道家的包容思想，虚心听取他们的建议，此举不仅体现出其处雌、处柔，而且也显示出文帝能够借势而为的执政特色。对待官员受贿者，文帝表现的也是宽容有节，如"群臣如张武等受赂遗金钱，觉，上乃发御府金钱赐之，以愧其心，弗下吏"③。这就是说，对张武等受贿者，他仅仅采取从御府拿赠钱赐予他们的方式，使其因接受贿赂而感到羞耻，以之感化他们，进而达到杜绝此类事情再次发生的治贪策略。由此可见，文帝采取的不是通过将其法办等暴力方式，而是采取使其内心羞愧的方式根除贿赂，这显然受到大舜执政理念的影响。

"后七年六月乙亥，帝崩于未央宫"④。临终时他下遗诏说："朕闻盖天下万物之萌生，靡不有死。死者天地之理，物之自然者，奚可甚哀。"⑤ 显然，他认为生死是万物的自然法则所致，是必然性的规律，即万物有生必有死，对此没有必要深感哀痛。由此可见，他更多地遵循的是道家的自然法则，因此对生死看得比较开。接着他又说："当今之时，世咸嘉生而恶死，厚葬以破业，重服以伤生，吾甚不取。"⑥ 他感叹其世之人深受儒家厚葬久丧的影响，不仅导致他们耗神伤财，而且也伤害了生者的身体，对此文帝深感不值，借自己之死以反对之。从此论可以看出，他对儒家思想是持

---

① 许嘉璐：《二十四史全译·史记》，汉语大词典出版社 2004 年版，第 163 页。
② 同上。
③ 同上。
④ 同上。
⑤ 同上。
⑥ 同上。

一定批判和反对态度的。然后他说道："且朕既不德，无以佐百姓；今崩，又使重服久临，以离寒暑之数，哀人之父子，伤长幼之志，损其饮食，绝鬼神之祭祀，以重吾不德也，谓天下何！"① 在此他指出，既然自己不贤德，又没有什么可以帮助百姓的，而死后又让他们经历严寒酷暑，服丧哀伤，这样就会伤害他们的心志，减少他们的饮食，断绝他们的祭祀，怎么能对得起他们呢？这就更增加了我的不德。显然，文帝坚持了他一贯处下、处辱的风格，始终认为自己没有治理好天下，尽管他已经将天下治理得达到了其他君主难以望其项背的地步，其行正符合老子提出的欲上言下、欲先身后的百谷王境界，而且一直到死未有改变！

接着他又说道："朕获保宗庙，以渺渺之身托于天下君王之上，二十有余年矣"②。即以微渺之身位居皇位二十多年，依"赖天地之灵，社稷之福，（使）方内安宁，靡有兵革"③。能够使天下安定，没有战争，这是许多执政者梦寐以求而又难以企及的目标，但是在文帝身上却实现了。这都是由于他重视生命，不让吏民无辜受死的理念所得出的结果。他进一步说道："朕既不敏，常畏过行，以休先帝之遗德；维年之久长，惧于不终。今乃幸以天年，得复供养于高庙，朕之不明与嘉之，其奚哀悲之有！"④ 即他认为自己不聪明、不敏捷，平时生怕自身有过，辱没了先帝的遗德，即使有可称道的东西，也害怕不能保持到终身。既然现在能够尽享天年，可以被供奉于高庙，使作为不圣明的我感到荣幸和欣慰了，如今又有什么可以悲哀的呢？在此我们又一次看到了文帝的谦卑处下自小本性，一直到死都未改变，这足以使他欣慰了。因此"其令天下吏民，令到出临三日，皆释服。毋禁取妇嫁女祠祀饮酒食肉者"⑤。即文帝只允许天下吏民出临为其哭悼三天，便可脱除身上的丧服，

---

① 许嘉璐：《二十四史全译·汉书》，汉语大词典出版社2004年版，第163页。
② 同上。
③ 同上。
④ 同上书，第163—164页。
⑤ 同上书，第164页。

且不禁止民间的娶妻嫁女、祭祀宗祠、饮酒食肉等喜事。而"自当给丧事福临者，皆无践。经带无过三寸，毋布车及兵器，毋发民男女哭临宫殿"①。此即是说，皇室家内在办理丧事时，不要裸脚，经带不应超过三寸，也不要在车架和兵器上披上孝布，不要发动百姓到宫殿哭祭。在"宫殿内当临者，皆以旦夕各十五举声，礼毕罢。非旦夕临时，禁毋得擅哭。已下，服大红十五日，小红十四日，纤七日，释服"②。即宫殿内应当临祭的人，每天早晚各哭 15 声，在行礼完毕时就停止。不是早晚临祭的时间，应禁止擅自哀泣。下葬时，大功服丧 15 天，小功服丧 14 天，缌麻服丧 7 天，然后就脱去丧服。至于"佗不在令中者，皆以此令比率从事。布告天下，使明知朕意。霸陵山川因其故，毋有所改。归夫人以下至少使。"③ 对于没有提到的事情，应参照本诏令酌情处理。这样布告天下，使大家了解我的心意。同时霸陵应保持原样，不能因修建文帝寝陵而让它改变面貌。从夫人以至少使，都应遣散回家，让其过普通人的生活。

从文帝此段遗诏中可以看出，他不仅主张办丧节俭，不愿让大家为自己的丧事而花费巨大的精力、物力、财力，也不让因为自己的丧事而禁止百姓喜庆的各种活动。这样节俭从丧，不骚扰百姓，不浪费家人及群臣精力的皇家丧礼，在中国历史上是极其罕见的。这与殷商时期使用牲畜乃至活人殉葬的制度有着天壤之别。④ 从上文可以看出，老子的无欲无为无事、处柔守弱、处下守辱、慈畜众生等道家思想，在文帝的行为中得到了充分的体现，从而彰显出他较为完满的道家管理者人格。

"乙巳，群臣皆顿首上尊号曰孝文皇帝"⑤。对于汉文帝，其子

---

① 许嘉璐:《二十四史全译·汉书》，汉语大词典出版社 2004 年版，第 164 页。

② 同上。

③ 同上。

④ 从殷墟的殉葬、西安临潼的兵马俑中，就可以看到殷商、秦王朝办理丧事的奢华，而这是老子道家、墨家所极力反对的。

⑤ 许嘉璐:《二十四史全译·史记》，汉语大词典出版社 2004 年版，第 164 页。

汉景帝制诏御史是这样论述的："……孝文皇帝临天下，通关梁，不遗远方。"① 也就是说，他称赞文帝治理天下时，积极开通关口桥梁，不异忘远方之人。"除诽谤，去肉刑，赏赐长者，收恤孤独，以育群生。"② 即废除诽谤及肉刑等罪名，赏赐年老长者，收养孤独之人，以抚育众生，由此看出文帝的慈生之道和畜养百姓之德。并且他"减嗜欲，不受献，不私其利也"③。由此可以看出，他的管理行为非常符合老子所提倡的无欲无为之治，即减少自己的欲望，拒绝人们的献享，不谋求私利，积极为公。"罪人不孥，不诛无罪。除宫刑，出美人，重绝人之世。"④ 即他废除连坐法，这样就不连累罪犯的亲属受难，不杀无罪之人，然后禁止宫刑，释放出后宫美人，看重使人绝后之事。文帝的这些管理措施不仅显示出他的慈生理念，而且也体现出他用其威势，制止当时一些不道现象发生的镇压异作行为。

最后景帝拜服道："朕既不敏，不能识。此皆上古之所不及，而孝文皇帝亲行之"⑤。即我很不聪明，不能理会文帝的伟大，因为这些事都是上古帝王没有做到的，但是孝文帝做到了，由此看来，文帝是那么伟大的君主啊！这使得他继续赞叹文帝"德厚侔天地，利泽施四海，靡不获福焉"⑥。在他看来，文帝之厚德比拟天地，利泽施及四海，天下没有人不受其恩惠的。这就是说，文帝对当时天下吏民的恩泽不说绝无仅有，也是极其罕见的。文帝的执政理念及措施都深刻地体现出道家治世思想的特色，由此可以看出道家管理思想对后世影响之大。

四　汉景帝的道式管理事例

除了文帝之外，其子汉景帝的管理举措也具有浓厚的道家色

---

① 许嘉璐：《二十四史全译·史记》，汉语大词典出版社2004年版，第164页。
② 同上。
③ 同上。
④ 同上。
⑤ 同上。
⑥ 同上。

彩。对于他的执政治理方式，《史记》也同样作了记载。但是相比文帝，则显得较为简略。首先，在其即位之年，大赦天下，并赐予百姓爵位一级。在当年五月，免除一半田租。即"元年四月乙卯，赦天下。乙巳，赐民爵一级。五月，除田半租"①。这显示出其不仅能够做到与民同乐，而且也体现出为民着想的慈生思想。同时继承其父的外交政策，在"匈奴入代，与约和亲"②，该政策也反映出景帝如其父一样，具有道家柔弱慈畜等特性。类似的诏令还有很多，如在八年"春，免徒隶作阳陵者"③。即赦免修建阳陵的刑徒和奴隶，同样的事情也发生在中元四年秋。而在"中四年春，匈奴王二人率其徒来降，皆封为列侯"④。此即是说，即使远在他域的戎夷，如果归顺，也照纳不误，对其封疆列侯，此举不仅体现出景帝对异族人士的宽容，而且也反映出对他们的慈爱。

相比司马迁，班固对景帝事迹的论述要详细得多。据《汉书》记载，在执政的第二年春正月，他下诏曰："间者岁比不登，民多乏食，夭绝天年，朕甚痛之。郡国或硗狭，无所农桑系畜；或地饶广，荐草莽，水泉利，而不得徙。其议民欲徙宽大地者，听之。"⑤即由于连年粮食歉收，百姓因缺食而短命早死，对此我感到非常哀痛。有些郡国土地贫瘠狭窄，难以种植粮食桑树，也不能畜牧；有些郡国地广土肥，草木茂盛，水利丰富，但是难以向该地迁徙，现在如果百姓想迁到耕地较多的地区，就听任其迁。从此诏可以看出，景帝也是非常关注民生的，他悲痛于万民的挨饿致死，于是希望他们从土地贫瘠的地区迁移到较为肥沃的地方，这不仅体现出其具有道家的慈生情怀，而且也具有天道损有余以补不足的损余补欠自然特性。另外，在其年"五月，令田半租"⑥，即他让田地拥有

---

① 许嘉璐：《二十四史全译·史记》，汉语大词典出版社 2004 年版，第 167 页。
② 同上。
③ 同上书，第 168 页。
④ 同上。
⑤ 许嘉璐：《二十四史全译·汉书》，第 56 页。
⑥ 同上。

者仅收取半租，从而在经济上体现出对百姓的照顾，据此以显示皇恩浩荡。景帝慈生畜养百姓的事迹还不止于此，在"夏四月，赦天下，赐民爵一级"①，即在其时他大赦天下，赐民爵一级。并"遣御史大夫青翟至代下与匈奴和亲"②，这些措施深刻地体现出景帝的治理理念也具有道家处柔守雌的特性。

由于襄平侯纪嘉之子纪恢不孝，谋反并想弑杀其父。这在当时是一件极为大逆不道的事情，故景帝在三年冬十二月下诏曰："襄平侯嘉子恢说不孝，谋反，欲以杀嘉，大逆无道。其赦嘉为襄平侯，及妻子当坐者复故爵。论恢说及妻子当法。"③对此他采取的措施是，赦纪嘉仍为襄平侯，其妻子及连坐者亦赦免，并恢复他们的爵位，而他的儿子纪恢及其妻子则必须正法。从此诏可以看出，景帝对纪恢的不慈行为，或儒家所说的不仁道，是非常反感的，因为其有失人伦，残暴无道，所以将之正法正合天意。从此可以看出，景帝处理事情是对事不对人，其子犯错，责不推及其父之罪当其事的治理理念。

众所周知，在景帝时期，西汉出现了八王之乱，将其镇压之后，景帝又诏曰："乃者吴王濞等为逆，起兵相胁，诖误吏民，吏民不得已。今濞等已灭，吏民当坐濞等及逋逃亡军者，皆赦之。楚元王子艺等与濞为逆，朕不忍加法，除其籍，毋令污宗室。"④此意是，不久前吴王刘濞等人叛乱，起兵威胁朝廷，祸害牵连吏民，而他们中间有些人在不得已的情况下，被迫参加了叛军。现在刘濞已被灭，这些犯有跟随反叛罪的吏民及脱逃的士兵，其罪皆赦免，不予追究。另外，虽然楚元王之子刘艺等人与刘濞一起叛乱，但朕不忍对其施加刑罚，仅革除其皇族身份，不让其玷污宗室。他下此诏的想法是，由于吏民是被迫而不是主动参与反叛的，可以不追究他们的责任而将他们赦免。在此我们可以设想，这些吏民尽管是被

① 许嘉璐：《二十四史全译·汉书》，汉语大词典出版社2004年版，第56页。
② 同上。
③ 同上书，第57页。
④ 同上。

迫参与反叛的，但其行为难免会伤及无辜，同时也会对汉廷统治下的某些地区产生破坏性影响，而景帝却能够对其予以宽大处理，可以看出他具有博大的容物胸怀。而且他对待其他帮凶也是如此，仅革除刘艺等人的皇族身份而不将之正法，也显示出他的忍耐慈生本性。对于景帝如此宽容地处理叛军及皇室成员，《史记》是这样记载的："六月乙亥，赦亡军及楚元王子艺等与谋反者。"① 除此之外，他还多次大赦天下，赐民爵位。并且到了中元二年春二月，他下令"改磔曰弃市，勿复磔"②。即改分裂肢体的磔刑为弃市，并永久不再恢复这种酷刑，这同样也显示出其慈生爱民思想。

在对刑法的管控上，景帝也是非常重视的，为此他在五年九月，特意下诏曰："法令度量，所以禁暴止邪也。狱，人之大命，死者不可复生。吏或不奉法令，以货赂为市，朋党比周，以苛为察，以刻为明，令亡罪者失职，朕甚怜之。"③ 他认为，法令、制度和量刑，是用来禁止奸邪和制止暴力的，而讼狱也关系到人的生命，因为死者不可复生。对于百姓来说，这些都是极其重要的事情。但有些官吏互相勾结，收受贿赂，钱权交易，办事苛刻却以为明察，且夺去无罪之人的职位，对此朕甚感哀怜。说到这里，他难以掩饰自己的愤慨，便进一步说道："有罪者不伏罪，奸法为暴，甚亡谓也。诸狱疑，若虽文致于法而于人心不厌者，辄谳之。"④ 即现在有罪之人得不到惩罚，并歪曲法令，蛮横为暴，为此且不以为然。为了杜绝此类现象的发生，他下令，对于决狱可疑者，虽其情与法令条文相一致，但是如果人们对此有异议且不服者，就应当立即再去审议。根据景帝的观点，我们能够感觉到他强烈反对各级官吏玩忽职守、以法谋私及草菅人命的办案方式，主张慎重对待判罚，在判案过程中不能歪曲法令，以致造成冤假错案的发生，从而给案件造成难以弥补的过失。从此诏可以看出，他非常重视法令在

---

① 许嘉璐：《二十四史全译·史记》，汉语大词典出版社 2004 年版，第 167 页。
② 许嘉璐：《二十四史全译·汉书》，汉语大词典出版社 2004 年版，第 58 页。
③ 同上书，第 59 页。
④ 同上。

管理百姓中所起的作用，要求官吏、百姓遵纪守法。尽管如此，他认为对于不合理的法令，也可以进行再议甚至修正。由此看来，景帝更重视法令的合理性，它不能违背人们的良知。此举不仅体现出他禀持守常伐异、公平待物的执政理念，而且再次显示出其慈生爱民的思想。

虽然他对官吏贪赃枉法行为感到深恶痛绝，力主司法公正，但他还是鼓励有司大胆断案，不要顾虑因一时的工作失误而被处理。如在元年春正月，他下诏曰："狱，重事也。人有智愚，官有上下。狱疑者谳有司。有司所不能决，移廷尉。有司谳而后不当，谳者不为失。欲令治狱者务先宽。"① 即他认为讼狱是一件重要的事情，而人有智愚，官有高低之分，故此他们在判案的过程中难免会出现误判或有争议的判决。这时对狱案有疑问者就可以将之交给有司审定。如果有司难以决定，则可以将其移交给廷尉。若有司审核提交之后发觉不当，那么他的审定不能被判为有失。在此我们可以看出，景帝这样做的原因，首先是给与断案者较为宽松的审判环境，使其能够放心大胆地审判案件。其次他认为人的智力是有差别的，也是有局限的，因此在工作过程中难免会出现失误，而且越是工作负担重的人，其过失就可能越多。作为执政者，要考虑到这种情况，故此他极力谅解那些因智力不足而造成的工作失误，使之能够安心工作。其无执分权的管理作风，由此可见一斑。总的来说，对于司法决狱，景帝既有对官吏枉法之举做出严肃处理的一面，也有对有司长期工作所出现的无心之失加以宽恕谅解的一面，反映出其治理手段的成熟性。

另外，在该年"三月，赦天下，赐民爵一级，中二千石诸侯相爵右庶长。夏，大酺五日，民得酤酒"②。即他在此年又一次大赦天下，赐民爵位一级，并让中二千石、诸侯相爵位之人升为右庶长。夏天，他下令允许百姓买、卖酒，同时聚饮五天，希望他们能

---

① 许嘉璐：《二十四史全译·汉书》，汉语大词典出版社2004年版，第59页。
② 同上书，第59—60页。

够享受美好的生活，此举也显示出他对吏民的宽容与慈爱。

和老子倡导的理念一样，景帝也非常反对人们的纹饰刻缕行为，而是积极提倡质素抱朴的生活习气，因为在他看来，这些文礼之举，是非常害人的。故在夏四月，他下诏曰："雕文刻缕，伤农事者也；锦绣纂组，害女红者也。农事伤则饥之本也，女红害则寒之原也。夫饥寒并指，而能亡为非者寡矣。"① 这就是说，景帝特意下诏指出喜好雕文刻缕，则会妨碍农事；嗜好锦绣杂彩，则会伤害纺织。农事受到妨碍是人们挨饿的根源，纺织受到影响是人们受寒的缘由。饥寒交迫，而人们能够不为非作歹则是少见的。根据此诏我们能够认定，景帝反对奢侈浪费及刻意纹饰的行为，而崇尚节俭的朴素作为。显然，他抓住了百姓赖以生存的根本所在，这就是农事与纺织。为了让百姓重本轻末，即重耕织，轻纹饰，他和文帝一样，提出"朕亲耕，后亲桑，以奉宗庙粢盛祭服，为天下先"②。即景帝亲自参加耕种，皇后亲自植桑，其收获用以奉祀宗庙所用的粢米祭服，从而为天下吏民做出表率。难能可贵的是，为了使百姓更好地生活，他要求管理层"不受献，减太官，省徭赋，欲天下务农蚕，素有蓄积，以备灾害"③。不受献纳，减少太官，减轻徭役税赋，从而为天下百姓从事农桑准备条件，使他们平时有积蓄，以备灾害。另外，为了让百姓安稳和谐地相处，景帝还下诏使"强毋攘弱，众毋暴寡，老者以寿终，幼孤得遂长"④。即强不凌弱，众不欺寡，老者得以寿终，幼孤顺利成长。

但是，"今岁或不登，民食颇寡，其咎安在？"⑤ 现在有些地方粮食歉收，百姓粮食缺乏，其咎在何？随后景帝指出其因："或诈伪为吏，吏以货赂为市，渔夺百姓，侵牟万民。县丞，长吏也，奸

---

① 许嘉璐：《二十四史全译·汉书》，汉语大词典出版社2004年版，第60页。
② 同上。
③ 同上。
④ 同上。
⑤ 同上。

法与盗盗，甚无谓也。"① 他指出，由于有些官吏诈伪，贿赂交易，鱼肉百姓，侵害了后者的切身利益。如县丞是一县的长吏，因法作奸甚至与盗共盗，已经成为常态。因此景帝下旨道："其令二千石各修其职；不事官职耗乱者，丞相以闻，请其罪。布告天下，使明知朕意。"② 即令二千石者尽其职责，对于不担其职责混乱处理事务的政务者，丞相知晓之后，追究其责，并定其罪。将此事布告天下，使天下吏民尽知朕意！从此诏可以发现，景帝非常反对儒家所强调的纹饰礼治，主张百姓能够安度正常的质朴生活，即要求他们过着淳朴实在的生活，反对浮夸之风。也就是说，他希望百姓能够回归到男耕女织的常态中，同时平时备有积蓄，以防止不意之灾的降临。为了达到此种状况，他及皇后亲自参与农桑，为天下百姓做出表率。显然，景帝的这些措施就是希望减轻百姓日常的生活负担，使其过着安稳的生活，此举不仅体现出其慈生畜养众生的执政理念，而且也显现出其能够处贱处辱的朴素作风。同时，他反对弱肉强食，试图公平地对待天下百姓，因此对于不遵守职责，进而作奸犯科的异作者，他要求立即交由丞相法办。在此他将权力交给丞相而不是亲自处理此等事务，显示出其在管理上能够处柔处弱，以便让官吏各司其职。因此总的来说，本诏能够体现出他遵循常道，反对异作等的道家治理风格。

为了防止人们的智诈暴贪行为，他又特意下诏曰："人不患其不知，患其伪诈也；不患其不勇，患其为暴也；不患其不富，患其亡厌也。其为廉士，寡欲易足。"③ 在此他指出，人不怕不智，但就怕伪诈；不怕不勇，就怕暴虐；不怕不富，就怕贪婪，因此作为廉士，应寡欲知足。显然，景帝反对人们的多智伪诈、异作残暴、贪得无厌等行为，希望他们能够寡欲无诈，具体来说，就是做到愚智、慈俭、知足，这都是老子所倡导的思想。接着他抨击了按财选拔制度的不合理性，指出："今訾算十以上乃得宦，廉士算不必众。

① 许嘉璐：《二十四史全译·汉书》，汉语大词典出版社2004年版，第60页。
② 同上。
③ 同上。

有市籍不得宦，无訾又不得宦，朕甚愍之。"① 即今有资产十万以上者才能走入仕途，但有此财力的廉士必然不多。有訾有市籍不能入仕，无财力也不能入仕，朕甚怜惜他们。为了让更多的人有机会入仕，他决定"訾算四得宦，亡令廉士久失职，贪夫长利"②。这就是说，他让资产有四万钱的就可以为官，这样就不让廉士久无其职，贪夫长期得利之不良现象发生。在景帝看来，让更多的廉士为官，进而减少贪官为乱，是使天下太平、百姓安稳的重要手段之一，同时也是老子损余补欠思想在管理过程中的具体运用。

另据《史记》记载，在后二年，"郅将军击匈奴。酺五日"③。为了庆祝郅都出击匈奴，民众欢庆痛饮五日。但为了节省物资，他"令内史不得食马粟，没入县官。令徒隶衣七绥缌布。止马春"④，即不允许用粮食喂马，否则县令没收马匹。并命令刑徒和奴隶穿七缌布的衣服，禁止用马春粟，以节省马力，使其更好地为国家服务。此举的目的，在于使百姓度过凶年，即恐"为岁不登，禁天下食不造岁。省列侯遣之国"⑤。在粮食歉收的季节，他要求天下吏民节俭，不允许出现粮食吃不到秋季新粮成熟之时。同时减少列侯数量，并让他们回到封地去，以节省财政支出。由此看出，景帝也如其父文帝一样，采取节俭、利民慈生和守常伐异、损余补欠的道家管理思想，使天下百姓安稳地度过灾年。

景帝对耕织的重视，显然还不止于此。据《汉书》记载，在三年春正月，他下诏曰："农，天下之本也。黄金珠玉，饥不可食，寒不可衣，以为币用，不识其终始。"⑥ 他一贯主张，农业是天下之本，而黄金珠玉虽然贵重，但饥时不可当食，寒时不可当衣，将其作为货币使用，我们看不到其始终，而一时没有粮食，百姓就会

---

① 许嘉璐：《二十四史全译·汉书》，汉语大词典出版社2004年版，第60页。
② 同上。
③ 许嘉璐：《二十四史全译·史记》，汉语大词典出版社2004年版，第169页。
④ 同上。
⑤ 同上。
⑥ 许嘉璐：《二十四史全译·汉书》，汉语大词典出版社2004年版，第60页。

饿死。由此可见，景帝贵食不贵货的素朴理念与老子的主张并无二致。而"间岁或不登，意为末者众，农民寡也"①。近年来时有粮食歉收，这是因为人们从事工商等末业的人太多，从事农业等本业的民众太少。为了保证百姓能过上正常的生活，不至于受馁忍寒，"其令郡国务劝农桑，益种树，可得衣食物"②。即他命令各郡国劝民从事农桑，多种树，这样就能得到粮食衣物。而对于"吏发民若取庸采黄金珠玉者，坐藏为盗。二千石听者，与同罪"③。这就是说，官吏征调或者雇用百姓开采黄金珠玉的，与盗贼同罪。作为二千石俸禄的官吏，如果坐视不理此种事情发生，则与他们同罪。从此诏可以看出，景帝极力主张人们从事农桑，而反对开采黄金珠玉，按现在的眼光来看似乎不甚合理，但当时处于农耕时代，人们还是以吃饱穿暖为目的的，这种政策有其合理之处。因为在人们吃不饱穿不暖之时，要求他们去从事不能解决其温饱的开采业，则会使他们忍饥受寒，生活陷入不稳定的状态中，最终造成社会的动荡。正是这些不顾百姓正常生活，一味追求宝货纹饰的人，被老子批为盗竽。对于这些人，景帝也是十分讨厌的，并对这些异作者进行惩罚。

最后在"甲子，帝崩于未央宫。遗诏赐诸侯王列侯马二驷，吏二千石黄金二斤，吏民户百钱。出宫人归其家，复终身"④。在临死所下的遗诏中，景帝下令赏赐诸侯王、列侯马二驷，官吏二千石者黄金二斤，其他吏民每户百钱，并释放宫人回家，免其终身的赋役。由此看出，在其临死之际，还不忘赏赐天下官吏百姓，并释放服侍他们的宫女杂役等，免除其终生的赋役，可见景帝慈生畜养天下吏民的举措直到其终，直接印证了老子慎终如始的为道理念。对此《史记》是这样记载的，在后四年"甲子，孝景皇帝崩，遗诏赐诸侯王以下至民为父后爵一级，天下户百钱。出宫人归其家，复

① 许嘉璐：《二十四史全译·汉书》，汉语大词典出版社2004年版，第169页。
② 同上。
③ 同上。
④ 同上书，第61页。

377

无所与"①。景帝的慈生畜养百姓之法与道家如出一辙，显示出其也深受老子治理思想的影响。

文帝、景帝等人通过使用老子管理思想，即遵循自然法则，按其理念治政，结果使天下苍生得到关怀，受到畜养，进而使天下大治、国家太平，最终形成了史家高度赞誉的文景之治。对于文景所取得的成就，班固是这样称赞的："周秦之弊，罔密文峻，而奸宄不胜。汉兴，扫除烦苛，与民休息。"② 即周秦管理出现的弊端是法令严密，苛刑严峻，即使这样，社会的作奸犯科现象仍然不能杜绝和禁止。而汉朝兴盛之时，执政者废除烦苛峻刑，无为无事，让百姓休养生息。"至于孝文，加之以恭俭，孝景遵业，五六十载之间，至于移风易俗，黎民醇厚，周云成康，汉言文景，美矣!"③ 即到了孝文时期，天下吏民的行为更加恭俭，显示出其处下、俭朴的特性，而孝景遵循其管理方式不加改变，在五六十年中就使天下移风易俗，黎民百姓达到了道家所倡导的淳厚之境地。虽然提及西周有成康盛世，而汉代也完全可以将文景之治挂在嘴边，这真是一个美好的时代啊! 从此言可以看出《汉书》对文景道家治理思想的赞叹，也反映出老子思想在天下治理中的价值所在。

从本章可知，老子在其著作中较为系统地陈述了其管理思想，对于其中所蕴含的道商式人格塑造理念，我们通过整理，将之系统化、条理化，使之成为一个脉络较为清晰的道商人格塑造理论。然后指出了老子思想产生的原因，并通过汉初管理者的践行，印证了其巨大的管理价值，为指导后世商人有效经商提供了珍贵的理念和思路。

因此在下一章里，我们将用案例来具体论证老子思想对近现代商人的经营所起的指导作用，以此体现出老子思想的当代价值。在他们用老子思想经营企业时，也逐步形成了他们的道商人格。经过研究发现，用老子思想去指导管理者具体经营的案例很多，但能够

---

① 许嘉璐：《二十四史全译·史记》，汉语大词典出版社 2004 年版，第 170 页。
② 许嘉璐：《二十四史全译·汉书》，汉语大词典出版社 2004 年版，第 61 页。
③ 同上。

完全按照其思想塑造自己道商人格的案例却几乎没有。也就是说，没有一个管理者能够践行老子管理思想中的所有内容。尽管如此，该理论及其后的案例，对于管理者塑造其道商人格，具有重要的启示意义。

第八章　近现代商人的道式特性管理案例

从上一章可以看出，道家管理思想对组织的运营，有着重要的指导作用，不仅先古人采取道家思想管理天下，并取得了极大的成效，即使在当今时代，许多企业管理人员通过老子思想治企，也取得了极大的成功，本章用具体案例来验证老子管理思想在企业管理实践中所起的作用，同样也用来证明这些管理思想在当今的价值所在。将老子思想归纳一下，以它们为标准，管理者就可以根据这些思想塑造自己的道商人格。

首先，遵循自然法则，根据市场与行业的自然发展规律来经营和处理事务。并按照自然特性如各司其职、守常伐异、损余补欠和公平待物等处理企业事务。

其次，管理者还需学会借势和增势，具体来说，就是通过借重外势，结合企业的内部资源，给企业自身增势，以达到增强企业实力的目的。

再次，管理者为了塑造自己的道商人格，还需效法自然之道，做到虚而容物、厚实有信，以之作为自己的行为准则，积极处理企业的具体事务。

最后，根据无欲、无为、无事的理念管理企业。其具体内容包括自重守静、处贱守辱、居后处外、处下不争、处雌自小、柔弱慈畜和俭啬不有等。

我们假定，企业管理者如果能够按照上述四条处理企业事务，他们就可以成为一名老子意义上的道商。下面我们将以这四条作为标准，论述企业家根据老子管理思想来经营企业并取得成功的案例，以此证明老子管理思想的有效性。

第一节　遵循自然法则之管理案例

塑造道商人格，管理者第一步要做的就是遵循自然法则。无论古今中外，都有许多管理者以此经营与管理自己的组织。

一　遵循市场法则及其规律

自然法则在具体化到企业界当中，就是市场法则。这就是说，企业就是在市场法则规控下来进行经营的。而市场法则的外在表现就是市场规律，对于企业管理者来说，是否能够把握住市场规律，按照其规律开展业务，是决定其企业经营成功与否的关键因素。因此，无论中外企业家，都是这样做的。如大家可能都知道的卡巴斯基软件，它曾以有效的杀毒性能风靡全球。但当《观点报》记者向该公司的叶夫根尼·卡巴斯基进行采访时，询问其经营知识是怎么得来的，没想到这位创办人说："不清楚。星星就是那么升起，妈妈就是那样教育我的。一切都自然而然。"① 由是观之，他的管理思想就是在日常的经营过程中逐步得到的，没有刻意去学习，而其理念却符合老子的自然无为思想。无独有偶，世界首富比尔·盖茨也认为："一个人不能控制自己的感情，也不能靠别人帮助。如果实在控制不住，不如干脆顺其自然。"② 在他看来，顺其自然释放自己的情绪，在某种情况下不失为管理好自身的一种最优选择。

许多企业家就是能够遵循市场运行规律，及时了解市场出现的各类需求，然后抓住这些机会，进而使其企业经营成功。有人认为："比尔·盖茨成为世界首富的原因是掌握了世界的大趋势"③。在 IT 业，存在着一个著名的摩尔定律，它是由世界著名的芯片制

---

① 详见《参考消息》2010 年 5 月 5 日第 10 版。
② 李津：《比尔·盖茨商道真经》，吉林大学出版社 2009 年版，第 27 页。
③ 同上书，第 211 页。

造商——英特尔公司的创始人之一戈登·摩尔经过长期观察后，于1965 年 4 月 19 日提出的。其基本内容如下：

1. 集成电路芯片上所集成的电路数目每隔 18 个月就翻一番。

2. 微处理器的性能每隔 18 个月提高一倍，而价格下降一半。

3. 用一美元能买到的电脑的性能，每隔 18 个月就翻两番。①

摩尔定律是在 IT 行业市场内存在的定律，它体现的就是该市场法则，需要相关企业去认真遵守，并且许多 IT 制造商对之非常认可，其中就包括盖茨。他指出，一些著名的大公司，如王安电脑公司、数字设备公司、康柏公司等，都曾经是叱咤风云的世界级大公司，因为跟不上时代的要求，最终烟消云散了。所以"盖茨历来以悲观的论调谈论微软，即使是在微软最鼎盛时期，他也一再强调微软离破产只有 18 个月的时间。他认为这种危机意识是微软发展的动力"②。而微软提出的口号就是，"不论你的产品多棒，你距离失败永远只有 18 个月"③，它正是盖茨危机意识的体现。于是微软公司积极开发新技术，并利用新技术去开发新产品。但微软的创新不是盲目的，"出于对科技进步的关注，微软从来都不缺乏市场敏感度"④，因为消费者的需求动向规定着市场法则，所以前者就成为后者的基石。根据市场需求，及时且持续地开发出产品，则是微软公司在市场上持续领先的秘诀。"比尔·盖茨多次说到，创新不等于研发，很多时候重点必须放在生产出适合市场的产品上。那些所谓的纯粹的创新产品，对于千变万化的市场来说，根本不实际。与其整日设想如何创新，不如回过头来好好观察一下，看四周有没有更好的解决方法以满足适合市场的需求。"⑤ 为此"比尔·盖茨多次提到，在很多时候公司的经营重点应该放在研究顾客希望使用

---

① 钟永森：《道德经与无为管理》，凤凰出版传媒集团、凤凰出版社 2010 年版，第140 页。

② 同上。

③ 同上。

④ 同上书，第 141 页。

⑤ 李津：《比尔·盖茨商道真经》，吉林大学出版社 2009 年版，第 96—97 页。

某种应用软件的需求上，然后再开发符合顾客需求也适合市场销售的产品。"[①] 微软公司的理念就是，"及时推出顾客可接受的产品比等待时机推出完美的产品更重要"[②]。为了迎合消费者的需要，使其对本公司的产品满意，盖茨提出了微软的企业使命："让用户在获得授权并安装软件等东西后感到价有所值，这就是我们每一代新产品面临的挑战。"[③]

遵循市场需求是重要的，在盖茨看来，导致公司失败的最大原因，就是墨守成规和不愿变化。微软则反其道而行之，为了获取市场信息，"我们深入到用户中去，找出他们需要的新东西"[④]。具体来说，企业人员通过"与客户交谈，了解市场当前的需求以及明天的趋势，并且把这些内容通报给开发人员"[⑤]。同时"微软的技术支持部门一直广泛收集来自市场和用户的信息，他们想方设法甚至是用金钱做诱饵从一些内行人士中寻找数据"[⑥]。而"这种及时从用户中反馈过来的信息就可以使软件性能得到更好的改善"[⑦]。也就是说，根据这些信息，微软投入了巨大精力，使其在技术上产生了重大突破，最终"敏锐的商业嗅觉和对市场技术发展方向的把握能力"[⑧]，成为公司的优势。正是微软公司专注于市场，"积累了丰富的市场和行业经验，善于挖掘客户需求，往往能从表面的项目挖掘出更深层次的商机"[⑨]。它可以自豪地说："当用户说互联网的时候，我们做了；当他们说安全的时候，我们做了；当用户说许可证模式的时候，我们也做了。"[⑩]

盖茨认为，企业应紧跟市场脉搏，不能轻易放过市场上出现的

---

① 李津：《比尔·盖茨商道真经》，吉林大学出版社 2009 年版，第 97 页。
② 同上书，第 234 页。
③ 同上书，第 333 页。
④ 同上书，第 100 页。
⑤ 同上书，第 40 页。
⑥ 同上书，第 100 页。
⑦ 同上。
⑧ 同上书，第 82 页。
⑨ 同上。
⑩ 同上书，第 341—342 页。

重要机会。他说:"在这个高速发展的时代中,只有把握住了市场的需求,并将你的技术革新变得方便实用,你才会牢牢地占据市场,你也才能以此为动力,继续不断地发展。"① 正是对周遭事物具有高度的洞察力,并能够"以极大的兴趣和传道士的热情打动客户"②,才成就了比尔·盖茨的今天。在总结经验时,他指出:"成功企业的背后必定有一个卓越的领导,一个成功行业的背后必定有一位对市场战略有敏锐眼光的领导,唯有对未来作出了精确判断并有完善的发展远景规划的企业领袖,企业才能走好未来之路。"③ 为了使企业产品及时跟上市场形势,他特意告诫公司其他管理者:"作为市场决策者,要知道市场机会之门可能只打开半年,不抓住,就会永远失去机会。在商业竞争中,时间就是效率,时间就是生命,尤其是最具有现代产品性质的电脑软件更是一种时间性极强的产品,一旦落后于人,就会面临失败的危险。"④

对于创业公司来说,会出现许多发财的机会,有些人能够抓住,也有些人却视而不见,而"盖茨的眼光和勇气都是高人一等的,每次机会他都很好地把握住了。准确地讲,这是他得以成功的根本原因所在"⑤。之所以比尔·盖茨有此能力,是因为他具有"一切经营活动的领先,归根到底都是市场的领先,任何一家企业都不能忽视市场,市场是成功的关键"⑥ 这一经营理念。因之他说:"对一个不断推出新产品的企业来说,市场是它的命根子。一个企业管理者可以不惧怕来自其他方面的竞争和威胁,但他却害怕失去自己的市场。"⑦ 由此可见,微软公司遵循市场法则,从不放过任何商机——根据消费者的需求,高效率地开发与生产他们所需要的产品,这样不仅使企业在市场上站稳了脚跟,也可以领导市场

---

① 李津:《比尔·盖茨商道真经》,吉林大学出版社2009年版,第106页。
② 同上书,第127页。
③ 彭征、袁丽丽:《联想教父柳传志》,现代出版社2009年版,第252页。
④ 李津:《比尔·盖茨商道真经》,吉林大学出版社2009年版,第105页。
⑤ 同上书,第43页。
⑥ 同上书,第92页。
⑦ 同上。

的潮流。

　　日本著名企业家稻盛和夫，也同样是根据自然法则来进行经营的。他首先观察了宇宙，指出"虽然宇宙是由基本粒子和原子这样的无机物构成，但是也一定有进化发展的规律。拟人化的说法是，宇宙当中也有'意志'"①。可能是感到这句话太过于石破天惊，于是他进一步解释道："无机物当中诞生无机物，发展为生物体，最后产生人类。这个过程中，如果不考虑'意志'的存在，就很难做出解释。'意志'孕育所有的事物、培养事物、发展事物。有这样的说法，'宇宙之中到处都有爱'。宇宙爱护万物、孕育万物，充满了善良的'意志'。"② 显然，稻盛和夫十分尊崇宇宙"意志"，那么它的内涵是什么呢？他解读道："宇宙之中的万物都在不断地生长变化，这可以称为宇宙的意志或是宇宙的天命。"③ 他认为，宇宙意志不仅促使了人类的诞生，也培养与发展了各种事物。显然，该思想接近于老子的自然观。

　　其次他提出，对于管理者来说，其意识应该与宇宙"意志"保持一致，以此为原则处理企业的具体事务。他说："宇宙之中存在着让万物生长发展的天命，思维方式、生存方式与天命相符就能够一切顺利。"④ 说到此，稻盛和夫感到意犹未尽，于是他进一步强调了该管理方式的重要性，认为"宇宙的潮流是万物不断进化发展，人的思想能否与此保持一致，决定着人生与事业的成败"⑤。正因为该理念如此重要，所以他继续说明："人类的想法和宇宙的'意志'是否一致，决定了事物的最终结果。心存善意，对所有的事物心存慈悲，这和宇宙的善良'意志'一致，会带来好的结果。另一方面，如果只考虑自己，不惜损害他人利益来达到目的，这种

---

① 稻盛和夫：《京瓷的成功轨迹》，中国友谊出版公司2003年版，第165页。
② 同上。
③ 同上书，第83页。
④ 同上书，第82页。
⑤ 同上书，第83页。

行为与宇宙的潮流相逆，往往招致悲惨的结局。"① 他不仅指出了必须遵循宇宙"意志"，否则会给人带来不利的结果；还特意指出了宇宙意志就是善，就是慈悲。在随后的一段话中他阐释得更加明白："与宇宙天命相一致的思维方式是什么呢？是基督教中的'爱'，佛教中的'慈悲'，也就是充满同情的善良之心，它接受万物并且使其发展。"②

然后他指出，管理者应该具有利他之心，这是慈爱之心的具体显现。他认为："商业当中'利他'的精神非常重要，即使短期内做出一些牺牲，其后必然会得到回报。"③ 之所以提倡人们应有利他之心，是因为后者是人类最美好的特性，因此他说："利他之心是指不只考虑自己的利益，即使做出自我牺牲，也要为对方着想，这是人类最美丽的心灵。"④ 为了鼓励管理者常居利他之心，以此服务于社会，乃至整个人类，他特意强调："人类的存在应该有崇高的意义。我认为这个意义就是为宇宙的万物做善事。"⑤ 也就是说，能够体现人类价值的，就是自身具有的利他之心，并且可以通过做善事将之体现出来。其实在老子看来，每个物都有其存在的价值，它们能够根据自身的特性去发挥独特的作用，而稻盛和夫通过人类能够做善事来体现物的这种价值，显然其经营理念深合老子之道。

再次，在具体的管理方面，稻盛和夫认为应根据常理原则处理企业事务。他指出，作为经营人员，不论本人愿意与否，每天都必须对各种事情做出决断。但在做出决断时，依据什么原则呢？他指出："在经营活动中所做出的判断一定要合乎人间常理，也就是必须基于'常理原则'行事。"⑥ 即他认为在经营过程中，需要以常

---

① 稻盛和夫：《京瓷的成功轨迹》，中国友谊出版公司2003年版，第165—166页。
② 同上书，第85页。
③ 同上。
④ 同上。
⑤ 同上书，第166页。
⑥ 同上书，第28页。

理为标准来处理企业事务。为之他说道："我决定用'常理原则'的角度来判断所有的事物。"① 那么什么是常理呢？"就是将'用常人的眼光去判断一件事情究竟是正确的还是错误的'作为判断的标准。"② 根据常人共同认可的观点处理事务，就是所谓的"常理原则"，它和老子提出的以百姓心为心的论断何其相似！因此对于管理者来说，就是要"根据面临的实际情况，做人的常理原则，思索为取得最大效益所需的管理体系和企业结构等"③，即根据公众认可的观点，必须以效益最大化为目标，构建出企业的管理体系和组织架构。由此可见，稻盛和夫提出的常理概念，就是自然人性的具体体现。

最后，他指出企业在具体经营过程中，需要不断地提升能力，以便生产出适合消费者需求的产品。如果企业只能按照自身要求的规格生产，并在规定的交货期内交货，而不针对客户提出的新需求进行生产，"那么，原本知名度就很低的风险企业就根本无法争取任何商机"④。故此稻盛和夫指出，企业一定要"仔细研究客户的要求，不断挖掘自己公司的技术潜力"⑤，以满足这些提出新要求的客户的需求。这样不但做到了产品创新，提升了企业的开发实力，还会增加企业的认知度和经营业绩。

遵循市场规律，就要对市场有深刻的领悟与认识，不仅比尔·盖茨、稻盛和夫如此认为，王永庆、李嘉诚等人也是这样认为的。与其他企业家一样，王永庆也同样重视客户的需求，并及时加以把握。早在开米店之际，面对激烈的市场竞争，店小地偏的他一开始就陷入了经营困局。由于资金少没法做大宗买卖，为了有效地销售大米，他背着米挨家挨户地推销，成效也不大。但他并不因此感到灰心失望，而是积极寻找走出困境的方法。在当时，出售的大米多

① 稻盛和夫：《京瓷的成功轨迹》，中国友谊出版公司2003年版，第28页。
② 同上。
③ 同上书，第29页。
④ 同上书，第39页。
⑤ 同上。

掺杂杂物,消费者在做米饭前,都要先淘米,这就给他们做饭带来了麻烦。王永庆发现了这个看似司空见惯的情况之后,马上就察觉到了似乎消费者还未意识到的市场需求。于是他带领两个弟弟将夹杂在米里的秕糠、沙石之类的杂物细心地挑拣出来,然后再进行出售,此举使他的米店生意渐渐红火起来。但王永庆并不感到满足,而是继续寻找新的市场需求,结果他又发现许多老人因体力问题,买米很不方便,于是主动送货上门。在送米的过程中,他"都细心记下这户人家米缸的容量,并且问明这家有多少人吃饭,有多少大人、多少小孩,每人饭量如何,据此估计该户人家下次买米的大概时间,记在本子上。到时候,不等顾客上门,他就主动将相应数量的米送到客户家里。"①

尤其可贵的是,王永庆送米不仅送到屋子里,还主动"将米倒进缸里。如果米缸里还有陈米,他就将陈米倒出来,把米缸擦干净再把新米倒进去,然后将陈米放回上层。这样,陈米就不至于因存放过久而变质"②。同时他还了解到,由于当地居民多不富裕,许多家庭未到发薪日,就已无力支付米款。于是王永庆采取按时送米,到客户发薪之日再收钱的办法,此举极大地方便了顾客。另外,他根据客户购米特点,采取早开晚关的策略,每天比竞争对手多营业4个小时以上,真正做到了随时买随时送。即使有的顾客半夜里敲门买米,他也总是热情地把米送到顾客家中。由此可见,王永庆根据客户需求,采取针对性的策略为他们服务,不仅满足了他们的需求,还使自己的米店走出了困境,走向了成功。归纳而言,他采取的就是发现需求——贴心服务——事后收款的经营方式。

王永庆不仅善于发现消费者的需求,还非常注意把控行业的运行规律。他曾指出,在经济不景气时,管理者不要悲观失望,而要注意到此时企业建厂的成本比较低,应抓住机会开建工厂,在市场复苏的过程中,就可以赶上时机,将产品卖个好价钱。当然,这里

---

① 双根:《王永庆全传》,华中科技大学出版社2010年版,第1页。
② 同上书,第19页。

就含有一个预设，就是能够确保该行业将来还有盈利的空间，而王永庆恰恰把握好了这些时机，最终使企业发展壮大。为此他举了一个例子，说卖冰淇淋要在冬天开业。"按王永庆的逻辑，冬天吃冰淇淋的顾客少，必须全心全意竭尽全力去经营，并且要严格控制成本、降低价格，并在服务上下功夫，才能勉强维持生存。这样一点一点建立基础，等夏天来临时，发展的机会到了，力量便一下子壮大起来。"① 由此可见，合理利用市场出现的峰谷，确实可以使企业赢得利润。

另外，王永庆指出，要利用市场的正当竞争手段去建立优势，而非不正当手段。他指出："竞争是发展的根本动力，所有的企业必须勇敢地直面竞争，而政府所要做的，并不是去保护企业，而是努力创造一个公平竞争的环境，因为任何形式的保护只能起到十分短暂的作用，而且可能会瓦解奋斗的意志，从根本上损害企业的竞争力。"② 在这种观点的指引下，他创办的台塑公司没有利用自身实力打压其他公司，"而是通过增强企业的内部竞争力来达到与其他公司竞争的目的，也就是通过研究如何降低成本提高品质来保护自己的市场"③。因此，在长期经营的过程中，王永庆建立了自己的竞争"信条"：一是把握原则，二是正当竞争。他认为："如果竞争失去了原则的话，不仅无法保证自己的利益，还会失去对方的尊重，企业的前途更会受到影响。无论市场的竞争态势如何，都必须采用正当的竞争手段，因为正当的竞争是促进事业成功和个人成长的绝对必要的因素。"④ 此举也显示出他是利用市场规则来经营企业的。

除此之外，在处理企业事务时，他还喜欢追本溯源，从根本处去解决企业出现的问题。为此他说："我们做事应该和树有细根一

---

① 双根：《王永庆全传》，华中科技大学出版社 2010 年版，第 42 页。
② 同上书，第 108 页。
③ 同上书，第 109 页。
④ 同上书，第 106 页。

样，必须从根源处着手，才能理出头绪，使事务的管理趋于合理化。"① 他认为，当企业的运营出现问题时，不要只做表面文章，而是从企业平常看不见与容易被忽略的地方，去寻找造成问题的症结所在，然后采取针对性的措施，这样才能把问题从根本上加以解决。他的这个观点源于盛行于日本的"源流方法。即凡事遇到问题或发现异常都要深入分析，并且追求问题的本源；就好像河川的流水混浊了，我们要探求它的原因，并且溯流而上，一直追到河川的源头，才能真正排除异常，解决问题，所以叫做'源流方法'。"② 他高度认可这种解决问题的方法，为此举例道："我认为 IBM 成功的根本原因，不在它从事电脑科技行业，而在它一向都能脚踏实地，从基础的地方着手，并且追根刨底，探求出事物的道理之后，确实加以履行。"③ 所以他十分强调这种方法的重要性。他的观点显然与老子从现象世界推出道德世界的推理方式有着一致性。

而李嘉诚更是遵循市场规律，把握市场行情的行家里手。他多次提出管理者要了解市场，用职业眼光发现和发掘市场出现的盈利机会，如他曾说："精明的商人只有嗅觉敏锐才能将商业情报作用发挥到极致。"④ 他认为，作为优秀商人的基本素质就是对市场的变动应有灵敏的嗅觉，只有这样才能充分了解市场商机并采取行动抓住这些商机。而"那种感觉迟钝、闭门自锁的公司老板常常会无所作为"⑤，他们最终会因其对市场变动的麻木而失去机会，甚至被市场淘汰。故此李嘉诚要求管理者"随时留意身边有无生意可做，才会抓住时机把握升浪起点，着手越快越好。遇到不寻常的事发生时立即想到赚钱，这是生意人应该具备的素质"⑥。这就是说，做生意的必备素质，就是随时留意身边出现的哪怕是稍纵即逝的机

① 双根：《王永庆全传》，华中科技大学出版社 2010 年版，第 177 页。
② 同上书，第 151 页。
③ 同上书，第 152 页。
④ 李津：《李嘉诚商道真经》，吉林大学出版社 2009 年版，第 345 页。
⑤ 同上。
⑥ 同上书，第 346 页。

会，根据机会马上在头脑中形成一个较好地营利模式，然后根据这个模式去赚钱。李嘉诚指出，市场上出现营利的商机是很多的，关键在于管理者是否有一双发现机会的眼睛。因为"精明的商家可以将商业意识渗透到社会活动家每一件事中去，甚至是一举手一投足。充满商业细胞的商人，赚钱可以是无处不在、无时不在。"①在他看来，只要有洞察商机的眼光，并敢于去做，那么企业营利的机会随处可见。由此可见，李嘉诚根据市场规律，把控市场机会的能力，可以说已经到了登峰造极的地步了。

李嘉诚对于市场所具有的敏感性，源自他少年的经历。当他14岁辍学后，到了一家茶馆工作，由于"茶楼是个浓缩的小社会，三教九流，什么人都有"②，因此给了他一个观察主顾的机会。"他从这里了解了社会和世界的许多事情。渐渐地，他发现茶楼的客人各具特色，又各有喜好。言谈举止间，有的显得儒雅风流，有的粗俗不堪，有的则默默无语。于是，在干好自己手头工作的同时，他开始暗暗观察起每个客人来"③。在专注于客户之后，他"根据各位茶客的特征，揣测他们的籍贯、年龄、职业、财富、性格等，然后找机会验证。接着他揣测顾客的消费心理，看他们喜欢喝什么茶，喜欢吃什么茶点。后来，李嘉诚对一些常客的消费需要和消费习惯了如指掌。如谁爱吃虾饺，谁爱吃干蒸烧麦，谁爱吃肠粉加辣椒，谁爱喝红茶，谁爱喝绿茶，什么时候上什么茶点，李嘉诚心中都有一本账。甚至一个陌生人来到店里，李嘉诚也能把他的身份、地位、喜好和性情猜出来"④。此举造就了他察言观色的能力，然后投其所好，且又真诚待人，让顾客感到特别受尊重和高兴，从而乐意掏腰包消费，最终他也获得了老板的欢心。李嘉诚在茶馆磨炼出的本领使他终身受益，不仅使他成为一名出色的推销员，而且在其以后的创业中起到了关键性的作用，以致他对于香港房地产行业运

---

① 李津：《李嘉诚商道真经》，吉林大学出版社 2009 年版，第 345 页。
② 同上书，第 146 页。
③ 同上。
④ 同上。

行规律的把控，达到了炉火纯青的地步。可以说，他就是以此成为华人首富的。

他的发展经历是这样的，在 20 世纪 60 年代，由于受内地"左"倾等思潮的影响，香港发生一系列的银行挤兑及暴动事件。此举造成房地产价格暴跌，楼价狂泻，不少地产商被迫贱价出售未完工的地盘。而李嘉诚判断出楼市还会有回升的机会，于是他趁机购买了大量地盘。在 1973 年世界范围内发生的石油危机，同样导致香港地产呈现出一片低潮，但却成为李嘉诚拓展业务的最佳时机。他将"工厂利润和物业租金换成现金存放，并且通过不同渠道收集有关信息资料，充分利用这个千载难逢的机会"①，用最低价格收购那些急于脱手的地皮和旧楼。"然后，他有计划、有步骤地利用现金将购置的旧楼翻新出租，再用所得利润全部换取现金大量收购土地，并且采取各个击破、集中处理的方式，使土地纵横交错地发展"②，此举给李嘉诚带来了大量财富。

在 80 年代，李嘉诚又故技重施。由于从 1982 年起中英就有关香港回归的问题，开始举行多轮谈判。许多港人对香港前景感到悲观，他们纷纷移居其他国家，造成楼、股市均受挫，此时香港地产业又一次出现低潮，而李嘉诚却抓住大好时机，积极发展大型住宅区，此举"不但表达对香港的信心，事后亦证明为长实带来以百亿计的庞大利润"③。类似的事情还发生在 90 年代，随着回归日期的临近，许多居民对香港的前途并不看好，他们纷纷远走他乡，而李嘉诚却"大举挺进，趁着地产一片萧条，房价低廉购入大量地皮、旧楼和厂房，1997 年，香港境外的大气候由阴转旺，香港经济重新步入持续高速发展的轨道，经济的繁荣也带动了地产业的兴旺，李嘉诚的事业因此出现了关键性的转折"④。

李嘉诚事业成功，得益于他对市场信息的关注，早在"20 世

① 李津：《李嘉诚商道真经》，吉林大学出版社 2009 年版，第 123 页。
② 同上。
③ 同上书，第 10 页。
④ 同上书，第 142 页。

纪50年代，李嘉诚在销售过程中特别注重黄金般的信息反馈，他从各种渠道得知，欧洲人最喜欢塑胶花。在北欧、南欧，人们喜欢用它装饰庭院和房间，在美洲，连汽车上或工作场所也往往摆上一束塑胶花，而在苏联，扫墓时用它献给亡者。"① 于是他就决定利用顾客喜好去挣钱，即决定生产塑胶花，随后就赢得了他的塑胶花大王的称号。

除此之外，李嘉诚的成功还得益于他在对市场的把控中所形成的经营理念。他认为，任何一个产业，都有它自己的高潮和低谷。对于一般人来说，当某个行业处于繁荣期时，他们会一窝蜂地拥入，而处于低谷期时，则又会潮水般退出某个行业，在这个行业波动之时进入或退出的企业，多半是不会营利的。或者说，从中获利的只是几个在前面引领潮流的人，而跟随者则相反。在李嘉诚看来，一个商人的眼光往往会决定他的前途。他指出，当某一行业处于低谷的时候，会有相当大的一部分企业选择放弃，它们放弃的理由是不一样的，"有的是由于目光短浅而放弃，还有的是由于资金不足等各种各样的原因而不得不放弃"②。在这个时候，作为企业的管理者不应该感到绝望，而是应该静下心来认真分析一下，并判断是不是这个产业已经到了穷途末路，是否还会有高潮来临的那一天。"如果这个产业仍处在向前发展的阶段，只是由于其他一些原因才暂时处于低潮，就应选择在这个'别人放弃的时候出手'了。这个时候出手可以少走许多弯路，从而以比较低的成本获得较高的收益。"③ 所以"市场的脉搏，是精明商人非常注意把握的一个关键点，应该讲，最成功的商战都是紧跟市场而进行的智慧之战"④。所以企业经营是否成功的关键，取决于商人的分析判断能力。

李嘉诚之所以关注市场变动，是因为生意场上存在着太多的不确定因素。"欲在激烈的市场竞争中走在别人的前面，生意人平时

---

① 李津：《李嘉诚商道真经》，吉林大学出版社2009年版，第129页。
② 同上书，第144页。
③ 同上。
④ 同上书，第143页。

就应训练自己对事物的观察力和对未知因素的评估力，当机立断，一个有成就的生意人是当情况发生变化时能及时作出反应的人。"① 显然，这种判断不是盲目的，还要根据自身的实力与可能成功的概率，他认为："一般来说，风险与利益成正比。当别人算到不足五成胜算，而自己却算到有六七成甚至更高把握时，便意味着发大财的机会来了。"② 由此可见，在这种理念的支配下，他积极地观察与判断行业变动趋势，根据市场波动规律赚钱。并且他还告诫道："要永远相信，当所有人都冲进去的时候要赶紧出来，所有人都不玩了再冲进去。"③ 他采取的另外一个策略就是，在遇到市场危机时，企业应采取保守政策，而在市场的繁荣期，企业须采取积极的扩张政策。

李嘉诚不仅是这样认为的，而且也是这样做的。在 2004 年之前房地产普遍火爆，他根据预判的结果，按部就班地运作市场，在 2005 年地产业一片寒冬景象中积极购进，"这正好印证了李嘉诚一贯'冷场时进入，热场时退出'的原则"④。于是在"2005 年近一年和黄在内地买地已经达到 300 万平方米。李嘉诚的圈地速度在内地地产一片肃杀的衬托下愈发令人咋舌"⑤。令人惊奇的是，李嘉诚在内地拿地的速度正好与国家宏观调控步伐相吻合。此举显示出他不仅研究市场，还进一步关注国家政策对市场的影响。在 2008 年之前，香港房地产市场又一次处于旺盛期，但李嘉诚已经预判到 2008 年之后会有变动，于是他趁市场旺季抛售其楼盘，果不其然，"从 2008 年开始，香港银行相继调高按揭利率，并收紧按揭贷款，导致整个楼市逆转，物业交投回落"⑥，而此时李嘉诚已经将其楼盘销售一空。除此之外，一些购进的地皮由于不急于建楼，也会因

---

① 李津：《李嘉诚商道真经》，吉林大学出版社 2009 年版，第 243 页。
② 同上书，第 144 页。
③ 同上书，第 169 页。
④ 同上书，第 221 页。
⑤ 同上书，第 220 页。
⑥ 同上书，第 232 页。

地价飞涨而自动获得土地溢价。这就是说，他在房地产业获得的利润是双重的——既来自于土地溢价，也来自于房产价格。由此也可以看出，李嘉诚在 2008 年上半年对房地产行业的判断之准。

将李嘉诚的经营方针加以归纳，他就是利用香港房地产市场出现低潮期，且又能判断出该市场有反弹的机会，然后果断地出手购入。等到市场转旺、房价回升之时，他不是将其房产出租，就是对之进行销售，以此赢取可观的利润。具体来说，即通过"地产低价补地价，地产转旺大兴土木，地产高潮出租楼宇，这就是李嘉诚在香港地产界立于不败之地的秘密之所在"①。由此可见，李嘉诚通过房地产的波动来赚取差价，显示出其深谙市场运行之道。

当谈到他能够获取市场信息的途径时，他说："我从不间断读新科技、新知识的书籍，不至因为不了解新讯息而和时代潮流脱节。"② 正是由于他通过了解各种信息，跟上了市场发展的潮流，并及时把控住其中出现的各种机会，使得他的企业得到快速发展，并由此成就了他的华人首富地位。可贵的是，李嘉诚还按照市场规则开展竞争，以无线电话为例，在进入该行业时，他完全可以依靠政商关系去获得经营牌照，"但为了减少不必要的揣测、攻击，他也建议用竞标的方式发出牌照"③。此举虽增加了他的交易成本，但却通过维护市场公正而赢得了社会的尊敬。

内地著名企业家牛根生，也同样是根据市场规律及特性开展他的经营活动的。为此他提出了"先建市场，再建工厂"的创新经营理念。对于牛根生来说，之所以会这样想，就在于如果按照一般企业的发展思路，即先建厂房——再购设备——进行生产——促销推广——占有市场，不仅会花费大量的资金，还会延迟进入市场的机会，尤其对于资金不足的人来说，或许等企业建好之后，就已经没有财力开发市场了。于是他打破了一般企业常规成长之路，"把有

---

① 李津：《李嘉诚商道真经》，吉林大学出版社 2009 年版，第 112 页。
② 同上书，第 345 页。
③ 同上书，第 166—167 页。

限的资金用于市场推广，然后把全国的工厂变成自己的加工车间"①。因为他发现，当时有很多乳品企业不景气，但他们并不缺乏厂房和生产设备，缺少的只是"先进的市场开拓经验和规范的管理理念，而这些正是牛根生等人的优势。"②

于是他将两者的优势有效地结合起来，先根据已经了解的市场需求开发新产品，同时在全国选择已经建有厂房和设备、具有生存能力的合作厂家。然后他"用300多万在呼和浩特进行了广告宣传，因为呼和浩特城市不太大，300多万元足以造成铺天盖地的广告效应。几乎一夜间，许多人都知道了'蒙牛'"。③此举不仅让牛根生很快地将自己的品牌打响，还使企业得到了飞速的发展。将牛根生的经营理念梳理一下，就是根据市场需求，开发适销对路的产品，然后进行市场推广，并通过虚拟联合，与各类商业伙伴协作生产相关产品，进而将之有效推向市场。从目前来看，这个经营运作模式极为成功，以致造就出今天的蒙牛。

大道相通，对于遵循市场规律、消费者需求进行经营并取得成功的案例很多，在这里限于篇幅不再一一赘述了。对于希望效仿他们的管理者来说，就要深谙他们的这些经营理念。李嘉诚告诫人们在"遇到不寻常的事发生时立即想到赚钱，这是生意人应该具备的素质"④，体现的就是这种理念。为此张瑞敏也提醒大家："企业和人生一样，缺少的不是机遇，而是缺少发现机遇的眼睛"⑤。他害怕管理者面对机遇视而不见，反应迟钝，错过最佳的挣钱机会。但这种对时机把控的思想，晋商早就发觉了，他们提出的"屯得应时货，自有赚钱时"⑥，就是这种理念的具体反映。因此企业若想成功，就必须通过研究市场运行规律，根据其运行特点和波动寻找商

---

① 钟永森：《道德经与无为管理》，凤凰出版传媒集团、凤凰出版社2010年版，第27页。

② 同上。

③ 同上。

④ 李津：《李嘉诚商道真经》，吉林大学出版社2009年版，第346页。

⑤ 孔祥毅、陶宏伟：《晋商案例精选》，经济科学出版社2008年版，第105页。

⑥ 同上书，第107页。

机，以此赚取其所预期的利润，则是最成功、最顺利的营利模式之一。

二　不遵循自然法则带来的恶果

上文已述，遵循市场规律会促进企业的顺利发展，与之相反，违反它则会给企业带来灾难性的后果。其中王安电脑公司就是一个典型失败的案例。造成其失败的原因是多方面的，首先就是王安忽视公认的、由IBM制定的行业标准。在其开发中型电脑时，坚持生产本公司制式的电脑设备，有意与IBM的产品不兼容。此举给大量使用IBM的客户带来不便，当他们向王安公司提出兼容要求时，却被王安强硬地拒绝，但这种执拗态度使许多老客户流失。更为严重的是，当时许多电脑公司发现中型电脑即将被市场淘汰出局，于是转而开发微型电脑。而王安却对市场需求的变化置若罔闻，被一时占据着中型电脑的领先地位而沾沾自喜，结果到了1990年，中型电脑基本上被市场淘汰，此时王安公司的销售额也跟着急剧下降，市场价值从56亿美元急剧降至不足1亿美元。在这个关键时期，王安又因病去世，于是分布在各地的王安子公司被大量拍卖、购并或破产，最终导致公司名存实亡。①

另外美国著名的蒙哥马利·沃德公司，也是一个不顾客户需求而导致企业失败的案例。该公司"最初由邮寄商品起家，之后发展成为集家用电器、家居装饰、家庭用品、服装、汽车修理、金银首饰于一体的大商城"②。但是"它同样对自己所取得的成就忘乎所以，进而对市场行情的变化反应迟钝，最终未能在消费者心目中建立起明确的企业形象，即收入较高的消费者感到这里的商品档次略低，收入低的消费者又感到这里的商品价格偏高，因而未能形成自己较固定的消费群"③。此举使公司在激烈的商战中，被竞争对手

---

① 本案例选自钟永森《道德经与无为管理》，凤凰出版传媒集团、凤凰出版社2010年版，第124—125页。
② 钟永森：《道德经与无为管理》，第177页。
③ 同上。

沃尔玛、玛莎等连锁店击败,并从其手中夺取了大量消费者。

　　同样的不幸还发生在中电赛龙公司身上。一开始,该公司凭借国内手机设计企业的本土化采购和价格所带来的硬成本优势,和在与品牌厂商的沟通交流方面,又比国外设计企业具有"近水楼台"的软成本优势,很快超越中国台湾地区和韩国的设计公司而占据市场优势地位,此时许多国内和国际著名公司都成为其客户。但好景不长,当手机厂商走上自主研发道路时,中电赛龙等设计公司没有意识到这时市场需求已经发生变化,于是开始走下坡路。直到"2006年10月,飞利浦手机易手深圳桑菲后,中电赛龙失去了最大的雇主"①。此时公司才意识到了危机,尽管采用大幅裁员、压缩成本等紧急手段予以应对,但为时已晚。在2007年初,其子公司深圳赛龙和上海赛龙相继倒闭和易手,"随后中电赛龙也因自身资金链的问题,遭遇众多债主逼债,而且还接不到大的手机设计订单,终于在2007年7月宣布倒闭"②。

　　王麻子剪刀也是一个失败的案例。在中国刀剪行业中,王麻子剪刀名声如雷贯耳,始终占据市场优势地位。"数百年来,王麻子刀剪产品以刃口锋利、经久耐用而在市场上独霸天下,即使新中国成立后,王麻子剪刀仍旧很'火'。"③ 但是在1985年之后,由于我国从计划经济逐渐转向市场经济,市场需求已经发生了根本性转变,但是王麻子剪刀仍旧沿袭计划经济体制下的管理模式,该企业的经营者"继续墨守成规,未能做出改进措施,固步自封,安于现状"④,缺乏市场竞争思想和创新意识,对市场变动仍旧无动于衷,因而这种状况导致王麻子从1995年开始,企业业绩逐年下跌,最终"陷入连年亏损的境地,在新世纪前夕甚至落魄到借钱发工

---

　　① 钟永森:《道德经与无为管理》,凤凰出版传媒集团、凤凰出版社2010年版,第147页。

　　② 同上。

　　③ 同上书,第177—178页。

　　④ 同上书,第178页。

资"①，最后被市场所抛弃。

除此之外，实达公司也是众多企业失败案例中的一员。该公司曾是 20 世纪 90 年代国内 IT 界的著名企业，企业经营绩效良好，但是总裁叶龙并不感到满意。在 1998 年 7 月，他出资 300 万让麦肯锡帮其建立高绩效的营销体系，并对实达以往的管理架构进行全面改革。麦肯锡咨询公司在调研实达的经营现状和市场之后，给出的方案是："解散集团以前的子公司制，将市场营销、销售和生产统一收到集团层面。集团的三位各级副总裁各负责一块，变革改组方案改变了传统的营销模式，特别强调资源共享。"② 此时叶龙等企业高层迫切希望改变公司现状，决定一步到位，实施麦肯锡的方案。

1999 年元旦，麦肯锡的变革改组方案开始实施，进行了"千人大换岗"行动。但很快"实达的信息传递系统出了问题：老的系统停止了运营，而新的系统尚未建好且不断出故障"③，结果导致第一季度实达高层连基本的市场数据都不能掌握。雪上加霜的是，此时联想、方正已开始降价，实达公司却因市场信息失灵而没有采取相应的对策，结果导致产品销售量大幅下降。更为严重的是，营销部一个销售员原来只卖一种产品，经过整合后，一个销售员需要卖实达的全部产品。而"这种销售技能需要学习、掌握的时间，实达员工一时适应不了这种改革"④，导致其"内部管理一片混乱。新管理体系给集团经营造成了较大的负面影响，直接导致了经营业绩的滑坡"⑤。1999 年 6 月，公司的管理重组变革方案正式宣告失败，总裁叶龙也引咎辞职。从表面上看，公司是因改组而导致企业内部的不适应，其实质则是企业高层对市场变化和企业内部信息对

---

① 钟永森：《道德经与无为管理》，凤凰出版传媒集团、凤凰出版社 2010 年版，第 178 页。。
② 同上书，第 215 页。
③ 同上。
④ 同上。
⑤ 同上。

公司带来的严重后果认知不足，当情况没有按照企业预期发展时，也没有采取相应的应对措施，最终导致企业出现重大变故。

由于企业没有及时了解市场信息，导致其走向困境或失败，这都是轻视行业市场运行规律所造成的后果，该情况从反面证明了管理者遵循市场规律的必要性。

三 道式管理的四大特性

企业经营不仅需要遵循市场自然运行规律，还需要对该规律的具体特性予以效法，即道、德所具有的各司其职、守常伐异、损余补欠和公平待物等特性。

（一）各司其职

自然之道、德具有各司其职的特性，因此企业各级员工也应遵循这一特性。首先，它要求管理者严格管理好自身。比尔·盖茨指出，管理者应"勇于驾驭自己的命运，学会控制自己的言行，规范自己的情感，善于布置好自己的精力"[1]。在他看来，企业领导必须管控好自己的言行和情感，不让它们随意发泄，并且分配好自己的精力，最优化地将之应用到工作当中去，同时敢于驾驭自己的命运，而不是被其所左右。另外稻盛和夫认为，在经营和人生道路上遇到挫折而感到痛苦和焦虑的时候，"我就返回到'如何做人'这一原点，对事情进行认真思考，然后再将这一原则贯穿到实际行动中去"[2]。在他看来，"所谓经营活动，就是经营者人格的直接反映"[3]。稻盛和夫认为，企业家管理好自身极端重要，因为"领导者的道德水准的低下会给组织带来极大的影响，这已为历史所印证"[4]。故此他希冀通过完善心智、改善经营，来改善企业领导的素质。并且他指出，中国今后经济增长的关键就在于"高度地维持

---

① 李津：《比尔·盖茨商道真经》，吉林大学出版社 2009 年版，第 250 页。
② 稻盛和夫：《京瓷的成功轨迹》，中国友谊出版公司 2003 年版，第 4 页。
③ 同上。
④ 同上书，第 155 页。

企业领导者的道德水准，以及在组织内部坚决排除腐败等现象"①。总之，他们提出管理自身的理念，体现出一名管理者应该将塑造自身作为自己的职责。

著名企业家范旭东非常强调领导者自身在企业经营中所起的作用，他说："相信事业的成败，十有八九在自己，不在别人。"② 他认为，求人不如求己，只要自己努力，就会取得成功。王永庆则经常告诫下属"育人先育己，他认为如果经营者要发展自己的事业，就必须以身作则，卖力苦干"③。他之所以有此理念，是因为他认识到"事业虽是个人创造的，和社会的关系却是很密切的，个人的观点错误了，波及整个社会的发展，就不再是个人的事"④。他指出了个人行为会对社会产生影响，因此作为公众人物的企业家不能贪图享受，而应为社会多做奉献。不仅在工作上，就是在教育子女方面，他也抱着相同的理念。他曾说："希望孩子成为什么样的人，父母应先从自己做起，言教不如身教。最大的说服力，莫过于实践力行。他一再强调：教育子女要以身作则。"⑤ 因此，管理者应严格要求自己，担当好自己的领导和社会责任。

李嘉诚同样认为："好的管理者，首要任务是知道自我管理是一项重大责任，在流动与变化万千的世界中，发现自己是谁，了解自己要成什么模样是建立尊严的基础。"⑥ 即他也强调管理自身，塑造自身人格的重要性。另外他指出："领导全心努力投入及热诚，是企业最大的鼓动力，与员工互动沟通，对同事尊重，才可建立团队精神。人才难求，对具备创意、胆识及审慎态度的同事，应给予良好的报酬和显示明确的前途。"⑦ 在此他认为企业领导的主要职责就是

---

① 稻盛和夫：《京瓷的成功轨迹》，中国友谊出版公司2003年版，第156页。
② 傅国涌：《大商人——影响中国的近代企业家们》，中信出版社2008年版，第149—150页。
③ 双根：《王永庆全传》，华中科技大学出版社2010年版，第198页。
④ 同上书，第203页。
⑤ 同上书，第231页。
⑥ 李津：《李嘉诚商道真经》，吉林大学出版社2009年版，第174页。
⑦ 同上书，第196页。

自己带头努力工作，并处理好与员工的关系，尊重同事，重视人才。

因此管理者除了需要提升自身的素质、承担自己的职责以外，还需让其下属各司其职、各负其责，其中穆藕初就是这样要求他人的。在国家危亡时刻，他提出："我们每一个人，不论做哪一行职业，都应该埋头苦干，殚精竭虑，完成自己的岗位工作。我想，在日常工作中发挥个人的才能，这才是我们每个人救国的正确道路。"① 即处于社会各阶层的民众，都应该发挥各自的能力，努力做好自己的本职工作，做出自己的奉献，这才是国家救亡图存的正确道路。因此他的观点就是要求每个人各司其职，在自己的岗位上为国家做出贡献，只有这样才能挽救国家，并使国家走向强大。显然，他的观点和老子思想有着一致性。

无独有偶，比尔·盖茨也坚持同样的理念。他认为，企业的管理者要具有慧眼识英雄的能力，不仅需要懂得怎样发掘有编写软件才能的人，还要把他们分成小组工作，让他们发挥各自的聪明才干，并为他们提供工具，积极做好对其的服务工作，以此提高他们的工作效率，进而使之成为一个高效的工作团队。另外管理者要让员工"清楚自己的责任，并且感觉到对自己的工作有很好的控制能力"②。而身为领导的管理者应时刻为他们服务，及时解决他们遇到的各种问题，让他们能够安心稳定地从事自己的工作，这样就可以使整个团队处于一个团结高效的工作状态中。显然，盖茨指出，编程人员应做好编程工作，而管理者应做好管理服务工作，使双方各尽其职，如此才能保证整个组织的良好运行。

李嘉诚说过，作为一个集团军的总司令，如果让他拿起机枪射击，他不一定比得上一个机枪手。如果让他操作大炮，也不一定比得上炮兵。但作为统帅，他没有必要精通这些技能，而只要能够正确制定并应用战略就足够了。在他看来，机枪手要干好机枪手的工作，炮兵要做好炮兵的工作，而统帅则需处理好他分内的工作，因

① 傅国涌：《大商人——影响中国的近代企业家们》，中信出版社 2008 年版，第 241 页。
② 李津：《比尔·盖茨商道真经》，吉林大学出版社 2009 年版，第 369 页。

此集团军的所有成员只要各自干好自己的工作，就能保证军队的强大战斗力。如果统帅干着士兵的工作，士兵则忘记了自己应该干的工作，整天操心军队领导如何工作的事情，双方都忽视了自己的职责，而想着其他岗位的事情，这样的军队会不战自乱。同样，对一个组织来说，将其所需要的各类人才合理搭配好、使用好，协同完成组织的目标，则是十分重要的事情。具体来说，各级部门、各个岗位都应该做好自己的本职工作，把自己职责范围内的事情处理好，而不能不顾自己的工作，去操心干涉其他岗位的事情，这样会使整个企业的管理出现混乱，管理学上的"管理既不要有交叉点，也不需要有空白点"，就是针对此类情况说的。因此李嘉诚的观点十分符合老子各司其职的主张。

总之，无论管理者以身作则也好，还是让企业各级员工做好自己职责范围内应做的工作也好，都是老子各司其职思想在企业活动中的具体体现。

（二）守常伐异

老子认为，自然之道、德各有其能，各司其职，它们以其特性、作用显现出它们的功能。在自然各实体的自我运行、互相作用下，会呈现出一定的常态。在其运行之中表现出一定的规律性，其背后体现的就是自然常则的作用。也就是说，自然的主要功能就是守常伐异，即维护自然运行的常态，压制其中物的异作。因为道是自然运行的核心与基础，所以我们在论述自然运行的时候，主要是根据道的功能来说明的。而效法自然，或者说无意识地效法道的这种功能的管理者，也会在其日常的管理中反对或压制各种人为的异作，有许多企业家都是如此而为的。

其中稻盛和夫的守常伐异理念主要体现在两个方面：一是在其企业管理方面。他大学毕业之后，就到松风工业公司工作，担任了该公司特瓷科的负责人。此时公司的效益不佳，经常出现拖欠工人工资的现象。公司的有些工作需要加班才能完成，加班会给予一定的加班费。看到其中有机可趁，于是一些员工就"在正常工作时间不好好工作，等到下班后混个加班费"①，他们试图以此增加自己的收入。这种现象确实有值得同情的地方，但是却会增加企业的经营成本，不利于企业的长期发展和公平地展开市场竞争，故稻盛和夫"要求员工不加班，并在正常工作时间内好好工作"②。他的要求无疑损害了员工们的利益，必然会遭到员工的强烈反对。但稻盛和夫并不退让，也不采取激进的压制措施，而是苦口婆心地劝导员工，向他们说明这样做对企业发展的不利——虽然他们会获得暂时的利益，然而最终会因贪图这些小利而影响公司和自身的前程。"经稻盛的耐心劝导，（员工们）慢慢地接受了。也有了成本意识。"③ 从此例可以看出，面对员工的异作之举，稻盛和夫通过耐心说服使之放弃了这种非常行为，反映出他的守常伐异作风。另外一件事就是工人提出涨工资和反对裁员的罢工事件。由于害怕这样做会使公司的境遇雪上加霜，他坚决予以抵制。为了能够给企业带来一些利润，以维持企业的正常经营，他"偷偷地将产品送到客户松下公司那里"④，此举遭到工会和工人的强烈反对。但是稻盛和夫清醒地指出："如果特瓷科一倒下，公司就会不复存在。"⑤ 考虑到这种情况可能会变成现实，于是工会软化了态度。稻盛和夫最终使特瓷科步入了正常的经营轨道，这也是他守常伐异的一个事例。

二是体现在政府管理方面。他认为："官僚组织应该是为国民谋求幸福的地方。换句话说，也就是为了建设一个能为民众提供更方便生活的国度而存在的。所以，这种组织必须力争以最低的成本、最高的效率来发挥其作用。"⑥ 但是一些政府人员在国家财政处于不足状态时，就会想办法、巧立名目从百姓身上征收重赋，来弥补一时的财政赤字。不幸的是，"这样的官吏往往容易被视作优

---

① 稻盛和夫：《京瓷的成功轨迹》，中国友谊出版公司 2003 年版，第 12 页。
② 同上。
③ 同上。
④ 同上书，第 14 页。
⑤ 同上。
⑥ 同上书，第 71 页。

秀的官吏"加以表彰，但"由于他们大量贪污从百姓身上收敛的税
收，致使百姓苦不堪言，纷纷不惜使用违法手段逃税"①。最终的
结果就是官民之间相互欺骗，彼此为敌，导致国家凝聚力的降低。
为了消除这种不良现象，稻盛反对政府人员的这些异作，希望他们
能够积极为国民造福，为社会的和谐与团结付出其应该承担的职
责。稻盛和夫的主张深刻地反映出其在政府层面的守常伐异理念。

民族企业家范旭东，在筹建南京铔厂的时候，同样是如此而为
的。他认为政府应积极支持民营企业的发展，给这些企业一个宽松
的经营环境，让其按照行业的发展规律去经营，而不是趁机插手企
业内部事务，干涉其正常工作。因此当孔祥熙欲借机将铔厂转为官
商合办时，遭到他的婉言谢绝。他说："美其名曰官商合办，实则
商股根本无权，而官场中种种腐化习惯传染进去，对企业遂成为一
种不治之症。"② 他指出，如果真是官商合办，就应按合办所订的
合理契约进行经营，但事实情况却是挂着合办的牌子，剥夺商股在
企业经营中的权力，使商股无法起到真正的作用。更有甚者，此举
还会使根深蒂固的官场腐化习气漫延到企业当中，给企业运营带来
严重的灾难。

不幸的是，范旭东的话一语成谶。在 1937 年底天津沦陷后，
蒋介石许诺拨款协助他在大后方重建他们的工厂。但宋子文在拨款
300 万元时，却提出将这 300 万元作为官股，意欲将其经营的永利
公司变为国有。"他当然不同意，并回复经济部，事关变更公司章
程，要召集股东大会通过才能实行，这在当时战争局势下不可能做
到"③，所以此事后来就不了了之。在他看来，"如果中国政治真正
走上民主轨道，政府廉明公正，那么他所经营的企业可以随时交给
国家，用它来为人类造福。"④ 但实际情况却是，宋子文意欲通过

---

① 稻盛和夫：《京瓷的成功轨迹》，中国友谊出版公司 2003 年版，第 71 页。

② 傅国涌：《大商人——影响中国的近代企业家们》，中信出版社 2008 年版，第
141 页。

③ 同上书，第 157 页。

④ 同上。

该公司为己谋利。从这件事来看，范旭东以实际行动捍卫了老子的守常伐异观点。

台塑大王王永庆也是遵循老子守常伐异思想的代表性商人之一。他在企业的经营中，曾引用老子的名言，即"大道甚夷，而民好径"（五十三章），并将之解读为，"成功的道路很平坦，而普通人却喜欢走捷径。事实也是如此，把投机取巧的手段当做'捷径'，肯定会走进'死胡同'。只有依靠脚踏实地的工作、勇于创新的精神，才是成功的大道"①。显然他认为，脚踏实地、勇于创新地进行经营，就是成功的康庄大道，而企图以投机取巧为捷径，来为自己谋利，则会使企业步入死路。因此他的经营原则就是"只投资而不投机，宁赚辛苦钱，也不追求暴发"②。

除了具有守常伐异的经营理念外，他还在实际活动中践行这种理念。当时，有政府背景的荣工处，常常通过采取非常手段参与市场竞争，即借助于政商关系来获取工程，并垄断工程市场。更为严重的是，在获取订单后，荣工处非但自己不做，反而将其外包出去。这导致台湾工程的价格虚高，且质量也很难得到保证。对于这种不许民间工程公司参与正常竞标，而使荣工处垄断市场的异作行为，王永庆感到深恶痛绝。另外，其时的台湾当局不遵循市场规律，人为地设置"三通"障碍，试图阻碍两岸经贸的正常发展，从而导致民众尤其是商人的强烈反对。当局看到了民众的不满，为了安抚之，不得已在口头上承诺与大陆实施"三通"。但政府只说不做的态度让王永庆恼火异常，他"甚至当面警告说，当局如果不采取经贸开放的措施，台湾各行各业的发展势必受到严格限制，甚至窒息，后果不堪设想"③。虽然他是从商人正常经营的角度批评当局的，但也遭到不明事理的当局的严重抵制，结果导致双方关系严重恶化，这也是王永庆有生之年没有来大陆大规模投资的主要原因。

---

① 双根：《王永庆全传》，华中科技大学出版社 2010 年版，第 89 页。
② 同上书，第 12 页。
③ 同上书，第 80 页。

针对一些医院为了谋求暴利而对病人收取高额费用及某些医生对待病人有违医德的现象，他不仅强烈反对，而且建立了长庚医院。他的医院"保持平价作风、医师严禁收病人红包的规定及率先降低透析费用等做法"①，有力地抵制了医疗业有违良知的行为。此举广受病人欢迎，"在外界，也不时能听到对长庚医院的好评，医院的门诊、急诊大厅经常人潮不断"②。王永庆此举的结果不仅树立了医院的口碑，而且还使其经营效益蒸蒸日上。显然，他的守常就体现在维持平价收费，不趁机多收病人的医疗费，并且降低化验费用等方面，他反对异作则体现在反对医生收取红包等方面。由此可见，他不仅在理念上而且在实践上采取了老子守常伐异的主张。

李嘉诚也是这样一个人。他曾经说："我做生意一直抱定一个宗旨，就是不投机取巧和以诚待人。"③ 即他是通过以诚待人做生意的，而非偷奸耍滑、投机取巧。与王永庆一样，他认为，诚实是经营企业的正途常道，而投机取巧则是异作，故此极力反对。他曾使用详细的语言解读了守常伐异思想，即走正途才是企业最好的出路，因为"如果没有一个原则，通过一个不正当的途径去发展，有时候你可以侥幸赚一笔大钱，但是来得容易，去得也容易，同时后患无穷"④。令人扼腕叹息的是，许多人不明白这个道理，最终栽到这方面了。为此他痛惜地说："在香港也有走偏路的商人，他们成功很快，但掉下去也很快。"⑤

对于员工的待遇问题，李嘉诚也是这样处理的。他说："对待员工我给高薪水，但是绝对不允许贪污。"⑥ 他认为，给与员工较高的薪水，是企业对待员工的正当途径，符合商业规则，但是如果

---

① 双根：《王永庆全传》，华中科技大学出版社2010年版，第100页。
② 同上。
③ 李津：《李嘉诚商道真经》，吉林大学出版社2009年版，第199页。
④ 同上书，第317页。
⑤ 同上。
⑥ 同上书，第319—320页。

员工利用工作之便进行贪污，那么他的工作性质就变了，就是违反工作职责的异作行为，这样做不仅有损公司形象，而且对其本人也会带来不利的影响，故此李嘉诚强烈反对这种行为。他之所以提到这一点，就是因为中高层的员工，由于他们经常和外界打交道，其行为会对社会产生一定的影响，这种影响既可以是正面的，也可能是负面的。所以李嘉诚希望通过守常伐异的手段，促使员工树立正面形象。在很大程度上，他们的形象树正了，企业的形象也就跟着树立起来了。

（三）损余补欠

自然之道还有损余补欠的功能，在本书中，它有两层含义：一是管理者根除、减损自身的缺点，增加自身的优点，通过提升自身的能力和素质来做到损余补欠，它主要论述的是管理者自身的修为。二是管理者针对他人的行为，即反对、减损他人的不良思想行为，同时对他人取得的成绩予以支持与赞扬，并积极帮助他人成就其功。

MCI 电信公司原总裁麦高文就是一个善于损余补欠的管理者。他为了简化公司复杂的管理系统，实施了一些具有损余特色的管理措施。首先，他在召开会议的时候多次指出，公司员工不能为了工作而相互制造更多的工作。他强调这些是有根据的，因为许多从商学院毕业的学生，为了炫耀自己的能力及才华，在不顾及企业实际工作需要的前提下，积极专注于绘制组织机构一览表，还为公司的工作程序撰写了各种他们认为很重要的指导手册。对于这些无用的工作，麦高文感到很恼火，于是他下令道："我一旦发现谁这么干，就立即把他解雇。"①

其次，他要求每个员工都可以对公司的每一个岗位，甚至每个管理层次提出质疑，看它们是否有存在的必要和存在的合理性。如果它们没有存在的必要，就立即将之撤除或合并。具体来说，他要

---

① 钟永森：《道德经与无为管理》，凤凰出版传媒集团、凤凰出版社 2010 年版，第110 页。

求大家积极思考这些问题，如"两个管理层次是否可以合并？每个职务的价值是否超过它的费用？这个职务的存在是否是在制造不需要的工作，而不是对生产有益？"① 经过研究与探讨，如果大多数员工回答"是"的话，那么公司就会采取行动，要么合并它，要么精简它。麦高文之所以坚持精简机构，甚至将管理层扁平化，是因为他非常了解公司每增加一个管理层，就意味着它把处在最底层的员工与处于公司最高层的管理者之间的交流，又人为地隔开了一段距离。麦高文采取的这些措施，不仅保证了 MCI 公司上下沟通的畅捷、有效，使员工能够努力做最有价值的工作，还使公司提升了工作效率，降低了企业成本。我们可以认为，提升效率就是补欠，而降低成本就是损余。因此麦高文就是通过这种方式来体现老子损余补欠理念的，并使企业获得了成功。

在晋商曹氏商号的经营中，也制定了具有损余特色的号规，它要求员工必须严格遵守。首先，商号为了维护自身的形象，提升员工的素质，规定商号员工严厉杜绝抽大烟、打牌、嫖妓等不良习气。其次，在商号宴请来客时，由它指定专管应酬的掌柜来负责此事。在宴请客人的过程中，不允许双方在酒桌上谈生意，以免在酒席上因饮酒过量而做出对商号不利的非理性决策。这就是说，双方人员只能在饭后从事看货、议价、交易等商务活动。最后，在商号工作的相关人员，无论是掌柜还是伙计，平日在商号里工作时，均须穿上统一的大褂。在他们外出或与来客洽谈生意时，还必须加穿马褂，以此表示对客人的尊敬。

除此之外，曹氏商号还对员工的工作、生活礼仪等方面进行了规定。比如，它将商号里的伙计分为坐柜和站柜两个等级，初入商号的学徒为站柜，通常他们需要在号里工作七八年之后，才能升为坐柜，此时已经成为老伙计、老员工了。站柜就不用说了，即使坐柜在见到掌柜时，也必须站起来，以示对领导的尊重，这样就避免

---

① 钟永森：《道德经与无为管理》，凤凰出版传媒集团、凤凰出版社 2010 年版，第111 页。

了站柜因不知规矩，与坐柜和掌柜分庭抗礼的无序状况发生。在商号里，伙计平日所穿衣服都不准有口袋，这样在企业丢失东西的时候可以避其嫌疑。同时商号还给每位伙计一小串钱，以供他们平时理发、洗澡等零用，但这些钱都必须按名次挂在柜房内，不得乱取乱拿，以保证他们的廉洁。如果伙计在例假或者有事被批准回家时，必须把携带的包袱收拾好，放在柜台上请大家检查，包内绝无夹带柜内货物等。总之，曹氏商号通过制定与实施相关的规定，从而避免员工从事多余的、没有必要的活动，这样也使伙计接受了商号及行业的诸般规定，此举有效地保证了商号的形象、秩序和廉洁。

全聚德的掌柜李子明，也深谙老子损余补欠之道。首先，他对伙计有着严格的要求，无论是谁，只要违反了店里的规定，都会被处以重罚。有一位伙计，为了解闷，就出去看了一场较为低俗的花鼓戏，结果李子明在知道此事之后，坚决将其开除。另有一些伙计，因为染上了吸毒、抽大烟等恶习，李子明更是毫不留情地请其走人。虽然他对于有不良积习的人施以严厉的惩罚，但对于那些勤劳能干，遵守店规的人，则是非常关怀。比如有些伙计到了结婚年龄需要办喜事，李子明知道之后，不仅会走很远的路程去参加他们的婚礼，还会给他们送上厚厚的红包。

另外，李子明还非常大度，有一位曾在全聚德任总账房的伙计，因与李子明闹矛盾，离开全聚德之后就在其附近开了一家华赢全烤鸭店，意欲和李子明唱对台戏。但李子明知道此事后，不仅没有暗中阻碍，还在华赢全开业的当天，率领全聚德众伙计到场祝贺，并且送上了贺匾。此举不仅极大地维护了对方的面子，还适时地宣传了自己，增强了自己的声誉。在李子明经营鸭店的过程中，他发现全聚德烤鸭整体价格过高，而面对的消费群体只能是中上层人物。他为了让底层百姓也能吃上鸭店的产品，就在每天下午的营业低峰期，推出面向劳苦大众的低价鸭。此举不仅吸引了更多的顾客，还使全聚德的生意更加火爆，这些活动都体现出了他的损余补欠理念。

　　他的这种思想更是体现在了对小费的分配上。为了让全体员工都能享受到鸭店获得的小费，李子明特意在一楼楼梯的扶手旁边放了一个大竹筒。他规定，无论哪个伙计得到顾客打赏的小费，不管它是一块大洋还是三吊五吊铜钱，都必须在下楼的时候将其放在竹筒里。到了晚上结账的时候，他要求下属统计出这些小费的数目，然后按照各位伙计的职位大小，合理予以分配。一般而言，堂头总是拿第一份，其次是厨师长，而小伙计分得最少。总之，李子明通过损余补欠的方式，不仅赢得了全聚德员工的尊敬，还将店铺经营得十分红火。

　　爱国企业家范旭东同样通过损余补欠理念，把企业搞得非常红火。他制定了三条原则，要求员工不准利用公司的钱财来谋私人利益，不准用地位来图私人利益，不准用工作的时间来办私事，这就是其损余补欠思想的实质体现。在具体的实施和执行过程中，他也是毫不手软。当他得知其内侄、永利碱厂会计许杏村利用工作之便挪用公款，并在天津包养妓女等事时，不讲任何情面，断然将其解雇。他不仅要求别人遵守公司的三个原则，就是他自己也是如此做的。他说："我个人由于职位关系，不免经常站在我们团体视线的集中点，因而一举一动偶有疏忽，就已被众目察看出来，为了事业的发展，首先我要做个样子。"①

　　除此之外，他的个人作风也体现出了这种特点。首先，他不嗜烟酒，不爱赌博，更不纳妾续婢。他只有两个女儿而没有儿子，这种情况对于很多人来说，都是纳妾的好理由，并且那个时代人们纳妾成风，但他坚决不为，且以其作为而自诩。当有人请他托某个以严格著称的人办事时，他立刻严词拒绝，并果断地说道："劝某某变节，犹劝范某娶小老婆也。"② 另外，对于某些所谓的贵人，他从不主动结交。对于那些所谓达官贵人的官僚腐败，他是深恶痛绝的。他曾几次对孙学悟说："近因胜利，看见我们许多高官厚禄的

　　① 傅国涌：《大商人——影响中国的近代企业家们》，中信出版社2008年版，第150—151页。
　　② 同上书，第153页。

老友，伸长双臂向空中乱抓，实在不过意，但若辈乐此不疲，民族休矣！"① 此举导致他绝不请客送礼，并为之自嘲道："我是无事不登三宝殿。"与之相反，他积极参与中国的抗日活动。1941 年初，正在美国的他写信给阎幼甫，记述了他的感受，并在信里夹了一朵梅花，说在美国"华侨的学童，冒着大雪，在纽约街头卖花，捐助伤兵。我深深地受感动。这花，我送给你作纪念。抗战以来，许多要人由香港而菲律宾，再而飞渡太平洋。在纽约城做寓公的，不下三百人。他们对国事是掩耳不闻的。但是他们一丝一毫的供养，都是出自小百姓血汗。"② 正是看到了大量官场丑态，要人的无耻行径，他多次拒绝蒋介石让他就任政府高官的邀请。当时的南开大学校长张伯苓看到这种情况，就对永利职员黄汉瑞说："现在国家坏了，就是好人不管事，你去动员范先生让他出来管管事。"③ 范旭东听到后淡然一笑，说："张大哥懂得什么，我们出去也不过给人家捧捧臭脚。"④ 由此可知，他的损余补欠行为，主要体现为对个人生活的严谨和守持，对达官要人的不屑与厌恶，对日本侵华的反抗与抵制和对国家强盛的盼望与支持。

同样，民生公司的卢作孚，也是一个损余补欠的企业家。为了制止不良现象的发生，他在公司制定了严格的纪律。当他在经营客运工作的时候，明确要求员工改进对旅客的服务态度，同时杜绝向旅客索取小费的恶习。对于那些违反公司纪律的员工，他坚决进行处罚。如他的弟弟卢魁杰在民生公司工作时，仗恃着与卢作孚的关系，在公司不守纪律，并且经常出现办事马虎的情况，更为严重的是，他还染上了抽大烟的恶习。由此他经常受到卢作孚等人的批评，但他却对此不当回事，依旧是我行我素，屡教不改。看到这种

---

① 傅国涌：《大商人——影响中国的近代企业家们》，中信出版社 2008 年版，第158 页。

② 同上书，第157—158 页。

③ 同上书，第158 页。

④ 同上。

情况，卢作孚毅然大笔一挥，将其"立即除名，永不录用"①。

当时身居军政部长的何应钦，认为自己身份显赫，就向卢作孚推荐了一名大学生。其实卢作孚是很爱才的，但是当他得知此人抽大烟时，就坚决不予录用，因为他最讨厌的就是这种恶习。虽然很多人因为犯了错误而受到了卢作孚的严惩，但他却认为，他不是为了惩罚而进行惩罚的，而是为了促人醒悟，不再犯那些错误，况且员工犯的许多错误不是不可饶恕的，所以应对那些犯错的人抱有希望，给他们改过的机会，而不是一看到员工犯错误，就马上一棍子打死，认为此人终身就没救了。由于这种宽容想法，他对犯错的人多采取批评教育的方式，帮助其认识错误，改正错误，而不是轻易地将其免职或解雇。

华人首富李嘉诚在损余补欠方面也是做得非常到位的。首先，他对有些人不择手段的获利行为深恶痛绝。对之他批评道："绝不同意为了成功不择手段，即使侥幸略有所得，亦必不能长久，如俗话说'刻薄成家，理无久享'。"② 李嘉诚不仅反对别人这样做，也是这样严格要求自己的。他曾说："不问什么钱不应该去赚，用什么方式赚钱，是绝对不可以的。"③ 这就是说，对于一些生意，即使非常赚钱，但他认为此钱不该去赚，就坚决不采取行动。所以他时常以这种理念来约束、规范自己："有些生意，已经知道是对人有害，就算社会容许做，我都不做。"④ 但是，李嘉诚也不是傻子，凡是他认为可以赚的钱，也会想方设法去赚。"不义而富且贵，于我如浮云。是我的钱，一块钱掉在地上我都会去捡。不是我的，一千万块钱送到我家门口我都不会要。我赚的钱每一毛钱都可以公开，就是说，不是不明不白赚来的钱。"⑤

---

① 傅国涌：《大商人——影响中国的近代企业家们》，中信出版社 2008 年版，第271 页。

② 李津：《李嘉诚商道真经》，吉林大学出版社 2009 年版，第 24 页。

③ 同上书，第 234 页。

④ 同上书，第 355 页。

⑤ 同上书，第 349 页。

李嘉诚用具体的经营来体现他的损余补欠思想。如他曾在巴哈马投资了酒店、码头、机场及三个高尔夫球场等多个项目，巴哈马政府为了感谢他对该国经济做出的贡献，特意给了他一张经营赌场的牌照。但这件在许多人都认为是美差的生意，却被他断然拒绝了。他的属下不忍如此好的机会白白地流失，就劝他将巴哈马的赌场牌照转让给其他人做，这样就会给公司带来 1.5 亿港元现金入账。而李嘉诚却对他的下属说，和黄集团绝对不做赌场生意，因为他的集团"有所为有所不为"。纵观李嘉诚所经营的事业，都是正当生意。正是这些生意造就了他的"超人"地位。由此看来，他的损余就是减损不法生意，而他的补欠就是提升正当生意的利润，更重要的是提升他的品德。

（四）公平待物

老子认为，自然之道、德及圣人都是公平待物的，因此道商也应该遵循这种特性。其实，许多企业家都能够做到公平地待人待物。

世界连锁超市巨人沃尔玛，就能够做到平等地对待员工。首先，公司非常重视和尊重员工的意见，当公司在提出一些理念或在实施一些制度之前，都要充分考虑、咨询和采纳员工的各种意见。同时它对员工的种种需求从来不会置之不理，更不会认为员工提出的要求是无理取闹。相反，对于员工提出的意见，公司各级管理层都会进行妥善处理，有时甚至还会对员工的一些要求做出妥协。之所以这样做，就是因为企业形成了这样一个理念，只有让员工真正地参与进来，他们才能够从内心认可企业的政策，这样就能够提升这些决策的执行效果。

沃尔玛重视员工的另一个原因就是，它将员工看作公司的合作伙伴，而非营利工具。故此它提倡的是"员工是沃尔玛的合伙人，沃尔玛是所有员工的沃尔玛"[1]。在这种理念指导下，公司员工的

---

① 钟永森：《道德经与无为管理》，凤凰出版传媒集团、凤凰出版社 2010 年版，第208 页。

名牌上都只有他们自己的名字，从不在它上面标明具体的职务，即使贵为公司总裁，也是如此。这样大家在见面后，就无须称呼职务，直呼其名即可。除此之外，沃尔玛还向员工实施其"利润分红计划""购买股票计划""员工折扣规定""奖学金计划"等，将经济红利惠及员工。公司还让员工享受带薪休假，节假日补助，医疗、人身及住房保险等福利。公司这样做的目的，就是要落实公司推出的"员工和公司像盟友一样结成合作伙伴关系"[1]。它不仅使包括员工在内的利益相关者都获得了极大的利益，还使员工真正感受到自己是公司的主人。因此这种政策让员工亲身感受到了公司对自己的重视，此举给沃尔玛带来的直接效果就是，尽管公司的薪酬在同行业中不是最高的，但是员工以在沃尔玛工作为荣。

与沃尔玛一样，惠普公司也是非常尊重员工的，因为"惠普之道"的核心就是对员工的重视。该公司坚信，如果员工认为自己有一个富有创造力的工作，并有一个氛围良好的工作环境，那么无论他们是男是女，都会把工作做得更好。为此公司采取一些措施，为企业营造了一个平等而宽松的环境。比如在公司内，各级管理层都不允许设立独立办公室，而是让大家在公用的会议室集体办公。这样的办公设施不仅可以方便大家的工作交流，而且使员工感受到了在公司的存在和尊严。同样，为了体现员工之间的平等，公司提倡在他们见面时，相互直呼其名而不称职务，为的就是给大家建立一个平等的工作氛围。或许公司做出最让员工感到被尊重的一项规定就是，"每位员工一经聘用，绝不轻易辞退"[2]。

纵观惠普公司的经营理念和具体措施，它们都体现出了对员工"重视、尊重与信任"的企业精神。其实，该精神早在其目标里就体现出来了："惠普不应采用严密的军事组织方式，而应赋予全体员工以充分的自由，使每个人按其本人认为最有利于完成本职工作

---

① 钟永森：《道德经与无为管理》，凤凰出版传媒集团、凤凰出版社2010年版，第208页。

② 同上书，第195页。

的方式，为公司的目标作出各自的贡献。"① 即它认为，给与员工充分的自由和一定的工作空间，让他们按照自己认为的最能发挥才能的方式工作，这样就会产生更好的工作效果。结果，这种让员工感到公平和尊重的管理制度，不仅使公司"获得了卓越的业绩，而且赢得了业界的广泛认可，被称为当今世界上最受尊敬的企业之一"②。

日本著名企业家松下幸之助，同样是一个公平待人的好领导。他在选拔人才的时候，很少去著名大学等外部招聘，而是多从企业内部发现人才。他选拔人才的标准就是量才为用，即根据员工的实际工作能力和产生的效绩去任用他们。因此，他在用人的时候，根本不考虑亲疏远近，更不考虑其在本公司工作的时间长短、资历深浅。如此公平地选拔人才和对待员工，不仅使他"带领平凡人取得不平凡的成果"③，而且使企业获得了极大发展。当松下公司成为世界著名企业的时候，甚至在其成为世界第六大公司的顶峰时期，很多人可能都没有想到，这与松下幸之助择人观有着密切的关联性。

正是因为他在选拔人才时，更重视他们的实际工作能力，所以他把许多年轻人直接提拔到重要的工作岗位上。其中最典型的例子就是 1986 年他曾将在当时还名不见经传的年轻人——山下俊彦，提拔到松下公司总经理的位置上，而让当时呼声甚高，并且是自己女婿的松下正治由总经理改任董事长。他的这种人事安排令人感到十分意外，因为山下俊彦不仅与松下幸之助毫无血缘关系，而且当时他还很年轻。许多人对松下幸之助的人事安排感到担心，但他依然坚持自己的主张，而山下俊彦也没有辜负他的期望。山下俊彦出任总经理之后，对当时的世界形势变化和家用电器的发展趋势做出独到的判断，并大胆地改革公司原有的生产体制，结果使松下公司

① 钟永森：《道德经与无为管理》，凤凰出版传媒集团、凤凰出版社 2010 年版，第195 页。
② 同上书，第 194—195 页。
③ 同上书，第 217 页。

由生产单一家用电器产品的企业，扩展为生产多门类电子科技产品的国际巨型制造业公司。他不仅使公司销售额迅速增加，而且使松下电器公司发展到了新的阶段，即山下时代。

企业家范旭东在经营永久黄的时候，也是采用谦和平等的方式来对待员工的。在企业里，无论是对待高级员工还是对待低级职员，无论是对待有技术的员工还是对待没有技术的工人，他都能够做到一视同仁。虽然在企业里，他贵为"永久黄"团队的领袖，但他丝毫没有对他的下属摆过架子，而是和后者平等地交往。在公司里，他无论见到比自己年长的同事，还是比自己年幼的员工，总是用称兄道弟的方式来对待他们。他的这种待人方式不仅能够使其工作得以顺利开展，而且使这些员工感觉到很公平。故此他们不仅深深地爱戴范旭东，而且通过努力工作以回报他的知遇之恩。

他的下属，著名科学家侯德榜就曾十分崇拜地赞美道，范先生常常通过讨论的方式，而非疾言厉色地与同仁谈话，他在谈话的时候显得很随意，什么话题都谈。当他用温和的语气与同仁交换意见时，常常会达到训诲的目的。范旭东的另一位同事李烛尘对范旭东也是由衷的赞叹。他说："本团体之成功，创业人毅力、器识固为主要因素，而本团队有其优良之作风，亦为成功另一条件。作风之最显著者，厥为本团体无阶级观念。范先生平日与同仁相处，向无经理派头，其他同仁之间亦如此，故同仁间精神融合，相处极和易，为外界不可多得。"[①] 范旭东在日常工作中，没有阶级、阶层观念，他待人随和，没有强硬的领导作风，成功地塑造了企业和谐相助的工作氛围。此举不仅使企业得到了飞速的发展，而且在新中国成立后为国家科技事业的发展做出了巨大的贡献，并为中科院培养了一大批科技人才。

民生公司的负责人卢作孚，也是采用公平的方式对待员工的。首先，在用人方面，他坚决反对任人唯亲，时刻警惕这种用人制度

① 傅国涌：《大商人——影响中国的近代企业家们》，中信出版社2008年版，第154页。

给企业带来的弊端。于是在选拔人才时，他多是采取公开招聘的方式，并且在招聘的过程中，坚持择优录用的原则，决不搞特殊化和暗箱操作。即使是一个轮船上的茶房，也要经过考试才能择优录取，且在进入公司之后，还要通过专门的培训，才可以正式上岗。其次，在公司里，他绝不因自己是企业的负责人而搞特殊化。在用餐的时候，他和职工一样排队等候。就用餐问题，他还专门制定了相关政策，其中之一就是包括他在内的所有人员，都必须在食堂里面的同一个桌子旁边，一起站着吃饭。至于一桌饭菜的数量，公司规定，在抗战发生前一桌是六菜一汤。在抗战发生后，由于情况发生了变化，民生公司因时制宜，将之改为四菜一汤，而且这些饭菜荤素搭配合理，营养丰富，从而有益于人们的健康。至于员工就餐的费用，则由公司全部承担。

除此之外，就是自己的子女，卢作孚也像对待其他员工一样，按照公司的标准对待，绝不搞特殊化。1939 年 2 月，他的两个儿子出门去内江时，不幸遭遇车祸，随后给他发来电报，希望卢作孚能够派车到内江接他们。然而他却回电说，如果你们伤得不是特别严重，就请坐长途公交车回重庆；如果伤得比较严重，那就先住院治疗，等伤好了再回重庆，电报从头至尾都没提派车的事。到了1943 年，他因住在距离公司较远的城外，公司为其工作方便特意配置了专车，但是他从未"让家人沾光单独坐过，除非正好搭他的便车"。① 由此可知，卢作孚具有不为自己搞特殊、平等对待员工的作风，这是值得人们学习、效法的地方。

老子指出，公平待物不仅包括善待像人这样的灵物，而且要善待那些在常人看来是所谓的废弃之物。张謇就是一个善于用弃料进行再加工，使其变废为宝的实业家。为此他兴建了很多相关的企业，例如许多厂家都将轧花下来的棉籽丢弃，他看着心痛，就兴办了广生油厂，其主要业务就是将这些废弃的棉籽当作原料，生产棉

---

① 傅国涌：《大商人——影响中国的近代企业家们》，中信出版社 2008 年版，第282 页。

籽油。而生产棉籽油又产生了它的下脚料油脂，于是张謇就将这些下脚料当作原料，生产肥皂。同时，大生纱厂在加工棉花时产生出来的下脚料飞花，则被张謇用来生产纸张，这种纸张主要被用来包装大生纱厂的产品，另外，还用它加工翰墨林的印刷用纸。

张謇看到大生有富裕的劳力，以及该企业正好在其每天浆纱织布的时候需要面粉，于是他就兴建了大兴面粉厂，同时安置了这些人员。大生纱厂生产的产品需要向外地运输，故他又创建了轮船公司。当时，张謇办的企业众多，吸引了大量外来人口，但是他们需要住房，为了解决这些人口的实际需要，他又开办了懋生房地产公司。另外，他办通海垦牧公司的主要原因，就是为大生纱厂提供它的原材料——棉花。他办铁厂的动机则是为大生各厂仿造一些机器设备，同时也为垦牧公司造一些农具。总之，当他看到当地有很多的废余物料、富余的人口、土地以及一些需求时，就充分利用这些资源兴办了多家企业，此举不仅拓展了他的经营业务范围，还有力地促进了南通城区的发展。

除了张謇之外，工永庆也是一位善于利用剩废物资，将之重新变为有用产品的企业家。当时台湾储存着丰富的木材资源，因此很多人从事木材及其相关业务，而王永庆一到木材林地就敏锐地发现，经营木材业者只用砍伐的木材主体作为材料，而将大量的枝干树叶等丢弃在山上。同时，他又发现台湾每年需要花费大量外汇去进口纸浆，于是他灵机一动，就将这些弃之不用的废料用来加工纸浆，从而替代进口的纸张。后来他又进一步将之制造成人造纤维，用以替代台湾市场供不应求的天然棉。结果，他通过将这些废弃的物品转化成具有巨大经济价值的化纤材料，不仅使这些废料"化腐朽为神奇"，而且还为他创造了大量的利润。

王永庆不仅加工这些废弃木材，还积极地将其他的废料加工成对人们有用的东西。比如，当他看到人们将厨余，即剩菜、饭、废菜叶等物品白白地扔掉时，就觉得非常可惜，于是，他就兴办了一个工厂，将这些东西回收过来进行加工。在经过干燥的程序后，它就可以被制成在农业上广泛使用的有机肥料。他的这个行动具有重大的现实意义，既减少了环境污染，又给企业带来了可观的经济效益，并且还为农业生产者提供了无污染的有机肥料，同时减轻了环卫工人的劳动量，真正做到了一举多赢。

因此，有些看似无用的废物，但企业家却能从中发现许多商机，经过他们天才般的想象和智慧性的处理，使之变成人们需要的产品。他们采取的这些有益活动，真正体现了老子无弃物的道德理念。

四　借势增势

老子较为明确地提出了自己的势观，企业家如果能够以此构建形成其势观理念，积极进行借势与增势，就可以促进企业的实力增长。由于企业是一个开放的系统，它必然会受到外部势力的影响，同时又会对外部环境施加影响。在这个过程中，企业就可以利用外部力量来增加其实力，即通过借势来增势。在企业的日常经营中，许多企业家都是通过这种方式来增强企业实力的。

美国著名企业家哈默是一个善于借势的企业家。他在1931年从苏联回到美国之后，就开始关注当时美国总统的选举活动。通过细致分析，哈默认定罗斯福先生一定会在选举中获胜。于是他就将主要精力放在对罗斯福嗜好的了解上，结果发现，后者非常喜欢喝酒。他以此猜测与判定，一旦罗斯福当选总统，他就会废除美国1920年颁布的禁酒令。到那个时候，市场对威士忌和啤酒的需求量将会急剧增加。接着他进一步判定，如果这些酒类有可观的需求量，那么酒类生产企业就会需要众多盛装它们的木制酒桶。这就是说，如果罗斯福竞选成功之后，那么商机就出现了。因为他知道，用来加工酒桶的木材并非普通的木材，而是经过特殊处理的白橡木。由于在苏联生活过多年，他知道苏联盛产这种能够制造酒桶的木料，为此他决定立即返回苏联，去订购白橡木板。

在购得大量的木板后，他又在纽约码头附近兴办了一家临时的酒桶加工厂，随后迅速开展酒桶的加工与储备工作。与此同时，他又在新泽西州建造了一个现代化的酒桶加工厂，并取名为哈默酒桶厂。正当哈默的酒桶能够批量生产的时候，罗斯福果然解除了禁酒令。不出所料，人们对威士忌的需求急剧上升，而各酒厂的生产量也随着市场需求的高速增长而飞速上升，这时它们就需要大量的木制酒桶。此时，哈默早已为酒厂准备了大量酒桶。当时，生产酒类的厂家众多，而大规模生产酒桶的工厂却只有哈默一家，于是他生产酒桶所获得的利润不仅非常可观，而且远远超过了酒厂。由此看出，哈默通过借总统取消禁酒令之势，借众多酒厂的需求之势，赢得了巨额的收益，并成就了自己的事业。

微软的经营之所以能够迅速取得成功，很大程度上是因为比尔·盖茨能够借势。首先，他借助于大型企业之势，拓展自己的市场份额和制定相关的行业标准。盖茨深深懂得，若想让一家新创企业获得成功，就需要借助大公司这个平台，只有这样才能保证该企业迅速在市场上立足。于是他选择像 IBM 这样的大公司，作为自己的合作伙伴。与 IBM 的合作，不仅为他开发软件产品的畅销创造了良机，也为微软的发展壮大赢得了机会。但盖茨并不感到满足，他考虑，如果微软能够成功抢占市场份额并以此建立市场标准，那么将会使其企业在市场上赢得决定性的竞争优势。若想做到这一点，就必须搭乘电脑巨人的便车，去抢占个人电脑操作系统市场的制高点。于是盖茨向 IBM 开出了看起来极有诱惑力的合作条件，使后者每台电脑上的版权费不到 50 美元。这使得 IBM 公司大喜过望，于是双方开展了紧密的合作。结果微软公司凭借电脑巨人的威望与其遍布世界的营销网络，使其开发的 DOS 系统不费吹灰之力，便成为软件业的行业标准。

其次，盖茨还通过借用别人的技术与产品，来成就自己的产品。QDOS 操作系统是西雅图电脑公司在 1980 年 10 月推出的一款软件产品，但是该系统的功能并不完善，然而，它适合 IBM 公司产品的需要。于是微软将其购入，并使其功能完善，然后改贴标签卖给 IBM 公司。或许，当时连盖茨自己也没有意识到，此举会给他带来极大的成功。在尝到了购买其他企业产品的甜头后，微软公司凭借其强大的市场优势和金钱实力，"屡屡实施这样的方法，将许多其他公司创造的新技术新功能纳入自己的产品，尤其是 Windows 之中，使其成为无所不能的百宝箱"①。其中最具代表性的就是"词星"案例。它是梅克罗公司在 1977 年推出的产品，曾经在市场上风行一时。然而它的缺点是操作繁琐，在删除、储存时需要同时按动好几个键，让客户感到十分麻烦。盖茨在洞察到"词星"的弱点后，就以之为基础，开发出了新一代文字处理软件，将其命名为"微软词"。它的特点是"可以显示粗体字、画底线、附注、意大利字体，删除的文字可以暂放在'废纸篓'中，万一要复原还可以捡回来。它还能够在激光打印机上打印出各种精美字体的文字"②。该产品最大的优势是，它能够兼容"词星"，用户在"微软词"上可以很方便地读取"词星"的文件。公司这样的功能设计，用意在于很轻松地将"词星"的用户转变为"微软词"的用户。

即使久负盛名的 Windows 产品，也是源于苹果公司的发明。该公司开发了图形化操作界面，以其无与伦比的友好形象惊动世人，在当时被称为"比尔·盖茨终结者"。但盖茨抓住了苹果委托他们开发新软件的机会，"对装有图形界面操作系统的麦金托什样机反复研究，最终亦步亦趋，推出换面板 Windows 系统"③，此举使微软公司的产品再一次赢得了市场。在别人基础上开发出的产品，其优点是自己并不需要付出太大的努力，就可以将他人的优点巧妙借来，以此促进自己的成功。因此"学会暗用、巧用他人的智慧和实力，也是立足并发展的保证"④。比尔·盖茨对他借助别人的力量使自己成功的做法颇为自诩，他曾说："我建议你们从别人身上寻找你钦佩的举止行为，将之变成自己的习惯，并从别人身上发现真正应该受到指责的东西，决心不去做这些事情。"⑤ 在他看来，善于学习别人的优点，并通过洞察出他们的不足而加以改进，就可以

---

① 李津：《比尔·盖茨商道真经》，吉林大学出版社 2009 年版，第 51 页。
② 同上书，第 85 页。
③ 同上书，第 104 页。
④ 同上书，第 91 页。
⑤ 同上书，第 308 页。

促进自己的成功。

　　民国时期的企业家王炽开，也通过借势使其企业发展壮大。1923 年，他独自在上海投资 5000 块银圆，创办了王开照相馆。但起初，由于他的铺面小，人员少，知名度较差，其经营状况不甚理想。1927 年，上海获得了远东运动会的举办权，这让他感觉到是一个商机，于是他进行了细致的策划，希冀通过这次运动会来增加其知名度，进而使企业走出困境。首先，他花了 100 块大洋，通过投标方式，获得了远东运动会的专拍权。然后，他挑选了技术精湛的摄影师，抓拍了运动场上许多精彩的镜头。接着他利用居民想及时了解赛场战况的心理，将其拍摄的照片以较低的价格出售给各个报社，同时也提出了自己的条件，就是要求报社在刊登照片时，务必注明"王开摄"这三个字。"随着报纸的传播，王开照相馆声名远扬，全国的顾客纷纷慕名而来，到'王开'拍照一时间成了一件时髦的事情。"[1]

　　随后在南京举办的全国运动会上，王炽开又故技重施，拍摄了许多珍贵的照片。同时，为了赶上上海各大报纸的出报时间，让用户在第一时间了解到运动会的相关信息，他当机立断，包了飞机把照片快速运回上海。结果，他利用大型运动会来宣传自己的名声，又一次获得了成功。除了借助运动会宣传之外，他还积极借用名人来进行宣传。1925 年，革命先驱孙中山先生去世了，为了使照相馆名扬全国，他想尽办法争取到了拍摄孙中山葬礼的机会。在孙中山葬礼期间，他让摄影师抓住每一个值得纪念的场景，拍出了许多珍贵的照片，这些东西至今仍有重要的纪念价值。4 年后，在孙中山的奉安大典上，王炽开再一次抓住了机会——他组织摄影师连夜赶赴北京，跟随奉安大典的队伍，一直走到中山陵。他们"满怀敬意地捕捉着每一个人的场景，让这珍贵的历史时刻成为人们永远的记忆"[2]。正是凭借这些机会，他的照相馆步入辉煌时期。

---

　　[1]　上海三盛宏业文化传播发展有限公司等：《百年商海》，世纪出版集团 2006 年版，第 293 页。
　　[2]　同上。

上海另一位企业家金鸿翔也是通过借势将其企业运作成名的。他和宋氏家族是川沙同乡，其时宋家女眷都很喜欢他店里的衣服样式，多年来从他的店里定制了不少衣物。尤其是宋庆龄，十分喜欢鸿翔做的旗袍。在她的感染下，其他两姐妹也都在他那里定制旗袍。而她们在出入各种场合时，使很多人不仅知道了金鸿翔制作的旗袍，而且知道了他的店铺。更为锦上添花的是，1934 年，宋庆龄为该店亲笔题字："推陈出新，妙手天成，国货精粹，经济干成。"结果金鸿翔马上抓住了炒作机会，将该字幅经过精心装裱之后，挂在了店铺最醒目的地方，不仅以此显示双方的亲近关系，还借机宣传了自己的服装。因此，借助宋氏三姐妹，尤其是宋庆龄，他的店铺名满天下，同时"吸引了上海乃至中国最具时尚权威的女性"①。

除此之外，他还借助电影明星为自己造势。当好莱坞著名华裔明星黄柳霜来沪之际，马上就被邀请到了鸿翔服装店，金鸿翔特意为她做了一件旗袍，并在外面配上皮草，其形象所产生的效果震惊世人。以致在上海阴冷的冬天，许多太太小姐在鸿翔旗袍的外面，都加了一件皮草相衬。结果鸿翔通过搭配促销、借助明星促销等炒作方式又一次取得了成功。另外，电影明星胡蝶也对鸿翔的衣服情有独钟，当她高票当选电影皇后时，鸿翔马上利用她身穿最高档的鸿翔时装，来高调地宣扬自己的店铺。金鸿翔还将胡蝶送给他并标着"胡蝶一家"落款的礼物放在店中十分亮堂的位置上，以让其他客人都能看得清清楚楚。金鸿翔借助胡蝶来进行宣传的行为还不止于此，在鸿翔东店开张的当天，为了宣扬他与胡蝶的关系，也为了招揽顾客，他利用胡蝶的模特引领效应，赠送每位客人一张她的签名照片。并且为了转型专门做高级定制服装，他还特意到电影院调查观众对胡蝶各种时装的反应。

在步入高端路线后，他为了维护自身的高端形象，还聘请了红

---

① 上海三盛宏业文化传播发展有限公司等：《百年商海》，世纪出版集团 2006 年版，第 324 页。

头阿三看门。当一般的顾客看到此种情形后，就不会轻易进去。这时，金鸿翔依旧借助名人效应来增加其知名度和塑造自身的形象。当英国女王结婚时，他为女王精心打造了一件中西合璧的晚礼服作为贺礼，想方设法将之送到了女王手中。女王收到后非常高兴，并写了一封她亲笔签名的感谢信。精明的金鸿翔自然不肯浪费这次宣扬自己的机会——将之装裱好，挂在店堂最显眼之处。1946年，上海举办选美活动，金鸿翔同样也抓住了这个良机。他为这些佳丽提供了几乎所有的服装，竟使这次选美活动变成了鸿翔服装店的服装表演。结果，他的服装展示将上海这些美女小姐的时髦新潮形象塑造得无比成功——不仅她们大受追捧，而且使这件事成为人们饭后津津乐道的谈资。总之，金鸿翔充分借助名人效应，使一个名不见经传的街头小店，一举发展成为全上海最大的高端时装生产公司。①

香港超人李嘉诚则是善于借势经营的商场老手。早在青少年时期，他就善用其他资源来达到自己的目的。当时只有十几岁的他不仅要通过自食其力使己生存，还要承担起养活整个家庭的重任。在那个时候，他特别羡慕别人能够有机会享受法定的正规教育，眼巴巴地看着同龄人去上学。虽然他十分喜欢读书，但由于受家庭条件限制而买不起书，他要想办法解决这个问题。经过一番调查之后，他发现许多中学生将用过的教材去换钱，他于是灵机一动，就到折旧书店廉价买些旧教材。学完一本之后，他不是将之扔掉，而是将它重新拿到折旧书店去变卖，然后再将卖旧书的钱买本"新"的旧书。"就这样，李嘉诚既学到了知识，又省了钱，真可谓一举两得。"② 显然借助于旧书市场，他学到了不少知识。

他做塑胶花虽然渐渐有了起色，但却遭到了嫉恨，有人对之做起了恶意宣传。他们拿着照相机拍塑料厂破旧的厂房，并将它们刊登在报纸上。如果李嘉诚对此置之不理，就会给他的事业带来灾难

---

① 本案例选自上海三盛宏业文化传播发展有限公司等《百年商海》，世纪出版集团2006年版，第324—331页。

② 李津：《李嘉诚商道真经》，吉林大学出版社2009年版，第108页。

性的打击。于是他带上自己的产品，拿着这份报纸，亲自走访全香港上百家代理商。见到这些人之后，李嘉诚坦诚地对他们说："你们看，'长江塑料厂'在创业阶段的厂房是够破的，我这个厂长也是够憔悴且衣冠不整。但请看看我们的塑胶花，还有几款我们自己设计连欧美市场都没有的品种，我相信质量可以证明一切，欢迎你们到我们厂里来参观订购。"① 在他的诚心感召下，别人的恶意攻击成了为"长江塑胶厂"作的一次免费广告宣传。这起事件不仅没有击垮李嘉诚，而且使他的生意越做越好。有些经销商甚至还主动提出愿意先付50%的订金，来订购他的产品。

同样，李嘉诚还善于借助市场波动来增强自己的实力。当1972年香港股市处于牛市时，股民陷入非理性的抢购风潮，而长江实业则利用股市充分吸纳了社会上的闲散资金，就在许多人用低价卖出的物业所得的资金去购买股票时，李嘉诚却一边发行股票，一边将发行股票所吸纳的资金，大量收购那些低价出售的物业。随后世界经济处于严重衰退期，造成股市大幅度波动，于是他又趁地产处于低潮之际，成功地收购了大批楼宇及地盘。此举为他以后盈利提供了动力，并成就了他在香港的超人地位。由此看来，李嘉诚对借势发展的商业操作，已经达到了炉火纯青的地步。

在谈到他对借势发展的心得体会时，他说道："尽量用别人的钱赚钱。"② 他认为，一个有能力的商人，不仅要看他拥有多少资本，还要看他能否通过调动别人的钱来成就自己的事业。一般来说，一个人具有的号召力和他调动的资本量有紧密的关联性。而他就借助自己的号召力及其善于借助的其他资源，最终促使他成为华人首富。

牛根生的借势发展主要体现在他倡导的虚拟联合之路方面。首先，他与经营不善的生产企业订立协议，让后者生产他所制定的标准产品。如当他"了解到拥有中国最大奶源基地的黑龙江省有一家

---

① 李津：《李嘉诚商道真经》，吉林大学出版社2009年版，第92页。
② 同上书，第182页。

美国独资企业，因经营管理不善，效益很差时，就带了7个精兵强将去托管这个企业"①。他"充分利用自己在冰淇淋和奶制品行业的工作经验，以及对市场、行业的了解，为这家企业引进最好的设备、最好的奶源，还带去了全新的管理模式。从设备、生产、销售、供应等，都按照他设计的模式重新运作。结果，这个企业成为蒙牛牛奶的诞生地。牛根生不仅没有给这家企业投入一分钱，他们8个人还每年共挣这个企业47万元的年薪"②。面对这种合作模式的成功，牛根生并不满足，他"通过这种虚拟联合的模式，投入品牌、技术、配方，采用托管、承包、租赁、合作生产等形式，运作了国内8个乳品企业，盘活了近7.8亿元的资产"③。此举为蒙牛品牌的推广和企业规模的扩大奠定了坚实的基础。

其次，他积极与科研部门合作，借助这些部门开发自己的产品。如他根据市场需要，与中国营养学会联合开发了一系列新产品，然后通过国内乳品厂生产，最后他带领自己的团队将之推向市场，该运作模式的特点是"既投资少，又见效快，还创出自己的品牌"④，一举多赢，何乐而不为。并且他与行业伙伴们合作时建立的理念就是"只与对方合作，对其设备及人员进行使用和支配，但不做资产的转移。企业所有的设备等仍归企业所有，牛根生只是利用这些资源，用自己的管理、自己的品牌，使双方互利互惠"⑤。这种运作方式不仅体现出老子的无执无为思想，还使蒙牛利用合作伙伴之势，有效增强了企业的实力和提高了企业的市场知名度。

五　虚而容物

老子认为，道善于容物，物在消解之后，将回归道无世界，而

① 钟永森：《道德经与无为管理》，凤凰出版传媒集团、凤凰出版社2010年版，第197页。
② 同上。
③ 同上书，第197—198页。
④ 同上书，第28页。
⑤ 同上书，第27页。

道不弃收之。同样对于道商来说，也要积极宽恕、容纳各种事物，不仅包括自己喜欢的事物，也包括自己厌恶的事物。

美国柯达公司为了利用好员工的智能，促进企业的发展，就采取设置建议箱的方式，以虚心接纳的态度，引导员工积极向公司提出建议。公司规定，不论任何人，只要是公司的员工，都可以将对公司发展有益的改进意见提交给公司。为了表示公司积极采纳的决心，相关领导作出规定，建议如果能够节省企业开支，就将前两年节省金额的15%作为奖金，奖励给提出建议者；如果其建议可以引发企业开发出一种新产品，建议者可以获得该产品第一年销售额3%的奖励。即使员工提出的建议未被采纳，不仅会收到公司的书面解释函，还可以作为考核本人的业绩指标之一，成为其提升的依据。

自1898年该项制度实施以来，"公司采纳员工所提的70多万个建议，付出奖金达2000万美元"[1]。这些建议不仅减轻了企业大量费时费力的工作，更新了公司的许多设备，而且还堵塞了无数的工作漏洞。由于公司领导能够虚而容物，积极听取员工的善言，公司取得了丰硕的成果和非凡的业绩。这些成果和业绩不仅有力地促进了企业自身的发展，还深刻地影响了其他企业。这些企业积极仿效柯达，纷纷设立建议箱以吸取员工的意见，期望据此改进自身管理方面的不足和提升经营水平。

微软公司也是一个能够做到虚而容物的企业。首先，其属下许多公司领导善于听取别人的意见。据微软公司的员工介绍，企业负责人史蒂夫·鲍尔默和比尔·盖茨，都是非常虚心倾听别人意见的人。对于有利于企业经营发展的所有建议，他们都以积极的态度听取与采纳，不会因为对方比自己的水平低、实力比自己弱小而将其拒之门外。当时，许多公司领导，一看到自己的员工有成就，就马上心生嫉妒，害怕他们的能力超越自己，进而给自己的发展前途带

---

① 钟永森：《道德经与无为管理》，凤凰出版传媒集团、凤凰出版社2010年版，第202页。

来威胁。而微软则与之相反，管理者不仅能够容忍员工的能力与才华，而且积极培养他们，帮助他们提升知识和工作技能。公司认为，只有"下属有能力，才说明老板更有能力，要不然怎么能用得了这样的人才"①。之所以有这样的心胸，是因为公司领导知道，任何人的成功不仅在于其自身的努力，而且更多地在于别人的抬举。

在微软的产品开发方面，比尔·盖茨等领导也都主张兼容并蓄，他们善于虚心学习、利用别人的研究成果为自己服务。正是在这种理念的支配下，微软所做的工作，就是把所有应用软件的优点集合起来。即其主要任务是将其他公司的相关软件，经过微软的汇总、加工与处理，变成具有微软操作系统和应用软件特色的产品。公司正是依靠这种研发与生产方式，使自己始终处于软件行业引领者的地位上。体现微软及比尔·盖茨胸襟的还不限于此，他还制定这样一种政策，就是许可那些懂得编程语言的人，授权他们在Windows系统中运行自己编写的程序。这项政策的意义就是，让Windows系统作为这些程序员展现其能力的平台。而且该政策允许这些程序员"在编程时，既不需要征得微软的同意，也不需要向微软支付任何费用"②。由此看来，比尔·盖茨对同行的包容和大度，是很多企业领导人难以企及的。

同样体现出比尔·盖茨胸襟的，还在于他确立的开放式合作理念。由他主导的移动网络服务平台，许可任何无线运营商都可以加入，甚至包括其合作伙伴沃达丰的所有竞争对手。另外，任何软件公司也都可以加入，同样包括其竞争对手。如他同意IBM公司除了建设Wedsphere自有网络平台外，还可为此平台建立与开发工具包。比尔·盖茨的虚心与大度，不仅得到大量同行的赞扬，开创出更多的发展机会，也为其成为行业领袖奠定了坚实的基础。

民生公司的卢作孚，也是一个善于吸纳别人的企业家。在运营

---

① 李津：《比尔·盖茨商道真经》，吉林大学出版社2009年版，第177页。
② 同上书，第318页。

民生公司的时候，他利用一切机会兼并同行，从而使其企业很快地发展壮大起来。首先，他兼并商轮。民生公司采取的原则是，只要有人愿意出售他的轮船，公司不论其质量好坏，都一律照价买下。凡是愿意与民生合并的公司和个人，"民生一律帮他们还清债务，需要现金多少即交付多少，其余的作为股本加入民生"①。与此同时，民生公司保证，卖船给民生或并入民生的所有船员，一律转入民生工作，绝不让一个人失业。但民生公司要求的条件就是，对于公司接收的所有船只，都按照民生的制度运转。毫无疑问，民生公司的兼并策略是非常成功的，之所以如此，是因为公司自愿吃亏，让对方得利。实际上，这些船也都是折价入股的，公司支付现金也不过几十万。卢作孚化零为整的发展模式，使公司得到了飞速的发展。

其次，他积极兼并军轮。民生公司的总部在四川，而此处是刘湘等军阀统治的地盘。后者拥有一些军轮，但由于经营不善，给其自身带来了沉重负担。当他们看到民生公司年年营利时，就渴望通过拿船折价入股的方式，不仅使其甩掉连年亏损的包袱，还想趁机分得一杯羹。但卢作孚对此是来者不拒，按照这些军阀的意愿，统统将之吸收过来。除了兼并这些轮船之外，民生公司还积极购买外国的在用轮船。结果卢作孚的兼并策略取得了极大的收获，到1934年，民生将重庆上游至宜宾一线所有华商轮船公司都并入旗下。一年之后，重庆下游到宜昌一线的所有华商轮船公司也都并入民生。就这样民生通过大鱼吃小鱼的方式，将长江上游的几十家华商轮船公司都合并到了自己的名下。

卢作孚不仅妥善地收编了许多公司的轮船和船员，而且对于收留的管理阶层，他也许以高位厚禄，不让他们离开民生，这样就免除了他们另组轮船公司跟民生抗衡的可能性。因此，他对待这些人非常宽容，即使他们有不服从的地方，也毫不介意。同样，在卢作

---

① 傅国涌：《大商人——影响中国的近代企业家们》，中信出版社2008年版，第262页。

孚多年的工作中，他对同事的个性特点了解得非常透彻，并且对他们宽容相让，结果他团结了许多人和他同患难，共甘苦，逐渐使民生公司形成一个志趣相投、情谊相合的高效管理团队。卢作孚的宽容吸纳特性，给其带来的不仅是发展了民生公司，而且在抗战发生的时候，使其为国家开辟后方基地贡献了巨大力量。

商务印书馆的张元济先生，则是一个善于听取意见，包容各类人才的企业家。当时年轻的茅盾发现商务印书馆出版的《辞源》里面存在一些错误，于是就给张元济写了一封信，不仅指出其中的错误，还针对这些错误提出了修改意见。张元济看过信之后，不仅没有为这个年轻后生的"失礼"举动感到恼怒，而且虚心接受了茅盾的意见，并迅速把他调到编译所，委任他负责编译童话的工作，并承担校订《四部丛书》的重任。由于茅盾的工作能力出众，在张元济的破格提拔下，25岁的他就开始担任《小说月报》的主编。而茅盾为了感念张元济的知遇之恩，花费精力对该杂志进行了大刀阔斧的改革，结果该杂志在第三期，发行量就翻了两番。

在张元济步入老年之际，觉得自己在管理企业方面已经有些力不从心，同时也认为自己的知识结构适应不了外界的激烈变革，于是他积极推举接替自己的人才，王云五就是其中关键的一位。首先，他任命王云五为编译所所长，后者在接任后，就立即对编译所进行了力度较大的改革——不仅吸收了大量从国外留学归来、具有东西方知识背景的新一代知识分子，同时将编译所按新的学科门类分设各部，此举适应了当时的社会需求，结果使企业取得显著的经营效果。这都是张元济不妒英才，积极培养他们所获得的回报。

在张元济的具体经营中，他始终坚持"储才汰冗"的人才管理措施，即坚决淘汰许多对企业起不到多大作用的冗员，与之相反的就是积极储备能够对企业发展做出较大贡献的人才，为此他戏称自己信奉的是"喜新厌旧主义"。正是张元济所具有的虚而容物之心，再加上商务印书馆所具备的经济和物质基础，最终使该馆成为当时的文化集散地。此举不仅显示了商务印书馆在当时具有的巨大社会影响力，还使书馆的经营绩效得到了明显的提升，同时使张元济的道家管理特色在经营上获得了成功。

香港李嘉诚也是一个特别容忍宽恕的企业家。他在成立长江塑料厂的时候曾说，之所以取名"长江"，就是因为看到了长江能够容纳众多细小支流，才成就其浩荡磅礴之势。因此取名长江是基于"长江不择细流"的道理，就是要求经营者应具有旷达的胸襟，可以容纳各种事物。李嘉诚是这样想的，也是这样做的，其理念及行为体现在他的人才政策方面。他自称身边有300员虎将，其中100人是外国人，200人是年富力强的香港人。这些员工可称得上是"八国联军"，即什么国籍都有。但对于李嘉诚来说，只要他们在工作上有所成就，有所表现，对公司忠诚及有归属感，经过一段时间的努力和考验，他们就可成为公司的核心分子。而他建立的人才标准就是，要求员工能够时刻反思自身、努力正直地取得成就、对别人的成功不存妒忌、关怀无助贫弱的人。在他看来，只有具备这些优点的人，才是他心目中的精英。由于他的人才观具有宽恕、容忍、正直、关怀等特征，故换取了其属下的忠诚。他所领导的人才，有的在他的企业里面工作了多年，甚至一些员工已经工作了30年。

他召集众多人才的目的，就是在决策时把他们叫过去，一起研究相关问题，然后听取各人看待问题的见解，集思广益，最终做出决策。这样做的目的就是避免出现百密一疏的可能，从而减少决策失误的概率，以便降低其中的风险。为此他曾说："当我得到他们的意见后，看错的机会就会微乎其微。这样，当各人意见都差不多的时候，那就很少有出错的机会了。"① 在李嘉诚的经营过程中，很少出现重大决策性错误，这和他平时善于听取谏言的优点是分不开的。他认为，企业领导应有博大的胸襟，这样不仅可以有效地避免自己的骄傲自大，从而对外有意或无意地炫耀自己的能力，还能够比较清醒客观地认可他人的长处，如此就能较为容易地得到他人的帮助。对此他曾说道："如果没有那么多人替我办事，我就算有

---

① 李津：《李嘉诚商道真经》，吉林大学出版社2009年版，第242页。

三头六臂，也没有办法应付那么多事情，所以成就事业最关键的是要有人帮助你，乐意跟你工作。"① 在这种理念的指引下，他非常感念员工们在工作中给与自己的帮助，认为是员工养活了公司，而不是相反。故此当外界赞扬他的成就时，他却谦虚地说："你们不要老提我，我算什么超人，是大家同心协力的结果。"②

除此之外，他还主张做事应留有余地，"因为人是人，人不是神，不免有错处，可以原谅人的地方，就原谅人"③。他说到做到，有一次，一个让他很讨厌的报社记者想采访他，他置之不理，并很快忘记了此事。等他下班刚刚坐上轿车正要离去时，旁边的工作人员对他说，那位记者已经等候了两个小时，到现在还没走。听说此事之后，他的恻隐之心大发，立刻叫司机倒车，以便接受该记者的采访。后来他谈起此事，曾感慨地说道："我不忍心他站了两个小时，回去没有东西交代。"④ 由此可见，李嘉诚具有极强的宽恕包容之心。对于此等理念及行为，他是这样认为的："任何一个集体、一个民族、一个国家都需要有这种宽容大度的人。宽容可以避免正面冲突和交锋，宽容能化解人们之间的怨恨与隔阂，使大家团结一致，共同奋斗。"⑤

另外柳传志也是一个十分宽容的人。20 世纪 90 年代，在联想公司的企业发展路线上，倪光南和李勤展开了激烈的争论，其中倪光南主张走技术路线，而李勤认为，由于公司的实力不够，一味地坚持技术研发路线会将公司拖垮。当时公司的现实情况是，很多技术转换成的产品卖不出去。但倪光南却固执己见，而李勤也决不让步，结果双方产生了严重的矛盾。对此柳传志感到十分为难，因为双方都是自己最信任的战友。于是他就采取"和稀泥"的态度，希望双方渐渐平息怒火。但倪光南认为，柳传志是偏向李勤的，故此

---

① 李津：《李嘉诚商道真经》，吉林大学出版社 2009 年版，第 69 页。
② 同上书，第 347 页。
③ 同上书，第 343 页。
④ 同上书，第 67 页。
⑤ 同上书，第 321 页。

他逐渐将矛头指向柳传志。在公司进行业务调整之际，倪光南认为是柳传志趁机打击自己，于是他就通过上访的途径试图将柳传志告倒。首先，他向当时的联想公司董事长曾茂朝反映，说柳传志在公司上市时卷走了1.2亿元资金，经过中国科学院调查组的调查，没有查出柳传志的任何问题。事情过去之后，联想高层决定解除倪光南的总工和董事职务。倪光南感到很委屈，决定继续上告。于是中科院调查组又一次对柳传志进行了调查，结果还是没有发现其有任何违法违纪的问题。虽然事实证明了柳传志的清白，但由于调查事件使北京联想错失了向香港联想注资整合的最佳时机，造成股市上的巨大损失。

在第二次调查事件结束之后，联想公司决定解聘倪光南。此时倪光南的上告活动愈演愈烈，联想董事会为此专门讨论了倪光南的股份问题。一向宽容的柳传志坚持要分给倪光南股份，但是其他董事都坚决反对。于是双方进行了激烈的讨论，最后联想董事会决定，如果倪光南到1995年停止上告，公司可以考虑给他股份。但是倪光南并没有停止告状，于是联想董事会在1998年做出决定，不分给倪光南任何股份。但柳传志不忍心让倪光南就这样两手空空地离开联想，于是他四处找人说情，最后争取到了给倪光南新单位500万元的资助。显然，他争取这500万元的目的，就是希望倪光南在拥有这笔钱之后，可以生活得更为舒适一些，因为他一直忘不掉两人曾经并肩作战的日子。面对时刻要告倒自己，以致想把自己送入监狱，乃至宣判死刑的政治敌手，柳传志对之如此宽容，并且伸出援助之手，这需要多大的宽容之心啊！①

六　厚实有信

老子指出，道是厚实有信的，故作为有道商特性的管理者也应该具有这些特点。其实，很多优秀的管理者不仅有着极高的市场判

---

① 本案例选自彭征、袁丽丽《联想教父柳传志》，现代出版社2009年版，第127—136页。

断能力，而且具有厚实有信的个人特性，否则他们很难将企业做到基业长青。

（一）厚实

老子指出，人们应该处其厚、处其实。在中国的管理史上，很多管理者都能够做到厚实，尤其是近现代的企业家做了许多厚道的事情，受到了人们的称赞。

晋商杨继美是一个厚道诚实之人。当他通过经商致富后，就有意识地帮助那些还在生存线上挣扎的百姓，经常捐献较大数额的资金施与他们。特别是在别人处于困难、危难之时，杨继美都是热心地救助他们。其中出于对读书人亲近与敬重之意，他捐助给读书人的钱财最多。除了捐资之外，他还采取借款的方式帮助那些暂时穷困潦倒的人，虽然为此花费甚巨，但他从不主动讨要债务。因为他认为，如果对方有能力还钱，即使不讨债，他们也会积极偿还；如果他们没有能力，即使苦苦相逼，他们也拿不出来，这样只会陷人于不义。

曾经有一个人，向杨继美借过不少钱，可是到了还款的日期却难以偿还。这使他心里很着急，整天害怕杨继美前来追债。但如此提心吊胆地过了好长时间，也没见到杨继美上门逼债。这个人就感到很不好意思，于是羞于见杨继美。但他觉得这样长时间地躲着杨继美，也不是那么回事，因为这样使自己更觉良心不安。有一天，他终于煎熬不住，决定亲自找杨继美说明情况。但令他没有想到的是，杨继美根本没有责怪埋怨的想法，仅是微微一笑，将他写的借条当面撕毁，表示前债从此一笔勾销，再也不追究此事。此举让那个人"感激涕零，深深叩谢而去"①。在人与人的经济交往中，即使亲兄弟也会为了自身的利益而反目成仇，对于其他人就更不用说了。杨继美如此待人，让人感到难以言说，人之厚道，莫过于此。

在众多的晋商里，乔家是其中最有名的家族之一。该家族也是通过厚道与人相处，从而使其商号一步步做大的，乔全义就是其中

---

① 孔祥毅、陶宏伟：《晋商案例精选》，经济科学出版社2008年版，第263页。

的代表性人物。当时，乔家和秦家共同出资兴办广盛公，并招聘了大掌柜对之进行日常经营。而这个大掌柜为了使商号盈利，做了一笔很大的生意。但事与愿违，由于他对市场判断失误，导致广盛公的生意大亏大赔。消息传出之后，众多储户害怕广盛公钱庄倒闭，于是就纷纷前来挤兑，更为雪上加霜的是，它的债权人也跟着上门要账。事情到了实在难以收拾的程度，大掌柜只好派人去乔秦两家，请这两个东家谅解自己的决策失误，并给与资金上的支持。

乔全义知道此事之后，就和他的两个兄弟商量，结果是给了大掌柜4万两现银的支持。但秦东家的儿子却坚决不予现金支持，这时掌柜又与"相与"磋商，以求得债务宽限日期，而"相与"们则同意缓期3年归还债务。结果掌柜在乔全义和"相与"们豁达厚道的支持后，有了喘息和重整旗鼓的机会，在其后续的经营中，不仅让濒临倒闭的广盛公渡过了一次劫难，还使其有条件带着绸缎、茶叶等稀缺商品去拓展旅蒙生意。在他的悉心经营下，仅在短短的3年内，广盛公不仅把所有的亏损补齐，还有了盈利。在紧接着的两个账期内，广盛公不仅完全恢复了元气，而且使其"财源滚滚，红利赫赫"①。

显然，在广盛公起死回生、步入辉煌的过程中，离不开乔全义的财力支持和大掌柜的艰辛工作，所以在商号复兴之后，其改组和分红权力由这两家所有。而在改组时，乔家当初注入的救援资金全部转为银股，此举使其在商号里的股本超越了秦家，一举成为商号的绝对大股东，从此有了主事的权力。同时商号生意的红火，进一步壮大了乔家的实力，使其成为全国知名的家族。追根究源，这都是乔全义厚道助人的结果。

日本著名企业家稻盛和夫在经营过程中，也显得非常厚道。首先，他对员工很厚道。稻盛指出，对于一个公司来说，无论是现在还是将来，其最主要的职责就是保障职工的生活而非其他。故此他十分强调企业与员工之间的联系，通过他的努力，双方建立起了密

---

① 孔祥毅、陶宏伟：《晋商案例精选》，经济科学出版社2008年版，第276页。

切的合作关系，这样就营造出一种和谐的企业氛围。他在公司塑造的就是"经营者不是为了自身的利益，而应该坚持为公司全体职工、为整个社会做出贡献的经营理念"①。在该理念的指导下，企业经营的目的"不在于将技术的梦想变为现实，更不在于经营者自身的中饱私囊、生活富足，而在于为员工及其家人现在乃至将来的生活提供保障"②。

其次，他对合作伙伴也很厚道。1974 年，京瓷公司决定引进美国 AIRO BOX 公司的制造层积陶瓷复合电容器技术，当时双方签订的协议是，京瓷在日本制造层积陶瓷复合电容器，在全世界销售，并在日本国内独家销售。后来 AIRO BOX 公司分为两家，其中巴特拉先生负责的 AVX 公司拥有层积陶瓷复合电容器业务。他认为，两家当初签订的这项协议是不公平的，因为他的公司不能在日本电子市场销售相关产品。当时合同是京瓷公司和 AIRO BOX 公司签订的，而且京瓷公司支付了包括独家销售费用在内的合同费用。如果京瓷公司拒绝巴特拉的要求完全是合理的。但是稻盛却放弃了巨大的利益，答应了巴特拉的要求，对合同进行了修改。虽然看起来京瓷公司受到了损失，但是却为其收购 AVX 公司奠定了基础。

对收购 AVX 公司，巴特拉先生答应得很爽快。当时该公司在纽约交易所的股价是 20 美元左右，京瓷公司按照 30 美元将其收购，使其股值提高了 50%。同时双方商定以这个价格和在同一交易所上市、股价为 82 美元的京瓷股票进行交换。但是，后来巴特拉先生变卦了，他嫌 30 美元的收购价格太低，希望再增加 10%，即以 32 美元的价格与京瓷公司的股票进行交换。当时许多人，甚至包括一些美国人都不赞同他的要求，认为这样会给京瓷公司带来不利。而此时稻盛却认为，巴特拉先生是在为自己的股东负责，于是就同意了他的要求。

然而事情还没有结束，在双方实施收购的具体过程中，京瓷的

①　稻盛和夫：《京瓷的成功轨迹》，中国友谊出版公司 2003 年版，第 26 页。

②　同上书，第 129 页。

股票下跌到了 72 美元。由此巴特拉先生再次提出以 72 美元对 32 美元的比率进行交换。对此稻盛心里感到不爽，因为纽约的股票是全面下跌，包括 AVX 公司。但是巴特拉的态度很强硬，致使稻盛进行了多方面的考虑，包括巴特拉为股东负责的精神，按照新的比率交换进行收购是否合算等。经过多方权衡之后，他又一次答应了巴特拉的请求。在收购 AVX 公司之后，京瓷公司的股价大涨，此举使 AVX 公司的股东获利丰厚，因此双方的合作十分顺利。当时许多日本企业都收购过美国公司，但像收购 AVX 公司这样成功的仅此一例，稻盛的厚道最终得到了回报。

同样，稻盛对中国也是非常厚道的。京瓷公司在中国开展商业活动时，其采取的经营方针是，优先保证对方盈利，并以此为自己带来利益。因此在实际的合作过程中，京瓷以有偿使用的方式从中方租借厂房后，即将制造设备安置其中，并以无偿的方式提供给中方使用。另外"在工厂经营方面，从工人到各级管理者，都由中方人员担任"[1]。通过这些方式，他同中国的合作伙伴建立了友好关系，并以这种关系为基础，进一步拓展了京瓷在中国的业务。这种被许多人认为是愚蠢的行为，却符合京瓷倡导的"自利与利他"精神，即"为自己的利益采取行动，一定要利于他人"[2]，而此举也给京瓷公司带来了丰厚的回报。除此之外，稻盛还为中国的经济发展提出了建设性意见，比如他要求人民币保持稳定。因为他认为中国作为国际社会的一员，就要考虑同其他国家的"共生"关系，因此维持本国汇率的稳定，不仅对其他国家有利，也对本国有利。显然，他的这种主张与公司的经营理念是一致的。

最后，他对日本的学员也非常厚道。当他 65 岁时，在一次医院检查中证实其得了胃癌，医生建议他接受手术治疗。但在他当天的日程表中，安排了冈山地区盛和塾的例会。为了保证例会能够正常举行，他拖着患病的身体来到冈山。当例会结束后，他又乘坐晚

---

① 稻盛和夫：《京瓷的成功轨迹》，中国友谊出版公司 2003 年版，第 98 页。
② 同上书，第 97 页。

间的新干线返回京都。在路上，他与返回东京的学员们谈论有关经营的问题。直到他下车时，才结束这次谈论。回到家已经是深夜时分，直到这时，他才有机会思考自己的病情。稻盛对学员的厚道，由此可见。

同样，比尔·盖茨也是一位厚道的管理者。他开发产品和经营企业的目的，就是创造能改变成千上万普通人生活的东西。为此盖茨曾表示："如果我们可以改变市场，让更多的人获得利润，或者至少可以维持生活。那么，这就可以帮到那些正在极端不平等的状况中受苦的人们。我们还可以向全世界的政府施压，要求他们将纳税人的钱，花到更符合纳税人价值观的地方。"[1] 之所以有此想法，就是因为他看到有些人花天酒地、放浪形骸，干着让人不齿的事情，而另外一些人则忍受着疾病、饥饿甚至死亡的折磨。这个世界是如此的不公平，这让盖茨时刻想着能为弱势群体做些什么。

纵观盖茨的整个经营过程，盖茨都在寻找"既可以帮到穷人，又可以为商人带来利润，为政治家带来选票"[2]，这样一种减少世界不平等的可持续发展道路。因此他就想通过开发产品，引领新时代的方式追逐他个人的梦想。他主张的开发方案，"不仅仅包括实现某一特性或功能的实际背景，而且包括该产品将如何改变人们的生活"[3]。为此他强调其公司使用的开发工具，也要让其他开发者使用，且在后者的使用中，也能够保证同样的安全。

他不仅对同行厚道，而且对消费者乃至全世界的人也是这样。他说："我们需要尽可能地让更多的人有机会使用新技术，因为这些新技术正在引发一场革命，人类将因此可以互相帮助。新技术正在创造一种可能，不仅是政府，还包括大学、公司、小机构甚至个人，能够发现问题所在、能够找到解决办法、能够评估他们努力的结果，去改变那些马歇尔六十年前就说到过的问题，饥饿、贫穷和

---

[1] 李津：《比尔·盖茨商道真经》，吉林大学出版社 2009 年版，第 349 页。
[2] 同上。
[3] 同上书，第 80 页。

绝望。"① 对于比尔·盖茨，我们不能仅仅用优秀来形容，他对人类的贡献，其实已经超越了亨利·福特，在此我们只能称呼他一声：伟大！

企业家叶澄衷也是一个非常厚道的人。早年为了谋生，他干着一份摆渡舢板的苦工。有一天，一位外国洋行的经理需要去黄浦江对岸办事，就乘坐叶澄衷的舢板。结果到对岸的时候，由于粗心将皮包丢在了叶澄衷的船上。当叶澄衷发现之后，为了保证客户皮包的安全，就决定暂时不做生意，而是守在船上，等候这位洋经理回来拿包。最后他终于等到了那位洋经理，叶澄衷的诚实表现让他非常感动。于是回到浦西之后，他就把叶澄衷带到洋行里，并对他说：我向你承诺，无论什么时候遇到困难，尽管来找我，我会给你提供帮助。同时他还建议叶澄衷和外国船上的相关人员做五金交易，指出这里有很大的机会。叶澄衷听取了这位洋经理的建议，在摇舢板的时候，用饮用水、食物等交换船上的五金，通过摆摊进行兜售。随着规模的扩大，他后来又开了"顺记"五金商店。

叶澄衷的厚道还体现在对待同行上。由于五金商品样式众多，一家商铺不可能将之配备齐全。但当客户需要品种繁多的五金件时，商铺就需要通过同业拆借应对他们的需求。"所谓同业拆借，就是承接生意的这家店铺可以到同业去拆借，同业按照进货的价格上浮百分之五的利润。"② 这百分之五的利润，是由这两家店铺互拆、平分的，而顾客到手的价格仍旧是市场价。这种经营方式对于客户来说是非常方便的，而五金店铺也可以通过这种协作，用小资本来做大生意。当时已经是五金大王的叶澄衷，从来只将自己的五金产品低价拆借给别家，而从不向别家拆借相关产品。这样就会增加其他店铺的影响力和销售机会，从而无形地帮助它们获利，同时却会减少自己的营利机会。因此如此厚道的行为，让大家对之心服口服。

---

① 李津：《比尔·盖茨商道真经》，吉林大学出版社2009年版，第350页。
② 上海文广新闻传媒集团纪实频道等：《百年商海》，世纪出版集团2006年版，第13页。

在中法战争一触即发的时候，江南制造局和福州船政局为了备战，需要大量的煤炭。叶澄衷不仅将自己的煤炭发往福州船政局，还想方设法高价买下法国的一船煤卖给江南制造局。此举让很多商人困惑不解，但叶澄衷认为，为了国家的胜利，即使自己受些损失也无所谓。虽然最后中国取胜了，当局却为了求和而与法国签订了卖国条约，此举让叶澄衷深感痛心疾首。他感到："中国之积弱，由于积贫，积贫由于无知，无知由于不学，故兴天下之利莫过于兴学！"① 于是他积极办学，不仅兴办了"叶氏义庄"，还投资兴建澄衷蒙学堂。尽管为他人、为国家做出了巨大的贡献，然而他自己却一直过着简朴的生活，这是一个多么令人敬佩的人啊！

近代的荣德生也是一位十分厚道的企业家。民国时期，他和其兄荣宗敬一起兴办了多家纱厂和面粉厂。但他为了保证质量和信誉，对于采购的原材料要求极严。如他在选择麦子、棉花上都很讲究，凡是受潮、可能发生霉变的小麦全部不要。这样做虽然会损失一部分利润，却保护了消费者的身体健康，同时也树立了自己的企业形象。他除了对消费者厚道之外，对其员工也是如此。当公司会计主任许叔娱因挪用公款进行投机业务，结果投机失败，造成公司多达七八十万元的损失时，荣氏兄弟却没对他采取特别严厉的措施；对于申新的技工跳槽到别的厂当工程师、技师，荣德生等人也从不阻拦，尽管他们多是由自己培养出来的。更为可贵的是，荣德生还承诺，如果他们愿意回来，公司随时欢迎。

在筹建申新三厂时，荣德生特意向栈房的司磅人员交代，到年底结账，如果公司发现栈房比账上多了东西，定要严肃处理。因为他知道，之所以会出现这种情况，肯定是因为这些工作人员在磅秤上做了手脚，将原材料压低了重量，使供应原材料的人受到了损失。这种现象对于荣德生来说是很难接受的，尽管他可以从中获利，却不愿意如此而为。因为一旦司磅人员出现这种情况，对他来

---

① 上海文广新闻传媒集团纪实频道等：《百年商海》，世纪出版集团 2006 年版，第16 页。

说无异于偷窃行为。荣德生严厉要求司磅人员公平称量的另外一个原因就是，一旦司磅人员出现少磅多进行为，坑害了供应商，那么他也有可能会做出坑害企业的行为。

1946年，荣德生遭到绑架，这时绑匪要求他的亲人缴50万美元赎金，就可以放人。这笔钱对于他的事业而论，也不算太多，企业能承担得起。但他考虑到企业的流动资金不多，如果缴了赎金，将会影响企业的生产。这对于企业来说是无所谓的事情，但会造成大批工人停工，甚至失业，从而给他们带来较大的经济损失。考虑到这一层，荣德生毅然拒绝让企业为自己缴付赎金。并且他向绑匪要来纸笔，立下遗书，表明宁愿牺牲个人，也要保全事业的决心。后来经过保密局的破案，他得以生还。但他宁愿自己遭受损失，也不愿意让企业受损害的行为，确实令人感到震撼。

（二）守信

老子认为，道是守信的，而作为道商也应该守信。这里信有两层含义：一是企业家要有自信；二是企业家应信守承诺。许多企业家在日常经营的时候，都能做到这些。如晋商黄向栋就是一位极端守信的经营者。当他成为"德兴缘"的正式相公（正式工作人员）时，被掌柜派到西安大庄客林清轩那里，查看是否有合适的货物需要采购，如果有的话，就让他立即赶回山西的商号，和掌柜进行商量之后再做定夺。当他到林先生的批发部时，一眼就看中了一种刚出厂且尚未上市的新货。他盘算着，如果他的商号能够及时进到此货，马上就会让它在市面上走俏，商号也能从中大赚一笔。可是，这种想法却与掌柜的吩咐有违，但若就此打道回府，又恐坐失盈利的良机，这件事让他左右为难。正在他一筹莫展之际，林清轩竟然破例允许他赊货，即让他先把新货捎回去，然后在5日之内再来西安付款结账。此举让黄向栋十分感动，于是在他打过字据，并表示谢意之后，就押着新货回到了韩城德兴缘商号。

冯掌柜知道此事之后十分高兴，然而让他们始料不及的是，在黄向栋回来的当天夜里，天空就下起了一场百年不遇的鹅毛大雪，该雪不仅致使路无行人，铺面冷落，而且阻碍了黄向栋去西安支付货款的行程。眼看着和林清轩约定5天之内付款的第四天就过去了，可这时天空仍旧纷纷扬扬下着大雪，地上白茫茫一片。想着5天的时限马上就到了，但是商号备好的货款就是运不出去，为此黄向栋感到十分焦急。尽管此时风寒路滑，他还是毅然主动向冯掌柜请缨，要亲自运送货款。冯掌柜慎重地思考了一番，就派一位镖师陪同他一块去西安。于是两人马不停蹄地携带货款向西安奔去。经过20个小时的艰辛跋涉，终于在天刚蒙蒙亮时，见到了林大庄客。此时他悬在半空的心才落了下来，庆幸自己终于没有失信于人。黄向栋信守承诺的行为，由此可见。

史量才也是一个特别守信的企业家。他经营《申报》的时候制定的企业宗旨就是"以维持多数人当时切实之幸福为主，不事理论，不尚新奇，故每遇一事发生，必察真正人民之利害，秉良心以立论，始终如一"①。故他要求报社各位记者在遇到事情时，必须根据自己的良知进行写作，以保证所写文章的真实性，绝不搞一些新奇古怪的报道来赚读者的眼球。并指出，他不是完全为了赚钱而做报纸生意的，更多的是通过报纸，将发生在人们周围的事件信实地宣扬与传播出去，使之能够作为后人修史的可靠资料。在这种理念的指引下，他强调他在办报时没有任何背景，也不挟带任何主义，从而避免报纸带有偏见。

他的核心主张就是"新闻救国"，即通过报纸的力量，激发民众的爱国与强国热情与行动。作为一个有头脑、有眼光的报社负责人，他深知《申报》只有真实地报道民生，代表民众喊出抗日救国的声音，才能无愧于真正的"报格"。尽管当时的上海风云变幻，多种政治力量犬牙交错，局面错综复杂，多方势力都想影响《申报》，但该报纸始终保持自己坚定的立场。如1915年袁世凯想当皇帝时，指使亲信带着15万银圆来到报社，并对史量才许以高官厚禄，以便让他为其"登基"摇旗呐喊。但史量才不仅拒绝接受，而

---

① 上海三盛宏业文化传播发展有限公司等：《百年商海》，世纪出版集团2006年版，第220—221页。

且将此等丑闻通过报纸揭露出来。1927年，蒋介石试图左右该报社的运作，于是想向报馆派驻办事人员，但却遭到史量才的严词拒绝。不仅如此，史量才还积极报道和刊登宋庆龄的正义言论，并批评当局"政治不清明，民生不安定"①，此举遭到了国民党当局的忌恨。1934年，军统特务向他的头连开两枪，将之暗杀于杭州。而史量才以他的鲜血和生命捍卫了《申报》真实有信的"报格"。

日本企业家稻盛和夫同样是一位非常守信的企业家。在他创业不久，由于经营业绩还不是十分理想，许多人看不到公司的前途，他们为之感到十分迷茫。并且当时社会主义思潮流行，很多员工认为，企业无论任何时候、做什么工作，都是在欺骗劳动者。此时他新聘用的11位高中生就去找他，让他做出定期涨工资、发放奖金的保证。为了安抚他们，稻盛真诚地说道："我虽然无法对你们的要求做出保证，但我可以保证自己将为了大家的利益而竭尽全力。请大家相信我。如果你们有辞职的勇气，那就把这种勇气换作对我的信任吧。为了把公司发展壮大起来，我会不惜余力地去工作。如果将来发现我欺骗了你们，那你们就算杀了我，我也不会有怨言。"② 为了信守自己的承诺，稻盛每天都辛勤地工作，为此不惜奔波海外，住着肮脏的旅馆，吃着不合口味的饭菜，非常卖力地向美国的公司推销自己的产品。经过他的艰苦努力，公司获得了飞速发展，同时也向员工兑现了他的承诺。

在企业的具体经营过程中，稻盛也是时刻坚守着他的诚信理念。他认为，信用是经商之本，因此在企业的商务活动中，必须建立为客户所信任的业绩。并且公司可以通过适中的价格、卓越的品质、完善的服务来赢得顾客的爱戴和信任。如果企业与客户建立了绝对的信任关系，那么后者就会忽视质量、价格等比较因素，产生出无论公司的产品如何，都会优先选择的意识。而随着这些信赖者的增多，就会出现企业的利益相应增加的现象。在这种经营理念的

---

① 上海文广新闻传媒集团纪实频道等：《百年商海》，世纪出版集团2006年版，第223页。

② 稻盛和夫：《京瓷的成功轨迹》，中国友谊出版公司2003年版，第25页。

指引下，他要求企业的经营者和员工必须坚守诚信的品质，并积极以此塑造自己的高尚人格。因此，公司通过这种活动，再配合自己的有效经营，不仅赢得顾客的信任，也增加了企业的经营绩效，而这种情况的出现进一步增加了稻盛的诚信意识。

作为台塑大王，王永庆不仅从小就建立了自信，而且在他后来的企业经营中，还非常坚守自己的承诺。在童年时期，由于家庭贫困，王永庆就帮助母亲种菜、捡柴火。当时王家附近有一条台车道，这些台车在行驶中，可能会掉下一些木材和煤块，人们便会蜂拥上前，争抢它们，"好的挑出来拿去卖钱，差一点的带回家里当柴烧"①。因此这项"工作"不仅要经受日晒雨淋，还要反应敏捷，手脚麻利，不然就难以抢到东西。此时的王永庆，虽然个子不高，但身手灵活，捡到的东西总是比别人多。现在看来这些东西不值钱，但当时对于一个孩子来说，已经足以使他感到自豪了。随着年龄的增长，他逐步学会了挑水做饭洗衣服，这些家务工作，不仅培养了他勤劳刻苦、坚忍不拔的个性，也使他充分认识到了做事情的潜力。"日后遇到任何挑战，他从不胆怯；遇到任何难题，他都自信地认为：'我能行'。"②他的自信就这样慢慢地培养起来了。

王永庆在工作中，也是信奉以诚待人经营理念的，他主张把诚实信用放在首位。他指出，企业做生意应该信守承诺。即大家在交易的时候，都能够做到说话算数，以此保证自己的良好信誉，而他更是说到做到，在生意场上真正做到了言必信，行必果。这就是说，在他的商务活动中，与其他人的交易就是凭一句话，而且说一不二，故此受到了同行的信任与敬重。有一次，王永庆为了拓展事业，急需一笔资金，于是他就到台湾的银行贷款。但由于他平时对当局有看法，并对一些政策持批评态度，故此在他向银行借款之时，遭到了官僚机构的百般阻挠，致使他功败垂成。不得已他就向国外银行贷款，没想到很顺利地对方就将他需要的款额贷给了他。

---

① 双根：《王永庆全传》，华中科技大学出版社2010年版，第7页。
② 同上。

并且要求他返还的利息很低，创下了外国银行贷给台湾企业资金利息最低的纪录。而且这些国外银行只要求王永庆个人担保就行，并未要求台湾的任何银行做保证。究其原因，就是因为王永庆在经营中一诺千金，拥有良好的商业信用。

1973 年，台塑希望通过股票融资，为自己吸纳所需的资金。为了吸引股民前来购股，公司提出按增值股权乘以每股 240 元的价位办理。但由于当时出现了世界石油危机，致使台塑的股价降到了238 元，许多股民被套，于是他们要求王永庆补偿承销价和市场价的差额，王永庆当即宣布："如果增资股的市价没能超过 244 元的承销价，台塑公司就以 6 月 30 日的收盘价作为弥补承销价和市场价的基准。"[1] 结果到了该日，企业的收盘价仅为 202 元，股民更加感到失望。但王永庆信守承诺，按每股 42 元补偿股民的风险损失。这一次补偿差价的金额就达到 4000 万元，致使公司损失惨重。其实，如果股民按法律途径解决问题，由于台塑走的是正常商业融资路径，他们未必能获得补偿。但王永庆的信用使得他们如愿以偿，虽然王永庆为此损失了一笔钱财，但却使他的声名远扬海外了。

在经营企业的过程中，李嘉诚也将信字看得极重。他指出，在与别人的交往或交易中，就应该学会怎样赢得别人的信任。而如果想取得别人的信任，就必须对别人做出承诺，但在作出承诺之前，必须详细审查和考虑自己是否能够兑现它们。因为"一经承诺之后，便要负责到底；即使中途有困难，也要坚守诺言"[2]。他对承诺之所以慎重，就是因为一旦失信于人，别人就再也不会和他交往或发生贸易往来了。因为对于别人来说，不守信用的行为会带来诸多麻烦，甚至会带来不必要的损失。故此李嘉诚极重承诺，始终坚守着自己的信用。为之他曾自豪地说，凡是"跟我做伙伴的，合作之后都成为好朋友，从来没有一件事闹过不开心，这一点是我引以

---

① 双根：《王永庆全传》，华中科技大学出版社 2010 年版，第 215 页。
② 李津：《李嘉诚商道真经》，吉林大学出版社 2009 年版，第 349 页。

为荣的。"① 而且他对信用的态度不限于此，答应别人的事，他不仅认认真真地完成，还要比别人的要求做得更好。正是由于他的这种超预期的守信作风，很多人愿意同他合作。

他的守信可以用一个简单的事例来说明。有一次，正在经营塑料花业务的李嘉诚，收到买家付款的一张期票，而一向讲求信用的他，连想都没想，随即就给原料供应商开出一张期票作为结款凭证。当时他的想法就是，在买家支付的款项存入自己的账户之后，就将这笔钱用来支付供货商的原料款项，当然它是通过兑现李嘉诚期票的方式来实现的。可是，李嘉诚的买家却未能践行承诺，但他不能这样做，因为他要为自己的信誉负责。可是，当时的李嘉诚并不富有，为了支付供货商的款项，他东借西筹，来回奔波。然而跑了多日，他仍未凑足所需货款。正感到一筹莫展之时，他突然想到自己平时会随手把多余的硬币放在某个包装盒里，于是他查点这些无意间积攒的硬币，结果他欣喜地发现，这些钱竟然凑够了他还款的不足之数。从这件事中，我们看到了李嘉诚的运气，但同时也看到他为了信守承诺而不惜牺牲利益的奉献精神。

企业家史玉柱同样极守信用。他在盲目兴建巨人大厦失败之后，一时陷入了困境——一夜之间成了"首负"，欠债超过亿元，窘迫到连打官司的钱都没有。即使在这样的情况下，他依然没有对自己的前途感到悲观，而是信誓旦旦地说："即使巨人破产，我个人也要还老百姓的钱。"② 这就是说，为了保证信誉，他一定会将所欠的债款全部还清。然而，这句话却被外界各种质疑的声音所淹没，因为当时已经没有人相信，史玉柱还有能力还得起这笔钱。但是史玉柱却毅然坚守了自己的承诺，为了还清债款，他决定重新创业。因为他知道，他欠下如此巨大的债款，仅凭其他途径是一辈子也还不起的。于是他趁着年纪还不算老，并且在还想做一些有意义事情的信念驱使下，顽强地进行了第二次创业。为此他说过，我欠

---

① 李津：《李嘉诚商道真经》，吉林大学出版社2009年版，第350页。
② 钟永森：《道德经与无为管理》，凤凰出版传媒集团、凤凰出版社2010年版，第233页。

别人的钱，一定要还，因为我"不愿背着这个污点，除非我自己将来甘心只当个小老板"①，承受着别人的责骂，默默无闻地过完一辈子。但这不是史玉柱的个性，也不是他的理想。

关于史玉柱的还款事迹，联想教父柳传志也是非常感慨的。他说，当史玉柱通过创意和辛苦努力，做脑白金生意赚下第一桶金之后，首先想到的就是还账，而不是其他。显然，史玉柱极其守信的行为，使得柳传志从内心里非常认同。他认为，史玉柱当时很不容易。对于摔了如此大跟头的一个人，他忍饥挨饿，又面临着资金短缺，甚至还遭受着别人的白眼，当时他十分清楚钱有多金贵。但他挣了钱之后，不是忙于干其他的事情，而是想着先把该还的债还清，然后再拓展自己的事业。这一点让柳传志十分佩服："我觉得他就有做大事的这种潜质。"② 由此看来，正是凭借着自己的守信，史玉柱不仅赢得了包括柳传志这样的商界领袖的赞叹，还使他的事业重新走向了成功。

第二节　无为无事之管理案例

老子提倡无欲无为无事，在企业管理中，管理者也要做到无为无事。具体来说，就是做到知足知止、无执不宰和分权三个方面，这样他们才有资格成为老子意义上的道商。

一　知足知止

老子认为，执政者若想做到无欲无为，就应该分清自己的职责，对自己管辖范围之外的事情坚决不参与，这就是其知足知止的具体表现。因此企业家在具体经营时，不仅应该知进，而且更应该知足知止。有时候，知足知止更能反映出他们的经营智慧。

企业家王石就是一个能知进退的人。他负责的深圳万科是我国

---

① 钟永森：《道德经与无为管理》，凤凰出版传媒集团、凤凰出版社 2010 年版，第233 页。

② 同上。

知名的房地产企业，在公司近 20 年的发展历程中，从一个专业搞摄像器材贸易的小企业，发展成为一个大型的企业集团。其业务涉及进出口、零售、房地产、影视、广告等 13 大类，参股企业多达 30 多家。但是因为经营业务范围太广，并且有些业务的利润非常低，所以自 1993 年起，王石开始实施收缩战略，即坚持以房地产为其主营业务，逐步削减其他业务，从而使公司走专业化经营的道路。在坚定实施该战略的同时，王石感到有些纠结。固然大刀阔斧地将一些非营利业务剥离，这基本上谁都能做得到，但是如果将正在盈利的项目砍掉，这无论对谁来说都是一件痛苦的事情，因为这些业务正在给企业带来源源不断的收益。

让人感到不解的是，2001 年，王石竟然将其旗下最值得自豪的业务，即持有万佳百货 72% 的股份全部转让给华润。因为该超市经营得很红火，当时其营业额已经超越了沃尔玛和家乐福等跨国巨头，居整个广东市场的第一位。但是，正是王石做出了当时看来是壮士断腕的决策，从而使万科成了纯粹的房地产公司，并走到今天的样子。目前，万科公司已经发展成为中国房地产行业的龙头老大，而且它还是一只蓝筹股。万科成功的原因就在于王石在知足知止理念的指引下，剥离了许多在当时看来利润丰厚的非主营业务，这才使企业有了今天的辉煌。

李嘉诚在进行企业经营的时候，也同样知足知止。他曾坦白地说，他尽管表面很谦虚，然而内心很骄傲。其实大多数人都是这样的，但他与众不同的是，在做生意的时候，会时常警告自己，让自己收去这份骄傲之心，因为这样做很容易碰壁。于是他在经商时，就非常注意知止，尤其在生意更上一层楼之际，他常常警告自己绝不可有贪心，更不能让自己变成贪得无厌之人。他就是根据这种知足知止的理念来指导其具体经营的。当年他生产塑胶花之时，该行业正大行其道，大有带动香港工业起飞之势。然而，李嘉诚却看到了这个行业前途有限，不能给他提供进一步发展的空间，于是他就非常适时地转向了房地产业，而不是继续迷恋塑胶行业来拓展他的业务。在香港房地产处在最高峰的时候，在许多人一窝蜂地扎入其中之时，他却看到了这个行业存在的危机，于是又非常知止地将其目光转向了其他行业。随后他积极投资电信、服务、零售等行业，这样做反而促进了其事业的进一步发展。

他的知足知止理念还体现在资本运作方面。2007年，他预感到内地股票经过疯狂增长之后，会急速回落，于是便及时、大手笔地减持手中的中资股，这样他就迅速地回笼了至少上百亿港元的资金。而在股市处于高点时，他通过逐步减持股票的方式，不仅避免了损失，还从中套取大量现金及利润。这与当时许多人在股市已经处于高位时还不知足，仍旧盲目地投入资金，结果却落得个损失惨重的状况，形成了鲜明的对比。同时，根据该阶段的经济形势，他提前两年便开始调整他的产业布局，从而避免了因失去调整良机而使企业遭受损失的结局。比如房地产方面，2008年3月，香港楼市还处于火热的状态，当时有不少地产商在惜售单位，但此时长实却反其道而行之，坚持按当时市场的单位价开售新盘，即使销售反应热烈也绝不加价，为的是尽快将这些楼盘销售出去，及时套取现金。结果公司"一口气卖出1900多个单位，套现约100亿港元，一举成为2008年卖楼套现最多的发展商"[1]。通过这种知止的售价方式，李嘉诚有效避免了因经济危机而给企业带来的灾难。无独有偶，当2014年、2015年李嘉诚判断出国内房地产市场将陷入低谷时，他毅然抛售了国内的许多楼盘，又一次套取了巨额现金，这为他继续调整产业布局提供了筹码。当有人责骂李嘉诚携款外逃时，谁又能真正理解他的想法呢？

李嘉诚之所以能够做到知足知止，就在于他知道什么时候该有所不为。当巴哈马总统试图以优惠的方式让他投资赌场生意时，他坚决不干这种在他看来十分不义的事情。"在第三代移动电话前景普遍被看好时，他居然顶住了诱惑，主动退出了德国、瑞士、波兰和法国的第三代移动电话经营牌照竞标。"[2] 李嘉诚认为，第三代

---

[1] 李津：《李嘉诚商道真经》，吉林大学出版社2009年版，第232页。

[2] 同上书，第84页。

移动电话固然是未来方向，但当时市场已经处在一片狂热之中，牌照竞标超过了正常市场所允许的范围，故此他只能退出。在此，知足知止的理念又一次在李嘉诚身上得到了体现，后来的事实却证明，他的判断仍旧没有错。纵观企业的发展史，许多企业不是败在了经营上，而是栽在了不知足上。据了解，"全世界失败的企业中，至少一半都是贪婪的"①。众所周知的郑州亚细亚公司，就是过度投资连锁店，最终造成整个企业的崩盘。如果它有李嘉诚的知止思想，也不会走到这一步。

新东方校长俞敏洪，是用汽车的性能来论述人们的知足知止行为的。他指出，那些所谓的名车，其高品质不仅体现在发动机系统上，其十足的动力可以让我们随意驰骋，既不会因其出现问题而让我们半路抛锚，也不会因山路陡峭而让我们爬不上去；而且这种高品质还体现在它的刹车系统上，当你开这些车在高速公路上快速奔跑时，一旦遇到意外或紧急情况，只要踩住刹车，车就能非常安全地停下来，从而避免让你因刹车不灵而造成翻车或跑到马路外面的事故发生。因此，名车最大的作用就是让你感受到它的安全。但当我们开普通车的时候，就要注意这些安全问题了。比如我们在开夏利的时候，不可能让它行驶得和奔驰一样快，因为我们知道如果让它跑得太快，一旦遇到紧急情况就很难刹住车，这时很有可能就会撞在路边的栏杆上或者翻车。

最后俞敏洪得出结论说，没有把握让车及时停下来的机会的人，就是跑不快的人。同样他认为："只有知道如何停止的人，才是知道如何加快速度的人。"② 当俞敏洪将这一领悟应用到企业中的时候，就演绎出自己的一套管理哲学。他指出，无论做企业也好，还是做学校也好，管理者在追求发展速度的时候，必须利用各种条件、资源和机会让它们尽可能地向前发展；但是企业因为某种原因需要停下来的时候，就必须保证它及时停下来。这种情况和做

---

① 李津：《李嘉诚商道真经》，吉林大学出版社2009年版，第318页。

② 钟永森：《道德经与无为管理》，凤凰出版传媒集团、凤凰出版社2010年版，第127页。

人的道理是非常相似的，如果有人一开始就知道自己在名利场上刹不住车，因而难以驾驭自己，那么他最好就别想着去做坏事。因为他一旦陷入其中而难以自拔时，就有可能造成终身遗憾。如果此人具有很强的自控能力，知道在该停止的地方适可而止，那么他就可以在追逐名利的过程中自由翱翔。相应地，如果企业管理者能够有坚强的毅力去控制企业的发展，那么他就可以让企业尽情地发展。但如果此人没有这种能力，那么他最好让企业发展得稳妥一点，以免在追逐利益时，忘乎所以，最终使企业步入灾难性的后果。由此看来，俞敏洪用类似老子的知止思想，不仅构建了他的管理哲学，而且也使新东方学校办得有声有色。

美的集团董事局主席何享健，也是一个深谙老子知足知止之道的企业家。在许多企业盲目地朝多元化的方向发展时，他坚定地让美的公司专注于白电行业，希望以此保持企业健康稳定地发展。他曾说，以前有许多人动员他搞黑电、搞手机，他从没动过心，因为他知道，这些领域不是公司的强项。如果公司贸然进入彩电、手机业，将会承担巨大的失败风险。即使在白电市场，也同样面临着激烈的竞争，能在这个市场立稳脚跟，就已经很不容易了。更何况该行业同样有着巨大的市场需求，所以"未来美的还将继续咬定白电市场不动摇，所有的收购兼产都将围绕白电业务，把规模做大，把产业做大，把区域布局得更合理，这样我们成为白电龙头成功的把握性才可能更大"①。

根据对何享健经营战略的分析，我们可知道以下几点。首先，他对公司的实力有着清醒的认识。从内部来看，他认为，美的还不具备多元化的能力；从外部来看，在中国搞多元化企业成功的案例并不多。正是出于对这些情况的了解，何享健坚决不涉及其他行业。其次，白色家电还有一定的市场空间，其中还存在巨大的市场需求，面对这样诱人的蛋糕，公司肯定不能轻易忽视。正是有了这

---

① 钟永森：《道德经与无为管理》，凤凰出版传媒集团 凤凰出版社 2010 年版，第122 页。

种认识，何享健才不去从事他不熟悉，公司也没有竞争优势的行业，而是在其所了解，公司又具有较强实力的行业中，想办法获取市场优势。出于这样的理解，他对公司的经营理念有了更为清晰的把握，即企业专注于白色家电，从而在白电市场拓展发展空间。因此"从20世纪90年代，美的就明确要集中资源做专业化的白色家电市场。这是我们做强的关键因素"①。

于是在他的战略指引下，美的开始积极拓展白色家电业务，并开展了大规模的并购活动。后来，美的连续收购了华凌、荣事达、小天鹅等公司的相关业务。让何享健感到十分自豪的是，这些被收购的企业不仅全部摆脱水土不服的怪圈，而且经营得非常成功，使它们从濒临倒闭的境地，通过围绕美的主品牌的转型经营，逐渐恢复了活力。从美的案例中我们可以知道，由于何享健采取知足知止的理念，公司没有实施盲目多元化策略，从而集中优势资源做专业化的白电市场，最终使企业获得了巨大成功。另外，也正因为他具有知足知止的思想，敢于对自己说"不"，在帮助美的平安涉过无数险滩的同时，还通过建立这样的企业文化，逐渐将美的做成"百年老店"，使美的公司能够以稳健的步伐向前持续奔跑。

稻盛是一个非常知足的人。为了克制自己，他每天通过"六个谨言慎行"来反省自身，规范自己的行为，其中第四个就是强调为人要知足。他认为，如果人们的欲望不断膨胀，并常常得不到满足，就会产生不平不满的心态，这样的情况如果持续下去，就容易使人心生怨恨，从而做出冲动违规的事情。为了改变这一局面，就要采取相应的对策。稻盛承认，在人类的生存中，欲望是不可避免的，但他进一步指出，人的欲望绝不能过盛。

为了抑制人们过盛的欲望，他提出应该知足，具体来说，就是通过感谢生活的方式去知足。它需要做到两点：首先，时常让自己感到幸福。对自己的生活感到幸福，是避免不满足的有效途径之

————
① 钟永森：《道德经与无为管理》，凤凰出版传媒集团 凤凰出版社2010年版，第122页。

一。其次，还需对生命本身心存感谢，生命既是上天授予的，也是父母给与的，同时也是通过自身的努力给与的。因此要感谢上天与父母给与自己生命，这是对上天与先祖的尊敬。感谢生命本身的存在，既是对自己价值的认可，也是对自己生活的认可，同时还是对上天先祖的感恩。稻盛指出，时刻记住这些，就可以让自己时刻感到知足。

盖茨也是一个善于知止的人。他的经营理念就是把有盈利空间的产品做好，而将那些无利可图的东西及时放弃。为此他举例说明："如果你想同时坐两把椅子，就会掉到两把椅子之间的地上。我之所以取得了成功，是因为我一生只选定了一把椅子。"① 在这种理念的指引下，他可以随时放弃不再是盈利重点的产品。有时他为了让新产品能够迅速地取得市场优势，不惜放弃还能在市场上赚钱的产品。例如，他的 MS—DOS 产品曾占据了百分之八九十的软件市场，但是当视窗出来以后，为了让它能够迅速地占领市场，盖茨毅然放弃了 MS—DOS。这就是他通过自我更新，而非竞争者威胁放弃旧产品的一个典型案例。

另外，盖茨还认为，如果产品不适合市场需求，不管之前花费多大的资金去开发它，那么也应该立即放弃它。比如，他正在开发 Discovery 集成软件包时，发现用户对之不感兴趣，于是他就马上撤销了对该项目的研发。随时放弃那些没有市场前途的项目，这意味着他将自己的精力集中在更有市场前途的产品开发上来。此举不仅减少了微软因开发失误而遭受的损失，同时还保证了公司能够持续盈利。由此看来，盖茨的知止经营理念，不仅让他及时放弃没有前景的产品，还让他积极寻找到与之相反的东西，这是促进他事业成功的关键因素。

二　无为无执

世界著名的 Google 公司，制定了一条最人道的企业制度，那就

① 李津：《比尔·盖茨商道真经》，吉林大学出版社 2009 年版，第 105 页。

是在工作中，给员工20%的自由时间。公司制定这项规定的初衷，就是让员工把工作当作一种兴趣。在这段自由的时间里，员工可以做他们喜欢做的事情。结果此项规定的实施，让员工感觉到他们不像在一家公司上班，而更像是在一所大学或研究机构做一些有趣的项目研究。这就是Google公司制定的具有无为无执特点的管理制度所达到的效果。因为公司很清楚，即使它不给员工一定的自由时间，员工也会想办法在繁忙的工作之余，调整自己的工作状态。因为它有可能会被公司看作一种"偷懒"行为，故此员工常常是在偷偷摸摸的情况下进行的。而公司认为，与其让员工暗地里活动，不如公开给与他们一定的自由时间呢？

因为这20%的偷懒时间被自由时间的定义所代替，会让员工觉得自己受到了公司的尊重，在公司的地位得到了提高。更重要的是，它让员工改变了对自己的认识，即认为自己不是在为公司辛苦劳动，而是为了自己的兴趣在工作。结果，这种情况激发了员工的创造力，因为他们在这一段自由时间里，不仅放松了自己的心情，而且做出了许多有创造力的工作。这样Google公司就可以从这些享受自由的员工的大脑中，源源不断地提取新的创意和商业计划。公司的这项规定不仅没有降低员工的工作效率，反而激发了他们的创造欲望。因此这项体现出无为无执理念的规定，为公司的良性发展提供了许多有益的思路和参考。

无独有偶，全球知名的跨国企业3M公司也有一条非常著名的原则，就是"不必询问，不必告知，充分尊重员工的隐私"①，它要求任何管理者都必须遵守这项原则。其意就是管理者应积极鼓励员工做他们想做的事，而不必了解员工的工作细节。同时对于员工来说，也没有必要向管理者详细告知他们的具体工作过程。这项人性化的原则体现出公司对员工工作隐私的尊重，结果大受员工的欢迎。在这种宽松的管理氛围下，他们从事了大量可以自由发挥其能

---

① 钟永森：《道德经与无为管理》，凤凰出版传媒集团、凤凰出版社2010年版，第217页。

力的创新工作。

具体来说，在3M公司，技术人员在自己选择的项目上，可以花费15%的工作时间。在选择的过程中，他们甚至会尝试那些根本不会被主管认可的想法。如有一位叫理查德·德鲁的员工，他的实验项目被3M公司前CEO威廉·麦乃特否定了。因为在后者看来，这个项目不仅浪费时间，而且还会浪费公司一定的资金。在出于对员工负责的动机下，他建议理查德放弃他的研究。然而理查德根本就没有理会威廉的意见，不仅坚持从事他的研究工作，甚至还因威廉干涉他的工作而向其他领导表达自己的不满。正是理查德对自己研究工作的坚持，最终为3M公司带来了一项突破性的产品，而且这个产品为3M公司带来了巨大的经济利益。这就是3M公司坚持无执的管理原则给自己带来的回报。

比尔·盖茨也是一位较为宽松的领导者。他的无为无执做法和他身处行业的特性有关。在微软创业初期，他的员工主要由软件开发人员组成，而这些人员的工作要求就是强调他们的独立性和思想性。因此盖茨根据其行业特点，充分执行"赋予每个人最大的发展机会"的管理理念。所以在微软公司，他非常愿意给予员工充分的工作空间，以发挥他们的最大作用和潜能。他曾说："我采取的领导方式就是：放任，不用任何规章去束缚员工，让他们在无拘无束的信任氛围中，发挥每个人的创意和潜能。"① 对此他进一步解读道，他喜欢把看似复杂的事情进行简单化处理，因为他相信自己的员工都很聪明，也都很有能力。所以在微软的具体工作中，公司不拿出具体的实施方案，而是让员工根据实际情况自行做决策。

当然，微软实施的放任无执的管理措施也不是盲目的，这对员工的素质要求很高。因此盖茨在人才引进时，要求的标准也就很高，唯有如此，才能保证员工的职业素质。在员工的具体工作中，

---

① 钟永森：《道德经与无为管理》，凤凰出版传媒集团、凤凰出版社2010年版，第73页。

他们能够在自主的状态下彼此探讨，从中激发出许多对公司发展有益的东西。显然，这种方式使整个团队的工作表现都极其出色。具体来说，在微软，员工有权对他们正在进行的工作做出任何决定，这使得他们的决策和行动都非常迅速。如此高的工作效率，是微软能够在竞争激烈的市场中占据优势地位的主要原因之一。当然，盖茨在实施这项措施的时候，也会存在个别员工不守法的现象，对此他很重视，会单独针对这个员工进行严肃的处理。总之，信任员工，不对员工进行严格的控制，放手让员工按照自己的想法去做，是微软始终保持成功的最重要秘诀。

晋商程化鹏则大力主张政府的无为管理。在咸丰年间，当他经营商号的时候，发现茶叶十分受俄罗斯人的欢迎，这种情况给经营茶叶的商人带来非常可观的利润。但同时他也发现，当时大清政府对外实施闭关政策，推行盐茶统治贸易，对这些商品控制得十分严格。如政府规定，如果谁敢倒卖私茶，抓住之后按律问罪。因此当时的茶商只能将自己的产品卖到蒙古和新疆，若销售给洋商，则会受尽官吏的百般刁难。显然，这种情况对中俄贸易的发展造成了极大的障碍。

为了改变这一现状，同时也是为了保全茶商的利益，程化鹏亲赴京师，上书理藩院，要求政府明定贸易税则，准许商人直接与外国人进行茶叶贸易。他指出，这样做"既可增国货输出以益税收，又可免吏役之勒索以减商苦；公私交便"①，是一件利国利民的好事。在他的呼吁下，政府慎重地考虑了此事，最后同意实施相关措施，以促进商人与俄国人之间的贸易。这些措施实施之后，吸引了大量的商人前来边贸区，进行对外茶叶的交易活动。在山西商人接踵而来之时，程化鹏均帮助他们取得"信票"，并"与各茶商互相提携，为山西茶帮商人开辟了一大利源"②。由此可见，程化鹏要求政府放松管控的无执思想，不仅促进了商人的利益，增加了国家

---

① 上海文广新闻传媒集团纪实频道等：《百年商海》，世纪出版集团 2006 年版，第354 页。

② 同上。

的税收，也使自己从中受益。

三　分权

台湾四季精品百货创办人兼总经理韦乃宏，是一个善于放权无执的管理者。目前他拥有 8 家连锁门市，主要经营日用百货，年销售额近 12 亿台币，在台湾中部地区有着一定的影响力和知名度。虽然他是一个拥有多家店铺的企业老板，但却生活得十分轻松。按他的话说，他每个星期仅仅上班 3 天，而每天工作仅为可怜的两小时。在平时没事的时候，他就会约朋友喝咖啡，或者和他们做些聊天之类的事情。目前，许多中小业主都在为自己的企业如何生存、发展而手忙脚乱的时候，为何韦乃宏就能生活得这么潇洒、这么悠闲？他的工作岂不比自谋职业者还有弹性，还要自由？

他的生活方式的确让很多人感到羡慕，那么其中的诀窍是什么呢？其原因就在于他主张"老板不要亲自站上火线"的经营理念，将店铺经营的权力下放给下属，让他们负责打理其店铺，而他只负责他该管的事情。由于他懂得放权，相信属下能够将工作做得更好，所以韦乃宏将企业的日常杂务交给他们，而他自己一周工作时间加起来也不到 8 个小时。他认为，当企业的业务理顺之后，自然就不会有那么多事了，这也使得他这个老板当得很轻松。这体现出他对企业日常工作舍得放手，不经常去他的店铺将其下属管得胆战心惊的管理智慧。这样一来，不仅他在工作上没有什么压力，还会有大把的时间放在与朋友的休闲上，这才是一个老板向往的生活方式。

日本索尼公司也是一家善于放权的公司。在索尼还是一个小企业的时候，其老板盛田昭夫就懂得如何分权。当他招进井深大的时候，就信心百倍地对后者说："你是一名难得的电子技术专家，你是我们的领袖。好钢用在刀刃上，我把你安排在最重要的岗位上——由你来全权负责新产品的研发，对于你的任何工作我都不会干涉。我只希望你能发挥带头作用，充分地调动全体人员的积极性。你成功了，企业就成功了！"① 对于盛田的分权话语，虽然让井深大对自己的能力充满信心，但同时也使他感受到了巨大的压力。精明的盛田昭夫自然看到了这一点，于是又对他说："新的领域对每个人都是陌生的，关键在于你要和大家联起手来，这才是你的强势所在！众人的智慧合起来，还有什么困难不能战胜呢？"②

有了老板的点拨，井深大明白过来。于是他像盛田昭夫一样，将其所管辖的事务的处置权下放给各个部门，让这些部门分别做好自己的业务。当他让市场部全权负责产品调研工作的时候，市场部的同事告诉井深大，目前公司生产的磁带录音机因货重价高而不好销售，建议他研发重量较轻、价格低廉的录音机。听到市场部同事的建议后，他又让信息部全权负责对竞争对手产品信息的调研。经过调研之后，信息部的人告诉他："目前美国已采用晶体管生产技术，不但大大降低了成本，而且非常轻便。我们建议您在这方面下功夫。"③ 当他了解到这些情况后，就和同事紧密协作，一起进行新产品研发。在他们共同攻克了诸多难题之后，终于成功试制了日本最早的晶体管收音机。索尼公司凭借此产品，引领了整个日本市场，使公司进入了一个快速的发展期。因此通过放权，不仅增加了员工的责任感，也加强了他们的工作积极性，这就是索尼公司的成功所在。

海尔集团总裁张瑞敏的授权管理思想也非常值得我们学习。在实际工作中，他将企业的管理工作交给下属去做，而他只负责为企业的经营出思路。因此海尔所属各部均自行独立地运作，以张瑞敏为首的集团领导只管各部的一把手。其具体的做法是，集团领导先任命各部的一把手，由这些一把手提名组建部门的领导班子，集团再任命该部的副职和部委委员。在该部门将一切配备完毕后，集团只对资金调配、质量论证、项目投资、技术改造等大事进行统一规

---

① 钟永森：《道德经与无为管理》，凤凰出版传媒集团、凤凰出版社2010年版，第13页。

② 同上。

③ 同上。

划，其他事情均由各部领导自管。

对于集团的授权管理，各部部长都非常习惯，因为集团已经有了管理"模块"，企业方方面面的管理规程，总部已经制定得很完备、详细，所以各部领导只要认真领会其中的内容与精神，再联系自己的工作实际适度发挥，就可以很容易地将本部门的事情干好，同时也让集团领导感到很放心。因为张瑞敏将他的授权管理工作做得很到位，所以他对"下面几个大公司的年轻老总很放心，一年几亿甚至十几亿的资金就在他们手上过"①，对此张瑞敏并没有感到什么压力。总的来说，张瑞敏通过无执放权的经营理念，不仅减轻了公司领导的工作负担，而且也调动了员工的积极性，加强了他们的责任意识。这为海尔公司的发展和海外扩张，奠定了一个坚实的基础。

北欧航空公司董事长卡尔松，也是通过放权，即给与其下属充分的信任和活动自由，革除了该公司的陈规陋习。他在经营企业之时制定的目标就是要把北欧航空公司变成全欧洲最准时的航空公司。为了实现这一目标，他没有采取欧美人常用的命令式管理风格，而是吩咐下属道："现在交给你一件任务，我要你使我们公司成为欧洲最准时的航空公司，现在我给你200万美元，你要这么这么做。"② 如果他仅是这样做，那么他的下属在忙了6个月之后，很可能给他的答复是："我们已经照你所说的做了，而且也有了一定进展，不过离目标还有一段距离，也许还需花90天左右才能做好，而且还要100万美元的经费。"③

与之相反，卡尔松采取了充分放权的方式解决此事。首先，他亲自拜访下属，询问道："我们怎样才能成为欧洲最准时的航空公司？你能不能替我找到答案？过几个星期来见我，看看我们能不能达到这个目标。"结果，几个星期后，他得到的答复是，公司能够

---

① 钟永森：《道德经与无为管理》，凤凰出版传媒集团、凤凰出版社2010年版，第61页。

② 同上书，第67页。

③ 同上。

成为全欧洲最准时的航空公司，不过完成这件事不仅需要花大约 6 个月的时间，还需投入 150 万美元。听到这番答复后，卡尔松心中感到十分满意，因为他之前估计要花这个数目 5 倍多的代价，才能完成这项任务，于是他立即同意此事。接着听到下属继续陈述道，他已经带领同伴一起过来了，准备向卡尔松汇报一下他们的具体工作计划。听到这句话，卡尔松马上说道："没关系，不必汇报了，你们放手去做好了。"①

大约过了 4 个半月，其下属请卡尔松看他们这几个月的成绩报告。结果卡尔松发现，这些人不仅使北欧成为全欧洲最准时的公司，而且还省下了 150 万美元经费中的 50 万美元，即总共只花费了 100 万美元。这件事既让卡尔松十分惊喜，也使他非常感慨，因为其下属顺利地完成了这项工作，不仅没有浪费时间，而且节省了大笔资金。在他看来，采取分权、放权的方式进行管理，不仅提高了下属的工作效率，而且降低了企业经营成本。

曾经有一段时间，微软公司的员工已经习惯了在每件事情上必须获得盖茨的点头认可。但盖茨很快就意识到了这一点，于是他决定"放权"，希望以此把连接在"微软"和"盖茨"之间的等号抹掉，从而让微软成为一个真正的公司品牌，而不再是个人崇拜的符号。于是他在公司提倡人员平等的理念，并制定了"员工工作时间由自己决定、他们的办公面积相同、员工有权选择自己喜欢的位置、关门工作、没有时钟约束"的、具有道家无为无执特色的管理制度，同时公司还为员工提供饮料和高脚凳，以方便员工的工作和休息。总之，盖茨采取这些方式，就是希望把公司塑造成一个宽松、平等、自主的组织。

为了能够实现他的想法，盖茨具体制定了以下的措施。其一，让每位员工都有一间单独的办公室，里面的布局完全由员工自己决定。其二，公司对员工的衣着不做强制性规定，允许员工穿他们自

① 钟永森：《道德经与无为管理》，凤凰出版传媒集团、凤凰出版社 2010 年版，第 67 页。

认为最舒适的服装上班。因为公司评价员工的绩效，是以其工作表现好坏而非穿着好坏来进行的。其三，公司提供免费饮料，员工需要的时候可以随时喝，这样就能够使其专心工作。其四，公司的材料室公开，员工不必填表格或排队，就可以收集他们所需要的工作材料。其五，微软不设具体的工作时间表，而是让员工自主选择工作时间。因为微软要求的是完成工作，而非工作长短。但在一般情况下，"大多数人为了完成工作，都比一般按常规上下班的人工作的时间来得长"①。盖茨实施的这些措施，让员工切实感受到了自由自在、被尊重和信任，有了到家的温暖关爱和温馨舒适的感觉。这些放权措施的实施，不仅营造了一个宽松的工作氛围，而且有助于员工更加专注地工作，进而提高了他们的效率。

第三节　道商人格塑造方法之诸般特性管理案例

由上所知，许多管理者自觉或不自觉地使用具有道家特色的管理理念和方式，均使企业获得了成功。但是，如果他们想成为道商，还需要效法自然之道德的诸般方法，以及由之体现出的各种特性，包括自重守静、处贱守辱、居后处外、处下不争、处雌自小、柔弱慈畜、俭啬不有等，许多管理者都具有道家的这些特性。

一　自重守静

作为一个企业家，首先应做到自重身份，遇到异常事件应做到冷静对待，不能恐慌，以致乱了自己的阵脚。即使自己一时搞不清楚事情的来龙去脉，也应保持沉稳，冷静地观察与思考之，最终选择最优的方案或最好的办法，将之予以妥善处理。在日常的经营中，很多企业家都能够做到这一点。

晋商申树楷是一个非常自重的人。他自从到合盛元当学徒起，

① 钟永森：《道德经与无为管理》，凤凰出版传媒集团、凤凰出版社2010年版，第210页。

就以号为家，平时工作兢兢业业，严格按照行规处理商号事务，不敢有僭越之念。同时他还积极钻研业务，乐于学习从商知识，很快就对票号的业务了如指掌。在为人处世方面，他不仅精明能干，而且非常谦虚谨慎，深得东家与掌柜的赏识和重视。当后者在商议号上大事时，常常破例让他参加。由于他能够提出一些自己的独到见解，结果"让东家、掌柜与伙计刮目相看"①。在甲午战争时，日本侵占营口，这时合盛元的营口分号人心惶惶，业务陷入停顿状态。

为了扭转这一不利局面，申树楷被委以重任。他不仅被总号委派到营口掌管分号业务，而且还授以重权，即在营口出现任何事情都可以自行处理，不必先请示再执行。到了营口之后，他没有像其他人一样诚惶诚恐，而是冷静分析营口的时局。面对分号的存款者纷纷提现，而贷者钱物又无法收回的困境，他也不是手足无措，而是积极从中寻找商机。当他发现中日双方对对方的产品均有喜好时，于是决定聘用日本人，大胆地与日本人做生意。此举不仅使营口分号起死回生，还使其业务日渐扩大。但这种情况并没有使他自满心傲，而是平心静气地继续寻找商机。当他又发现在东洋和南洋从商的华人和学生出现存放汇兑的困难时，就在日韩等地设立分号，以解决他们所面临的实际问题。而山西祁县合盛元总号也坚决支持申树楷的发展思路，并做出决定："凡合盛元海外支店、出张所统一由申树楷管辖。"② 经过业务扩张，合盛元海外支店除了为中国出外人员办理汇兑业务外，还为日商办理商业汇兑。此时他不仅将业务发展到了全东北，而且将之拓展到了日韩和南洋等国。正是申树楷的自重冷静，从而重新振兴了合盛元，并使其事业也步入了人生最辉煌的阶段。

柳传志在经营联想公司时，也是老成持重。他通过制定稳步发展的经营战略，最终使企业步入辉煌。首先，他认为自己就是一个

---

① 上海文广新闻传媒集团纪实频道等：《百年商海》，世纪出版集团2006年版，第347页。

② 同上书，第349页。

稳重的人。他曾告诫自己和其他员工，在遇到突发情况时，先不要着急采取行动，而是"先要看，看好了再去试，一步，两步，三步，踩实一脚，再踩实一脚，每踏出一步，都小心翼翼地抬头远望并回头四顾，感觉这一步大了，就再回头踩踩，直到终于看到踏实的黄土路，撒腿就跑……"①比如市场出现机会的时候，不要一下子就采取高歌猛进的进攻态势，而是要先小心试探，看这个机会是否真实，因为虚假和超出自己实力的机会多是陷阱。如果认为这确实是个机会，而自己又有能力把握时，就应大胆地采取行动，而不是仍旧保守应对以致错失良机。

90 年代，包括倪光南在内的许多联想管理者和员工渴望开发芯片技术。他们抱着技术报国的激情，想通过努力让中国的集成电路产品走向世界的巅峰。在这种想法的影响下，整个公司已经形成了这样一种态势，即启动该项目已经到了势在必行的地步。但柳传志没有被眼前高涨的激情呼吁所迷惑，而是冷静分析市场、分析竞争对手与自身的优劣势。结果他发现，当时包括联想公司在内的国内厂家，在芯片技术方面根本无法与英特尔等外国企业比拟，如果强行开发相关技术，只会拖累公司，阻碍联想的进一步发展，于是他毅然决定废止这一项目。正是柳传志的这种做事风格，使联想失去了很多发展机会，但同时也避免了许多次翻车的风险。比如在市场上出现的房地产热、股票热，当许多公司都趋之如鹜，一头杀入之时，而联想却独立冷静、专心致志地做着自己的电脑业务，不为市场出现的机会所动摇、存在的利益所诱惑。结果许多公司都倒下了，而他的企业却蒸蒸日上。

香港联想由于管理比较混乱，导致公司亏损，并逐渐陷入了危机。这个时候，柳传志没有显得浮躁慌乱，而是沉着应对。首先，他将郭为调到香港，让他整顿该公司，同时稳定住管理层。其次，柳传志通过整合，即将北京联想和香港联想有效地融合在一起，使

---

① 钟永森：《道德经与无为管理》，凤凰出版传媒集团、凤凰出版社 2010 年版，第214 页。

公司逐步回归到良性发展轨道上。另外，他还充分发挥了原香港联想的作用，通过它在香港股市进行融资，并取得了良好的效果。此举受到了人们的高度赞誉——"在危机面前柳传志表现出来的冷静与胆略，让每个人都钦佩不已。他确实有大师的风范，（香港联想）出现了这么大的亏损，他能够临危不乱，冷静下来仔细地分析现实，积极寻找对策。这就是卓越领导者应该具有的品质。"①

如果我们将柳传志应对危机的模式归纳出来，那就是在危机面前他表现得非常冷静，然后通过缜密的思考，将所有可能出现的情况都加以分析。最后在关键时刻，他当机立断地选择了最为正确的策略。因此他的应对模式就是"冷静——缜密思考——当机立断——正确决策"。这种思维模式帮助柳传志度过了一次又一次的危机，使企业始终能够朝着正确的方向发展。柳传志的慎重小心特性，还可以通过他的讲话体现出来。他说："我给自己画一个底线，就是我不要在改革中犯错误，这其实就是要求你必须弄清楚什么事情能做，不能在不幸的时候强行改造环境，否则会头破血流。所以，要把事情做好，就要注意审时度势，要会'拐大弯'，不要事到临头的时候再急着拐弯。"② 他主张在做事情之前应先审时度势，了解它是否能做，然后再去行动，同时应做到防患于未然，这样才能避免因一时不当而给企业造成难以挽回的损失。稳重冷静最终使柳传志成为商界领袖，显然，他的成名不是徒有其表的。

华为公司不仅是世界上最大的电信设备制造商，而且也是我国在国际上最知名的企业之一，它的产品遍布世界。面对公司取得如此巨大的成就，总裁任正非不仅没有头脑冲动，乃至忘乎所以，反而变得更加冷静和低调。他说："我现在想的不是如何去实现利润最大化，而是考虑企业怎么活下去，如何提高核心竞争力的问题。"③ 这就是说，许多企业在盲目追求利润，并以此夸耀自己的

---

① 彭征、袁丽丽：《联想教父柳传志》，现代出版社2009年版，第204页。
② 同上书，第234页。
③ 钟永森：《道德经与无为管理》，凤凰出版传媒集团、凤凰出版社2010年版，第136页。

盈利能力时，他却在默默地寻找企业面临的最大问题。对于他来说，财务报表上所显示的那些令人眩晕的数字，是没有多大意义的。企业面临最重要的问题，就是如何提升自己的核心能力，树立企业的市场优势地位。所以在华为取得一次次的辉煌，使许多人对其前途表示乐观时，任正非却适时地提出了"华为的冬天"。他希望以此警告公司员工，在应对市场时，自身应该具有清醒的认识，因为企业还存在诸多的问题与面临许多的挑战，未来不是我们想象得那么美好。

因此，任正非指出："如果有一天，公司销售业绩下滑、利润下滑甚至破产，我们怎么办？我们公司的太平时间太长了，在和平时期升的官太多了，这也许就是我们的灾难。'泰坦尼克号'也是在一片欢呼声中出的海。而且我相信，这一天一定会到来。"① 在此，任正非道出了他的担忧。他害怕企业员工，尤其是管理层，乐于享受安稳的日子，进而不思进取，直到危机突然来临，企业则因平时没有预防措施而变得惊慌失措。再想亡羊补牢，则为时已晚。因之他经常给企业员工敲响警钟，以防止此类事件、事情的发生。

那么，为什么任正非对企业的前途感到如此悲观呢？其实不仅任正非，就是微软、IBM、英特尔等公司也持有同样的态度，这是由该行业的特性所决定的。因为"电信是一个竞争残酷的行业，世界上的众多电信公司不是发展，就是灭亡，没有第三条路可走"②。正是因为电信行业存在这种特性，故此任正非感到华为的前途是叵测的。所以他努力使自己保持清醒的头脑，并时刻给自己和公司员工敲响警钟，就是害怕公司因对市场变动的麻木和漠视，而走向衰亡。

在企业经营中，能够保持最清醒头脑的，或许就是李嘉诚了。首先他在创建企业时，不是盲目地进行投资，而是经过充分调查之后，才谨慎地做出如此决策。也就是说，在生产塑料花之前，他先

---

① 钟永森：《道德经与无为管理》，凤凰出版传媒集团、凤凰出版社2010年版，第136页。
② 同上。

"到市场去调查塑料花的行销情况，验证了塑料花市场的广阔前景"① 之后，才决定从事塑料花的生产。并且在对塑料花定价时，他也是考虑得非常细致和周到。比如他决定采取低价策略，其理由就是生产塑料花的技术较为简单，企业投资少，进入该行业的门槛较低。虽然他是香港首家生产塑胶花的企业，有一定的市场领先优势，但如果他定价过高，就会吸引其他的厂商大举进入，结果会因竞争激烈而使塑料花的价格很快降下来，这样也就得不到预期的收益。更为严重的是，由于他当时实力薄弱，资金少，很可能一下子就被别人挤垮了。而如果定价不高，没有较大的利润空间，就难以引起其他厂商的注意，这时长江塑料厂就有可能保持稳定的市场地位。所以他认为："只有把价格定在大众消费者可接受的适中水平上，才会尽快占领市场，确立长江厂的领先地位。当长江厂的塑胶花深深植入消费者心中后，其跟风者蜂拥而上则为时已晚。"② 出于这些考虑，他采取了一般消费者能够普遍接受的价位。由此可见，李嘉诚在经营中，始终保持着稳健的作风，这反而促使他的企业很快占领了香港市场，并成就了他的"塑料花大王"美誉。

在经营房地产的时候，他也是如此慎重。他曾指出，自己不会在市场的繁荣时期匆忙买下很多地皮，然后通过建房出售谋取利润，而是在决定投资之前，会先观察与分析影响房地产行业的各种因素，如"供楼的情况，市民的收入和支出，以至世界经济前景"③ 等。另外他认为，香港是个自由港，其经济不仅受到世界各地的影响，同时也受到国内政治气候的影响。因此他在进行决策前，会先和相关人士商量，然后再考虑是否进入。如他在 1957 年初次进入地产业时，用"一块秒表做'尽职调查'，从汽车站等热闹的地方步行到自己待购的目标，估算未来人流状况"④。在如此缜密审慎的考虑下，又通过与别人相商，他才做出进入房地产业的

---

① 李津：《李嘉诚商道真经》，吉林大学出版社 2009 年版，第 109 页。
② 同上书，第 111 页。
③ 同上书，第 130 页。
④ 同上书，第 132 页。

决定。

李嘉诚不会像某些成功人士一样，被接连不断的成功冲昏头脑。因为他知道，如果自己在决策中显得心浮气躁、急于求成，那么就很有可能做出错误的决策。故在经营中，他时刻保持着清醒的头脑，这为他在市场中纵横捭阖乃至游刃有余提供了基础。如在畸形的旺市中，许多人为了发财而以小博大。他们认为，在房地产行业中只要付得起首期，就可以大炒特炒，因为这些楼房能够趁高脱手。在此种理念的指引下，大客炒地，小客炒楼（花），希望以此带来暴利。但李嘉诚却不为所动，他知道，买空卖空是做生意的大忌，投机地产犹如投资股市，在"一夜暴富"的后面，很有可能就是"一朝破产"。

李嘉诚的稳重审慎，还体现在对待风险投资上。在 2007 年 5 月，他提醒 A 股投资者，要注意股市泡沫的风险，结果不到半个月，便出现 A 股暴跌。紧接着的 8 月，港股在"直通车"消息刺激下出现非理性飙升，"李嘉诚特意向股民发出忠告，香港与内地股市均处高位，而且要留意美国次贷问题"①。但很多人被利益冲昏了头脑，不仅听不进他的忠言，反而批评他"不懂股票市场"。的确，他们这样做有他们的理由，在当时不但许多居民对香港高涨的股市陷入狂热，就连商界大佬李兆基也投入其中，他"高呼恒指会冲上 4 万点"②。而李嘉诚对此却充满了担忧，他多次呼吁大家应谨慎投资。结果仅过一年，港股就从 2007 年 10 月的 31638 点回落到了 13968 点，股市状况和股民开了一个很严重的玩笑。

2008 年 3 月，市场开始出现复苏迹象，但李嘉诚再次呼吁市民，香港的经济风暴还没有结束，因此大家买楼买股要慎重。到了 8 月，由于"市场充斥着内地政府将会斥资数千亿元救市的消息，结果导致股市再次飙升"③，但李嘉诚却公开唱衰，希望股民谨慎

---

① 李津：《李嘉诚商道真经》，吉林大学出版社 2009 年版，第 229 页。
② 同上。
③ 同上书，第 230 页。

投资，并且他还直斥"利用此类消息赚钱是罪过"①。结果，随着9月雷曼公司倒闭，黑色十月股灾出现，欧美出现了严重的信贷危机，并很快波及了包括香港在内的世界各地。李嘉诚的警告不幸言中了，此时几乎没有人再怀疑他的判断。而这个时候的李嘉诚，则采取减股套现的应对策略，从而有效地避免了风险。让人尊敬的是，尽管他对市场有着惊人的准确判断力，但他不愿通过炒股等投机行为赚钱，而是愿意实实在在地做些有意义的事情。

李嘉诚不仅在决策之前异常的稳重，就是在做出决定之后，也同样如此。这就是说，他一旦决定做某事，就几乎不会再更改。他曾说："我不会今日想建写字楼，明日想建酒店，后天又想改为住宅发展，因为我在考虑的期间，已经着手仔细研究过，一旦决定了，就按计划发展，除非有很特别情况发生。"② 他认为，如果对制定好的计划进行反复修改，会浪费大量的时间与精力，故此坚决杜绝这种事情的发生。由于他的稳重与冷静，再加上对决定好的事情坚持到底，在危机到来之际，他总是能及时化解危机，而在市场繁荣时，又能利用市场提供的机会大赚一笔。他的这种特性不仅使他的企业得到了健康发展，而且让他荣登了华人富豪榜首。

二　守辱处后

管理者在处理企业事务的时候，难免会经历许多事情，受到许多挫折，承受许多非议，这就要求他们能够做到处贱守辱。塞翁失马，焉知非福，这种磨难受辱或许能够给他们带来另一种成功，或许它本身就是一种财富。因此，在许多际遇下，管理者应正确看待荣辱贵贱，甚至将守辱处后看作提升自身能力的机会。有许多企业家就是在处贱守辱中逐渐历练成熟的，而且他们中的许多本身就能够自觉地做到这些。

（一）处贱守辱

晋商在中国企业发展史上占据着重要的地位。他们的经营理念

---

① 李津：《李嘉诚商道真经》，吉林大学出版社2009年版，第230页。
② 同上书，第223页。

和为人处世风格，不仅有效地促进了店铺的发展，还具有很高的思想价值，值得当今许多管理者认真研究和学习。例如，当时许多晋商都采取"人弃我取，人取我予"的经营理念，将商号逐步做响做大的。他们经常到"别人都不愿意来的与游牧民族接壤的北方边塞从事易货贸易，在积攒了一部分钱之后，他们又向塞外以北地区进军，始终吃苦耐劳，艰苦创业，从而一点一点地拓展了自己的业务空间，创造了晋商五百年的辉煌"①。这就是说，正是这种处贱守辱的精神才造就了晋商的成功。

许多晋商都能践行老子的处贱忍辱思想，其中大盛魁商号的一些经理，就是其中代表性的人物。如乾隆嘉庆时期的经理秦钺，在任期间不仅对大盛魁的经营管理、组织制度等各方面进行了整顿，建立了严密的人事组织和财务制度。与此同时，他还拓展了商号的业务范围，建立了密切的官商关系，使大盛魁获得了极大的发展。由于秦钺在经营中做出的突出贡献，大盛魁的东伙一致主张给秦钺一个永远身股，即本人去世后其后人可以继续享受按身分红的权利。但秦钺以这样做会在人们心中留下功高自居的印象，和不肯破坏大盛魁的规矩为由，坚辞不允。他自愿处贱守辱的精神，影响了很多的后人。

道光、咸丰时期大盛魁经理王廷相，也是一个知道处贱守辱的管理者。在他还是学徒的时候，就经常为别人的过错担责。在"他入号初年，别人做错了事怕受到责罚便推到他身上，他也不加否认。掌柜们明知这件事是别人做错的，但问到他时，他仍承担下来"②。但没有不透风的墙，当掌柜了解到事情的真相后，就更加信任和器重他。于是他们就刻意培养他、锻炼他，让他去河骆驼场锻炼，积累坐场经验，后来又委派他担负组织进货和储备货物的重任，最后又被任命为大盛魁的经理。因为他本人做事能够任劳任怨，在经营中又能够及时洞察市场行情，掌握先机，结果"王廷相

---

① 孔祥毅、陶宏伟：《晋商案例精选》，经济科学出版社2008年版，第106页。
② 同上书，第287页。

担任经理 30 余年，从进货渠道到销货区域，大盛魁在蒙古地区稳固地居于垄断地位，其他旅蒙商人都不能与之抗衡"①。能够做到处贱守辱的晋商还有很多，他们都通过自己的这种行为让企业获得了长久发展。

王永庆也是一个善于处贱守辱的企业家，他在从事经营活动中，始终坚守着从"母猪耳朵里做出绣花荷包来"②的经营理念。其意就是做事要做别人怕麻烦、不愿做的事，这样才能够显示出自己经营的独特性。他要求人们在遇到困难时能够做到坚持不懈，不轻易向眼前所遇到的各类困难低头。他认为，在经济不景气的时候，企业就需要被迫着想出各种方法应对危机，以便在难以得到食物的冬天不被"饿死"。一旦等到经济复苏之时，由于会遇到许多盈利的机会，其高速发展的前景必然是可以预期的。"也许正是这种信念，使王永庆在面临困难时毫不动摇。"③为此他特意提出销售冰淇淋，应该在冬天就开业。因为冬天顾客少，这就要求摊主竭尽全力进行推销，想别人难以想到的事，吃别人难以吃到的苦，必须严格控制成本，加强自身的服务，这样才有可能生存下去。如果在这样恶劣的环境下能够挺过去，那么夏天给其带来的收益是不必言说的。所以在他看来，通过吃苦受累等处贱守辱的方式，可以让企业在遇到机会时，获得快速的发展。

他在具体管理中，也时刻让自己处于贱下的位置。如他时常寻找在日常管理过程中出现的缺陷与问题，谋求使之合理化，从而使管理达到"止于至善"的地步。故在管理中，他喜欢对企业出现的问题追根究底，并加以解决。在持续谋求合理化的过程中，他不仅以身作则，起带头作用，还能凝聚企业各层人员的意见与共识。另外，他力图让大家普遍养成追求合理化的习惯，这样就可以随时随地对企业存在的种种不合理现象加以检讨，并设法加以纠正，以便企业能够更加顺利地发展。由此可见，王永庆善于将自身摆在下贱

①　孔祥毅、陶宏伟：《晋商案例精选》，经济科学出版社 2008 年版，第 288 页。
②　双根：《王永庆全传》，华中科技大学出版社 2010 年版，第 47 页。
③　同上。

的位置，预设企业会出现各种各样的问题，从而通过听取众人意见和追本溯源式的反思，最终使问题得到根本性的解决。之所以如此，就是因为他认为，企业管理的合理化会促进企业经营朝着良性循环的方向发展。

在经营联想公司的时候，柳传志也多次受辱。首先，在与外商的合作方面。当他渴望得到苹果公司在中国的代理权时，就亲自拜访住在北京饭店的苹果高级主管，却吃了闭门羹，只听对方冷冷地说道："我们苹果公司到现在还没有打算和贵公司进行商业上的合作。柳先生，不好意思，我还有其它的事情。"① 听到此言，柳传志无奈地站起身来，脑子一片空白，他都不知道自己是怎样走出饭店的。对他来说，不仅因为自己是公司老总的身份，还由于从年龄上说，自己已经是快 50 岁的人了，被人家这样下逐客令毫不客气地赶出去，怎么说都是一件令人尴尬的事情。但柳传志不但没有灰心，反而激起了他不服输的倔强心理。于是他就采用多种渠道去了解这名主管的喜好，当他得知这名主管喜欢中国的青花瓷时，就专门派人花了高昂的价钱，买了一个上好的青花瓷送给他。当该主管看到这份心爱的礼物时，脸上露出了难得的笑容。于是两家公司开始进行有关合作的谈判，两年后的联想公司，终于如愿以偿地拿到了苹果电脑的总代理协议。

其次是在获得客户的订单方面。当他得知国家体委需要一批电脑时，就亲自到那里推销他代理的 IBM 产品。但没有想到的是，双方的交易需要被中国仪器进出口公司认可，因为只有该公司才有资格颁发国家规定的"进口许可证"。在 20 世纪 80 年代，如果没有这个证，是不允许他们之间直接做生意的。所以他在绞尽脑汁打通体委财务处处长这一关后，他们的交易却被"中仪"的业务员一句话否决了，并且受到后者的严厉训斥。当客户王柯指着柳传志说，"我想从他那里买电脑"时，那位业务员却满脸不屑，带着一口京腔，瞪着垂手而立的柳传志训斥道："要从他手里买？为什么？你

---

① 彭征、袁丽丽：《联想教父柳传志》，现代出版社 2009 年版，第 123 页。

到底是外商还是中国人？要不你就是代理吧？"柳传志赶忙赔笑道：
"对啊，我就是代理。""中仪"的业务员马上呵斥："'代理就是外
商。我这个楼不能让外商进来!'于是在众目睽睽之下，柳传志灰
溜溜地退出门外，站在屋檐下大口喘气。"① 尽管柳传志受到了如
此侮辱，但他仍不死心，在打听到那位小伙子是什么来路后，就去
找他的同学穿针引线。另外，柳传志也想方设法让那位业务员开
心，并热情地陪他闲聊，请他吃饭，并在席间大献殷勤，让他相信
这样的交往不会给他本人带来危害。结果等到柳传志与那位业务员
握手道别之时，后者终于心动地说道："你们的生意还是可以考虑
的。"② 在事情成功之后，柳传志不因受到侮辱而感到羞耻，反而
特别得意地宣扬道，"这单生意愣叫我做成了"③，并对自己的意志
和品格也有了更多的信心。

　　同样，马云在创业的时候，也是受尽了屈辱，才让企业走向成
功的。1995 年 4 月马云刚创业之时，日子过得非常艰难。在最落
魄的时候，公司账面上仅存 200 元钱。当时为了更好地宣传自己的
"中国黄页"，他还必须先向大众普及"互联网"这个概念。因为
在 1995 年互联网还没有普及，很多企业根本就没有听说过"互联
网"这个词。为此他曾在媒体上宣传，"比尔·盖茨认为互联网将
改变人类生活的方方面面"④，结果这句话取得了良好的效果。但
是后来马云坦言，这句话其实是他凭空杜撰出来的，没有真凭实
据。其原因很简单，说"互联网的作用大没有用，比尔·盖茨才有
说服力"⑤。

　　在朋友的帮助下，马云好不容易才接到了来自望湖宾馆等单
位的订单。但是由于当时国内还没有开通互联网，他制作的黄页

---

① 彭征、袁丽丽：《联想教父柳传志》，现代出版社 2009 年版，第 75 页。
② 同上书，第 76 页。
③ 同上。
④ 钟永森：《道德经与无为管理》，凤凰出版传媒集团、凤凰出版社 2010 年版，第
228 页。
⑤ 同上。

在电脑上根本就看不到，只凭从美国寄过来的打印纸网页，是很难让人信服的。于是，很多人便开始骂马云是个骗子。好在1995年7月，上海开通了44K的互联网专线，在随后的1个月里，马云就请望湖宾馆的总经理到上海，参观他在此地进行的"互联网"现场演示，在网页下载完毕之后，电脑上就出现了望湖宾馆的主页。该老总这时才相信了马云，同意将望湖宾馆的内容介绍放到"中国黄页"上。此时马云的委屈才得到释放，并且心里充满了信心，认为自己只要将"中国黄页"做好，将来一定会对中国的发展有利。

正当他踌躇满志的时候，"欺诈"却不请自来。1995年下半年，有几个来自深圳的"老板"找到了马云，表示愿意出资做"中国黄页"的代理商。这种情况让马云喜出望外，他立即将"中国黄页"的核心模式和机密技术和盘交给对方，并派技术人员亲赴深圳，帮助他们建立系统。但马云的期待落空了，这几位深圳老板回去后，再也没有和他联系，而是依托他的技术，制造出和"中国黄页"一模一样的产品。另外，互联网行业的兴起，吸引了很多对手加入进来。当时一无社会资源、二无政府资源的马云为了寻找出路，决定与昔日的竞争对手杭州电信开展合作。但由于杭州电信与马云在经营理念上有着严重的分歧，他在无奈之下选择了退出。最后，他又将自己拥有的"中国黄页"股份送给了和他一起创业的员工，并带着委屈离开了"中国黄页"。回顾开创业务的历史，马云所受的委屈非常之大。但正是这些委屈，使马云获得了很多珍贵经验，同时也让他的胸怀变得更为宽广，这为他以后业务的推广，起到了重要作用。

谭鱼头火锅店的老板谭长安，同样是通过守辱的方式使企业获得发展的。由于他的火锅做工精细、味道鲜美，吸引了大量的顾客前去消费。由于每天用餐的人太多，有些消费者不仅需要排队等候用餐，而且一排就是很长时间。一天，有个顾客前来就餐，在等了两个小时还没有排到时，就非常生气，当时就叫来了谭长安进行质问。但无论谭长安怎么解释和表示道歉，"那个客人还是怒火中烧，气急之下，抬手就给谭长安一拳头"①。而谭长安并非那种不甘受辱的人，这一拳头不但没有让他恼羞成怒，反而让他开始了深刻的反省。他认为客人愤怒的原因，就是他们等的时间太长，而导致客人等待时间长的原因，则是因为服务员上菜速度慢，因为餐厅都是采用手工写菜单传菜，故效率很低。

为了提高效率，谭长安在连锁店安装了 IT 系统。该"系统的操作流程是：餐厅使用 POS 机点菜，后台厨房的打印机同步提交顾客点菜信息，库存管理员根据点菜系统中的物料消耗随时补货，财务系统根据点菜系统和结账系统的数据对每天的销售状况进行精确统计。"② 这样，从前台点菜到后面的厨房准备，再到给顾客上菜的时间都可以通过系统记录下来。通过这个系统，不仅提升了服务员的工作效率，也减少了客人的等待时间，此举使谭鱼头餐饮公司得到了快速发展。后来，该公司选择了 IBM 作为其合作伙伴。它希望通过 IBM 在国际餐饮领域的系统建设经验，来实现自己"数码火锅"的梦想，这样就能进一步提升公司的服务效率。

（二）居后处外

根据道、德的特性或道家的思想特征，企业家在取得成就之时，不应与员工争名夺利，而是应采取居后处外的行为，多凸显员工的贡献。并且在他们认为合适的时候，就及时消隐，尽量少甚至不再参与企业的具体事务。

比尔·盖茨就是一位能够做到居后处外的企业家。从 1975 年微软公司成立以来的 30 多年里，他与其伙伴们驾驭着这个软件公司，用技术一步步地扩充着他们的帝国版图，最终成为该行业首屈一指的大公司。它以其合乎时代与民众需求的产品，深刻地影响和改变了全球。但盖茨不是在事业有成之后独占其功，或者进一步享受作为企业 CEO 所具有的权势，而是积极居后处外，让他人继承自己的事业。具体来说，他在 2008 年 6 月 27 日正式隐退——这个

---

① 钟永森：《道德经与无为管理》，凤凰出版传媒集团、凤凰出版社 2010 年版，第 183 页。

② 同上书，第 184 页。

被美国人称为坐在世界之巅的人，在执掌微软 31 年之后，放下了管理企业的重任，做出了"归隐山林"的决定。他的退隐之路主要分为两步：第一步是在 2000 年，盖茨宣布让史蒂夫·鲍尔默接替他成为公司新的首席执行官。他让鲍尔默负责经管微软大量的日常运作事务，而他自己则从事他最爱的新产品开发工作。第二步是在 2008 年，他正式退休。为了使企业平稳过渡，他规划了两年的过渡期，即早在 2006 年就开始逐步移交其日常工作，直到 2008 年 7 月，盖茨放弃全部日常管理工作，只保留董事长一职。在准备退休之时，盖茨表示，尽管他准备远离微软的日常事务，但他坚信公司的前途将与以往一样光明。

在归隐之后，他主要做了两件事：一是辞去首席软件设计师一职，并不再参与微软的管理事务，并将他的职位交给奥茨。但这并不意味着他与微软从此一刀两断，而是仍会"关注微软的发展，并在适当的时候提出建设性意见"①。二是将他的更多精力投入比尔及梅琳达·盖茨基金会所从事的慈善事业。这对微软公司来说，意味着一个时代即将结束，另一个时代即将到来。但对世界来说，却意味着多了一个身家 500 亿美元的全职慈善家。许多人认为："由于盖茨对技术革命的远见，才使得地球变得越来越扁平，人类也才因此有了更多创造财富和幸福的机会。这就是盖茨留给世界的最大财富。"② 由此看来，他在功成之后，就积极隐退，以其实际行动体现了老子的处后处外思想，结果成为一个更令人尊敬的人。

上海实业家朱葆三从另外一个角度诠释了老子处后处外的思想。他是一个讲究信誉、大方慷慨、处世厚道的商人，受到了许多人的敬佩，于是上海的商人就"把朱葆三推上了一个顶峰——1915 年朱葆三成为上海总商会会长"③。在担任会长期间，他周旋于官商之间，有效地维护了商人的利益，为上海的商界做出了许多贡

---

① 李津：《比尔·盖茨商道真经》，吉林大学出版社 2009 年版，第 365 页。
② 同上书，第 354 页。
③ 上海文广新闻传媒集团纪实频道等：《百年商海》，世纪出版集团 2006 年版，第 43 页。

献，同时也积极帮助了不少商人和工人，以此树立了自己极高的威望。1920年，他因年龄与健康问题，从总商会会长的位置上卸任。从此之后，他就绝少在商界露面，而是把所有的精力和可以动用的资产，投入了他所喜爱的慈善事业上。

1926年，当时的上海流行感冒、疟疾等传染病。他为了阻止这些疾病的传播，保护广大民众的身体健康，就在自己所创立的上海时疫医院里面，进行劝募捐款活动。不幸的是，他此时却受到了疾病的传染。在病痛和操劳的双重打击下，朱葆三最终彻底地倒下了。从他14岁到上海空手打拼天下，到赢得巨额财富和显赫的地位，最后当他离开这个世界的时候，却没有为其子孙留下什么资产。他以自己的亲身实践，验证了老子有无相生的哲学道理。而他换取的却是50万人为他送葬。纵观其一生，他一直处在无身外身的生活中，为了帮助别人解决困难，让他人生活得更加美好，他不惜牺牲自己的财物和身体，直至献出自己的生命，其行为至今还受到人们的赞叹。

另外，民国时期的企业家刘鸿生，通过外其身，不仅赢得了人们的尊敬，还使自己兴办的企业步入了辉煌。早在1920年，他在苏州开办了自己的企业，即鸿生火柴厂。在当时的国内火柴市场上，瑞典和日本的厂商占有绝对的优势地位，在它们挤压下的国内火柴厂举步维艰。面对咄咄逼人的态势，刘鸿生主张国内火柴厂不要在内部进行恶性竞争，而是要联合起来一致对外。为了以实际行动来体现他的主张，他选择了两家当时规模较大的火柴厂，即中华、荧昌两家火柴厂商，提出合并意向，共同组成大中华火柴公司。迫于国货所面临的不利局面，这两家企业最终同意进行合并，但提出了比较苛刻的条件。

它们的具体条件是，在合并公司的股权问题上，荧昌和中华均"提出各家的资本都要增加两成，荧昌资本最大，从中获利也最大，资本最少的中华，也同样从中获利"①。为了使三家企业顺利合并，

---

① 上海文广新闻传媒集团纪实频道等：《百年商海》，世纪出版集团2006年版，第4页。

刘鸿生没有考虑自身的利益，做出了巨大让步。"中华火柴公司的资产甚至不到两成，但是刘鸿生也同意它升值两成"①。他为了促进三家的合并，甚至还让出了公司的名称权。同时在具体的合并过程中，荧昌"还抽走了一部分现金"②。当时刘鸿生完全了解这一情况，但他为了合并成功，对之不作任何计较。正是他的退让舍弃，不计较自己的利益得失和名称——体现出明显的处后处外的理念——最终使企业走向了成功。其本人也赢得了回报——在企业合并之后，公司的年产量超过了外国进口火柴的总量，占据了中国南方市场50%以上的份额。刘鸿生还被誉为当时的火柴大王。

柳传志将当时中科院的一个附属工厂发展到了能够进入世界五百强的巨型公司。之后他不是眷恋公司的宝座不愿离开，而是于2001年毅然从联想公司老总的位置上退了下来。他的退出有两个原因：一个是积极扶持新人上位。他曾对杨元庆说："从2001年前后退出电脑领域以后，在信息产业内，外面的媒体采访、各种会议我就参加得很少了，你知道这是为什么吗？要是我老说话，就会把你们的声音压住，我最终的目的就是想把这个领域让你们来做，我相信你们有能力把它做好。"③由此看来，为了提拔新人，给这些新人表现自己的机会，他有意识地避开媒体、会议。显然，他并不因为自己将联想公司经营成功，就目空一切，认为除了自己外别人谁也不行，而是相信以杨元庆为代表的一代新人也能将企业做好

正是出于这种动机，他通过一系列事件表现出积极退出联想公司的意愿。早在2000年，他就向公众媒体表态："以后我要坐在台下鼓掌，看着新人走上台。"④尽管在2001年，他高票当选中央电视台举办的"中国经济年度人物"，但他还是主动放弃了这一荣

---

① 上海文广新闻传媒集团纪实频道等：《百年商海》，世纪出版集团2006年版，第4页。

② 傅国涌：《大商人——影响中国的近代企业家们》，中信出版社2008年版，第218页。

③ 彭征、袁丽丽：《联想教父柳传志》，现代出版社2009年版，第221页。

④ 同上书，第10页。

誉。并且在接受记者的采访时说，现在已经"到年轻人上台的时候了。我如果一年一度以高票当选年度财富风云人物，这就意味着中国的企业家队伍出现了严重的断层现象"①。为了让新生代的企业家有机会展现自己，他甘愿主动退居幕后。这件事不仅体现出他本身是一个有雅量、能够做到摒弃前嫌、唯才是用的人，也体现出他没有自私地将所有的荣誉集于一身，而是很潇洒地让给别人，特别是那些有上进心和发展潜力的年轻人。

第二是身体原因。为了让公司健康发展，他常年劳累奔波，加上工作压力巨大，也不知道调节自己的身体，致使其患有的美尼尔综合症长期发作。这种病症导致身体不舒服，让人感觉非常难受。但因为工作忙，他也顾不上这些，结果导致病情进一步加重，故此他选择了退休。由此可以看出，他为了让公司获得发展而不顾自己的身体，真正达到了老子思想中外其身的境界。此举的结果是，虽然最终牺牲了自己，却赢得了良好的社会与行业声誉。

三　处下不争

所谓的管理者、企业家处下不争，就是说他们在处理事务时保持低调而不张扬的姿态，在市场中面对竞争对手咄咄逼人的攻势不是迎面痛击，将市场变成一片血海，而是采取躲避进攻、寻找新的市场空间等方式，为企业开辟新的出路。许多企业家在事业成功之后，不是像福特那样傲慢无礼，而是依旧谦逊处下，为而不争，结果使企业走向了下一个辉煌。

（一）处下

沃尔玛是世界上最大的连锁超市公司，其店铺遍布世界，知名度在企业界也是名列前茅。但支撑其成为举世闻名企业的，却是它的公仆式领导理念，后者在业界也是鼎鼎有名。"早在创业之初，沃尔玛公司创始人山姆·沃尔顿就为公司制定了三条座右铭。"②

---

① 彭征、袁丽丽：《联想教父柳传志》，现代出版社2009年版，第10页。
② 钟永森：《道德经与无为管理》，凤凰出版传媒集团、凤凰出版社2010年版，第207页。

其中第一条是顾客是上帝。这就是说，他将顾客放在第一位，让企业甘愿处于卑下地位为他们服务。第二条就是尊重每一个员工。沃尔顿认为，企业若想取得理想的业绩，只有通过员工的努力工作才能够实现。因此尊重员工，让员工感到有尊严，有成就感，是企业走向成功的必要保证。第三条是每天追求卓越。这就要求企业人员不断否定自我，即使他们取得了一些成绩，也不能因此骄傲自满，而是要继续虚心学习和努力，确保进一步提升自己的能力。因为市场需求是变化的，如果企业止步不前，仍旧陶醉于过去所取得的成就里，就很容易被竞争对手超越。只有保持清醒的头脑，时刻跟上市场发展的步伐，并且创造性地提出解决问题的方案，才能在激烈的市场竞争中立于不败之地。

正是在这些理念的指引下，沃尔玛公司提倡服务型的管理理念，为此还建立了"倒金字塔"式的组织结构。这种组织结构使沃尔玛的领导处在整个系统的最基层，其主要任务是为员工和客户服务，而员工则是中间的基石，既接受上层的服务，又积极地对他们的顾客进行服务。最后，公司将顾客放在第一的位置上，让他们理所应当地接受公司的服务。这就是公司倡导的理念：员工为顾客服务，领导为员工服务。这种看似谦卑低调的服务工作，却为公司带来了巨大的益处：不仅创造了良好的企业形象，而且成为世界上最大的企业，其销售额多年高居世界第一。由此看出，它通过积极处下，使公司成为一个真正的企业王者。

李嘉诚之所以能够取得成功，皆是因为他善于处下。首先，他的做人理念就与许多自命不凡的管理者不同。当有人非常钦佩地说道："李先生精神难能可贵，不少老板待员工老了就一脚踢开，你却不同。这批员工，过去靠你的厂养活，现在厂没了，你仍把他们包下来。"① 哪知李嘉诚听到之后急忙解释："千万不能这么说，老板养活员工，是旧式老板的观点。应该是员工养活老板、养活公

---

① 李津：《李嘉诚商道真经》，吉林大学出版社2009年版，第148页。

司。"① 他认为，对于一个企业来说，主要是员工通过自己的劳动与创造使公司得到生存与发展，而不是公司用钱养活了员工。这种观念上的转变，可能许多人不明白。

在谈到自己所取得的成就时，李嘉诚的讲话更是让人大跌眼镜。虽然将生意做到了华人首富的地步，但他却说："其实我不是做生意的材料。因为第一，我这个人怕应酬；第二，我不懂得奉承；第三，诚信的事，我答应人家，就一点也不失信，我是守信用的，但是人家答应我的，就未必是很守信用。我就一个好处，就是肯追求行业最新的知识。"② 对于某些企业家来说，善于交际应酬、懂得阿谀奉承、使用机心蒙骗别人，是作为一名合格管理者的必备要素。但李嘉诚却说这些他全然不会，其实，这是他的谦让之辞。他不是不会，而是不屑于如此而为。他觉得时刻了解行情变化，通过诚信经营，才是企业经营的王道，并且他是通过实际行动来体现出他的这种经营理念的。

在日常的经营活动中，李嘉诚表现得非常低调，他认为，只有"保持低调，才能避免树大招风，才能避免成为别人进攻的靶子。如果你不过分显示自己，就不会招惹别人的敌意，别人也就无法捕捉你的虚实"③。显然，在他的心目中，只要保持低调，才不会引起别人的嫉妒，也不会招致别人的打击，这样会减少自己在经营中所遇到的预期或意想不到的阻力，使企业得到顺利的发展。同时更为重要的是，在保持低调风格的经营中，会使竞争对手觉察不到自己的虚实，这样别人在攻击你时，也会因为不摸你的底牌而有所顾虑，不敢轻易下手。如此看来，李嘉诚低调的经营作风深合老子的守黑与无死地的主张。

企业家卢作孚也是一位非常低调的人。他的低调主要体现在两个方面：一是悉心为旅客服务。他抱着"服务社会、便利人群"的宗旨来经营民生公司。他日常工作的重点就是在旅客服务上多下功

① 李津：《李嘉诚商道真经》，吉林大学出版社2009年版，第148页。
② 同上书，第300页。
③ 同上书，第350页。

夫。比如在客人到来之时，公司的工作人员必须亲自到岸上迎接，因为这样做就会让旅客从心里感到非常温暖。然后在细心检查过船票之后，他们又会亲自把旅客接到船上，帮他们寻找其舱位或座位，尽可能地减少这些旅客因寻找自己的位置而产生的各种麻烦，从而方便他们的旅行。除此之外，卢作孚还根据客户喜爱干净的特点，将他们的住处收拾得干干净净，还给他们供应干净卫生、价格便宜的饭菜等一系列令旅客满意的服务，从而让客户高兴而去。这种既使客户受到优惠，又使他们享受到良好服务的旅行活动，客户从中切实感受到了自己的尊严。而这种情况也为公司的生意兴隆提供了条件。

二是身为民生公司总经理的卢作孚，在工作和生活中，不仅以身作则，不搞特殊化，就是对于自己的家人，也做出同样的要求。当卢作孚的夫人、孩子因事坐民生的轮船时，也和其他职工家属一样，按照公司的规定购买半价船票。在他们登船的过程中，同样和其他乘客一样排队等候上船。到了船舱之后，他们就按照公司的规矩，坐在他们的位置上。尽管他们如此低调，有时还是会被船员认出，这让后者感到很不好意思，于是有些船员就请他们到经理室去坐。但无论船员怎样劝让，卢夫人等也坚持不肯。他们如此的行为作风，让手下船员更加尊敬之。

在卢作孚母亲60岁生日时，他的亲友和北碚各界人士送来寿礼3000元，但他却坚决不收。于是这些人士就为他"在平民公园修了一个亭阁，请当地书法名家赵熙题写了'慈寿阁'的匾额"①。他知道此事后，坚决让人把这块匾取下来。结果拖了两年，该亭都没有取名。直到1937年12月26日林森来游，卢作孚请他写了"清凉亭"三个字，并将之挂上去，这个亭子才有了名字。由此可见，卢作孚的作风是多么的低调。由此可见，他受到人们的尊敬并不是没有因由的。即使到现在，他的这种作风仍值得人们学习与

---

① 傅国涌：《大商人——影响中国的近代企业家们》，中信出版社2008年版，第页。

效法。

（二）不争

很多企业家不仅为人处世低调，而且善于保持不争。民国时期，上海的出租车大王周祥生，就是通过不争而发家的。据他的儿子周惠民回忆，有一次周祥生坐黄包车，看见前面的一个黄包车车夫捡到一包东西，当时他没感觉到什么，而拉他的那个黄包车车夫见状就跑上前去，对捡到东西的车夫说，这包东西是我家先生掉下来的，因此你必须还我。但捡到包裹的那个车夫根本不买账，说我在前面，你在后面掉的东西怎么会自己跑到前面来？接着两个车夫就为此事争吵了起来。

这时周祥生不仅没有参与争夺那个包裹，反而劝道，这包裹里面是什么东西，你们都还不知道，就这样争吵起来，是对你们两人都没有好处的。因为巡捕一来，这包东西他们肯定是要拿走的，这样一来，你们两个人什么也拿不走、得不到。那两个车夫一听，觉得他的劝解有道理，于是就一起拉着车子到一条弄堂里面去看个究竟，结果发现，包裹里是一包卢布钞票，估摸着也能值不少钱。最后这两个车夫就把钱分掉了，同时也没有忘记周祥生。为了表示对他的感谢，他们就分给他两沓作为酬谢。而周祥生就是凭借这两沓卢布钞票，到银行兑换出 500 银圆，并将之作为兴办企业的资本金。随后又凭借他的辛苦努力，终于成功地发展了他的出租车事业。从这件事也可以看出，周祥生并没有多大的贪心，正是通过他的不争，才使他有了资本去从事他的事业。因此，这是一个典型的不争而得的事例。

在市场的打拼中，卢作孚就是通过不争的方式，与对手展开竞争的。在当时的航运业，无论是外国公司，还是国内企业，都将它们的经营业务放在了竞争激烈的货运上。根据这种情况，卢作孚采取"避实就虚，人弃我取"的经营理念，将他的经营业务放在客运方面。但是他发现，也有一些公司从事客运业务，而且主要经营的是长线业务，于是他就又一次避开市场竞争，将他的业务重点放在短线上。

在经营短线的过程中，他采取了具体的经营策略来建立企业的竞争优势。首先，将航线固定化、定期化。如他决定在重庆到万县的航线上经营，就长期将其经营路线固定在这条航线上，而不是今天从重庆跑到万县，明天又改航线从重庆跑到宜昌，后天又跑到北碚。所谓定期，就是规定在某个时间准时出发，而不考虑旅客是否坐满舱位，尽管直到旅客坐满舱位才起航是航运业常见的现象。卢作孚的这个规定体现出公司为旅客争取时间的特点，让旅客坐船时感到十分放心，因为后者能够准确地把握他们的出行和到达时间。其次是积极开辟新的航线。公司这样做的目的，就是希望与以货运为主的轮船错开，从而避免因航道拥挤而随时可能发生的堵塞现象，以保证自己的轮船能够顺利到达目的地。正是因为卢作孚的不争策略，民生公司在较短的时间里获得了较快的发展。由此看来，不争在市场竞争中也能给企业带来巨大的益处。

同样李嘉诚也是一位能够做到不争而胜的企业家。当他早年在五金厂做推销员时，这时厂里的主营业务是日用五金，而主要产品就是镀锌铁桶。但是，他看到铁桶市场的竞争是非常激烈的，于是就避实就虚，将推销对象从杂货店转向中下阶层的家庭妇女，从而避开了杂货店直接向客户进行销售的渠道。经过他的努力和动员，促使闲时喜欢打牌的大姑、大婶成为他的义务推销员。通过口碑营销，他的产品一传十、十传百地向四处传播，从而使他的知名度大为提升。除此之外，他还直接向使用单位推销他的产品。如他发现酒楼、旅店是他的"吃货"大户，于是就向这些行业进军，结果销售大获成功。有一次在一家旅店，一次性就销出了100多只。通过这些销售渠道与方式，不仅让他的销售业绩大升，而且也使得五金厂的生意十分兴隆。这就是李嘉诚早年在营销方面不争而胜的具体事例。

1977年底，事业有成的李嘉诚想收购置地旗下的九龙仓。于是他就分期分步骤地大量暗购九龙仓的股票，促使该股票升值。但此举被九龙仓集团发觉，他们立即部署反收购行动，但由于资金有限，不得已而向汇丰银行求助。而该银行则是李嘉诚多年的合作伙伴，当银行向他提出此事后，让其感到左右为难。正在此时，他发现华资财团的包玉刚亦在争夺九龙仓。于是李嘉诚采取不争的策略，主动退让，见好就收，主动将自己持有的 1000 万九龙仓股票转让给他。此举不仅促使包玉刚顺利收购了该集团，他自己也从中获利 5900 万港元。更何况包玉刚也不是一个忘本的人，他投桃报李，将其手中持有的另一老牌英资洋行和记黄埔的股票，转让给李嘉诚。于是他故技重施，派人暗购了和记黄埔 70% 的股票，他本人也成为和记黄埔董事局主席。由此可见，李嘉诚采取的不争策略使他多方获利，不仅给了汇丰银行面子，而且也帮助了包玉刚，同时又使自己赚了一笔财富，最后还从包玉刚那里得到了回报，此举为他的事业走向又一个辉煌，奠定了坚实的基础。

柳传志在经营企业的过程中，有时也会通过不争来赢得发展。在 20 世纪 90 年代，公司内部呼吁研究中国芯的声音甚高，支持者提出的口号在当时也是风行一时。其中在联想高层，则以吕谭平、倪光南等人为代表，他们强烈要求联想研究集成电路。因为它符合当时的时代潮流，能够激发出人们强烈的民族感情。起初柳传志也有这种念头，但经过他对中外企业的实力与研发技术加以细致比较，就打消了这个念头。根据他了解的情况，当时无论是国内的技术背景、工业基础，还是资金实力、管理能力以及市场营销，都没有竞争力，故公司无法在芯片技术方面赢得市场优势。在他看来，愿景是美好的，但当时中国的现实条件却不允许企业这样做。如果强行去开展相关的研究，其前途是难以预料的，更有可能的是以失败而告终。想到这一层，柳传志悚然惊醒，立即叫停关于"集成电路"研制计划，让联想停止去挑战被国外电脑制造商掌握着技术最高点的芯片技术。他的这个决策类似当年红军的审时度势，采用了农村包围城市的正确战略，而非一味主张激进的冒险主义。当然，它根本不是惧怕国外公司的一种懦弱表现。

因为他认为，"与其在制高点上慷慨赴死，不如避实就虚，先在技术和利润的低谷中抢得一席之地"①。于是在他提出了"曲线

① 彭征、袁丽丽：《联想教父柳传志》，现代出版社 2009 年版，第 164 页。

救国"策略后,"决定做主板业务,他要做外国公司不能或不愿做的事情"①。柳传志采取这样的行动,显然符合老子为而不争的思想。因为台湾电脑商施振荣曾说,在微机"利润链"上有一条"微笑曲线",微机"利润链"的最高端是"中央处理器"和"操作系统",占据中间层的则是存储芯片、硬盘和显示器,而主机板的位置几乎处在最底层,其平均利润仅为1%,至于最后的电脑组装业,则比主机板还要低一层,是最底层的业务之一。与当时倪光南提出抢占技术最高点这一激荡人心的主张相反,杨元庆更是提出进军电脑组装业,是"这个部分因为利润少,国外微机不关注,因此也是他们的薄弱环节"②。而柳传志也意识到,将联想公司的主营业务转向竞争对手的薄弱环节,更有可能让企业走向成功,故此他坚决主张这个看似不争的发展战略。后来,柳传志将他的这一举措用"田忌赛马"来比喻。他说,如果想"在一场必输的竞赛中夺取胜利,奥妙在于用自己的'上马'去对抗对手的'中马',用自己的'中马'去对抗对手的'下马'"③。他指出,联想公司能够在竞争中决胜的制高点是主板和整机组装,这一部分利润显然比集成电路要低很多,但只有如此,才能够使自己在竞争激烈的微机市场上占有一席之地,而后来的情况也印证了柳传志决策的成功。通过竞争与降价营销,他成功地使电脑从奢侈品变成了消费者的生活必需品。而它的市场销量以势如破竹的力度超越了 IBM 电脑,确立了自己在中国市场的榜首位置。

综艺集团的昝圣达,也是一个通过不争而使公司走向成功的企业家。他的经营理念就是"远离竞争",此意就是力图避免与对手进行面对面的搏杀。昝圣达认为,如果企业处于一个如日中天的行业,那么作为管理者就必须未雨绸缪,需要考虑新的投资方向,以便分散企业在此时遇到的风险。因为一个过热的行业,必然会吸引过多的竞争者进入,这样市场很快就会因为竞争过度而导致企业利

---

① 彭征、袁丽丽:《联想教父柳传志》,现代出版社2009年版,第173页。
② 同上书,第162页。
③ 同上书,第165页。

润降低。在这种情况下，如果企业没有其他想法，那么或许会给它带来灾难性的后果。正是在这种理念的指引下，昝圣达选择了不争转型的发展策略。

但对于他来说，转型总是痛苦的，尤其进入一个陌生的领域。因为作为一个管理者，在企业转型时必须考虑三方面的问题：你的市场在哪里？你的技术优势在哪里？你的成本优势在哪里？"有些产品有很高的技术，但没市场，你卖给谁？有的有市场，但技术很低，谁都可以进入。"[①] 如果企业将这两个问题都解决了，那么下一步就要看企业的成本优势在哪里。对于管理者来说，尽管在转型的过程中进行新的选择很麻烦，但是"人无远虑，必有近忧，与其承受被动改变的痛苦，不如主动改变，先苦后甜"[②]。所以企业要转型，而且转到一个较好的行业，这就要求企业进行慎重的考虑。对于综艺集团来说，在选择项目时，必须是科技含量高且又有市场的项目，门槛低的项目企业绝不进入。

有了这种理念后，紧接着就是将之落实到具体行动中。于是当昝圣达感受到了中国民营经济发展的美好前景时，就毅然在设计师岗位上做得得心应手的时候辞职创业。当他预见到国内市场竞争的惨烈和利润的稀释时，又从做得红红火火的服装内销市场转向外销市场。当他意识到服装企业的增长速度已接近极限，企业必须寻找新的"舞台"时，就又从稳坐我国丝绸服装出口企业的冠军宝座之位转移，将其投资范围拓展到了木业。"在国内大多数企业还没看懂资本市场的时候，他已经开始果断行动，为企业上市倾尽全力；在传统产业生意兴隆、万事如意的时候，他又一步步地介入高科技领域，从软件流通到软件开发，再到芯片设计，步步为营，棋棋领先。"[③] 正是他不断通过不争而转型，使得企业持续走向成功。结果它从一个生产刺绣服装的村办小厂，发展到了能够生产完全拥有

---

① 钟永森：《道德经与无为管理》，凤凰出版传媒集团、凤凰出版社2010年版，第181页。

② 同上书，第180页。

③ 同上。

自主产权的计算机芯片"龙芯二号"，并走在 IT 产业前端的现代企业集团。他的行为不仅验证了老子不争而胜的思想，也深为符合管理学大师德鲁克的一句名言："创新的同时，必须学会放弃。"①

意大利企业家卡尔罗·德贝内德蒂，也同样利用不争而使企业走向了成功。在他经营奥利维蒂公司时，微型电脑刚刚流行。为了在这一新的潮流上面立足，他特意成立了一个研究实验室，并投入大量的人力财力，希望能够成功地研制出家庭和办公室微型电脑。不幸的是，当公司的研制接近成功的时候，美国 IBM 公司的兼容式微型机却抢先一步上市了，并迅速占领了世界市场。这种尴尬的局面让德贝内德蒂左右为难，但最后他还是忍痛下了决心，"放弃即将完成的研究，同时重新组织力量，在 IBM 电脑的基础上，研制一种性能相似价格却便宜得多的兼容机"②。

此举不仅使公司蒙受了重大经济损失，而且也受到股东们的严厉指责和新闻媒体的激烈批评。但德贝内德蒂不为所动，而是顶住各种压力，顽强地从事他认为是正确的工作。结果，当兼容机研制成功之后，因其价格优势而大受消费者的欢迎，此举为公司带来了滚滚财源。这时，人们对德贝内德蒂的批评之声完全转变成了赞誉声，并且还多次被美国《时代》杂志等刊物评为封面人物。由此看来，正是因为德贝内德蒂坚持不争的理念，避免与强大的 IBM 公司展开直接的竞争，才避免将奥利维蒂公司拖进巨大的危险之中，以致造成难以挽回的损失。总的来说，德贝内德蒂的这种行为，有效地证明了老子不争思想的价值所在。

四 雌小柔弱

如果企业家想成为一名合格的道商，就需要做到守雌自小，柔弱不强。在老子看来，慈小则意味着柔弱，相比于雄者、大者，慈小就显得没有那么强横霸道，但却总是给企业带来意想不到的

---

① 钟永森：《道德经与无为管理》，凤凰出版传媒集团、凤凰出版社 2010 年版，第181 页。

② 同上书，第 124 页。

成就。

（一）雌柔管理作风

在历史上，许多管理者都具有雌柔的管理风格，民营企业家范旭东就是其中具有代表性的一位。他平时对人对事态度平和，很少随意显露出自己的情绪。这种风格具体表现在，他对同事素来宽厚，绝不采取欺瞒狡诈的手段对待他们；在与职工交谈的时候，显得非常随意温和，很少出现疾言厉色的表情。无论是企业的高层还是底层，他总是与之称兄道弟，和他们打成一片。故此很多员工都愿和他相处，向他说一些心里话。

但在范旭东的管理过程中，有时也会遇到烦心事或棘手的问题，而他一般不会雷霆大怒。据同事侯德榜回忆，他熏陶同仁的方法，就是邀请同仁外出散步，随意与之聊天，而在这个过程中与对方交换意见。如果需要指正别人的问题，他总是通过温和讨论的方式来达到他的训诲目的。在职工遇到生活或工作上的困难时，他也总是伸出温暖的双手予以支援。在抗战时期，其下属刘嘉树父子离散，后者急于见到亲人，但苦于没有路费而不能成行。当范旭东偶然得知这种情况之后，第二天就让财务科送去支票，这让刘嘉树感动不已。其同事李烛尘在评价企业的成功之时，曾感叹这与范旭东平时与人的平易相处，以致促成整个团体的精诚合作，是分不开的。

同样李嘉诚也是一个雌柔处事的企业家。小时候，他就非常懂礼貌，不仅积极主动帮助其父料理家务，在其父亲生病的时候悉心照料，而且对其他人也非常友好。据他的学长许幼琨回忆，李嘉诚对他的同学、老师都很客气，非常讲礼貌。他并不因为自己是校长之子而恃势凌人、恃强凌弱，也从不与同学过不去或打架，找他们的麻烦。在其创业之时或功成名就之后，也是如此作为的。他并不因为自己是行业老大、华人首富而颐指气使，傲慢无礼。

有一次他到其投资兴办的汕头大学办公时，刚下飞机就一眼瞥见许涤新校长在迎接他，于是他微笑着，快步上前和许校长热情地握手。那种谦恭温和的姿态，让许多人感受颇深，以致许多人认为他不像一位商界土豪，而"像一个学成归国的学子，遇着久别重逢的老师那样欣喜、诚挚。这情景与其说他是一位'叱咤风云'的大企业家，倒不如说他是一位温文尔雅、博学多才的学者更为合适"①。难能可贵的是，他的谦逊温雅作风，一直保持到现在，没有一丝改变。直到目前，他给人的感觉还是一位谦谦长者，显示出非常震撼的亲和力。

联想教父柳传志同样是一个善于处柔待人的企业家。他曾说："经营企业，如果心肠冷漠，肯定做不长久，一定要以心换心、诚恳相待。"② 尽管他重视纪律的重要性，但是他认为作为管理者，绝对不能铁石心肠，否则会遭到别人的抵制和抛弃。在他看来，在进行管理的时候，一定要将心比心，以诚待人。因此他平时所体现出来的，就是具有雌柔特性的管理作风。在他成就了联想之后，并不沾沾自喜，得意忘形，而是依然保持着儒雅谦逊的形象和平易近人的作风。这一点值得许多企业家认真学习。正是因为这种性格，接触过柳传志的人，都会产生一种感觉，那就是他根本不是一个高高在上，永远傲视一切的狂人，而是一个慈祥和蔼认真的"老头"。

有一次，一位在哈佛大学商学院任教的教师，想访问中国的几个著名大企业。由于对中国的情况不甚了解，他就委托一个中国人帮他联系这些企业。当这个委托人小心谨慎地拨通了柳传志助理的手机，并报上名字后，让他惊奇的是，手机里很快就传来了柳传志本人温和的声音。这让他感到特别温暖。而且让人感到意外的是，柳传志十分明确地同意接受采访，并负责安排具体的接待工作。为了保证此事的成行，柳传志又让助理进一步联系委托人，索要详细的背景资料和具体的访问行程。其实像联想这类级别的公司，会遇到十分频繁的访问请求，其中还包括政府官员、基金经理等人。负责这些事情的接待人员多是应接不暇的，因此难免会产生让人感到招待不周的情况发生。但对于柳传志来说，"能够以如此谦虚友好

---

① 李津：《李嘉诚商道真经》，吉林大学出版社 2009 年版，第 276 页。
② 彭征、袁丽丽：《联想教父柳传志》，现代出版社 2009 年版，序言第 2 页。

的态度来安排一个自己从来不认识的外国人，他向人们展示了他的谦逊，他的温和"①。

柳传志的守雌处柔思想还体现在与合作伙伴的关系上。他认为，在对国外企业的并购中，最重要的就是双方高层管理人员之间的磨合。故此他赞赏杨元庆与斯蒂芬·沃德在合作中遵循的三个原则，即坦诚、尊重、妥协。他指出："这个说法本身就是一种诚恳的表现。只要是最高层能够很好地融合在一起，下面的问题就好解决了。"② 在他看来，双方之间应做到坦诚，互不隐藏欺瞒；做到尊重，而不是傲慢、自以为是；做到妥协，互相谅解、让步而不是固执己见，因为这是企业并购成功的关键因素。而在相互尊重、忍让的过程中，合作中的处柔守雌特性就能够很好地体现出来。所以柳传志特别强调温和、处柔的重要性，并通过自己的行为将此形象树立起来。

（二）积极处小

尽管许多企业家取得了足以傲人的成就，但他们毫不骄傲自大，而是甘愿处小，并且做事非常注重细节，以致这被作为其成功的基石。

20 世纪 80 年代，美国的约翰逊父子公司将企业真正做到了"小"，并由此获得了"诸多益处"。在那个时代，该公司的资产就已经达到了 50 亿美元，是一个名副其实的大型公司。但企业负责人却不因此表现出自高自大，进而被自己的业绩冲昏头脑，而是理性地将自己的公司划分成 150 个独立部门。他们将每个部门的规模限定在约 3000 万美元左右，同时也将之称作"公司"，并由一位"董事长"领导。这些小"公司"中的每一个，都拥有包括产品研制、财务和人事权等在内的各种主要职能。尽管这些小"公司"并没有真正独立到拥有自己股票的程度，但它们却拥有一般企业经营管理的主要权力。

---

① 彭征、袁丽丽：《联想教父柳传志》，现代出版社 2009 年版，第 5 页。
② 同上书，第 193—194 页。

这些小"公司"的设立，极大地调动了它们的工作积极性。因此，各"公司"的"董事会"工作都很活跃，"工作效率和工作积极性都很高，并增强了其勇于承担责任和大胆创新的魄力与勇气"①。此外，这种划分的好处还在于，它不仅使得总公司的具体经营管理业务大大减少，而且使企业以前臃肿的机构得到了精简，并减少了许多工作人员。这样不仅使企业的官僚习气减弱，降低了它们的经营成本，还提升了企业的市场应变能力，使它们的市场竞争能力明显增强。因此该公司通过将企业变小，使企业的经营活力极大地增强，这就是自小给企业带来的益处。

与之类似，稻盛和夫也发现组织机构的庞大臃肿，会存在各种有形的和无形的浪费现象。因此在其经营的企业规模逐步扩大时，他试图将其分割成众多的小组织（细胞），以实现公司的无浪费经营，这就是著名的阿米巴模式诞生之背景。因为他发现，许多中小企业的经营者都能够从大企业无法营利的买卖中赚取利润，以此顽强地求得生存，这本身就有值得学习的地方。于是，他就在京瓷公司中"划分出如同中小企业般顽强的组织体，然后在公司内培养出与中小企业的经营者持同样经营观念的干部"②。这样做的目的，就是希望这些组织体，能够发挥中小企业那样的竞争能力。然后，下一步"就是实现全员参与的经营模式，即最基本的每个员工都能把握自己的阿米巴经营目标，分别在自己的岗位为提高业绩而付出努力"③。他的这项策略显然超越了那些中小企业的经营水平。

在财务收支方面，阿米巴采用每小时产生多少附加价值这种独立的计算方式进行核算。即从"各阿米巴的销售额减去其所使用的所有经费，用剩余的金额除以当月总劳动时间，所得的数字就可以作为经营的指标。"④ 这样做的效果就是让员工知道自己工作的贡

---

① 钟永森：《道德经与无为管理》，凤凰出版传媒集团、凤凰出版社 2010 年版，第118 页。

② 稻盛和夫：《京瓷的成功轨迹》，中国友谊出版公司 2003 年版，第 51 页。

③ 同上。

④ 同上书，第 52 页。

献大小，从而量化其工作能力，以便做到心中有数。对于业绩优异的阿米巴，企业只给予精神方面的奖励，这与许多公司采取的物质奖励不同。因为他们认为，来自自己信赖的同伴之称赞和感谢，是另一种奖赏方式，有时它起的作用比前者还要大，梅奥的霍桑试验对此进行了证明。稻盛和夫通过他的阿米巴模式，将企业有意做小，最终使它们获得了更强的经营能力和市场竞争优势。

同样，台塑大王王永庆也是一个非常注重细节的企业家。他指出，企业是一个庞大的组织系统，它在具体的运营中会涉及一系列业务流程，存在着方方面面的细节，但是，如果其中的一个细节不合理，就会影响到整个组织的发展。即使这个细节不甚重要，也会影响到企业或个人的生产效率，造成精力、时间或其他资源的浪费。因此他提出，企业若想改善自身，就要把细节问题处理好。而作为人则是改善组织的主体，他们的认识是企业完善自身的关键，所以企业的流程改善必须从人的认识开始。关键是先让他们知道企业运营的细节还存在需要完善之处，以此让他们产生不满足感。故王永庆说："不满足就是认识的开始，也就成为改善的动力。"① 这就是说，从他的理念来看，他主张从人的认识、不满等细处着手，进一步解决在企业流程等方面出现的问题，尽管这些问题是细节性的。由此看来，他非常注重组织的细节问题。

除此之外，他还要求在工程施工的过程中，相关负责人要对施工的每道工序、每个细节都做出合理的计划，并根据工程量合理地分配时间，最后将工程所有的细节综合起来考察，就能制定出总的计划。之所以如此，是因为他认为"在施工过程中，严格按照时间标准来完成进度，就可以大大提高工作效率"②。因此他的管理理念主张"以追根究底的精神，将涉及成本的项目分化到最小的单位，然后逐项降低成本"③。这是他通过细节管理工程来提高效率、降低成本的典型案例。同时我们也可以看出，他喜欢对每一件事都

① 双根：《王永庆全传》，华中科技大学出版社2010年版，第170页。
② 同上书，第158页。
③ 同上书，第182页。

进行刨根问底式的追问，不论它们是大事小事，也不论是大处小处，从不漏掉任何一点，无论它在普通人看来是多么的微小。王永庆在这方面的做法，显然与教科书上的某些企业管理理论有着较大的出入。

　　总的来说，王永庆正是通过细节思维，来了解与把握企业经营中每一个环节的，这使他的企业逐渐发展壮大，并最终建立了台塑集团这一企业帝国。与此相对应的是，王永庆也由此成为一代商业领袖。目前，他的"台塑集团横跨多个行业，尤其是在石化工业领域，建立起从原油进口、运输、冶炼、裂解、加工制造到成品油零售等一体化的完整产业链，这在中国台湾是独一无二的企业集团"①。当我们看到这样一个巨型的企业航母时，很难想象这是王永庆通过对企业流程细节的把控，做到这一步的。这就是说，他是通过使用让许多人难以置信或意想不到的注重细节的管理，从而把企业发展壮大的。

　　日本人对细节的关注，让人感到匪夷所思。20 世纪 60 年代，我国的石油工作人员积极勘探与开发大庆油田。在当时两国关系还不密切，双方几乎没有经济来往的情况下，日本企业人员就敏感地发觉了这一情况。但当时他们不知道大庆在哪里，也不知道油田具体的发展状况，因此想了解它的开发过程则困难重重。然而他们并没有灰心丧气，而是通过对一系列现象准确地进行逻辑推理来收集油田之相关情报。具体来说，在油田开发初期，他们是通过我国传媒部门发布和宣传的一些相关照片和报道等细节信息来推测大庆油田之开发进度的。

　　首先，他们在《人民画报》封面刊登的王铁人照片上，发现其背景是天上正在下着鹅毛大雪，铁人身穿大皮袄。由此分析出大庆可能是在东北三省，否则不会下这么大的雪，天气也不会这么寒冷。接着他们又看到《人民日报》一条新闻报道：王进喜到马家窑

① 钟永森：《道德经与无为管理》，凤凰出版传媒集团、凤凰出版社 2010 年版，第 163 页。

494

说了一声："好大的油田呀，我们要把石油落后的帽子甩到太平洋去！"① 由此推测出马家窑就是大庆的中心。当他们在《人民中国》上看到大庆的设备不用马拉车推，而是完全依靠肩扛人抬时，就分析出马家窑离车站不远，因为远了人们肯定就扛不动了。1966 年，当他们得知王进喜去北京参加全国人民代表大会时，就推断出井出油了，不然王进喜当不了"国会议员"。后来，他们又根据《人民日报》的一幅钻塔照片所显示的钻台手柄架式，估算出了油井的直径。日本石油化工设备公司的员工根据这些情报，对其进行科学的分析和严密的推断，未雨绸缪，提前设计出符合大庆油田需要的相关石油设备，这样"在我国政府面向全球企业招标时"②，他们因了解细致、准备充分，从而一举中标，为公司赢得了大量的合同。这就是企业因关心细节而给它们带来的益处。

众所周知，微软是世界知名的高科技公司，其制造的高附加值产品给它的股东带来了丰厚的回报。对于比尔·盖茨等人来说，每天都会有大量的利润进账。虽然比尔·盖茨由此获得了世界首富的称号，但他仍然非常重视公司的细节小事。他曾对别人说："你不要认为为了一分钱与别人讨价还价是一件丑事。也不要认为小商小贩没什么出息。金钱需要一分一厘积攒，而人生经验也需要一点一滴积累。在你成为富翁的那一天，你已成了一位人生经验十分丰富的人。"③ 显然，他认为作为经营者，如果平时能够算小账，为了一点钱与别人讨价还价，这不是令人感到耻辱的事情。它反而会降低企业经营的成本，提高企业的经营绩效。

并且对于经营者来说，经过自己的辛勤努力、日积月累地积攒好每一分钱，不仅会增加自己的人生阅历，而且也能够为自己成为富翁奠定基础。比尔·盖茨注重节省细微资产的理念，不由得让我们想起，老子的"合抱之木，生于毫末；九层之台，起于累土；千

---

① 钟永森：《道德经与无为管理》，凤凰出版传媒集团、凤凰出版社 2010 年版，第 161 页。

② 同上。

③ 李津：《比尔·盖茨商道真经》，吉林大学出版社 2009 年版，第 76 页。

里之行，始于足下"（六十四章）这段话所蕴含的智慧。在盖茨看来，"先做小事，先赚小钱"①，它的最大好处就是在低风险的情况下积累工作经验。因此效法他的思想，不仅可以培养出踏实的做事态度，以此塑造出精细的金钱观，也可以借此了解与检验自己的经营能力和理财技能。这不仅对企业人员，就是对普通百姓，也具有较大的指导价值。

（三）不小自大之反例

亨利·福特是美国乃至世界上最伟大的企业家之一。他制造的汽车，深刻地改变了美国人民的生活方式。他也由此被业界誉为20世纪最伟大的企业家。但让人没有想到的是，他在名誉面前陶醉了，由此变得自大而狂妄。结果他倒在了自己刚愎自用的管理风格上，并差点断送了福特汽车事业。的确，他的事例让许多人扼腕叹息。事情是这样的，福特在企业经营中所形成的管理理念就是，既然所有员工都是自己花钱雇来的，那么他们就与一般的商品丝毫无异。如果员工不能绝对服从自己，那么就应该立即把他开除。更为严重的是，他一直推行的"专制管理"理念，也导致他听不进任何人的劝告。结果，他的管理风格让他与员工之间处于严重的对立状态，招致了企业内部的不稳定。在此情况下，不仅员工们纷纷离职，就连他最得力的管理专家，即曾经多次劝告与帮助他的兹恩斯，也在无奈之下另觅他处。

更为严重的是，对于不断变动的市场需求，他也是采取漠视的态度。在他经营企业近20年的时间里，福特公司只向市场提供单一色彩、单一型号的T型车。尽管一开始，它受到人们的广泛欢迎，但随着时间的流逝，消费者的需求也变得多种多样。对此他的销售人员多次提出增加汽车外观色彩的要求，但都被福特严词拒绝。他曾蛮横傲慢地说道，消费者要什么颜色的车都可以，但他们只能得到一种颜色。在他这种固执的理念和独断专行的政策作用下，公司的市场份额节节下降。"1928年，福特公司的市场占有率

---

① 李津：《比尔·盖茨商道真经》，吉林大学出版社2009年版，第77页。

被通用汽车公司超越。而在亨利·福特晚年时，福特公司已濒临垮台。"①

在中国，盲目贪大的企业家比比皆是，如当年的巨人集团领导人史玉柱即是其中之一。他曾经创造"一年百万富翁，二年千万富翁，三年亿万富翁"②的业界神话，让许多人为之羡慕，那时的他甚至被人称作中国的比尔·盖茨。他取得的成就也确实值得他骄傲，如1991年巨人集团一成立，就推出了M6402产品。该产品在市场上一举获得成功，当年就实现利润3500万元，而企业的年销售额则是上亿。此时的巨人集团已经成为一家大型企业，因为这样规模的软件公司当时在全国是少有的。公司取得如此的成就，自然赢得了一片赞叹声。就连珠海政府对其也是高度重视，给予公司很多的政策照顾，其中包括高科技企业税全免、破例审批出国等。而巨人也没有辜负众望，趁机获得了进一步的发展，资产规模很快达到二三亿元。

此时对于史玉柱来说，不仅自身精力充沛，而且手中资金也多，又被赞扬声搞得忘乎所以。于是他不满于只做巨人汉卡，开始将他的企业向其他产业拓展。首先他想做巨人电脑，其实，我们还是不得不佩服他的眼光的，当时的电脑行业确实很赚钱。但让他没有想到的是，由于盲目扩张，公司的管理跟不上，因此形成的坏账高达一两千万元。更为严重的是，史玉柱当时并没有足够重视这个问题，在巨人电脑还没做扎实的时候，他又看上了财务软件、酒店管理系统等产品。在这些还没做稳妥，他又涉足了其他的行业，诸如服装和化妆品等行业，于是他的摊子一下子铺到了六七个事业部。

此时公司面临的危机没有彻底暴露出来，外界仍对其赞扬不断，致使史玉柱难以从严峻的现实中清醒过来。1993年，他成为珠海第二批受到重奖的知识分子，消息一下子轰动全国，赢得了一

---

① 钟永森：《道德经与无为管理》，凤凰出版传媒集团、凤凰出版社2010年版，第194页。

② 同上书，第118页。

片喝彩声。更为锦上添花的是，珠海政府先后批给了巨人 4 万多平方米的土地，希望史玉柱能够进一步为珠海争光，将巨人大厦建为中国第一高楼。由于当时在全国已经兴起了房地产热，只要是房子就能卖掉、就能赚钱。面对如此有利的条件，史玉柱更加飘飘然。一开始他将巨人大厦规划为 38 层，但感到还是满足不了自己的欲望，于是又将大厦修改为 72 层，此时其所需的资金增加到了 12 亿元。随着工程的进展，公司的资金逐渐告急。1996 年，他被迫将投入保健品方面的全部资金调往巨人大厦，结果致使该业务因资金"抽血"过量、管理不善等原因，迅速由盛转衰。此时的巨人集团已经陷入危机四伏的境地。更为雪上加霜的是 1997 年初，由于巨人大厦未能按期完工，更加上媒体"地毯式"报道巨人的财务危机，结果导致巨人大厦只建至地面三层便已停工。接着对公司不利的消息频频传来，严重地妨碍了企业的正常运营，最终使巨人集团名存实亡。

事后史玉柱总结道："心情浮躁、好大喜功、好高骛远，这些词用在那时候（1996 年巨人集团倒塌）的我身上，一点也不过分。那时候巨人的企业文化是不对的，动不动就提口号，我要做中国第一大。原来是用来激励员工，后来把自己也给骗了。"① 整个事件给他的反思就是："现在我再也不敢定这种目标了，我要做的就是，把任何小的地方都做好。现在我面对的最大挑战就是，抵制住进军其他行业的诱惑。我压制不住自己的时候，就写好投资报告，等着自己的团队毙掉。"② 通过从盲目贪大走向失败，又从主动做小的自小行为，使事业走向了另一个成功，这是老子自小思想在企业运营成功上的具体展现。

广州太阳神公司的怀汉新，和史玉柱走的几乎是同一条道路，其结果也和后者一样，都是因急速扩大而使企业走向最后的失败。太阳神公司曾经有一段辉煌的历史，自企业成立以来，其销售额飞

---

① 钟永森：《道德经与无为管理》，凤凰出版传媒集团、凤凰出版社 2010 年版，第 119 页。

② 同上。

速增长。在 1994 年最顶峰时，当时仅"生物健"和"猴头菇"的销售额就达到 13 个亿，在同类产品中的市场占有率曾经高达63%。"这样的成绩至今仍是保健品行业的神话，前无古人，后无来者。"① 公司取得的业绩还不限于此，在穿越广州的珠江上，有一座著名的斜拉索式大桥——海印桥。1993 年，一路高歌猛进的太阳神公司，利用这座桥推出了一幅轰动一时的户外广告作品。它利用斜拉索的走向，巧妙地将企业标志与大桥形状融为一体。如此创意堪称经典，它取得了出乎企业预料的成功，"不仅获得当年度全国城市广告的最高奖，也成为品牌旅游线路'珠江夜游'的著名景点"②。即使在现在的许多 MTV 歌厅里，这座具有"太阳神"标志的海印桥，就像上海的东方明珠电视塔一样，是其点歌播发时选择最多的画面之一，此举给太阳神带来了丰厚的经济效益。

但怀汉新对此并不满足，他一改坚持多年的"以纵向发展方向为主，以横向发展为辅"③ 的公司战略，将之转变为"纵向发展和横向发展齐头并进"④。于是他吹响了多元化号角，在一年之内上马了 20 个项目，其对外扩展的雄心壮志一览无余。除此之外，他还在新疆、云南、广东和山东等地相继组建了"经济发展总公司"，进行大规模的收购和投资活动。其动作之快、手笔之大令人惊愕。但好景不长，之后太阳神似乎进入了休眠期。它不停地收缩战线，重新寻找新的产品，忙于调整营销方式，但最终成效却是微乎其微。让之雪上加霜的是，它还摊上了官司，天天被企业的侵权案整得焦头烂额。这种情况维持到了 2000 年左右，最终使太阳神退出广东"太阳神"队。怀汉新终因其盲目扩张而将一个欣欣向荣的企业整倒了，其兴也勃焉，其亡也忽焉。从太阳神公司的发展史中我们看到了一个公司从创业到辉煌，再到失败的经典案例。不同

---

① 钟永森：《道德经与无为管理》，凤凰出版传媒集团、凤凰出版社 2010 年版，第121 页。
② 同上。
③ 同上。
④ 同上。

的是，其相互之间的转换让人眼花缭乱，变化也过于迅速，不由得让人们感到非常感慨。时至今日，能够让人们记住太阳神的，或许只有那一句广告语——当太阳升起的时候，我们的爱天长地久。

五 慈生畜养

前文已述，自然之道、德具有慈生畜养的作用。而效法它们的管理者，其慈生主要包括不害人、慈生产品和慈生他人三个方面，其畜养主要是让他人他物生活得更加美好。

（一）不害人

在李嘉诚十四五岁的时候，其父因病去世。作为李家长子的他，为了让其父能够安心地长眠于下，就购买了一块位置较好的墓地。但是卖家欺他年幼无知，合伙商量着试图将一块埋有他人尸骨的坟地卖给他，以便得到这笔卖坟钱。不巧的是，他们的意图被李嘉诚察觉到了。他感到非常气愤，没有想到在这个世上还有如此丧尽天良的人。因此他断然拒绝了这些人的"好意"，但因为他年小，没有能力将已经交给卖家的钱要回来。尽管如此，他还是另找卖主，为自己的父亲重新购置了坟地，并将其遗体安葬于此。

这次买地葬父所经历的几番周折，深深地留在了李嘉诚的记忆中，直到现在仍不能忘怀。于是他痛下决心，不管将来创业的道路如何险恶，风险多么巨大；不管将来的生活如何困苦，经历多么艰难，一定要杜绝从事违背自己良知的事情。他从此立下志向，在生意场上决不能为了自己的私利而坑害人，让别人遭受无辜的伤害。因为这样不仅会让别人感到愤怒和痛苦，就是自己也会深感不安。与之相反，他认为，要在生活上乐于资助人，在工作上能够帮助人，让自己成为一个堂堂正正的企业家！

许多人认为，柳传志是一位值得尊敬的企业家。其中张祖祥评价道："这是个正派人，不会在你背后捅你一刀，他能团结一帮人。"[①] 他的这番论述或许是对柳传志平时为人处世最为中肯的

---

① 彭征、袁丽丽：《联想教父柳传志》，现代出版社 2009 年版，第 61 页。

评价。

当其属下杨元庆和郭为因业务渠道冲突而产生矛盾时，柳传志不忍心让他们任何一人受到委屈。于是就分拆了联想，将公司拆为新联想和神州数码公司，让他们二人各自负责原公司的一部分业务。在公司分拆之后，柳传志不是对他们撒手不管，而是尽心指导他们如何进行企业经营，其目的是让他们能够迅速地适应新公司的领导工作。同时他也不忍心让总部1000多人，因两人之间存在的矛盾而失去工作，因此积极为他们寻找出路。由此看来，柳传志的举措，不仅避免了联想高层间的内耗，而且保证了员工正常的工作与生活。他的不害人行为由此可见一斑。①

唐君远也是一位非常慈善的企业家。据他的儿子回忆，其父和一些蛮横资本家的行为完全不一样，他从不会动辄对自己的职工叱责喝骂，在不顺心时就踢一脚、打一下，甚至挥舞皮鞭耀武扬威地吓唬他们，而是对工人特别的温和与客气。当他在无锡担任厂长的时候，经常在闲暇没事的时间里，到工人家里访问，以了解员工的生活疾苦。在条件允许的情况下，他还会和工人一起吃饭聊天，从来没有厂长的架子。

在民国时期，许多资本家对工人非常残酷，他们动不动就让工人加班，而且只给很少的加班费，在很多情况下甚至连一分加班费也不给。夏衍的名作《包身工》即是一例。更让人齿寒的是，这些企业家嫌工人工作不力，经常采取殴打鞭抽等暴力手段对付他们，致使工人时有伤残，甚至还会致他们于死地。在那个普遍蔑视工人价值的年代里，唐君远如此友好地对待员工，绝不伤害他们一丝一毫，确实是一位难得的好老板。故他的行为受到许多人的尊敬并不是没有理由的。显然他的管理风格深为符合老子的不害人理念。

（二）慈生产品

所谓的慈生产品，就是指企业在管理者的组织下，积极开发具有市场需求的新产品，并通过这些产品为消费者服务。许多企业家

① 本案例选自彭征、袁丽丽《联想教父柳传志》，第208—216页。

都是这样做的，比尔·盖茨就是其中的代表性人物。当他发现英特尔的工程师们正在设计"8086"芯片时，甚至连用户手册还没有来得及编写出来，盖茨就看准了其中的市场潜力与商机。于是他组织员工形成团队，"抢先于硬件之前开发了基于这种高速芯片上的软件程序"①。这在当时来看是一种十分冒险的行为，一方面，芯片在开发时如果因某种原因出现了问题，那么微软公司所投入的各种资源，所开发的相关软件产品肯定会受到牵连，甚至全部报废。另一方面，如果芯片开发出来了，微软公司就会抢先一步开发出为之配套的软件，其他竞争对手也就没有机会和微软公司竞争了，这时微软公司一定处于第一的位置。这就是盖茨开发产品的理念，也反映了他的产品创生精神。

其实早在创业初期，盖茨就曾对他的合作伙伴艾伦说："个人计算机革命刚刚开始，将来每一个人都会拥有一台个人电脑，而挣钱的远景同样辉煌。或许将有无限的机器依靠他们的软件而运转。"② 这就是说，他们在年轻的时候，不仅找到了自己的发展方向，也发现了赚钱的门路，那就是通过开发与生产系统软件，挣每一个使用电脑的人的钱。由此看来，盖茨是以其眼光的独到来开发他的软件产品的。具体来说，盖茨经常根据机器的特性来开发自己的产品，例如，"随着阿尔塔机的诞生，一个新的软件市场正不期而至，他们可以指望从出售他们的 BASIC 语言中大赚一笔"③。

另外，他还善于观察和判断市场出现的各种需求与机会，并结合自己的技术优势去开发相应的产品。他曾颇为自诩地说："只要一想到优秀的软件能对提高人们的生活水平有所帮助，马上就会对那些新业务跃跃欲试了。"④ 由此看来，他时刻将自己的技术与市场需求紧密地联系在一起。比如在家用游戏机方面，当时商家一味依赖硬件的性能而忽视软件的能力，结果用于开发游戏的支援软件

① 李津：《比尔·盖茨商道真经》，吉林大学出版社 2009 年版，第 98 页。
② 同上书，第 32 页。
③ 同上书，第 34 页。
④ 同上书，第 326 页。

并不多。针对这种情况，盖茨敏感地捕捉住了机会，对此他说："这对微软而言是一个机会，我认为一个好的开发软件将会使游戏更加有趣。"① 于是他组织公司资源积极开发相关产品，并在很大程度上满足了该行业的市场需求。

同时，他还善于从出现的问题中发现商机。由于互联网的使用，个人信息很容易传到网上，这样一些不法之徒就会轻易利用电脑获取别人的个人信息，以便为自己谋利。为了防止这种情况发生，盖茨等人投入数十亿美元的研发经费，试图使用防护技术开发新的软件，以阻止此类现象的发生。于是2002年初，微软就开始不断地提升操作系统的安全性与可靠性，并在2003年收购了一家罗马尼亚软件公司的反病毒技术，从此走上了开发软件的道路。2004年5月底，当病毒和信息安全问题一再困扰电脑用户时，微软宣布开始出售一种可由电脑制造商预装在服务器内的网络安全软件，从而正式拉开了进入网络安全软件市场的帷幕。他通过开发新产品来保护人们的安全这一行为具体体现了老子的慈生思想。

为了开发出新产品，当时他一连几天待在办公室里编写程序，渴了就喝口饮料，饿了就吃些面包，困了就趴在键盘旁边睡一会儿，醒了就继续工作。如果实在熬不住了，就盖着毯子在地上或沙发上睡一会，醒后再去开发程序。一直到程序能够正常工作，他才肯善罢甘休。就是在这种忘我的工作过程中，盖茨及其公司开发了一个又一个产品。

日本的稻盛和夫对开发新产品，也同样抱有极大的热情。早在松风公司工作时，虽然当时面临着严峻的形势，许多员工对企业的前途感到悲观，以至于人心惶惶，但他不为所动，而是坚持开发新型陶瓷材料。经过他的不懈努力，终于开发出"U形绝缘材料"，该产品也为公司赢得了一线生机。尽管新产品为公司赢得了不少利润，也从某种程度上挽救了企业，然而，他还是看不到自己的前途，于是毅然提出辞职，并与其他人合伙创立了京瓷公司。在新公

① 李津：《比尔·盖茨商道真经》，吉林大学出版社2009年版，第325页。

司成立之后，稻盛依旧在陶瓷方面积极开发新产品，从而为公司的发展壮大奠定了坚实的基础。

他的经营理念就是一定要做成目前许多人认为无法做到的事情，这样才能真正实现创造性的目标。在他看来，"如果以自己现在的能力来判断能否实现，那就不会有新事物的出现"①。这就是说，尽管有些人认为，有些产品、技术按照目前公司的实力是难以做到的，但是稻盛通过创造性的努力，克服了一个又一个困难，终于使公司开发出多种适应客户需求的产品和技术，从而将一个名不见经传的企业，发展成为一个世界级大公司，这其中就体现出了他坚忍不拔的开创精神。为此他感慨地说："同样的事情不能每天简单地重复，应当经常做有创造力的工作。"② 他认为，如果员工每天都有一些创意或创新，那么一年下来就会产生出许多有创意的诀窍与成果。正是凭借着他的创生信念，终于成就了现在的稻盛和夫。

中国的柳传志不仅是一位传奇人物，也是一位积极支持开发新产品的企业家。在他的支持与倪光南的辛勤努力下，联想开发出了"LX—80 联想式汉字系统"，该系统具有极强的关联词导入功能。正如柳传志所述的："我看到操作人员打出一个'记'字，屏幕上迅即闪现出'记者'、'记录'、'记分牌'等一连串联想出的词组，再按一下键盘，就输入一串汉字。"③ 对此他感到非常欣喜，并高度评价了倪光南所开发的这种产品。"当即预感到这是一个改变中国的机会。之后几乎所有的故事都围绕着那个著名的小东西展开了。"④ 由此可见柳传志对产品开发的重视程度。当我们在键盘旁敲字的时候，是否会想起联想公司在这方面所起的作用呢？后来，联想公司又陆续开发出主板、主机等产品，从而为联想公司的发展确立了一个坚实的后盾，这一切都离不开柳传志在幕后的倡导。虽然如此，但他

---

① 稻盛和夫：《京瓷的成功轨迹》，中国友谊出版公司 2003 年版，第 39 页。
② 同上书，第 147 页。
③ 彭征、袁丽丽：《联想教父柳传志》，现代出版社 2009 年版，第 83 页。
④ 同上。

还是非常理性，并不盲目地开发那些难以把握的东西。

在开发新产品时，他坚持的一个原则就是"作为科学家最高兴的事情不是看到自己能够取得研究成果，而是看到自己的研究成果可以给人们带来便利"①。也就是说，作为管理者和科研人员，必须按照给消费者带来便利的原则研发新产品。反之，即使再先进、再美好的东西，如果不能给消费者带来便利，也是没有价值的。

他从联想退下来之后，并没有安于享受，而是积极地做着孵化新公司的工作，这就是他的另一个慈生思想。在他的努力下，先后成立了联想投资和弘毅投资公司，其建立的目的就是推进我国国有、民营企业的兴办与发展。联想投资第一期共投资了16家企业，其中有3家企业投资效果不好，另外13家则比较理想。看到第一期投资取得了良好的效果，他又进行了第二期投资，"从投资的这些项目来看，普遍质量高于一期"②。而弘毅投资与联想投资的对象不一样，它是一个私募投资公司，但在投资方面也取得了成功。所谓私募股权投资，就是通过私募形式对私有、非上市企业进行的权益性投资。在交易的过程中，这种投资还附带考虑将来的退出机制，即通过企业的上市、并购或管理层回购等方式从该项目退出，在此过程中依靠出售其中的持股获利。弘毅投资最成功的案例，就是投资中国玻璃，它通过建立规范的董事会治理、管理团队持股等方式，再加上积极为中国玻璃融资进行担保，不仅吸纳了国内资金，又成功引进海外战略投资。这一系列策略不仅使该企业顺利发展壮大，还使它成功地在港交所上市。总之，两家公司促进了许多企业的兴建，为它们的顺利发展做出了不可磨灭的贡献。从柳传志主持开发多项产品和积极孵化企业来看，他也是一个乐于慈生的管理者。

（三）慈生他人

作为一名具有道商特性的管理者，不仅要善于开发适合市场需要的新产品，而且需要尽到他们的内外部责任，即保障员工与外部

---

① 彭征、袁丽丽：《联想教父柳传志》，现代出版社2009年版，第85页。
② 同上书，第242页。

人员的生命安全，并想办法使之能够过上更好的生活。我国历史上的晋商，以其吃苦耐劳、精于计算而闻名于世。其中不乏慈生店员、百姓，并保护他们安全，使之生活得更好的人士。山西常家就是一例。在持续数代的商铺经营过程中，常家多次投资办义学、兴水利、赈灾民、捐军饷，"除政府借款和部分捐饷外，大部分都是自发的义举"①。但更令人敬佩的是，常家总是能在关键时刻挺身而出，保护当地百姓的安全。1840 年，他们的经营所在地发生了兵燹之乱。为了保证自身的安全，许多商人纷纷逃命，结果导致许多商号关门歇业。

在此关键时刻，常家经营商号的负责人常立训临危不乱，毅然自己出资募勇，以维护市面的安全，最终使归化城在混乱的局面中避免了商店遭焚、财物遭劫乃至人员伤亡的后果——由此联想到当今在印度尼西亚、阿根廷、非洲某些国家发生的一些伤害华商的暴乱，固然存在多种原因，但与华商没有出现像常立训这样的人物，也有一定的关系。第二年，他到了张家口，又适逢德国人向城中的清军精锐营开炮，结果导致城内大乱。于是"常立训又一次挺身而出，并代表市民到德军营论理，以他的大智大勇，保护了全城百姓的生命安全"②。他保护百姓安全所起到的作用，可谓居功甚伟。这种慈生行为使他成了同行中的领袖人物，大家都"乐听其命"。因此在他的领导下，晋商的集团优势得到了很好的发挥。

民生公司的卢作孚也是一位热爱慈生的企业家。"一·二八"事变发生后，他立刻组织救国会，积极支持在北碚受训的学生和青年组织北碚抗日救国义勇军，并亲自拟订许多抗日标语。除此之外，他还组织全体职工印传单，从事贴标语、游行、军事训练，在"朝会"上高唱抗日歌曲，邀请爱国人士演讲等活动，以反抗日军侵略中国，无辜杀害中国军民等恶行。1935 年，当他得知杜重远因抗日而锒铛入狱的消息后，就立即指派上海分公司经理张树霖前

---

① 孔祥毅、陶宏伟：《晋商案例精选》，经济科学出版社 2008 年版，第 247 页。
② 同上书，第 248 页。

往探望，想办法对其进行救援。

由于上海等地相继失陷，日军直接扑向南京。这时他在南京燕子矶山下，亲自指挥民生公司的船只抢运人员和物资，直到日寇兵临城下，他才最后撤往武汉。在此期间他通过运输，保护了大量人员与物资的安全。此刻也是他一生中最繁忙、最紧张的时期。1938年10月，武汉会战失败导致武汉失守，许多企业纷纷搬迁，但此时需要移居、搬迁到四川等大后方的人员和货物都滞留在宜昌，他们时刻都面临着日军的炮火。卢作孚看到，这些企业是中国抗战时期的工业命脉，它们能够为中国抗日战争的最后胜利奠定物质基础。同时企业人员和其他民众也是不愿当亡国奴的中华优秀儿女。为了保证他们能够平安到达四川，同时将宝贵的工业物资运送到目的地。卢作孚根据长江水流情况，科学规划航运路线，并组织其属下员工争分夺秒，终于在枯水期来临之前的40多天里，将国家和企业急需的物资运送到了四川。公司这40多天的运输量，相当于其1936年一年的总运量。由此可见，卢作孚为了国家的财产安全、民众的生命安全，花费了无数的精力，做出了巨大贡献。

值得敬佩的是，民生公司为了报效国家，收取的运费极为低廉，只相当于外国轮船的20%，从而保证了那些生活较为拮据的民众及时地到达了安全区。民生公司所做出的巨大牺牲和奉献，使宜昌大撤退顺利完成。许多企业在大后方重新建立起来，它们为国家的抗战生产了大量的军用和民用物资，为中国取得最后的抗战胜利贡献了力量。而民生公司也没有闲着，抗战期间船员不顾个人安危，积极抢运旅客和伤兵、物资进出四川，其中包括出川的270.5万军队。在航运中，许多员工死守岗位，经常冒着日军的枪林弹雨和船被轰炸、劫持的危险，结果导致他们损失极大。据统计，在抗战期间，公司"损失的轮船吨位就有20338吨，牺牲船员117人，伤残76人"[①]。卢作孚及其员工以其巨大的奉献精神，保护了无数

---

① 傅国涌：《大商人——影响中国的近代企业家们》，中信出版社2008年版，第258页。

生命财产。

比尔·盖茨同样也在工作与生活中践行其慈生理念。当他和朋友去非洲旅游的时候，看到许多非洲人因生活贫困、科技落后和思想愚昧而无法医治自己的疾病，处境十分可怜。盖茨又想起欧美人过着富足无忧的生活，这让他认识到这个世界本来就是不公平的。他希望将来有一天有能力了，就去资助这些贫困人口。当他成为世界首富时，终于有机会实现他的梦想了。起初他计划"捐出他按照当时的计算所拥有的 1000 多亿美元的财产，而只留给他的孩子每人 1000 万美元，捐款主要用来帮助那些遭受艾滋病和疾病困扰的病人"①。但后来他改变了计划，将他的财产都"用于捐赠，而不是留给自己的 3 个孩子"②。他认为自己"只是这笔财富的看管人"③。为此他曾自豪地说："我需要找到最好的方式来使用它。"④

之所以有此改变，是因为他对生活价值理念的变化所决定的。为此他说："我不会给我的继承人留下很多钱，因为我认为这对他没有好处。"⑤ 显然，他希望他的孩子也能够像他一样，通过自己的能力和辛勤劳动来谋生，而非借助于父母的庇护。如果是后者，则会扼杀孩子的生存和创造能力，这样反而会害了他们。而通过自己的努力，则会在无形中培养形成各种生活技能，从而提高其人生价值。正是这种理念才促使他加强了捐助力度。因此近些年来，"盖茨把大约 20% 的时间投入到了基金会的工作中。他全力从事慈善事业，帮助那些正与艾滋病、疟疾、肺结核以及饥饿作斗争的弱势群体"⑥。正是他的资助使许多人摆脱了疾病的困扰，甚至挽救了生命。由此看来，无论是对待他的孩子，还是受资助的人，都显

---

① 李津：《比尔·盖茨商道真经》，吉林大学出版社 2009 年版，第 197 页。
② 钟永森：《道德经与无为管理》，凤凰出版传媒集团、凤凰出版社 2010 年版，第 240 页。
③ 李津：《比尔·盖茨商道真经》，第 188 页。
④ 同上。
⑤ 同上书，第 197 页。
⑥ 钟永森：《道德经与无为管理》，凤凰出版传媒集团、凤凰出版社 2010 年版，第 240 页。

示出了他的慈生情怀。

曾经的体操王子李宁，在1984年洛杉矶奥运会上大出风头。他以其优美且高难度的动作，征服了裁判和观众的心，以致他成为那届运动会获得奖牌最多的运动员之一，即总共获得了六枚奖牌，而中国在该界运动会上总共获得了32枚奖牌，他一人就占了近1/5。其实，他不仅体操表演得好，而且做生意也是一把好手。退役之后，他成立了以其名字命名的运动服装公司，并且在短短的几年里，它就在全国闻名遐迩。最让人尊敬的是，他还是一位极具同情心的人士。在其事业获得成功之后，就做了许多慈善活动，赢得了人们的高度赞誉。

2006年，广西李宁基金会成立。该基金会不仅在教育方面进行了许多捐助活动，还在医疗方面做出了独特的贡献。自2001年12月16日起，他积极协助中国红十字会，举办"点击生命，互联爱心"的爱心上网卡义卖活动。在整个活动期间，他将销售上网卡的全部收益捐献给了中华骨髓库，作为支持中华骨髓库的建设资金。该公益活动举办得非常成功，它吸引了众多热心人士参与其中。同样这项活动的意义，"还在于中华骨髓库在停顿八年之后刚刚恢复起来。在李宁等人的关心与支持下，中华骨髓库恢复了正常运作，告别了让捐献者自筹检测费用的尴尬现象"[1]。正是中华骨髓库的建立，使许多患者能够较好地医治他们的相关疾病，挽救了他们的生命。从该项活动的作用和特性来看，它正符合老子的慈生思想。

（四）畜养他人

企业家进行的畜养活动，不仅指他们尽心地畜养他们的亲人，还能够较为关爱他们的同事甚至素不相识的人。其中的畜养亲人，则包括赡养他们的老人和抚育他们的子女；而关爱他人也包括资助他人、培训他人等活动。

---

① 钟永森：《道德经与无为管理》，凤凰出版传媒集团、凤凰出版社2010年版，第238页。

像许多国人一样，李嘉诚非常孝敬他的母亲。在其母年老的时候，他花巨资购买一座花园式别墅，让她安度晚年。平时他无论工作有多忙，也总要定期参拜高堂，聆听其教诲。为了能够有效地为其母亲补养身体，他每天都要悉心叮嘱管家烹煮活鱼汤。每当他了解到母亲有喜爱的美食，或喜欢的家乡土产时，都要想办法购得，然后做成饭菜，毕恭毕敬地让母亲品尝。当母亲因病重需要住院治疗时，李嘉诚也是极尽孝道，每次都是小心翼翼地亲自抱母亲上下救护车，希望以此减轻母亲的痛苦。在住院期间，他也尽量日夜守护在母亲床前。无奈天不留人，终于有一天，母亲撒手人寰，他为之悲痛欲绝。为了寄托哀思，他"捐资修建潮州市开元护国禅寺和该寺的附属建筑，耗资210万元，全部归于母亲名下"①。由此看来，他对母亲的赡养可谓尽其所能了。

除了孝养母亲外，他还理性地养育子女，关心但不溺爱他们，这样就避免了老子所述甚爱必大费的弊端。在孩子幼年时期，他就试着培养他们的自立精神。有一次，刚学会走路的二儿子李泽楷，不小心碰上了一块石头，摔倒在地。他立刻号啕大哭，边哭边望着大人，希望大人能够哄他、拉他。但"李嘉诚不仅自己不去拉孩子，也阻止其他人去安慰孩子。李嘉诚想以此让孩子们懂得：凡事都要靠自己去努力"②。在他的两个儿子长到八九岁时，李嘉诚就让他们参加公司的董事会议——不仅让孩子们列席旁听，还让他们插话"参政议政"，其主要目的是让他们学习他的以诚信取胜的学问。后来两个孩子都以优异的成绩从美国斯坦福大学毕业，他们想在父亲的公司里干出一番事业，但被李嘉诚果断地拒绝了。他语重心长地说道："我的公司不需要你们！你们还是自己去打江山，让实践证明你们是否合格到我公司来任职。"③ 结果他们兄弟两个去加拿大发展他们自己的事业，"一个搞地产开发，一个去了投资银行，他们克服了难以想象的困难，把公司和银行办得有声有色，成

① 李津：《李嘉诚商道真经》，吉林大学出版社2009年版，第29页。
② 同上书，第31页。
③ 同上书，第30—31页。

了加拿大商界出类拔萃的人物"①。等到他们磨炼得差不多了，足以应付企业的一般事务时，李嘉诚才让他们回到自己的公司工作。由此看来，正是李嘉诚的这般畜养，才造就了他儿子在生意场上的叱咤风云。

王永庆对他的子女也是非常严格的。早在1972年，就有人对他说，你儿子已经毕业，可以帮你的忙了。而王永庆则认为，他也和他人一样疼爱自己的儿子，也希望他能够帮助自己。但他认为，儿子"在学校读书，可能满腹学问，可是这些学问还没有经过验证，他对一些基层事务也完全没有经验；书本上的道理，有时必须亲身去实践，去经历一番才能够懂得的"②。为了能够让儿子经历磨炼，从日常经营中学到管理经验，王永庆就让他从基层做起。这样就可以避免因父子关系而受到别人的照顾，从而学不到真正有用的技能。为此他说道："下层工作的经验没得到，升到中层工作也一样不能得到。有一天他当了主管，不知道部属的工作内容，如何能够了解他们，帮助他们？不了解部属的工作，就不能指导、追踪、评价。谈不到由他们的工作品质判定部属的能力，又怎能做到适才适所，奖罚公平？部属又怎能真正地服从他、拥戴他？如此一来，后果不堪设想，不仅毁了他个人，也害了公司，害了其他同仁。做一个经营者，要追求做事的效率，父子天性，爱是一回事，企业经营是另一回事，不能公私不分，混为一谈的。"③

他指出，贫困家庭的子女为了求生存，即使再苦的工作也一定要做，而且不一定有多大的回报，故此他们必定克勤克俭。他们的知识多半是在辛苦工作中得来的，因此能培养他们坚忍不拔的毅力，这就是贫苦人成功的本钱。所以王永庆也是尽量按照严格的标准来要求自己的子女。他曾感慨地说："很多做父母的人，对于自己的孩子，从小养到大，甚至大学毕业结婚以后，还要把财产分给他，养他一辈子。这种过度溺爱保护的结果，常常使得下一代懒惰

① 李津：《李嘉诚商道真经》，吉林大学出版社2009年版，第31页。
② 双根：《王永庆全传》，华中科技大学出版社2010年版，第260页。
③ 同上书，第260—261页。

腐化，害了他一生。"① 由此看来，王永庆在教育子女方面考虑的还是比较长远和理性的，并从中得到了回报。目前，他的子女个个发展得都很好，他们以其获取的成就来回报王永庆的严格、细心教育与培养之情。

除了悉心抚养他的子女之外，他还非常关心属下员工的健康。有一天，某位主管一早就红着脸到王永庆的办公室报告公事，他在报告之前先自首，由于昨天晚上陪客户喝酒，到现在残酒未退，再加上受到腮腺炎所苦，故此脸才会发红。王永庆听到这些话后，就责怪道："不会喝酒就不要喝，到长庚医院看什么科？"这位主管马上答道："脑神经科。"王永庆说："那样看不好的，看不对科。"② 说完就拿起电话打给长庚医院的负责人，指示他马上为这位患腮腺炎的主管挂号，让其去看病。不仅如此，他还通过建立长庚医院，彻底改变了台湾老百姓"看病难"和"看病贵"的问题。在谈到长庚的成功经验时，王永庆指出："对于一所医院而言，最主要的一点是靠医护人员全心全意照顾病人。"③ 在他的主导下，长庚医院的医护人员和医院的宗旨深深地融为一体，这样不仅解决了百姓所面临的实际困难，赢取了极佳的声誉，医院还取得了良好的医疗服务绩效。

盖茨夫妇捐出的财富，不仅挽救了许多人的生命，还通过主要在全球保健和学习等方面的培训，使一些人掌握了许多专业技能。这就是说，盖茨投入了极大的财力和精力，让一些人有了更好的发展前途。据美国《福布斯》杂志 2006 年的估计，他们创立的比尔及梅琳达·盖茨基金会拥有 291 亿美元的资金，因此它是全球最大的慈善机构，比许多非洲国家的国民生产总值还要多。盖茨曾经自豪地说："就像我从未想象到微软能有今天的规模，我当初也没想

① 双根：《王永庆全传》，华中科技大学出版社 2010 年版，第 237 页。
② 同上书，第 242 页。
③ 同上书，第 100 页。

到慈善基金会能有这么大作为。"① 之所以如此，是因为他的如下认识："伴随巨大财富而来的是巨大责任，现在是把这些资源回报社会的时候了，而帮助困境中的人们是回报社会的最好方式。"② 目前，有许多人都接受了盖茨基金会的资助，又有许多人正在接受它的资助。

另外，盖茨领导的微软公司还通过其产品，使最广大、最普通的民众享受了科技进步所带来的福利。因为它的产品极大地改变了整个产业和世界的面貌，也改变了很多百姓的生活方式，这是它对世界所做出的最大贡献，也体现了盖茨对消费者的畜养之情。除此之外，盖茨还极力培养公司的员工。在微软，一个员工至少有两个师傅：一个向他传授技术技能，带领他钻研业务的师傅，使他能够在公司很快地开展自己的工作。另一个则向他传递职业素养、企业文化、为人处世等方面的知识，从而帮助其尽快地适应公司的环境。从微软的这项措施里我们可以看出，它对员工的关怀可谓体贴入微——使很多员工不仅较快地掌握了业务技能，同时也很快适应了公司的工作氛围。由此看来，盖茨以其实际行动培养了他的员工和需要接受资助的人。更为深远的是他通过公司生产的产品，使全世界消费者接受了其所带来的益处。

民国时期的企业家宋棐卿，也同样积极关怀员工，让后者真正感受到了企业的温暖。首先，他建立了家访制度，特意安排几位家访专员，去了解和解决员工的疾苦。他要求这些人不许烫发，不许戴首饰，只能穿一件蓝布衣服，并规定他们每个月到职工家庭家访的次数和人数。如果他们遇见有困难需要补助的，就采取特定的方式帮助解决；若遇见家庭闹矛盾、夫妻不合的，还要充当调解员。但是，如果他们遇到比较棘手的事情，自己无法解决时，这时宋棐卿就自己亲自去家访。

其次，他给与员工较好的福利待遇。他领导的东亚公司规定，

---

① 钟永森：《道德经与无为管理》，凤凰出版传媒集团、凤凰出版社 2010 年版，第 240 页。

② 同上。

每日为职工免费供应两餐；如果家是外地的职工，每年还有固定的探亲假，假日期间公司不仅照发工资，还承担他们的路费；同时公司还自设厂医院，对于员工的一般伤病，采取免费治疗，如果遇到大病，他们可以到北京协和医院进行免费治疗；另外职工每年还享受一个月的带薪休假，在休假期间可以到北京的西山或香山休养，也可以到外地旅游，所花的费用全部由公司承担。从东亚公司的诸般政策里我们可以获知，即使现在我国的许多企业，在员工的福利待遇方面也做不到这一步。

最后，公司根据情况，积极授予员工和忠诚顾客以企业股份。宋棐卿"千方百计用赠给记名股票的奖励和津贴方式，使员工尽快成为公司的股东"①。除此之外，他还以"让利酬客"的方式，让坚持选购"东亚"产品的顾客，当购物达到公司所要求的标准时，就赠送给他们东亚公司的记名股票，从而使其成为"东亚"的股东。他的这种惠顾员工和顾客的力度，是许多公司难以想象的。宋棐卿对利益相关者的关怀还不仅如此，他还积极丰富员工的业余生活，组建了各种体育、文艺等团体，让他们参加，从而增加他们的乐趣和培养他们的业余爱好。由此可见，宋棐卿以其实际行动畜养了员工与顾客，使他们提高生活质量。

在稻盛和夫事业有成的时候，他不是只顾自己安乐，而是尽最大努力去帮助他能够帮助的每一个人。首先，他成立盛和塾，其目的就是培训管理者，帮助他们树立正确的经营理念，积极提高他们自身的素质。之所以如此，是因为他们决定着众多公司职员的幸福，由此可见稻盛的良苦用心。并且他还建立了稻盛福利财团，其主要目的是负责建立、经营幼儿园和儿童保健设施，对象是幼儿及18岁以下的儿童、青少年。他的动机是想让这些人的身体更加健康，进而生活得更加丰富多彩。另外，他成立了盛和福利会，主要以"京都儿童保健设施中出来的青少年为对象，为他们提供为期两

---

① 上海文广新闻传媒集团纪实频道等：《百年商海》，世纪出版集团2006年版，第146页。

年的经济援助，支持他们自立"①。由此可见，稻盛充分利用自身的能力，极力促进社会的进步和百姓的安康与发展。为此他坚定地说："无论是工作还是事业，只要动机纯粹就一定会顺利。舍弃私心，为了大众而做的工作谁都无法阻拦，上天必将助其一臂之力。"②

他不仅帮助日本人顺利成长，而且资助了许多的中国民众。早在 1985 年，京瓷公司就向兰州郊区农村捐赠了太阳能发电设备，让当地百姓享受到电灯带来的光明。后来他还设立稻盛京瓷西部开发奖学基金，为中国西部地区有代表性的 12 所大学的学生提供奖学金，以供他们更好的发展。另外他还资助考古等学者，让他们顺利地发掘良渚文明遗迹，从而使古代的文明成就重见天日。稻盛对中国的帮助还不限于此，京瓷公司每年都会从中国邀请一些少年，让他们到日本观光学习，并且在日本的家庭中生活一段时间。他希望通过这种交流方式，让这些少年亲身感受和了解日本人的生活习俗和文化传统，从而增进中日双方的了解，让双方的关系更加友好。

同样，李宁也是热心资助社会的企业家。在事业有成之后，他在全国先后捐建了 30 多个"希望小学"，帮助许多儿童走向校园，求得知识。而对于广西乡土，他更是倾注了大量的心血与热情，为广西的教育、体育、扶贫、赈灾救灾等捐款多达 2000 万元，使许多人从中受益。另外，他在广西特设李宁奖学金，奖励考入 12 所重点大学的优秀学子，从而极大地激励了这些莘莘学子的求学热情。2007 年，李宁还向广西大学捐赠了 1000 万元，促进了该校的进一步发展。对于积极捐助家乡的活动，他是这样认为的："家乡的建设需要人人参与，他（我）会尽自己的一分力量支持家乡建设，希望我们的后代有更好的学习和生活环境。"③

---

① 稻盛和夫：《京瓷的成功轨迹》，中国友谊出版公司 2003 年版，第 105 页。
② 同上书，第 96 页。
③ 钟永森：《道德经与无为管理》，凤凰出版传媒集团、凤凰出版社 2010 年版，第 237 页。

在捐钱捐物的同时，李宁还积极出席一些公益活动，并为慈善活动担任形象大使。他希望用自己的力量和行动来扩大这些活动的知名度和影响力，以便吸引更多的人士参与其中。但是，在积极参与这项活动，以便扩大其影响力的时候，他还希望尽量淡化该项活动的商业色彩，从而让活动能够真正取得关爱百姓的效果。在一次捐赠活动中，有　位负责人说道："李宁公司在发展伊始便秉承'公益为重，爱心为重'的理念，积极履行企业自身的社会责任。"① 因此他的公司捐助确实是建立在爱心基础上的，为此他说："如果只是施舍，不会真正实现人类的互爱互助。"② 通过这段话，我们可以看出李宁关怀受助群体的博大情怀和谦逊性格。

六　俭啬不有

前文已述，老子指出，自然之道、德的特性是俭啬的，它们不仅慈爱众生，而且对自身和万物还很俭啬。同时它们不居有任何东西，反而积极地将自身具有的东西奉献给万物。而能够效法老子道、德思想的管理者，也都具有这种特色。

（一）俭啬

爱国实业家卢作孚尽管经营着当时最有实力的企业，但他并不引以为豪，相反，他过着非常俭啬的生活。首先，在吃上，他平时吃饭也就是三小碟菜，即使当了交通部常务次长，作为当时的部级干部，吃饭也不过是一荤一素两碟小菜，只不过在有客人来时再加上几个小碟。在经营民生公司时，有时需要公司宴请，为了节约成本，"请帖由公司打字，他签名发出"③。至于菜的数量"一般是四菜一汤，请重要客人才是六菜一汤，很少用烟酒"④，而"请客人

---

① 钟永森：《道德经与无为管理》，凤凰出版传媒集团、凤凰出版社2010年版，第238页。

② 同上。

③ 傅国涌：《大商人——影响中国的近代企业家们》，中信出版社2008年版，第279页。

④ 同上。

吃豆花饭，已经算是奢侈"①。他在北碚宴请的饭食，即使是达官贵人，基本上都是南瓜焖饭，另加上几碟蔬菜，并且是各人分食。1931 年 8 月 30 日，四川军阀刘湘来北碚参观，他为之设宴款待，将几张餐桌铺上洁白的桌布，并在花瓶里插上鲜花，还用花瓣摆成了抗日口号，"可是吃的不过是南瓜焖饭，每人一小碟豆花、一小碟腊肉、一小碟咸菜"②，由此可见他的节俭程度。但让人感到惊奇的是，刘湘一行竟对此安排感到非常满意。

在穿的方面，他和员工一样穿着粗布"民生服"，让人感觉到他像个小公务员或小学教师，根本没人想到他是一位大名鼎鼎的实业家。此举让很多人感到不解，以致后来有人亲自来印证此事，当赵晓玲采访老民生人时，"说起卢总经理当年常常穿着裂了口子的皮鞋来上班，他们都忍不住泪下"③。1932 年，"到中国西部科学院的徐崇林第一次见到卢作孚，印象极深的就是他穿的这一身土麻制服，完全没有官气"④。他在就任四川建设厅厅长时去川大讲演，让学生印象最深的就是这个"穿土布制服的厅长"⑤。有年夏天，他去视察公司，"下属见他穿一件白衣衬衫、麻色粗布长裤，常常惊讶、发愣"⑥，不了解他们的老总为何要穿这身衣服。他不仅自身如此，就是他的妻子与子女也和他一样，都穿着粗布衣服，并且还是由他妻子一针一线缝出来的。由于工作繁忙，他为了节省梳头时间，平时都是剃光头，在他的员工和业务伙伴眼里的他就是一副"蓄平头或剃光头，穿布鞋甚至草鞋"⑦ 的朴素形象。但此举也闹出了笑话，在宜昌抢运时，他经常在夜晚亲临码头指挥，有一次"一个像是报关行的人不认识他，见他穿着粗布衣服，土里土气，

---

① 傅国涌：《大商人——影响中国的近代企业家们》，中信出版社 2008 年版，第 279 页。
② 同上。
③ 同上书，第 280 页。
④ 同上。
⑤ 同上。
⑥ 同上。
⑦ 同上。

却在指挥这、指挥那的"①，心里就感到很不爽，于是就质问他姓什么？为什么在这里吆五喝六的？当"得知眼前就是大名鼎鼎的卢作孚时，此人灰溜溜地消失了"②。

他居住的地方也是十分简朴，直到1942年才住上公司的宿舍，"他一家七口住在楼上朝东的四间房，大约有40平方米，厕所在屋外的菜地里，但这已经是他们家有史以来住得最宽敞、最好的时候了"③。家里的生活用品也是非常简陋，"唯一的一样高级用具，是30年代初的小电扇，漆都已经褪尽"④。一家人在吃饭时，连凳子都不够用，结果有的人只能站着吃。由于他平时不喝酒、不喝茶、不抽烟，结果客人来了家里连烟灰缸都没有，有时让客人感到十分尴尬。89岁高龄的晏阳初在《敬怀至友作孚兄》一文中，曾感叹地说："抗战时，他有一次病了，他的家人想买一只鸡给他吃，连这钱都没有。"⑤

令人不可思议的是，他所经营的客船，其船上的头等舱里，铺设着从国外进口的高级器具，"甚至这些船上的三等舱中也有瓷浴盆、电器设备和带垫子的沙发椅"⑥，而此时他所谓的家则是改修过的六间农家小屋，里面围着破旧桌子的，却是一些跛脚的旧式木椅；在他的饭桌上，只摆放着几只普通的碗和竹筷子。他的俭朴感动了许多员工，也感动了许多了解他生活作风的人。

企业家穆藕初同样也十分节俭。首先在衣着方面。尽管他的经济收入还算宽裕，并担任不少官职，但依然过着十分简朴的生活，身上经常穿着旧衣衫。不仅自己节俭，他还要求百姓崇尚节俭，因

---

① 傅国涌：《大商人——影响中国的近代企业家们》，中信出版社2008年版，第280页。

② 同上。

③ 同上书，第281页。

④ 同上。

⑤ 同上书，第282页。

⑥ 同上。

此曾向"行政院提议颁发院令,劝告四川人改长衣为短衣"①,因为这样可以节约布料,不用多浪费资源。令人感到敬佩的是,穆藕初不仅在家里较为节俭,就是对待公物公款,也同样如此。他认为用公家的钱,"要和用自己的一样爱惜,一样节省,一样斤斤计较,一样文文打算"②,希望大家能够合理地利用好每一分公款,不让它白白浪费掉。而他的理念就是公家钱"要用得得当,用得恰如其分"③。

值得敬佩的是,穆藕初不仅生前十分节俭,就是在临终时,他也是这样要求自己的,为之他告诫家人办丧事不要铺张,一切从俭。并且要求家人"灵柩将来运回江南,葬于苏州的墓地"④,这样就可以时刻守望他的祖籍。他留下的遗言就是"我死之后,只需为我穿土棉织之物,不需丝绸之物,不宜厚葬"⑤。因为在生前大部分财产已散尽,他本人没有留下多少值钱的财物,故其子女"只能把跟了他好几十年的一只小闹钟、一副眼镜和一把修胡子的剃刀放进棺中"⑥。如果我们知道穆藕初生前曾使用其财物和技术帮助无数人脱贫致富、度过灾难,而其自身却生活得如此节俭,对其人格将会做出怎样的评价啊!总之,穆先生以其俭啬和施与,显示出其人的大爱无疆。

令人意想不到的是,作为世界首富的比尔·盖茨,生活也是如此之节俭。有一次他去希尔顿饭店开会,由于人多车多,再加上他迟到了,结果找不到普通车位,这时他的朋友建议他把车停到贵宾位上。当他听说停在这种车位上需要花 12 美元时,认为这样太浪费,就马上拒绝了。他的朋友见他如此吝啬,就想帮他支付车位钱,但遭到了拒绝。最终由于盖茨的坚持,他的车没有停在贵宾车

---

① 傅国涌:《大商人——影响中国的近代企业家们》,中信出版社 2008 年版,第 183 页。

② 同上。

③ 同上。

④ 同上书,第 206—207 页。

⑤ 同上书,第 206 页。

⑥ 同上。

位上。他宁可花费时间重新找车位，也不愿花那些他认为的冤枉钱。盖茨的节俭还体现在其他方面，如他坚持在旅行时不坐头等舱；在穿着方面不喜爱名牌，只穿自己喜爱的衣物等。

比尔·盖茨不仅在经济方面节俭，而且还非常珍惜时间，不允许他自己和他的员工做浪费时间的事情。他说："一旦我认为某件事是错误的，或纯粹属于浪费时间，我会毫不迟疑地指出来，一点时间都不浪费。"① 由此可见他对时间的重视。那么作为首富，他这么有钱，又这么节俭，的确让人感到不可思议——究竟他挣那么多钱图的是什么呢？他的人生意义又是如何呢？在这一点上他早就想通了，而且实践着，那就是"平均每年给公众事业捐献十多亿美元，而且早已立下遗嘱，要把绝大多数遗产捐献给慈善机构和大学"②。这就是比尔·盖茨的人生。

身为民国巨富的实业家荣德生，同样也十分节俭。据其子荣毅仁说，他的父亲"节俭自奉，生活俭朴，平日一袭长衫，布衣布鞋，一顶普通的瓜皮帽，饭食简单，只是夏天喜欢吃西瓜。"③ 首先在饮食方面，他根本没有吸烟喝酒的嗜好，也不喜欢宴会，到了老年完全食素。另外在业余生活方面，平时"他连一张白纸都不舍得浪费，练字时，他常在一张纸上先写小楷，再写中楷，然后写大楷，最后把纸收集成捆给仆人去换烟。他甚至用香烟壳写便笺"④，其节俭程度简直令人匪夷所思。在穿着方面，他"上身穿着白粗布的小褂，下面是灰士林布裤子，扎着裤脚管，一双布鞋"⑤，虽然在生活上他非常简朴，但其平时的精神却保持得很好，由此可见他之俭朴，乃是出于他的本性。他除了对自己严格要求外，还要求他的子女也同他一样生活俭朴，如"发现子女有挥霍现象，他就会严

---

① 李津：《比尔·盖茨商道真经》，吉林大学出版社 2009 年版，第 371 页。
② 同上书，第 196 页。
③ 傅国涌：《大商人——影响中国的近代企业家们》，中信出版社 2008 年版，第 95 页。
④ 同上书，第 96 页。
⑤ 同上书，第 101 页。

辞苛责"①。其中对儿子的要求尤其严格，由此可以看出他的家风。

在工作方面，荣德生也同样如此。在扩展企业时，他十分计较土地的价格，常因地价过高而不肯购买，逼得其兄荣宗敬只好瞒着他去买地。在企业办公时，他也"主张因陋就简，只求实用、不求形式"②。对之员工评价道："两位先生来自民间，生活方式始终不变，德先生为尤然，他不赞成住洋房，甚至不赞成用抽水马桶。"③尤其难能可贵的是，他的节俭一直保持到终生。1952年他去世后，"随葬品是一套线装的地舆学书、一只他随身多年的镀金壳钢机芯打簧怀表。比起他哥哥的墓地，显得有点寒酸，占地、气派都不可同日而语。"④荣德生个人生活虽然俭朴，但他对公益事业却比较慷慨，特别是在办学方面。典型的例子就是他在1916年"双十节"办的图书馆，取名就叫大公图书馆。他以他的实际行动印证了圣人的俭啬不有思想。

除了上述企业家之外，王永庆的俭啬也同样令人津津乐道。首先是他个人的节俭。在吃的方面，他已经到了很精细的地步。他要是请客吃饭，一般不会在外面的餐厅请，而是在台塑后栋顶楼的招待所内，因为这样比较省钱。吃的方式则采用中菜西吃，即客人将盘子端出来，由侍者给客人分菜。如果客人吃完不够可以再加，"但绝对不可以有剩菜。吃不完的必须打包带回去，发生这种情形的客人都会觉得很不好意思"⑤。在台塑内部，更是"采用类似自助的方式吃饭，自吃自取，分量不限"⑥，但是舀到盘子里的饭菜，绝不能剩下或者倒掉，否则会遭到重罚。显然，对王永庆来说，肯定会保证让人吃饱饭，但决不允许浪费现象发生。另外，他对厨子做菜也有指示。比如汤煮开了，他要求厨师立即将火关小，如果继

---

① 傅国涌：《大商人——影响中国的近代企业家们》，中信出版社2008年版，第96页。

② 同上。

③ 同上书，第99页。

④ 同上书，第114页。

⑤ 双根：《王永庆全传》，华中科技大学出版社2010年版，第219页。

⑥ 同上。

续用大火，就认为是浪费煤气。对他来说，这是不能容忍的事情。王永庆不仅要求别人节约，他自己更是节俭到了不可思议的地步，比如喝咖啡，"他先把奶粉打开，将奶粉倒入咖啡杯，再用小汤匙舀一点咖啡放入奶粉盒中，轻轻地涮一涮，将奶粉余汁倒回杯中。至于糖包，他先撕一角，倒一半的糖在杯中，另一半不是空放着，而是传给隔邻"①。这时他还不忘交代别人不必开新的糖包，否则会造成浪费。

在穿的方面，王永庆也不讲究。他根本不在乎衣服是否名牌，只要能穿就行。他养成晨跑习惯后，腰围缩小了，平常的西装穿着就显得较为宽松。于是王夫人就请裁缝到她家里，为他量尺寸。这时裁缝以为他要做几套新西装，"谁料王永庆从衣柜里拿出五套旧西装，要师傅把腰身改小就行了"②。并且他补充解释道："旧西装只是松了一点，料子还好好的嘛！何必浪费钱呢？"③ 此举让裁缝感到很费解。在生活中，他不放过任何可能节约的机会，就是家里用的肥皂也在他的节俭项目之列。即使用到只剩下一小片时，他也舍不得丢掉，而是把这一小片黏在大块的新肥皂上继续使用。平时除了跑步之外，他每天早上都要做毛巾操。而这条毛巾居然用了近30年，已经起了毛边，但他仍旧舍不得扔掉。

早在王永庆年轻时就养成了节俭的习惯。当他从事米业的时候，不仅在经营方面精打细算，还在生活上保持俭朴的作风，比如那时为了省三分钱，他宁愿洗冷水澡。他不仅自己节俭，而且还要求员工节俭，更要求自己的子女节俭。在他最疼爱的女儿王雪龄结婚时，"他陪送的嫁妆，除了一张无限期提供学习费用的凭据外，就是一把刮胡刀，好让女儿自己替丈夫刮胡子！王雪龄的婚礼比一般老百姓家的还简单，连她手上的新娘捧花，也是跑到许多花店比较后才选择的最便宜的一种！"④

---

① 双根：《王永庆全传》，华中科技大学出版社 2010 年版，第 219 页。
② 同上。
③ 同上。
④ 同上。

在企业管理方面，王永庆也是非常的节俭。他曾教导员工："从事企业先要有节俭的精神，这便是根。经营管理讲究成本，不节俭，物料就会浪费，当主管的要有这种认识，才会提高警觉，避免人、事、物的不合理。不合理的现象就是浪费。"① 他之所以有此指示，是因为他对周边事情的认识。他认为，人们的浪费已造成许多物价过于昂贵。追本溯源，就在于他们观念上的错误，进而养成浪费的生活态度，即"好像有了物质享受，生活水准就是提高了，也因此满足了"②。他们根本不考虑这种享受所造成的巨大的资源浪费和物价飞涨。同时他看到，浪费还会招致社会的不满，为此他说："南洋的华侨经过一番受苦、节俭、努力才有了成就，而后在马尼拉闹市区的大马路边筑有富丽堂皇的华人坟墓，坟墓周围则为贫民窟，房子破破烂烂，和华人坟墓的气派形成强烈的对比，令人侧目，结果影响了华侨在当地生根发展。"③ 看到了这一点，就更坚定了他的节俭行为。

在艰苦创业的过程中，他省吃俭用积累了一笔钱，然后回到家乡，用这笔钱买了数十亩地。因为他知道，穷人赚了钱，如果不知节俭，而是吃吃喝喝，不购置产业，就永远摆脱不了贫困。于是他将钱投资在土地上，这样做既可保值，又可奠定自己今后的社会地位，"还可在日后事业拓展时作为信用的保证。尤其是与银行来往时，有土地担保，自然可以确保贷款的信用"④。此举不仅符合中国"有地斯有财"的理财观，还为他今后的发展奠定了物质基础。

在经营台塑的时候，公司就形成这样一种认识，即"多争取一块钱的生意，也许要受到外在环境的限制，但节省一块钱，可以靠自己的努力，节省一块钱就等于净赚一块钱"⑤。正是在这种理念的指引下，台塑形成了通过降低成本去进行经营的管理方式。它成

---

① 双根：《王永庆全传》，华中科技大学出版社 2010 年版，第 222 页。
② 同上。
③ 同上。
④ 同上书，第 23 页。
⑤ 双根：《王永庆全传》，华中科技大学出版社 2010 年版，第 173 页。

功的经验就是"建厂成本低、生产成本低和营销成本低"① ——建厂所需要的化工纺织设备由自己生产安装,以此降低建厂成本;通过节约能源、精简人员、降低原料成本等,来降低生产成本;并且自建招待所,以便节约应酬和差旅费。在生产中,如果工人戴的手套掌心磨破了,他就"要求工人把手套翻过来,换戴在另一只手中,洞就到了手背,又可以继续使用。"② 为了避免员工滥报出差费,王永庆"规定了7000元以上当面查询清楚,严格审查所报的费用"③。同时他还在各厂区营业处设有招待所,以便用最节约的方式解决员工外出的吃住问题。在美国,王永庆拥有一幢高级住宅,里面设有网球场、乒乓球桌、游泳池等设施。"每当员工到美国出差,就被指定到该处休息"④,因为这样就可以为公司节省一笔住宿费。

除此之外,他投资兴办的长庚医院,在具体的经营中,也是坚持"诸事讲求成本,不管是人力还是器材都能得到充分利用"⑤ 的节俭理念。除对医师采取"合伙人制度"外,"医院88%的行政护理人员也都纳入绩效。院方提出医疗旺季要多加班,然后挪至淡季补休"⑥。显然,王永庆希望以此节省开支。同时,长庚医院还采取了多种其他节省成本的做法,例如将清洁环境、床单、枕头及衣袍病服等事情都外包,这样就降低了不少人事成本;即使是高级主管,也不配车和专属司机,需要用车时由院方统一调度,以便降低用车费用。另外,"医院还有统一的采购部,只要超过2000元新台币以上的物品,即使是一台咖啡机,也要经过采购部的比价"⑦,然后进行采购,其他大小工程则更是如此。采取统一采购的方式,不仅可以降低医院的采购成本,同时也能精简冗员,进而为医院节

---

① 双根:《王永庆全传》,华中科技大学出版社2010年版,第175页。
② 同上书,第219—220页。
③ 同上书,第220页。
④ 同上书,第220页。
⑤ 同上书,第99页。
⑥ 同上。
⑦ 同上。

省了人工费用。医院之所以能够杜绝采购回扣，在于它的规模大、分院多，联合采购的优势拓展了议价空间，从而大大降低了购买成本。"据了解，有些医院采购的昂贵医疗仪器，长庚通常以不到半价就能买到。"① 据该院工作人员龚文华透露，"他们最少能比同业节省 10%—15% 的采购成本"②。由此可见，医院在降低经营成本方面，可谓不遗余力。王永庆企业经营的成功和他节俭的观念是分不开的。

经过调查发现，大多数企业家都十分节俭，其中包括张謇、刘鸿生、张元济、李嘉诚等人。他们以其节俭不仅造就了自己的事业，还积极帮助了他们认为应该帮助的人，让后者感受到了人间的关怀与温暖，同时也体现出了老子的不积不有思想。

（二）不有

许多企业家不仅十分节俭，而且还乐于施舍。他们常常将自己所拥有的技术、财物、理念等施与他人，与他人共享，从不自身独立据有，穆藕初就是其中之一。首先在技术方面，他曾亲手试验、改良"七七棉纺机"，成功之后，又"编写出简易的说明书，以便向全国各地农妇倡导以机纱为经、土纱为纬的土法纺织，这样织出来的布坚固耐用"③。由此可知，他不像普通人那样，将自己辛辛苦苦改进出来的机器据为己有，试图从中谋利，而是将其与之编写出的操作方法一起积极向社会推广，全都奉献给他人，以便让全国百姓都能够通过纺织致富。显然，他的利世情怀是一般人难以企及的。

另外在抗战时期，穆藕初还通过"办手工纺织训练所，建立纺纱厂"④ 等方式，将自己掌握的纺织技术无偿地传授给学员，等后者结业后，又让他们到各县推广手纺织工业。他希望以这些方式和

---

① 双根：《王永庆全传》，华中科技大学出版社 2010 年版，第 99 页。
② 同上。
③ 傅国涌：《大商人——影响中国的近代企业家们》，中信出版社 2008 年版，第 197 页。
④ 同上。

传播途径，将自己拥有的纺织技术普及全国。结果不仅使许多个体掌握了相关技术，还有力地促进了国家纺织工业的发展。最终，由穆藕初带动的许多纺织人员，积极地将他们兴办纺纱厂所得的收入，又资助给了抗日人士，使之作为鄂北部分县的抗日经费。由此看来，穆藕初及其培训的工人，不但为民族工业的振兴贡献了自己的力量，还通过其劳动有力地支援了我国的抗战事业。

其次，穆藕初在财物方面，也是乐于助人。在"一·二八"事变发生时，他积极为十九路军送粮食、慰劳品及其他物资。并伙同他人成立"上海市临时救济会"，组织老百姓为前线加工豆腐、咸菜等蔬菜和草鞋、布鞋、棉花等日用品，以自己的实际行动支援前线的正义之举，体现出其为人与人的奉献精神。之后，由"穆藕初主持的农产促进会一直支持和扶植陕甘宁边区生产"①。他通过农产会投资 1 万元，"在陕甘宁边区保安、神府、庆阳设立三所土法纺织工厂"②，并在延安等地设手纺织合作社 114 所。这样既帮助当地人们提高了纺纱织布的技术，也增进了当地织袜、毛巾、毛衣、毛毯等产品的生产能力。除此之外，他还多次补助边区，将之用于农业建设方面，以提高该地区的农业生产能力。由此观之，穆藕初以自己的技术和财物为社会与国家做出卓越的贡献，真正做到了老子所谓的为而不有的道家境界。

企业家刘鸿生也同样通过施舍，体现出自己为人与人之不有行为。1920 年，他投资帮助吴蕴初办了第一家炽昌新牛皮胶厂，促进了后者事业的发展，并最终成就了吴蕴初"味精大王"的称号。在"一·二八"事变后，虽然他的许多企业被迫停产，但他表示不能因时局困难就裁遣工人，而是通过举办培训班等方式，积极充实他们的知识，让他们在各自的岗位上更加有效地贡献其力量，这体现出刘鸿生授人以渔的施与本色。

他不仅通过资金、技术帮助他人，而且还通过施舍财物资助他

---

① 傅国涌：《大商人——影响中国的近代企业家们》，中信出版社 2008 年版，第 204 页。

② 同上。

认为应该帮助的人。1919年，由于河南、苏北等地发生了水灾，大批难民流落到了上海。这时刘鸿生不仅没有讨厌他们，还主动捐款5万大洋帮助他们在上海生存，同时根据灾民能够转化为劳动力的特点，创办了火柴厂，以保障这些灾民能够在上海容身。另外他还为上海时疫医院一次性捐款20万大洋，并以每年捐款1.2万大洋的方式，帮助该医院更加有效地医治病人。同时他还积极为教育行业捐资。在"刘鸿生担任圣约翰大学校董期间，曾经几次捐款建校舍；1929年，他的母校举行50周年校庆期间，他独自捐款4.5万两银子，为学校建'交谊楼'"①。不仅如此，他还出资兴办了定海中学和定海女子中学等学校。在港大理工学院院长许乃波经济窘迫时，他资助后者相关旅费，使之安然度过一时之难。虽然这些事例仅是刘鸿生捐助活动的一个缩写，但由此也能看出他的济世情怀。

范旭东同样是一位积极施舍他人的企业家。当他在四川工作时，曾经带领员工发明了"枝条架法"制盐技术，这种技术可以"将12度的原卤浓缩到20度，结晶成盐粒后再用干锅煎煮，可以节约2/3燃料，而且产量大大提高。"② 在他们发明这项技术之后，并"没有将这个新法据为己有，而是无私地在西南推广"③，试图让从事该行业的人员学会这项技术，然后更好地谋生。1928年12月，在其兄"范静生去世后，他将北京的房产捐赠给为纪念他哥哥而设立的静生生物调查所，以后还曾捐款多次。母亲去世后，他捐出1万元金城银行股票，设立范太夫人奖励基金"④。显然，他不仅自己乐捐，还经常以其家人的名义为社会捐助。

让人更为感动的是，尽管其时范旭东经营的永利公司，处境极端困难，仅仅依靠贷款维持经营。但当他听说重庆大学需要购置化

---

① 傅国涌：《大商人——影响中国的近代企业家们》，中信出版社2008年版，第235页。

② 同上书，第146页。

③ 同上。

④ 同上书，第152页。

学实验设备，由于经费问题而难于行动时，就立即承诺予以资助。校长张洪沅感慨地说："其信仰科学之坚，眼光之远大，好义之风，非一般人所可比拟！"① 除了重庆大学外，他还捐款在南开大学化学系和经济研究所设立奖学金，为的是让南开大学化学专业获得更好的发展。而这些捐助仅仅是他众多捐助的一部分，他在其他方面的捐助还有很多。

荣宗敬和荣德生兄弟俩，在捐助方面也不遑多让。"他们办厂的最初动机之一就是救助社会失业，为百姓解决就业问题。"② 他们富裕之后，想的就是为当地百姓多办实事，造福一方。从1916年开始，荣德生就帮助家乡修建包括开原路、通惠路在内的多条马路，到1929年合计修路已达到80多里。在其60大寿时，他把"收到的亲友寿银大约6万全数捐出，建造沟通蠡湖和太湖的大桥——宝界桥"③，总其一生共独资修桥100多座，现在能够找到的有102座，此举大为便利了当地百姓的生活。除了建桥铺路之外，他还和其兄在教育方面投入了大量的资金。"1906—1915年间，荣氏兄弟修建8所男女小学，并负担常年经费"④。1919年，荣德生独自投资25万大洋，创办了公益工商中学，并每年捐赠款项上万元，有力地促进了该校的发展。1920年，他资助李石曾、郭秉文等人周游各国，支持其呼吁退还"庚子赔款"。1947年，他又一次性捐资50万大洋，资助修复曾在历史上赫赫有名的东林书院。1948年，在他的支持下，著名的江南大学得以成立。为了让学生享受到大师级人物的教诲，他聘请了多名当时的知名教授。同时他还低价提供伙食，使学生不因生活拮据而影响学业。为了让学生能够掌握更多的实践技能，还开办了公益机器厂、商店、银行等机构，作为学生实习的场地。除此之外，荣德生还在1926年资助

---

① 傅国涌：《大商人——影响中国的近代企业家们》，中信出版社2008年版，第152页
② 同上书，第98页。
③ 同上。
④ 同上书，第103页。

5000 大洋修南禅寺妙光塔，并在几年后捐资兴建了开原寺。1929年，陕西发生大旱，由荣宗敬和穆藕初等人发起，上海纺织界捐赠大量应急棉种，以帮助灾民渡过这场灾难。

让人感到敬佩的是，荣氏兄弟非常爱国，他们积极投身于热潮澎湃的爱国运动当中去。当五卅惨案发生后，荣宗敬倡导人们坚决抵制洋货，积极使用国货。在工人举行罢工时，"他在上海总商会的《罢工宣言》上签字，给罢工的工人照发工资"①，以实际行动支持工人的爱国行为。1932 年 "一·二八" 事件发生，在荣宗敬的主导下，申新三厂给将士送去香烟 5 万支、面包 600 个，茂新面粉 400 包，从而在后勤上有力地支持了军队进行抗战。1937 年 "七七事变" 发生后，荣氏兄弟又将茂新四厂库存的几万包面粉和数千担小麦，以记账方式送给第三集团军做军粮。而在 "八一三" 事件后，他们第一批捐出的物资就有 5 万袋面粉及大量慰劳品。上海在忙着支援国家，而无锡也没有闲着，"无锡各界组织抗敌后援会，荣德生以 '乐农氏' 之名首先捐助面粉 1 万包，后来又捐出 2 万包，其中 1 万包用来救济难民"②。抗战进入第三年，日本在上海占领区威胁利诱荣宗敬，要申新三厂与他们合作开工。但他始终不予答应，并强硬地说，宁可让企业毁灭搬空，也绝不与日本人合作。1943 年，日军要强行收购申新一厂、八厂的产权，遭到他的严词拒绝，并说："我是中国人，决不把中国的产业卖给外国人。"③ 由此可见，荣氏兄弟的与人和不有的决心是多么的巨大。

台塑大王王永庆也是这样一个人，虽然他自己很节俭，也经常教育身边的人过简朴的生活，但他在回报社会方面却绝不吝啬。他抱着 "把共同发展当作是第一要务"④ 的决心，将自己在经营过程中所取得的收获与他人共享。具体来说，为了帮助下游企业提升与

---

① 傅国涌：《大商人——影响中国的近代企业家们》，中信出版社 2008 年版，第 87 页。

② 同上书，第 88 页。

③ 同上书，第 90 页。

④ 双根：《王永庆全传》，华中科技大学出版社 2010 年版，第 125 页。

改善管理水平，提升它们的竞争能力，王永庆通过举办"企管研讨会"，向这些"企业传授台塑的管理理念和管理经验，以提高他们的管理水平和竞争能力"①。这样不仅使下游客户的管理水平得到提升，企业也随之壮大，反过来还会促进台塑公司的成长。"在一般人眼里，自己掏钱请别人来学习，公开自己的管理经验，无疑是在断自己的财路"②，但他却认为，如果台塑与合作伙伴共同成长，那么对于它们来说是共赢的，能够起到相辅相成的协作效果，而这"正是王永庆与众不同之处，也是他成功的秘诀所在"③。

除了向其他企业传输他的经营理念与经验之外，王永庆还积极向外界实施捐助活动。典型的例子就是在 2008 年 5 月 12 日，我国汶川遭遇了特大地震灾害，当王永庆得知这一消息后，就与其弟王永在两日后决定，"由企业捐赠 1 亿元人民币支援四川灾区"④。这一捐款"创下台湾企业捐款之最"⑤。更让人感动的是，1986 年，"台湾地区很多病人需要捐赠器官以挽救生命，可是台湾人的传统中有全尸的观念，不肯把器官舍弃"⑥，他们临终时一定要带着完整的身体入土为安。当王永庆了解此事后，为了扭转这一风气，立即公开向外界宣布："在 5 年内，所有在死亡后捐出器官遗爱人间的人，他将赠给 10 万元作为丧葬补助费。"⑦ 由此看来，他真正做到了移风易俗，德化社会。另外，"为了帮助盲人重见光明，他还倡导捐赠眼角膜风气，并以身作则第一个在捐赠同意书上签字，预捐自己的眼角膜"⑧。对于王永庆来说，他虽然在生活中节俭成性，但只要有公益活动，并认为自己应该在其中做一些事情，他绝不落后于人，以其亲力亲为体现着老子的不有思想。

---

① 双根：《王永庆全传》，华中科技大学出版社 2010 年版，第 125 页。
② 同上书，第 126 页。
③ 同上。
④ 同上书，第 226 页。
⑤ 同上。
⑥ 同上书，第 224 页。
⑦ 同上。
⑧ 同上书，第 232 页。

比尔·盖茨也是一位乐于捐助的企业家，他不仅通过开发系统操作软件等产品，促进社会的发展，带动人类文明的进步①，而且还通过慈善活动，救助了无数人的生命，使他们告别了疾病的困扰，走向了新的生活。早在 2001 年 1 月，盖茨夫妇就以自己的名字命名成立了慈善基金会。他们通过该基金会，向世界捐助了大量的财富。2008 年 6 月 27 日，比尔·盖茨宣布正式退休。他将微软最为神圣的职位将交给雷·奥兹之后，就积极投身于他所喜爱的基金会事业。由于他们的捐资，在"一些国家，每个儿童接种费用从以前不足 1 美元增加到现在的 10 美元。据估计，这些疫苗挽救了大约 30 万个生命，在未来 10 年拯救的生命将达到几百万人，穷孩子的生命被改变"②。

盖茨夫妇的努力还不限于此，"除了在经济上援助一些贫困的艾滋病患者外，他们会教青年人如何谋生，培训他们做导游，让他们认识艾滋病的危害并给他们讲些传染性疾病的防治方法。"③如果说挽救生命体现出道之慈生的话，那么对他们进行培训，教他们如何谋生则是德之畜养。令人尊敬的是，原本盖茨夫妇打算在他们去世后，留给 3 个子女数百万美元遗产，然后将其余资产全部捐出。后来他们改变了这个计划，甚至连遗产也不留给他们的孩子，而是将其全部资产完全地捐出去。"他们这种被许多媒体称之为'裸捐'的做法，比起盖茨离开微软的决定，更加令人惊叹。"④纵观盖茨奋斗的事业，他几乎从一无所有发展成了世界首富，又从世界首富的位置上将其财产全部捐献，以其实际行为诠释了老子的不有思想。

综上所述，无论是国内还是国外都有大量的企业家自身生活简

---

① 他也曾说，衡量一个人是否成功的标志是看这个人有没有创造一些全新的东西，有没有给世界带来变化。选自李津《比尔·盖茨商道真经》，吉林大学出版社 2009 年版，第 128 页。

② 李津：《比尔·盖茨商道真经》，吉林大学出版社 2009 年版，第 278 页。

③ 同上。

④ 同上书，第 353 页。

朴，而将其资产施与他人，以其行动体现了老子的俭啬不有思想。

通过以上的事例，我们知道，企业家完全可以通过践行老子倡导的诸般主张，即通过老子圣人观与道商理论塑造自己的人格，使自己成为一个名副其实的道商。这样他们不仅能够为自身树立起众口皆碑的道家形象，还可以深刻地影响其他人，从而形成道家式的企业文化，同时也会让自己经营的企业发展得更为兴旺与昌盛。

参考文献

陈鼓应：《老子今译今注》，商务印书馆 2003 年版。

王弼著，楼宇烈校译：《老子道德经注校释》，中华书局 2008 年版。

李耳：《道德经》，陕西旅游出版社 2004 年版。

杨伯峻译注：《论语译注》，中华书局 1980 年版。

杨伯峻译注：《孟子译注》，中华书局 1960 年版。

赵诚：《甲骨文简明词典》，中华书局 2009 年版。

熊国英：《图释古汉字》，齐鲁书社 2006 年版。

徐中舒：《甲骨文词典》，四川出版集团、四川辞书出版社 2006 年版。

唐汉：《汉字密码》，陕西师范大学出版社 2009 年版。

许慎撰，段玉裁注：《说文解字注》，中州古籍出版社 2006 年版。

陈基发：《趣说汉字》，新世界出版社 2008 年版。

马如森：《殷墟甲骨文实用字典》，上海大学出版社 2008 年版。

邹晓丽：《基础汉字形义释源》，中华书局 2007 年版。

窦文宇、窦勇：《汉字字源》，吉林文史出版社 2005 年版。

左民安：《细说汉字》，九州出版社 2005 年版。

丁义诚等：《汉字详解》，新世界出版社 2009 年版。

存良编译：《白话易经》，内蒙古人民出版社 1997 年版。

北京大学外国哲学研究所编译：《外国哲学资料》（第七辑），商务印书馆 1984 年版。

商承祚：《甲骨文字研究》，天津古籍出版社 2008 年版。

王夫之：《张子正蒙注》，中华书局 1975 年版。

唐汉：《汉字发现》，陕西师范大学出版社 2007 年版。

陈广忠：《淮南子译注》，吉林文史出版社 1990 年版。

王先谦、刘武：《庄子集解·庄子集解内篇补正》，中华书局 1987 年版。

钟永森：《道德经与无为管理》，凤凰出版传媒集团、凤凰出版社 2010 年版。

《圣经》，中国基督教协会 1996 年版。

李零：《郭店楚简校读记》，中国人民大学出版社 2009 年版。

徐中舒：《汉语大字典》，湖北辞书出版社、四川辞书出版社 1992 年版。

彭征、袁丽丽：《联想教父柳传志》，现代出版社 2009 年版。

吴毓江：《墨子校注》，中华书局 1993 年版。

许嘉璐：《二十四史全译·史记》，汉语大词典出版社 2004 年版。

许嘉璐：《二十四史全译·汉书》，汉语大词典出版社 2004 年版。

李津：《比尔·盖茨商道真经》，吉林大学出版社 2009 年版。

稻盛和夫：《京瓷的成功轨迹》，中国友谊出版公司 2003 年版。

双根：《王永庆全传》，华中科技大学出版社 2010 年版。

李津：《李嘉诚商道真经》，吉林大学出版社 2009 年版。

孔祥毅、陶宏伟：《晋商案例精选》，经济科学出版社 2008 年版。

傅国涌：《大商人——影响中国的近代企业家们》，中信出版社 2008 年版。